GÜNTHER HANSEN · FORMEN DER COMMEDIA DELL'ARTE

GÜNTHER HANSEN

Formen der Commedia dell' Arte in Deutschland

VERLAG LECHTE · EMSDETTEN

Herausgegeben von Helmut G. Asper

Gedruckt mit Unterstützung der „Studienstiftung Niessen"

ISBN 3-7849-1109-9

Schutzumschlag: Heinz Westkamp, unter Verwendung des anonymen französischen Kupferstichs „Pierrot und Arlequin" (Sammlung Niessen), nach der Figurengruppe aus einem Kupferstich, den Charles Nicolas Cochin nach dem Gemälde „Pour garder l'honneur d'une belle" von Antoine Watteau fertigte.

© 1984 by Verlag Lechte, Emsdetten

Gesamtherstellung: Lechte-Druck, Emsdetten

ZUM GELEIT

Die Theaterwissenschaft, oft kritisch nur als ein Anhängsel der Literaturwissenschaft angesehen, vereinigt da, wo sie ernst genommen wird, einen ganzen Fächer verschiedener Wissenschaften in sich. Die zahlreich-zahllosen Bedingungen der Forschungsarbeit auf diesem Gebiet, die Unsumme sich gegenseitig stützender Einzelheiten, die schließlich ein Ganzes ergeben, erfordern ein übergreifendes Wissen und eine vielfältige Methodik. Deshalb stehen so viele Vertreter einzelner Fachwissenschaften ihr einigermaßen hilflos gegenüber.

Vor einigen Jahren schien es, als ob die einseitige isolierte Bearbeitung bestimmter Themen des Kulturlebens einer Zusammenarbeit mehrerer Wissenschaften, mehrerer Gelehrter weichen sollte. Rufe nach interdisziplinärer, interfakultativer Behandlung aller Teile der Kulturgeschichte wurden laut. Nach einigen Anstrengungen verstummten dann die Forderungen wieder, kaum daß sie schon zu Ergebnissen geführt hätten, und nur in der Stille einiger, weniger Studierstuben wurde weiter gefragt, welchen Wert die Kunstgeschichte als Quelle für die Romanistik, die Psychologie für die Rechtsgeschichte, die Volkskunde für das Verständnis der medizinischen Vorstellungen eines Patienten denn haben könne. Die ermutigenden Ergebnisse bleiben auf Einzelnes beschränkt. So viele Aufschlüsse sich auch ergaben, in den meisten Fällen fehlte die Sicherheit, die Vertrautheit mit den Methoden eines anderen Faches, bzw. mehrerer anderer Fächer, um sich der Erhellung der Geschichte eines Gebietes mit Hilfe der anderen Gebiete zu widmen, zumal ein solches Arbeiten von Forschern, die in einer Wissenschaft eng spezialisiert und dabei erfolgreich waren, mit einschüchterndem Stirnrunzeln als einigermaßen unwissenschaftlich mißbilligt wurde.

Nur wenige mutige Gelehrte haben sich dadurch nicht abschrecken lassen. Gerade auch auf dem jungen Gebiete der Theaterwissenschaft, die lange um ihre Selbständigkeit und Anerkennung zu kämpfen hatte, blieb deutlich, daß ohne ausgebreitete Kenntnis auf mehreren, vorgeblich voneinander getrennten Gebieten kein rechtes Ergebnis zu erzielen sei. Die Quellenforschung von der hier besonders erschwerten Bücherkunde der Libretti, Programmzettel und Programmhefte bis zu den selten genug erhaltenen Polizeiakten, von der Familienforschung bis zur Stadtgeschichte, von der selbstverständlichen Voraussetzung der Beherrschung mehrerer Sprachen bis zur Kunstgeschichte und Dichtungswissenschaft, fand hier einen höchst unübersichtlichen, vielgliedrigen Stoff, der alle Ländergrenzen übersprang, der zwischen Hochkunst und Trivialkunst die seltsamsten, sich vermischenden volkskundlichen Fragestellungen aufwies und für den eine geduldige Kleinarbeit auch zur Musikgeschichte und noch zum Kunstgewerbe bis in die Einzelheiten der Kostümkunde notwendig erschien. Wie sehr da umfassende Arbeiten dem Verständnis für die Gegenwart, für den Film und seine Geschichte, für das happening und für Kunst zwischen allen Kunstgebieten vorarbeiteten, zeichnet sich ab, wenn auch hier zumeist nur einige wenige einzelne Züge des Geschehens bearbeitet worden sind.

Die Arbeit von Günther Hansen ist aus einer solchen Überschau über das Fach, seine Schwierigkeiten und seine Möglichkeiten, entstanden. Es erscheint unfaßlich, daß ein solcher bedeutender Gelehrter seiner Arbeit entrissen wurde, kaum daß er ein erstes größeres, weitere wichtige Resultate versprechendes Ergebnis vorlegen konnte. Er hat in seiner Schrift nicht nur eine erstaunliche, notwendige Aufräumungsarbeit geleistet. Er zeigt den Kulturzusammenhang zwischen Italien und Wien, er zeichnet die länderübergreifende und länderverbindende Theaterkultur bis in den Norden Europas durch, in der Jetztzeit einer bestürzenden Spracharmut in besonders erwünschter Weise.

Hansen nimmt das 18. Jahrhundert als das Hauptuntersuchungsfeld, als das es inzwischen auch andere Teile der allgemeinen Kulturgeschichte erkannt haben. Hier werden die ersten Erkenntnisse der Neuzeit, der Renaissance und des Barocks, angehoben und vervielfältigt, um dann dem 19. und 20. Jahrhundert überantwortet zu werden. Hier wird der Lebensnerv des Theaterspielens sichtbar: Das Vergnügen an der Verspottung gravitätisch ernsthaft einherstolzierender und doch hohler Form, das rasche Bloßlegen von Menschlich-Allzumenschlichem und die Versicherung, daß die Treuherzigkeit einfacher Anschauungen schließlich den Sieg davonträgt, erbringen die Zufriedenheit des hochverehrten Publikums, das immer anderes und immer das Gleiche zu sehen verlangt.

Insofern hat die Commedia dell'Arte ihre besondere Unsterblichkeit und beweist ihre die Jahrhunderte überdauernde Kraft in der Typologie und in der Biographie des Schauspielers, in der Arbeit der Wandertruppe, im Bilde von Watteau. Hansen zeigt in einem neu aus kleinsten Steinen zusammengesetzten farbigen Mosaik, daß das Narrenbild, dem auch die Philosophie, nicht erst seit Erasmus, ihr Nachdenken widmen muß und das nicht erst seit Holbein und Cranach so viele bedeutende Künstler beschäftigt hat, eine ergiebige Quelle für die Theatergeschichte sein kann. Es vervielfältigt sich in der Graphik bis zu Callot und bis zu den deutschen Stechern des 18. Jahrhunderts. Das Welttreiben, das die Commedia dell'Arte faßt und in ständigen Verwandlungen weiter behandelt, spiegelt sich auch im Erwachsenenspielzeug der Porzellanfiguren, die durch Hansens Beobachtungen weit genauer bestimmt und verstanden werden können als bisher.

Zur Inhaltskunde der Kunstgeschichte, zur historischen Ikonographie der Typen, zur Rechtsgeschichte und vor allem zur Dichtungswissenschaft und Literaturgeschichte, wie noch zu manchen anderen Gebieten, werden in einer solchen Arbeit vielfältige Beiträge geboten, auch wenn diese hier vor allem dazu dienen, die Welt des Theaters in der ersten Hälfte des achtzehnten Jahrhundert wieder lebendig zu machen.

Viele kleine einzelne, verstreute Punkte werden zu Linien geordnet, in denen auch die Frühgeschichte des Harlekin deutlich wird, der 1707 in Wien zum erstenmal genannt ist, der in den folgenden Jahren in Leipzig, in Kopenhagen und Lüneburg, in Hannover und anderwärts auftritt. Daß Schauspieler Schulden haben, war gang und gäbe, daß hohe Herrscher bei den Theaterleuten in der Kreide standen, erscheint erstaunlich. Es wird dargelegt, inwieweit das Theater der Welt Lauf und die darin agierenden Potentaten zu verspotten wagen konnte, wie sehr die Akteure auf Aktualität und die Polizeipersonen auf Vorsichtigkeit aus waren. Die Aufführungen, die große Ereignisse mehr oder minder verdeckt behandeln, werden nach jeweils sorgfältiger Präparation ‚aus dem Stegreif' ergänzt. Manche Stoffe behaupten sich in einem jahrzehntelangen Weiterleben, andere verwelkten unbegreiflich rasch. Das Theater des 18. Jahrhunderts zeigt sich schließlich als eine internationale, eine europäische Bewegung mit von Land zu Land wechselnden Akzenten. Das bewegte Bild einmal angehalten und dargestellt zu haben, ist das Verdienst von Günther Hansen, dem man eine lange fruchtbare Zeit wissenschaftlicher Arbeit gewünscht hätte.

Heinz Ladendorf

Wer sich mit den theatergeschichtlichen Voraussetzungen von Einflüssen der Commedia dell'arte auf das deutsche Lustspiel beschäftigt hat, weiß, wieviele Fragen die bisher herangezogenen Quellen offen ließen und in welchem Maße der bei der Theaterwissenschaft Rat suchende Literarhistoriker bisher im Stich gelassen wurde. Hier schließt die Arbeit für die ersten Jahrzehnte des 18. Jahrhunderts eine wesentliche Lücke.

Die vielen Korrekturen, die der Verfasser am bisherigen Bild vom Eindringen italienischer „Masken" (Typen) in die deutsche Wanderbühnenpraxis anbringt, sind das Ergebnis intensiver Quellen- und Archivstudien. Ergänzt werden die Untersuchungen zu den Truppen und dem Repertoire der Wanderbühnen durch die Analysen des in enormer Breite ermittelten Bildmaterials.

Hansen zeigt, daß mit einer Fülle von Pseudodokumenten zu rechnen ist, weil es sich bei einem Großteil des graphischen Materials nicht um bildliche Darstellung tatsächlicher Aufführungen, sondern um bloße Zubereitung von Vorlagen bzw. um Wiederholung von Gebrauchsmustern handelt (z. B. Callot oder Watteau): keine individuellen Züge von Darstellern, sondern Schablonen werden geboten.

Nicht nur für die theaterwissenschaftliche, sondern auch für die literarhistorische Forschung ist diese Arbeit von besonderer Bedeutung. Künftig kann sich die Forschung auf gesichertem Boden bewegen.

Walter Hinck

INHALT

EINFÜHRUNG 9

Kapitel 1
DIE DEUTSCHE USURPATION DES
HARLEKIN (Arlechino – Arlequino – Arleqvin) . 13
    Die Quellen........................... 13
    Quellenmißbrauch..................... 16
    Quellenkritik 18
    Narrenmetropole Wien.................. 21
    Harlekins Kompagnon 23
    Harlekins Eskalade 25
    Die Harlekinsmär 28
    Harlekin emanzipiert sich 30

Kapitel 2
DIE ALTEN UND DIE JUNGEN NARREN ... 39
    Pickelhering 39
    Jean Potage 42
    Pickelhering contra Jean Potage 44
    Harlekin 57

Kapitel 3
HELDENVEREHRUNG UND
NARRENPOSSEN 63

Kapitel 4
KUNST, KUNSTGEWERBE UND
KUNSTMARKT 85
    1. Exkurs: Lehr- und Wanderjahre in der
       Fremde........................... 113
    2. Exkurs: Das Schauspielerporträt der Stegreifkomödie? 134
    3. Exkurs: Wolrabs französische Vorlagen 144
    4. Exkurs: Harlekins wahres Gesicht........ 156

Kapitel 5
DER AUFGEKLÄRTE GEIST UND DIE
GEISTERAUSTREIBUNG................. 161

ANHANG
(Eine Inhaltsangabe des Anhangs auch auf
Seite 178) 177

I. DOKUMENTE, ARCHIVALIEN,
KOMMENTARE 1707-1754 179

II. IKONOGRAPHISCHE VERSUCHE........ 219
    1. Kupferstich-Serien der Engelbrecht-Werkstatt nach anonymen Vorlagen – Ihr Wert
       für Bustelli 220
    2. Bildkonkordanzen 226
       a) Arlequin nach Watteau (um 1719-1835) . 226
       b) Arlequin nach Mariette (um 1696-1924) . 229
       c) Scaramouche nach Mariette (um 1696-
          1788) 232
    3. Weibliche Pantalone in deutschem Porzellan 233
    4. Kupferstich-Folgen nach französischen
       Vorlagen......................... 234
       a) Jacob von Sandrart nach Le Blond
          (vor 1700)....................... 234
       b) Philipp Jacob Leidenhoffer (vor 1700) ... 235
       c) Elias Baeck nach Callot (um 1710) 236
       d) Gerard Valck (um 1710) und Johann Georg Puschner in G. Lambranzis ‚Tantz-Schul' (1716) 237
       e) B. Christoph Weigels Witwe nach Claude
          Gillot (um 1730) 238
    5. Wiener Porzellan nach Gillot (1740) 240
    6. Schulbeispiel der Vorlagen-Hörigkeit (1743) .241
    7. Exemplarischer Fall graphischer Produktion nach Vorlagen 242

III. TEXTE.............................. 243
    1. ‚Comoedia genant daß Advocirnde Frauen
       Zimmer'. Deutsche Übersetzung und Bearbeitung von Fatouvilles Komödie ‚Colombine avocat pour et contre' nach einer Augsburger Abschrift von 1710 245
    2. Text-Vergleich: ‚Comoedia genant daß
       Advocirnde Frauen Zimmer' von 1710 (I, 5
       und 6) und ‚Ollapatrida' von 1711 (Kapitel
       LVI) ‚Fuchsmundi ruhmt sich seiner Reisen
       und erzehlet etliche neue Zeitungen' 259

3. ‚Ein Gespräch von Komödien' (1731) des Lüneburger Johanneum-Rektors Christian Friedrich Schmid 262

IV. ZEITTAFELN, GENEALOGIE, DIAGRAMM 267
  1. Spielkalender der Katharina Elisabeth Velten 1693-1712 269
  2. Spielbereich der Prinzipalschaften Denner und Spiegelberg 1705-1739 270
  3. Chronologie und Zeittafel der Spielorte und Spielzeiten der Prinzipalschaften Denner und Spiegelberg 1705-1739 271
  4. Genealogische Tafel Denner-Spiegelberg .. 276
  5. Diagramm ikonographischer Verflechtungen 277

V. VERZEICHNIS DER ABBILDUNGEN 278

VI. LITERATURNACHWEIS DER ABGEKÜRZT ZITIERTEN QUELLEN 283

VII. NACHTRAG ZUM LITERATURNACHWEIS 294

VIII. NACHWORT DES HERAUSGEBERS 295

IX. IN MEMORIAM von Carl Niessen 297

X. PERSONENREGISTER 298

XI. STICHWORTREGISTER 301

EINFÜHRUNG

Nachdem die längst fällige Geschichte des deutschen Lustspiels nach Jahrzehnten des Behelfs neue, unnachsichtige Autoren gefunden hat, durfte sich auch die Geschichte des Theaters Vorteile davon versprechen[1]; denn wofür wurden und werden Lustspiele verfaßt, wenn nicht für die Bühne? — Für welche Bühne? Bei Christian Weise, nur um ein Beispiel zu nennen, ist jeder Zweifel ausgeschlossen: für das Zittauer Schultheater. Auch für Caspar Stieler, falls er der Verfasser der Festspiele war, fällt die Antwort leicht: für den Rudolstädter Hof. Sowohl für Weise wie für Stieler hat man den Nachweis erbringen wollen, daß ihnen das Lustspiel der Wanderbühne zum Vorbild gedient habe.

Wenn man über die Lustspielproduktion des wandernden deutschen Theaters nachschlagen will, so findet man in den Geschichten des deutschen Lustspiels, die allerjüngsten eingeschlossen, dieses Kapitel nicht, obwohl es an Hin- und Verweisen auf die zeitgenössische Bühne, sofern die Theatergeschichtsschreibung es gestattet, keineswegs fehlt. Aber was erlaubt die bisher geschriebene Theatergeschichte?

Des Fragens ist kein Ende, und diese Antwort fällt nicht leicht, gleichwohl muß sie gegeben werden: man hat gegenseitig ausgeholfen und, einander notgedrungen vertrauend, manche Löcher zu stopfen vermeint, vielleicht nicht immer frei von Überheblichkeit, seit sich Albert Köster einer apokalyptischen Vision nicht anders als durch Druckerschwärze glaubte erwehren zu können: „Das Schicksal behüte uns vor Lehraufträgen, die nur auf Theatergeschichte lauten".[2]

Köster, ein „wurzelloses Spezialistentum" befürchtend, hat nicht verhindern können, daß nach erteilten Lehraufträgen auch einschlägige Lehrstühle errichtet wurden, welche das seinerzeit suspekte Spezialistentum nun allerwärts verbreiten, ohne daß der Ruch der Wurzellosigkeit sich restlos verflüchtigt hätte. Die Literaturwissenschaft hat sich insofern von Köster distanziert, als besagte Lustspielgeschichten unmißverständlich zwischen den Zeilen einen noch immer aufzuholenden Rückstand beklagen, dessen Beseitigung von einem Spezialistentum per Saldo erwartet worden war.

Solche Erwägungen und Bedenken sind auf eine Epoche zu projizieren, in der das Verhältnis von Berufstheater und dramatischer Literatur besonders gestört war, auf jenes durch Jahreszahlen nicht einzuengende Jahrhundert etwa bis zu Gottscheds Aufbegehren. Innerhalb dieser Frist sind alle Lustspielgeschichten — mit rückversichernden Vorbehalten — Geschichten des *ungespielten* Lustspiels, eine dreiste Behauptung, die man ohne Erläuterung nicht durchgehen lassen wird.

Deutsche Lustspielgeschichten orientieren sich für das 17. Jahrhundert und noch darüber hinaus an der Commedia dell'arte, die jenseits der Sprachgrenze die komische Bühne im Süden Europas beherrschte. Diese Commedia dell'arte — als Komödie der Kunstfertigkeit zu übersetzen — konfrontierte sich dem Gelehrtendrama, der Commedia erudita. Ähnlich ergänzten sich im Norden Europas Wander- und Schulbühne zur Gesamtheit des Sprechtheaters, hüben und drüben durch die Wesensmerkmale des Berufs- und Laientheaters — Kunstfertigkeit und Dilettantismus — unverwechselbar unterschieden. Commedia dell'arte ist das theatralische Produkt einer durch Erfahrung und Übung erworbenen, dem Dilettantismus deswegen unerreichbaren Kunstfertigkeit. Insofern hat die Commedia

---

1. Karl Holls Geschichte des deutschen Lustspiels (Leipzig 1923) als Reprint wieder vorzulegen, kennzeichnet die Situation unmittelbar vor dem Erscheinen zweier Publikationen: Walter Hinck, Das deutsche Lustspiel des 17. und 18. Jahrhunderts und die Italienische Komödie. Commedia dell'arte und Théâtre Italien. Stuttgart 1965; — Wolfgang Promies, Die Bürger und der Narr oder das Risiko der Phantasie. Sechs Kapitel über das Irrationale in der Literatur des Rationalismus. München 1966. — Als dritte Arbeit stellt Eckehard Catholy eine zweiteilige Lustspielgeschichte in Aussicht. (Der 1. Teil ist inzwischen erschienen: Das deutsche Lustspiel. Vom Mittelalter bis zum Ende der Barockzeit. Stuttgart 1969. S. 113—126 behandelt Catholy die Wandertruppen und die komische Person.)
2. Köster, S. 486.

dell'arte der im Stegreifspiel geschulten Berufsbühne vorbehalten bleiben müssen.

Wenn auch Stegreifspiel und Commedia dell'arte noch keineswegs identisch sind, so ist ihnen doch als Substanz die im Spiel erst ausformbare Fabel gemeinsam, eine als Canevas oder Szenarium im engeren Sinne noch unliterarische Spielanweisung. Die gedruckt überlieferte Lustspielliteratur hat aber kaum jemals zum Repertoire der Wander-, d. h. Berufsbühne gehört, weswegen Lustspielgeschichten innerhalb des abgesteckten Zeitraumes letzten Endes Geschichten des ungespielten Lustspiels haben bleiben müssen.

Gleichwohl tauchten während des ersten Jahrhunderts deutschen Berufstheaters zwischen 1584 und 1682 sporadisch Vertreter der Commedia dell'arte bzw. des Théâtre Italien in deutscher Literatur auf. Sie formieren sich zu einer beeindruckenden Parade: Zanne, Pantalon, Arlequin, Capitano Spavento, Mezzetin, Scapin, Madonna Nespola, Scaramuzzo, Truffaldino, Policinello. Aufgeschlüsselt nach ihren literarischen Debüts, ergeben sich folgende Zäsuren:

Ferdinand II. von Tirol hat 1584 einen *Sani*[3], Philipp Waimer 1591 außer *Zani* auch einen *Pantalon* erwähnt[4]; Aegidius Albertinus führte 1615 einen *Pantaleon* in seine deutsche Bearbeitung des ‚Guzman de Alfarache' von Mateo Alemán ein[5]; 1616 wurde dem *Harlequin* von Johann Valentin Andreae bereits ein Hauptpart zugedacht[6]; Wenzel Hollar glaubte um 1625 trotz Zanne-Tracht einen *Harlequin* nachzubilden[7]; 1635 nahm sich Johann Rist des *Capitan Spavento* an[8]; 1641 waren Joseph Furttenbach nicht nur *Mezetin* und *Scapin*, sondern als einzige weibliche Typenvertreterin in exklusiver Männergesellschaft auch die *Madona Nespola* geläufig[9]; seit 1665 gehörten *Scaramuza* und *Pantalon* zu Caspar Stielers Hauptakteuren[10]; nicht minder war 1673 Johann Christian Hallmann von *Scaramuza* angetan[11]; bei Christian Weise ist 1674 ein *Poncinello* und 1682 ein *Truffaldino* zu finden[12].

Was besagt das mehr, als daß im Mittel in jedem Jahrzehnt dieses Jahrhunderts in Deutschland nur ein Repräsentant fremder komödiantischer Spielform erwähnt wurde? Selbst die berechtigte Annnahme, daß manche Autoren entweder von Theatereindrücken auf ihren Reisen in Italien oder Frankreich zehren konnten, — wie es für Ferdinand II., Andreae und Furttenbach zutreffen mag — oder aber reisende italienische Komödianten hierzulande hatten spielen sehen, — wie es der Ball bei Ferdinand II. in Innsbruck gewesen ist, bei Albertinus am Münchner Hof gewesen sein wird und bei Weimer gewesen sein kann — bedeutet keine Vorgabe gegenüber denjenigen, die ihre Kenntnisse aus zweiter Hand erwerben mußten. Theaterhistorisch relevant ist kaum ein einziger dieser im Schatten der Commedia dell'arte Scheingetauften.

Mag das Wanderbühnen-Lustspiel dieser Zeit, soweit es bisher überhaupt faßbar geworden ist, auch pauschal als literaturunwürdig abgetan werden, so muß es doch von der Theaterforschung besonders werthgehalten werden. Wem die Neuberin recht ist, muß Gottsched billig sein. Durch deren Einvernehmen — und sollte es sich auch als scheinbar erweisen — sind beide Wissenschaftszweige unlösbar verkoppelt.

Allemal hebt das Wehklagen damit an, daß die Bühne bis zu Gottsched, was vorerst nur als zeitliche

---

3. Speculum vitae humanae. Ein Drama von Erzherzog Ferdinand II. von Tirol 1584. Hrsg. v. Jacob Minor. Halle 1889, S. 39. (Neudrucke deutscher Litteraturwerke des XVI. u. XVII. Jahrhunderts, No. 79 u. 80).
4. Elisa. Ein Newe vnd lüstige Comoedia, Von Eduardo dem Dritten. Dantzigk 1591.
5. Auszug bei Minor (S. 118 ff.) nach der Ausgabe von 1631, aus welcher auch Rausse (S. 20 f.) zitiert. Statt seiner tritt Goedeke (Bd. 2, S. 536), dessen Auszug der Edition von 1615 entstammt, als Gewährsmann ein.
6. Turbo sive moleste et frustra per cuncta divagans ingenium. In Theatrum productum. Helicone, Iuxta Parnassum, 1616.
7. Vgl. Kap. 2, S. 59.
8. Johannis Ristii Holsati Capitan Spavento, Oder Rodomontades Espagnolles. Das ist: Spanische Auffschniedereyen, auß dem Frantzösischen in deutsche Verß gebracht. Hamburg 1635.
9. Architectura recreationis. Das ist: Von Allerhand Nutzlich: vnd Erfrewlich Civilischen Gebäwen. Augsburg 1641, S. 63. — Über die „Nespola" vgl. Pandolfi Bd. 1, S. 171, 207; Bd. 2, S. 253 u. Bd. 3.
10. „Scaramuza" in allen Dramen außer: Ernelinde Oder Die Viermahl Braut. Rudolstadt 1665. — „Pantalone": Der Vermeinte Printz. Rudolstadt 1665, desgl. Die Wittekinden. Jena 1666.
11. Die Sinnreiche Liebe Oder Der Glückseelige Adonis und die Vergnügte Rosibella. Breslau 1673.
12. „Poncinello": Die beschützte Unschuld. In: Der grünenden Jugend Überflüssige Gedancken. Leipzig 1674. — „Truffaldino": Von dem Neapolitanischen Rebellen Masaniello. In: Christian Weisens Zittauisches Theatrum Wie Solches Anno MDCLXXXII praesentiret worden. Zittau 1683.

Bestimmung zu nehmen ist, ein Augiasstall gewesen sei. Als Gewähr hat Gottscheds schnellfertiges Urteil nach den allerersten Theaterbesuchen seines Lebens herhalten müssen: viele der aufgeführten Stücke seien „nach dem läppischen und phantastischen Geschmacke der Italiener eingerichtet, Scaramutze und Harlequin sind mit ihren Possen allezeit die Hauptpersonen darinnen, und diese verletzen mit ihren zweydeutigen Zoten alle Regeln der Sittsamkeit und Ehrbarkeit. Andre hingegen sind ganz Spanisch, und gehen auf Steltzen. Alle Gespräche und Redensarten sind so hochtrabend, daß sie alle gesunde Vernunft übersteigen".[13]

Das vernichtendste Urteil über die deutsche Bühne um 1725 stammt indessen nicht von dem damals noch unvernünftigen Tadler Gottsched, wie wenig er auch zu ihrer Verteidigung zu sagen wußte. Sein Zeit- und für eine Strecke des Weges auch Gesinnungsgenosse, Ulrich von König, hat die unnachsichtigste aller Kritiken wohlweislich durch Ironie — durch das Gegenteil dessen was gemeint ist — chiffriert. Man braucht das Umkehrverfahren nur wieder rückgängig zu machen, um aus Königs ‚Verkehrter Welt' die ihn real dünkende zurückzugewinnen:

> Die deutschen Komödianten sind in ihrer Kunst so ungeschickt, daß sie — wie der langweiligste Maler — alle Leidenschaften auf das Unnatürlichste darstellen. Die Monotonie ihrer Stimme und Aussprache wird niemals dem Vortrag der Sache gerecht; nicht nur dieses, sondern auch ihr gezwungenes Wesen, ihre nachlässige Körperhaltung und ihr ungehobelter Gang stoßen alle Zuschauer ab, langweilen und ermüden sie. Außerdem haben sie die miserabelste Garderobe und statt eines Schauspielhauses allenfalls einen Stall oder Schuppen... Alles was sie in gebundener oder ungebundener Rede auf den Schauplatz bringen, ist grobschlächtig zusammengestoppelt. In den Trauerspielen sind sie das Gegenteil der Franzosen und in ihren Lustspielen das der Italiener. Alle ihre Stücke sind veraltert, haben kaum Veränderungen, sind mit einfältigen Aussagen angefüllt, voll von plumpen Anzüglichkeiten und zeigen unaufhörlich die unverhohlene Verwahrlosung der Sitten. Kein Auftritt ist mit dem anderen durch geschickte Verknüpfung der Umstände und Verwirrung kunstfertig verbunden. In ihren Witzen sind sie unflätig, man hört nur matte und stets zur Unzeit vorgebrachte Scherze. Zwei Dinge pflegen sie auf das Sorgfältigste, nämlich grobe Zoten und hochtrabende Redensarten.[14]

Ulrich von Königs ‚Verkehrte Welt' war kein Erfolgsstück; nur gelegentlich wurde es gespielt. Auch Gottsched hatte eine Aufführung belustigt. Wer außer ihm und seinesgleichen, der sich vorgestern vielleicht bei Hanswurst XIII. und Karl XII. vor Lachen krümmen mußte, hätte vergnügt dabei sein können? Ulrich von Königs Harlekin und Scaramutz, die mit Billigung der Commedia dell'arte oder des Théâtre Italien ebensogut Hinz und Kunz heißen konnten, sind nicht überaus witzig. Die auf den Kopf gestellten Verhältnisse üben gerade soviel Kritik, daß ein Hofmann sie einem Hofmann zumuten konnte, und nicht weniger, als daß ein Verständiger die rezenten Theaterverhältnisse aus intellektuellem Hochmut verlachenswert fand.

Oben auf der Galerie hockte kein aufsässiger Geist, der, wenn er den Schleier der Ironie überhaupt zu lüften verstand, solidarisch empfand. Spielten die Gebildeten am Ende wortreiche Rebellion aus alleruntertänigster Langeweile, um, statt lustig zu sein, sich über diejenigen lustig zu machen, die ein Dasein ohne Ironie leben mochten? Die Verhöhnten konnten nicht beifällig schmunzeln, weil der als Stutzer verlarvte ‚Satyr' keine wirklichen Bocksfüße hatte, sondern sie wollten für ihr Geld darüber lachen, daß er sichtbar darauf einherstelzte.

Man verwerfe nicht den Gedanken: Harlekin als politisches Regulativ im Zeitalter des Absolutismus! Und Gottsched samt Gottschedianer, König nicht ausgenommen, könnten zu einer Rotte von Esoterikern werden. — Es war gewiß kein ungewöhnlich witziger Einfall, als Hanswurst XIII. einen gekrönten König Karl XII. übertreffen zu wollen. Aber die angemaßte Ebenbürtigkeit, die Respektlosigkeit des angeworbenen Vagabunden gegenüber dem Monarchen, der Umgang wie mit seinesgleichen bewirkte befreiendes Gelächter unter denjenigen, die sich als Unterdrückte und politisch unmündig Behandelte mit seiner Rolle identifiziert haben mögen. Harlekin oder Hanswurst als buntscheckig verkappter Rädelsführer, der keine Faust in der Tasche zu machen brauchte!

Auch die auf Stelzen einhergehende Sprache, die sich nicht damit begnügte, „daß der Mittag vorüber sey;" sondern sich darin gefiel, „daß der Monarch der Gestirne den Mittagswirbel schon überstiegen habe" — oder aber, wie Gottsched gleichfalls beanstandete, daß ein Ritter eine Prinzessin nicht liebe, „sondern die Pflantze ihrer Annehmlichkeiten ... in dem Erdreiche seines Hertzens tieffe Wurtzeln" schlage[15] — hat Har-

---

13. Vernünftige Tadlerinnen (1725), S. 348.
14. Die Verkehrte Welt. Ein Lustspiel, verfertigt von Johann Ulrich von König. Hamburg 1746, S. 37—39.
15. Vernünftige Tadlerinnen (1725), S. 348.

lekin auf die ihm eigene Weise zu maßregeln vermocht, wenn er bei ähnlicher Gelegenheit paraphrasierte, er würde ebenfalls „durch den Staub euer holdseligen Hare eine solche Purgation in den Leib bekommen, daß es zum laxiren richtig ist".[16]

In dieser Spannung zwischen Kot und Kothurn, die Gelächter erzeugte, aber im Gelächter zugleich erschlaffte, weil sie gewissermaßen zer-lacht wurde, wirkte Harlekin auf verschränkte Weise sogar als stilistischer Merker.

Die in Sexual- und Fäkalkomik getränkte Zote ist niemals ein Vorrecht des niederen Standes gewesen und hat selten um der Widerwärtigkeit willen die Lacher auf ihrer Seite gehabt. Die unverhohlen mit Harlekins Dreistigkeit sympathisierende Auflehnung gegen Extremverhalten, heiße es nun emphatische Gefühlsäußerung, blindwütige Tollkühnheit, selbstzerfleischende Unterwürfigkeit, Lobhudelei, neurotisches Liebesschmachten — mit einem Wort gegen die Verlogenheit von Sitte und Moral einer Gesellschaft, die solche Formen als Wohlverhalten postulierte, hat sich im Gelächter entkrampft.

Weit gefehlt, nun das Lob der Zote oder die Theorie eines unterschwelligen Klassenbewußtseins zu gewärtigen, weise ich nur die bisher kaum widersprochenen Vorwürfe gegen den einseitig zum Zotenreißer und zersetzenden Sittensudler degradierten Bühnennarren zurück, um auch auf seine Protestfunktion aufmerksam zu machen, die ihm unaufhörlich Haß eingetragen und dauernde Beliebtheit gesichert hat.

Es wäre verfrüht, diesen Faden weiterspinnen zu wollen; er würde alsbald reißen. Für eine Soziologie des Narren fehlen alle Voraussetzungen, solange wir nicht wissen, mit wem wir es zu tun haben. Pickelhering war nur einer, Hanswurst ein anderer und Harlekin ein dritter; aber im Grunde gelten sie alle als ein und derselbe, als eine Spezies einfältiger Lustigmacher, die insgeheim schon im pejorativen Bedeutungswandel zum Clown geschrumpft ist. Der vieldeutig angewendete Begriff *Commedia dell'arte* hat sich eingeschlichen und mit verschwommenen Umrissen Vorläufiges als endgültig gerinnen lassen. Es ist ein mühsames und undankbares Geschäft, Erstarrtes wieder in Fluß zu bringen.

Für den Leser dieser Arbeit kann es nicht ermutigend sein, einen Tätigkeitsbericht über den Fortgang von Aufräumungsarbeiten im Steinbruch der Theatergeschichte vorzufinden. Elegant verkürzende und verfremdwortete Formulierungen würden den Anfang gefälliger machen. Vermutlich hätte niemand daran Anstoß genommen, wenn Jahrzehnte deutschen Theatergerölls, wie es inzwischen statthafter Brauch geworden zu sein scheint, wegformuliert worden wären. Und schon würde sich das ganze Typenensemble der romanischen Stegreifkomödie — der Komödie der Kunstfertigkeit — in deutscher Spiel- und Abart versteht sich, auf unseren Bühnen ausgelassen tummeln, wie etwa, um Pirker zu zitieren, „in Gregorio Lambranzis ‚Neuer und curieuser Tanzschul' (Nürnberg 1716), einem für die Inszenierung der nach Süddeutschland verpflanzten Commedia dell'arte höchst wichtigem Werke".[17]

Weil wir nicht mehr alles glauben, was für Pirker noch glaubhaft sein durfte, wird man theatergeschichtlichen Grund und Boden neu vermessen müssen, bevor am rechten Ort alle Schichten, von denen eine auch mit Lambranzi fündig werden muß, nach und nach abgetragen werden können. Das läßt sich nicht so bequem einrichten, wie man es hätte erwarten dürfen. Es kann auf keine Literatur verwiesen werden, die dieses Zeitalter nicht tollkühn übersprungen oder verwegen zurechtgerückt hätte. Es wird deswegen nicht zu umgehen sein, auch auf das kleine Einmaleins der Theatergeschichte zurückzugreifen, obwohl dieses seit Max Herrmanns Warnung, nicht unter der Schwelle der Wissenschaftlichkeit zu verharren[18], in keinem guten Rufe steht — sehr zu Unrecht, denn Herrmanns verfrühte Prognose einer Seuchengefahr hat das Gesundbeten eher gefördert als verhindert.

So kommt es denn, daß man in der Folge auch ein diskreditiertes, als positivistisch nicht erschöpfend erläutertes Verfahren zu verantworten haben wird, anzuwenden auf die Praxis der deutschen Bühne, welche vom literarischen Lustspiel unabhängige, nur scheinbar der Commedia dell'arte bzw. der im ‚Théâtre Italien' literarisierten italienischen Stegreifkomödie verpflichtete Formen hervorbrachte.

---

16. Daunicht, S. 59.
17. Pirker Bd. 1, S. 359.
18. M. Herrmann, S. 13.

Kapitel 1

DIE DEUTSCHE USURPATION DES HARLEKIN

(Arlechino — Arlequino — Arleqvin)

Die Quellen

Vor 200 Jahren hat Johann Friedrich Löwen die erste deutsche Theatergeschichte verfaßt[1], die ohne jene von dem Schauspieler Conrad Ekhof bereitwillig gegebenen schriftlichen Auskünfte vielleicht ein unausgeführtes Projekt geblieben wäre. Nicht diese beiden von Ekhof an Löwen gerichteten Briefe — wie allgemein angenommen — sondern deren Konzepte wurden von dem Gothaer Bibliothekar Heinrich August Ottokar Reichard 1781 aus Ekhofs Nachlaß veröffentlicht.[2] Diese von Ekhof zur endgültigen Brieffassung noch sorgfältig überarbeiteten Entwürfe enthalten außer Ergänzungen auch wieder gestrichene Partien, die der spätere Herausgeber Reichard dann nach eigenem Ermessen entweder mitgeteilt oder übergangen hat.

Seine Eigenmächtigkeit wäre zu vertreten gewesen, wenn Ekhofs Mitteilungen nur so veröffentlicht werden sollten, wie sie Löwen für dessen Theatergeschichte zur Verfügung gestanden hatten. Dem widerspricht aber, daß Reichard eine der von Ekhof im letzten Brief gestrichenen Passagen, in der obendrein um vertrauliche Behandlung des Berichts gebeten wird[3], für den Druck freigab — wohlweislich mit Ausnahme dieser ausdrücklichen Bitte. Ein anderer ebenfalls gestrichener Absatz im ersten Brief ist dagegen sowohl von Reichard wie von allen späteren Bearbeitern des Ekhof-Nachlasses unveröffentlicht geblieben.[4] Er enthält aufschlußreiche biographische Nachrichten über beide Schauspielerfamilien, denen Ekhof durch seine Ehe mit einer Tochter Johann Spiegelbergs verbunden war — und die Löwen angeblich deswegen vorenthalten wurden, um sie bei anderer Gelegenheit „weitläuftiger" darzustellen; so jedenfalls behauptet Ekhof. Auf keinen dieser die Personalgeschichte betreffenden Auszüge kann hier verzichtet werden[5]:

„Wie der Churfürst von Bayern Nürnberg berennt, hat der bisherige Hamburger Bote Denner seine Nation verlassen, und ist mit Frau ./. die niemals agirt hat ./. und Sohn und Tochter, weil er den Aufenthalt der Veltheimischen Gesellschaft nicht gleich gewußt hat, erstlich zu einem Principal, der schwarze Müller genannt, gereist ./. so eine Sproße vom Wiener Theater ./. und gleich darauf zur Veltheimischen Gesellschaft verschrieben worden. Dieser so ein braver Comoediant als rechtschaffener Mann, nach dem Zeugnisse aller derer, die ihn noch gekannt haben, der zwar zeitlebens seinen Ehrgeiz nicht bis zur Principalität ausgedehnt hat, verdient nicht unangemerkt zu bleiben. (Auf seinen Reisen mit der Gesellschaft hat er in Prag eines Musicanten Tochter namens: Ritter auf Antrag ihres Vaters zur Gesellschaft seiner Frau und Tochter zu sich genommen, die nachher Actrize, und nach der unglücklichen Reise der jungen Denner- und Spiegelbergischen Gesellschaft A° 1709 von Copenhagen nach dem sogenannten Schnapstein, übers Eis, wo sie den Weg verfehlt, und fast alle die Füße verfroren haben, A° 1710 in Braunschweig an dem Hochzeitstage seiner Tochter, als schon vorhin verlobte Braut des Spiegelbergs, mit seinem Sohne ehelich verbunden worden. Sie ist die Mutter der bekannten Sängerin in Dresden geworden. Ihre Schwester, die sich nebst ihrem Bruder gleichfalls zum Theater gewendet, ist die Frau eines nachherigen Principals Stolle geworden, wo Hr. Ackermann bey angefangen). Ich werde bey Gelegenheit sein Leben und seiner Abkömmlinge weitläuftiger entwerfen.

Die Dennersche Familie wandte sich zu Stranitzki, wovon, als dieser, wegen schlechter Umstände sie aufgeben müssen, die junge Dennersche u. Spiegelbergische, als damals unverheyrathe Leute, aufgerichtet wurde, wovon künftig ein Mehrers.

Dieser [Johann Caspar Haak] war der 2te Arlekin auf dem deutschen Theater. Der junge Denner hat zuerst die lustige Person unter diesem Namen vorgestellt.

Die Neuberin, welche bey der spiegelbergischen Actrize geworden war, ./. wovon ein andermal ein Mehrers ./. ...

[Die Neuberin] ... erbat sich die damals beym Herzoge von Weissenfels engagirte Spiegelbergische Familie auf eine Messe aus, und erhielt dabey den alten Denner, der von Bayreuth zu seiner Tochter gekommen war, und fing eine Gesellschaft in Leipzig an.

---

1. Johann Friedrich Löwen, Gesammelte Schriften. 4. Bd. Hamburg 1766; Neudruck hrsg. von H. Stümcke, Berlin (1905).
2. Theater-Journal für Deutschland. Gotha 1781, 17. Stck., S. 74—94. — Die Briefe sind datiert: 14. Nov. 1765 und 7. März 1766.
3. Ibd., S. 93, Z. 18 bis S. 94, Z. 2.
4. U. a. Fetting; Potkoff; Pietschmann; v. Magnus.
5. Nach den Original-Konzepten: Mss. germ. fol. 771 (fol. 42 v — 45 v) (Nachlaß Konrad D. Ekhof). Stiftung Preußischer Kulturbesitz, Depot der Staatsbibliothek. Tübingen.

Das: künftig ein mehrers! habe ich, so viel ich weiß, nicht eher gesagt, als bis ich versprochen, daß ich bey Gelegenheit Denners Leben und seiner Abkömmlinge weitläuftiger entwerfen wollte. Ich habe mich also der Kürze halben, wenn von diesen die Rede gewesen, darauf bezogen; damit aber habe ich es nicht Ihnen versprochen, noch, daß ich es gleich thun wollte; Sie mögen also auch die Leser darauf vertrösten. Dies muß eine Arbeit von Muße u: Lust seyn. Um Ihnen einigermaßen aus der Verlegenheit zu helfen, mag es jetzt genug seyn, das sie sagen können: daß Denner und Spiegelberg eine geraume Zeit, theils in Compagnie theils getrennt, mit verschiedenen abwechselnden Glücksumständen Gesellschaft geführt; (daß die Spiegelbergische die letzte davon gewesen), daß dieser Johann Spiegelberg 1732 d. 23. Sept. in Bergen in Norwegen gestorben, und daß seine Wittwe die Gesellschaft bis 1739 gesetzet und alsdann aufgehoben habe."

So ausführlich hat Ekhof in zwei Briefen über die Familien, denen er durch Heirat nahestand, berichtet oder berichten wollen. Unwillig verwies er den wißbegierigen Löwen auf das bereits Gesagte und vertröstete ihn dreimal mit „künftig", „bey Gelegenheit" oder „ein andermal ein Mehreres", weil es „eine Arbeit von Muße u: Lust seyn" müsse. Offenbar sträubte er sich, mehr von seiner Verwandtschaft preiszugeben als theatergeschichtliche Belange. Seine brüske Ablehnung gestattet diesen Schluß ebenso wie der wegen allzu privater Auskünfte nachträglich wieder gestrichene Absatz. Nicht zu überhören ist ferner, daß er im Gegensatz zu der anfangs gezeigten Bereitwilligkeit, die Verwandtschaftsverhältnisse der Familie Denner auszubreiten, Spiegelberg nur beiläufig erwähnt hat, obwohl dessen Tochter seine Frau geworden war.

Die in Ekhofs Wesen begründete und von seinem langjährigen Kollegen Brandes beklagte Verschlossenheit[6] kann nicht die Ursache gewesen sein, wenn andererseits, wie der ungekürzte Briefentwurf noch deutlicher enthüllt, Parteinahme nicht unterdrückt wurde. Auch Rücksichtnahme auf die beginnende Geisteshinfälligkeit seiner Frau würde dieses Verhalten ebensowenig erläutern wie die rätselvolle Klage des schon vom Tode Gezeichneten, er habe „wie Herkul, das blutige Hemd der Dejanira getragen".[7]

Fehlende Muße wird ihn kaum gehindert haben, deren Lebensgeschichte zu verfassen; sein wiederholtes Verweisen auf günstigere Umstände ist vielmehr als Ausrede zu werten. Wir haben kein unausgeführt gebliebenes Projekt zu beklagen und auch auf keinen überraschenden Fund mehr zu hoffen. Alles, was Ekhof darüber der Nachwelt anvertrauen wollte, hat er gesagt. Es ist weit mehr, als es auf den ersten Blick scheinen mag, aber nicht genug für ein solides Fundament, auf das sich aufbauen ließe. An diese Schlußfolgerung knüpft sich ein konjizierender Versuch.

Johann Carl Denner gehörte einer in Nürnberg weitverzweigten Sippe von Instrumentenmachern an, deren bekanntestes Mitglied der Schöpfer der Klarinette, Johann Christoph Denner, war. Er selbst wurde als „Flötenmacher" bezeichnet, der sich auch als „Beibote" betätigte[8], laut Ekhof als „Hamburger Bote". Das führte zu dem Mißverständnis, in Johann Carl Denner einen gebürtigen Hamburger zu sehen[9], obwohl

---

6. Brandes Bd. 2, S. 268 f.
7. F. Meyer 2. Teil, 2. Abtlg., S. 23. — Meyer glaubte kommentieren zu dürfen, der Hang zur Schwermut habe „sie schon früher zur Plage seines Lebens gemacht. Sie ist ohne Zweifel die Dejanira, deren blutiges Hemd er getragen" (ibd., S. 27). Uhde meinte dagegen, daß Meyer diese Worte zu Unrecht auf Ekhofs Frau bezogen habe (I, S. 137). Es ist aber neuerdings zu erwägen, ob das Verhältnis der Ehegatten nicht von Vorgängen überschattet war, die, um ihnen den Ruch der chronique scandaleuse zu nehmen, besser in einer Anmerkung plaziert sind. Sie werden auch nur deswegen erwähnt, weil auf Ekhofs Verbitterung unablässig hingewiesen und diese mit der Belastung einer kranken und angeblich 13 Jahre älteren Frau (was nicht zutrifft) zu deuten versucht wurde. — Derselbe Uhde hat die nach der Tradition 1746 in Stettin vollzogene Trauung urkundlich ermitteln wollen. Sein Vorhaben verlief trotz Zirkulars an sämtliche Kirchenbuchführer ergebnislos (I, S. 136). Bei der nicht gerade sprichwörtlichen Verschwiegenheit unter Theaterleuten hat es trotzdem immerhin über zwei Jahrhunderte verborgen bleiben können, daß Georgine Spiegelberg schon vorher mit einem Berufskollegen, Johann Georg Faust, eine 1739 schon wieder zerrüttete Ehe eingegangen war. Beim Konsistorium in Linköping (Schweden) wollte Faust 1739 die Scheidung beantragen (Norrköping. Kammergerichts-Akten v. 19. 6. 1739; siehe im Anhang I unter „1739"). Die Akten schweigen. — Ist sie geschieden worden? — Sollte sie mit Ekhof gar nicht getraut worden sein? — — — (Als unerläßliches Hilfsmittel kann hier und im folgenden nicht auf die genealogische Tafel (Anhang IV, 4) verzichtet werden).
8. Stadtarchiv Nürnberg. Libri Litterarum des Stadtgerichts Bd. 183, S. 340.
9. So hatte auch Georg Behrmann, Verfasser des ‚Timoleon', laut Schütze (I. S. 221) „die einträgliche Bedienung eines Amsterdammer Bothen", ohne deswegen in Amsterdam geboren zu sein. Heitmüller (I, S. 6) expliziert das Boten- und Postwesen ausführlicher. — Weder Ekhof hat sich geirrt noch Löwen diesen Irrtum verbreitet, wie v. Magnus (S. 240) meint; die Entstellung ist erst durch spätere Lesart entstanden. Ekhof hat auch nie behauptet, daß Denner sich von Hamburg nach Wien begeben habe (ibd.). Bei Ekhof ist viel-

damit seine Beschäftigung im Hamburg-Nürnberger Postverkehr gemeint war. Das hat Ekhof im Konzept des an Löwen gerichteten Briefes insofern bekräftigt, als der „Nürnb. bote" nachträglich in einen „Hamburger" geändert wurde.

Dieser Johann Carl Denner der Ältere ist bis vor kurzem der Theatergeschichte deswegen verborgen geblieben[10], weil einerseits die von Ekhof eliminierte Kurzbiographie unbekannt war, zum anderen auch, weil dessen von Ekhof als der „junge Denner" bezeichnete Sohn — infolge des ausgemerzten Absatzes aus dem Zusammenhang gerissen — für einen Sprößling von Leonhard Andreas Denner dem Jüngeren, Sohn des Johann (oder Hans) Carl Denner, gehalten wurde. Um so mehr mußte später ein Gottfried Denner zur Verwirrung beitragen.

---

mehr nachzulesen, daß „Denner seine Nation verlassen" hat, also: Nürnberg. — Einen literarischen Vorläufer auf einer solchen Hamburger Postlinie schuf Christian Reuter: Laux der „Hamburger Bote" in ‚L'Honnete Femme Oder die Ehrliche Frau zu Plißine', auch im Libretto ‚L'Honnete Femme Schlampe' (Reuter, S. 28 ff., 186, 218 ff.).

10. v. Magnus hat die Verwechslung 1960 geklärt (S. 239 f.).

Quellenmißbrauch

Schon hier empfiehlt es sich, anhand eines folgenreichen Beispiels zu begründen, warum uns nichts erspart werden kann, was immer ausgespart worden ist: als Haarspalterei verschriene personalhistorische Kleinarbeit zu betreiben. Die Folgen des Versäumnisses werden den hier beschrittenen Umweg rechtfertigen.

Rommel zitiert auf eine ihm nützliche Weise noch 1952 Löwen als Autorität statt, wie zu erwarten, Ekhof:

„Ein gewisser Stranitzky... führte zuerst den Hanswurst ein und Denner [gemeint ist der jüngere Denner Anm. d.Verf.] spielte zuerst die lustige Person nach dem Beispiele des italienischen und französischen Theaters". Löwen wußte also noch [!] von der Priorität des Wienerischen Hanswurst vor dem italienisch-französischen Harlequin. Denners Auftreten setzt Schmid in der ‚Chronologie' richtig in das zweite Jahrzehnt des 18. Jahrhunderts und das ist um so wichtiger, als er, wie alle seine Zeitgenossen, das Eindringen der Burlesken in der Art der Commedia dell'arte oder der Comédie Italienne nach Deutschland viel zu früh annahm".[11]

Abgesehen davon, daß von diesem Gebäude kein Stein auf dem anderen stehen bleiben wird, haben wir uns vorerst auf die Personalien Denners zu beschränken. Die Richtlinien für den hier exerzierten Gedankengang trägt Rommel nach: Es führe Löwens oft wiederholte Mitteilung,

„Denner der Jüngere sei der erste deutsche Harlequin gewesen, auf das zweite Jahrzehnt des 18. Jahrhunderts, denn Gottfried Denner (der Jüngere, zum Unterschied von dem schon 1698[12] selbständigen Leonhard Andreas Denner dem Älteren) wird erst 1731 genannt".[13]

Nun setzt aber Schmid keineswegs Denners *Auftreten*, sondern die *Entstehung* „von zwey neuen Gesellschaften der Dennerischen und Spiegelbergischen"[14] ins Jahr 1710 — ein Jahr, welches das zweite Jahrzehnt so umfassend repräsentiert wie der Sonntag die kommende Woche. Es gehört schon zweckdienlicher Mutwille dazu, aus der bloßen Aufzählung, Stranitzky habe zuerst den Hanswurst, Denner dagegen zuerst den Harlekin kreiert, auf ein Nacheinander zu schließen und obendrein Löwen Kenntnisse zu bescheinigen, die dieser, wie längst bekannt sein sollte, nie besessen, sondern von Ekhof bezogen hat. Löwens Anteil beschränkt sich auf Mißverständnisse, was, wenn Rommel die ihm sachdienlichen Irrtümer potenziert, zu keinem guten Ende führen kann.

Von „Dem sonst bekandten Hanns Wurst Oder J.[osef] A.[nton] St.[ranitzky]" konnte bisher kein Zeugnis vor 1708 gefunden werden[15], obwohl einzuwenden ist, daß er nicht über Nacht „bekandt" geworden sein kann. Andrerseits trat aber Leonhard Andreas (nicht Gottfried) Denner als Harlekin — wie sich noch erweisen wird — bereits 1707 auf. Es könnte nun in Anlehnung an und in Umkehrung von Rommel gefolgert werden, daß schon Löwen *nicht mehr* von der Priorität des italienisch-französischen Harlekins *vor* dem Wienerischen Hanswurst wußte. — Wohin würden wir geraten?

Daß Rommel im Stammbaum den falschen Ast erwischte, ist nur in dem Maße bedenklich, als ihm Hans Carl und Leonhard Andreas Denner gleich viel gelten. Daß aber mißglückte genealogische Folgerungen dazu führen, „das Eindringen der Burlesken in der Art der Commedia dell'arte oder der comédie Italienne nach Deutschland" ins zweite Jahrzehnt des 18. Jahrhunderts zu verlegen, ist zu verwegen, als daß Nachlässigkeiten noch entschuldbar wären. Ob Rommel mitverantwortlich zu machen ist, daß noch 1965 die Meinung herrscht, Harlekin-Burlesken seien nicht vor Ende der Dreißiger Jahre des 18. Jahrhunderts auf der deutschen

---

11. Rommel, S. 190.
12. Unerfindlich bleibt, warum es ausgerechnet Leonhard Andreas Denner gewesen sein soll, wenn ausdrücklich *Hans Carl* Denner „flötenmacher" (Leonhard Andreas' Vater!) als derjenige bezeichnet wird, der 1698 in Nürnberg Vermittlungsgeschäfte für die ‚Badischen Comoedianten' erledigt hat, ohne selbst ein Prinzipal gewesen zu sein. Denn Rommels unbelegte Quelle müßte Hampe sein (Bd. 2, S. 180, Nr. 561), es sei denn, er habe sich unkritisch auf Jacob (S. 23) gestützt, der allerdings die ominöse Jahreszahl 1698 aufgrund eines Mißverständnisses von Paludan (II, S. 324) nennt. Dann hätte Rommel allerdings auch die einzige Erwähnung Gottfried Denners richtig, nämlich 1734 in Aachen, (Pick, S. 459) ausschreiben müssen.
13. Rommel, S. 208.
14. Chronologie, S. 31.
15. Monologium Oder die Monath Deren Römer, Der Athenienser, Anderer Griechisch- und auch Asiatischen Abgötterern, Welche sie in Zusammensetzung des Jahrs gebraucht, mit allen ihren Göttern gewidmeten Feyertägen, und Festen auffgezeichnet. Zu schuldigen Ehren. Seinen Gnädigst, Gnädigen und Respective Zusehenden Dedicirt Von Dem sonst bekandten Hanns Wurst Oder J. A. St. Gedruckt im Jahr 1708. (Vgl. R. Werner, S. CXXVIII).

Bühne nachweisbar[16], oder daß es 1966 als Axiom gilt, Denner jun. habe im zweiten Jahrzehnt als Harlekin gewirkt[17], wird niemand zu entscheiden wagen. Selbst wenn er davon freizusprechen wäre, so hat ihm doch die jüngste Literaturwissenschaft ihr Einverständnis attestiert[18] — und das letztlich nur, weil es mit der Dennerschen Familiengeschichte im Argen liegt.

16. Rommel, S. 208; Hinck, S. 83.
17. Promies, S. 18.
18. Ein von Rommel (S. 178) selbst provoziertes Mißverständnis bei Hinck (S. 83), daß mindestens die nominelle Präsenz von Vertretern der Commedia dell'arte schon in der zweiten Hälfte des 17. Jahrhunderts im Wanderbühnendrama zu konstatieren sei, kann schon deswegen nicht stillschweigend übergangen werden, weil in einem der zur Beweisführung herangezogenen Manuskripte, ‚Das Labyrinth der Liebe', ein Arlequin sein Spiel getrieben haben soll. Es stellt sich jedoch heraus, daß dieses Stück erst 1723 von Carl Ludwig Hoffmann um den Titelzusatz ‚Arlequin Ein kurtzweiliger Hoff-Spion' erweitert wurde (Heine II, S. 61; Kat. Wien II, S. 88). Damit ist Arlequins Anwesenheit im Manuskript erschöpft. Hoffmanns Ergänzung besagt nur, daß „Lindo, der Rosane kurtzweilliger Rath", künftig durch Arlequin ersetzt werden soll. Es hätte also bei Rommel von gar keinem Narren-Paar Lindo und Arlequin, die Rede sein dürfen. Womit auch Rommels Behauptung, daß besagte Commedia dell'arte-Abkömmlinge paarweise aufgetreten seien, zunichte wird; denn wenn von dürftigen drei Fällen einer noch entfällt, wird man wohl von Schlußfolgerungen absehen müssen.

Quellenkritik

Dieser Hans (oder Johann) Carl Denner soll 1703, d. h. als „der Churfürst von Bayern Nürnberg berennt" hat, seine „Nation" mit Frau und beiden Kindern, Leonhard Andreas und Elisabeth, verlassen haben. Noch am 12. November 1703 hielt er sich aber in der Stadt auf[19], kann also frühestens gegen Jahresende oder Anfang 1704, „weil er den Aufenthalt der Veltheimischen Gesellschaft nicht gleich gewußt hat, erstlich zu einem Principal, der schwarze Müller genannt, gereiset" sein, von dem er dann alsbald zur Witwe Velten hinüberwechselte. Wer war der „schwarze Müller"?

Während sich der Prinzipal Johannes Velten 1689 in Dresden aufhielt, kopierte Gabriel Müller, eines seiner Mitglieder, dort ein Manuskript des ‚Liebessoldaten'. [20] Ebenfalls bei Velten wird 1691 in Dresden ein Christian Müller als Mitglied der Truppe genannt.[21] Beide Müller bewarben sich nach dem Tode ihres Prinzipals am 8. April 1693 um eine Konzession für Leipzig.[22] Anfangs scheinen sie in der Prinzipalschaft alterniert zu haben: Christian Müller 1696 und 1700 in Nürnberg[23], Gabriel Müller 1697 im sächsischen Freiberg und seit 1700 ausschließlich genannt.[24] 1702 nahm der inzwischen zum „fürstl. Pareitschen Hof-Comoediant" avancierte Gabriel Müller die Leipziger Neujahrs- und Herbstmesse wahr, desgleichen die Neujahrsmesse 1703 und hielt sich bis zum Beginn der Frühjahrsmesse, die er als „Sachsen-Weymarischer Hof-Comoediant" besuchte[25], in Freiberg/Sachsen auf.[26] Am 5. Juni 1703 wurde er in Berlin zugelassen[27], spielte 1704 in Frankfurt a. d. Oder[28] und wiederholte als „Comoediant von Weimar" seine Leipziger Gastspiele nicht nur während der Neujahrs- und Frühjahrsmesse 1705, sondern bis 1710 fast jährlich.[29]

Katharina Elisabeth Velten, Witwe seines einstigen Prinzipals, nunmehr selbst Prinzipalin und seine Rivalin, mußte während des etwa gleichen Zeitraums von 1700 bis 1705 andere Entfernungen zurücklegen. Nach dem Kieler Umschlag zu Beginn des Jahres 1702[30] war sie im April in Lübeck[31], im Mai in Lüneburg und beabsichtigte, von dort nach Pyrmont weiterzureisen.[32] Die allerwärts anzutreffende und nur auf eine Vermutung Schützes zurückgehende Behauptung, sie sei dann im Juli 1702 in Hamburg gewesen, ist nicht unanfechtbar, obwohl der 15. Juli 1702 tatsächlich auf einen Sonnabend fiel.[33] Seit dem Sommer 1702 bis zum Herbst 1703 in Leipzig blieb bisher ihr Aufenthalt in Dunkel gehüllt. Nach dieser Lücke verhieß dann Christian Heinrich Schmid weiterzuhelfen:

„Im Jahre 1704 erwarb sich die Veltheiminn viel Geld zu Nürnberg, von da sie zur Kayserlichen Armee, welche damals Landau belagerte, verschrieben ward. Aber hier hatte sie das Unglück, einem französischen Partheygänger in die Hände zu fallen, der sie rein ausplünderte, zur gerechten Strafe für die stolze Antwort, die der Nürnberger Rath erhielt, als er sich erbot, ihre Reichthümer indessen in Verwahrung zu nehmen".[34]

Schmids so glaubhaft scheinende Jahresangabe hält keiner Prüfung stand, denn Landau mußte schon 1702 die Belagerung vom 16. Mai bis zum Fall am 9. September über sich ergehen lassen. Eine Berufung Katharina Veltens in das Kaiserliche Lager des Markgrafen Ludwig Wilhelm I. von Baden, Türkenlouis genannt,

---

19. Stadtarchiv Nürnberg. Libri Litterarum des Stadtgerichts Bd. 183, S. 340.
20. Dieses Stück von nicht geklärter Herkunft ist schon zwischen 1650 und 1673 in einer Laibacher Handschrift als ‚der verIrrte Soldat oder der glücks-Probir-stain' bearbeitet worden (Handschrift Radics). Eine zweite Handschrift, von Bolte beschrieben und später von ihm als Abschrift des ‚Liebessoldaten' identifiziert, befand sich in der Berliner Staatsbibliothek (VI, S. 503 u. 86—03). Ein drittes handschriftliches Exemplar, „Geschrieben von Gabriel Möller ad a. 1689 d. 25. Februarij in Dresden", besitzt die Österreichische Nationalbibliothek Wien: Cod. 13 158 (vgl. Kat. Wien II, S. 88).
21. Fürstenau Bd. 1, S. 311.
22. Kat. Wien II, S. 96.
23. Hampe Bd. 2, S. 304 u. 308.
24. W. Herrmann, S. 568.
25. Wustmann, S. 481.
26. W. Herrmann, S. 568.
27. Brachvogel Bd. 1, S. 56; Plümicke, S. 76.
28. Grimm, S. 30.
29. Wustmann, S. 481 f.
30. v. Gersdorff, S. 135.
31. E. Fischer, S. 51. — Im Anhang (IV, 1) sind Spielorte und -zeiten von 1693—1712 chronologisch zusammengestellt.
32. v. Magnus, S. 233.
33. Schütze I, S. 35. — Die Quellen sprechen sogar dafür, daß es sich um Juli 1699 handelt. Sie befand sich damals, als ihr Spielgesuch am 12. Juli vom Rat der Stadt Bremen abgelehnt wurde (Tardel, S. 286), in Hamburg oder Umgebung.
34. Chronologie, S. 29.

widerspräche ihrem Reisekalender von 1702 keineswegs. Es steht auch der Vermutung, nach Pyrmont tatsächlich Nürnberg aufgesucht zu haben, nichts im Wege. Die archivalischen Lücken in den Nürnberger Theaterannalen vom Juli 1701 bis zur Rückkehr der Prinzipalswitwe im April 1705[35] ermutigen allenfalls zu dieser Annahme. Auch die glaubhaft von Schmid vorgetragene anekdotische Nachricht über das ihr im kaiserlichen Lager widerfahrene Mißgeschick gewinnt an Glaubwürdigkeit.

Nach dem Besuch der Leipziger Herbstmesse 1703[36] und einem Kopenhagener Zwischenspiel am Jahresende[37] traf Katharina Velten, vom Kieler Umschlag 1704 kommend[38], im März oder April in Berlin ein und spielte auf Grund eines am 8. Januar bewilligten Gesuches bis Mai auf dem Rathause.[39] Anschließend nutzte sie im Juni und Juli die auf einen Monat befristete königl. preuß. Konzession für Halle[40], um nach vorübergehend unbekanntem Aufenthalt im Oktober „nebst dero Bande" Leipzig aufzusuchen[41] und erst wieder gegen Jahresende in Breslau für ein Gastspiel ab Januar 1705 aufzutauchen.[42]

Hier im mitteldeutschen Raum scheinen sich die Reiserouten beider Truppen gekreuzt zu haben.

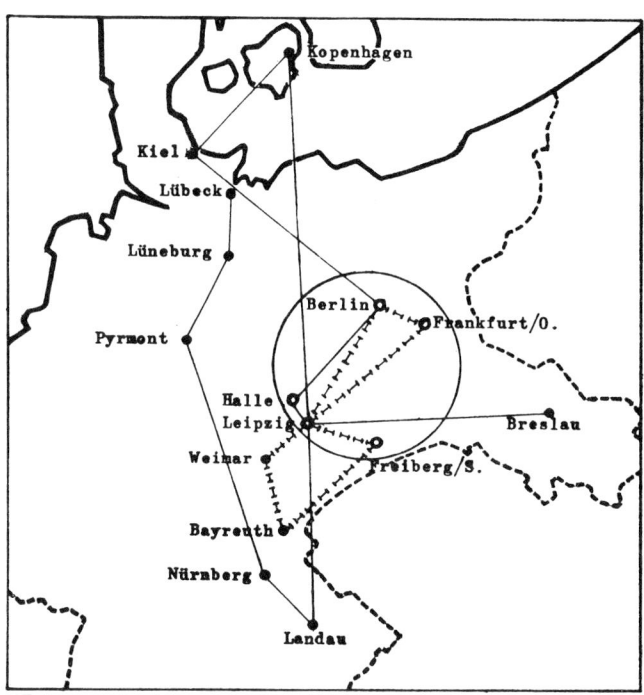

Wanderzüge der Truppen der Witwe Velten (—) und Gabriel und Christian Müllers (– –) von 1700—1710.

35. Hampe Bd. 2, S. 184.
36. Wustmann, S. 481.
37. v. Gersdorff, S. 138; v. Magnus, S. 234; Paludan II, S. 317.
38. v. Gersdorff, S. 137 f.
39. Brachvogel Bd. 1, S. 56; Plümicke, S. 78.
40. G. Meyer, S. 14 u. 142; Schubart-Fikentscher, S. 123: ausgestellt am 28. Mai 1704 auf Schloß Schönhausen.
41. Wustmann, S. 481.
42. Bolte I, S. 144.
43. Brachvogel Bd. 1, S. 56.

Schon die frühestens um die Jahreswende 1703/04 erfolgte Abreise aus Nürnberg verbietet, Denners Familie — selbst nach einem noch so kurzen Aufenthalt bei Müller — schon als Mitglieder der Truppe Velten im März 1704 in Berlin zu vermuten. Brachvogel zählte zwar außer dem älteren Denner (natürlich Leonhard Andreas!) auch die erst sechs Jahre später gegründete Familie Spiegelberg zu jenen Schauspielern, „welche nunmehr 1704 unter ihr agirten".[43] Aber Brachvogels Angaben stellen sich als grober Mißbrauch der ‚Chronologie'[44] und unzulässige Bereicherung der Berliner Theatergeschichte heraus.

Weil Denner den Aufenthalt der Müllerschen Truppe im Gegensatz zu dem der Witwe Velten gekannt haben soll, so liegt es nahe, Müller — wenn auch nur als abgewiesener Bittsteller wegen ungewisser Kriegsläufte — in diesem ungeklärten Jahr 1704 in Nürnberg oder Umgebung zu vermuten[45], von wo er dann unverrichteter Dinge nach Sachsen zurückgekehrt wäre. Katharina Velten vagierte gegen Mitte desselben Jahres zwischen Halle, Leipzig und Breslau ebenfalls in dem zu durchquerenden Sachsen, so daß Denner sich dort der gesuchten Prinzipalin hätte anschließen haben können.

Denner, welcher „aber nur einige Zeit bey ihr blieb", wie Schmid zu wissen meinte[46], hat sie anscheinend doch länger auf ihren Wanderzügen begleitet als diese Bemerkung glauben machen möchte. Sicher mußte die Familie ihr Brot etwa zwei volle Jahre in Ansbach, Leipzig, Lübeck, Kiel, Nürnberg (März 1706), wo sie ihre ruhelose Theaterlaufbahn vor gerade zwei Jahren angetreten hatten, sauer bei ihr verdienen. Sie waren auch in Prag, einem bisher nicht nachgewiesenen Aufenthalt der Velten, wo sich Leonhard Andreas Denners zukünftige Frau, „eines Musicanten Tochter namens: Ritter", der Familie anschloß.

---

44. Chronologie, S. 27; E. Devrient (Bd. 1, S. 315) hat das Jahr 1704 übernommen und es dadurch glaubwürdig gemacht.
45. Wegen der Lücke in den Nürnberger Ratsprotokollen von 1701 bis 1704 ist ein Aufenthalt in Nürnberg, wo ihm frühere Gesuche nicht abgeschlagen worden waren, nicht ausgeschlossen.
46. Chronologie, S. 27.

Narrenmetropole Wien

Zu dieser Zeit um 1706 muß „Die Dennersche Familie ... sich zu Stranitzki" nach Wien begeben haben.[47] Ekhof verschweigt zwar das Jahr, läßt aber wissen, daß es zu einer Zeit geschah, bevor „dieser, wegen schlechter Umstände sie [die Truppe] aufgeben müssen". Wiener Akten vom 22. Dez. 1706 erlauben in der Tat, unter den von Stranitzky „von weither beschriebenen actoren", mit denen „biß Endt ermelter faschungs Zeit [1707] würckhl.: contrahiert" worden war[48], auch die Familie Denner zu vermuten. Um es nicht bei einer Vermutung zu belassen, wäre nun — auch im Hinblick auf eine bevorstehende Wende in der Bühnlaufbahn der Dennerschen Familie — zu untersuchen, ob Stranitzkys Unternehmen tatsächlich alsbald gescheitert ist, wie Ekhof behauptet.

1705 taucht Stranitzky zuerst in Wien auf und schloß sich alsbald mit Johann Baptist Hilferding und Heinrich Naffzer zu einer gemeinsamen Prinzipalschaft zusammen. Nachdem dann „Maria Monica Stranizgin, Maria Margaretha Hilferdingin und Maria Naffzerin, nomine ihrer verraisten Männer" die am 16. Juli 1706 ausgefertigte Bewilligung ihres Spielgesuches erhalten hatten[49], müssen die Fahrenden alsbald heimgekehrt sein und ihre Absicht verwirklicht haben. Das beweist nicht nur eine Beschwerde über den Spielbetrieb in ihrer feuergefährdeten Bretterbude am Neuen Markt, sondern auch ihr erfolgreicher Einspruch gegen deren Abbruch und die in Aussicht gestellte Umsiedlung in das Ballhaus in der Teinfaltstraße nach Fasching 1707.[50] Aus der von ihnen entrichteten Platzgebühr für 67 Spieltage[51] ist außerdem zu ersehen, daß sie in dem ebenfalls hölzernen Ballhaus-Gebäude nach damaligen Gepflogenheiten bis gegen Ende des Jahres spielten.

„Der Tod dieser seiner Compagnions machte" Stranitzky, so berichtet Schmid, „zum alleinigen Oberhaupte der dasigen deutschen Truppe".[52] Das trifft insofern zu, als Heinrich Naffzer schon am 28. Januar 1706, wohl bald nach eingereichter Petition, starb.[53] Wahrscheinlich noch vor Ende des Jahres 1707 trat Jacob Hierschnak aus der zwischen ihnen „geschwebten Societät" aus. Seine vorher nicht erwähnte Beteiligung an dem Unternehmen mit 200 Talern erklärt sich aus einer inzwischen eingegangenen Ehe mit der jüngst verwitweten Maria Naffzer[54], die nach dem Tod ihres Mannes Teilhaberin des Privilegs wurde. Auch Hilferding hatte sich wohl schon Ende 1707 zurückgezogen, denn im April 1708 befand er sich als „Comoediant auß Wien" in Köln.[55]

Im Mai 1708 ist schließlich in einer Eingabe der „in dem Pallhauß der Teinfaltstraßen spillente Comödianten" die Rede von „der anderen dissoluirten [!] Compagnie"[56], so daß jeder Zweifel an der Auflösung dieser ersten unter Stranitzkys Beteiligung gegründeten Truppe ausgeschlossen werden kann.

---

47. Lange Zeit hat man mit einer phantastischen Lebensgeschichte des Josef Anton Stranitzky (um 1676 bis 1726) — nach Berichten des Schauspielers G. F. Kirchhoff (über diesen s. G. Meyer, S. 40 f.) von Nicolai verbreitet (Bd. 4, S. 566 ff.) — vorlieb nehmen müssen. R. Werner (S. IX f.) und Weilen (ADB Bd. XXXVII., S. 765 ff.) steuerten außer Zweifel nichts bei. Erst Payer von Thurn (Bd. 1, S. XIV ff.) hat verläßliche Grundlagen geschaffen, die Trutter noch erweitern konnte (S. 28 ff.). Bis zu Stranitzkys erstem Auftauchen in Wien 1705 ist er ausschließlich als Puppenspieler nachzuweisen, zuerst 1698 in Burghausen, wo „Josef Stranitzer" mit Konsorten „uf gemeiner Stadt-Rathaus das Putschinell-Spiel gehalten" hat (Netzle, S. 29). Am 19. 9. 1699 mußte „Joseph Anthoni Stranizky", von Augsburg kommend, für sechs auf dem Rathaus von München vorgeführte „Pollicionelaspill" Gebühren entrichten (Trautmann I., S. 165 ff., Anm. 570). In Augsburger Eingaben bezog er sich 1702 auf frühere Anwesenheit 1698 und 1699. Abgesehen davon, daß Ekhof ihn als Mitglied der Truppe Witwe Veltens bezeichnet (S. 77) — womit nicht nur sein Verbleib zwischen 1702 und 1705, sondern auch durch Bekanntschaft mit Denner die Abwanderung des letzteren nach Wien einleuchtend erklärt wäre — schweigen die Quellen über seine theatralische Laufbahn. Über die Familie: Jb. Wien 1953/54, S. 141 f.
48. Weilen I, S. 122, Schlager, S. 349.
49. Weilen I, S. 122.
50. ibd. 122 f.
51. Schlager, S. 362.
52. Chronologie, S. 29. — Schmid hat diese Behauptung, die nicht von Ekhof stammt und darum auch bei Löwen fehlt, im Offenbacher Kal. 1779 wiederholt (S. 64). Schmid kannte aber die 1772 erschienene ‚Historische Nachricht vom Anfange des deutschen Schauspiels' und hielt sich an J. H. F. Müller: Stranitzky „blieb nach dem Absterben seiner Associrten allein das Haupt der deutschen Gesellschaft" (S. 8).
53. Jb. Wien 1953/54, S. 133.
54. Weilen I, S. 123.
55. Jacob, S. 11.
56. Weilen I, S. 123.

Die Annahme, daß jene um die Mitte 1706 zusammengestellte Gesellschaft sich gegen Ende des Jahres 1707 aufgelöst hat, ist also wohlbegründet, wenngleich sich bei den verfügbaren Quellen der Zeitpunkt nicht genauer als gegen Ende 1707 bestimmen läßt.[57] Nach Hilferdings Gastspiel ab 11. April 1708 in Köln und nach Hierschnaks Kontroverse mit den oben erwähnten Kollegen aus „dem Pallhauß der Teinfaltstrassen" des gleichen Jahres kommen allenfalls noch die ersten Monate 1708 in Frage. Insgesamt bestätigt die Untersuchung, daß Ekhofs Mitteilung, Stranitzky habe seine Gesellschaft aufgeben müssen und sei erst nach „einer kurzen unglücklichen Principalität in Wien so bekannt geworden"[58], durchaus glaubwürdig ist.

Um so weniger ist auch zu bezweifeln, daß die Denners tatsächlich zu den schon 1706 „von weither beschriebenen actoren" gehörten und an der ersten ortsfesten deutschen Theatergründung in Wien beteiligt waren, bis man gegen Ende 1707 „wegen schlechter Umstände sie [hat] aufgeben müssen".[59] Aus den Trümmern dieser Gesellschaft — so schildert Ekhof lakonisch — wurde dann „die junge Dennersche u. Spiegelbergische, als damals unverheyrathe Leute, aufgerichtet". Bisher hatte sich Ekhof darauf beschränkt, daß die Dennersche Familie bei Stranitzky engagiert gewesen sei. Unvermittelt ist nun auch die Rede von dem ebenfalls in Wien anwesenden Johann Spiegelberg und einer Assoziierung beider, als Stranitzky und Konsorten fallierten.

Um solche scheinbar ungereimten Zusammenhänge, über die Ekhof sich ausschweigt, aufzuklären, ist es an diesem Punkte — da die bisher getrennt verlaufenen Wege von Leonhard Andreas Denner und Johann Spiegelberg sich in Wien vereinen — unerläßlich, den Werdegang Spiegelbergs bis zum Herbst 1707 nachzuholen.

57. Stranitzky hielt sich nachweislich noch am 30. 9. 1707 in Wien auf, denn an diesem Tage hat er an der Wiener Universität das Examen dentifraguli dentiumque medicatoris abgelegt, weil er, so schließt Rommel, ein umsichtiger Mann gewesen sei. Der naheliegende Schluß, daß das Examen eine Folge seines mißglückten Unternehmens gewesen sein könnte, ist nicht erwogen worden (Rommel, S. 200). Obwohl es sich gut einfügen würde, daß er bereits 1707 in Brünn sein „noch nie daselbst gesehenes rares Marionettenspiel" gezeigt haben soll (d'Elvert, S. 40), so überwiegen doch Bedenken gegen diese Quelle. Weilen (I, S. 127) behauptet sogar 1706, Rommel dagegen 1707 (S. 205) und beruft sich dabei auf d'Elvert, welcher indessen 1717 nennt, wobei es sich fraglos um einen Druckfehler handelt, den Rommel glaubte berichtigen zu dürfen.

58. Ekhof, S. 77.

59. Über die Zusammensetzung der Truppe läßt sich überraschend viel sagen: Außer Stranitzky und seiner Frau Maria Monica gehörten Johann Baptist Hilferding, dessen Frau Maria Margarethe, Maria Hierschnak verw. Naffzer und Jacob Hierschnak dazu. Unter den „von weither beschriebenen actoren" haben sich Johann Carl Denner nebst Kindern, Leonhard Andreas und Elisabeth, befunden. Vielleicht hat auch die seit Prag sie begleitende „und nachher Actrize" gewordene Jungfer Ritter mitgewirkt. Ferner, so behauptet Schmid (Chronologie, S. 30) sei „ein gewisser Heinrich Wilhelm Bönicke..., der sich im Komischen hervorthat" und den Ekhof (S. 78) sogar als Mitglied der Veltenschen Truppe bezeichnet, dabei gewesen. Anhand der Wiener Totenprotokolle ist Bönicke tatsächlich 1707 und 1708 in Wien zu beglaubigen; in beiden Jahren starb ihm ein Kind (Jb. Wien 1953/54, S. 117: Benkhe; S. 135: Prenike). Um so wahrscheinlicher ist die Anwesenheit seiner Frau Victoria Clara, die eine Tochter des Prinzipals Jacob Kühlmann gewesen sein dürfte — eine nicht unstatthafte Folgerung aus den beiden für jene Zeit ungewöhnlichen Vornamen, die in dieser Verbindung sonst nicht vorkommen (1699 in Stuttgart noch „Jungfer Viktoria Klara"; vgl. Krauß I., S. 406). Mithin zählte die Gesellschaft mindestens 12 Personen, eine von den üblichen Truppenstärken nicht abweichende Mitgliederzahl, die sich sogar auf 14 erhöhen würde, wenn Heinrich Rademin und Frau (1709 durch Kindestod in Wien nachweisbar) an der Entreprise teilnahmen, wie Schmid mit Vorbehalt notiert (Chronologie, S. 29).

Harlekins Kompagnon

Spiegelberg, 1682 in Danzig geboren und am 22. März in der St. Katharinen-Kirche auf den Namen Johann getauft[60], hat in den ersten 23 Jahren seines Lebens zuwenig Aufsehen gemacht, um Spuren zu hinterlassen. Weder Eltern noch Geschwister scheinen Beziehungen zur Bühne gehabt zu haben. Sowohl nach dem Lebensalter wie nach der Laufbahn, die ein Anfänger nicht als Prinzipal begonnen haben kann, dürfte er sich um 1700 oder bald danach dem Theater verschrieben haben.

Über die Jahreswende 1705/06 hielt sich am württembergischen Hof eine ungenannte Truppe auf, die Stuttgart am 30. März 1706 noch nicht verlassen hatte, weil Herzog Eberhard Ludwig 1250 fl. zu 6% oder höher aufzunehmen bemüht war, um diese Komödianten zu entlohnen[61]. Rudolf Krauß vermutete, daß es sich um die Witwe Velten gehandelt habe, was wegen ihres Aufenthaltes in Kiel bis Februar 1706 nicht zutreffen kann.[62]

In diesem März suchte Christian Spiegelberg, Prinzipal der „Hochfürstl. Würtenbergischen Hofkomödianten", um Erlaubnis nach, in Nürnberg „nach ostern einige Stücke fürzustellen".[63] Die Herkunft seines Titels und der zeitliche Anschluß an den Aufenthalt am Hofe zu Stuttgart sprechen dafür, daß jener ungenannte Prinzipal der wegen Zahlungsschwierigkeiten des Hofes länger als erhofft in Stuttgart bleiben konnte, Christian Spiegelberg hieß.

Es ist eine besondere Abart der Theaterfreudigkeit, daß Eberhard Ludwig nicht nur bei Spiegelberg verschuldet war, sondern bereits vorher Schauspieler in Sold genommen und ebenso säumig entlohnt hatte. Jacob Wilhelm Augustin und Johann Fromm waren 1698/99 mit der Truppe von Jacob Kuhlmann an den württembergischen Hof gekommen und laut Dekret vom 21. März 1699 als Hofkomödianten in den Dienst des Herzogs getreten. Gegen ein jährliches Wartegeld von 100 Rth. hatten sie sich verpflichtet, jederzeit auf Verlangen nach Stuttgart zu kommen.[64] Weder der Hof noch die Verpflichteten scheinen rechten Nutzen von den Verträgen gehabt zu haben, es sei denn, daß Augustin sich als „hochfürstl. Würdtemberg. Hof Comediant" vorteilhaft ausweisen konnte, wenn er gelegentlich — wie Ende 1710 in München[65] und Regensburg[66] — eine kleine Truppe leitete. Wegen des mit Spiegelbergs Privileg gleichlautenden Titels sind Verwechslungen zugunsten Augustins noch gang und gäbe.[67]

Im März 1706 bewarben sich in Nürnberg drei Truppen um Spielerlaubnis: neben der „Würtenbergischen" von Christian Spiegelberg auch diejenigen von Gabriel Möller und der Feldem [Velten]. Sie wurden

---

60. Siehe Genealogie am Schluß des Bandes. Den freundlichen Bemühungen des Archivdirektors von Gdansk, Dr. Roch Morcinek, verdanke ich diese Ermittlungen. — Spiegelberg wird gelegentlich *Johann* genannt; er selbst nannte sich *Christian*. Es ist nicht ohne Ironie, daß Spiegelberg — nachdem die Meinungsverschiedenheiten über seine Person 1902 durch Schüddekopfs Regelung (I, S. 119 f.), keinen *Johann*, sondern nur noch einen *Christian* gelten zu lassen, ausgeräumt schienen, nun doch auf den Namen *Johann* getauft worden ist — und das obendrein, nachdem v. Magnus aufgrund der Braunschweiger Heiratsurkunde seinen Taufnamen unumstößlich auf *Christian* festgelegt glaubte (S. 242). Als *Christian* wurde er am 26. 9. 1732 in Bergen (Norw.) begraben (Huitfeldt, S. 41); laut Ekhof ist er als *Johann* dort am 23. 8. 1732 gestorben — Daten, die seit 1876 bzw. 1781 bekannt sind. Es ist nicht einzusehen, wieso sich ein jahrelanger Streit um die Identität von Johann und Christian Spiegelberg entspinnen konnte. Noch Legband hat Zweifel nicht überwinden können (Chronologie, S. 245); und sie werden — wie ich befürchte — nicht aus der Welt zu schaffen sein.
61. Krauß I, S. 407 f.
62. v. Gersdorff, S. 146.
63. Hampe, Bd. 2, S. 187.
64. Krauß I, S. 407 f. — Johann Fromm scheint auf dem Vertrag nicht bestanden zu haben, weil er — wie es den Anschein hat — nicht nur Mitglied der „Kgl. Poln. u. Chursächs." Gesellschaft der Witwe Velten, sondern auch deren Schwiegersohn geworden war. Catharina Lydia Frommin, die zur Truppe gehörte und 1708 mitsamt der Prinzipalin bei einem Feistkuchenwirt in Nürnberg hoch verschuldet war (Hampe Bd. 2, S. 187), dürfte dem Familiennamen nach Johann Fromms Gattin, dem Vornamen nach die im Mai 1675 in Lübeck geborene Tochter Veltens gewesen sein (E. Fischer, S. 43). — Augustin bestand noch im März 1705 aus Breslau, wo sich wohl noch die Velten aufhielt (vgl. Anhang IV, 1), auf Nachzahlung seines Wartegeldes, das er im Januar 1706 während Spiegelbergs Gastspiel bei Hofe abermals einforderte. Noch 1712 war sein Vertrag mit dem württembergischen Hof nicht erloschen (Krauß I, S. 410).
65. Trautmann I, S. 77 u. 161.
66. Wild, S. 32.
67. Die Reise-Statistik im Anhang IV, 3 klärt die Verwirrung um die „Württembergischen" Gesellschaften insofern, als es sich mit Ausnahme von Regensburg und München 1710 stets um Spiegelberg oder einen Stellvertreter handelt.

allesamt zur Geduld verwiesen, bis die drohende Kriegsgefahr abgewendet sei. Inzwischen wollte man Erkundigungen einziehen, „welcher etwan die beste compagnie habe". Als der hochfürstl. würtenberg. Hofcomoediant Christian Spiegelberg sein Gesuch erneuerte, wurde am 5. Juni beschlossen, „diejenigen von denen banden, welche die beste sein wird, zu admittirn".[68] Daß Spiegelberg den Sieg über seine Konkurrenten davontrug, wird erst durch die letzte Vorstellung am 13. September beglaubigt: es waren Hochfürstliche Würtembergische Hofkomödianten, welche sich mit einem Dankspiel verabschiedeten ‚Tragico-Comedia genannt Alari, oder die irrende Geilheit'.[69]

Obwohl Spiegelberg nach wiederholt verlängerter Genehmigung von Juni bis September ein Vierteljahr lang in Nürnberg spielen konnte, sind nur noch zwei weitere Stücke seines Repertoires bekannt. Am 26. Juli wollten seine Komödianten „den entsatz der stadt Barcellona auf ihrem theatro vorstellen, dabei ein feuerwerk anzünden". Da die Jugend von Spiegelberg aufgefordert worden war, sich mit Gewehren einzufinden wurde der Kriegshauptmann ersucht, „den befehl ... zu erteilen, daß niemand von den jungen leuten mit dem gewöhr eingelassen werde, ... hingegen ... gedachten comoedianten zwölf oder 15 von geworbenen, die mit dem gewöhr umzugehen wissen, zu erlauben, sich derselben zu bedienen, damit alles unglück verhindert werden möge".[70]

Bis Mitte August durfte die Truppe unbehindert im Fechthaus spielen. Nicht zuletzt weil „die herren gaistliche wieder die besuchung der comodien aifern", wurde am 18. August ihre Verabschiedung beschlossen. Inzwischen hatte der „Hochfürstl. Bande Comoedianten Principaln Christian Spiegelberg" sich vorsorglich in Augsburg um Konzession beworben, die ihm aber „auß bewegenden Ursachen gütlich abgeschlagen" wurde.[71] So blieb ihm nichts anders übrig, als auf den Nürnberger Rat zu hoffen, dessen Nachsicht ihm zu einem um 14 Tage verlängerten Gastspiel verhalf.

Noch ein letztes Mal hatte Spiegelbergs Hartnäkkigkeit Erfolg, wenn ihm auch nur wenige Tage unter der Bedingung vergönnt wurden, daß „kürftig nicht mehr ... die begebenheit von dem sogenannten Dr. Fausten agiret, anfolglich der jugend zur ärgernis nicht anlaß gegeben werde".[72] Unwiderruflich blieb es bei der Abschiedsvorstellung am 13. September. Am gleichen Tage schlug obendrein die Hoffnung fehl, doch noch in Augsburg unterzukommen; die „Hochfürstl. Würtemberg. Hoff Comoedianten" wurden dort abermals abgewiesen.[73]

Bis zum März des nächsten Jahres 1707 entziehe sich ihr Verbleib allen Nachforschungen. Mit Georg Hengel, einem Nürnberger Bürger und Posamentierer, der schon seit 1688 das Komödienspiel betrieb und jetzt wohl ein Mitglied der Spiegelbergischen Gesellschaft war, glaubte man nach nur halbjähriger Abwesenheit von Nürnberg über einen aussichtsreichen Bittsteller zu verfügen. Aber am 18. März wurde „Georg Henckel, sogenannten hochfürstl. Wurtemberg. hofcomoedianten ..., mit seinem Gesuch um verstattung etlicher actionen" trotz seiner Bürgerschaft abschlägig beschieden.[74]

Danach verlieren sich Spiegelbergs Spuren vorübergehend so weit, daß auf nichts als eine nach Süden eingeschlagene Reiseroute geschlossen werden kann, die im Herbst 1707 in Wien endete.

---

68. Hampe Bd. 2, S. 184.
69. Hysel, S. 34.
70. Hampe Bd. 2, S. 185.
71. Stadtarchiv Augsburg. Ratsprotokoll v. 12. 8. 1706, S. 560.
72. Hampe Bd. 2, S. 185.
73. Stadtarchiv Augsburg. Ratsprotokoll v. 13. 9. 1706, S. 606.
74. Hampe Bd. 2, S. 186.

Harlekins Eskalade

Hier in Wien traf Spiegelberg mit der im Verlaufe eines Jahres schon heimisch gewordenen Familie Denner zusammen. Vielleicht hat man einander schon gekannt, denn es muß kein Zufall gewesen sein, daß Spiegelberg just zu einer Zeit, als Denners Brotherr um sein Unternehmen und Denner selbst um das tägliche Brot zu bangen hatte, in die Kaiserstadt geriet.

Nicht die Absicht, mit einer jüngst erst installierten und vielleicht sogar reüssierenden deutschen Bühne sich zu messen, wird ihn veranlaßt haben, aufs Geratewohl dorthin zu reisen. Einleuchtender wäre es, wenn er sich einen Vorteil davon versprochen hätte, daß Stranitzky nach „einer kurzen unglücklichen Principalität" in Bedrängnis geraten war.

Unter diesen Umständen wird man es weder für eine Laune noch für ein Wagnis halten, daß „Hochfürstliche Würtembergische Hoff-Comoedianten" im

Konfisziertes Theaterplakat der für den 16. 10. 1707 vorgesehenen Vorstellung der Komödiantentruppe Johann Spiegelbergs in Wien. Stadtarchiv Wien.

Oktober 1707 bis nach Wien vordrangen, wo es ihnen der Magistrat nicht verwehrte, im Franziskaner-Ballhaus ihre Bühne aufzuschlagen. Daß die „Würtembergischen Hoff-Comoedianten" Christian Spiegelbergs in Wien nachgewiesen werden können, ist nur einem administrativen Vorgang zu danken, der das Verbot ihrer für den 16. Oktober 1707 vorgesehenen Aufführung unter Beiheften des konfiszierten Theaterplakates aktenkundig gemacht hat.[75] Andernfalls hätte man sich damit begnügen müssen, aus Ekhofs Aufzeichnungen über Stranitzkys gescheiterte Truppe, aus deren Resten dann „die junge Dennersche u. Spiegelbergische... aufgerichtet wurde", auf Spiegelbergs Anwesenheit in Wien zu schließen. Vielfach abgesichert, kann nun weder Stranitzkys mißliche Lage in Zweifel gezogen, noch der mutmaßliche Zeitpunkt für das Debakel und die Sozietät Denner-Spiegelberg verworfen werden. Die grobe Datierung auf den Spätherbst 1707 wird sich nicht weiter einengen lassen, weil es an Hinweisen fehlt, seit wann sich die „Würtembergischen Hoff-Comoedianten" vor und wie lange noch nach dem 16. Oktober 1707 in Wien aufhielten.

Wegen der von den „Würtembergischen" für diesen Tag angekündigten Aufführung wurde — weil „wider solche exhibition gewisse Bedenken sich ereignen" — die Wiener Behörde per Imperatorem angewiesen, „die alsobaldige gemessene Verfügung [zu] thuen, daß die Comoedie nicht exhibiret werde".[76] Ob nun die Vetternehe, der Gattenmord, die Ehe mit dem Mörder oder das Spiel unter Potentaten und Usurpatoren der Zensurbehörde mißfallen hat, gibt der Theaterzettel nicht preis[77].

Es handelt sich hier wohl nur um einen Vorfall, nicht um Geburtswehen des später erst zur üppigen Blüte entfalteten Wiener Zensurwesens.[78] Man sollte dem Zensor am Ende Dank wissen, denn nachdrücklicher als durch dieses Plakat hätte kaum bestätigt werden können, was Ekhof für Löwens Theatergeschichte zu Papier brachte: daß die Familie Denner vorübergehend in Wien bei Stranitzky engagiert war; daß auch Spiegelberg sich dorthin begeben haben muß, wenn aus den Resten der gescheiterten Stranitzky-Truppe die „junge Dennersche u. Spiegelbergische, als damals unverheyrathe Leute, aufgerichtet" werden konnte; und daß es schließlich der junge Denner, d. h. Leonhard Andreas, gewesen sein soll, der „zuerst die lustige Person unter diesem Namen" eines „Arlekin" spielte.

Unbestechlicher als jeder zeitgenössische Berichterstatter resumiert dieser Zettel, was Ekhof so wahrheitsgetreu nur von seiner Schwiegermutter, Elisabeth Spiegelberg geb. Denner, erfahren haben kann. Ihr wird sich die Wiener Fusion um so unauslöschlicher eingeprägt haben, als Christian Spiegelberg damals in ihr Leben trat.[79]

---

75. Schlager, S. 263; Stadtarchiv Wien.
76. Weilen I, S. 123; Schlager, S. 352.
77. Kipka (S. 165 ff.) hat eine Abhängigkeit von Johannes Riemer (1679) erwogen, ohne sie nach dem unergiebigen Titel rechtfertigen zu können. Ein dürftiger Hinweis wäre allenfalls *Darly* (Riemer) = *Darley* (Wien 1707) statt *Darnley*. Eine Abschrift ‚Maria Stuart, Königin von Schottlandt' datiert „Apenrade d .19. Julij 1711" verzeichnet Bolte II, S. 462 (vgl. Anhang I, unter „1707"). Unter den Mitwirkenden findet man „Heinrich *Darly* Stuart, der Neüe König". Das durch Bolte (II, S. 462) erhaltene Personenverzeichnis und die zeitgenössische Inhaltsangabe des sehr viel älteren Stückes ist hier im Anhang (I. unter „1707") abgedruckt. — Nach dem von Schiedermair (II, S. 396 ff.) äußerst knapp wiedergegebenen Inhalt von zwei zwischen 1714 und 1716 am Durlacher Hofe aufgeführten Opern (‚Die bestürzte Königin in Schottland Maria Stuart' — ‚Die enthauptete Königin in Schottland Maria Stuart') scheint eine enge Verwandtschaft zwischen dem Wanderbühnen-Drama und diesen beiden die Gesamthandlung aufteilenden Libretti zu bestehen. Nach Brockpähler (S. 155) wurden die Opern, was Schiedermair nicht zu entscheiden wagte, von Johann Matthäus Trost komponiert.
78. Darüber bei Glossy, S. 241 ff.; Marek 3. Teil.
79. Ekhofs Frau, die jüngere Tochter aus der Ehe von Elisabeth Denner und Christian Spiegelberg, konnte nur berichten, was sie vom Hörensagen wußte. Sie soll angeblich 1706 zur Welt gekommen sein, ein Jahr vor dem Wiener Aufenthalt Denners und Spiegelbergs „als damals unverheyrathe [!] Leute". Dieser Irrtum, der zu Fehlurteilen über Ekhofs freudloses Privatleben führen mußte, wartet schon lange auf eine Berichtigung. Uhde ist bei der Ermittlung des Geburtsjahres 1706 kein Versehen unterlaufen, denn er hat festgestellt, daß laut Kirchenbuch die „Witwe Eckof geb. Spiegler" vierundachtzigjährig am 11. 11. 1790 in Gotha starb (I, S. 234). Daraufhin war unanfechtbar, daß Ekhof 14 Jahre jünger gewesen sein muß, worunter das Zusammenleben der Ehegatten angeblich gelitten haben soll. Ein handschriftlicher Zusatz in einem alten Exemplar der ‚Gallerie' (S. 285), daß sie „circa 1725" geboren sei, hat daran nichts ändern können. H. Devrient hielt an diesem vierzehnjährigen Altersunterschied fest (S. 117), obwohl er in einem von ihm selbst veröffentlichten Brief über Ekhofs Testament nicht hätte übersehen dürfen, daß sie 1778 bei Ekhofs Tod „bereits 65 Jahre alt" war (S. 332). Demnach wäre sie statt vierzehn nur sieben Jahre älter gewesen, weil um 1713 geboren. Das Geburtsjahr 1713 für diese *jüngere* Tochter Spiegel-

In der vielfältigen Überschneidung und Verzahnung von Wahrscheinlichkeit und Überlieferung, begradigenden Korrekturen, mißglückten Lesarten, kontradiktorischen Gegensätzen, Bestätigungen und neuerschlossenen Quellen deckt sich nun auch der Prioritätsanspruch des Harlekins Leonhard Andreas Denner mit der Anspreisung des „berühmten Teutschen Arlechin", den Spiegelbergs „Würtembergische Hoff-Comödianten" den ihren nannten.

Unter allen sich anbietenden Interpretationen: daß beispielsweise Stranitzkys kränkelnde Entreprise wegen der „Hochfürstl. Würtembergischen" Rivalen nicht wieder genesen konnte; daß Stranitzky, bedrängt von dem „Teutschen Arlechin", erst jetzt Zuflucht bei dem Hanswurst gesucht hätte; oder daß umgekehrt Denners „Arlechin" dem schon populären Hanswurst Stranitzky die Publikumsgunst hätte abkaufen wollen — wären manche geeignet, die inzwischen eingedickte, chauvinistisch getönte Tinte für den Hanswurst wieder in Fluß zu bringen.[80] Da trübender Nebel nun einmal nicht wegzudisputieren ist, wird man sich an dem „berühmten", mit Leonhard Andreas Denner zu identifizierenden „Teutschen Arlechin" schadlos halten können.

In Übereinstimmung mit Ekhof ist das Ergebnis vorläufig so zu fassen: spätestens seit dem 16. Oktober 1707 besaß die deutsche Bühne in Leonhard Andreas Denner ihren ersten Harlekin-Darsteller.

Falls eingewendet werden sollte — vielleicht nicht zu Unrecht — daß dieser „Arlechin" nur auf einem Bein stehe, so wird es nach einer kleinen Bereinigung auf die Gegenprobe ankommen, ihn mit beiden Beinen fest auf der Erde stehen zu lassen.

---

bergs, als die sie immer bezeichnet wird, kann durchaus zutreffen, nachdem ich die Taufurkunde ihrer *älteren* Schwester ermittelt habe: „1711 Mai 16: getauft: Hedwig Wilhelmina. Vater: Christian Spiegelberg, Comoediant" (Staatsarchiv Marburg. Kirchenbuch Kassel Hofgemeinde 1685—1739, S. 72 a).

80. Es sollte nicht unterschätzt werden, in welche Verlegenheit der 1707 schon „berühmte Teutsche Arlechin" den 1708 „bekannten Hanns Wurst" (R. Werner, S. CXXVIII) bringen kann. Rommels beeindruckendem Versuch, Stranitzky als Hanswurst schon 1705—06 anzusiedeln, ist bewundernswerter Scharfsinn beim Anvisieren eines wünschbaren Zieles nicht abzusprechen. Die Schlacht wurde im kartographisch nicht vermessenen Sandkasten schon verloren (S. 222 ff.).

Die Harlekinsmär

Schmid wollte seinerseits herausgefunden haben, daß bei der Witwe Velten ein Italiener namens Bastiari engagiert gewesen sei, „welcher den italienischen Harlekin zuerst auf das deutsche Theater brachte".[81] Seither beruft man sich bis in die Gegenwart, wenn von der Einführung des Harlekin auf die deutsche Bühne die Rede ist, auf Schmids dubiose Entdeckung. Hagen las schon 1854 aus der ‚Chronologie' heraus, daß folglich Denner ein Nachahmer Bastiaris gewesen sein müsse, und wußte noch zu ergänzen, daß Bastiari 1694 zu der Truppe der Prinzipalswitwe gehört habe.[82] Was nun Eduard Devrient über diesen beiläufig von Schmid hingeworfenen einzigen Satz zu fabulieren wußte, ist in der frühen Theatergeschichtsschreibung, wenn auch nicht die Regel, so doch keine erheiternde Ausnahme:

„Die gefährliche Rivalität mit den italienischen Stegreifspielern... brachte die Wittwe Velthen auf den Gedanken, die fremdländische Komik zum Vortheil ihrer Kasse zu benutzen. Sie gewann daher den beliebten Arlechinospieler Bastiari, der nothdürftig deutsch sprechen, aber gerade durch seinen gebrochenen Accent ergötzen mochte, und der die italienische Manier bei der Truppe noch weiter ausbildete, als dies wohl schon am Dresdner Hofe durch Pacely geschehen war. Die lustige Person erhielt nun abermals einen neuen Namen:
Arlechino, Arlequin, oder vielmehr wie der Volksmund ihn sich geläufig machte: Harlekin... Bei dieser abermaligen Verwandlung des alten Hans Wurst blieb aber Bastiari nicht stehen, er reformirte alle übrigen Burleskenfiguren nach italienischer Weise, und die Mannichfaltigkeit der Stände und Charaktere, die bisher gegolten hatte, schrumpfte in die Masken Pantalons, Brighellas, Skapins, Leanders und der Colombine zusammen".[83]

Soweit kommentarlos aus Eduard Devrients ‚Geschichte der deutschen Schauspielkunst' (1848), für die es noch immer keinen Ersatz gibt, wohl aber eine neuere wissenschaftliche Untersuchung[84], die darauf hinausläuft, „daß sein Werk im ganzen mit den Forschungsergebnissen seiner Zeit" übereinstimme und „ein im wesentlichen trotz einiger durch die moderne Forschung überholter Einzelheiten noch heute gültiges Bild" gebe.[85]

Obwohl sich Bastiaris Kurzbiographie bei Schmid in einem einzigen Satz erschöpft, lohnt es sich zu erörtern, wer ihm mit diesem Beitrag einen schlechten Dienst erwiesen haben mag. In der Vorrede zur ‚Chronologie' übergeht Schmid nicht die Helfer, die sein Vorhaben mit persönlichen Erinnerungen unterstützt hatten: Friederike Seiler, Johann Gottfried Brückner, Johann Christian Brandes und Christian Leberecht Martini.[86] Sie alle gehörten derselben Schauspielergeneration an. Patriarch unter ihnen war der in Leipzig geborene und gestorbene Martini (um 1728 bis 1801). Manches mögen dessen Kollegen aus ihren Bühnenerlebnissen zur jüngeren Vergangenheit des Theaters beigetragen haben. Wie mangelhaft aber ihre Kenntnisse waren, beweist stellvertretend Brandes in seiner ‚Lebensgeschichte'.[87] Schmid wußte um so mehr zu schätzen, daß Martini „große praktische Kenntnisse des Theaters erlangt" hatte.[88] Damit wollte er — wie es für Unbefangene den Anschein haben könnte — weder Martinis Bühnentalente noch die bescheidenen dramatischen Erfolge[89], sondern dessen tätige Anteilnahme an der Vergangenheit des deutschen Theaters hervorheben.

Christian Leberecht Martini hatte sich mit einer kleinen Erbschaft 1776 von dem aufreibenden Bühnenleben zurückgezogen und nahm nur noch gelegentlich an ephemeren Theaterunternehmungen in seiner Heimatstadt teil.[90] Die Hinterlassenschaft war nun wohl nicht von der Art, daß er von den Renten sorglos hätte leben können, denn sonst würde er kaum seine „höchst

---

81. Chronologie, S. 27.
82. Hagen, S. 107. — Driesen (S. 1) beruft sich auf Reuling, dieser und Flasdieck (S. 227) gehen wiederum auf Schmid zurück usf.
83. E. Devrient Bd. 1, S. 313 f.
84. Käthe Reinholz, Eduard Devrients „Geschichte der deutschen Schauspielkunst". Phil. Diss. F. U. Berlin 1949. (Druck: Berlin 1967).
85. Theaterwissenschaft, S. 16.
86. Chronologie, S. 7.
87. Brandes lernte 1771 Schmid kennen (Bd. 2, S. 133), stand im ständigen Briefwechsel mit ihm (Bd. 2, S. 292) und verfaßte Artikel für dessen Zeitschriften (Bd. 2, S. 151). Die familiären Zusammenhänge Ekhof-Denner-Spiegelberg-Steinbrecher waren ihm unbekannt, vielleicht wegen Ekhofs Verschlossenheit ihm gegenüber (Bd. 2, S. 269).
88. Chronologie, S. 93.
89. Vgl. Goedeke Bd. IV, 1. Abtlg., S. 74.
90. Über den Sammler Martini habe ich in einem Aufsatz berichtet: Vom Umgang mit Sammlungen. In: Frankfurter Allgemeine Zeitung v. 21. 4. 1959.

merkwürdige Sammlung von Allem, was das deutsche Theater von seinem ersten Ursprung an betrifft, für vier bis fünf Louisd'or" einem ihm fremden dänischen Besucher 1784 überlassen haben.[91] Wegen Geldmangels konnte dieser theaterbegeisterte Student, Knud Lyne Rahbek, ihm damals die Bibliothek „von allen in derselben langen Periode herausgekommenen deutschen Schauspielen" nicht abkaufen. Sie ist verschollen, wie auch Rahbeks Schätze später verloren gingen. Er tröstete sich mit den durch „solche alte und seltne Schriften von der Bühnengeschichte Deutschlands" erworbenen Kenntnissen, die Martini weitaus sachverständiger schon dem Verfasser der ‚Chronologie' hatte zur Verfügung stellen können, über den Verlust hinweg.

Martini scheint für Schmids Theaterchronik eine ähnliche Bedeutung gehabt zu haben wie Ekhof für Löwens Theatergeschichte. Der um einige Jahre ältere Ekhof, welcher wie sein Leipziger Kollege Dokumente des Theaters zusammentrug, muß wegen seiner Verbindung mit den Familien Spiegelberg und Denner als der zuverlässigere Gewährsmann gelten. Schmids Quelle für den sonst nicht bekundeten Bastiari läßt sich ebensowenig sichern wie Martinis Anteil daran ausschließen.

Dem steht Ekhofs Behauptung gegenüber, Denner habe „zuerst die lustige Person unter diesem Namen vorgestellt". Die Frage nach der Glaubwürdigkeit, sofern sie Ekhof überhaupt noch zu stellen ist, wird von den wenigen, teils nur im Wortlaut überlieferten, aber insgesamt zwölf Jahre umklammernden Theaterzetteln der Truppe Velten zu seinen Gunsten entschieden. Weder in Danzig (1695)[92], Hamburg (1699)[93] noch in Kopenhagen (1707)[94] hat die Prinzipalin jemals eine andere lustige Person in ihrer Truppe gehabt als den Pickelhering.[95]

---

91. Rahbek Bd. 2, S. 23 f.
92. Bolte I, S. 143.
93. Schütze I, S. 35.
94. Werlauff, S. 294; Paludan I, S. 318.
95. Diese Belege wiegen um so schwerer, als solche Plakate — sofern sie datierbar sind — die einzige zuverlässige Quelle darstellen; denn ungleich länger als auf der Bühne hat der Pickelhering im Sprachgebrauch fortgelebt. So mußte der Nürnberger Rat 1723 den Vorwürfen der Geistlichkeit nachgehen, ob der „Pickelhering" zu einer Hexe gesagt habe, „daß sie den himmlischen Heerschaaren gleich sehe" (Hampe Bd. 2, S. 200). 1728 erneuerte der Soldatenkönig eine Anordnung, „Pickelheringe" aus Halle zu vertreiben (G. Meyer, S. 24). Noch 1748 wurde „Arlequin" als „Pickelhäring" übersetzt (vgl. S. 71, Anm. 48).

Harlekin emanzipiert sich

In dem wieder aufzunehmenden Plädoyer für Denner ist davon auszugehen, daß 1707 in Wien zum ersten Male ein Harlekin auf einem deutschen Theaterplakat genannt ist. Es scheint eine besondere Bewandtnis mit diesem „Arlechin" zu haben, dem in der Schreibweise die italienische Anregung um so nachdrücklicher anhaftet als auf die „Teutsche" Adaption hingewiesen wird. Nirgendwo wäre ein orthographisch noch so verstümmelter Arle[c]chin[o] wegen seiner Herkunft verdächtiger gewesen als in Wien, wo es bis vor Jahresfrist nur ‚welsche' Komödianten zur Seßhaftigkeit gebracht hatten. Es kann deswegen kein zufälliger „Arlechin" gewesen sein, wie ohne Abweichung zweimal auf dem Plakat zu lesen ist.

Hier in Wien war Arlecchino detto Zane schon vor mehr als einem Jahrhundert mit allerhöchster Protektion jenes Bürgerrecht zugestanden worden[96], für welches ein Hanswurst samt deutschen Komödianten sich noch bewähren mußten. Dieses Spannungsfeld zwischen ‚Welschen' und ‚Teutschen' hat Stranitzky anfangs wohl unterschätzt. Er mußte erst eine Schlappe einstecken, bevor er sich so durchzusetzen vermochte, daß seine teutschen Komödanten dann 1709 „durch ihre bis dato exhibirten Comödien, verschafften gueten music, saubere Klaidung und taugliche actores von hoch und nider Standts Persohnen einen weit größeren Concurs und zuelauff, als die welschen" hatten.[97]

Denner, der damals bei der Bevorzugung der Italiener um das Auskommen seiner Familie fürchten mußte, könnte von der drohenden Not inspiriert worden sein, die mißliche Lage durch Symbiose eines „Teutschen Arlechin" zu seinen Gunsten zu wenden. Ob er tatsächlich versucht hat, den ‚Welschen' auf diese Weise das Wasser abzugraben, bleibt der Entscheidung überlassen, ob man seinen „Arlechin" in italienischer Diktion mit „Teutschem" Verbalaufputz als wissenschaftliche Herausforderung verstehen will. Im Oktober 1707 in dieser Rolle schon „berühmt" gewesen zu sein, gestattet selbst nach Abzug werbewirksamer Übertreibung den Schluß, daß er mindestens schon lokales Aufsehen erregt und seit einiger Zeit von sich reden gemacht haben muß. Das würde hinwiederum einen längeren Wiener Aufenthalt der „Württembergischen" vor Mitte Oktober 1707 voraussetzen, wenn man Stranitzky nicht verdächtigen will, einen auf seiner Bühne „berühmt" gewordenen „Arlechin" geduldet zu haben!

Keine Anzeichen erleichtern die Entscheidung, ob sie noch den Winter oder Jahreswechsel in der Stadt verbringen durften. Die in Linzer Bescheidprotokollen nicht benannte, am 9. Februar 1708 mit 12 Thlr. abgefundene Truppe[98] kann nicht, obwohl weder Zeit noch Reiseweg der Annahme hinderlich wären, die von Wien hergereiste „Würtembergische" gewesen sein, weil diese „hochteutschen" Komödianten „ein intermedium von pickelhärings, und anderer kurtzweil" zum besten gaben und auch in der Hauptaktion von der „unschuldig-verfolgten Rosaura" nicht auf Pickelhärings Mitwirkung verzichteten.[99]

Zum Ostermarkt 1708 zog die in Wien gewesene Gesellschaft in das Leipziger Opernhaus ein, in den Meßrechnungen verbucht unter „Leonhard Andreas Denner Comoediant von Würtenbergk, nebst bey sich habender Bande".[100] Kein Schreiber hätte uns und Ekhof gefälliger sein können. Ungewollt bestätigt er, daß sich Denner der württembergisch privilegierten Truppe Spiegelbergs, als deren „Arlechin" man ihm in Wien begegnet war, auch als Teilhaber angeschlossen hatte. Das verklammert Ekhofs Notiz, in Wien sei „die junge Dennersche u. Spiegelbergische" Gesellschaft zustande gekommen, mit unserem Befund zur makellosen Konklusion.

Der vor italienischer Bedrohung in den „Arlechin" geflüchtete Denner konnte aus seiner in Wien erlangten fragwürdigen Berühmtheit in Leipzig kein Kapital schlagen. Nach fünfzehn Vorstellungen am Ende des

---

96. Über die vom Wiener Hof begünstigten italienischen Schauspieler vgl. Weilen I, S. 49—52, 100 ff., neugefaßt von Kindermann/Dietrich S. 7—13; Vgl. auch Hadamowsky I, S. 7—117.
97. Bericht der Niederösterreich. Regierung 1709 (Glossy, S. 244.)
98. Haller II, S. 152 f.
99. Haller I, S. 193 f.: hier ist der gesamte Wortlaut des vier Quartblätter umfassenden Programmheftes abgedruckt.
100. Das Protokoll fährt fort: „... agirten im Opern Hauße 15. Tage als den 30 Aprill den 1. 2. 3. 4. 7. 8. 9. 10. 11. 14. 15. 18. 21. und 22. May solten ieden Tagk geben 2 Thlr. — i gr..." (Stadtarchiv Leipzig. Messrechnungen. Fremde Böttger, Töpfer etc., 1706—1718 [Ostermarkt 1708]). — Wustmanns gekürzte Angaben (S. 482: 1.—22. Mai) sind zu berichtigen.

Ostermarktes völlig mittellos, hat er „uf Verwilligung eines E. Hochedlen Raths, einen Kasten mit Kleidern bis auf künftigen Michaelis-Markt unter dem Rath Hauße eingesetzt". Sein Kleiderpfand „Ist in der Einnahmstube mit 30 Thlr. entrichtet worden", nicht ganz der täglichen Gebühr von „ 2 Thlr. — i gr" entsprechend.

Trotz aller Not wird er sein gerautetes Gewand nicht abgelegt und in Zahlung gegeben, sondern es weiterhin getragen haben, um es während eines vierzehntägigen Gastspiels im August-September 1708 auch den Lüneburgern vorzuführen.[101] Dort wurde aber ebensowenig wie in Leipzig aktenkundige Notiz von dem deutschen Harlekin genommen. Der Senior der Familie, Hans Carl Denner, dem Ekhof nachrühmte, „zeitlebens seinen Ehrgeiz nicht bis zur Principalität ausgedehnt" zu haben, ist außer hier in Lüneburg nie mit diesem Anspruch aufgetreten.[102] Die jeweiligen Gründe sowohl für diese Ausnahme wie für die alternierende Geschäftsführung der beiden Partner werden in pragmatischen Erwägungen zu suchen sein.

Gute Gründe müssen sie auch bewogen haben, statt die in Leipzig verpfändete Garderobe wieder einzulösen, die entgegengesetzte Richtung einzuschlagen und in Spiegelbergs Namen „med en fortreffelig bande Comoedianter hvis lige aldrig for har waeret her i Staden", aufs Geratewohl im November 1708 ihr Glück in Kopenhagen zu versuchen. Aber dem über die Zustände in der dänischen Hauptstadt schlecht unterrichteten Prinzipal wurde von Anders Gamborg, „som skal hafue privileg: at ingen Comoedianter her maae spille uden hans tilladelße", das Spielen untersagt.[103]

Gamborg, der kraft eines 1706 erworbenen Exklusivprivilegs das ambulante Theaterleben der Stadt beherrschte[104] und seinerseits schon eine deutsche Truppe konzessioniert hatte, fand sich schließlich bereit, zwischen den Parteien zu vermitteln. Seine hintergründige Absicht, die besten Schauspieler beider Gesellschaften zu einer neuen Truppe zu vereinen, wird man trotz der am 19. November begonnenen Zusammenarbeit zu vereiteln gewußt haben. Die Jahreszeit ließ ihnen wohl keine andere Wahl, als zunächst auf diese unersprießlichen Bedingungen einzugehen, wenn man den ungewöhnlich harten Winter durchstehen wollte.

Etwa im März des nächsten Jahres[105] rüstete man dann zu jener „unglücklichen Reise der jungen Denner- und Spiegelbergischen Gesellschaft A⁰ 1709 von Copenhagen nach dem sogenannten Schnapstein, übers Eis, wo sie den Weg verfehlt und fast alle die Füße verfroren haben".[106] So hatte Ekhof es Löwen ursprüng-

---

101. v. Magnus, S. 239 f.
102. Ekhof kann sich über die Tätigkeit des alten Denner nicht völlig im Klaren gewesen sein. Zunächst als „braver Comoediant" bezeichnet, wurde dieses von ihm gestrichen, der Strich aber wieder rückgängig gemacht.
103. Rigsarkiv Kopenhagen. Danske Kancelli. Supplikprotokol 1708. II. No. 452. — Der volle Wortlaut des Protokolls ist im Anhang I (unter „1708") nachzulesen. Die beiden Zitate lauten übersetzt: „mit einer vortrefflichen Comoedianten-Bande, wie ihresgleichen vorher nie hier in der Stadt gewesen ist" — „der das Privileg besitzen soll, daß hier ohne seine Genehmigung keine Comoedianten spielen dürfen".
104. Nyström, S. 55; Werlauff, S. 293.
105. Anfang Dez. 1708 wurden wieder „hochfürstl. württemberg. Hoff-Comoedianten" in Augsburg vorstellig und beriefen sich auf die „vor bereits 2 Jahren hochgeneigte Vertröstung..., daß wann gute Zeitungen und bessere Zeiten sich ereignen würden, alsdann uns gleichfalls ein und andere Actionen aufzuführen gleichfalls vergönnet werden sollten" (Stadtarchiv Augsburg. Meistersingerakten fasc. III, fol. 27). — Das könnte zu der Annahme verführen, Spiegelberg hätte von Kopenhagen aus die Rückreise vorbereiten wollen. Die im Schreiben vorgebrachten Kenntnisse über theatralische Vorgänge in Augsburg deuten darauf hin, daß es ehemalige Angehörige der Truppe gewesen sein müssen — vielleicht sogar Jacob Wilh. Augustin, der sein Dekret als bestallter württemberg. Hofcomödiant um 1710 in dieser Weise nutzte. 1706 war Spiegelberg, auf dessen abschlägigen Bescheid man sich hier bezieht, noch namentlich genannt worden. Auch an Georg Hengel ist zu denken, der im Aug. 1709, während sich Spiegelberg nachweislich wieder in Kopenhagen aufhielt, ausdrücklich „alß Principal der Hochfürstl. württemberg. Hoff Comoedianten Compagnie" sein Gesuch in Augsburg von einem Mittelsmann vortragen ließ und sich noch immer auf die gleiche „vor zweyen [!] Jahren" in Aussicht gestellte spätere Zusage stützen wollte. Alles spricht dafür, daß der ehemals bei Spiegelberg gewesene Hengel nun im Bündnis mit Augustin stand, welcher ebenfalls der Spiegelberg-Truppe früher angehört haben dürfte. (Anm. d. Hrsg.: In einem Hansen nicht mehr bekanntgewordenen Gesuch v .19. Juli 1708 unterzeichnet Wilhelm Merz nomine Georg Hengel, wodurch seine diesbezüglichen Vermutungen bestätigt werden.) Der von Trautmann (I, S. 77 f.) zugunsten Augustins falsch geschürzte und seither immer fester zugezogene Knoten ist hinsichtlich Spiegelbergs nun aufgeknüpft. Damit ist auch die temporäre Existenz jener zweiten württembergischen Truppe zwischen 1708—1710 klar herausgestellt.
106. Über diese Episode habe ich berichtet: In Sachen Denner-Spiegelbergische Truppe. Eine Korrektur zu der Theaterfahrt über das Eis. In: Kleine Schriften d. Gesellschaft f. Theatergeschichte. H. 21. Berlin 1966. S. 42—46.

lich mitteilen wollen; weil aber in die zurückgenommenen privaten Auskünfte eingebettet, ist auch diese Eis-Episode unter Ekhofs Selbstzensur gefallen und später dann von Reichard ausgelassen worden. Schmid hat mit einer Schilderung, welche die Phantasie späterer Chronisten immer wieder aufs neue beflügelte, aus anderer Quelle entschädigen können:

> „In den Fasten dieses Jahres [1710] zur Zeit der heftigsten Kälte, wollte die Spiegelbergische Gesellschaft von Koppenhagen wo sie jetzt spiele, vier Meilen übers Eis auf Schlitten nach einem Jahrmarkte, der mit dem Kieler Umschlag einige Aehnlichkeit haben soll. Der Führer, durch den Schnee geblendet, verfehlte den Weg, so daß sie, nachdem sie den ganzen Tag auf dem Eis zugebracht hatten, statt gerade hinüber zu kommen, des Abends späte seitwärts Koppenhagen wieder anlandeten. Alle Mannspersonen, die für Kälte zu Fuße giengen, und deren Stiefel vom Schnee durchfressen wurden, blieben unversehrt. Die Frauenzimmer aber erfroren sämtlich die Füße. Der Demoiselle Denner mußten an beiden Füßen die großen Zähen abgelöst werden, so daß sie erst wieder im August in der Braunschweiger Messe und auch hier nur sitzend agieren konnte".[107]

Eduard Devrient hatte keine Skrupel, es mit „einer tagelangen [!] Irrfahrt auf dem gefrorenen Belt" allen zuvorzutun[108], wobei der Hinweis auf den Belt schon zu denken geben könnte, wenn er nicht so eindeutig von Prutz übernommen worden wäre und bei diesem und bei Schmid mit keiner Verwechslung von Sund und Belt gerechnet werden müßte.[109]

Von Eiler Nyström ist eingewendet worden, daß der milde Winter 1709/10 den Schiffsverkehr auf dem Sund kaum hatte behindern können, wohingegen der Frost im voraufgegangenen Winter 1708/09 so streng war, daß die zugefrorenen Gewässer zwischen den Inseln jede Last tragen konnten. Infolgedessen sei die Begebenheit auf Fasten 1709 vorzuverlegen.[110] Nyström konnte nicht ahnen, daß ihm Ekhof eines Tages noch beipflichten würde.

Auch die sonst so verworrene Schilderung des dänischen Theaterchronisten Thomas Overskou überrascht durch die Mitteilung, daß man auf dem Wege nach Holstein die Insel Fünen über den zugefrorenen Belt erreichen wollte.[111] Offenbar hat Overskou diese Lokalisierung von Prutz oder Devrient aufgegriffen und kraft seiner Landeskenntnis daraus die geographischen Konsequenzen gezogen. Was Nyström als „fabelartige Ortsangabe" Overskous rügt, stellt sich unvermutet als halbe Wahrheit heraus; denn Ekhof zufolge beabsichtigten die Prinzipale keineswegs, jenseits des Sund einen dem Kieler Umschlag ähnlichen Markt im südlichen Schweden aufzusuchen, sondern in entgegengesetzter Richtung tatsächlich den Belt zu überqueren, um nach Jütland zu gelangen. In Viborg wurde alljährlich im März das Omslag abgehalten, das als Snapsting — von Ekhof „Schnapstein" genannt — weithin bekannt war und die Schauspieltruppe ebenso anzog wie der Kieler Umschlag im Januar jeden Jahres.

Ekhof spricht lediglich von „der unglücklichen Reise... A⁰ 1709 von Copenhagen nach dem sogenannten Schnapstein, übers Eis", woraus keineswegs hervorgeht, daß die Eisfahrt schon bei Kopenhagen begonnen hat, wie Schmid so sicher zu wissen glaubte. Von der Westküste Seelands sind in Richtung Festland manche Eispassagen denkbar, von denen die abenteuerlichste über die Insel Samsø und über Aarhus auf dem kürzesten Wege nach Viborg geführt hätte. Es ist nicht ausgeschlossen, daß man sich für diese wegen Zeit- und Kostenersparnis verlockende Route entschied. Bei Ekhof ist auch von keiner Umkehr, sondern nur von dem verfehlten Weg die Rede, der die Erfrierungen begünstigt hat.[112]

Ob die Gesellschaft trotz Erfrierungen Viborg noch erreicht hat, ist weder von Ekhof noch aus den Viborger Akten zu erfahren. Man wird aber damit rechnen müssen, denn die Rückkehr nach Kopenhagen im August 1709 macht es wahrscheinlich, daß sie bis dahin im Lande geblieben sind.

---

107. Chronologie, S. 31 f.
108. E. Devrient 1. Bd., S. 344.
109. Prutz, S. 186. — Prutz hat sich wiederum auf Schmids ‚Chronologie' bezogen, in welcher Löwens allzu phantastischer Bericht zwar berichtigt, andererseits der von Löwen aber gar nicht genannte Belt erwähnt wird.
110. Nyström, S. 57 f.
111. Overskou I., S. 127.
112. Ob es zur Amputation von Zehen gekommen ist, wie Elisabeth Denner, Spiegelbergs Braut, geschehen sein soll, muß dahingestellt bleiben, wiewohl ihr später von Schütze „der watschelnde Gang einer Endte" nachgesagt wurde. Sie hatte „das Ungemach erlitten, daß nach erfrornen Füßen ihr die beiden großen Zähe abgenommen werden musten, welchem Defekt sie wahrscheinlich den Watschelgang... verdankte" (I, S. 258 f.). Wenig wahrscheinlich ist aber, daß sie noch anderthalb Jahre danach während der Braunschweiger Messe nicht anders als „sitzend agiren konnte" (Chronologie, S. 32).

Mit gnädigster Bewilligung einer Hohen Obrigkeit/
Werden heute
die Hoch-Fürstl. Würtenbergische
Hof-COMOEDIANTEN,
Denen nach Standes-Gebühr Hoch-und vielgeehrten Liebhabern Theatralischer Schau-Spiele auf einem gantz neuen Theatro, und mit kostbahren Kleidungen unter angenehmer und starcker Instrumental-Music auffführen eine galante Haupt-Action worinnen fürnemlich
Der Meister über alle teutsche Arlequins
sich signalisiren wird.
Und wird die Haupt-Action genannt:
Die mit Blut gefärbte Liebe bey der enthaupteten Unschuld der Märtyrin
MARGARETHA,
Oder:
Der eyfrige Religions-Vertheidiger/
Wie auch
Arlequin ein lustiger Passagirer.
Zum sattsamen Contentement soll eine überaus lustige Nach-Comœdie den Schluß machen,
genannt:
Das Spanische Proficiat.
Auch wird mit extraordinairen Balletten aufgewartet werden.

Der Schau-Platz ist auf dem Raht-Hause und wird præcise nach 4 Uhr angefangen. Auf den besten Platz gibt man 1 Marck. auf den Mittelsten 8 ß. und auf den Dritten 4 ß.

Undatierter Theaterzettel aus Kiel, von Hansen für die Truppe Denner/Spiegelberg in Anspruch genommen und auf das Jahr 1710 datiert.

Von allen Gelegenheiten, in dänischen Landstädten die wenigen Monate bis zum August zu überbrücken, ist mit einer Ausnahme keine Spur mehr zu finden. In Ribe, einem unweit der Nordsee gelegenen jütländischen Städtchen von einstigem Glanz, „wo Apollo wohnt, wo seine Musen-Kinder / In großer Menge sind; wo mancher Kunst-Erfinder / Der Griechen Wissenschafft mit Fleiß und Mühe lehrt / Wo man die Ziehrlichkeit der Römer Sprache…" in der weithin bekannten Kathedralschule noch immer beherrschen lernte, fanden sie vorübergehend Unterschlupf. Einem achtseitigen Programmheft stellte L.[eonhard] A.[ndreas] D.[enner] zu Ehren seines Riber Gönners, Stiftamtmann Hans Schack von Schackenburg, selbst gereimte und mit seinen Initialen versehene Alexandriner voran, von denen wegen ihrer unverschlüsselten Ortsbestimmung die vier soeben zitierten besonders zu rühmen sind.[113]

---

113. Paludan II, S. 324; Nyström (S. 57) hat abweichend, aber unkommentiert die Frist auf 1698—1707 begrenzt, was wegen der bisher dargestellten Entwicklung nicht zutreffen kann.

Nachdem schon Paludan dieses Dedikationsprogramm wegen der darin dem Grafen beigelegten Titel und Ämter der Zeit zwischen 1698 und 1711 zuordnen konnte[114], sind nun die Möglichkeiten auf den Herbst 1708 und — sofern die Truppe nicht den Seeweg nach Kopenhagen vorgezogen haben sollte — auf die Sommermonate 1708 zusammengeschrumpft. In diesem auch nicht bruchstückhaft datierten Druck annoncierte Leonhard Andreas Denner seine Anwesenheit außer durch Namensversalien auch als ‚Arleqvin der betrogene Kupler' in der Nach-Comoedie, womit er die beiden frühesten, vielleicht binnen Jahresfrist hinterlassenen Harlekin-Dokumente für sich verbucht hat.[115]

Zwischen Wien und Ribe muß sich dieser „Arlechin" zum frankophilen „Arleqvin", als der er sich auch den Kopenhagenern vorgestellt haben wird, gemausert haben. Nach italienischen und französischen Vorgängern war den Dänen, lange bevor ihr eigener „Arlequin" debütierte[116], auch von einem deutschen Wahlverwandten aufgewartet worden.

Im August 1709 fand sich Spiegelberg mit Gamborgs Einverständnis und diesmal ohne Konkurrenz einer schon anwesenden Truppe wieder in Kopenhagen ein und scheint — aus dem ferneren Reiseplan zu schließen — keine Veranlassung gehabt zu haben, vor Jahresende der Hauptstadt den Rücken zu kehren.[117]

Auf der Rückseite wurde ihnen im Januar 1710 die begehrte Spielgenehmigung für den Kieler Umschlag zuteil. Über diese Station unterrichtet ein wiederum undatierter, erst 1920 als Deckblatt eines Rechnungsbandes von 1712 gefundener Ankündigungszettel, der keineswegs leichtfertig dem Jahre 1724 und dem Prinzipal Rudolph Georg Haßkarl zugewiesen worden ist.[118] Allerdings: Rechnungen des Jahres 1712 erst 1724 gebündelt zu haben, ist ein gewichtiges Argument gegen die späte Datierung dieses nach der Diktion früher zu veranschlagenden Zettels der „Hoch-Fürstl. Würtenbergischen Hof-Comoedianten". Obendrein wäre von einem um 1724 selbstverständlichen und längst schon zum Ärgernis gewordenen Arlequin mehr Rühmens gemacht worden, als es — von Wien 1707 abgesehen — die werbefreudigsten Prinzipale, als deren Schrittmacher Spiegelberg gilt[119], jemals für nötig hielten.

Als viel wahrscheinlicher käme das schon angesprochene Jahr 1712 in Frage, welches aber einschließlich aller Jahre von 1706 bis 1718 — ausgenommen 1710 und 1713 — wegen des stets an andere Truppen verheuerten Umschlags entfällt. Spielgenehmigungen außerhalb des Marktes sind nie gegeben worden. Seit Herbst 1711, als Christian Spiegelberg in Kompagnie mit der Witwe Velten ging, und noch 1713 ruhte sein württembergisches Patent. Für ihn und seine Truppe hätte nur der Kieler Umschlag von 1710 offen gestan-

---

114. Unter zahlreichen Prologen, die durch das Vokabular, den Vorrat an Metaphern und Emblemata den gleichen Verfasser verraten, hat Denner 1713 einem dem Herzog August Wilhelm von Braunschweig-Wolfenbüttel huldigenden vollausgeschriebenen unterzeichnet.

115. Als Muster eines solchen Heftes und wegen der Inhaltsangabe des als ‚Der eiserne Tisch' bekannten Stückes, von Paludan allerdings schon im Wortlaut veröffentlicht (II, S. 322 ff.), ist das Exemplar im Anhang I. (unter „1708") wiedergegeben.

116. Was für Deutschland nur mühevoll nachzuweisen ist, erledigt sich für Dänemark durch das Theaterplakat vom 24. 2. 1727, auf dem man sich von ‚Les deux Arlequins' aus Gherardis ‚Théâtre Italien' um so größeren Erfolg versprach, als „man aldrig tilforn har seet eller hört en Arlequins Positur at spille paa vort danske Theatre" (Werlauff, S. 301 f.).

117. Rigsarkiv København. Danske Kancelli. Supplikprotokol 1708. III. No. 452, Marginalie vom 21. August 1709.

118. Mitteilungen, S. 24. — Der ‚Hamburgische Patriot' (38. Stück v. 21. 9. 1724) berichtete satirisch von diesem Haßkarl, daß er sich 1724 als Teilhaber „einer Bande der sogenannten Württembergischen Comoedianten angeschlossen" habe. Diese Truppe sei noch im gleichen Sommer in Hamburg gesprengt worden, weil sich Haßkarls Frau mit den „besten Kleidern und Effekten" davongemacht habe. „Hoch-Fürstl. Württembergische Comödianten" hat Schmidt, der wie Schütze nach den damals noch vorhandenen Theaterzetteln arbeitete, für 1724 in Hamburg bestätigt, aber als „in Schützes Theatergeschichte nicht erwähnt" (S. 13 ff.). Schütze (I, S. 50 f.) wußte andererseits auch von Spiegelbergs Anwesenheit 1724 in Hamburg, wie es ihm dann Schmidt, ohne die Identität Spiegelbergs mit den „Würtenbergischen" zu ahnen, nachgeschrieben hat. Daß Haßkarl tatsächlich mit Spiegelberg fusioniert haben muß, wird aus Lüneburger Akten deutlich, denn darin ließ sich Haßkarl einen „K[öniglich] Großbr[itannischen] Hoff-Comoedianten" titulieren (v. Magnus, S. 260 ff.), was er mit Wissen einer Titel ausfertigenden Behörde nur als Gefolgsmann des seit etwa Nov. 1717 auch „Königl. Groß-Brittannisch" privilegierten Spiegelberg wagen konnte (v. Magnus, S. 246 ff.). Demzufolge hätte Haßkarl, falls der Zettel weiterhin für ihn beansprucht werden sollte, Anfang 1724 in Kiel nur ein Strohmann der Gruppe Spiegelberg-Denner sein können.

119. So bei Schütze (I, S. 35) und seitdem nimmermüde in unverkennbarer Anlehnung wiederholt.

den. Die Lücke im Ratsprotokoll ist für diese Annahme eher begünstigend als widersprechend.[120]

Diese Folgerung geschieht ohne sonderliche Genugtuung, weil sie nicht unanfechtbar ist, so sehr auch der als „Meister über alle teutsche Arlequins sich signalisiren" wollende Protagonist darauf zu warten scheint, als Leonhard Andreas Denner erkannt zu werden. Während der seit dieser Entdeckung verstrichenen fünfzig Jahre ist nichts zutage gekommen, um dem damals leichthin gedeuteten Fund inzwischen mehr als eine mindestens ebenbürtige Interpretation entgegensetzen zu können.

Ob es zulässig ist, im Zusammenhang mit dem „Meister über alle teutsche Arlequins" Denner zu nominieren — der folglich 1710 schon Nachahmer gehabt hätte — und Ekhof als Zeugen aufzurufen, wird de jure nicht mehr zu entscheiden sein. De facto kann nichts dagegen eingewendet werden. Wenn Johann Caspar Haack nach Denner tatsächlich „der 2te Arlekin auf dem deutschen Theater" gewesen ist, dann muß auch erwogen werden, ob Spiegelberg ohne einen Arlequin in der Truppe davongezogen sein wird, als er sich im Frühjahr 1711 von Denner trennte. Dieser wäre sonst, wenn Haack nicht um den zweiten Rang gebracht werden soll, mindestens der dritte seiner Art gewesen. Daß aber auch Elisabeth Velten 1709 schon einen Harlekin statt einen Pickelhering besoldete, daß ferner 1710 ein Harlekin-Manuskript für sie kopiert wurde — beides noch eingehender zu behandelnde Vorkommnisse — zerstreut vollends die Bedenken, ob man um 1710 schon ein „Meister" seines Faches sein mußte, um „über alle teutsche Arlequins" zu triumphieren.[121]

Im Juni des gleichen Jahres 1710 konnte Denner die Truppe gegen den Willen des Stadtrats schließlich doch noch in Lüneburg unterbringen.[122] Im Anschluß haben „Württembergische Hofkomödianten" 25 Vorstellungen in Hannover gegeben[123], bevor sie nach Braunschweig weiterzogen. Dort sah der alte Denner am gleichen Tage Sohn und Tochter vor den Altar treten, denn auch die seit Prag mit ihnen reisende Musikantentochter, Maria Magdalena Ritter, wurde gleichfalls am 25. August „A⁰ 1710 in Braunschweig an dem Hochzeittage seiner Tochter [Elisabeth], als schon vorhin verlobte Braut des Spiegelbergs, mit seinem Sohne [Leonhard Andreas] ehelich verbunden".[124]

Schmids Behauptung, daß „die Entstehung von zwey neuen Gesellschaften der Dennerischen und Spiegelbergischen" ins Jahr 1710 falle[125], kann man selbst unter allen schon gemachten Vorbehalten nicht beipflichten. Immerhin begann am 25. August 1710 für die bisherigen Konprinzipale, die nun mit Rücksicht auf ihre soeben gegründeten Familien auch geschäftliche Selbständigkeit anstrebten, ein neuer Lebensabschnitt.

Spiegelberg bekam am 27. Januar 1711 als „Prinzipal der fürstl. württemberg. Bande Hof-Comödianten" noch eine Genehmigung für die bevorstehende Braunschweiger Messe[126], während Denner Mitte Februar als Haupt der „Churfürstlich Braunscheig-Lüneburgischen Hoff-Comödianten" in Lüneburg erschien und dort als Führer der „Churf. Hannoverschen Hoff Commedianten" noch im Mai des Jahres nachzuweisen ist.[127] Erst als der „württemb. Hofkomödiant" Spiegelberg am 16. Mai 1711 in Kassel eine Tochter taufen ließ[128]

---

120. Ermittelt nach v. Gersdorff. Die Jahre 1706—1718 sind S. 141—164 behandelt.
121. Der Arlequin taucht zwischen 1707 und 1711 außer bei Denner-Spiegelberg auf Zetteln der Witwe Velten in Hamburg 1709 und einem der Velten nicht zweifelsfrei zugehörigen Zettel aus Nürnberg 1709 auf (siehe Anhang I. unter „1709"). Haas erbringt ohne Quellenangabe den nächsten Nachweis aus Prag vom 4. Juli 1713, den Teuber durch eine um den 12. Juli 1713 tatsächlich anwesende Truppe stützt (1. Teil, S. 101 f.). Nicht ohne Grund glaubt Teuber, sie für die Doppelprinzipalschaft Geißler-Rademin halten zu müssen. Daß just Wiener Unternehmer aus Stranitzkys Gefolgschaft einem Arlequin den Vorzug gegeben haben sollen, trübt diese Annahme ein wenig. Die in Prag gastierende Truppe spielt am 4. Juli 1713 ‚Leben und Tod des großen Weltschreckers Attilae' und das Nachspiel ‚Der verzauberte Pistoles oder Arlequins künstlicher Zauberstock' (Haas, S. 20). Der von Ekhof als zweiter deutscher Harlekin bezeichnete Johann Caspar Haack hat als frühestes Dokument bisher nur einen Zettel vom Dezember 1715 in Köln hinterlassen mit der Nachkomödie: ‚Arlequin der laecherliche Advocat Schuchflicker' (Jacob, S. 177). Ein Nürnberger Arlequin-Zettel vom Sept. 1715 ist abgebildet auf S. 67.
122. v. Magnus, S. 243 f.
123. Heyn, S. 12.
124. Den Auszug aus dem Kirchenbuch von St. Ulrici hat v. Magnus mitgeteilt (S. 244): „Diese beide Paar sind Comoedianten von den Würtembergischen".
125. Chronologie, S. 31.
126. Ibd., Anm. S. 245 (vgl. Anhang I. unter „1711").
127. v. Magnus, S. 241 f. u. 244.
128. Staatsarchiv Marburg (vgl. Anhang I. unter „1711").

Heute Mittwoch den 12. August.
Werden
Mit Hoher Bewilligung/
Die Chur-Fürstlichen Braunschw. Lüneb.
Hoff-COMOEDIANTEN
Denen Hohen Liebhabern Theatralischer Actionen mit einer admirabeln Haupt-Comödie unterthänigst aufwarten / und wird dieselbe von uns betittult:
Die vorsichtige Tollheit.
Oder
Arlequin der übel-informierte Brieff-Träger.
Nach geendigter Haupt-Action soll jedesmahl eine lustige Nach-Comödie den Beschluß machen/ genandt:
Arlequin das lächerl. und poßierl. Frauenzimmer.
Der Schau-Platz ist auf dem Neuen Stadt-Rathhauß/ und wird præcise um 3. angefangen.

Theaterzettel der Truppe L. A. Denners, von Hansen auf 1711 datiert. Stadtarchiv Braunschweig, Theaterzettelsammlung Sign. HXA 1

und Herzog Ernst August am gleichen Tage über den am Hofe zu Hannover reüssierenden „harlequin de la comedie allemande" eine Notiz zu Papier brachte[129], hatten die Schwäger die Trennung endgültig vollzogen. Das am 5. Juni 1711 ausgefertigte kurfürstliche Privileg erwies sich später als ein weniger solides Fundament, als Leonhard Andreas Denner es für seinen jungen Ehestand hätte brauchen können[130]:

Von Gottes Gnaden Georg Ludewig Hertzog zu Braunschweig und Lüneburg, des H. Röm. Reiches Ertz Schatzmeister und Churfürst

Demnach uns Leonhard Andreas Denner mit seiner trouppe von Comoedianten in ihrer Aufwartung bey unserm Hoff gute satisfaction gegeben; Alß erlauben wir Ihme hiermit in Gnaden, daß er samt besagter seiner trouppe sich unsere Hoff Comoedianten nennen, wo es ihnen gefällig, Comoedien spielen mögen, auch unsers gnädigsten Schutzes sich zu erfreuen haben sollen; Dahingegen soll ermelter Denner gehalten seyn, auf unseren Befehl nebst mehrgedachter seiner trouppe in Comoedienspielen vor uns und unserer Hoffstadt sich iedesmahl bereit und aufwärtig erfinden zu lassen.
Signatum Hannover den 5ten Junii 1711.
Georg Ludewig
Churfürst [131]

129. Heyn, S. 13 f.
130. Über ein am 5. 6. 1711 ausgestelltes Privileg berichten die Lüneburger Akten am 12. 3. 1712. Der bisher nicht bekannte Wortlaut ist durch eine Augsburger Kopie von 1730 erhalten.
131. Denner versicherte sich neben des kurfürstlichen auch des herzoglichen Wohlwollens. Herzog Ernst August notierte am 12. 9. 1711: „Nous avons icy une fameuse troupe de comediens allemans... Ils se donnent le titre de: Curfürstlige braunschweigische Hofcomödianten". — Am 21. 10. 1711: „La comédie allemande est ausi beaucoup plus brillante qu'elle a jamais étté. La trouppe est quasi toutte nouvelle et admirable pour la tragédie. Je suis persuadé que vous, qui pleurés quelque fois à la tragédie francaise, vous sanglotteriés à celle-ci". — Über die weiteren Beziehungen Denners zum Hofe und über die Truppe selbst geben noch folgende Briefauszüge Auskunft: „La comédie allemande est tout le plaisir" (Kurfürstin am 21. 11. 1710). — Herzog Ernst August berichtete von einer „comedie d'Adam et Eve": „L'on dit que Eve avoit son tafetas, cousu si ferme sur le corps, qu'il valloit quasi autant l'avoir fait jouer nue" (29. 9. 1711). — "... allein ich glaube, daß die tütsche commedianten euch besser gefallen würden, als die Redoute" (Kurfürstin an Raugräfin Luise am 31. 12. 1711). — „Piquelhering n'a pas mieu fait son devoir que les chiens. Il a régallé Mr l'Electeur de deus comédies détestables, dont l'une s'appelle: Das erlösete Deutschland... Le pauvre diable est à sec. On a été obligé de le paier par avanse, pour qu'il pût dégager ses abits"

Bis zu diesem Frühjahr 1711 hat sich alles bestätigen lassen, was Ekhof abschließend resumierte: „... daß Denner und Spiegelberg eine geraume Zeit, theils in Compagnie theils getrennt, mit verschiedenen abwechselnden Glücksumständen Gesellschaft geführt" haben.

Der auch bei Hofe als „harlequin" erwähnte Leonhard Andreas Denner brachte sich selbst erst wieder am 12. August 1711 auf einem Braunschweiger Theaterzettel seiner „Chur-Fürstlichen Braunschw. Lüneb: Hoff-Comoedianten"[132] als „Arlequin", von dem er zeitlebens nicht mehr lassen konnte, in Erinnerung.

Es würde nicht mehr und nicht weniger Mühe kosten als bisher, den Verlauf von Denners und Spiegelbergs ferneren zwanzig Bühnenjahren darzulegen. Weil namentlich Denners Biographie als die des ersten deutschen Harlekin-Darstellers nicht beiläufig behandelt werden sollte, so ist der Verzicht zu begründen[133]: Denner hatte die ihm unbewußte Aufgabe für die Entwicklung des deutschen Theaters um 1710 schon erfüllt.

In dieser paritätisch geleiteten Arlequin-Truppe hat diejenige Frau ihre ersten Schritte auf das Theater gewagt, welche später dem Arlequin den Garaus machen wollte — pietätvoll genug, Denners Demission abzuwarten. Die programmatisch anmutende, als Reformwille gefeierte Entschlossenheit der Neuberin ist ein untergeordnetes, jene nicht manipulierbare und aus dem Organismus des Theaters sich selbst gebärende Regeneration verschleierndes Verdienst. Keine andere Funktion als die eines Gehilfen erfüllte auch Denner, als er im buntgefleckten Rock den Pickelhering zu Tode hetzte.

Wenn sein Ruf als „Meister" auch nicht unantastbar sein mag, so kann ihm doch das Verdienst eines Mentors „über alle teutsche Arlequins" nicht mehr genommen werden. Wie aber eine Schwalbe noch keinen Sommer macht, so macht ein Arlequin oder selbst ein halbes Dutzend seiner Gattung noch längst keine Commedia dell'arte.

(Herzog Ernst August am 19. 10. 1712). — „Nous avons veu deus fois la comédie allemande, je n'en vis jamais de si bizarre en ma vie que la dernière. L'on voioit quantité de pandus et décapités qui résusitoit tous un moment apras, et le roy manjoit le coeur, le foi et les entrailles de ses sugets" (Ernst August 19. 10. 1713). — „... et la comédie allemande n'en a pas étté moins brillante. Ils jouèrent la dernière fois une comédie angloise qui est si mal traduitte, que personne n'y comprenoit rien. Selle d'auparavant l'on arracha les antrailles à un homme, ce qui se fit si naturellement, que sla fèsoit mal au coeur" (Ernst August am 15. 11. 1713). — Zitiert nach Heyn, S. 12 ff.

132. Nicht 1710, wie der in der Festschrift ‚250 Jahre Braunschweigisches Staatstheater' (S. 78) abgebildete Zettel datiert ist, sondern 1 7 1 1.

133. Die hier abrupt abgebrochene theatralische Laufbahn wird im Anhang I. dokumentarisch und statistisch in vielseitig ergiebigen Materialien fortgeführt. Sie markieren theatergeschichtliche Stationen von Arlequins Geburt bis über den Neuberschen Lynchversuch hinaus.

Abb. 1
Dieser mit Schellen behangene, einen Heischebeutel tragende und mit Narrenhaube bekleidete Spaßmacher, um 1600 mit etlichen Musikanten die Straßen Frankfurts durchziehend, trägt eine Maske. Er ist sicher kein theatralischer Abkömmling, obwohl er sich im flatternd weit geschnittenen Anzug - wie nach Mangoldts Beschreibung Thomas Sackville während der Frankfurter Messe 1597 ihn getragen haben soll - von den gängigen Narren schon unterscheidet.

Kapitel 2

DIE ALTEN UND DIE JUNGEN NARREN

Pickelhering

Der Engländer Robert Reynolds ist unverdientermaßen in den Ruf gekommen, um 1618 der Schöpfer des Pickelhering gewesen zu sein. Wilhelm Creizenachs umständliche Konstruktion[1], die noch heute anerkannt wird, gründet sich auf eine im Juli 1627 in Nürnberg auftauchende „bicklingherings compagnia"[2], die zuvor am sächsischen Hofe gespielt hatte. Die Torgauer Quartierliste nennt während der Vermählungsfeierlichkeiten von Prinzessin Sophie und Landgraf Georg II. von Hessen-Darmstadt im April 1627 „Robertt. Pickelheringk mit zwei Jungen. Jacob der Heße. Johann Eydtwartt..." und weitere Komödianten.[3] Creizenach folgerte aufgrund beider Hinweise und des 1628 in Köln erwähnten „Churf. Sachsischen Englischen Comoedianten" Robert Renaldes [Reynolds][4], daß „Robertt." nicht nur Robert Reynolds, sondern auch der Torgauer „Pickelheringk" sein müsse. „Robertt." und der von zwei Jungen begleitete „Pickelheringk" konnten aber nur dann als ein und dieselbe Person verstanden werden, wenn man — wie Creizenach — den sie trennenden Punkt leugnete. Das war eine unstatthafte Erleichterung, weil ausnahmslos alle Personen durch gleiche Zeichensetzung voneinander gesondert

---

1. Creizenach I, S. XCIV f.
2. Hampe Bd. 2, S. 143; Trautmann I, S. 131.
3. Fürstenau Bd. 1, S. 100.
4. Wahrscheinlich nach Ennen; vgl. Niessen I, S. 95.

Abb. 2
Auf die Bühne der 1637 erbauten Amsterdamer Schouwburg hat Hans Jurriaensz van Baden (um 1604-1663) einen Pickelhering gestellt. Es dürfte sich bei diesem Gemälde um die früheste authentische Darstellung dieser komischen Person handeln.

sind. Mit Recht hätte angenommen werden müssen, daß „Robertt." ein Mitglied und „Pickelheringk" ein anderes dieser Truppe war.[5]

Robert Reinald [Reynolds] hatte schon im Juli 1616, was Creizenach noch nicht wissen konnte, vorübergehend zu John Greens Truppe in Danzig gehört.[6] Er wird nach England heimgereist[7] und erst 1618 mit Robert Browne wieder zurückgekommen sein, denn im Juli diesen Jahres ist er als dessen Stellvertreter in Straßburg nachzuweisen.[8] Daraus hat dann Creizenach den voreiligen Schluß gezogen, daß Reynolds vor den 1620 erschienenen ‚Englischen Comedien und Tragedien ... Sampt dem Pickelhering' diesen komischen Typus geschaffen haben müsse.

Der Versuch, die Urheberschaft Reynolds durch Interpunktion zu erschüttern, wäre nicht der Mühe wert gewesen, wenn die daran gekettete und durch Überlieferung schon versteinerte Glaubwürdigkeit weiterhin für ihn hätte Partei nehmen können. Es bedurfte dieses Vorspanns, um die erkünstelte Priorität zunächst in Frage zu stellen, bevor sie überzeugend beseitigt werden kann: Robert Reynolds war auf dem Festland noch nirgendwo nachzuweisen, als „Georg Vieciet alias pickelhering" im Mai 1615 auf Anordnung des Herzogs Friedrich Ulrich von Braunschweig ein Geschenk von 100 Taler empfing.[9]

Nach den gemachten Erfahrungen scheint nichts verfehlter, als diesem sonst nicht genannten Georg Vieciet nunmehr die Kreation des Pickelhering anzuhängen. In ihm darf man allerdings auch ein Mitglied der Greenschen Truppe vermuten, die sich im Juli 1615 ausdrücklich von Wolfenbüttel nach Danzig begab[10] — eben jener Truppe, der 1616 auch Reynolds angehörte und die sich 1627 nicht nur eine „bicklingherings compagnia" nannte, sondern seit 1628 auch von Reynolds mit geleitet wurde.[11]

Die Legende von Reynolds-Pickelhering ist zwar zerstört, unangetastet bleibt aber die Mutmaßung, daß die Tradition der Pickelheringsfigur auf die Truppe von John Green zurückgehe. Diese Annahme wird auch nicht gefährdet durch ein in Linz gefundene, zwischen 1611 und 1613 aufgezeichnete Tabulatur, in der unter mancherlei Tänzen auch eine Englesa, eine Courante anglidana, ein Englischer Aufzug und ein Tanz des *Pickhl-Häring*" erhalten geblieben sind[12] — denn in diesen südlichen Breiten hat bisher nur die englische Truppe von John Green nachgewiesen werden können.

Einem tanzenden Pickelhering haftet um 1610 — wenn er 1615 auch in Braunschweig beurkundet ist — keinerlei Unglaubwürdigkeit an. Es hängt von der Gunst des Zufalls ab, ob man ihm zwischen 1605 und 1610 noch jemals begegnen wird. In diesem Lustrum nach dem Tode des Jacob Ayrer (1605), welcher den Englischen Komödianten in allen Dingen nachgeeifert hat, ohne noch einen Pickelhering zu erwähnen, dürfte er zuerst aufgetaucht sein.

---

5. Wie unbequem diese Interpunktion war, beweisen die eigenmächtigen Abänderungen: „Robertt: Pickelheringk mit zwei Jungen" (Cohn, S. XCVII); „Roberrt Pickelheringk mit zwei Jungen, Jacob der Heße, ..." (Herz, S. 31). — Prölß hat als einziger gegen diese Verfälschung protestiert (S. 74).
6. Bolte I, S. 46 ff.
7. Chambers Bd. 2, S. 237, 240, 336.
8. Crüger, S. 120 f.
9. Niedecken-Gebhart, S. 85. — Nach Cohn (S. XXXIV) und Zimmermann (I, S. 217 u. II, S. 39), welcher ein Duplikat der von Wilh. Sack für Cohn gemachten Auszüge benutzte, haben die Engl. Komödianten übereinstimmend am 8. Mai 1615 für ihre Aufwartung im Fürstl. Hoflager (wohl Vermählung Dorotheas mit Christian Wilhelm, Markgraf von Brandenburg) 600 Taler empfangen. Diese und andere Ergänzungen und Abweichungen zu Niedecken-Gebhart zeigen, daß es sich bei letzterem um andere als die seither vermißten Rechnungsbücher handelt, die er wiedergefunden zu haben glaubte.
10. Bolte I, S. 47.
11. Niessen I, S. 95.
12. Wessely, S. 158 f.; Commenda, S. 186. — Es ist nicht ausgeschlossen, daß Zusammenhänge bestehen zwischen diesen Aufzeichnungen und dem verschollenen Werk: ‚Musarum Aoniarum tertia Erato. Darinnen 44 außerlesene teutsche weltliche Lieder begriffen, beneben etlichen Englischen Comedien mit vier Stimmen. Durch Mich. Praetorium. Hamburg M. D. CXI.' (Goedeke 2. Bd., ²1886, S. 543).

Jean Potage

Es würde zuweit führen, die Genealogie aller Possenreißer der Neuzeit bis zu einem gemeinsamen Stammvater zurückzuverfolgen. Noch ausstehende Forschungen werden eines Tages klären, was hier auf Anregungen beschränkt bleiben soll. Vorab muß jedoch gesichert werden, daß der fremdtümelnde Jean Potage entgegen allen anderslautenden Behauptungen — Creizenach ausgenommen — deutscher Abkunft und beileibe kein anmaßender Emporkömmling war, sondern sich mit der ehrwürdigen Vergangenheit der meisten messen konnte.

Creizenach hat in der französischen Literatur vergeblich nach einem Jean Potage gefahndet.[13] Duchartre ist ihm gegenüber so unbefangen, daß er bei dessen Anblick trotz des französisch anmutenden Namens „Champantage" [Jean Potage!] an einen italienischen Zanne erinnert wird.[14] War Potage ein dem Pickelhering schließlich unterlegener Rivale, der als ehemaliger Hans Supp nicht konkurrenzfähig zu sein glaubte und sich deswegen als Jean Potage in einem zur Komik aller Spaßmacher gehörenden Dünkel spreizte? Es kann ein Hinweis auf noch nicht entschiedene Publikumsgunst sein, daß sich um 1630 im ‚Liebeskampf' Hanswurst, Jean Potage und Pickelhering nebeneinander behaupten konnten. Daß sich selbst Duchartre angesichts des „Champantage" ein Vergleich mit dem Zanne statt mit dem zum Verwechseln ähnlichen Turlupin des Hôtel de Bourgogne aufdrängte, darf als Fingerzeig auf eine Verwandtschaft zwischen ihnen nicht übersehen werden.

Die Vermutung, daß deren gemeinsames Habit auch dem des Zanne glich, bestätigt überzeugend eine von vorgefaßter Meinung freie Katalog-Beschreibung, wonach die Bekleidung des „Jehan petagi" [Jean Potage!] um 1632 aus kurzer Jacke, langen weiten Hosen, breitkrempigem Hut, kleinem Mantel und hölzernem Schwert bestand.[15] Besser kann man weder Zanne, noch Turlupin beschreiben.[16]

Eine Eigentümlichkeit aber erweist sich als ein geeignetes Hilfsmittel, Jean Potage zu rehabilitieren. Das hier gemeinte Spiel „mit der Schlappen, die er nicht acht", wurde schon Thomas Sackville 1596 in Frankfurt am Main nachgesagt.[17] Aber erst im politischen ‚Gesprech zwischen dem Englischen Bickelhering und Frantzösischen Schanpetasen Über das Schändliche Hinrichten Kön. Majestat in Engeland / Schott- und Irlandes. Gedruckt im Jahr 1649' sagt es „Schanpetase" ausdrücklich, daß er seinen Schlapphut „ein halb Schock mal uff almodische Art verändern kann".[18] Bald darauf hat Johann Lauremberg das Hut-Gleichnis in niederdeutsch gereimte Alexandriner gefaßt (1652):

Idt is noch nicht genoch, dat in so vel Maneren
De Kleder men nur moet so offtermahls verkehren,
Vnd maken mehr figurn und mehr fatzon darvan
Als Jan Potase sine Mütze folden kan.[19]

Weniger kunstvolle Verse haben zehn Jahre später dem dänischen Dichter Anders Bording für das nämliche Gleichnis zur Verfügung gestanden (1663):

---

13. Creizenach I, S. XCVII.
14. Duchartre I, nach S. 64: Notes.
15. Kat. Wien II, S. 82 f. — Hut und Hose als bevorzugt deformierte Kleidungsstücke des Narren, wie sie Marx Mangoldt schon 1596 beschrieben hat („In sein Hosen noch einer hett Platz... Mit der Schlappen, die er nicht acht."), gehören auch 1613 bei Martin Rinckhart im ‚Eislebischen Christl. Ritter' zur närrischen Ausrüstung. Der wandelbare Vertumnus tritt zuerst als Leimstängler auf (II,4): „Was lacht jhr was? es gilt nicht lachn, / Ihr werd mich nit zum Narren machn... / ...Ich hab gern weit die Hosen mein, / So kan ich desto ehe hinein... / ...Endlich so ist mit such der Huth / Vor Sonn, wind, schnee und regen gut". Später (III, 10) hat Vertumnus unwissentlich seinen Leimstänglerhut aufbehalten, darauf Ritter Martin: „— — — — Halt mirs zu gut. / Steckt die Weißheit im tollen Hut?" (Rinckhart, S. 38 f.)
16. In ‚Peter Squentz' macht des „Königes lustiger Rath" seinem Namen „Pickelhäring" wenig Ehre. Er ist so wenig komisch, daß ihm Komödianten-Tradition abgesprochen werden muß. Der von ihm erwähnte „Jehan Potage" würde ihn mit der Fähigkeit, „zugleich lachen und weinen" zu können, in den Schatten gestellt haben (Braune, S. 11). Gryphius' mißglückter Pickelhering könnte ursprünglich ein ‚Stultus' gewesen sein, wie er in einer der voraufgegangenen und von Gryphius gekannten ‚Peter Squentz'-Komödien enthalten war (Braune, S. 3).
17. Mentzel, S. 30.
18. B 4r. — Daß zu dieser Zeit der auf der Bühne noch kaum eine Rolle spielende Hanswurst Träger eines solchen Hutes gewesen sein soll, ist eine von Moscherosch berichtete, bei der Austauschbarkeit der Namen aber unergiebige Ausnahme; Philander habe sich „in diesen Ellenden Zeiten müssen in allerley Leut köpffe schicken: vnd / wie Hanß Wursts Hut / auff allerley weise winden / trähen / drücken / ziehen / zerren und böglen lassen" (Alamode Kehrauß. In: Anderer Theil der Gesichte Philanders von Sittewalt. Straßburg 1643, S. 67).
19. Lauremberg, Veer Schertz Gedichte.. (1652), S. 30.

›Ja Jan Potag‹ ej selv saa brat,
Omvende kand og mage,
Saa mangefold sin Gøgler-Hat
Som jeg mig selv maa plage.²⁰

Johann Praetorius wußte 1664 ebenfalls um diese Besonderheit von „Jean Potage sein Hut; draus man allerhand Formen machen kann".²¹ Bei Joachim Rachel (1664) kann man sich des Verdachtes nicht erwehren, daß die Eigenschaften dieser amorphen Kopfbedeckung, wenn der Verfasser von seinen Satiren sagt, er habe ihnen jedwede Form geben können „wie Jean Potage seinen Hut", inzwischen den Rang eines Topos erworben hatten.²² Im gleichen Sinne brauchte Grimmelshausen den Vergleich im ‚Wunderbarlichen Vogelnest‘ (1672) und ließ „das Maul auf andere Manieren, wie Hans Supp [!] seinen Hut" verziehen.²³ Hartmann Dollfeder kann sich (1672) für das Vorhaben, endlich seiner garstigen Katharina Herr zu werden, keinen besseren Mummenschanz ausdenken, als den „Sittenlehrer unter Jean Potage seinem Hut und Mantel" zu spielen.²⁴ Noch 1675 heißt es bei dem gleichen Verfasser von einem Hut: „... drehe dich gleich Jean Potages, wandle dich, wie es dir gefällt."²⁵

Der 1630 schon im ‚König Mantelor‘ verballhornte „Schampitasche"²⁶ konnte kein Neuling mehr sein, wenn das Konterfei des „Jehan petagi" 1632 für das Titelblatt einer politischen Flugschrift geeignet war²⁷ — oder wenn „Johann Potage" im Mai 1634, nachdem er

IAN POVTAIGE

Abb. 3

während des Kölner Marktes aus Theater- oder Heilkünsten blanke Münze geschlagen hatte, seinen einer niederländischen Abbildung (Abb. 3) vielleicht nicht unähnlichen Stand auf dem Heumarkt räumen mußte.²⁸

1649 wurde er als französischer „Schanpetase" dem englischen „Bickelhering" ausdrücklich gegenübergestellt.²⁹ Dedekind wußte 1654 zu erläutern: „Dieser Hut und dessen Verwandelung ist durch die Märkte hin und wieder iedermannen bekannt worden, heißt sinst Hanns Suppe".³⁰ 1670 gab er sich in Joh. Sebastian Mitternachts ‚Unglückseligem Soldaten‘ selbst aus als der „bekandte und berühmte Frantzoss Jean Potage. In Teutschland aber nennt man mich Hans Supp".³¹ Nicht lange vorher hatte Johann Rist zwar nicht die fiktive Nationalität, aber doch die Synonymie von

---

20. Bording, S. 56.
21. Dulc-Amaris Ancillariolus, S. 129 (nach Richter, S. 85 f.).
22. Satiren (nach Creizenach I, S. CI f.).
23. (nach Creizenach I, S. CI).
24. Köhler, S. 145.
25. Interim (nach Creizenach I, S. CII). — Daß hier größere Theaternähe als in den übrigen Fällen vorliegt, erläutert der anonyme Verfasser im Vorwort zu seiner dem ‚Alamodisch Technologischen Interim‘ angehängten Posse (‚Der viesierliche Exorcist‘) selbst; er habe die von ihm veröffentlichten Stücke „von Comödianten, auf dem Schauplatz fürgestellet, gesehen" und wolle seinen „Kopf hierin nicht wegen neuer Erfindungen zerbrechen und hierüber Zeit verlieren" Köhler, S. XXIX).
26. Gottsched III, S. 190.
27. Wiener Kat. II, S. 82 f. — Nach der bereits gegebenen Bildbeschreibung müßte dieser „Jehan petagi" ein getreues Abbild von Callots Zanne gewesen sein. Alle Bemühungen um das 1892 in Wien ausgestellte Exemplar aus der Hauslab-Sammlung: ‚Newe Jahr Avisen in Jehan petagi Kramladen zu erfragen ... zu diesem Newen 1632. Jahre dediciret‘ sind fehlgeschlagen. Die Sammlung befand sich später im Besitz der Fürstl.-Liechtenstein. Zentralverwaltung, ist vor Jahren aber wieder veräußert worden.
28. Niessen I, S. 97.
29. Gesprech (1649).
30. Dedekind (nach Braune, S. 98). — Im Juni 1668 hat Benjamin v. Münchingen unter Ausgaben „1 fl. 30 kr." verbuchen müssen, die der Kurfürst Karl Ludwig von der Pfalz „seinem Jean Potage" zum Geschenk gemacht hatte (Huffschmid, Sp. 82; Bolte IV, S. 583).
31. Unglückseliger Soldat und Vorwitziger Barbirer‘ (II,2). *(Anm. d. Hrsg.:* Johann Sebastian Mitternachts (1613—1679) ‚unglückseliger Soldat...‘ ist bereits 1662 erschienen, vgl. Geodecke Bd. 3, S. 221 u. Faber du Faur Nr. 643. Die von

43

„Jean Potage oder Hans Suppe" wie selbstverständlich erwähnt.³² Christian Weise gab ‚Dem gestürzten Marggraff von Ancre' (1679) einen kurzweiligen Diener namens Potage in die Dienste. 1684 konnten die Danziger in einem Fastnachtspiel sogar zwei „Jeanpotagen" zugleich bewundern.³³

Aus Jugenderinnerungen dieser Jahre mag Franz Callenbach (1663—1743) geschöpft haben, als er 1714 ein Beispiel gab, wie ein Jean Potage einen Pfarrer lehren könne, wobei wir — wenn Callenbach den Pfarrer meint — das Gebaren des Jean Potage zu sehen glauben³⁴: „Der Prediger aber meinte / er machts gar schön / machte solche Krimassen darbey / wie ein Schampadaschi auf dem Theatro. Bald schriehe er überlaut wie ein Zahnbrecher / bald wispelt er so still / das Kind in der Wiegen nicht aufzuwecken: Mit den Händen hat er in der Lieb gefochten / mit den Füssen gestampt / die Augen aufgeworffen wie ein gestochener Bock".

Das naheliegende Mißverständnis, die pseudofranzösische Herkunft des schließlich zum „Champantage" Verstümmelten aus der Commedia dell'arte zu deuten, hat bis 1729 auf sich warten lassen³⁵, scheint aber so einleuchtend gewesen zu sein, daß man ihm noch 1747 bei Schönemann in der Gesellschaft von Pantalon, Scaramuz und anderen Genossen finden kann³⁶. Das ist fürwahr eine standesgemäße Ahnentafel mit dem einzigen Schönheitsfehler, daß sie keine französischen Vorfahren aufzuweisen hat, so selbstverständlich das Gegenteil vorausgesetzt worden ist.

Hansen angezogene Ausgabe von 1670 war bibliographisch nicht zu ermitteln.) — Analoge Etymologien findet man schon frühzeitig, sorgfältig zusammengetragen bei Vulpius 1811, S. 256 ff.

32. Rist, S. 121.
33. Bolte I, S. 129.
34. Genealogia Nisibitarum (1714), S. 37 f., zitiert nach Dammert, S. 13. — Eine zweite „Jean Potage"-Erwähnung (nach Dammert, S. 3) in ‚Quasi vero, Der Hinckende Bott' (S. 64) habe ich im Original nicht finden können. Folglich muß es trotz gleicher Seitenzahl abweichende, von Dammert nicht ermittelte Editionen geben.
35. Vgl. die Bildserie ‚Amor Vehementer quidem flagrans' (1729), Bl. II (Abb. 30).
36. H. Devrient, S. 132.

Pickelhering contra Jean Potage

Abb. 4

Der auf dem Titelblatt von ‚Pickelherings Hochzeit' (1752) abgebildete Narr gibt sich durch sein Kostüm als später Nachfahr von Jacques Callots Zanne (1619; Abb.5) zu erkennen, wie der Vergleich sofort zeigt.* Die übereinstimmende Fußstellung, die gleiche Art, die Hände zu halten, die unveränderte Drapierung des auf gleiche Weise getragenen kurzen Mantels ergeben eine so ähnliche Silhouette, daß nur wenige Abweichungen zu beanstanden bleiben: der undefinierbare Hut, die gegen das Holzschwert ausgetauschte und nunmehr von der linken statt der rechten Hand gehaltenen Pritsche.

* Anm. d. Hrsg.: Die Abb. 4 mit dem Pickelhering, der in Wahrheit ein Jean Potage ist, stellte Hansen an den Anfang dieses Abschnitts, weil er Kindermanns falsche Datierung 1652 (I, S. 367) übernahm, da er das Bild nirgends im Original finden konnte. In der Tat ist die von Kindermann angegebene Quelle eines Liederheftes gar nicht existent, es handelt sich vielmehr um das Titelblatt von ‚Pickelherings Hochzeit' von 1752. Die Korrektur des Datums ändert zwar nichts an den inhaltlichen Ergebnissen — die sich auf andere Quellen beziehen — wohl aber hätte Hansen bei Kenntnis der Sachlage den formalen Aufbau geändert und dieses Bild nicht als Ausgangspunkt seiner Überlegungen gewählt. Der Hrsg. sah sich zu einer solchen Änderung der Struktur und notwendigerweise auch des Stils nicht berechtigt.

Diese Abweichungen haben immerhin genügt, die mittelbare Abhängigkeit des Holzschneiders von dem Kupferstich Callots zu verschleiern. Es bleibt zu erwägen, ob die hier behaupteten Kongruenzen nicht bestritten werden würden, wenn kein drittes Objekt als Bindeglied die Herkunft der Varianten erläutern könnte.

Abb. 5

Eine als „Schampetasche" bezeichnete und obendrein dem „BickelHering" konfrontierte Darstellung befindet sich auf dem Titelblatt des genannten ‚Gesprech...' (1649). (Abb. 6) Hier nun schließt nicht

Abb. 7

zuletzt die größere Fertigkeit des Stechers jeden Zweifel an einer Adaption des von Callot gestochenen Zanne aus. Das Schwert ist durch eine Pritsche ersetzt und diese, weil der Nachstecher die Handhaltung Zannes nicht zu deuten wußte, in die bei Callot mittels Daumen in den Leibriemen eingehängte linke Hand hinübergewechselt. An der Schlappe fehlen beide Federn, aber sie ist formal ähnlich, wenngleich in der Kontur so aufgeweicht, daß der ungelenkere Holzschneider (Abb. 4) sich mit einem unstrukturierten, gleichfalls federlosen Phantasiegebilde behelfen mußte.

Abb. 6

Wie nach dieser kolportierten Callot-Vorlage kaum anders zu erwarten, ist auch der beigesellte „englische BickelHering" (Abb. 8) nur eine derivierte, modisch

Abb. 8

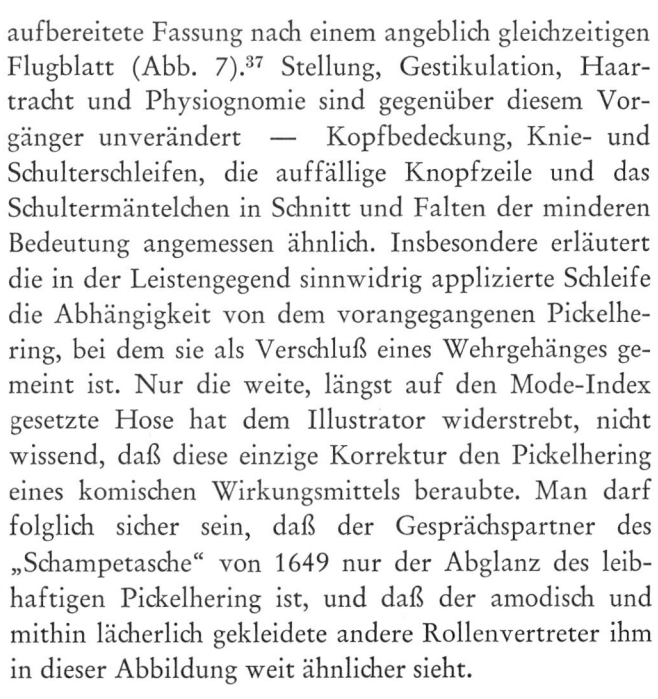

Abb. 9

aufbereitete Fassung nach einem angeblich gleichzeitigen Flugblatt (Abb. 7).³⁷ Stellung, Gestikulation, Haartracht und Physiognomie sind gegenüber diesem Vorgänger unverändert — Kopfbedeckung, Knie- und Schulterschleifen, die auffällige Knopfzeile und das Schultermäntelchen in Schnitt und Falten der minderen Bedeutung angemessen ähnlich. Insbesondere erläutert die in der Leistengegend sinnwidrig applizierte Schleife die Abhängigkeit von dem vorangegangenen Pickelhering, bei dem sie als Verschluß eines Wehrgehänges gemeint ist. Nur die weite, längst auf den Mode-Index gesetzte Hose hat dem Illustrator widerstrebt, nicht wissend, daß diese einzige Korrektur den Pickelhering eines komischen Wirkungsmittels beraubte. Man darf folglich sicher sein, daß der Gesprächspartner des „Schampetasche" von 1649 nur der Abglanz des leibhaftigen Pickelhering ist, und daß der amodisch und mithin lächerlich gekleidete andere Rollenvertreter ihm in dieser Abbildung weit ähnlicher sieht.

Wenn auch der Pickelhering fernerhin zu rätseln gibt, so ist Jean Potage auf keine Geheimnistuerei bedacht. Er bekennt sich auch hier vorbehaltlos zu Callot und brüstet sich geradezu damit, nichts von dem, was ihm 1622 als Fracasso in den ‚Balli di Sfessania' (Abb. 9) mitgegeben wurde, inzwischen verlernt oder vertan zu haben. Allerdings macht der 1649 plagiierte „Bickel Hering" (Abb. 8) den ihm angetauschten „Schampetasche" nachträglich verdächtig, nichts als ein durch die

Vorlage suggerierter Callot-Abkömmling nach Belieben des Stechers zu sein.

Bislang von Argwohn unbelastet, womöglich mit Surrogaten abgefunden zu werden, drohen nun alle Konturen zu zerfließen. Dennoch scheint sich ein präsumptiver Jean Potage, dem die Fiktion seiner französischen Herkunft dabei nicht wenig zustatten kommt, jenen Zanne-Habitus angeeignet zu haben, der nicht in einem einzigen Modell, sondern in den von Callot insgesamt geschaffenen Mustern zu finden ist.

Mehr würden diese Exempel von 1649 vorderhand nicht besagen, obschon sich der „Jehan petagi" von

---

37. Nach Vulpius (S. 258) soll diese Flugschrift 1648 gedruckt worden und betitelt gewesen sein: „Unterredung zwischen Peckelhering und Mr. Jean Potage, über den greulichen Königsmord in England!" Es ist zu beanstanden, daß diese Flugschrift nicht vor der am 30. I. 1649 erfolgten Hinrichtung Karls I. erschienen sein kann, ausgenommen sie wäre nach der in England auch noch gebräuchlichen Marianischen Zeitrechnung datiert worden. Der Nachstich bei Vulpius 1811 dürfte auf das obige Exemplar (Abb. 7) zurückgehen (abgebildet bei Könnecke, S. 47), das ich für das Original halte. Schon wegen der abweichenden Namensschreibung und der irrigen Jahreszahl bin ich nicht sicher, daß die von Vulpius behauptete Herkunft zutrifft. Sollte es dennoch der Fall sein, so wäre das zuerst genannte ‚Gesprech' wohl als ein Konkurrenz-Produkt dieser ‚Unterredung' anzusehen, wie überhaupt auf eine rege Nachfrage geschlossen werden kann, weil neben der 1649 datierten Ausgabe noch eine undatierte, im Titel geringfügig abgeänderte auf dem Markt war (Shakespeare Jb., S. 378).

Abb. 10    Abb. 11    Abb. 12

1632 so unabweislich aufdrängt, als sei sein verlorenes Bildnis nicht mehr vonnöten. — Unversehens ordnen sich mit Hilfe früher deutscher Nachstiche der ‚Balli di Sfessania' (1622) — schon um 1625 von Wenzel Hollar vertrieben und von diesem lakonisch kommentiert: ‚Hanß Suppen geselschafft vnd ihre däntz' (Abb. 65a-f) — die widersetzlichen Komponenten wie Glieder eines Magischen Quadrates zueinander. Callots Zanne-Sippe von Hans Supp kommandieren zu lassen, kommt der Enthüllung gleich, daß Jean Potage sich später des Hans Supp schämte, daß dieser Pseudo-Franzose sein biederes Deutschtum deswegen abzustreichen, Potage alias Supp Callots Protektion abzuleugnen und dessen Zanne zu schneiden versuchte.

38. Zur Erläuterung wird auf die Abbildung der ‚Balli'-Nachstiche (Abb. 65a—f) verwiesen. Hollar nannte den unter dem Namen „Hanß Supp" eine Gesellschaft dirigierenden Zanne auch „Harlequin".
39. Fabri, Abb. 40.
40. Pandolfi Bd. 5, S. 439; Bd. 1, S. 255 u. a.
41. Carracci, Le arti de Bologna, Abb. 36; bei Pandolfi Bd. 2, S. 328.

Wenn Callots Zanne auf „Hanß Supp" hörte, so dürfte das wohlgehütete Geheimnis dieses deutschen Narren hinreichend gelüftet sein, um ihn als Gernegroß zu verdächtigen; hatte sich doch das Gerücht von seiner romanischen Vergangenheit schon so festgesetzt, daß derselbe Wenzel Hollar keine Bedenken trug, ihn in Callots Darstellung sogar als „Harlequin" zu akzeptieren.[38] Weitere Gemeinsamkeiten deuten aber darauf hin, daß nationaler Dünkel nicht immer zum Wesen des Bühnennarren gehört hatte.

Alexandro de Fabri hat 1593 zu den Masken der Commedia dell'arte einen „Bragato" gezählt (Abb. 10)[39], der 1585 auch als Verfasser einer Komödie, später als „Zan Braghetta" und 1629 als „Braghetto Francese" erwähnt wird.[40] Bei Fabri bevorzugt dieser Zanne-Typ eine diagonal gemusterte blusige Jacke, bei Annibale Carracci ein „Sonatore in Piazza" etwa gleichzeitig die entsprechenden Pluderhosen (Abb. 11).[41]

Was vom Zufall übriggelassenes Flickwerk scheinen könnte — von Fabri eine Bluse, von Carracci eine Hose — wird durch Giacomo Franco vom Makel des pium desiderium befreit. Auf einer seiner Figurinen,

Abb. 16a

Abb. 16b

ebenfalls aus der Zeit um 1600, präsentiert er eine venezianische Maske im uniform schräg gestreiften und von eingestreuten Punkten belebten Gewand (Abb. 12).

„Grillo" (Abb. 13) ist nicht der einzige aus einer wohl bald nach 1600 entstandenen anonymen Folge, dessen Streifendekor seiner Zunft eigentümlich gewesen zu sein scheint.

Abb. 13   Abb. 14

In einer Folge über das Karnevalstreiben hat Jacques de Gheyn um 1600 eine dem Zanne ähnliche Gestalt (Abb. 14) mit weiten, flatternden, modefremden Beinkleidern ausgestattet, die wie das Wams auch diagonal gestreift sind.[42]

Bühnenauthentisches Gewicht hat auszugsweise eine Darstellung (Abb. 15) aus einem Dedikationsprogramm der 1655 in Wien aufgetretenen ‚Insspruggerischen' Komödianten.[43] Dieses an höfischer Opernpracht orientierte Szenenbild läßt sich ohne Abstriche mit der Wanderbühnenpraxis nicht vereinbaren, ausgenommen neben anderen Akteuren den Pickelhering. Sein sowohl längs wie quer und obendrein von Bein zu Bein wechselnd gestreiftes Gewand erinnert im Zuschnitt fatal an Callots Zanne, im Dessin an Turlupin.

Um 1670—1680 präsentierte der Niederländer Matthys Naiveu auf einem seiner Gemälde (Abb. 16 a u. b) zwei im Dienste eines Scharlatans stehende Narren, von denen einer sich harlekinesk zu kleiden bemühte, während der andere an der Potage-Pickelhering-Tradition festhielt. Seine diagonal gestreiften Beinkleider kann man nicht übersehen.

Oswald Harms ließ in dem 1679 in Dresden wiederholten ‚Ballet von Wirckung der Sieben Planeten' (1678; Abb. 17) gleich vier solcher streifengewandeten Narren auf der Bühne tanzen und sich tummeln.

Ferdinand Aegidius Paulsen (Abb. 18) hat sich 1685 ebenfalls in einem diagonal gemusterten Anzug porträtieren lassen, während sein Zeit- und Kunstgenosse Christian Janetschky (Abb. 19) nur das knappe Jäckchen auf diese Weise zierte.

Ebenso gehört die Mittelfigur einer Narrentrias, von Peter Schenck um 1700 auf einem Schabkunstblatt dargestellt (Abb. 20 u. 21), in allen Einzelheiten einschließlich desselben Streifenmusters in die Ahnenreihe dieses langlebigen Narrentypus.

Trotz des bald nach der Jahrhundertwende herrschenden subversiven Harlekins und Hanswurstes hat sich die retentierende Puppenbühne um 1725 von einer althergebrachten Kleiderordnung noch nicht gelöst, wie ein Kupferstich des Augsburger Verlages Martin Engelbrecht beweist (Abb. 22).[44]

Ähnliches scheint auch ein wunderliches Titelkupfer zu bestätigen (Abb. 23), auf dem sich 1739 der Bühnen-Heilige Philemon in einer abstrusen Aufmachung mit

Abb. 15

42. Schotel 1. Teil (S. 94) beschreibt die Narrenkleidung dieser Zeit als „groen en geel, blaauw en wit met swarte streepen".
43. ‚Die Egyptische Olympia... Ein Mit Theatralischen Machinis gezieretes Schauspiel. Wien 1665.
44. Die Nahrungsart von leichtem Sinn... (Augsburg)

Hanswurst-Haarknoten, Harlekin-Wams und einem verdächtig gestreiften Jäckchen gefällt.⁴⁵

Abgesehen davon, daß hier die schon vollzogene Auflösung der einst autarken Narrentypen offenkundig wird, bemerkt man ein bemühtes Geschichtsbewußtsein, das an Christian Janetschkys Pickelhering-Kostüm von 1685 Genüge gefunden hat; denn dieses Streifen-Jäckchen läßt in Verbindung mit den antiquierten gebauschten Kniehosen Janetschkys keinen anderen Schluß zu, als daß man durch Entlehnungen aus dessen Konterfei das diokletianische Zeitalter als eine fast schon kalenderlose Vergangenheit heraufbeschworen zu haben glaubte. Als Dokument ist sein Wert in diesem Zusammenhang eingeschränkt.

Auch auf einem Stammbuchblatt, das dem Ornament zufolge eher früher als um die 18. Jahrhundertmitte anzusetzen ist (Abb. 24), überrascht ein entfernt

45. Die Spihlende Hand Gottes... von J. Jacob Schmid. Augsburg u. Regensburg 1739.
46. „Seht her! Das ist der Aufenthalt der beiden Sachen, die in der Welt so viel Verwirrung machen."

Abb. 17

an Hanswurst oder Harlekin erinnernder Spaßmacher, anhand zweier Kleidungsstücke eine anzügliche Redensart demonstrierend⁴⁶, in einem diagonal gestreiften Kostüm.

Zu guter Letzt begegnet man dieser Tradition noch 1749 in Biberach (Abb. 25) und auf dem Holzschnitt von 1752 (Abb. 4). Die schon 1686 gegründete Bürgerliche Komödiantengesellschaft in Biberach hat vielfältig

Abb. 18

Abb. 19

Abb. 21

Abb. 20

von Anleihen bei der wandernden Bühne gezehrt und außer dem längst überwundenen Spielgut auch den überlebten Pickelhering beibehalten. Noch 1748 trat er dort auf.[47]

Eine günstige Fügung hat ihn uns auf einem Bild erhalten, das der Biberacher Maler Johann Martin Klauflügel 1749 als Erinnerungstafel für die an der Gesellschaft beteiligten Bürgerkomödianten gemalt hat. Obwohl er mit einer Wurst hantiert und sich mittels eines hanswurstähnlichen Spitzhutes der obsiegenden Narrenmode angepaßt hat, trägt er noch dasselbe helle, einfarbige und durchgehend diagonal gestreifte Gewand, das die berufsmäßigen Spaßmacher längst abgelegt hatten. Als Relikt während der Alleinherrschaft farbenprächtiger Harlekine und Hanswurste kommt diesem Beleg besondere Bedeutung zu.

Es hat den Anschein, als habe sich eine in anderen Breitengraden längst abgelebte Tradition im niederländisch-deutschen Bereich noch lange als lebensfähig erwiesen. Nach dem Stand der Untersuchung wäre es verfrüht, die gelegentlich auch schrägen Applikationen am Brighella-Kostüm als rudimentär einzubeziehen, wie es auch übereilt wäre, endgültige Schlüsse zu ziehen

statt vorerst nur behutsam zu sichten, was unbeachtet beiseite gelegen hat. Vielleicht hat man durch Bevorzugung dieses unkleidsamen Streifens Konflikte mit den strengen ständischen Kleiderordnungen vermeiden wollen. Wie nun, wenn dieser Streifen durch gegenläufige Schraffuren ergänzt worden und das frühe harlekineske Flickenkleid in diesen geometrischen Sog geraten wäre? — wobei noch zu bedenken ist, daß sich die Belege für diesen Narren-Streifen beliebig vermehren lassen.

Sowohl Heinrich Julius von Braunschweig wie auch Jacob Ayrer haben einen Strümpfe tragenden Spaßmacher vor Augen gehabt; denn ein solches Kleidungsstück wäre von ihnen unerwähnt geblieben, wenn es sich um keinen auffälligen Bestandteil der Garderobe gehandelt hätte — was er aber zufolge der „pekelhering"-Darstellung noch 1649 gewesen ist.[48] Der nach-

47. Ofterdinger, S. 45.
48. Johan Bouset in ‚Buler und Bulerin' (I, 3: S. 282) „Tholest die Lerseen (= Lederstrümpfe) awer myn Bein". Ayrers Jan „streicht den Bart / die strümpff / auch das geseß hinauff" in der ‚Comedia von der schönen Phaenicia' (S. 411 r [2068]; 413 r [2079].

Abb. 22

Abb. 23

drücklich als *englischer* „Bickel Hering" bezeichnete und in der Tat mit einem Pickel ausgerüstete Spaß-

49. Ayrer: ‚Ein Faßnachtspil der verlohren Engellendisch Jann Posset' (S. 116 [2917]). — ‚Comedia vom König Edwarto den dritten' (S. 387 [2068] und 394 r [2079] etc.
50. Ayrer: ‚Tragedi Vierdter vnd Letzter Theil. Von Valentino vnd Vrso' (S. 305 [1524] und 314 [1570] — ‚Comedi vom Soldan von Babilonia vnnd dem Ritter Torello' (S. 362 [1813] und 365 [1828] etc.
51. Welche unübersehbaren Folgen zu befürchten sein müssen, wenn sich die neuere Literatur auf eine rare Quelle stützt und eine mißverstandene Stelle ohne Quellenangabe verbreitet, kann man an folgendem Beispiel ermessen: Rommel (S. 214) verwendet, ohne die Quelle anzumerken, Creizenach (I, S. CIII); Creizenach selbst weist darauf hin, daß er Rist nicht nach dem Original, sondern mittelbar zitiere. Rommel wiederholt teils wörtlich jene durch Creizenach vermittelte Pickelherings-Beschreibung, berichtet aber zu guter Letzt von einer „Schlafhaube, die über die Ohren gezogen war", statt von einer „Schlafhaube mit Ohren auf dem Kopf", wie es bei Creizenach heißt — und was nichts anderes als eine mit Eselsohren versehene Narrenmütze bedeutet!

macher (Abb. 27) gibt sich als Abkömmling eines Geschlechtes zu erkennen, das über die um 1621 dargestellten „*englischen*" Vorfahren bis hinab zu Jan Bouset des Heinrich Julius reicht. Auch Jacob Ayrer hat sich einen mit einem „Paret" bedeckten „Endellendischen Jan"[49] nicht ohne „spießlein" denken können.[50] Zu seiner Sippe ist der ebenfalls mit einem Barett bekleidete, mit Lersen bestrumpfte und mit einem Stecken (Pickel?) hantierende „Hans Leberwurst" von 1624 zu rechnen (Abb 26). Sie alle trugen Strümpfe und Barett oder aber 1649 eine der „Schlappe" ganz und gar unähnliche bürgerliche Kopfbedeckung.

In allen Fällen ist ihre gesamte Ausrüstung nicht nur auffallend zivil, sondern auch entsprechend farbig gewesen. Johann Rist hat sogar einen halb rot, halb gelb gekleideten Pickelhering in Erinnerung gehabt.[51] 1686 wurden im Ansbacher Garderoben-Inventar „Pikkelhärings Kleider" beschrieben als „von leinen tuch

Abb. 24

gemahlt, und mit mancherley Farbschletter außstaffirt". Es handelte sich indessen um „das ander" von zwei vorrätigen Pickelherings-Ausstattungen; ganz abweichend davon war „das eine Von weiß: und blauen wüllen tuch" gemacht.[52] Ferner ist aus dem Ansbacher Inventar abzulesen, daß um 1686 weit weniger von einer bürgerlichen oder bäuerlichen Bekleidung als von einem phantastischen Kostüm die Rede sein kann. Schon Rist darf so verstanden werden. Der Ansbacher Fundus verfügte aber auch über ein hellfarbenes weißblaues Habit, wie es sich Jean Potage etwa angemessen hatte, und wie es zur gleichen Zeit Ferdinand Aegidius Paulsen abgewandelt noch trug. Paulsen hat allerdings barhäuptig Modell gestanden; die „Schlappe", sonst immer unentbehrliches Requisit des Jean Potage, scheint folglich nicht zu seiner Ausrüstung gehört zu haben. War er nun Pickelhering oder Jean Potage?

Die verwirrende Vielfalt läßt sich nicht auf ungebrochene Entwicklungslinien reduzieren, weil es sie gar nicht oder nur sporadisch gegeben haben kann — allenfalls dann, wenn eine erfolgreiche Neuerung so lange und so oft kopiert worden war, bis ein anderes und ebenso ephemeres Muster wiederum zur Nachahmung herausforderte — oder umgekehrt: sobald ein einfallsreicher Kopf seine Eigenarten durch Nachahmung abgewertet sah, mußte er darauf bedacht sein, den Vorsprung durch neue Einfälle zu sichern — und so fort. Man darf dabei nicht übersehen, daß auch dieser Erläuterungsversuch nach Art des Koordinatensystems eine Vereinfachung ist. Aber als Faustregel, die verfälschende Details einschließt, scheint solches Gebaren seit Mitte des Jahrhunderts die Überschaubarkeit fortschreitend zu verunklären. Bis zu dieser Zeit muß sich

52. Schwarzbeck, S. 127.

eine erbitterte Rivalität zwischen den beiden erfolgreichsten Typen, Pickelhering und Jean Potage, abgespielt und schließlich zugunsten des ersteren entschieden haben.

Pickelhering behauptete das Feld und plünderte nach Belieben den Unterlegenen, der sich indessen nicht völlig geschlagen gab, sondern in die Schul- und Gelehrtenkomödie retirierte. Es ist auffällig, wie selten dort ein Pickelhering anzutreffen ist, während Jean Potage seit der Jahrhundertmitte im gedruckten, deswegen auch besser überschaubaren Schuldrama dominiert. Aus den Manuskripten der Wanderbühne ist sein Name fortan gelöscht.

Nachdem beide das theatralische Territorium aufgeteilt und einander nicht mehr zu fürchten hatten, scheint Jean Potage alias Hans Supp seine fragwürdige Familientradition weiterhin gepflegt und auf seine angemaßte, nie angezweifelte französische Herkunft gepocht zu haben. Pickelhering machte hingegen von seiner ihm angehängten englischen, in Wahrheit aber deutschen Abstammung aus der Ära der Englischen Komödianten nicht mehr viel Rühmens.

Der Hang des Jean Potage zur Gallomanie läßt sich letztlich verteidigen, weil er mit einer Wurzel seines Stammbaumes — wenngleich nicht nominal, so doch dem Habitus nach — in der romanischen Tradition verankert ist. Diesem nicht zu leugnenden Umstand

Abb. 25

Abb. 26

Abb. 27

mag er seinen Namen verdanken. Daß er erst um 1630 nachgewiesen werden kann, fördert im Zusammenhang mit den adaptierten Abbildungen die Vermutung, Jacques Callot müsse an seiner germanischen Inkarnation beteiligt gewesen sein. Die Frage, ob Jean Potage ehemals Hans Supp war, und ob er unter jenem oder diesem Namen sich Callots Zanne verwandt fühlte, wurde bereits um 1625 entschieden. Damals waren Callots ‚Balli di Sfessania‘ schon in deutschen Nachstichen verbreitet. Ihr aufschlußreicher Untertitel „Hanß Suppen geselschafft vnd ihre däntz"[53] kann nichts anderes besagen, als daß der Zanne und Hans Supp alias Jean Potage Wahlverwandte gewesen sein müssen.

Wie weit sich Jean Potage im Laufe der Zeit von seinem Vorbild entfernt hat, läßt sich schwerlich nachprüfen; daß er es aber nie ganz verleugnen konnte, beweisen die bis zuletzt für ihn typische „Schlappe" und das redensartlich gewordene Spiel mit ihr, wie es auch die weitläufig mit ihm verwandten Turlupin und Tabrin dem Zanne abgeschaut hatten.

53. Lipperheide Bd. 2, S. 816; vgl. Kap. IV, 1. Exkurs.

Harlekin

Johann Valentin Andreae, der schon um 1603 zwei durch die Englischen Komödianten angeregte Dramen verfaßt haben will[54], versuchte sich ein Jahrzehnt darauf noch einmal als Dramatiker. Bereits vor seiner Reise nach Italien hatte er den ‚Turbo sive moleste et frustra per cuncta divagans ingenium' konzipiert, was aber nicht hinderlich gewesen sein muß, im Süden gewonnene Eindrücke nachträglich in dem erst 1616 erschienenen Drama zu verarbeiten. Sofern eine Abhängigkeit von der italienischen Commedia dell'arte nicht glaubhafter als bisher nachgewiesen werden kann[55], liegt die Vermutung näher, daß ihm Anregungen durch die französische Bühne vermittelt wurden. Dazu hätte es seines Aufenthaltes in Paris nicht einmal bedurft, denn 1613/14 spielten französische Wandertruppen nicht nur in Stuttgart, sondern vielerorts auf deutschsprachigem Territorium.[56] Warum sollte Andreae diesen Harlekin, der sich in Paris viel heimischer als in Italien fühlte, dort übersehen haben?

Untersuchungen über die noch immer nicht restlos geklärte Herkunft des Harlekin sind durch sein Kostüm nicht gefördert worden. Obwohl der Name Arlecchino in Italien nicht ungeläufig war[57], hatte er es dort noch nicht zu der gleichen Popularität wie in Frankreich gebracht. Als Sinn- und Artverwandter des Zanne trug er dessen Kleider. Jedenfalls beglaubigt keine Nachricht und keine Abbildung aus Italien jenes enge bunte Flickenkleid, das er sich in Frankreich angemessen hatte und das eine französische Eigenart unverwechselbar machte.

Wie kleidete sich nun Andreas Harlekin? — Nach der Übersetzung von Süß zu urteilen, hätte Andreae jeder Möglichkeit vorgebeugt, seinen Harlekin zu mißdeuten.[58] Als dieser nämlich in Begleitung seines Herrn mit Panurgus und Malliet zusammentrifft, fällt letzterem der lächerliche Anzug Harlekins sofort ins Auge: „Hui! Der eine hat einen merkwürdig bunten Rock an. Das bedeutet irgend etwas Spaßiges" (II,3). Leider drückt sich Andreae nicht so unmißverständlich aus, wie sein Übersetzer ihn versteht. Malliet bemerkt bei seinem Anblick lediglich, daß er sich auffallender kleide, als es sonst der Brauch ist, was etwas ungeheuer Witziges bedeuten müsse.[59] — Darf man trotz der vagen Beschreibung bei Andreae auf eine französische Abkunft seines Harlekins schließen?

Abb. 28

Wäre man dazu bereit, dann hätte Andreae den frühesten bislang bekannten Versuch gemacht, den Harlekin aus dessen französischer Wahlheimat für das Drama in Deutschland einzufangen. Das würde noch keineswegs besagen, daß Harlekin auch schon für die Bühne gewonnen worden wäre. Zu klären bleibt, ob ein buntgescheckter Harlekin, wie Andreae ihn möglicherweise aufgefaßt hat, auf der Bühne sein Wesen trieb.

Von der einzigen bis vor kurzem bekannten Aufführung in Augsburg 1653 ist nicht überliefert, ob man dort den Harlekin als Harlekin verstanden hat.[60]

---

54. Trautmann IV, S. 212 f.: „Jam a secundo et tertio post millesimum sexcentesimum coeperam aliquid exercendi ingenii ergo pangere, cujus facile prima fuere Esther et Hyacinthus, comoediae ad aemulationem Anglicorum histrionum juvenili ausu factae, e quibus posterior, quae mihi reliqua est, pro aetate non displicet".
55. Hinck, S. 90 ff.
56. Trautmann II, S. 210, 297; Meißner, S. 53 ff.
57. Pandolfi Bd. 1, S. 161—164, 225 u. a. m.
58. Süß, S. 78.
59. „M[alliet:] Utiq; sed alter vestibus luxuriat, ut plerumq; nescio quid ridiculum repraesentet".
60. E. Schmidt, S. 85—101.

Erst in neuerer Zeit wurde eine Teilaufführung im Jahre 1647 ermittelt; Johann Amos Comenius hat am Gymnasium in Lissa in eine Schulaufführung des ‚Hercules' als Intermedium den 3. Akt des ‚Turbo' eingefügt.[61] Dieser Akt stellt ein kleines in sich geschlossenes Drama dar, das sich der Herauslösung kaum widersetzt. Warum der ‚Turbo' so selten oder nur auszugsweise gespielt worden zu sein scheint, wäre durch seine für den Schulgebrauch nicht durchaus geeignete Gelehrtenparodie glaubhaft erläutert.

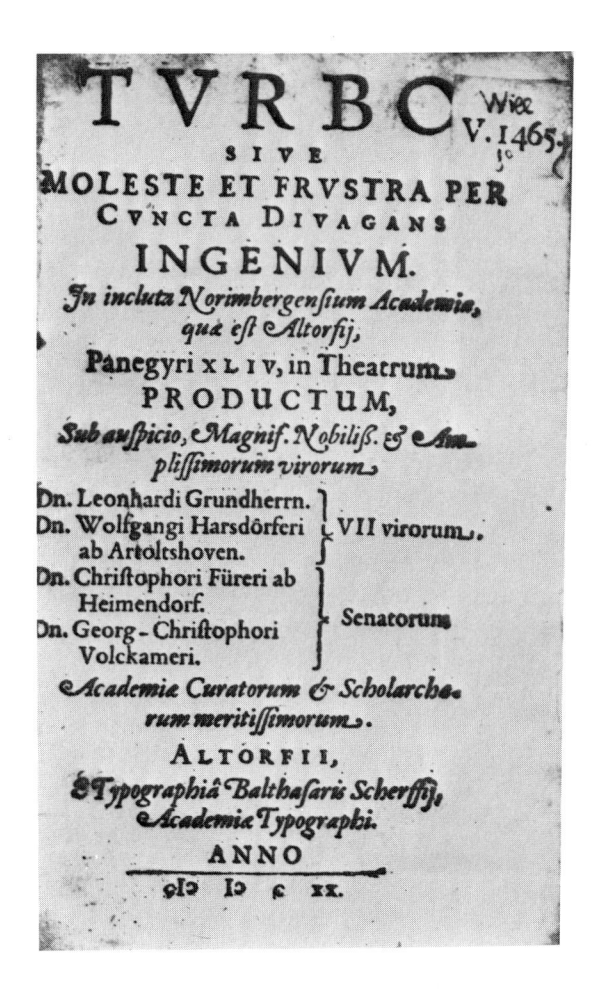

```
TVRBO
    SIVE
MOLESTE ET FRVSTRA PER
    CVNCTA DIVAGANS
    INGENIVM.
In incluta Norimbergensium Academia,
    quæ est Altorfij,
Panegyri XLIV, in Theatrum
    PRODUCTUM,
Sub auspicio, Magnif. Nobiliß. & Am-
    pliffimorum virorum
Dn. Leonhardi Grundherrn.
Dn. Wolfgangi Harsdörferi  } VII virorum.
    ab Artoltshoven.
Dn. Christophori Füreri ab  }
    Heimendorf.             } Senatorum
Dn. Georg-Christophori      }
    Volckameri.             }
Academiæ Curatorum & Scholarcha-
    rum meritiffimorum.
    ALTORFII,
Typographiâ Balthasaris Scherffij,
    Academiæ Typographi.
    ANNO
    ꟾↃ IↃ C XX.
```

Ob nun Comenius' Freundschaft mit Andreae, die im Jahre der Aufführung 1647 nach fast zwanzigjähriger Unterbrechung durch Briefwechsel erneuert wurde[62], diesem Harlekin zu seinem Recht verhalf, entzieht sich gleichfalls unserer Kenntnis. Berechtigte Zweifel werden noch bestärkt, wenn man in dem von Comenius herausgegebenen ‚Orbis sensualium pictus' (1658) eine für die Theaterwissenschaft in mancher Hinsicht lehrreiche Bühnendarstellung entdeckt, die hingegen einen wenig typischen, wenn auch dem Harlekin nicht unähnlichen Spaßmacher zeigt.[63] Auch das Vokabularium trägt nichts zur Klärung bei, weil möglicherweise nur der lateinische Text („morio") von Comenius selbst, die deutsche Übersetzung („Pickelhering") aber von anderer Hand stammt.[64]

Die Rechnung geht dennoch besser auf als erwartet werden durfte. Dieser Harlekin ist nicht erst um die Mitte des 17. Jahrhunderts in Lissa oder Augsburg, sondern im gleichen Jahr, als sich Pickelhering in den 1620 herausgegebenen ‚Englische Comedien vnd Tragedien' als populär gewordener Narrentypus auswies, schon in Altdorf über die Bühne der Nürnberger Hohen Schule geschritten, wenige Jahre nach der Veröffentlichung des ‚Turbo'. Der getreue Altdorfer Nachdruck von 1620 ohne Verfasserangabe ist zugleich Beleg für die dortige Aufführung im gleichen Jahr.[65] Es

61. Lewánski, S. 76 f.
62. Möhrke, S. 23 ff.
63. Daß diese Abbildung kein Phantasieprodukt ist, sondern bühnennahe Authentizität besitzt, geht aus manchen Einzelheiten, insbesondere aus der bühnentechnischen Auffassung hervor. Bei einem Vergleich der voneinander abhängigen Darstellungen in den Ausgaben von 1658 und 1667 springt die zugrunde gelegte Realität noch mehr ins Auge, weil dort ein Kulissen-, hier aber nebeneinander ein Winkelrahmen- und Paravent-System in Gebrauch war (vgl. Lewánski, S. 92/93). Bei Kindermann (I, S. 156) ist eine der beiden von Lewánski veröffentlichten Abbildungen mißverstanden worden, so daß auf eine Richtigstellung nicht verzichtet werden kann: Diese dem polnischen Aufsatz entnommene Bühnendarstellung stammt aus einem englischen Nachdruck im Jahre der Erstausgabe. Mit Ausnahme der abweichenden graphischen Technik handelt es sich um eine völlig unselbständige Kopie der deutschen Vorlage. Um so überraschender ist es, diese Darstellung nunmehr als Beispiel für eine „englische [!] Bühnenszene aus der Mitte des 17. Jahrhunderts" deklariert zu finden.
64. Orbis II. Vorwort von Kühnel.
65. In diesem Altdorfer Druck (Bogen A–H) fehlen nur die wohl bei allen Aufführungen ausgelassenen Zwischenspiele. Ansonsten folgte man — von kaum erwähnenswerten Umstellungen und Auslassungen abgesehen — der Originalausgabe, so daß von einer Bearbeitung keine Rede sein kann. Als Aufführungstag darf man wie in voraufgegangenen Jahren den 29. Juni (Peter und Paul) annehmen. Das Exemplar befindet sich in der Stadtbibliothek Nürnberg, Signatur Will V. 1465. 8°. (Vgl. Faksimile links)

bleibt zu erwägen, ob sich der ‚Turbo' nicht größerer Beliebtheit an den Schulen erfreute, als spärliche Quellen uns wissen lassen.

Weit erfreulicher als berechtigte Aussichten auf ferner noch zu erwartende Belege ist der Nachweis, daß Harlekin sein nur literarisches Dasein schon 1620 aufgab und vorerst unter die Laienkomödianten ging, bei denen er außer in Lissa und Augsburg noch auf mancher Schulbühne aufgetreten sein wird. Ein esoterischer Harlekin konnte indessen auf keine Bühnenlaufbahn hoffen, denn schlechtere Voraussetzungen, als aus zu gutem Hause zu stammen, waren für seine Karriere kaum denkbar. So fristete er als verschleppter Sonderling ein unkomödiantisches Bühnendasein unter Gelehrten und Adepten.

66. Lipperheide Bd. 2, S. 816; Graesse Bd. 2, S. 19, Nr. 26. — Wegen dieser Quellen und der erwähnten Abbildung wird auf Kap. IV. (1. Exkurs) verwiesen.
67. De Charlataneria Eruditorum Declamationes Duae; Autore J. B. Menckenio. Lipsiae Apud Jo. Frid. Gleditsch & Filium MDCCXV. X Es ist nicht abwegig, diesem im Titelkupfer abgebildeten Harlekin Realität zuzugestehen, denn gerade in diesem Jahre hatte sich die nahe Universität Halle von einem „marktschreierischen Harlekin" während des Herbstmarktes belästigt gefühlt und Klage beim König geführt (G. Meyer, S. 19).
68. Kopp, S. 15 ff.
69. Über seine Lebensumstände sind wir mangelhaft unterrichtet. Nach Wustmann (S. 480) müßte er aus Venedig stammen und dort, wenn man die Lebensdaten seiner Frau heranzieht (1656 — 14. 7. 1711 Wien; vgl. Jb. Wien 1953/54, S. 121), um 1650 geboren sein. Diese Anna Magdalena scheint in erster Ehe Ernst geheißen zu haben, denn 1708 wurde Sebastiano di Scio von einem Heinrich Adrian Ernst als Stiefvater bezeichnet, der wegen Unpäßlichkeit den Leipziger Michaelismarkt nicht aufsuchen könne (Wustmann, S. 482). Vermutlich hat ihm diese Ehe noch eine Stieftochter eingetragen, denn „Catharina Elisabetha Ernstin" und deren Mann, „Matthaeus Uslenghi Commediant", ließen ihr Kind während di Scios Aufenthalt in Berlin am 25. Nov. 1703 in der Nikolaikirche taufen. Der König und die Königin von Preußen, Friedrich I. und Sophia Charlotte, übernahmen die Gevatterschaft, woraus man mit Fug schließen darf, daß di Scios Truppe sich der besonderen Gunst des preußischen Hofes erfreute (Dt. Bühnen-Genoss. 1883, S. 176).
70. Nyström, S. 56.
71. Als Bruchstück seines Wirkens hat bisher ermittelt werden können: 1688 Kopenhagen (Nyström, S. 59) — 1690 Berlin (Brachvogel Bd. 1, S. 49) — 1692 Kopenhagen (Marquard, S. 418) — 1693 Berlin (Brachvogel Bd. 1, S. 49) — 1694 Kiel (v. Gersdorff, S. 102 ff.) 1694/95 Kopenhagen (Marquard, S. 453; Nyström, S. 59) — 1696 Schweden/Stockholm (Silf-

Es wäre welt- und sachfremd, in Andreaes Händen ein Harlekin-Monopol zu vermuten. Man muß gewärtig sein, eines Besseren belehrt zu werden, sobald die Quellen günstig sind. Zur Warnung, daß Harlekin während der Pickelhering-Ära keine auf Andreae zu beschränkende Ausnahme war, hat Wenzel Hollar um 1625 einen nach Jacques Callot kopierten Kupferstich des Zanne vorgelegt, der von ihm „Harlequin" genannt wurde.[66] Dazu mag ihn nichts anderes als die Nationalität Callots bewogen haben. Immerhin muß zur Kenntnis genommen werden, daß Harlekin — gleichviel in welcher Gestalt — auch außerhalb des Schuldramas schon umging.

Von der öffentlichen Bühne ungebeten, verstand es der legitime Harlekin erst gegen Jahrhundertende, sich als Trabant der wandernden und zugewanderten Scharlatane einzuschleichen und vorerst das Quacksalberpodium besetzt zu halten. Auf dem Gemälde des Niederländers Matthys Naiveu (Abb. 16 a u. b.) hat er sich auf seinem nach nordischer Narrengepflogenheit schlotternden Anzug schon vor 1700 des harlekinesken Dreieck-Dessins bemächtigt. Im getreueren, gleichfalls aber hautfernen Kostüm pflegte ein solcher Harlekin seine Jahrmarktstradition noch um 1715 bei einem marktschreienden Dienstherrn.[67] Es bestehen deswegen auch keine Bedenken, den von Johann Andreas Eisenbart besoldeten und 1704 in Wetzlar aufgetretenen „Harlequin" für einen harlekinesken Narren zu halten.[68] Letzte Vorbehalte werden ausgeräumt sein, sobald die Härte des Wettbewerbs und ihre unausbleibliche Begleiterscheinung, dem Erfolgreichen nachzueifern, gebührend berücksichtigt worden sind.

Zu den Arrivierten gehörte damals der Venezianer Sebastiano di Scio[69], der zwischen 1688 und 1707 Europa von Wien bis Stockholm unablässig durchzog, um den dringendsten Bedarf an ‚Balsamo per fortificatione di nervi' oder ‚Spiritus antipodagricus', sofern man sich sein ‚Elixir proprietatis philosophorum' versagen mußte, zu befriedigen.[70] Obwohl man ihn bisher nur in Berlin, Brünn, Halle, Kiel, Kopenhagen, Leipzig, in Schweden, Weißenfels/Zwickau und Wien nachweisen kann, verging kaum ein Jahr zwischen 1688 und 1707, in welchem er nicht einen dieser Orte aufsuchte.[71] Zwar sind seine beeindruckenden Reiserouten dadurch überschaubarer geworden; aber aus fast jedem Jahr nur *einen* seiner Aufenthaltsorte zu kennen, bedeutet andererseits auch, mit dem zehnten Teil abgefunden zu werden. Das ist nicht außer acht zu lassen, wenn man nicht um die Einsicht betrogen werden will, daß Sebastiano di Scio landauf und landab eine wohlbekannte Persönlichkeit gewesen sein muß.

Daraus folgt ganz zwangsläufig, daß der *Harlekin* schon von 1700 kein Unbekannter mehr gewesen sein kann. Denn dieser italienische Quacksalber, der ein Gutachten der medizinischen Fakultät von Kopenhagen offenbar nicht zu fürchten brauchte[72] und seine Supplik „Sebastiano di Scio deto Harlekino" unterzeichnete, genoß jahrelang auch am dänischen Hofe und in den Kanzleien als „der italienische Harlekin" großes Ansehen.[73]

Unter ausschließlich italienischen Landsleuten[74] wird er seinen Ruf als Harlekino durch werbende „Comedyater nach schbihl", von denen 1694 in Kiel die Rede ist[75], begründet haben. Daß er in Kopenhagen nicht nur bei Hofe als Medicus wohlgelitten, sondern als Harlekino auch stadtbekannt war, bezeugt ein dänischer Zeitgenosse, den es schon im Sommer 1695 beunruhigte, „om Harlequin i Vinter spille maa".[76]

Wenn die förderlichsten Nachrichten über di Scio detto Harlekino auch aus Kopenhagen[77] und Kiel stammen, so gibt es doch keinen einleuchtenden Grund für ein anders geartetes Auftreten in Berlin, Brünn, Halle, Leipzig oder Wien. Dort und vielerorts in noch zu ermittelnden Städten muß man schon vor der Jahrhundertwende durch Sebastiano di Scio und dessen Konkurrenten mit dem Harlekin vertraut gewesen sein.

Die Wandertruppen werden di Scio und dessen Berufssippe fürchten gelernt haben, nicht am wenigsten Veltens Witwe, die häufig seine Wege kreuzte und ihn als gefährlichen Rivalen kennenlernte. Noch zu Lebzeiten ihres Mannes hatte man 1690 in Berlin seine Harlekino-Konkurrenz dulden müssen.[78] Ebensowenig konnte die inzwischen Verwitwete sich während des Kieler Umschlags seiner bedrängenden Nachbarschaft erwehren.[79] 1704 trafen beide wieder in Berlin aufeinander[80], und noch im gleichen Jahre mußte man in Halle mit der von di Scio abgegrasten Weide vorliebnehmen.[81]

Was der Veltenschen Truppe so oft widerfahren war, hat den anderen nicht erspart bleiben können. Der Harlekin vom Schaugerüst war eine belastende Realität ihres Alltags. Die Erbfeindschaft zwischen der berufsmäßigen Wanderbühne und jenen marktschreierischen Pseudo-Komödianten wurde nicht zuletzt von Pickelhering und Harlekin als Vertreter unversöhnlicher Mandanten neu geschürt. So hat unvermeidlich ein latentes Standesbewußtsein gezüchtet werden müssen. Pickelhering fühlte sich wohl auch deswegen überlegen, weil er gewöhnt war, ein Dach über dem Kopf zu haben. Es versteht sich, daß man auf einen welschen Harlekin, über dem sich der offene Himmel statt gemalter Luftsoffitten spannte, und der folglich ohne Kunstbewußtsein dem baren Broterwerb nachging, geringschätzig von der Pickelheringsbühne herabsah.

Solche und ähnliche Argumente haben mindestens zwei Jahrzehnte den im Gefolge südländischer Quacksalber zugewanderten Harlekin als Afterkollegen ge-

---

verstolpe, S. 143) — 1697 Leipzig (Wustmann, S. 480) — 1699 Kiel (v. Gersdorff, S. 125) — 1699 Leipzig (Wustmann, S. 480) — 1701 Wien (Jb. Wien 1953/54, S. 121) — 1701 Berlin (Brachvogel Bd. 1, S. 48, 54) — 1702 Kopenhagen (Nyström, S. 60) — 1703/04 Berlin (Brachvogel Bd. 1, S. 48) — 1704 Halle (G. Meyer, S. 14) — 1704 Leipzig (Wustmann, S. 481) — 1704 Weißenfels/Zwickau (Werner, S. 106) — 1705 Wien (Schlager, S. 261) — 1705 Brünn (d'Elvert, S. 38) — 1707 Leipzig (Wustmann, S. 481).

72. Rigsarkiv København. Sjaell. Tegnelser 1695, 7. Mai.
73. Marquard, S. 418 [1692], 453 [1694], 1695.
74. In Kiel hieß es 1694, „daß die gantze stadt um italiener zu sagen weiß" (v. Gersdorff, S. 106). In Kopenhagen nahm er Anfang 1695 „for en Narekledning für Raffi" 18 rdl. entgegen (Marquard, S. 1695). Während desselben Aufenthaltes wurde für den Schauspieler Angeus Franciscus Corrare de Bello ein Reisepaß ausgestellt (Sjaell. Missiver sjaell, aabne Breve samt Patenten, 21. Maj 1695). 1699 starb während der Anwesenheit di Scios in Kiel „von denen Italiänischen Commedianten Einer" (v. Gersdorff, S. 125). 1703 gehörte „Uslenghi" zur Truppe (Dt. Bühnen-Genoss. 1883, S. 176; Förster S. 302).
75. v. Gersdorff, S. 104 f.: hier wird abermals und nachdrücklich betont, daß „kleine nach-Comedien in Italienischer [!] Sprache" gemacht werden sollen.
76. Thura, S. 251.
77. Die von Nyström pauschal behandelte Tätigkeit in Kopenhagen hat durch die freundliche Mithilfe des Oberarchivrates Dr. Henry Bruun vom Rigsarkiv überprüft und ergänzt werden können, wofür hier gedankt werden soll.
78. Brachvogel Bd. 1, S. 48 ff.
79. v. Gersdorff, S. 103—108.
80. Brachvogel Bd. 1, S. 56 f.
81. G. Meyer, S. 14.

stempelt. Aber die tagtägliche harte Arbeit unter freiem Himmel bekam ihm besser als dem kränkelnden, altersschwachen Pickelhering die Zukunft in baufälligen Ställen, Scheunen und anderen hölzernen Theaterbehelfen. Sein wachsendes Selbstvertrauen darf angesichts der überalterten, den Englischen Komödianten noch verhafteten Theatertraditionen nicht unterschätzt werde. Es wäre an der Zeit gewesen, mit ihm zu rechnen.

Um im Zuge dieser Bereinigung möglichen Interventionen für einen frühreifen Bühnen-Harlekin vor der Jahrhundertwende vorzubeugen, ist einer Harlekin-Notiz zu gedenken, die nun, nachdem die Position des Harlekin gesichert ist, keine Verwirrung mehr stiften kann. In einer handschriftlichen Baseler Chronik des Lehrers J. J. Scherrer findet sich folgende Eintragung[82]:

"1696 den 14. Novembris hat man Teutsche Comedianten angenommen. Den 16. haben sie angefangen zu spielen, waren zusammen 12 Personen, hatten schöne Kleider. Markgraf von Baden-Durlach ist mit seiner Hofhaltung alle Tag zugegen gewesen".

Es waren fürstl. Eggenbergische Komödianten, deren Prinzipal, Johann Karl Samenhammer, seit 1675 in Eggenbergischen Diensten gestanden hatte und seitdem — teils selbständig, teils im Engagement — bis 1700 im Theaterleben nachzuweisen ist.[83] Scherrer war es keineswegs um das Theaterwesen zu tun, wie er in der Fortsetzung seines Berichtes darlegte:

"Als hier obige Comedianten den 24. dies den Doct. Faustum agierten und eine erschröckliche Tragedi spielten, begab es sich, dass nach geendigter Tragedi der *harlegin* zu Weberen auf der Zunft neben dem Ballenhaus, allwo gespielt worden, zu Gast geladen wurde von etlichen herren derselben Zunft, und als dieser wohl gezecht heimgehen und die Treppen hinunter steigen wollte, thatt er einen Misstritt und fiel häuptlingen hinunter auf den Kopf, dass er bis auf die hirnschalen plessiert worden. Dieser ward in sein Logement getragen, verbunden und in sein Bett gelegt, aber mornderist todt aufgefunden. Hieraus ist zu merken, dass sich nicht schimpfen lasse, so gottlose Comedien zu spielen".

Die Bezeichnung "harlegin", auf die es hier allein ankommt, könnte eher dem Bildungsstand eines belesenen oder in der französischen Kultur nicht unbewanderten Lehrers gutgeschrieben werden, als daß sie für einen von Samenhammer propagierten leibhaftigen Harlekin 1696 in Basel Zeugnis abzulegen vermöchte.

Ähnlich wird die Scheinexistenz eines etwa gleichzeitig erwähnten "Harlequin" (1697) aufzulösen sein. Der Gothaer Gymnasialdirektor und Zelot, Gottfried Vockerodt, hatte Johann Beer durch eine Enthüllung empfindlich zu treffen gehofft, weil Beer "auf öffentlichen Schaubühnen die lustige Person agiret hat, welche insgemein *Harlequin* genennet wird. In solchem Aufzuge haben ihn glaubwürdige Leute gesehen".[84] Mir scheint, daß dieser dem Vockerodt nur vom Hörensagen bekannte Vorfall sich während Beers Schulzeit in Regensburg zugetragen habe. Dort wurde 1675 ein von ihm verfaßter ‚Mauritius Imperator' mit possenhaften Intermedien aufgeführt. Beer hat nach eigenem Geständnis darin den Possenreißer selbst dargestellt. Aber die von ihm geschilderte Kostümbeschaffung läßt auf alles andere als eine Harlekin-Rolle schließen: "... unter andern brauchte ich zu der Auskleidung einen Küsters-Rock / gienge also in ein Kloster und sagte / wie ich entschlossen sey ihnen einen Ministrir-Rock machen zu lassen / sie sollen mir ein Muster leihen / darnach sich der Schneider zu richten wisse. Hierauff gaben sie mir einen blauen Rock samt einem Chor Hemde[.] Ich aber brauchte solchen auff dem Theatro zum Possen Spiel / davon mir die Pfaffen Spinen-feind geworden".[85]

Noch in der Gegenwart hat Richard Daunicht einen voraussetzungslosen Beitrag zur Harlekin-Genesis liefern wollen, dem immerhin nicht das Verdienst abzusprechen ist, am Bühnengeschick des Harlekin Anteil genommen zu haben. Daunicht verkennt die aggressive Anwesenheit des Quacksalber-Harlekins und hält Pariatis [!] ‚Il delizioso retiro di Lucullo' (1698) für den "wahrscheinlichen Ursprung der Harlekinfigur" in Deutschland, wobei es von vornherein entmutigend ist, Pariati als Librettist eines von Minato verfaßten

---

82. Trautmann III, S. 157.
83. Wien Kat. I, S. 33 u. II, S. 377; Chronologie, S. 236 f.; Fehr, S. 100. *Anm. d. Hrsg.:* Die Geschichte der Eggenbergischen Truppe, die der Hrsg. zwei Jahre nach G. Hansens Tod publizierte (Johann Valentin Petzold und die Eggenbergischen Komödianten. In: Maske und Kothurn. XVI. Wien 1970 H. 1, S. 20—59) zeigt, daß doch die Möglichkeit besteht, daß sich in Basel ein Harlekindarsteller in der Truppe befand.
84. Alewyn, S. 53.
85. Der Vollkommenen / Comischen Geschicht / Des / Corylo / ... / Anderer Theil. (1680), S. 212 — zitiert nach Alewyn, S. 23.

Textes ausgegeben zu finden.[86] Abgesehen von diesem entschuldbaren Irrtum, melden sich Bedenken, ob ein landesfremder Harlekin mit einem einzigen Stück für die deutsche Bühne optieren könne. Aber auch dessen nicht zu achten, werden durch die beigegebene Leseprobe aus ‚Lukullus', einem Repertoirestück der Wanderbühne und von Daunicht für die Verdeutschung von ‚Il delizioso retiro di Lucullo' gehalten, weitere Zweifel genährt. Daunicht führt in diesem Auszug unwissentlich selbst den Beweis, daß es sich bei dem „Arlequin" geheißenen Spaßmacher um gar keinen Harlekin, sondern um einen Hanswurst handelt, weil ihn „Saltzburg auff die Welt gelieffert, und die Profeßion zum Sauschneider gemacht hatt".[87]

Aus dieser durch die erst 1717 erschienenen ‚Lustige Reyß-Beschreibung' populär gewordenen Hanswurst-Vita ergibt sich, daß das ‚Lucullus'-Manuskript als Beleg für Daunichts Theorie schon deswegen nicht tauglich ist, weil es erst nach 1717 entstanden sein kann.[88] Für einen Harlekin, der sich obendrein als Hanswurst entpuppt, erübrigt sich um 1717 jeder Anwesenheitsnachweis. Aus dem ganzen Komplex ist allenfalls zu folgern, daß der Text-Kopist den Hanswurst eigenmächig konvertiert hat, weil in seiner Truppe statt eines Hanswurstes der *Harlekin* die Pritsche schwang.

Die anfangs sporadischen, gegen Jahrhundertende sich mehrenden Bürgschaften für Harlekin sind der Vorliebe für Fremdartiges, dem faszinierenden Reiz des Andersgearteten zuzuschreiben. Weder die über den Bildungsweg nominale, noch über die Reiserouten der Medico-Theatraliker reale Harlekin-Verschleppung würde einen Einbürgerungsversuch des als ‚welsch' ebenso geliebten wie verfluchten theatralischen ‚Exoten' allein schon begünstigt haben.

Trotz der spasmischen Kürze ist es verlockend, statt eines Resumée über den deutschen Narren des 17. Jahrhunderts einen Täufling Christian Weises vorzustellen, obwohl befürchtet werden kann, daß er seinen Namen anderen Intentionen verdanke als in diesem Zusammenhang wünschenswert: es „kömmt *Mischmasch* des Artztes lustiger Diener".[89]

---

86. Daunicht, S. 20.
87. Daunicht, S. 60.
88. Den Sauschneider-Beruf haben die Bühnen-Narren schon im 17. Jahrhundert beansprucht; der Sauschneider-Hanswurst *salzburgischer* Abkunft ist erst seit 1717 nachzuweisen (vgl. Weilen I, S. 128; F. Fischer, S. 162 ff.).
89. Die Complimentier-Comödie. In: Christian Weisens Politischer Redner. Leipzig 1677 (I, 1) — zitiert nach Eggert, S. 257.

Kapitel 3

HELDENVEREHRUNG UND
NARRENPOSSEN

Johann Georg Ludovici, Komödiant und Skribent, geistert wie ein Schatten, dem kein Chronist Konturen zu geben vermocht hat, durch die Theatergeschichte. Friedrich Nicolai war sogar der Meinung, daß „Dieses Mannes... in den verschiedenen seynsollenden Geschichten des deutschen Theaters... nicht gedacht"¹ worden sei. Diese zugleich an der Theatergeschichtsschreibung herbe Kritik ist im besonderen allerdings ungerechtfertigt, denn sowohl bei Löwen wie bei Schmid ist er erwähnt worden. Von Löwen hätte Nicolai erfahren können, daß Ludovici viele Theaterstücke für die Wanderbühne verfaßt habe, „als z. E. den König Carl den Zwölften von Schweden, die Belagerung von Belgrad u.d.gl."² Christian Heinrich Schmid wußte ebenfalls, daß er „die Autorenschaft trieb, Wochenblätter und Dramata, z. E. eine Belagerung von Belgrad schrieb".³

Später konnte er als besser unterrichteter Mann hinzufügen, daß Ludovici außer den von ihm verfaßten Dramen, ‚Karl XII.' und ‚Die Belagerung von Belgrad', „ein Wochenblatt unter dem Titel: Die lustige Fama der närrischen Welt", herausgegeben habe.⁴ Tatsächlich sind 1718 in Hamburg 22 Stücke dieser Zeitschrift unter dem Titel erschienen: „Die lustige Fama aus der närrischen Welt, Bestehend in einem curieusen Extract aller in der Welt vorfallenden kurtzweiligen Begebenheiten ... Ausgefertigt von J.[ohann?] L.[udovici?].⁵

Was diese Historiographen nur vom Hörensagen oder voneinander erfuhren, scheint Nicolai zuverlässiger gewußt zu haben. Nicht nur daß er mehr und andere Titel als sie kannte — vom Lesen ganz zu schweigen — er glaubte auch zu wissen, daß Ludovici in Pommern zur Welt gekommen sein, es in Wittenberg zum Magister gebracht haben⁶, in Hamburg gestorben sein und mit vollem Namen Johann Georg Ludovici geheißen haben soll.

Wenn man willens ist, ihn als Herausgeber der in Hamburg erschienenen ‚Lustigen Fama' anzuerkennen, dann wird man Nicolais Angaben über Geburt, Studium und Tod⁷ um so weniger beargwöhnen dürfen, als Ludovici in der Tat mit Vornamen Johann Georg hieß, was außer Nicolai keiner der Theatergeschichtsschreiber je hatte verlauten lassen; denn aus Kasseler Archivakten ist zu erfahren, daß „Johann George Ludovici" dort am 16. Mai 1711 „wegen eines unterthänigst überreichten Carminis pro discretione gnädigst" 12 Reichstaler aus der Schatulle des Landgrafen Karl empfing.⁸

Obwohl bisher keines seiner Stücke im Repertoire der Wanderbühne vorbehaltlos nachgewiesen werden konnte, so hat man dennoch keinen Grund, Ludovici die Verfasserschaft an den obengenannten Schriften abzusprechen. So dürfte jene im Weimarer Verzeichnis angeführte ‚Enthauptung des graffen Esek'⁹ mit dem ebenfalls von Ludovici verfaßten ‚Grafen von Essex' zu identifizieren sein.¹⁰

Alle Titel — eingeschlossen die mit allen „in der Welt vorfallenden kurtzweiligen Begebenheiten" sich

---

1. Nicolai Bd. 4, S. 565.
2. Löwen, S. 23.
3. Chronologie, S. 38.
4. Kal. Offenbach, S. 80.
5. Diesch, S. 345 (Nr. 499a); Hayn-Gotendorf Bd. 2, S. 228.
6. Daraus machte Lynker (S. 277) einen aus Wittenberg entlaufenen Theologiestudenten. So ist es noch 1959, obendrein 1708 statt 1711, zu lesen (Theater in Kassel, S. 21).
7. In den lückenhaften Akten des Hamburger Staatsarchivs ist Ludovici nicht nachzuweisen.
8. Staatsarchiv Marburg. Rechnungen II Kassel Nr. 655/1711, fol 35 (Nr. 16).
9. Weimarer Verzeichnis Nr. 48. *Anm. d. Hrsg.:* Vgl. auch die Handschrift Cod. 13. 117 der ÖNB, Wien. ‚Die erwachte Unschuld oder Die Enthauptung des Graffen con Essecs aus dem Italienischen Autor Sign. Cicognini, die von einem F. H. Braune 1716 in Straßburg abgeschrieben wurde. Dazu: Carl Heine, Graf Essex aus Ludwig Hoffmanns Repertoire. In: Vjs f. Litteraturgeschichte, 1. Bd. Weimar 1882. S. 323–342.
10. Nicolai Bd. 4, S. 566. – Hier wird für Ludovicis Rechnung ferner notiert: ‚Kromwell' und ‚König Ottokar von Böhmen'.

befassende ‚Lustige Fama' — bezeugen Ludovicis Vorliebe für historische Stoffe und, wie sich auch ferner zeigen wird, für politische Tagesereignisse. Für manche der im Weimarer Verzeichnis aufgezählten Texte ist Ludovici vielleicht als Autor verdächtig, so beispielsweise: ‚Der entsaz der Stadt barzelona', das ‚Eroberte Schellenberg' oder ‚das eroberte rissel'[11] — alles Ereignisse, die sich zwischen 1704 und 1707 zutrugen. Andererseits ist die ‚Belagerung von Belgrad' durch Prinz Eugen im Jahre 1717 für Ludovici schon beglaubigt.

Die Vermutung, in Ludovici einen politisch ambitionierten Mann zu sehen, verdichtet sich durch Nürnberger Ratsakten aus dem Jahre 1715 zur Gewißheit. Ludovici gehörte damals zur Truppe des in Nürnberg ansässigen Johann Jacob Schübler (Schiebler) und hatte nicht nur ein neues Stück geschrieben, welches „von der orientalischen verräterei wider die königl. maj. in Schweden" handelte, sondern es auch schon ohne Zensurgenehmigung in Druck gegeben.[12] Die Nürnberger Stadtväter befürchteten politische Verwicklungen, wenn sie eine Vorstellung der „verräterei, welche die rebellirende Tartarn wieder die königl. majestät in Schweden auszuführen gesuchet, aber glücklich überwunden worden", gutheißen würden, weil „nicht nur die im krieg mit einander verwickelte potentaten, sondern auch deren noch im leben befindende generals auf die schaubühne" kommen sollten. Sie ordneten deswegen an, „den Ludovici aber aus ihrer bande, welcher als autor von eingangs gedachter action dem Balth. Joach. Endter das manuscriptum gebracht und dabei vermeldet haben solle, das solches zu drucken von 1. kriegsamt wegen erlaubt worden wäre, in das löbl. schopfenamt zu erfordern, darüber zu rede zu setzen ... und ernannten Endter 3 täge, daß er die ganze comoedie und den Adam Jonath. Felßecker 2 tage, daß er die summarische nachricht davon ohne vorherige censur gedruckt, auf einen versperrten turn zu weisen".[13]

Nicht minder als die beiden gewitzten Drucker wird Ludovici ein Geschäft mit der Aktualität gewittert und volle Häuser erwartet haben, während Endter darüberhinaus noch auf einen reißenden Absatz des „sothanen büchleins vor der ratsstube" spekuliert haben dürfte.

Es ist folglich erwiesen, daß Ludovici eine Episode aus dem Leben Karls XII. dramatisiert hat, wie Löwen es verbreitete. Ungeklärt bleibt aber, ob Löwen den stets zitierten ‚Unglückseeligen Todes-Fall Caroli XII.' meinte oder dieses 1715 gedruckte und als Politikum konfiszierte Stück, das dem Repertoire der Wanderbühne um so wahrscheinlicher einverleibt wurde, als trotz der Beschlagnahme noch Exemplare umliefen.

Heinrich Lindner erwähnte im Vorwort des von ihm neu herausgegebenen Zerbster Manuskripts vom ‚Todes-Fall Caroli XII.' (‚Karl der Zwölfte vor Friedrichshall') ganz beiläufig auch ein Drama des Titels: ‚Komödie, genannt Schwedische Glücks- und Unglücksproben, bei der triumphirenden Großmuth und Tapferkeit Caroli des XII. über die orientalische Verrätherei, oder theatralische Vorstellung derjenigen Rebellion, welche die Tartaren den 1. Febr. stilo novo zu Warniza, ohnweit Bender, wider Se. Majestät den König von Schweden, zwar auszuführen gedachten, aber glücklich zu Schanden gemacht worden. Gedruckt im Jahre 1715. 8. in ungeb. Rede'.[14] Lindner wußte außer diesem bei Gottsched gefundenen Titel[15] nichts über das Stück, so daß er der Autorenschaft Ludovicis an diesem und dem von ihm selbst veröffentlichten Manuskript nicht gewahr werden konnte. Seit Gottsched wurde kein Exemplar wieder verzeichnet.

Die Übereinstimmung von Titelteilen mit den fast wortgleichen Auszügen aus den Nürnberger Protokollen läßt keinen Zweifel an der Identität aufkommen. Wahrscheinlich verbirgt sich hinter dem 1717, noch *vor* dem Tode des Schwedenherrschers von Kaufbeurer Bürgerkomödianten gespielten Stück ‚Von König Karl XII. in Schweden' dasjenige von der ‚orientalischen Verrätherei'.[16] Bei einem 1735 in Biberach von der Bürgerlichen Komödiantengesellschaft aufgeführten, 1759 und 1773 wiederholten Drama vom

---

11. Weimarer Verzeichnis, Nr. 65, 153, 154.
12. Hampe Bd. 2, S. 191.
13. Ibd., S. 192.
14. Lindner, S. 60 f.
15. Gottsched III.: 1715.
16. Vasterling, S. 104. — Die 1722, 1727, 1745 und 1750 ebenfalls in Kaufbeuren aufgeführten Dramen ähnlichen oder gleichen Titels könnten sich hingegen mit dem Tode Karls XII. befaßt haben. Alle Texte aus Kaufbeuren sind verloren gegangen. — Grotesk ist es, daß Vasterling diese Dramen Jacob Bidermann (1578—1639) zuschreiben wollte (S. 104 ff.)

‚König von Schweden' handelt es sich nachweislich um den orientalischen Aufenthalt Karls XII.[17]

Da keine andere Dramatisierung als diejenige von Ludovici bekannt ist, darf man von den erhalten gebliebenen Biberacher Personenverzeichnissen eine Erläuterung seines Stückes erhoffen.[18] Von einem mäßig erweiterten Kreis von Mitwirkenden in den beiden Aufführungen nach 1735 und unerheblich abweichenden Schreibweisen abgesehen, decken sich alle Biberacher Personenlisten:

Karl von Schweden	[Karl XII.]
Obrist Sparr	[Generalmajor Axel Sparre]
Woywod von Kiow	[Iwan Stepanowitsch Mazeppa]
Fürst Wisniowsky	[Fürst Wisniowiecki]
Achmet	[Ahmed III. 24. Sultan]
Groß-Vezier	[Jussuf Pascha]
Mufti	
Seraskier Bassa	[Imael Pascha]
Mustapha Aga	
Woywodi Bubruwisky	
Tartar Cham	[Dewlet Geray, Khan der Krimtartaren]
Janitschar Aga	

Die geschichtlichen Vorgänge — im folgenden konsequent nur mit Hilfe der im Spielverzeichnis genannten Personen dargestellt — erstrecken sich auf jene Phase des Nordischen Krieges zwischen 1709 und 1714, die den Siegeszug Karls XII. seit 1700 bei Narwa ein halbes Jahrzehnt unterbrach.

Noch vor der Niederlage bei Poltawa 1709 hatte sich der litauische Fürst Wisniowiecki von den Polen und Russen losgesagt und auf Karls Seite geschlagen. Auch Dewlet Geray, Tartarenkhan der Krim, unterhielt schon seit 1708 Kontakte mit den Schweden. Seit Poltawa zählte er zu Karls zuverlässigsten Verbündeten und begann erst später eine zwielichtige politische Rolle zu spielen. Nach der verlorenen Schlacht wurde auch der alternde Mazeppa, hier Woiwod von Kiow (=Kiew) genannt, Karls Parteigänger. Er und der Tartarenkhan erhofften von dem kriegerischen Schwedenkönig und dessen Verbündeten, Sultan Ahmed III., die endgültige Loslösung ihrer Gebiete von Rußland.

Sie alle gehörten in Bender, wo Karl XII. nach der Kapitulation von Poltawa bei den Türken Zuflucht fand, zum schwedischen Anhang. Da der ukrainische Kosakenführer Mazeppa bereits am 2. September 1709 in Bender starb, wird er eine sowohl politisch wie dramaturgisch unbedeutende Rolle während des schwedisch-türkischen Einvernehmens gespielt haben. Aber sein nach kaum zweimonatigem Aufenthalt in Bender erfolgter Tod gewährleistet, daß Ludovici die Vorgänge bei Poltawa einzubeziehen und sie — gemäß dem Dramentitel — bis zum heimtückischen Überfall in Bender, wenn nicht gar bis zu Karls Rückkehr nach Stralsund 1714 zu entwickeln versucht hat.

Das Geschehen dieser sechs Jahre, insbesondere die durch den unfähigen Großwesir Mohammed Baltadschi leichtfertig verspielte Gelegenheit, das russische Heer 1712 am Pruth entscheidend zu vernichten, dürfte dem dramatischen Höhepunkt dieses Exils in Bender, nämlich „der orientalischen verräterei wider die königl. maj. in Schweden" im Februar 1713, vorgespannt worden sein.

Was sich in jenen Tagen in der königlich schwedischen Siedlung bei Bender tat, hat sich im Personenverzeichnis in den Rollen der türkischen Würdenträger niedergeschlagen. Vorausgegangen war dem Ereignis ein Mißverständnis, hervorgerufen durch den unplanmäßigen Waffenstillstand einer 1712 nach Pommern verschifften schwedischen Armee. Der gegen Zar Peter rüstende Sultan glaubte sich zu Unrecht von Karl verraten. Durch eine Eigenmächtigkeit des Großwesirs, der seiner Bestrafung natürlich nicht entging, kam es zu dem Zwischenfall in Bender, bevor noch die Nachricht von der inzwischen wieder beendeten Waffenruhe eintraf.

In dem Seraskier, einem hochgestellten türkischen Militär im Range eines Marschalls, darf man Imael Pascha Bassa vermuten, der damals in Bender residierte und wie sein zum Großwesir aufgestiegener Vorgänger im Amt, Jussuf Pascha, für das Scharmützel mit den Schweden verantwortlich war. Dieser Nachvollzug hat allerdings nur erläuternden Wert, denn wäh-

---
17. Ofterdinger, S. 41, 122 u. 125.
18. Die Biberacher Einschreibebücher wurden von der Familie Schelle aufbewahrt und dem dortigen Wieland-Museum gestiftet. Dem Leiter des Museums, Eugen Schelle, habe ich für die Auszüge von 1735, 1759 und 1773 zu danken.

rend des mehr als fünfjährigen Aufenthaltes in der Türkei sah Karl XII. sieben Großwesire kommen und gehen. Die wenigsten von ihnen ließ Ahmed III. eines natürlichen Todes sterben.

Ludovici wird sich freilich weniger gut ausgekannt und auch keinen Wert auf dergleichen historische Namenstreue gelegt haben. Nichtsdestoweniger wirken neben einigen anderen Muselmanen auch diese beiden in jener ‚orientalischen Verrätherei' mit, bei der Karl XII. am 1. Februar 1713 nach mehrstündigem Kampf mit gebrochenem Fuß in einem brennenden Hause schließlich von den Türken überwunden und vorübergehend zum Gefangenen des Sultans gemacht wurde.

Die nacheinander scheiternden politischen Hoffnungen des Königs bewogen ihn schließlich zur Heimkehr. Am 27. Oktober 1714 bestiegen er und zwei Begleiter, Oberstleutnant von Düring und Generaladjutant von Rosen, die Pferde. Nach vierzehntägigem Ritt und kurzer Wagenfahrt von Mühlbach bis Wien klopften er und „Dorigus", wie v. Düring im ‚Unglückseeligen Todes-Fall Caroli XII.' heißt, an das Stadttor von Stralsund.

Von den Getreuen des Königs befindet sich nur der seit Kriegsbeginn in allen Kämpfen bewährte Generalmajor Axel von Sparre unter den Mitwirkenden. Als General der Infanterie führte er in einem fast einjährigen Marsch bis in den Herbst 1715 die schwedischen Truppen von Bender nach Stralsund zurück.

Es ist ungewiß, wann Ludovici den Vorhang fallen ließ. Sicher ist aber, daß er es sich nicht versagen konnte, die entehrende Gefangennahme eines grenzenlos vertrauensseligen Heldenkönigs in die blutige Niederlage arglistiger Türken umzufälschen. In seinem Stück wird das Attentat „glücklich überwunden"[19]; denn als Folge der unvergessenen Türkenkriege konnte sich auch Ludovici einen Sultan nicht anders als verschlagen, wortbrüchig und blutrünstig denken. Mitsamt seinen hinterhältigen Gefolgsleuten mußte er durch die Überlegenheit des nordischen Helden Karl bezwungen und gedemütigt werden.

Das Einschreiten des Nürnberger Rats gegen eine Aufführung, in welcher „nicht nur die in krieg mit einander verwickelte hohe potentaten, sondern auch deren noch in leben befindende generals" nicht im besten Lichte gezeigt und darüberhinaus „viel andere ärgerliche und nachteil daraus zu besorgende dinge re-

praesentirt werden" sollten, wird nun kaum noch auf Unverständnis stoßen.

Letzten Endes ist ein verschollenes Drama, sowenig manche notdürftig geschlossene Lücke auch befriedigen mag, nicht ganz verloren gegangen. Es kann sich nur dann alles anders verhalten haben, wenn es sich bei Ludovici entweder um eine andere Episode als diejenige von Bender, oder wenn es sich bei dem in Biberach wiederholt aufgeführten Stück um ein ganz anderes als das von Ludovici verfaßte handelt. Für die eine wie die andere Möglichkeit fehlt vorläufig jede Voraussetzung.

Die Kongruenz jener sowohl bei dem historischen Ablauf wie im Schauspiel beteiligten Personen bescheinigt Ludovici eine dramatische Schilderung von erstaunlicher Historizität. Sollte er am Ende seine Informationen aus dem unter Sparres Kommando in jenen Herbsttagen 1715 gerade Deutschland durchquerenden Troß bezogen haben?

Bei einer Frage würden wir allerdings trotz aller Rekonstruktionserfolge völlig im dunkeln tappen, wenn nicht ein Nürnberger Programmheft dieser Schüblerschen Truppe die Zeiten überdauert hätte: ob es in Bender ohne Arlequin abgegangen sein wird? Am 16. September 1715 — eine Woche etwa vor dem Zwischenfall mit ‚Karl XII.' — war Arlequin durchaus bereit, „der Person / Alexanders / Prinzen aus Sicilien" in ein „trauriges und lustiges Exilium" zu folgen, wo er Alexander nicht weniger aufgeheitert haben wird, als er vermutlich den schwedischen Recken im türkischen Exil aufgemuntert hätte.[20]

Nur wenige von Ludovicis Produktionen lassen sich genau datieren: seine im Mai und Juli 1711 in Kassel

---

19. Hampe Bd. 2, S. 191; Lindner, S. 61.
20. Schließlich ist noch die Abschiedsvorstellung der Schübler-Truppe nach einem inzwischen verlorengegangenen Dedikationsprogramm bekannt, welches am 14. Okt. 1715, „nachdeme die Comoedianten einen gedruckten summarischen inhalt von der action, welche einem hoche. rat zu ehren sie anheute auf dem theatro auffführen wollen, überreicht, ... solcher angenommen und ausgetheilet" wurde (Hampe Bd. 2, Nr. 647). Hysel hat dieses Exemplar noch gesehen und über die Anwesenheit von Hochdeutschen Komödianten, die 1715 auf der ungedeckten Bühne im Fechthaus spielten, notiert: „Am 14. October stellten sie den siegenden Alexander der große König in Macedonien vor" (Hysel, S. 34).

Mit gnädiger Bewilligung
Eines
Hoch-Edlen und Hoch
weisen Raths/
Dieser des Heil. Röm. Reichs-
Stadt Nürnberg/
Werden
die vorjetzo anwesende Hochteutsche
COMOEDIANTEN,
heute/ Montags/ den 16. September/
vorstellen/
eine sehr rare und sehenswürdige
ACTION,
Welche betitult wird:
Die zwar gedruckte/ aber nicht
unterdruckte Pallme der Keuschheit/
in der Person / Alexanders/
Prinzen aus Sicilien.
Oder:
Arlequins trauriges und lustiges
EXILIUM.

Gedruckt im Jahr 1715.

Titelblatt des Exemplars der Stadtbibliothek Nürnberg, Nor. 687.

dem Landgrafen Karl dedizierten „Carminis"[21], die 1715 gedruckte ‚orientalische Verrätherei' und die ‚Lustige Fama' von 1718. Es müßte wundernehmen, wenn dieser regsame Geist sich in diesen Jahren nachzuweisender Produktivität den ‚Unglückseeligen Todes-Fall Caroli XII.' hätte entgehen lassen.

Das Wanderbühnen-Repertoire in den ersten beiden von zwei großen Kriegen überschatteten Jahrzehnten des neuen Jahrhunderts würde die Bedürfnisse nach Ablenkung weit richtiger spiegeln, als es die für eine lesekundige und lesewillige Minderheit produzierte Literatur vermag. Leider steht die Zahl der überlieferten theatralischen Druckerzeugnisse oder Manuskripte im umgekehrten Verhältnis zur Bedeutung dieser Dokumente. Wegen eines ausnahmsweise vom Zufall begünstigten, sonst aber beklagenswerten Status sollte man sich nicht zur Genügsamkeit verleiten lassen. Man muß damit rechnen, daß innerhalb der Zeit von 1700 bis 1720 noch mehr als die vier folgenden dramatischen Arbeiten über Karl XII. dem Publikumsbedürfnis entgegenkamen, so aufschlußreich diese Zahl auch schon zu sein scheint.

Schon am 29. Juni 1702 feierte man auf der Rostocker Bühne ‚Das von Ihro Königl. Majestät zu Schweden durch Hochdero Glorieuse Waffen glücklich entsetzte Narva nebst den herrlichen u. fast unerhörten Sieg wider den Zaaren in Moscau'.[22] 1707 wurde ‚Der heldenmüthige Monarch von Schweden Carolus XII.' von Barthold Feind verherrlicht.[23] ‚Die orientalische verräterei wider die königl. maj. in Schweden' von Johann Georg Ludovici durfte 1715 auf der Nürnberger Bühne nicht aufgeführt werden.[24] Um 1720 schließlich betrauerte ein anonymer Dramatiker den ‚Unglückseeligen Todes-Fall des weyland / Allerdurchlauchtigsten, Großmächtigsten Herrn, / Herrn Caroli XII / Der Schweden, Gothen und Wenden Königs, / Welcher / In denen Approchen vor Friedrichs-Hall, in der Nacht, zwischen / dem 11 t. und 12 t. Decembr: des 1718 t. Jahres seinen / Heldenmütigen Geist / auffgeben'.[25]

Der letztere Vorfall kann aufgrund wörtlich übereinstimmender Teile der Titel erst im Anschluß an das 1719 erschienene Faßmannsche Totengespräch für die Wanderbühne dramatisiert worden sein.[26] Von einer Aufführung erfährt man zuerst am 21. Januar 1723 in Kiel.[27]

Nachdem der Rat eine Aufführung schon wiederholt abgelehnt hatte, ist die Niederschrift mindestens in das Jahr 1722 zurückzuverlegen. Genauer als zwischen 1719 und 1722 läßt sich das unbekannte Ur-Manuskript vorläufig nicht datieren. Aber das Bestreben der Wanderbühne, aktuelle Ereignisse geschäftlich zu nutzen, wie auch in Nürnberg geschehen, spricht mehr für 1719 als später.

Es würde sich dabei um keinen ungewöhnlichen Fall handeln. Schon am 1. November 1649 hatten Englische Komödianten in Bremen die am 30. Januar des Jahres erfolgte ‚Enthauptung des Königs Caroli' gezeigt.[28] Noch geschwinder hat ein Theaterskribent ge-

---

21. Staatsarchiv Marburg. Rechnungen II Kassel Nr. 655/1711, Fol. 35 u. 45.
22. Bärensprung, S. 31 f.
23. Goedeke 3. Bd., S. 336: „... in einem Heldengedichte kürzlich beschrieben. Stade 1707'.
24. Das Schauspiel von Vulpius ‚Sitah Mani oder Karl XII. bei Bender' (aufgeführt in München 28. 11. u. 3. 12. 1797; Jan. 1798) geht auf andere Quellen zurück.
25. Auszug bei Prutz, S. 196—205.
26. Die Gantz unvermuthete doch plötzliche / Ankunfft / Caroli XII / Letztern Königs von Schweden / Indem Reiche derer Todten / Als derselbe / In der Nacht, vom 11. zum 12. Dez. des letztverwichenen Jahres in /denen Approchen vor Friedrichs-Hall in Norwegen, seinen Helden- / müthigen Geist aufgegeben ...
27. v. Gersdorff, S. 180 ff.
28. Tardel, S. 275. — Im gleichen Jahre 1649 erschien auch ein niederländisches Drama von J. Dullaert: ‚Karel Stuart, of Rampzalige Majesteit' (Kollewijn, S. 23). Wahrscheinlich geht die Bremer Aufführung 1649 auf ein anonymes englisches Drama zurück, von dem 1649 drei Auflagen herauskamen: ‚The Famous Tragedie of King Charles I.' Möglicherweise war jenes auf einem undatierbaren Theaterzettel in Uppsala von „Hochteutschen Comoedianten" angekündigte Stück noch mit dieser ältesten Dramatisierung verwandt. In dem anonymen englischen Schauspiel wird u. a. auch auf „the Tragicall Falls of Charles Lucas and Sir George Lisle" hingewiesen (Fertig, S. 11), letzterer wohl mit „Leßle" in der Aufführung von Uppsala identisch, deren Ankündigung als sprachliches Kuriosum nicht ihresgleichen hat: „Die Enthauptung CERL STUARD. König von Englandt. Die Stat Londen presentirt sich Cromwel feuerfax und Leßle dabey schaffent zweien Geister Mort und veradt sleigen sich in Londen / des Königs verfolgung von Cromwal und Feuerfax der König auf die flucht nach den Comodanten Leßle des Königs ein führung nachher Londen von dieße beyden Generals Personen des Königs öffentliche enthauptung. Die Contentten weitter zu setzen ist dieser Setzel zu klein. Nach der Comoedie wird ein lustiges Nachspiel mit lebendigen Personen. Praecis umb 4 Uhr Die Personen gibt 6 Weißen" (Björkman S. 89 f.)

arbeitet, der am 30. Juni 1725 auf der Hamburger Bühne ein Stück über des ‚John Sheppard lasterhaftes Leben ... und schändliches Ende' herausbrachte, nachdem die Hinrichtung erst am 16. November 1724 vollzogen worden war.[29]

Ebensowenig prahlte Carl von Eckenberg, als er für den 14. April 1738 „eine gantz neue, und noch nie producirte Piece" ankündigte, betitelt: ‚Der im Reich der Beschnittenen ankommende und in seinem Käfig wohnende Jud Süß, mit Hans Wurst, einem Fürsteher der Beschnissenen [!] und lächerlichen Gesetz-Geber'[30]; denn geschwinder als in zehn Wochen, die erst seit der Strangulation des württembergischen Geheimen Finanz -und Staatsrates Joseph Süß Oppenheimer am 4. Februar 1738 verstrichen waren, ist kaum jemals ein aktueller Vorfall dramatisiert und auf die Bühne gebracht worden.

Nie bewiesene Behauptungen von einem Schauspieler-Drama, wie es sich bei Ludovici bewahrheitet, haben Riccoboni, Gottsched, Ekhof, Löwen, Schmid und Nicolai verbreitet[31] und Carl Heine, Wolfgang von Gersdorff und andere im Gefolge guten Glaubens weitergetragen. Im Vertrauen auf die Überlieferung hielten sie die in erhalten gebliebenen Manuskripten gefundenen Namen von Kopisten für diejenigen von Verfassern und zogen daraus unhaltbare Folgerungen.[32] So stark das Schauspieler-Drama im 17. und 18. Jahrhundert zu überwiegen scheint, so selten hat sich die Anonymität der in Dramaturgie dilettierenden Schauspieler bisher lüften lassen.

Zwar ist die Vorliebe der Wanderbühne für das biographische Drama unverkennbar, ohne das aus dieser Tatsache bislang ein Gewinn gezogen worden wäre. Wenn man aber zwischen *historisch*-biographischen und *aktuell*-biographischen Stücken zu unterscheiden beginnt, kommt man alsbald zu dem Schluß, daß letztere Produktionen aus kommerziellen Erwägungen unverzüglich von Bühnenangehörigen selbst hergerichtet werden mußten. In diese Gruppe tagfälliger Dramatik ist auch der ‚Unglückseelige Todes-Fall ... Caroli XII.' einzureihen. Das wird bei einem Datierungsversuch den Ausschlag geben, 1719 oder 1720 als Erscheinungsjahr zu akzeptieren.

Bevor noch jene Kieler Aufführung vom Januar 1723 bekannt war, hatte Carl Heine die in Wien befindliche, Dresden im Juli 1724 datierte und von dem Schauspieler Joh. Jos. Kohlhardt angefertigte Handschrift für das Original, ein anderes 1845 von Lindner herausgegebenes Exemplar aus Zerbst für eine verdorbene Abschrift ausgegeben. Wolfgang v. Gersdorff konnte Heines Argumente als verfehlte konjekturale Erörterungen zurückweisen, fiel aber seinerseits in den Fehler voreiliger Schlußfolgerungen. Beide waren sich indessen einig, daß die von Lindner mitgeteilte Fassung eine spätere Redaktion als diejenige von Kohlhardt darstellte. Das Gegenteil dürfte vielmehr der Fall gewesen sein.

Kohlhardt scheint das Original nicht nur abgeschrieben, sondern verbessernd auch bearbeitet zu haben. Die von Lindner herausgegebene Zerbster Handschrift ist als die wortgetreuere Abschrift vom Original oder einer dem Original nahestehenden Fassung anzusehen. Für eine Bearbeitung durch Kohlhardt spricht vor allem das Herausstreichen ermüdender biographischer Nichtigkeiten, die den von Carl XII. selbst erzählten Lebenslauf um die Hälfte kürzen. Die umfangreichere Zerbster Fassung weist keine der bei Bearbeitungen üblichen Merkmale auf.

Der Rotstift hat beispielsweise folgende für die Art der Kürzung bezeichnende Stelle des Zerbster Exemplares gelöscht — (Carl XII.:) „... bis endlich 1714 in Begleitung des Obrist-Lieutenants Dorigus und noch 4 Personen den 23. November bemelten Jahres 3 Stund vor der Sonnen Aufgang in Strahlsund ankam. Ich war ganz matt und müde, weil ich in einer Zeit von 14 Tagen 287 Meilen geritten ..."[33] In Kohlhardts Handschrift heißt es nur: „... biß ich endlich nach einer Zeit von 7. Jahren wie unvermuthet, also auch glücklich zu Stralsund in Pomern ankam".[34]

Der Bearbeiter Kohlhardt hat wohltuend gekürzt, aber auch bewiesen, daß er sich in den zurückliegenden politischen Ereignissen nicht sonderlich auskannte. Um sieben Jahre zurückgerechnet, hätte nach seiner Version

---

29. Schütze II, S. 215.
30. Weddigen Bd 1, S. 488 f.
31. Riccoboni, S. 206 f.; Gottsched I, S. 642 f., Löwen, S. 10; Chronologie, S. 24; Nicolai, S. 565 f.
32. Heine II, S. 6; v. Gersdorff, S. 162 ff.
33. Lindner, S. 85 f.
34. Heine I, S. 5.

die Schlacht bei Poltawa statt 1709 im Jahre 1707 — oder aber die Rückkehr nach Stralsund 1716 statt 1714 stattgefunden. Der Urheber der Zerbster Handschrift wußte hingegen, daß die Niederlage bei Poltawa in das Jahr 1709 zu setzen ist. Er kannte auch die Ereignisse von 1714 so gut, wie der Verfasser der in Nürnberg gedruckten ‚orientalischen verräterei' sie gekannt haben muß.[35] Das bedeutet hinwiederum, daß Ludovici wohl für die Zerbster Handschrift, nicht aber für die Bearbeitung Kohlhardts verantwortlich gemacht werden kann. Mit Recht darf das Zerbster Exemplar für eine Abschrift der ursprünglichen Fassung gehalten werden, was nicht ausschließt, daß es später als Kohlhardts Bearbeitung angefertigt wurde.

Mehr als fünf Jahrzehnte zählte diese Haupt- und Staatsaktion zum Repertoire. Man weiß von einer Aufführung in Kiel im Januar 1723, kennt das in Dresden geschriebene Manuskript vom Juli 1724 und hört von einer dortigen Vorstellung im gleichen Jahre, „wo Harlekin ein lustiger Kuiraßreuther nebst einer geschwätzigen Markedenderin die Seriosität dieser Action adoucirte".[36] 1741 wurde das Stück in Frankfurt am Main[37] und etwa zur gleichen Zeit von Hilferding in Königsberg und bald darauf auch in Berlin aufgeführt.[38] Es ist bekannt, daß die Puppenspieler noch lange Zeit die ‚Action vom unglückseligen Todesfall Carls XII.' schätzten.[39] 1755 in Berlin — und sicher nicht nur dort — gehörte ‚Der Tod Karls XII. Königs von Schweden' auch zum Repertoire Franciscus Schuchs.[40] 1756 ist eine Aufführung in Lübeck nachzuweisen.[41] Noch um 1775 hat sich „Karl der XII. extemporirt" gelegentlich im Spielplan der Wanderbühne behaupten können.[42]

Obwohl die Aufzählung für eine Laufzeit von fünf Jahrzehnten beeindruckend ist, würde sie uns hinsichtlich der Aufführungshäufigkeit hinters Licht führen, wenn das vereinzelte und einzigartige Beispiel Nürnbergs es nicht verhinderte. Dort war dieses Stück vor den nachgewiesenen Aufführungen in den Jahren 1748, 1750, 1754, 1760 und 1764 „schon von einigen Panden" gegeben worden. Immerhin war das Drama 1764 noch publikumswirksam genug, um von dem Prinzipal Arnold Heinrich Porsch „mehrentheils neu componirt" zu werden.[43] Was wir von Nürnberg wissen, muß auch für alle anderen von wandernden Truppen aufgesuchten Spielorte gelten, so daß man ohne

abenteuerliche Phantasie die ungewöhnliche Beliebtheit dieses einst politisch-aktuellen Stoffes noch nach dreißig und mehr Jahren nun annähernd ermessen kann.

So versteht es sich fast von selbst, daß auch Schönemann 1741 den ‚Tod Sr. Majestät Carl XII König von Schweden' auf dem Spielplan hatte, was seinen Biographen Hans Devrient nicht hätte wundern dürfen[44], wenn es Ekhof in der Sitzung der Schauspieler-Akademie vom 16. 6. 1753 für nötig hielt, „Carl des 12ten Tod" zu „cassiren".[45] Niemand dürfte nun wohl Schönemanns Spielplan besser gekannt haben als sein Schwiegersohn Löwen. Nicht zuletzt deswegen ist es wahrscheinlich, daß dieser mit dem ‚König Karl den Zwölften von Schweden' kein anderes als das seit 1723 immer wieder erwähnte Stück aus Ludovicis Feder gemeint haben kann.

Diese ausführliche Untersuchung bezweckte nur am Rande, Johann Georg Ludovicis fruchtbare Tätigkeit als Verfasser und Dramatiker, die bisher als eine unverbürgte Überlieferung nur geduldet wurde, sicher

35. In der Stranitzky lange Zeit zu Unrecht zugeschriebenen Haupt- und Staatsaktion ‚Die Glorreiche Marter des Heyligen Joannes von Nepomukh' rühmt Dr. Babra von seinem Reitpferd Pegasus, daß es ihn „einmahl von Madrit biss Strahlsund in einer Viertl stundt spaziret gerittten" (II, 6). Weit entfernt davon, wegen dieser Paraphrase Ludovici zum Verfasser des ‚Nepomukh' stempeln zu wollen, sollte auf einen Hinweis zur ungeklärten Datierungsfrage nicht verzichtet werden. Wegen des historischen Ereignisses, auf das hier angespielt wird, darf das Jahr 1714 als terminus a quo für die Abfassung des ‚Nepomukh' gelten. Ein solcher Bezug setzt Nähe des Ereignisses voraus, so daß nur die nächstfolgenden Jahre für die Niederschrift zu erwägen sind (vgl. Weiß, S. 111; R. Werner, S. 45 f.; Hohmeyer, S. 102; Trutter, S. 287 ff.; Rommel, S. 997).

36. Fürstenau Bd. 2, S. 305.
37. Mentzel, S. 442 f.
38. Litt. u. Theater-Zeitung 1781, S. 438.
39. Schütze I, S. 100.
40. Liss, Anhang.
41. E. Fischer, S. 143.
42. Seipp, S. 292.
43. Zitate nach den Zetteln von 1748 und 1764, die sich einschließlich der drei übrigen in der Bibliothek des Germanischen Nationalmuseums Nürnberg (Signatur: L 1313 w) befinden.
44. H. Devrient, S. 32.
45. Kindermann II, S. 22. Die Angabe „1773", bei v. Gersdorff (S. 181). stellt sich als Druckfehler heraus.

nachzuweisen. Nachdem es sich kaum noch bestreiten läßt, daß er den ‚Unglückseeligen Todes-Fall Caroli XII.' verfaßt hat, werden die Dresdner Abschrift und das Zerbster Exemplar dieses einzigen Schauspieler-Dramas, dessen Urheber als bekannt vorausgesetzt werden darf, für Rückschlüsse auf die Aufführungspraktiken auch in der Denner-Spiegelbergischen Gesellschaft, der er angehört hat, unersetzliche Dokumente sein.

‚Der unglückseelige Todes-Fall Caroli XII.' unterscheidet sich von anderen Manuskripten durch den niedergeschriebenen Part des Harlekin, der sonst den Einfällen der Spaßmacher „ex tempore" und „pro libitu" überlassen blieb und gar nicht oder nur auszugsweise fixiert wurde.[46] Solche nur gelegentlich ausgeschriebenen und stets nur locker in die Handlung eingepaßten Harlekin-Intermezzi wurden selten unverändert nachgespielt, wenn auch durch diesen Fall fast gleichlautender Raubabschriften ein anderer Eindruck entsteht. Jeder Spaßmacher wandelte mit Hilfe seines Arsenals erprobter Lazzi aus eigenem oder durch fremdes Vermögen diese Szenen beliebig ab, so daß in den beiden vorliegenden Manuskripte lediglich eine Variante solcher komischen Zwischenspiele festgehalten wurde.

Unter den überaus raren Theaterberichten dieser Zeit ist deshalb derjenige von Johann Jacob von Bielfeld über eine um 1740 gesehene Aufführung von ‚Carl XII.' in diesem Zusammenhang von besonderem Wert, weil die von ihm geschilderte Hanswurst-Szene in keinem der beiden Manuskripte enthalten ist. Der König

„va reconnaître la ville: *jean saucisse* se qui est en faction, lui crie *qui va la?* le roi répond *charles XII.* & *toi qui ès tu? jean saucisse XIII.* lui réplique le buffon qui lui fait ensuite la généalogie des jeans saucisses".[47]

In einem gleichfalls französischen Bericht aus den ‚Lettres philosophiques et critiques par Mlle C *** avec les réponses de Mr le Marquis d'Arg *** ' (La Haye 1744) wird eine erst zwei Jahre zurückliegende Berliner Vorstellung vom „Tode Carls des zwölften" aufs Korn genommen (1741/42). Es ist bei dieser Aufführung eher an eine der beiden in diesen Jahren dort gleichzeitig anwesenden Truppen Hilferdings oder Eckenbergs zu denken als an die im Herbst 1742 in der preußischen Hauptstadt zum ersten Male gastierende Schönemannsche Gesellschaft. Obwohl weniger ergiebig als Bielfelds Schilderung, ist sie doch gehaltvoll genug, um unser dürftiges Wissen noch um einen Harlekin-Scherz zu bereichern:

„J'ai vû jouer il y a deux Ans à Berlin la mort de Charles XII. Ce Prince après avoir délibéré avec ses Generaux s'il donnera l'Assaut à la Ville a un long Entretien avec Arlequin, que l'on a fait Soldat par Force. Le Monarque demande gravement au Boufon s'il aime l'Odeur de la Poudre. Arlequin dit qu'il l'aime beaucoup quand cette Poudre est de Tabac-rapé. Il y a plusieurs scenes dans ce Gout. Enfin la Tragédie finit par la Mort de Charles XII. & par celle d'Arlequin. Le premier est tué dans la Tranchée d'un Coup de Fusil; le second deserte & est pendu &c".[48]

Der geringste dieser extemporierten Späße ist heute eine Kostbarkeit. Wir kennen so wenige von ihnen, daß ein Lazzo aus einem angeblich von Ludovicis Kollegen Wetzel neu zusammengeschriebenen Stück namens

---

46. Heine II, S. 42 ff.

47. Bielfeld, S. 289. — Mir scheint, daß Justus Möser keine Zeugenschaft einzuräumen ist, so ungern man darauf verzichtet, sondern daß es sich lediglich um eine Reminiszenz an Bielfelds ‚Progrès' handelt, wenn solch ein „Hanß Wurst der Dreyzehnte, welcher mit Carl dem XII. die Bühne betritt", auch von ihm erwähnt wird (Vertheidigung, S. 66). — Diese beliebten genealogischen Späße haben ihren Ursprung in frühen anekdotischen Arlequin-Etymologien. Sie sind nicht auf Frankreich beschränkt geblieben, sondern auch in deutschen Adaptionen als unübersetzbares Treibgut mitgeschwemmt worden. Dominique soll bei einer Begegnung mit dem Gerichtspräsidenten de Harlay seinen Stammbaum von dessen Urgroßvater (Harlay premier) bis zu seiner Person (H[arlequin]t) hergeleitet haben; so noch um 1820 als „Herl quint" im deutschen Puppenspiel (Leibrecht, S. 77).

48. Diese Stelle aus den Briefen zwischen der seit 1743 in Berlin engagierten Schauspielerin Babet Cochois und dem von Friedrich II. an den Hof gezogenen Jean Baptiste de Boyer d'Argens, der vorübergehend auch zum Direktor der Schauspiele bestellt war, wird zitiert nach dem ‚Sendschreiben einiger Personen an einander über allerley Materien' (Danzig 1748, 24. Brief, S. 190). Dort teilt sie der anonyme Verfasser als Fußnote mit. Wegen Ungenauigkeiten in seiner deutschen Übertragung ist die französische Fassung vorzuziehen: „Ich habe in Berlin [vor zwei Jahren] ein Stück von dem Tode Carls des zwölften spielen sehen, worinn dieser Prinz, nachdem er mit seinen Generalspersonen Rath gepflogen ob er die Stadt berennen wolle, eine lange Unterredung mit dem Pickelhäring [!] hat, den man mit Gewalt angeworben. Der Monarch fragt den Narren ganz ernsthaft ob er wohl Pulver riechen kann. Arlekin sagt, sehr gern, wenn es von Rappee ist..."

‚Tamerlan'⁴⁹ aufzeichnenswert geworden ist, dieweil es damals die Zuschauer vergnügte, wenn sich „Harlekin ... dem Tamerlan mit seinem Säbel die Blinzen, über dessen Kopf vom Teller holte, und verzehrte".⁵⁰

Ebenso konnte man in der nach Ziglers Roman für die Bühne elaborierten ‚Asiatischen Banise' auf Beifall rechnen, wenn entweder Harlekin oder „Hannswurst den Bedienten des Prinzen Balacin vorstellte; und als Banise sollte geopfert werden, erschien er in einem Hemde, welches hinten mit Leim beschmiert war" — wie es 1749 noch bei Schönemann in Breslau geschah⁵¹ und ähnlich vor- und nachher geschehen sein wird.

Diese aus entlegenen Quellen mühsam zusammengeklaubte winzige Anthologie wird von einem noch unentdeckten Musterbuch gekrönt, das ein Kompendium gängiger Lazzi scheint, in Wahrheit aber eine Burleske ist. Unter dem ungekürzt nur in einer Fußnote zitierbaren Titel: ‚Die entsezlichen Zufälle in glück- und unglückswechsel, bey der lächerlichen Fischerey und listig erfundenen Contract des HannsWurst mit Runcifax, ein teufel ...' hat sie der Gothear Bibliothekar Reichard schon 1780 aus Ekhofs Nachlaß veröffentlicht und vage datiert.⁵² In einer älteren, unbetitelten Variante, geschrieben von dem Schauspieler [Johann Michael] Weßling und von ihm „Riga d. 7. Xbr. 1719" datiert, verrät die wiederholte Bemerkung „sicut in comoedia", daß auch Weßling ein noch älteres Original vorgelegen haben muß.⁵³

Obwohl Reichards Veröffentlichung als spätestes der Exemplare das einzige erhaltene Manuskript ist, reicht die Beschreibung des von Johannes Bolte eingesehenen Rigaer Textes aus, weitgehende Übereinstimmung festzustellen. Man darf also sicher sein, nicht nur mit dem Abglanz einer Burleske aus der Frühzeit der Harlekin-Emanzipation abgefunden zu werden.

Man kann sich sicher schwer versagen, ein Register der dort angehäuften und diese Burleske bis zur Unspielbarkeit erstickenden Lazzi zusammenzustellen. Das wird von anderer Hand nachgeholt werden müssen, wenn die seit Carl Heine nicht wieder ernsthaft betriebene Reportoireforschung keinen Aufschub mehr leidet.⁵⁴

Schon vor diesen zusammengetragenen Belegen war die Gebräuchlichkeit des extemporierten Spiels hinlänglich bezeugt. Die Menge der renommierten Gewährsmänner schloß jeden Verdacht der Unglaubwürdigkeit aus, wie ja selten einer durch Häufung einschüchternden Beweistaktik widersprochen wird. Außer Riccoboni haben Gottsched, Bielfeld, Ekhof, Friedrich Ludwig Schröder, Johann Christian Brandes, Friedrich Nicolai und Johann Friedrich Schütze scheinbar unabhängig voneinander behauptet, diese Burlesken seien aus dem Stegreif gespielt worden.

Für diese Stegreif-Gepflogenheit der Bühne kann man sich keine zuverlässigeren Zeugen als Ekhof und dessen Berufsverwandte, Schröder und Brandes⁵⁵, einschließlich Riccoboni für die französischen Verhältnisse wünschen. Den Literaten, Schriftstellern und Dichtern muß hingegen die begründetere Urteilsfähigkeit über die Herkunft der Fabeln für diese Entwürfe vorbehalten bleiben.

Man darf nicht übersehen, daß sich Gottsched bei anderen Gelegenheiten auf Riccoboni berief; Bielfeld hatte hinwiederum Gottsched nicht flüchtiger als Riccoboni gelesen; Ekhof schließlich kannte sich in Riccobonis, Gottscheds und Bielfelds Schriften gleichermaßen aus. So nimmt es nicht wunder, daß Gottsched nur Riccoboni wiederholte, als er behauptete, die deutschen

---

49. Chronologie, S. 38; Löwen, S. 24.
50. Briefe 1760, zitiert nach Schlenther I, S. 261. — Über den Inhalt dieses ebenfalls verloren gegangenen Stückes unterrichtet notdürftig ein Nürnberger Theaterzettel von 1750: ‚Der mit 52. Cronen prangende Tracische Hirt, Tartar-Cham Tamerlan, Oder: Der in seinem grösten Glück gestürtzte Türckische Kayser Bajazet'. (Abb. bei Hänsel, S. 355).
51. Flögel, S. 139 — 1753 strich Ekhof dieses Stück aus Schönemanns Repertoire (Kindermann II, S. 22).
52. ‚... nebst Den Possierlichen turnier, lantzen-brechen, Ringel-Rennen neuer Mode und Der auf den Pferdt mit seinem Herrn durch die luft Capriolyiierende, Endl. durch vielle Abentheuer, und zauberischen Mitteln triumphirende Bräutigam Hanns-Wurst. mit Dem vermeint- doch betrogenen, Schwartzkünstler, neu-inventierten Constabler, leztl. aber in einen Sau-Stahl verwandelten Scapin' (Th.-Journal f. Deutschland 1780, 13. Stck., S. 26—53). Als Musterbeispiel für die Länge eines Titels sollte auf Vollständigkeit nicht verzichtet werden.
53. Bolte II, S. 479 f.
54. Heine II: Das Repertoire der Wandertruppen vor Gottsched (1888). — Die Dissertation von Grete Goldschmidt, (Das Repertoire der Wandertruppen in Österreich MS Wien 1930) kann als belanglos ebenso übergangen werden wie Tschirn.
55. Ekhof, S. 76; F. Meyer T. 1, S. 18; Brandes Bd. 1, S. 247.

Komödianten spielten „nach dem Exempel der wälschen Bühne aus dem Stegreife ihre Fratzen" herunter.[56] Bielfeld schloß sich dieser Meinung unüberhörbar an; und Ekhofs Urteil, daß die deutschen Burlesken — vom Extemporieren abgesehen — „theils vom italienischen ... genommen" worden seien[57], ist als unselbständig verdächtig, weil er bei Gottsched, Riccoboni oder Bielfeld entlehnt haben mußte, was sich seiner Beurteilung entzog.

Gottsched, der bis 1724 das Schauspiel nur vom Hörensagen kannte, dürfte um 1742 genügend Kenntnisse besessen haben, die ‚Ollapatrida' und Gherardis Sammlung als Quellen der Burlesken zu erkennen.[58] In seiner Selbstbiographie stellte auch Christian Felix Weiße fest, daß die Wandertruppen zu dieser Zeit Stücke „nach Entwürfen des Gherardi für das Italiänische Theater" aufführten.[59] Diese Behauptungen von vielleicht zu bezweifelnder Selbstständigkeit verklammert ein noch früherer Hinweis Ludwig Holbergs zur Unumstößlichkeit.

In Holbergs Komödie ‚Hexerie eller Blind Allarm' sucht der Theaterdirektor Leander ein geeignetes Nachspiel, um die Schrecken der Haupt-Aktion ‚Polidorus' abzuschwächen, und entscheidet sich für „et Stykke af det Italianske Theater, det om Doctor Baloardo" (I,6). Mögliche Zweifel, ob damit Gherardis ‚Théâtre Italien' ausdrücklich gemeint sei, erweisen sich als unbegründet, denn „Doctor Baloardo" ist nur ein anderer, unter Theaterleuten damals offenbar gebräuchlicher Titel für Paraprats dreiaktige Komödie ‚La Fille de bon Sens' aus Gherardis Sammlung.[60]

Der darin exerzierte Effekt der Gestaltveränderung (II,13) — bei Holberg als „Doctor-Machine" ebenfalls vom Harlekin der Truppe vorgeführt — findet sich als „Groß und klein macher" in dem schon erwähnten Szenarium aus Ekhofs Nachlaß wieder: ‚Die entsezlichen Zufälle in glück- und unglückswechsel'.[61] Er wird um so wahrscheinlicher auch in dem Rigaer Manuskript von 1719 vorhanden gewesen sein, als Lambranzi die mittels eines großen Mantels bewerkstelligte Verwandlung in seiner ‚Neuen curieusen Tantz-Schul' (1716) als illustrierte Anweisung verbreitet hatte. Möglicherweise verdankt auch eine Wiener Burleske, in welcher der Zauberer Asmodi dem „Hanns-Wurst in einer Figur, welche bald groß bald klein wird", gegenübertritt, die Anregung der nämlichen Quelle.[62] Schon durch dieses Trick-Beispiel, dessen Wanderung sich noch bis zur Mitte des 19. Jahrhunderts verfolgen läßt[63], wird auf frühe Entlehnungen aus dem in Gherardis Sammlung gespeicherten Vorrat hingewiesen.

Wenngleich Ekhofs Szenar keine unanfechtbaren Rückschlüsse auf das Exemplar von 1719 gestattet, so dämpfen doch die in der Rigaer Kopie ebenfalls am Spiel Beteiligten, Runcifax und Mago, restlichen Argwohn, daß man auf diesen effektvollen Trick verzichtet hätte. Im übrigen würde das Gegenteil kein allzu herber Verlust sein, weil sich die Frage nach der Textpriorität trotz Reichards Datierungsversuch letztlich nicht entscheiden läßt.

Die behindernde Quellennot darf nicht als Ausflucht dienen, den untergründigen Erneuerungsprozeß des Theaters zu vernachlässigen. Es besteht auch vorerst kein Anlaß, wegen der scheinbar nicht zu beseitigenden Unschärfe, ob Einflüsse von Gherardis ‚Receuil' vor oder um 1700 oder erst später sachlich nachweisbar sind, entmutigt zu sein. Niemand wird sich aber damit zufriedengeben, daß solche nach dem ‚Théâtre Italien' plagiierten Szenen den deutschen Spielplan erst zwanzig oder mehr Jahre nach Erscheinen der ersten definitiven Ausgabe (1700) bereichert haben sollen. Wenn man es folglich nicht bei Vermutungen belassen will, so wird man für einige Umschweife Nachsicht haben müssen.

---

56. Gottsched I, S. 781 ff.; Riccoboni, S. 206 f.: „Depuis 1680 les Comédiens Allemans, instruits par les Comédiens Italiens qui etoient appellés aux Cours d'Allemagne, ont entrepris de jouer la Comédie l'impromptu; les Italiens leur en ont fourni des carnevas, & on leur en a volé en les écrivant pendant qu'on les représentoit".
57. Ekhof, S. 76.
58. Vgl. Hinck, S. 143 u. 417.
59. Weiße, S. 9.
60. Gherardi, Tom. IV.
61. Th.-Journal f. Deutschland 1780, 13. Stck., S. 37.
62. Pirker Bd. 1, S. 217.
63. So muß Kasperle in einem Spieltext des Münchener Marionettentheaters (‚Der Prinz als Narr oder: Der geheimnißvolle Zauberspiegel' als Variante der ‚Comoedia von eines Königes Sohne auß Engellandt' schon damals mit einer 250-jährigen Tradition behaftet) am eigenen Leib erfahren, daß die schwarze Kunst des Runcifax sich auch auf die Gestaltveränderung erstreckt (I,4) (K. Engel, S. 8 ff.).

Von der Witwe Velten hat sich nach 1707 nur noch ein einziges Theaterplakat angefunden, so daß man mit einer Ausnahme von keinem anderen Narren in ihrer Truppe als den sonst ausschließlich genannten Pickelhering weiß. Aus eigenem Antrieb hätte sie ihrem altgedienten Spaßmacher wohl kaum den Abschied gegeben. Weit eher wäre von ihren Geschäftspartnern, ohne die sie in den letzten Jahren nicht mehr ausgekommen zu sein scheint[64], zu erwarten gewesen, auf einer Ablösung des schon bresthaften Pickelhering durch den Harlekin zu bestehen. Die Anzeichen sprechen dafür, daß auch ihr Pickelhering von der allgemeinen Agonie nicht genesen ist.

Als sich Katharina Elisabeth Velten mit ihrer Truppe 1710 in Augsburg aufhielt[65], wurde am gleichen Ort und zur gleichen Zeit ein Bühnenmanuskript angefertigt. Die Frage, ob es für ihr oder von ihrem Repertoire abgeschrieben wurde, darf man getrost übergehen. Die Zuständigkeit ihrer Truppe für diese 1906 auf einer Versteigerung angebotenen Handschrift[66] ist hingegen keines Zweifels wert. Der Titel des sonst nicht bekannten und — wie ich glaubte — heute wohl unauffindbaren Textes wäre für weitreichende Folgerungen ergiebig genug gewesen: ‚Comodia genant dass Advocirende Frauenzimmer, unter dem Nahmen Columbine, oder Der Närrische Baron Buffadelli. Aus dem frantz. übersetzt. Geschrieben von J. F. G. in Augsburg im Julio 1710'.

Unschwer war das französische Original zu erkennen: Nolant de Fatouvilles Komödie ‚Colombine avocat pour et contre'. Der Augsburger Abschreiber oder dessen vorgängiger Übersetzer hatte den fatalen Namen „Marchese de Sbrufadelli" alias Arlequin zu einem zungengeläufigeren „Baron Buffadelli" geglättet, ohne durch diese Namenskorrektur die Identität von Übersetzung und Original zu gefährden. In diesem zuerst 1685 aufgeführten und 1694 in Gherardis erster Sammlung auszugsweise schon abgedruckten Stück geht es um den durch eine unerwartete Erbschaft verwirrten Arlequin, der nun als angemaßter Marchese de Sbrufadelli um die vermögende Isabella freit. Die von ihm verlassene Colombine entlarvt den falschen Marchese, der wegen des nicht eingelösten Eheversprechens nun gehängt werden soll. In der Maske eines Advocaten gelingt es Colombine, den Ungetreuen vor der Vollstreckung des Urteils zu bewahren, was ihr Arlequin durch Heirat vergilt.

Selbst der Harthörigste würde nicht bestritten haben, daß Gherardis Sammlung — in welcher Ausgabe auch immer — schon bei der Veltenschen Truppe ausgebeutet wurde, weil sich vermutlich niemand auf eine Mesalliance zwischen Pickelhering und Colombine hätte versteifen wollen. Wo Colombine war, konnte Arlequin nicht weit sein. Warum sollte man ausgerechnet Arlequin von der Bühne gewiesen haben, wenn man auf Colombine nicht verzichten wollte.

Diese zunächst nur folgerichtige statt unwiderlegbare Annahme hat sich unerwartet bestätigen lassen. Ein Wiener Ausstellungskatalog von 1922 verzeichnet eine eben solche Handschrift mit belanglosen orthographischen Abweichungen: ‚Comoedia genant daß Advocirnde Frauen Zimmer unter dem Nahmen Colombine oder Der Närrische Baron Buffadelli. Aus dem Französischen ... 1710'.[67]

Zum Lobe des Sammlers, dem die Wissenschaft ihre Reverenz noch immer schuldig ist, erwarb offenbar Hugo Thimig 1906 dieses Exemplar und vermachte es als ein Teil seiner Sammlung der Wiener Nationalbibliothek. Dort lautet der Titel abermals recht ähnlich, aber um eine bisher unterschlagene Nuance aufschlußreicher: ‚Comoedia genant daß Advocirnde Frauen Zimmer unter dem Nahmen Colombine oder Der Närrische Baron Buffadelli. Aus dem Frantzös.

---

64. Hampe Bd. 2, S. 189; Stadtarchiv Augsburg: Meistersinger-Akten 1709; Mentzel, S. 141.
65. Hampe Bd. 2, S. 189; schon um den 10. Juni 1710 hatten die Augsburger Stadtväter der Prinzipalin eine Empfehlung für Nürnberg ausgestellt (Stadtarchiv Augsburg).
66. Hayn-Gotendorf Bd. 1, S. 659; Auktions-Katalog Ludwig Rosenthal 1906: 21 Bl., 4°, 14 Personen.
67. Kat. Komödie (1922), S. 88, Nr. 685. — Auch die Neuberin hat dieses Stück gespielt (Reden-Esbeck, S. 109). Der Anteil der Gherardi-Sammlung am Neuberschen Spielplan wird wegen Titelverschleierungen kaum jemals zu ermitteln sein. Daß der ‚Baron Buffadell' keine Ausnahme war, beweist der noch am 9. 10. 1741 in Leipzig aufgeführte ‚Aesopus als ein Richter von Hr. de la Nobbe' [‚Arlequin Esope' von Le Noble], aus Gherardi Tome III. Hätte Gottsched nicht geäußert, daß „ein Mondenkaiser, eine Spirito Foletto, ein Lederhändler von Pergamo, und unzählige andere, davon das Theatre Italien voll ist" (Gottsched I, S. 639), vom verderbten Geschmack unserer Bühne zeugten, so wäre die Her-

Gerhard übersetzt. Geschrieben von J. F. G. in Augspurg im Julio. 1710'.[68]

Kein Zweifel, daß „Gerhard" von niemandem als „Gherardi" entziffert wurde und deswegen von allen unerwähnt blieb. Obwohl es selbstverständlich schien, als Quelle Gherardis Sammlung anzunehmen, so hat man doch nun erst letzte Gewißheit, daß das Exemplar tatsächlich nach dessen ‚Receuil' übersetzt wurde und nicht etwa als ein Manuskript nach Fatouville auf verschlungenen Wegen in die Hände deutscher Komödianten geriet. Denn insonderheit ist zu beweisen: Durch seine Textsammlung hat Gherardi — weit früher als bisher angenommen — zum deutschen Spielplan beigetragen. Das Jahr 1710 ist nur als eine Leitersprosse zu betrachten, von der man beim Abwärtssteigen nicht wissen kann, ob sie die letzte sei. Diese 1710 datierte Abschrift sagt weder etwas darüber aus, ob auch hier ein wiederum kopierter Spieltext zugrundelag, oder wann die allen Texten gemeinsame Übersetzung zu veranschlagen ist.

---

kunft des von Neuber 1728 in Hamburg aufgeführten ‚Lederhändler von Bergamo' (Reden-Esbeck, S. 67) aus dem ‚Théâtre Italien' nicht zu vermuten. Ein anderer Theaterzettel von einer Hamburger Aufführung 1736 durch Beck: ‚Hans Wurst, der betrogene Leder-Händler von Saltzburg, mit Scapin einem lustigen Panditen, Oder: Scapins Betrügerey, Und Hans Wurst ein lustiger Bräutigam ohne Braut' ist mit einem so umfassenden Personenverzeichnis (einschließlich der hier wie dort angezeigten „Narren-Gasse") versehen, daß an einer Entlehnung dieses mit der Neuberschen Aufführung identischen Stückes aus Molières ‚Fourberies de Scapin' nicht zu zweifeln ist (Schwietering, S. 104). Aber welches Stück aus Gherardis ‚Receuil' verbirgt sich darüberhinaus hinter diesen nichtssagenden Titeln? Arlequin stammt aus Bergamo, sein Vater war dort Schuster — so in ‚Colombine avocat pour et contre'. Ebenso dunkel ist es um ‚[Isabella,] Spirito Foletto', ein auf deutschen Bühnen sehr häufig gespieltes Stück (vgl. Bolte II., S. 464).

68. Österreichische Nationalbibliothek Wien, Theatersammlung Dr 5176.
69. Reden-Esbeck, S. 109.
70. Aus Tome III; Kat. Komödie (1922), S. 88, Nr. 689. *Anm. d. Hrsg.:* Allerdings ist diese Handschrift erst 1733 in Berlin entstanden, vgl. S. 79 dieser Arbeit.
71. Schütze I, S. 50 — vgl. im Anhang I, unter „1754", daß außer dieser möglicherweise nach dem ‚Ollapatrida'-Auszug heruntergespielten Nachkomödie (R. Werner, S. 69 ff.) auch ein abendfüllendes Stück „des Herrn Moliere" [!] ‚L'Empereur dans la Luna, Das ist: Der Kayser aus dem Mond' nach Gherardis ‚Receuil' bei den Wanderbühnen im Umlauf war.
72. Actus 2, Scena 3.

Der Einwand, daß diese Komödie auf den so bruchstückhaft überlieferten Spielplänen eine Rarität oder — so absurd es klingen mag — am Ende niemals aufgeführt worden sei, entkräftet das Repertoire der Neuberin 1735 in Hamburg. Ausgerechnet sie, für die ebenso wie für Gottsched Gherardis ‚Receuil' ein Index librorum prohibitorum hätte sein müssen, ließ auch den ‚Baron Buffadell' spielen[69], womöglich nach dieser Abschrift oder aber einer Polykopie. Ein Stück, daß sich 25 Jahre lang auf dem Spielplan halten konnte und nach Ablauf eines Vierteljahrhunderts selbst der Neuberin nicht zu abscheulich war, muß wohl ein Repertoirestück gewesen sein.

Es wäre kurzsichtig, Gherardi mit sonst keinem Stück im Spielplan der Wanderbühne vertreten zu glauben. So wird beispielsweise ein weiterer verdeutschter ‚Gherardi' ebenfalls in Wien aufbewahrt: ‚Die durch die Wunderwirkende Natur gleich Formirte Zwillinge', weniger eine Übersetzung als eine Bearbeitung von ‚Les deux Arlequins'.[70] Über Zusammenhänge mit der Handschrift des ‚Baron Buffadelli' wird am geeigneten Ort noch zu sprechen sein.

Entlehnungen aus Gherardis ‚Receuil' für das Nachspiel-Repertoire sind offenbar gang und gäbe gewesen. Weil aber extemporiert, haben keine Texte auf uns kommen können. So mühelos zu ermitteln wie das 1724 in Hamburg gegebene Nachspiel ‚Arlequin, ein lächerlicher Ambassadeur aus dem Mondenreich' [Arlequin Empereur dans la Lune][71] — ebenfalls von Fatouville — ist sonst keines.

Unter den in der ‚Comoedia genant daß Advocirnde Frauen Zimmer' vollzählig aus dem Original entnommenen Mitwirkenden ist lediglich „Scaramouche" von „Mezetin" abgelöst worden, wofür aber nicht der Übersetzer, sondern der Kopist dieses Exemplares verantwortlich zu machen ist. Selbst gegen Ende macht dessen Abschrift nicht den Eindruck von Übereilung. Schon deswegen wird man ihm nicht nachsagen können, diese einzige Inkonsequenz: „Arleqv. und Scaram[ou]che[e]" (statt „Mezetin")[72] dem Übersetzer gedankenlos und sklavisch nachgeschrieben zu haben. Dieser Lapsus ist auf das Konto des von ihm betriebenen Namenstausches zu setzen.

Die Absicht ist nicht eindeutig. Wenig befriedigend, wenn auch nicht zu verwerfen, wäre die Erklärung, daß Mezetin populärer gewesen sei als Scaramouche, wenngleich ihm der eingedeutschte „Skaramutz" alsbald den Rang ablief.[73] Man wird sich ferner vergegenwärtigen müssen, daß bei Aufführungen allenfalls das Narrentrio Arleqvin-Mezetin-Pierot den Eigenarten der Comédie Italienne anzugleichen versucht wurde, während der Doctor, Isabella, Columbine und Pasqvariel trotz beibehaltener Namen als unverbindliche bürgerliche Typen zu denken sind.

In diesem 1710 kopierten Exemplar wurde von der Akt- und Szeneneinteilung bei Gherardi kaum abgewichen. Eine zu extemporierende Szene hat man fortgelassen; in vier Fällen findet man zwei oder drei Szenen zu einer vereinigt oder auch umgekehrt. Dagegen sind sowohl Kürzungen wie Erweiterungen so zahlreich, daß von nichts anderem als einer Bearbeitung die Rede sein kann.

Wenn Pierot beispielsweise in einer kurzen Szene nur deswegen um das Leben seines Herrn Arleqvin fleht (III,6), weil dieser ihm schuldig geblieben sei — und wenn er seine Rechnung dafür aufmacht, daß er sich etliche Male mit ihm habe betrinken müssen und fünf- oder sechsmal dabei zu krepieren befürchtet habe, hingegen für die Pflege von Kleidern und Schuhen nichts verlange, so ist der Witz von ganz anderer Art als in der von Grobschlächtigkeiten aufgedunsenen deutschen Szene.

Hier sieht die Spezifikation anders aus: Pierot habe sich „mit ihm 36 mahl voll gesoffen" und nicht zuletzt deswegen an seiner „Gesundheit mehr als 100 lb. Schaden gelitten", weil Arleqvin ihn sechsmal habe „wollen zu Tode sauffen". Auch den „6. pfündigen Capaun, den (er) auff seine Gesundheit auff einmahl verzehren müßn", wobei ihm „ein halber Flügel in der gurgel stecken" geblieben sei, schlage mit 30 Florin zu Buche. Der rüde Spaß gipfelt schließlich darin, daß er sich für dreimonatiges Schuhputzen mit 24 Florin begnügen wolle, obwohl er seine „Hände allezeit erstlich müßn mit der allerkostbarsten bomade schmirn, und alzeit ein Pfundt Schub Toback dabey verbraucht, so übel haben seine Schue gerochen".[74]

Daraufhin wird wohl von keiner Übersetzung mit literarischer Absicht gesprochen werden können. Vielmehr muß eine dramaturgische Bearbeitung für die deutsche Bühne beabsichtigt gewesen sein, worauf noch weitere Beispiele ähnlicher Tendenz hinweisen. Besonders eines davon ist geeignet, überraschende Zusammenhänge mit der ‚Ollapatrida Des Durchtriebenen Fuchsmundi' (1711) aufzudecken.

Es wird sich herausstellen, daß der noch immer nicht aufgespürte Kompilator dieser Sammlung unsere Gherardi-Bearbeitung gekannt haben muß. Der Anfang des Kapitels LVI.: ‚Fuchsmundi rühmt sich seiner Reisen und erzehlet etliche neue Zeitungen' deckt sich, wie von anderen schon behauptet[75], durchaus mit Fatouvilles ‚Colombine avocat pour et contre' aus Gherardis ‚Théâtre Italien', stimmt aber in Syntax, Vokabular und Orthographie so weitgehend mit unserem Text überein, daß der Herausgeber statt des französischen Originals nur diese Fassung — als Übersetzung oder in welcher Kopie auch immer — benutzt haben kann. Jedweder Einwand wird entkräftet von einem nicht bei Gherardi, aber sowohl in unserem Manuskript wie in der ‚Ollapatrida' gleichlautenden und durchweg sogar buchstabengetreuen Einschub, dessen Herkunft bislang nicht zu klären war. Arleqvin bzw. Fuchsmundi berichtet darin von Schlittenfahrten in Madrid und von der dort erfrorenen Schokoladen-Ernte um Johannis![76]

---

73. Nach Auflösung des Théâtre Italien 1697 begab sich Angelo Constantini (1654—1729), der berühmteste Vertreter des Mezzetin, alsbald nach Dresden und Warschau in die Dienste August des Starken. Wegen Unterschleife und einer amourösen Affäre im Privatrevier des königlichen Galans zog er sich eine sechsjährige Festungshaft zu (1702—1708), bevor er in Gnaden wieder aufgenommen wurde. Diese wohl nicht geheim zu haltenden Vorgänge mögen dem Mezzetin vorübergehend zu Popularität verholfen haben (vgl. Fürstenau Bd. 2, S. 22 ff.).

74. Dieser drastische Scherz dürfte bei der Wanderbühne schon gute Tradition gehabt haben, bevor ihn Kaspar Stieler in seiner ‚Erfreueten Unschuldt' (166) aufgriff: „*Scaramutza:* Die Schreiben / Gnädiger Herr / sind salve horrore in meinen Stiefeln alhier / und haben mich weidlich zerdrückt. Laßt mir nur einen Paschen hergehen / der mich auszieht / so wird der bettel schon hernach fallen ... *Pancalier:* Greuliche Bestie! soll ich nun die Briefe aus deinen stinckenden Stiefeln annehmen? *Scaramutza:* Sie stincken warlich nicht / Ihr Gnaden / Ich habe sie mit lauter oleum popoleum und Jungferwachse geschmieret" (Höfer, S. 119). Höfer hat nicht ohne Grund erwogen, ob Kaspar Stieler Mitglied einer Berufsschauspielertruppe gewesen sei (S. 138 ff.).

75. R. Werner, S. CXXI; W. Meyer, S. 95; Trutter, S. 58 ff.

76. Beide Szenen findet man ihrer Bedeutung entsprechend im Anhang (Texte, 2) einander gegenübergestellt.

Da die ‚Ollapatrida' gegenüber dem Augsburger Manuskript schon um ein Jahr jünger ist, die Anleihe folglich dieser Chronologie unterworfen werden muß — und weil ein in der ‚Ollapatrida' in oben zitierter Szene gründlich mißverstandener Scherz verbietet, im Gherardi-Bearbeiter und ‚Ollapatrida'-Kompilator ein und dieselbe Person zu vermuten[77], so kann man Hans Trutters Erwägung vorbehaltslos beipflichten, daß es deutsche, nunmehr verschollene Gherardi-Bearbeitungen gegeben haben müsse.* Ein Teil dieser — entgegen Trutters Meinung — aber wohl nie gedruckten Bearbeitungen, die den ‚Ollapatrida'-Herausgeber der Mühe des Übersetzens enthoben hatte, liegt nun vor. Die Verknüpfung mit der ‚Ollapatrida' berechtigt uns, dieses Manuskript als nur eine von vielen Gherardi-Eindeutschungen anzusehen, die — wie die Zusätze und Erweiterungen um traditionell deutsche Narrenspäße zeigen — nur zum Aufführungszweck angefertigt wurden. Man wird füglich mit einem reichhaltigen Gherardi-Repertoire, von dem vorerst nur dieses Exemplar zutage gekommen ist, um oder vor 1710 rechnen müssen.

Trutters Schlußfolgerung, daß die Übereinstimmungen zwischen der ‚Ollapatrida' und dem ‚Zweyten Centi-Folio Hundert Ausbündiger Närrinnen' (1713) nur über gemeinsam benutzte Gherardi-Übersetzungen zustande kommen konnten, war noch zu gewagt, als sie darüberhinaus auf den um 1711 schon vorhandenen Vorrat an Gherardi-Übersetzungen auszudehnen. Nachdem aber Trutters Annahme bestätigt worden ist, und das mittelbare Ausscheiden der Gherardi-Sammlung in der ‚Ollapatrida' nicht bezweifelt werden kann[78], braucht man aus Werners Aufschlüsselung nur die Gherardi-Abkömmlinge zu addieren[79], um herauszufinden, daß schon 1711 mindestens 24 eingedeutschte Stücke aus den Bänden I bis IV des ‚Théâtre Italien' vorgelegen haben müssen, es sei denn, die Gherardi-Übersetzungen und die ‚Ollapatrida' hätten einen gemeinsamen Urheber gehabt, was vorhin schon widerlegt wurde und was mit Trutters Billigung nachdrücklich zu wiederholen ist. Im ‚Zweyten Centi-Folio' (1713) wurden nur wenige Stücke aus den Bänden I und III benutzt. Was liegt also näher, als den Band I der Sammlung übersetzten und bearbeiteten ‚Baron Buffadelli', von dem eine Augsburger Abschrift von 1710 erhalten ist, für gar kein frühes oder vereinzeltes Bühnenmanuskript zu halten?[80]

Auch Rommels kategorische Behauptung, die ‚Ollapatrida' sei nie als ein Kompendium für das Theater gedacht gewesen, wenngleich von der Bühne ausgebeutet worden, ist nicht unverletzbar — mindestens nicht in der Umkehrung; denn die ‚Ollapatrida' wurde nicht

---

77. In der Augsburger Handschrift wie bei Gherardi gibt sich Pasqvariel als Capitain Carnazan aus, woraus der mutwillige Arleqvin Capitain Corno macht. Aus diesem Mißverständnis bezieht der Kommentar, daß dessen „Famil in der gantzen Weld ausgebreit" sei, den Witz, der in der ‚Ollapatrida' nicht begriffen worden ist. Diese Fehlleistung fiel auch R. Werner auf (S. LIV).

* *Anm. d. Hrsg.:* Die Zusammenhänge sind wohl noch komplizierter, als Günther Hansen hier angenommen hat, denn es gibt in dem abgedruckten Abschnitt auch eine Stelle, die in der Ollapatrida korrekt und in der Augsburger Handschrift entstellt wiedergegeben ist, so daß der Verfasser der Ollapatrida mindestens noch eine andere Übersetzung oder das französische Original gekannt haben muß!

78. Trutters Darlegungen haben auf Widerstand stoßen müssen, so bei Pirker (Bd. 1, S. XLII): „Die Annahme einer völlig unbekannt gebliebenen Gherardiübersetzung, aus der beide Werke schöpfen, erscheint mir übrigens ziemlich konstruiert".

79. R. Werner, S. CXII — CXXVII. Es handelt sich um je 9, 7, 5 und 3 Stücke in der Reihenfolge der ersten vier von insgesamt sechs Bänden. — Die zuerst von R. Werner und ergänzend von A. v. Weilen, Ellinger und Trutter aufgefundenen Quellen hat zuletzt W. Meyer 1931 zusammengefaßt (S. 89—95).

80. Zu den wenigen ‚Ollapatrida'-Kapiteln, für die sich bisher keine Quelle ermitteln ließ, gehört XVII.: ‚Fuchsmundi dediciret einem Doctor ein Buch'. Aber auch für dieses Kapitel hat es eine französische Vorlage gegeben, die ich nicht im Original, sondern zunächst in einem späten und Pandolfi unbekannten ‚Trésor des Arlequinades. Bons mots et scènes plaisantes de Dominique et des ses camarades. ... Publié par Ana-Gramme Blismon [d. i. Simon Blocquel]. Paris o.J [um 1850]' als „Scène entre un Docteur et Arlequin, auteur" kennengelernt habe. Eine offenbar noch spätere Miniatur-Ausgabe in 32⁰ (Paris 1856) habe ich nicht einsehen können. Diese Szene ist einer Komödie entnommen, die als ‚Arlequin comédien aus Champs-Elisées' von Laurent Bordelon zuerst 1691 gedruckt vorlag (Soleinne III., No. 3236) und schon in dem Amsterdamer Raubdruck von 1701 (Tome II, S. 519 bis 522 — nicht erst in der Ausgabe Amsterdam 1721, wie Klingler S. 40 behauptet) unter dem Titel ‚Les Intrigues d' Arlequin aux Champs Elisées' enthalten ist. Mit geringen Abweichungen und kleinen Sprüngen hält sich das Gespräch zwischen Fuchsmundi und Doctor Stolzium an den Dialog zwischen Arlequin und dem neunmalklugen, alle Wissenschaften gleichermaßen beherrschenden Docteur Balouard. Schließlich will Fuchsmundi dem Doctor Stolzium ein angeblich selbstverfaßtes Buch dediziren: „Liber stultorum in Folio, darinnen noch ein leerer Platz ist". Es handelt sich —

nur zur Hälfte aus Szenen der ‚Receuil' kompiliert, sondern setzt sich aus diesen in bühnengerecht umgeformten deutschen Fassungen zusammen. Insofern ist die Annexion durch die Bühne legitimer, als es bisher den Anschein hatte.[81]

Nach sorgsamem Abwägen kann ich nicht umhin, diese ‚Comoedia genant daß Advocirnde Frauen Zimmer' für eines jener Unika zu halten, die auch andere Wissenschaften als die vom Theater nicht wieder verstauben lassen wollen. Der ungekürzte Wortlaut wird im Anhang erscheinen, um als einzige ins Deutsche übertragene Komödie Fatouvilles der französischen Ausgabe bei Gherardi gegenübergestellt werden zu können. Ein ganzer Katalog daran geketteter Fragen wartet darauf, beantwortet zu werden, darunter die nach dem Verfasser.

Kein Hinweis ist dafür zu unwichtig. Der Zufall, daß im Wiener Theaterleben nebeneinander Johann Georg *Schüldt,* Joanne Georgio *Schilde,* Georg *Schild* und *Schildt* gewirkt haben sollen, ist zuwenig vertrauenerweckend, als daß hinter dieser Namensähnlichkeit nicht ein und dieselbe Person zu vermuten wäre. Ein Johann Georg *Schüldt,* ausdrücklich als „Comödiant aus Wien" bezeichnet, wurde 1723 bei einer Hochzeit in Flandorf (NÖ), wo Stranitzky und Elenson je einer ein Anwesen besaß, als Trauzeuge erwähnt.[82] Johann Georg *Schilde* ist schon bekannt als der vorhin genannte Übersetzer von ‚Les deux Arlequins' aus Gherardis ‚Receuil', zu deutsch: ‚Die durch die Wunderwirkende Natur gleich Formirte Zwillinge'. Georg *Schild* starb 62jährig als gewesener Komödienkassierer in Wien am 28. Juli 1740.[83] Und *Schildt* schließlich wurde Ende März 1733 von Wien nach Berlin zu Eckenbergs Truppe geholt, um „zwölff schöne und lustige Commedien aus dem Theatro Italieny" für Aufführungen vor Gästen des Preußenkönigs anläßlich der Hochzeitsfeierlichkeiten des preußischen Kronprinzen mit Elisabeth von Braunschweig im Juni 1733 auszuwählen.[84]

Man kann sich nicht damit abfinden, daß Wien an theater- und Gherardi-freudigen *Schilde-, Schildt-, Schüldt-* und *Schild*-Bürgern solchen Überfluß gehabt haben soll.

Schildt hatte 1733 gemeinsam mit dem Grafen Dönhoff Stücke aus Gherardis ‚Théâtre Italien' dem König zur Begutachtung vorzulegen, und Dönhoff bürgte dafür, „alles so zu veranstalten, daß die Kleider und das Theater propre und wohl Illuminiret seyn und an nichts nicht fehlen, auch Ew. Königl. Maj. nicht viel kosten soll".[85]

---

worauf schon Trutter hingewiesen hat (S. 49) — um eine Anspielung auf die 1709 erschienene ‚Centi-Folio stultorum In Quarto. Oder Hundert Ausbündige Narren in Folio', deren hundertstes Kupfer für jeweils noch anfallende Narren ausgespart worden ist. In Bordelons Komödie widmet Arlequin dagegen dem Docteur Balouard ein Buch „contre un ouvrage qui a paru depuis peu contre les femmes" und setzt den Diskurs fort, der für Fuchsmundi an diesem Punkt beendet ist. Die wenigen italienischen Brocken aus dem Munde Arlequins verweisen auf eine Komödie für das Théâtre Italien, die, obwohl sie dort nie gespielt worden sein soll, als Übersetzung aus der Gherardi-Ausgabe (Amsterdam 1701) schon 1711 vorgelegen haben muß und — wenn man den Usancen des ‚Ollapatrida'-Herausgebers vertraut — womöglich auch zum deutschen Repertoire gehörte. — Als bisher ebenfalls nicht ermittelte Quelle für die Kapitel XXIII und XLIV (‚Fuchsmundi als ein Doctor verschreibt einem Bauren eine Artzney vor sein Weib' / ‚Fuchsmundi bietet Bücher feil in einem Kram') diente dieselbe Bordelon-Komödie (Tome II., S. 477 ff. u. 533 ff.). Daraufhin wäre wohl zu erwägen, ob der anonyme Übersetzer nicht insgesamt den Amsterdamer Raubdruck von 1701 benutzt habe.

81. Rommel, S. 194. — Eine solche Behauptung, die sich einzig auf Gottscheds Rüge stützt, die „gemeinen Possenspieler" hätten ihre Fabeln „aus der Ollapatrida entlehnet" (vgl. Hinck, S. 143), ist niemals — soviel Wahrscheinlichkeit sie auch hat — bewiesen worden. Es wird minuziöser Sorgfalt und profunder Kenntnisse bedürfen, den Mangel an primären Quellen durch Analogieschlüsse Textkritik, Konjekturen etc. wettzumachen. Man wird es sich nicht leisten können, Fährten wie die folgende zu mißachten. — Auf einem Nürnberger Theaterzettel der Chur-Bayerischen Comoedianten vom 13. Aug. 1748 preist es der Prinzipal Johann Schulz als ein Kabinettstück an, daß sich die Hauptdarstellerin auch „als ein Doctor, der von allen Wissenschaften raisonniret, 124 authores citiret, über jeden critisieret", dem Publikum zeigen werde (Pirker Bd. 1, S. 386). Wenngleich ich nach mehrmaligem Zählen auf 127 gekommen bin, so werden drei Autoren das Konzept, hier müsse das eben erwähnte Kapitel, das ein Buch dedizierenden Fuchsmundi ausgeholfen haben, nicht verderben können. Nahezu vierzig Jahre nach Erscheinen war die ‚Ollapatrida' für die Bühne also noch ergiebig! Das könnte einerseits die zahlreichen Auflagen, aber andrerseits auch deren bibliophile Seltenheit erklären: sie sind zerspielt worden!

82. Weilen II, S. 487.

83. Jb. Wien 1953/54, S. 138. *Anm. d. Hrsg.:* Allerdings ist einzuwenden, daß der 1740 in Wien verstorbene gewesene Komödienkassierer noch 1733 in Berlin Direktor war!

84. Bolte III., S. 220; Förster, S. 311; Schneider, S. 144: aus einem Bericht des Grafen Dönhoff vom 16. Mai 1733 aus der Handschriften-Sammlung A. B. König.

85. Schneider, S. 144.

Hier ist nun Gelegenheit, sich des Manuskripts nach ‚Les deux Arlequins' wieder zu erinnern, dessen voller Titel lautet: ‚Die Durch die Wunderwürckende Natur gleich Formirte Zwillinge oder Hanns Wurst der lustige Intrigant zwischen der Erbschaft zweyer Brüder. Auß dem frantzösischen Gerhardi herausgezogen und auf das teutsche Theater gebracht. Von Joanne Georgio Schilde'.[86] Es ist kein eigenhändiges Manuskript des Bearbeiters und Übersetzers Schilde, sondern eine Abschrift des Pantalons Hilferding aus dem gleichen Jahre 1733.

Johann Peter Hilferding gehörte damals, während auch besagter Schilde sich in Berlin aufhielt, zur Truppe Eckenbergs.[87] Er wird den von Schilde nach Berlin mitgebrachten Gherardi-Text im Hinblick auf eine künftige eigene Prinzipalschaft kopiert haben. Welche Folgerungen man insgeheim auch immer riskieren will — eine davon wird man laut äußern dürfen: *Schildt* ist mit *Schilde, Schild* und *Schüldt* identisch. Damit hätte sich der Ring um den Wiener Gherardi-Experten, dessen Ruf bis nach Berlin gedrungen war, Johann Georg *Schilde* geschlossen.

---

86. Pirker hat das Manuksript gekannt und wiederholt erwähnt (Bd. 1, S. 351 u. 395; Bd. 2, S. 367). Es befindet sich in der Österreichischen Nationalbibliothek Wien, Handschriftensammlung, Cod. 13110.
87. Brachvogel Bd. 1, S. 73 u. 78. — Als Abschrift von Hilferdings Hand ist es nicht mehr gewährleistet, daß der hinzugezogene und gegen Pierrot ausgetauschte Hanswurst auf Schilde zurückgeht.
88. Bolte III., S. 220. — Bolte ist ein Gewährsmann, dem man eine Notiz auch ohne Quellenangabe abnehmen darf, wenn hier auch etwas nachlässig verfahren wurde. Er scheint aber seine Kenntnisse ebenfalls den handschriftlichen Sammlungen A. B. Königs zu verdanken (früher im Berliner Staatsarchiv, heute verschollen). — Förster (S. 313) behauptet zwar, der Notar Weise sei der Übersetzer gewesen, was aufgrund der Anwesenheit Schildes und dessen durch Hilferding überlieferte Gherardi-Bearbeitung nicht sehr wahrscheinlich ist.
89. 1728 hatte August der Starke bei seinem Besuch am preuß. Hofe einen ganz anders lautenden Wunsch seines Gastgebers respektieren müssen: „Die italienische Komödie, welche der König von Dresden mitbringen wollte, wird er nach Ew. Königl. Majestät Verlangen zurücklassen", was Friedrich Wilhelm I. mit „Gut" quittierte (Förster, S. 217).
90. Schütze I, S. 39; F. Schmidt, S. 10; Lebrün, S. 371 — bei Wollrabe (S. 27 f.) ist eine Übernahme von Lebrün nicht auszuschließen.

Am 24. März 1734, wahrscheinlich nach stattgehabten Aufführungen, wurde ein erster Band des von Schilde übersetzten (bearbeiteten?) Werkes dem preußischen König vom Notar Michael Weise überreicht[88], so berichtet Bolte, was nur so verstanden werden kann, daß das königliche Interesse an Gherardi durch die Aufführungen angeregt worden war.[89]

Vieles bleibt freilich offen. Am dringendsten wäre zu klären: wer war dieser Johann Georg Schild(e) (1678—1740), dessen Spuren sich zu verfolgen lohnen, gleichviel ob sie die Anonymität des Gherardi-Bearbeiters um 1710 zu lüften versprechen oder dem Princeps einer wiederauflebenden Gherardi-Verehrung welken Lorbeer verheißen. Wie das Ergebnis auch lauten würde: alle frühen deutschen Wege zu Gherardi führen über das Theater — ohne literarische Vermittlung.

Es soll kein Hehl daraus gemacht werden, daß viel Sorgfalt auf die Feststellung verwendet wurde, Stücke nach Gherardi — man darf jetzt wohl sagen: vor 1710 — im deutschen Spielplan aufzuspüren. Denn an diesem Ergebnis hängt wie eine Klette ein aus der Theaterliteratur längst bekannter Nachweis, dem zu mißtrauen ich aber bislang allen Grund hatte. Gemeint ist der aufgrund eines Theaterplakates unterstellte Hamburger Aufenthalt der Truppe Velten im Jahre 1709.

Die allzu sorglose Datierung in der frühen, nie berichtigten Hamburgischen Theatergeschichte hatte meine Bedenken ebenso gefördert wie die auf dem besagten Plakat schon 1709 angepriesene „Harlequins-Kurtzweil" bei den „Sächsisch-Hochdeutschen Comoedianten" der Witwe Velten. Erst nachdem sorgfältige Untersuchungen sichern konnten, daß mindestens drei der vier Chronisten von dem gleichen Hamburger Original-Theaterzettel ausgegangen sind[90], darf man — nicht ohne Seitenblick auf das Augsburger Manuskript von 1710 — der Datierung trauen. Sollte nicht der 1710 bei Velten wohlgelittene Gherardi schon 1709 den Harlequin ihrer Truppe protegiert haben?

Um sich aber keinem Widerspruch auszusetzen, wird man zuvor mit Barthold Feind ins reine kommen müssen, der schon frühzeitig und wiederholt im Zusammenhang mit der Hamburger Oper den Harlekin erwähnte, so 1708: es sei „die üble Gewohnheit eingerissen / daß man ohne Arlechin keine Opera auf dem Schauplatz führet / welches warlich die grösseste bassesse eines mauvait gôut und schlechten Esprit des Auditorii an den Tag legt".⁹¹ In ‚Antiochus und Stratonica' war bereits 1705 dem Negrodorus in den Mund gelegt worden:

> Und sind die Opern noch so schön /
> Wenn Arlechino nicht
> Sein Ampt dabey verricht /
> so können sie doch nicht bestehn.
> Ein Thor muß seines gleichen sehn /

Mit diesem Arlechino und dessen italienischen Odium hat es eine besondere, von Barthold Feind selbst im Vorwort zur ‚Octavia' (1705) erläuterte Bewandtnis. Dort ist nämlich die Rede von „denen herum vagirenden Quacksalbern und Arlechino"⁹². Feind hat Herrn und Diener nicht von ungefähr einander zugeordnet, wenn er 1708 diesen Gehilfen von „herümvagirenden Quacksalbern" als einen „Arlechino Italiano" präziser definierte.⁹³ Daß er in der Tat beabsichtigte, Bühne und Markt in dieser Hinsicht reinlich voneinander zu trennen, wird im Vorwort zu dem schon zitierten ‚Antiochus' (1705) bezeugt. Es heißt dort, daß die „Pickelhärings-Possen denen Comediens und Marionetten-Acteurs" eigentümlich seien⁹⁴, im Gegensatz — so darf man nun ergänzen — zum Arlechino Italiano jener die Märkte heimsuchenden Quacksalber.

Hunold (Menantes) pflichtete Feind 1706 darin bei, daß „eine lustige Person in den Opern erfodert wird, woran viele einen solchen Narren gefressen, daß wenn diese nicht darinnen, so gehen sie nicht hinein".⁹⁵ Hier wird kein Harlekin genannt, statt seiner in der von Hunold bearbeiteten Poetik Erdmann Neumeisters abermals der Pickelhering: „Nachdem es einmal eingeführt ist, daß eine leustige Person darbey seyn muß, muß man ebenfalls darauf bedacht seyn, und die wird meistentheils fingiret. Es darff aber eben nicht allezeit ein Pickelhering seyn, sondern man kan einen Diener etc. etc. darzu nehmen".⁹⁶

Es bleibt dabei, daß um 1707 dem Pickelhering auch in Hamburg der Rang nicht streitig gemacht wurde. Barthold Feind hat nichts anderes beabsichtigt, als den nach seiner Meinung verwahrlosten Geschmack des Publikums mittels des noch verächtlicheren Arlechino Italiano zu geißeln, womit er uns in mehrfacher Hinsicht gefällig war.

Der hergebrachten und in der Literaturwissenschaft nach wie vor vertretenen Behauptung, die deutsche Burleske nach den Anthologien des ‚Théâtre Italien' sei erst gegen Ende der dreißiger Jahre verbreitet gewesen⁹⁷, muß entschieden widersprochen werden. Deren Manifestation ist vielmehr um drei Jahrzehnte vorzuverlegen. Unbestreitbar stand Gherardis Textsammlung der deutschen Bühne schon zu Diensten, bevor noch mit der 1711 anonym erschienenen ‚Ollapatrida Des Durchtriebenen Fuchsmundi' (Stranitzkys Verfasserschaft kann als endgültig widerlegt gelten) ein bequemes Gherardi-Kompendium für burleske Nach- und Zwischenspiele zur Hand war.

Als nicht minder wichtiges Ergebnis ist herauszustellen, daß Leonhard Denner nicht lange der einzige Harlekin und Caspar Haack kaum länger dessen einziger Rivale geblieben sein kann, wenn spätestens 1709 außer in der Gesellschaft der Katharina Elisabeth Velten im gleichen Jahr auch in Nürnberg eine mit der Veltenschen nicht unbedingt identischen Truppe⁹⁸ ein

---

91. Gedichte, S. 105.
92. Zitiert nach Wolff Bd. 1, S. 179.
93. Gedichte, S. 106.
94. Zitiert nach Wolff Bd. 1, S. 180.
95. Theatralische... Gedichte (1706), S. 129, zitiert nach Vogel, S. 82 f.
96. Die allerneueste Art... (1707), S. 401. Erst sehr viel später ist wieder über die Bedeutung des Narren in der Hamburger Oper — Hunold, Feind und Neumeister noch immer bestätigend — zu erfahren. In einem aufschlußreichen, bisher unbeachteten Dialog (1731), der wegen seiner Aktualität ungekürzt im Anhang (Texte, 3) zu finden ist, heißt es: „*Einfalt:* Ich bin einstmals zu Hamburg in der Oper gewesen, da war ein Harlekin, ein Pickelhäring und noch andere kleine Harlekins dazu, diese Personen waren meines Dafürhaltens die Hauptpersonen. Wenn sie nur ein Bein regten, mußte Jedermann aus vollem Halse lachen. Ich zum wenigsten habe mich damals zerlacht, daß mir die Thränen in die Augen kamen! *Excuse:* Mr. Einfalt, die lustigen Personen gehören in die Oper noch viel weniger, weil diese ihre Anlockung schon in der Musik hat! In besagter Stadt aber müssen sie es der Zuschauer wegen thun und sich nach dem Urtheil der Menge richten'" (Riedel, S. 491). — Solche kleinen, wohl von Kindern dargestellten „Harlequins" waren in Hamburg schon seit 1697 beliebt. Meist traten sie in Gesellschaft von ebenfalls stets tanzenden „Scaramuzzen" auf (Wolff Bd. 1, S. 181 f.), wie solche auf dem von Bonnart edierten französischen Einblattkalender für 1685 mit Darstellungen aus dem ‚Arlequin Jason' und verschiedentlich auch in Lambranzis ‚Neuer curieuser Tantz-Schul' (1716) abgebildet sind.
97. Hinck, S. 83.
98. Siehe Anhang I. unter „1709".

Harlekin dem Pickelhering den Garaus machte. Bei der Dürftigkeit unserer Kenntnisse ist nur zu ahnen, daß eine ganze Harlekin-Sippschaft durch das weitmaschige Netz, mit dem wir einstweilen theatralische Vergangenheit einfangen müssen, geschlüpft sein muß. Aber wer wollte sich noch getrauen, an Harlekins kometenhafter Karriere zu zweifeln?

Zu guter Letzt besitzen wir noch einen Bericht über eine Aufführung vom 24. Juni 1704, in der „ein Gerichts-Process, und andere dergleichen Dinge, vorgestellt worden, dabey der Richter mit einem Scepter gesessen, sich corrumpiren lassen, mit dem Harlequin den Richter-Stuhl und Kleydung verwechselt, und endlich, den Harlequin zu hencken, das Urthel gefällt".[99]

Trotz Ungenauigkeiten, die mit der Kürze dieser parteilichen Schilderung zu entschuldigen sind, lassen sich Parallelen zu Fatouvilles vorhin erwähnter Komödie ‚Colombine avocat pour et contre' nicht leugnen. Diese Vorstellung, an der sich ein Streit entzündete, mit dem selbst die Kaiserliche Majestät behelligt wurde, hatten die Werbetrabanten des berüchtigten Doktor Eisenbart auf dem Marktplatz zu Wetzlar gegeben.

Johann Andreas Eisenbart soll nach widerstreitenden Berichten damals von dem Freiherrn von Ingelheim geködert worden sein, dessen Kontrahenten, den Grafen von Solms, im Streit um die Präsidentschaft des jüngst von Speyer nach Wetzlar übergesiedelten Reichskammergerichts als korrupt zu verunglimpfen. Wie es sich auch verhalten haben mag — Eisenbart wird, falls ihm die Protektion des Freiherrn von Ingelheim angetragen worden sein sollte, diese Gunst kaum ausgeschlagen, aber ebensowenig einen hauseigenen Pegasus für eine Gerichtstravestie gesattelt haben. Sein sowohl seiltanzendes wie agierendes Personal hatte das Publikum zu den Anpreisungen herbeizulocken, wobei man sich mit kurzen wirkungsvollen Spielen ohne jegliche theatralische Ambition — wie etwa einer zurechtgestutzten Gerichtsszene aus ‚Colombine avocat pour et contre' — begnügt haben wird.

Um den sowohl in der Eingabe wie in der Entgegnung stets „Harlequin" genannten Narren — mag er nun realiter oder nur nominaliter vorhanden gewesen sein — führt kein Weg herum. Sogar einen mutmaßlichen Mitspieler haben die Akten der Universität Halle bewahrt. Der hallensische Stadtrat glaubte sich gegen den Vorwurf allzu großer Freizügigkeit damit verteidigen zu können, daß dem „sonst berühmten Oculisten Dr. Eisenbarth"[100] während des Januar-Marktes 1703 ausdrücklich untersagt worden war, „einen Narren im spanischen habit auszustellen". Im Jahre davor hatte man das noch geduldet, wie auch — man denke! — die wechselseitige Verkleidung von Personen beiderlei Geschlechts.[101] Sollte das ein Hinweis auf ‚Colombine avocat' sein? Auch in diesem Jahre 1702 hat es sich in Halle ganz offensichtlich um ein Gastspiel des Doktor Eisenbart gehandelt. Außerdem ist es in der Tat „nicht glaublich", — um mit den aktenkundigen Worten der Wetzlarer Gegenpartei von 1704 zu argumentieren — „daß es justement zu Wetzlar das erstemal seye, daß dieser Artzt dergleichen gespielt, oder exhibirt habe".[102]

Ein spanisches Kostüm trägt der Scaramouche. Er ist es auch, der sich während einiger Szenen (III,1 u.a.) in Frauenkleidern präsentiert, während Colombine nicht nur in der Anwaltsrobe den Tatbestand wechselseitiger Verkleidung von Personen beiderlei Geschlechts erfüllt.

Wenn man hier keinem grandiosen Irrtum aufgesessen ist, so wurde Gherardis ‚Receuil' und mit ihr ‚Colombine avocat' schon bald nach Erscheinen der definitiven Ausgabe (1700) für Deutschland entdeckt. Es ist von keiner ausschlaggebenden Bedeutung, ob nun ‚Colombine avocat' oder ein anderes Gherardi-Stück schon 1702 oder erst 1704 auf dem Marktschreierpodium gespielt wurde, nachdem Bühnen-Aufführungen spätestens um 1710 nicht zu bezweifeln sind. Aber man ist davor gewarnt, keiner von Hinfälligkeit gezeichneten späteren Datierung zu trauen.

Der stationären französischen Schauspieltruppen an wenigen deutschen Fürstenhöfen nicht zu achten[103], deren Arlequin ein höfisch beengtes Dasein fristete

---

99. Kopp, S. 15.
100. G. Meyer, S. 14.
101. Schubart-Fikentscher, S. 120.
102. Kopp, S. 15 ff.
103. Vgl. die Arbeiten von Olivier und Steltz.

und kaum Einfluß auf die wandernden Bühnen gehabt haben wird, bleibt noch zu prüfen, ob nicht im Troß niederländischer Komödianten, die zu Beginn des Jahrhunderts Deutschland durchzogen, ein Harlekin seinen geschmähten deutschen Brüdern Trost zugesprochen habe. Im Jahre 1703 durchquerte der niederländische Prinzipal Jacob van Rijndorp Deutschland und scheint in Hamburg, Lübeck und Kiel aufgetreten zu sein, bevor er in Kopenhagen dem dänischen König mit einem selbstverfaßten Festspiel im Oktober 1703 huldigte.[104]

Mit Ausnahme dieses Festspiels weiß man nichts über sein Repertoire. Es ist aber verbürgt, daß seine Truppe „Arlekijn in de Elizeesche Velden... in 's Gravenhage en Leyden met veel toejuiching in 't jaar 1697" aufgeführt hat.[105] Selbst wenn dieses Stück keine Bearbeitung der schon in Gherardis erster Ausgabe von 1694 teilweise abgedruckten ‚Aventures des Champs Elisées' sein sollte, so bleibt es doch dabei, daß in Rijndorps Truppe der Harlekin ein Wort mitzureden hatte; denn zur gleichen Zeit etwa — so behauptete Rijndorp später — habe ihm Buysero ein Manuskript des ‚Arlekyn versierde Erfgenaam' verehrt.[106] Dieses Stück wird er seinem Publikum ebensowenig vorenthalten haben. 1705 befand sich nach eigener Aussage sowohl in Leiden wie in Haag ‚Arlekyn Procureur' auf seinem Spielplan.[107]

Bei dem sonst dürftig überlieferten Repertoire Rijndorps über drei seiner Harlekin-Stücke unterrichtet zu sein, heißt wohl mit einem beachtlichen Spielplan-Anteil wie mit der Aufführung dieser nicht eben raren Harlekinaden auch in Deutschland und Dänemark rechnen zu müssen. Ein spürbarer Zuwachs an Reputation wird den deutschen Harlekinen nach dem mehrmonatigen Streifzug ihres arrivierten niederländischen Artgenossen kaum zuteil geworden sein.

Dagegen ist es gewinnbringend für die Literatur-Geographie, daß Gherardi, nachdem sich seine Arlecchini und Arlequins von Süden und Südwesten in Marsch gesetzt hatten, nun auch von Westen her mit Hilfe seines Arlekijn das Kesseltreiben auf den Pickelhering forcierte.

Durch partielle Kahlschläge in einem letzten Endes doch nicht undurchdringlichen Dickicht ist der Repertoiregeschichte Neuland hinzugewonnen worden. Diesem Vorstoß müssen weitere folgen, um eine theaterhistorisch vernachlässigte Epoche zu rehabilitieren. Hier haben sich die Bemühungen schon doppelt bezahlt gemacht, denn Gherardi hat mit Beginn des neuen Jahrhunderts nicht nur den überalterten deutschen Spielplan bereichert und erneuert, sondern durch seine Sammlung den noch immer über Märkte streunenden Harlekin protegiert und dessen schwaches Sozialprestige gefestigt. Es kann keine Unterwanderung gewesen sein, die von dem mindestens seit einem Vierteljahrhundert in Deutschland anwesenden Harlekin zielstrebig betrieben worden wäre, sondern um eine von Gherardi posthum veranlaßte Überrumpelung, deren Nutznießer der buntgescheckte Jahrmarktsgehilfe unverhofft wurde. Mit Gherardis Texten standen ihm nun alle Bühnen offen, auf die er bisher keinen Fuß hatte setzen dürfen.

Gottsched wäre ein gegen Windmühlen kämpfender Don Quixote gewesen, hätte nicht Harlekin den deutschen Theaterbetrieb schon so beängstigend unter Kontrolle gebracht, daß ihn kein Gelehrtenhochmut treffen konnte. Nur ein Spatzenhirn hätte mit Kanonen auf einen Spatz geschossen. Solche lapidaren Marginalien werfen die Frage auf, ob die Forschung, die Genüge darin fand, Gottsched gegen ein Harlekin-Phantom ohne Herkunft, ohne Alter, Gestalt und Gesicht vom Leder ziehen zu lassen, nicht in einem Dämmerlicht sondierte, in welchem Freund und Feind leicht zu verwechseln sind.

Das Rätsel um die Lebensfähigkeit der rohgefügten, anspruchslosen, nur auf Handlungsfortgang bedachten Stücke der Wanderbühne, die unbeschadet aller kultur- und geistesgeschichtlichen Wandlungen häufig ein volles Jahrhundert unangetastet überstanden[108] (wofür stets der verkümmerte Publikumsgeschmack verantwortlich gemacht wird), ist mißtrauenerweckend ein-

---

104. Junkers, S. 105 ff.; Nyström, S. 56; v. Gersdorff, S. 92 ff.; Bolte I, S. 154.
105. Kossmann II, S. 29; Kossmann I, S. 157, 165.
106. Kossmann I, S. 164. — Sollte es sich am Ende um ‚Colombine avocat pour et contre' handeln?
107. Kossmann I, S. 166. — Es liegt nahe, an ‚La Matrone d'Ephese ou Arlequin Grapignan' aus der ‚Receuil' zu denken.
108. Der Rektor des Lüneburger Johanneums, Christian Friedrich Schmid, behauptete noch 1731, daß die Komödianten „gewisse Stücke haben, die sie wohl seit hundert Jahren wiederholen und kaum alle Jahre ein neues hinzutun" (Riedel, S. 491; vgl. Anhang, Texte 3.)

fach zu lösen. Diese fossilen Texte existierten längst nicht mehr um ihrer selbst willen, sondern nur mehr als Folie, in paradoxer Umkehrung nur noch als Rahmenhandlung für das sie verjüngende harlekineske Element komödiantischen Überschwangs, das sich — von vornherein suspekt wie alle Neuerungen — im Schatten des Herkömmlichen eine Weile zu tarnen verstand.[109]

Hier wiederholte sich ein Vorgang der Selbsthilfe, der die Komödianten als Kunst des Überlebens schon frühzeitig — seit man sich notgedrungen mit selbstverfaßten Texten hatte bescheiden müssen — gelehrt worden war. Während wir von jeher gehalten sind, alle Possenreißer ohne Unterschied der Mutabilität eines fruchtbaren Spaßmachergeschlechtes zuzuschreiben, wird das Umlernen, der Verzicht auf Synonymie der Personnagen nicht leicht fallen.

Der scheinbar jähe Sprung des Harlekin auf die deutsche Bühne war ebensowenig eine unberechenbare Laune wie die angeblich spontane Bühnenreife des Hanswurst. Diese Einsicht hätte sich längst durchgesetzt, wenn die Gleichzeitigkeit ihrer Karriere nicht so lange übersehen worden wäre.

---

109. Die Selbstverständlichkeit, „nicht nur schertzhaffte Nach-Spiele zu serieusen Vor-Spielen zu setzen / sondern auch gar in Tragoedien kurtzweilige Zwischen-Scenen einzumischen", erwähnt 1722 Jodocus Thüringer im Vorwort zu ‚Isaac und Rebecca', fol.)(3r.

Kapitel 4

KUNST, KUNSTGEWERBE
UND KUNSTMARKT

Die Bildbelege zur Stegreifkomödie in Deutschland sind nicht zahlreich, wenngleich die illustrierten Theatergeschichten darüber hinweg zu täuschen vermögen. Eine zwölfteilige Augsburger Kupferstichfolge (Abb. 29—40), die als Rarissimum von jeglicher Kritik verschont geblieben ist, hat man als angeblich eindrucksvolles Zeugnis besonders herausgestellt. Vielleicht hat die Befürchtung, daß diese Blätter gar keine deutschen Theaterverhältnisse wiederspiegeln könnten, dazu beigetragen, die Frage nach ihrem Quellenwert aufzuschieben. Duchartre war sich am wenigsten im Klaren, warum diese Folge trotzdem als „un enfant germanisé" bezeichnet werden kann, „qui ne dénie pas ses origines."[1]

Die bis auf abweichende Verlegerangaben übereinstimmenden Titel aller Ausgaben lauten[2]:

Amor, Vehementer quidem flagrans; arteficiose tamen celatus, de pantalonis custodiaque triumphans, intentato certamine (prudentum) prudentium stultorum. Sive Arlechin Viva pictura ridiculusque Cupido. Augustae Vindelicorum, Sumptibus (Joann Michael Probst. —) Jeremiae Wolff, Haeredium Anno 1729. (Die) Der zwar heftig entflammte, doch aber künstlich verborgene und über Pantalons Aufsicht Triumphirende Amor, bey angestelltem Wett-Streit kluger (Phantasten) Phantasien. Oder Arlechin das lebendige Gemählde und (lächerliche) lächrl. Cupido. Augsburg. In Verlag bey (Joh. Michael Probst, Kunsthändlern. o.J.) Jeremias Wolffs Kunsthändlers seel. Erben. Anno 1729.

Dem künstlerischen Temperament und übersprudelnden Einfallsreichtum dieser Stiche scheint durch Augenzeugenschaft gesicherte Originalität zugrunde zu liegen. Statt Eleganz ist ihnen aber eine ursprünglichkeitsferne Politesse eigen, weswegen Duchartre sie auch als eingedeutscht empfunden haben mag. Was zu Unrecht für deutsch gehalten wird, stellt sich schließlich als ein Rest von Unsicherheit heraus, der die Rechnung nicht aufgehen läßt; denn diese Augsburger Produktion ist ein aus zahlreichen Vorlagen kompiliertes und virtuos adaptiertes Erzeugnis, das als Paradigma hinsichtlich seines Quellenwertes die Originalität des gesamten deutschen Bildbestandes zur sogenannten Commedia dell'arte in Frage stellen kann.

Kelch war anderer Meinung: eine Verbindung zum französischen zeitgenössischen Kupferstich sei viel später als um 1730 zu datieren. Deswegen dürfe man „in dieser Serie sicher einen Niederschlag der Aufführungen von Wandertruppen vermuten, der unbeeinflußt durch graphische Vorbilder somit ein ziemlich unmittelbares Bild dieses Theaters entwirft".[3]

Dieser Standpunkt ist seitdem nicht wieder so nachdrücklich betont worden, was letzten Endes besagt, daß er — weil auch kein Widerspruch laut geworden ist — akzeptiert worden sein muß. Gebilligt durch stillschweigendes Einverständnis gilt also nach wie vor, daß diese Folge eine durch keine graphische Entlehnung verfälschte Theaterrealität wiedergibt. Wie allgemein und einhellig man dieser Meinung, daß Theatergraphik nolens volens dokumentarischen Wert besitzt, beigetreten ist, läßt sich an allen seither im Verlaufe von drei Jahrzehnten erschienenen Publikationen ablesen.[4]

Folglich sollte es nicht wundernehmen, daß auch eine schon um 1723 bei Christoph Weigel in Nürnberg verlegte ‚Bande der Italiaenischen Comoedianten' (Abb. 41) auf Duchartre den Eindruck einer „trouppe italienne de Commedia dell'arte jouant an Allemagne dans la première moitié du XVIIIe siècle" gemacht hat.[5]

---

1. Duchartre I, nach S. 24: Notes.
2. Nach dem Weisstein-Katalog aufgrund des Exemplatus im Germanischen Nationalmuseum in Nürnberg mit angeklammerten Abweichungen nach Hayn-Gotendorf Bd. 1, S. 71 zitiert, letzteres vom Louis-Schneider-Katalog übernommen.
3. Kelch, S. 36 f.
4. Nicht allein das! Wegen des Mangels an Texten, wie es sich bei Stegreifkomödien versteht, ist man übereingekommen, diese Burleske zum Paradigma des Stegreifspiels zu erheben und ihren Inhalt wiederzugeben, wenn es darum geht, Commedia dell'arte zu erläutern; so Arno Schönberger in: Kat. Europäisches Rokoko (München 1958), S. 233 — Ducret Bd. 3 (1965), S. 9.
5. Duchartre I, S. 105. — Der mit vorschnellen Urteilen sonst nicht zurückhaltende Luigi Rasi hatte in diesem Blatt die Nähe Watteaus nicht übersehen (I, S. 118 f.).

Abb. 29

Joh. Jacob. Schübler delin.   Joh. Balth. Probst Sculpsit   Cum Pr. Sac. Cæs. Maj.   Hæred. Jer. Wolffij exc. Aug. Vind.

Joh. Michael Probst.

Abb. 30

Abb. 31

Abb. 32

Joh. Jacob Schübler del.   Joh. Balth. Probst Sculpsit   Cum Pr. Sac. Cæs. Maj. J. M. Probst Hæred. Jer. Wolffii exc. Aug. V.

Abb. 33

Joh. Jacob Schübler del.   Joh. Balth. Probst Sculpsit   Cum Pr. Sac. Cæs. Maj. J. M. Probst. Hæred. Jer. Wolffij exc. A. V.

Abb. 34

Abb. 35

Joh. Jacob Schübler delin.   Joh. Balth. Probst Sculpsit   Cum Pr. Sac. Cas. Maj.t M. Probst, Hæred Ger. Wolffij excud. Aug. V.

Abb. 36

Abb. 37

Abb. 38

Joh. Jacob Schübler delin.   Joh. Balth. Probst Sculpsit   Cum Pr. Sac. Cæs. Maj. I. M. Probst Hæred. Ier. Wolff excud. Aug. V.

Abb. 39

Joh. Jacob Schübler del.   Joh. Balth. Probst Sculps.   Cum Pr. Sac. Cæs. Maj. J.M.Probst, H. ered. Jer. Wolffs excud. Aug. V.

Abb. 40

Bande
Der Italiaenischen Comoedianten

Christoph Weigel exc.

Abb. 41

Von seiner Annahme wird nichts außer der pauschalen, nach Weigels Lebensdaten (1654—1725) kaum zu verfehlenden Entstehungszeit zutreffen; aber niemand kann erwarten, daß sich Duchartre in deutschen Theaterverhältnissen besser auskennt als wir selbst. Überraschend ist allerdings die nämliche Arglosigkeit gegenüber der eigenen französischen Graphik, die sich auf diesem Blatt ohne alle Heimlichkeit ein besonders dreistes Stelldichein gibt. So viel blindes Vertrauen nach

sicherung wäre man obendrein für Probst und Schübler gut gerüstet und eingeübt.

Weigels Blatt fordert geradezu heraus, es in seine Bestandteile zu zerlegen (Abb. 42), um diese dann gegen jene von überallher zusammengetragenen figuralen Vorlagen auszutauschen und — wenn sich der Aufwand nicht von vornherein erübrigen würde — als Montage wieder aneinander zu fügen. Man wird sich stattdessen damit begnügen können, Weigel in allen

Abb. 42

jahrzehntelangem Umgang mit einschlägiger Graphik ist bestürzend, weil die unbedenkliche Anerkennung graphischer Schein-Autorität doch so gang und gäbe zu sein scheint, daß unermeßlicher Schaden befürchtet werden muß.

Was Probsts und Schüblers Folge seit Kelch noch immer recht sein muß, braucht Weigels Blatt nicht billig zu sein. Falls aber — um sich des Beistandes eines Präzedensfalles zu versichern — Weigels ‚Italiaenische Bande' nach zusammengelesenen graphischen Vorbildern für jede Personnage zerlegbar wäre, dann müßte wohl auch um die These von der Bühnenunmittelbarkeit der Probst-Schüblerschen Produktion zu bangen sein. Nach einer dem Christoph Weigel abzulistenden Rückver-

Fällen zweifelsfreier Kopie zu überführen, ohne sich an Deutungsversuche des Lücken füllenden Arrangements zu verschwenden.

Betroffen werden davon Scapin (2), Pierrot oder Gilles (3), Harlequin (4), Isabella [?] (5), Mezzetin (7), Harlequine (8), Scaramouche (9), Docteur (10) und das ungleiche Pärchen mit Pantalon (11—12). Unter den Lückenbüßern glaubt man einen zweiten Mezzetin (1) und eine doppelte Ausfertigung des Scaramouche [Capitano?] (6) wiederzuerkennen. Nominell sind es meist Angehörige des in Paris beheimateten Théâtre Italien und entgegen Duchartres Ansicht keine Mitglieder einer „trouppe italienne de Commedia dell'arte".

Obwohl sich *Scapin* (Abb. 42 Nr. 2) dem Bildaufbau zuliebe vom Vorbild am weitesten entfernt, ist Raymond Poisson (Abb. 43, 44) aus Molières Truppe — kein Angehöriger des Théâtre Italien — in dem nach Netscher gestochenen Bildnis noch immer gegenwärtig. Von Details nicht zu sprechen, ist sein grüßend ausgestreckter Arm einschließlich des ihn halb verdeckenden Umhangs mit dem Original völlig identisch; dabei ist sein Hut von der anderen in diese Hand hinübergewechselt.

Pierrot bzw. Gilles (Abb. 42 Nr. 3) ist in einem Kupferstich nach Watteau (post 1716) bald gefunden (Abb. 45), hüftabwärts mit Hilfe eines anderen ebenfalls nach Watteau gestochenen Blattes ergänzt. Selbständig ist lediglich die Kontakt heischende Blickwendung ins Bild.

Dem *Harlequin* (Abb. 42 Nr. 4) werden gegenüber der Vorlage (Abb. 46) keine Eigenwilligkeiten erlaubt. Der Stecher hat sich nicht einmal getraut, die zu einem Ring aufgeweitete Pistolese zu vereinfachen. Auf diesen mit „H" geschriebenen (H)Arlequin und seine Herkunft aus einer anonymen Folge wird zurückzukommen sein.

Isabella (Abb. 42 Nr. 5) [?] kann in ihrer pretiösen Haltung nicht verhehlen, daß auch sie Watteau (Abb. 47) abgeworben worden ist, ohne daß an ihrem Gewand das Geringste verändert worden wäre.

Abb. 43

Abb. 44

Mezzetin (Abb. 42 Nr. 7) gibt keine Rätsel auf. Er ist gleichfalls ein Zögling Watteaus, dem keine Gewandfalte anders zu drapieren und keine Guitarrensaite anders zu greifen gestattet wird. Nur seinen Blick hat Weigel ins Bild wenden müssen.

Mademoiselle *Harlequine* (Abb. 42 Nr. 8), bei Watteau Partnerin der Isabella (Abb. 47 und 48), hat sich einige Freiheiten gefallen lassen müssen. Dazu zählt — abgesehen von dem zurückgelegten graphischen Umweg — die bild-kompositorisch begründete spiegelbildlich ausgetauschte Armhaltung.

Scaramouche (Abb. 47 Nr. 9) gibt nur widerwillig seine Herkunft preis. Neben der Neigung zum Embonpoint ist vor allem sein tänzerisch beschwingter Schritt

Abb. 45

Abb. 46   Abb. 47   Abb. 48

101

SCARAMOUCHE

Nun geb ich keinen Brieff mein Lebtag eher her So bald das Porto mir ihn besser hat gespickt
Weiß ich das Tranckgeld erst vor meine Müh empfangen Will ich gleich im Currier zur Bier-Tonne lauffen
Und dieses muß man mir fein hübsch gewichtig langen Und heute dort so lang aus allen Krafften sauffen
Denn es ist ohne dem mein Beutel schrecklich leer Biß jederman vor mir und meinem Durst erschrikt

Abb. 49

verräterisch, den Harlequine mit Ausnahme einer Schuhspitze verdeckt. So hat Wolrab seinen Scaramouche dargestellt (Abb. 49), wobei sich die Frage aufdrängt, ob nicht beiden ein noch aufzufindender Stich vorgelegen hat, womöglich aus einer schon bei „Harlequin" angedeuteten, bis jetzt nur lückenhaft bekannten Serie, die sich später rekonstruieren lassen wird.

Abb. 50

Dem *Docteur* Balouard (Abb. 42 Nr. 10) hat der Pariser Verlag von J. Mariette (Abb. 50) zu jener Popularität verholfen, der er sich auch hier nicht erwehren kann.

Die Gruppe: *Pantalon* mit seiner Schönen (Abb. 42 Nr. 11—12) selbst gestellt zu haben, wird man Weigel nach den voraufgegangenen Erfahrungen umsoweniger zugestehen, als dasselbe Pärchen mit nur geringen Abweichungen auch in den Porzellan-Manufakturen Meissen und Wien (Abb. 51) modelliert worden ist. Ob man es bei Du Paquier Kändler nun nachgebildet und letz-

6. Hohenemser, Abb. 14.
7. Simon Francois Ravenet hat aus Paters ‚Fest im Freien' lediglich den Ausschnitt eines theatralischen Aufzugs, des Esel reitenden und Kesselpauke rührenden Docteur, gestochen (Abb. 53) — ein als Illustration zu Gherardis ‚Receuil' schon vorgebildetes Motiv (Tom. V. ‚Le Tombeau de Maistre André; Abb. 54). Ravenet begab sich 1745 nach London, wo sein Blatt bei Thomas Major, dessen Lebensdaten (1714 o. 1720 bis 1799) einer Datierung „um 1745" entgegenkommen, ver-

terer Weigels Blatt am Ende doch zu Rate gezogen, oder ob man — was noch am glaubwürdigsten scheint — unabhängig voneinander eine nicht mehr bekannte Vorlage benutzt hat, wird vielleicht ein unvermuteter Fund noch entscheiden.

Alle Posten summiert, müßte mehr ins Wanken geraten sein als nur Duchartres Glaube an eine in Deutschland herumreisende italienische Commedia dell' arte-Truppe. Weigels ‚Bande', ausschließlich aus französischen und obendrein aus Typen des Théâtre Italien wie des Théâtre Français zusammengeklittert und teils schon als Nachbildungen aus deutschen graphischen Werkstätten stammend, scheint befugt, die Verbreitung des zeitgenössischen französischen Kupferstichs vorzuverlegen. Nicht erst „viel später" im Gefolge der Watteau-Epigonen Pater und Lancret, sondern zeitunmittelbar während Watteaus letzter Schaffensperiode wird man schon Weisung aus Paris geholt haben.

Nicht nur um Kelch vollständig zu widerlegen, sollte man die Gelegenheit nicht ausschlagen, jene Augsburger ‚Amor Vehementer'-Folge nun vollends einzukreisen, wozu sich fünf um 1745 von Jeremias Wachsmuth für den Guckkasten gestochene Blätter (Abb. 52) anbieten. Auch dieser fünfteilige Papierkulissen-Satz steht im Rufe, „wohl eine Darstellung einer der herumreisenden italienischen Truppen"[6] zu sein, obwohl Wachsmuths unverhohlene Kopien nach Gemälde-Reproduktionen von Jean-Baptiste Pater und Nicolas Lancret (Abb. 53) sich dagegen verwahren.[7] Laut Kelch

Abb. 51

103

Abb. 52

wäre es rechtens gewesen, hier nun eine Verbindung zum französischen Kupferstich zu mutmaßen, was dennoch zu keinen Folgerungen Anlaß gegeben hat.

Was Probst und Schübler 1729 geschaffen haben, und was in zahllosen Einzelabbildungen von jeher Wohlgefallen und Bewunderung hervorgerufen hat, wird vorerst noch der Belastung dieser unvorteilhaften Konstellation standhalten. Bedauerlicherweise hat —

Abb. 53

Abb. 54

wie schon nachgewiesen — die Theaterforschung keinen Argwohn geschöpft, sondern die Porzellan-Experten haben frühzeitig Zusammenhänge gewittert, ohne ihnen über ihre Belange hinaus nachzugehen. Beiden Forschungsgebieten scheint eigentümlich zu sein, sich an

Abb. 55

legt wurde. Auch die Meißner Porzellanmaler haben Ravenets Stich verwendet (Abb. 55). — Über die anwesende Colombine aus Lancrets ‚Comédiens Italiens' wird später ausführlicher zu sprechen sein. Zur Datierung vorab: Georg Friedrich Schmidt, der die Reproduktion von Lancrets ‚Comédiens Italiens' geschaffen hat, ist erst 1737 nach Paris übergesiedelt, dürfte aber aufgrund seiner Lebensumstände dieses Blatt etwa zu dieser Zeit gestochen haben.

aufgespürten Kongruenzen zu begeistern und nach erfolgreicher Jagd auf die Vorlage Halali zu blasen.

Duchartre hat im Laufe von 35 Jahren nur unvollständige Exemplare der Augsburger Folge von 1729 (Abb. 29—40) mit stets fehlenden Titelblättern entdeckt. Infolgedessen konnte er 1955 auch nur die ihm bekannten elf Blätter veröffentlichen. Die bibliophile Aufmachung wäre einem Exemplar, das leichter um das letzte Blatt hätte ergänzt werden können, als es nach Duchartre den Anschein hat, angemessener gewesen.

1892, 1909, 1913, 1938 sind in Ausstellungs-, Nachlaß- und Sammlungskatalogen Ausgaben angezeigt worden, die entweder vollständig waren oder doch das fehlende zwölfte Blatt enthielten.[8] Auch unter den Beständen des Kölner Theaterwissenschaftlichen Instituts ist das ihm fehlende mehrfach vorhanden. Drei einschließlich Titelblatt unversehrte und obendrein verschiedene Ausgaben wären nach dem Wiener Ausstellungs-Katalog von 1892, im Germanischen Nationalmuseum in Nürnberg und in der Landesbibliothek Darmstadt zu finden gewesen. Die trotzdem auffällige Unvollständigkeit wie auch die bisher nie beachteten unterschiedlichen Ausgaben verdienen aus mancherlei Gründen unsere Aufmerksamkeit, ungeachtet der Varianten mit italienisch-deutschem (statt lateinisch-deutschem) bzw. nur italienischem Text.[9]

Folgende abweichende Editionen haben sich bisher ermitteln lassen:

1. a) Augsburg 1729 (lat.-dt.)
   Bl. I.-XII. [wechselnd mit eingeklammerten Abweichungen:]
   Joh. Jacob Schübler del(in.)
   Joh. Balth. Probst Sculpsit

---

8. Wiener Kat. II, S. 91: ital.-dt. Text. — Hayn-Gotendorf Bd. 1, S. 71: Darmstädter Explr. — Weisstein Bd. 2, S. 186: Explr. des German. Nationalmuseums. — Kat. Schneider, S. 88 f.: nach Hayn-Gotendorf (s. o.)
9. Hayn-Gotendorf Bd. 1, S. 71 bestätigt eine ital.-dt. Ausgabe, wie sie 1892 ebenfalls in Wien ausgestellt war und welche trotz des verkürzten Titels gleichzeitig 1729 erschienen sein dürfte. Pandolfi (Bd. 4, S. 376/77) bildet ein Blatt mit einem italienischen Sechszeiler ab; Luigi Rasi hat zwei solcher Blätter mit je sechs italienischen Verszeilen in seiner Sammlung gehabt, verlegt in Venedig bei Remondini di Bassano (I, S. 103).
10. Thieme-Becker XXXVI., S. 206.

     Cum. Pr(ivil.) Sac. Caes. Maj.
     Haered. Jer. Wolffij ex(ud.) A(ug.) V(ind.)
  b) Augsburg [1729] (ital.-dt.)
     Bl. I.-XII.

2. Augsburg [um 1750] (lat.-dt.)
   Bl. I.-XII.
   Bl. I. [in einer Zeile:]
   Joh. Jacob Schübler delin.
   [gelöscht: Joh. Balth. Probst Sculpsit]
   Cum Privil. Sac. Caes. Maj.
   [gelöscht: Haered. Jer. Wolffij exc. A. V.]
   [in die Darstellung unter einander wie folgt nachgestochen:]
   Joh: Balth: Probst Sculpsit
   Joh. Michael Probst. Haered. Jer.
   Wolffij excud. Aug. Vind.

   Bl. II. [in die Darstellung re. u. nachgestochen:]
   Joh. Michael Probst

   Bl. III. [desgl.:]
   J. M. Probst

   Bl. IV.-[XI?] XII. [in die gleiche Zeile wie folgt dazwischen gestochen: „J. M. Probst"]
   Cum. Pr. Sac. Caes. Maj.
   J. M. Probst
   Haered. Jer. Wolffij exc. A. V.

3. [(Augsburg?) nach 1750]
   Bl. I.-XII.
   [Schwache graue Abdrücke von überstrapazierten Platten, breitrandig und ohne Text; alles gelöscht bis auf:]
   Joh. Jacob Schübler delin.

4. [Bl. IX.]
   [ital. Nachstich, Lt. Pandolfi von Bonnert (= Bonnart?) mit folgendem Text:]
   Finge Arlecchin una fonte   Toglie di poi gl'incanti
   F. aspetta al bosco al monte   E i suoi nemici in pianti
   Tutti gli Assaliter   Dovettera fuggi

Die auf 1750 berichtigte Datierung der bei Johann Michael Probst verlegten Ausgabe (2.) ist wegen ihr beizumessender Bedeutung eingehender zu begründen.

Probsts bisher nicht ermitteltes Geburtsjahr zwingt dazu, aus seinem Todesjahr 1809 Rückschlüsse zu ziehen. Er müßte, falls er als Einundzwanzigjähriger schon die Verlegertätigkeit begonnen hätte, hundert Jahre alt geworden sein, um 1730 eine Neuauflage herausgegeben haben zu können. Wenn man ihm stattdessen achtzig Lebensjahre zubilligen würde, ohne dabei an der erwähnten frühen Verlegerschaft Anstoß zu nehmen, so käme als Erscheinungsjahr die Zeit um 1750 in Frage. In eben diesem Jahre starb übrigens sein Vater Johann Balthasar Probst, Stecher der Serie, Schwiegersohn und Verlagsnachfolger von Jeremias Wolff.[10] Man darf füglich zwischen der Erst- und Neu-

Finge Arlecchin una fonte
F aspetta al bosco, al monte
Tutti gli Assautor;

Toglie di poi gl'incanti
E i suoi nemici in pianti
Dovettero fuggir.

Abb. 56

auflage einen zeitlichen Abstand von mindestens zwei Jahrzehnten annehmen.

Daraus folgt, daß für eine Neuauflage noch nach zwanzig Jahren ein Markt vorhanden gewesen sein muß. Aber auch diese Auflage hat offenbar nicht alle Interessenten befriedigen können, denn noch zum dritten Male, wie aus dem veränderten Zustand hervorgeht, ist eine allerdings textlose Folge nach 1750 in den Handel gekommen.[11] Weil Verlag und Privileg gelöscht wurden, muß man mit einer nicht autorisierten Ausgabe rechnen. Das sieht den Gepflogenheiten des Schwarzmarktes nicht unähnlich und würde nur unterstreichen, daß die Nachfrage noch immer nicht gedeckt war. Auffällig ist, daß in diesen Abdrucken neben Verlagsangabe auch der Name des Stechers fehlt, während „Joh. Jacob Schübler delin." unangetastet geblieben ist.

Beiden Augsburgern hat wohl keine größere Anerkennung zuteil werden können, als einige ihrer Blätter im Ursprungslande der Commedia dell'arte nachgestochen und von dem renommierten venezianischen Verleger Remondini di Bassano (Abb. 56) vertrieben zu wissen. Hier kulminiert als vereinzelter Fall, daß graphische Produkte aus romanischem Geist — in deutscher Gesinnung gesintert — den Weg zum Süden zurückfanden, ohne daß sie als „enfants germanisés" empfunden wurden.

Die jeweiligen Werkanteile von Probst und Schübler sind nie reinlicher unterschieden worden, als daß man ihnen schöpferische Fähigkeiten und handwerkliche Fertigkeiten im gebräuchlichen Sinne nach „delin." und „sculps." zugewiesen hat, wobei sich angeblich für Schübler die Hypothek väterlicher Theaterbesessenheit

---

11. Ludwig Döry hat vor wenigen Jahren im Frankfurter Kunsthandel ölgemalte Wandbespannungen mit zehn Szenen aus Probsts Folge gesehen (Mainfränk. Jb. 1960, S. 210 f.). Es wäre verwunderlich, hätten nicht weit mehr Künstler von solchen Vorlagen, die ungewöhnliche Verbreitung gefunden hatten, profitieren wollen. Nicht minder populär waren vorher schon Joh. Christoph Weigels ‚Centi-Folium Stultorum In Quarto. Oder Hundert Ausbündige Narren In Folio' (1709). Auch diese „99. Narren" — statt des 100. hatte Weigel ein weißes Feld zur beliebigen Ergänzung gelassen — dürften häufiger als nur „auf dem Saal eines Edelhofes nicht weit von Halle gemahlt" worden sein (Satans-Capelle [1729], S. 74).

hoch verzinst haben soll.¹² Dahingegen läßt schon die zitatgenaue Behandlung modischer Accessoires keinen Zweifel daran, daß Probst nach den jeweiligen Vorlagen *ohne* Schüblers Mittlerschaft gestochen hat, was so nachdrücklich, wie es sich erweisen wird, gar nicht betont werden kann.

Schüblers ausschließlicher Anteil ergibt sich zwangsläufig aus dessen ganz anders geartetem Oeuvre, das neben ‚Perrons und Garten-Prospecten mit kleinen Cascaden‘, ‚Nützliche Anweisung Zur Unentbehrlichen Zimmermanns-Kunst‘ (1731), ‚Versuche von Kleinen Lusthäusern ... und Garten-Werck‘ (1732) auch Entwürfe für Altäre, Sonnen-Uhren, Möbel, Jagd-, Lager- und Stuben-Öfen, Fenster-Verkleidung etc. umfaßt.¹³ Als Mathematiker, Ingenieur und Architekt hat Schübler seine Erfindungskraft an die Gartenanlagen und Interieurs dieser zwölf Blätter verschwendet, um für Probst einen Aktionsraum zu erstellen, den dieser dann zu beleben hatte. Das berechtigt uns, Johann Jacob Schübler außer acht zu lassen, weil dessen phantasiereiche Architektur jenseits theatralischer Belange gewürdigt werden muß, während hier fortan ausschließlich von Johann Balthasar Probst die Rede sein kann.

Der Unbefangenheit nach solchen Präliminarien beraubt, wird man nun auch die Augsburger Blätter für keine originäre Folge halten wollen, die, vereinzelt zwischen unbedenklich derivierten Mustern eingezwängt, von den weit gestreuten Vorbildern unabhängig geblieben sein könnte. Darauf aber, ob auch hier ein additiv gekünsteltes Produkt vorliegt, wird sich unsere Aufmerksamkeit vornehmlich richten müssen,

---

12. Kelch, S. 36; Hampe Bd. 2, S. 175 ff.
13. Vgl. mehr als 30 Arbeiten im Kat. Ornamentstich-Sammlung d. Staatl. Kunstbibliothek Berlin, zu ergänzen bei Thieme-Becker u. a.
14. Eine Untersuchung über die Herkunft der in dieser Burleske zusammengeballten literarischen Quellen würde ebenso erfolglos wie über die Wirkung dieser Stiche auf die fernere dramatische Produktion sein. So wird nicht entschieden werden können, ob eine Wiener Farce von dem VII. Blatt dieser Folge (Abb. 35) angeregt worden ist: ‚L'amour peintre oder die mahlende Liebe. Sonsten der Jahr Marck N: oder die seltsame Jungfer Lotterie mit H W dem Golonirten Mahler ...‘ In diesem nach Molières ‚Le Sicilien‘ konzipierten Stück muß der des Malens unkundige Arlequin (nicht der „H W" des

Abb. 57

wenn man statt Authentizität nicht mit deren Schein vorliebnehmen und fahrlässig argumentieren will.

Abb. 58

Im besonderen wäre zu folgern, daß auch die von Schübler und Probst geschaffenen zwölf Stiche, sofern sie als Bildberichte unverbürgt oder unglaubwürdig scheinen, Vorläufern, Vorbildern und Vorlagen verpflichtet sein dürften. Ihre scheinbar überzeugende Autorität beginnt bei einem aus dem beigegebenen Text exzerpierten Personenverzeichnis schon zu bröckeln. In dieser Burleske wirken mit¹⁴:

Que ce Theatre est magnifique!	Icy d'une posture drolle	Icy l'ingenieux Guillaume	Icy d'une façon hasardé	Mais le vray Gautier les surpasse,
Que ces Acteurs sont inuentifs!	Ils nazardent le mauuais temps;	Contrefaisant l'homme de Cour,	Turlupin veut faire l'Esteg,	Et malgré la rancœur du sort,
Et qu'ils ont de preseruatifs	Et charment tous les Escoutans,	Se plaist a gourmander l'Amour,	Et l'Espagnol de peur du choq,	Il nous fait rire apres sa mort,
Contre l'humeur melancolique!	Auec vne seule parolle.	Trousse comme vn joueur de paume	Fuit le François qui le regarde.	Au souuenir de sa grimasse.

Abb. 59

Titels, so daß schon der Namenstausch eine Entlehnung garantiert) Aureliens Liebsten porträtieren. Wie bei Probst wird der hinter dem bespannten Rahmen verborgene Octavio allmählich herausgeschnitten (Weilen I, S. 146 f.). — Daß andererseits die in dieser Augsburger Folge angehäuften Gruppen-Lazzi nicht nur literarischen, sondern auch bildlichen Vorlagen verpflichtet sind, ist durch ein Beispiel des gleichen Blattes VII. zu belegen: während Pantalon dem mit dem Messer ‚malenden' Mezzetin seine ganze Aufmerksamkeit zuwendet, saugt ihm Arlequin mittels eines dünnen Rohres den Wein aus dem Glase ab. Der nämliche Vorgang, unter anderen Voraussetzungen freilich, ist schon auf einem Kupferstich aus dem Verlage F. Guerard vorgebildet und dürfte Probst nicht unbekannt gewesen sein. (Abb. 57).

Pantalon
Isabella, seine Tochter
Columbine ⎫
Brigattelin ⎭ Mägde der Isabella
Bagolin, Diener des Pantalon
Pierot, Hausknecht des Pantalon
Cynthio, Liebhaber der Isabella
Arlechin ⎫
Mezetin ⎬ Diener des Cynthio
Scaramuza ⎭
Doctor Polovard [Balouard]
Dame Rayonde [Ragonde], Frau des Doctor
Capitain Rodomonda, beider Sohn
Champantage [Jean Potage] ⎫
Gobiel [Coviello] ⎭ Diener des Doctor

Unter den gelegentlich entstellten, mit dem Théâtre Italien teils verwachsenen fünfzehn Personnagen befremdet nur der als „Champantage" unfreiwillig getarnte *Jean Potage* (Abb. 58, Ausschnitt aus Abb. 30). Er dürfte von dem Autor des Augsburger Szenars nur

ARLEQUIN

Der Hencker hat doch wol die Kuppeley erdacht Es stünde dieser Dienst mir weit bequemer an
Man wird in solchem Amt erschrecklich hart geschoren Denn niemand kan den Wein so gut als ich probieren:
Wenn doch mein Herre mich zu solchem nicht erkohren So aber soll ich nur stets Jungfern zu ihm führen
Ach! hatt er mich dafür zum Kellner nur gemacht Da ich doch weit und breit kaum eine finden kan.

Nürnberg bey Joh Jacob Wolrab.

Abb. 60

Abb. 61   Abb. 62

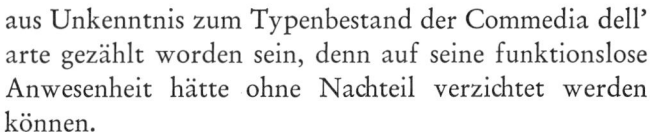

aus Unkenntnis zum Typenbestand der Commedia dell' arte gezählt worden sein, denn auf seine funktionslose Anwesenheit hätte ohne Nachteil verzichtet werden können.

Die vom Verfasser verkannte Nationalität des Jean Potage und sein in französischen Vorlagen gesuchtes Modell lassen mutmaßen, daß man auf Bildquellen angewiesen war, weil die eigene Bühne unzureichende Anschauung bot. Probst glaubte in Abraham Bosse (Abb. 59) einen Gewährsmann gefunden zu haben. Es spricht für seine lauteren Absichten, daß er nur die auch ihm vertraute Gestalt übernahm, die ähnlich ein Jahrhundert lang auf unseren Bühnen heimisch gewesen war und ebensogut Jean Potage wie offenbar auch Turlupin heißen konnte. Nur war er durch diesen Kupferstich unwissentlich ins Personal des Hôtel de Bourgogne geraten, das im Wettbewerb mit dem Théâtre Italien abweichende Typen geschaffen hatte.[15] Wenn der Augsburger Stecher ihn für keinen Eindringling, sondern französischen Ursprungs halten mochte und deshalb auf eine französische Vorlage des Turlupin zurückgriff, wobei sie dem hierzulande noch wohlbekannten Jean Potage nicht unähnlich gewesen sein kann, dann sind sie auch äußerlich als Artverwandte verdächtig.

Diese Unsicherheit mißkreditiert ihn hinlänglich, um weitere Abhängigkeiten zu argwöhnen. Als Entleh-

nungen vorerst nicht beweisbare, aber doch vertraut anmutende Posen und Attitüden schüren das einmal geweckte Mißtrauen. Dieses Unbehagen hat schon vor einem halben Jahrhundert Christian Scherer beschlichen und noch vor anderhalb Jahrzehnten Robert Schmidt beunruhigt.[16] Beide witterten eine Verwandtschaft zwischen der Komödianten-Serie aus der Höchster Porzellanmanufaktur und den Augsburger Stichen aus dem Jahre 1729, ohne aber einen gemeinsamen Aszendenten ausfindig machen zu können.

Erst vor wenigen Jahren war Arthur Lane ein Teilerfolg beschieden, als er 1910 erworbene Bestände des

---

15. Dieses bei v. Boehn (S. 286) vollständig abgebildete Kupfer wurde bei Jean Le Blond verlegt und ist vor 1668 zu datieren, weil sich Bosse 1667 gegen die Machtstellung seines Verlegers in einer Schrift zu wehren versuchte (vgl. Thieme-Becker IV., S. 403). Pougin (S. 750) bietet mit einer nach Bosse im Holzstich wiedergegebenen, gleichsam herausgeschnittenen Turlupin-Darstellung eine exakte Vergleichsmöglichkeit mit dem Augsburger „Champantage". Die Übereinstimmungen gehen bis zu den Schuhschnallen und den Bandschleifen, von denen die Jacke zusammengehalten wird. Die beiden Federn auf der ganz ähnlichen Kopfbedeckung und das Holzschwert (keine Pritsche!) sind Zutaten, für die Callots Zanne von 1619 (Meaume 629, abgebildet bei v. Boehn, S. 265) Modell gestanden haben muß, wofür darüberhinaus die verblüffende physiognomische Ähnlichkeit zwischen Zanne und Champantage spricht.
16. Cicerone II., H. 8, S. 261—266; R. Schmidt, S. 124 ff.

Abb. 63  Abb. 64

Victoria and Albert Museum, zwölf gestochene Figurinen ans Licht brachte.[17] Ihre Übereinstimmung mit den von Simon Feilner geformten Fürstenberger und den demselben zu Unrecht zugeschriebenen Höchster Porzellanen ist so überzeugend, daß die Nachforschungen ein befriedigendes Ende hätten finden können — wären es nicht nur aus dem Blatt säuberlich herausgeschnittene und wieder auf Papier geleimte Figurinen gewesen, die ihre Herkunft nicht preisgaben.

Diese bisher nirgendwo verzeichnete und meines Wissens mit Ausnahme eines Blattes auch unveröffentlichte Stichfolge[18] ist allen Vermutungen zum Trotz nicht verloren gegangen. Dreizehn unversehrte breitrandige Blätter, die sich durch eine der acht in Wien aufbewahrten Figurinen (Cinthio) komplettieren lassen[19], werden im Kölner Institut für Theaterwissenschaft verwahrt (Abb. 49, 60, 88, 90, 94, 107, 124, 132, 140, 143, 143a, 144, 148). Diesem im Antiquariatsjargon als Trouvaille am treffendsten bezeichneten Kölner Besitz kommt durch das „Arlequin"-Blatt (Abb. 60) als Nr. 1 der Folge ein besonderer Wert zu, weil es die Eintragung „Nürnberg, bey Joh. Jacob Wolrab" enthält.[20] Damit wird ein Schlüssel für umfassende und über das innige Verhältnis zu Probsts Arbeit weit hinausgehende Untersuchungen beigebracht.

Einem Datierungsversuch stellen sich unvermutet Schwierigkeiten entgegen, denn der als Medailleur, nicht aber als Verleger bekannt gewordene Johann Jacob

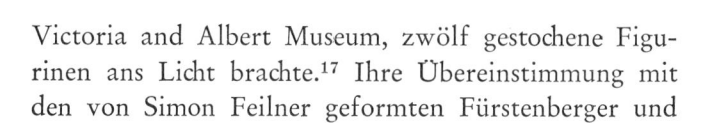

17. Lane, Keramik-Freunde Nr. 51, S. 21 f., Fig. 1—23.
18. Gregor II., Abb. 67: ohne jede Bezeichnung. — Pirker (Bd. 1, S. 427 f.) hat dieses Blatt erwähnt; 8 Blätter dieser Folge sind 1964 in der ‚Bibliographie zur Theatergeschichte Nürnbergs' (S. 71, Nr. 61) als Besitz der Nationalbibliothek Wien genannt worden.
19. Nach der Entdeckung von A. Lane hat Ludwig Döry noch im gleichen Jahr die bei Anm. 18 angeführten acht Wiener Blätter benutzt (Mainfränk. Jb. 1960, S. 198).
20. In der gesamten Folge wird nie ein Stecher genannt. Johann Georg Puschner, der während des Jahrzehnts von 1716 bis 1725 für Wolrab gearbeitet zu haben scheint, darf als Urheber nicht ausgeschlossen werden (vgl. ‚Neue und curieuse theatralische Tantz-Schul... von Gregorio Lambranzi... Nürnberg. [MDCCXVI] verlegts Joh. Jacob Wolrab'; ‚Natürliche Abschilderung des Academischen Lebens... Nürnberg, bey Johann Jacob Wolrab'. Um 1725: siehe Lipperheide Bd. 1, S. 510). Nicht nur seine innerhalb eines Jahrzehnts gereifte Technik, sondern auch gelegentliche Abhängigkeiten der Wolrabschen Komödianten-Folge von den Figurinen der ‚Tantz-Schul' tragen zu dieser Vermutung bei. Schließlich darf nicht übersehen werden, daß in der ‚Tantz-Schul' verschiedene Hände am Werk gewesen sind. Solange keine gewichtigeren Gründe beigebracht werden können, halte ich es aber für geraten, den anonymen Stecher durch den Verleger Wolrab zu ersetzen.

111

Wolrab starb schon 1690[21], drei Jahrzehnte bevor diese Folge etwa entstanden sein kann. Einen Sohn gleichen Namens, der als Buch- und Kunsthändler ebenfalls in Nürnberg bezeichnet wird und Herausgeber unserer Folge gewesen sein muß, hat das dortige Stadtarchiv ermitteln können.[22] Zur Rechtfertigung der bald nach 1720 anzusetzenden Datierung wird man zunächst die französische Druckgraphik zum Théâtre Italien, die für deutsche Varianten Modelle geliefert zu haben scheint, sichten müssen.

Die verbreitetste Reihe von Stichen mit beliebten Darstellern des Théâtre Italien ist in Paris von J. Mariette vertrieben worden: ‚Ange Constantini dit Mezetin' (Abb. 61) / ‚Marc-Antonio Romagnesi dit le Docteur Balouard' (Abb. 50) / ‚Joseph Tortoriti faisant le personnage de Scaramouche' (Abb. 62) / ‚Evariste Gherardi faisant le personnage d'Arlequin' (Abb. 64) / ‚Dame Ragonde' (Abb. 87) u. a. Die Nachfrage nach diesen Blättern muß so groß gewesen sein, daß Peter Schenck alsbald eine im Gegensinn gestochene Reihe, die nicht weniger populär gewesen zu sein scheint, in Amsterdam auf den Markt brachte (Abb. 63). Mit diesen über ganz Europa ausgestreuten Kupferstichen sind unbeabsichtigt Typenmodelle für Mezzetin, Scaramouche, Arlequin und den Docteur geschaffen worden, die als verbindlich jahrzehntelang zum Schablonen-Vorrat aller einschlägigen Graphik-Werkstätten gehört haben. Biographische Einzelheiten der Dargestellten verbürgen, daß J. Mariette diese Blätter nicht vor 1695 in den Handel gebracht haben kann.[23] Um diese Zeit ist das Interesse am Théâtre Italien durch das vom König 1697 verfügte und erst nach zwanzig Jahren wieder aufgehobene Spielverbot unerhört belebt worden.[24] Aber nicht jetzt erst begann man, Anteil an dem anders gearteten französischen Theater jenseits der Grenze zu nehmen.

---

21. Thieme-Becker XXXVI., S. 232 f.
22. Getauft am 11. 10. 1675 — begraben am 13. 6. 1746. Herrn Oberarchivrat Dr. Hirschmann gebührt Dank für seine Hilfe.
23. Das Giuseppe Tortoriti rühmende Blatt (Abb. 62) dürfte nicht vor dem Tode seines großen Scaramouche-Vorgängers Tiberio Fiorelli (27. 12. 1694) möglich gewesen sein; Evariste Gherardi (Abb. 64) debütierte erst 1688 als Arlequin und brauchte wohl einige Zeit, um Ruhm zu erwerben; der Mezzetin Angelo Constantini (Abb. 61) ist ohne das von C. Vermeulen 1694 nach F. de Troy gestochene Bildnis nicht denkbar (Abb. 146). Andrerseits wurde das Gherardi-Blatt schon 1701 im Titelkupfer zur Amsterdamer Raubausgabe der ‚Receuil' als Vorlage verwendet (vgl. Anhang II: Bild-Konkordanzen 2 b Abb. 203).
24. Die satirischen Angriffe in dem Stück ‚La Fausse prude' waren auf Madame de Maintenon gezielt.

Abb. 66

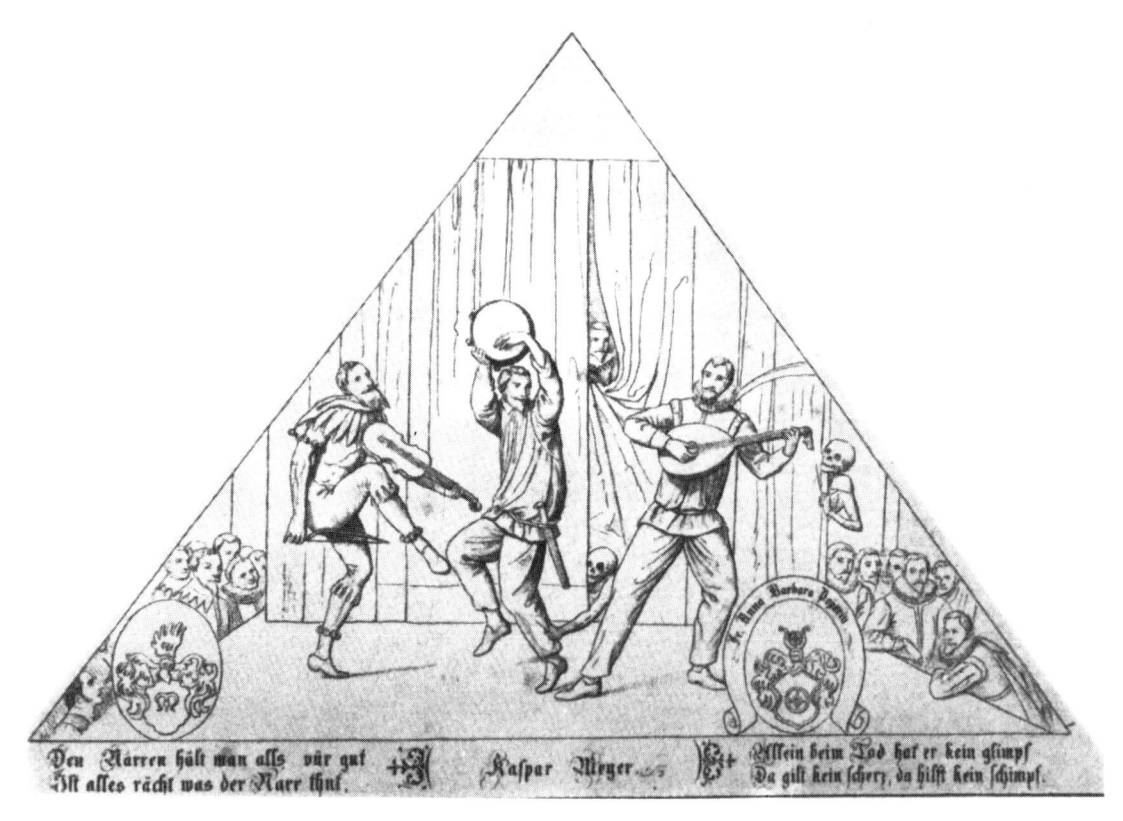

Abb. 67

1. Exkurs: Lehr- und Wanderjahre in der Fremde

Während in Deutschland die Englischen Komödianten noch immer das Verlangen nach theatralischen Vergnügungen zu befriedigen wußten, haben deutsche Stecher schon frühe graphische Dokumente der romanischen Bühne gekannt oder besessen, um sie für ihre Arbeit zu nutzen.

Geradezu spontan für Zeit und Umstände taucht schon um 1625 auf dem deutschen Markt eine nach Callot gestochene Folge mit dem zweisprachigen Titel auf: ‚Balli di Sfessania / Hanß Suppen geselschafft vnd ihre dätz' (Abb. 65a-f.). Nach Graesse handelt es sich um eine Arbeit von Wenzel Hollar (1607–1677), was auch — wenn man diese Blätter für graphische Etuden nimmt — hinsichtlich der Datierung zutreffen kann.[25] Der mit den Titeln versehene erste Fries (Abb. 65a) enthält — wie jeweils die übrigen fünf ebenfalls — sechs Figurinen, von denen aber nur drei in etwa Originalgröße den ‚Balli' zugehören[26], während es sich bei den übrigen um diminuierte Wiedergaben der quartgroßen Darstellungen von Pantalon (Abb. 113), Amoroso und Zanne (Abb. 5) handelt.[27]

25. Lipperheide Bd. 2, S. 816; Graesse Bd. 2, S. 19, Nr 26. — ‚Balli di Sfessania' sind als ‚schlüpfrige Tänze' zu verstehen. „Sfessania" hat manches Rätsel aufgegeben, weil es im Italienischen in keiner auch nur annähernd ähnlichen Form gebräuchlich ist. Es dürfte sich um einen — mit Verlaub — gallizistischen Gallimathias handeln und mit „fesse" = Arsch zusammenhängen. — Graesse behauptet: „Il y a une suite de 8 pièces gr. p. Hollar: Balli si Steffania[!]. Hanns Suppen Gesellschaft und ihre Däntz. J. Calot invent. in-fol. obl. (3½ th R. Weigel No 11000)". Unklar bleibt dabei, ob Graesse sich nur auf Richard Weigel bezogen hat. Eine Datierung „um 1625", wie bei Lipperheide angegeben, scheint gerechtfertigt zu sein. Wenzel Hollar dürfte seine Heimatstadt Prag 1627 verlassen haben (Thieme-Becker XVII., S. 377). Vorher hatte er Callot aus ‚Les Gueux' bereits nachgestochen, wie aus dem letzten der insgesamt vier Blätter ersichtlich ist: „WHollar Prag fe." (Meaume Bd. 2, S. 586 f.). Infolgedessen ist es durchaus glaubhaft, daß auch die ‚Balli' noch während Hollars Prager Zeit entstanden sind, d. h. vor 1627.

26. Abb. 65a Figur 5 (von links) ist samt der Unterschrift Teil des ‚Balli'-Titelblattes (Abb. 68). Das Paar Lavinia-Ceremonia (Fig. 3–4) entspricht einem der insgesamt 24 Blätter, in beiden Fällen — zum Unterschied von den drei anderen — im Gegensinn gestochen.

27. Erwähnenswert ist ein in diese Reihe gehörendes viertes Blatt, (Abb. 66), das als Feder- u. Kohleskizze aus der Sammlung Koenig-Fachsenfeld unlängst in Stuttgart ausgestellt und zu Recht Callot zugeschrieben wurde. Unzweifelhaft wird uns hier ein als Kupferstich unausgeführt gebliebener Capitano präsentiert. Seine Zugehörigkeit zu den drei anderen im For-

Abb. 65 a

Abb. 65 b

Abb. 65 c

Abb. 65 d

Abb. 65 e

Abb. 65 f

Abb. 68   Abb. 69

Mit rückversichernder Karenz: Um 1625—1630 sind also die graphisch durch Callot manifestierten italienischen Maskentypen in Deutschland schon geläufig. Daß Zanne seines Namens noch entraten muß und stattdessen sowohl Hanß Supp wie Harlequin genannt werden kann, ist schon an anderer Stelle von Bedeutung gewesen (vgl. S. 47 u. 59 dieser Arbeit).

Der Luzerner Historienmaler, Caspar Meglinger (1595 bis um 1670), war vom Rat seiner Heimatstadt beauftragt, die über die Reuß führende Mühlebrücke mit Tafelbildern auszustatten. Von den zwischen 1626 und 1632 gemalten 67 Totentanz-Darstellungen sind 56 erhalten.[28] Unter den verlorenen befindet sich eine Tafel, die — von X. Schwegler nachgezeichnet und 1892 lithographiert (Abb. 67) — damals noch vorhanden, 1929 aber nicht mehr aufzufinden war.[29] Trotz der Einbußen, die bei der Translation des Originals in aufeinanderfolgende graphische und druckgraphische Techniken unausbleiblich sind, drängt selbst noch die Lithographie darauf, als adaptiertes Titelblatt der ‚Balli di Sfessania' (Abb. 68) wiedererkannt zu werden. Dem substantiellen Verlust zufolge hat der Maler seine Vorlage kontaminiert, ohne diese drei Theatralgestalten den zeitgenössischen Bühnenvorgängen angleichen zu wollen, wie die späte, in geistiger Distanz ent-romanisierende Reproduktion glauben machen könnte. Diese Folgerung schließt immerhin den Verzicht auf ein mittelbares Zeugnis für das Wirken Englischer Komödianten auf dem Festland ein!

Das Sujet mag Caspar Meglinger veranlaßt haben, Callots vitale Phantastik zu ernüchtern und die rechte Figur des ‚Balli'-Titelblattes im seitenvertauschten Gemälde gegen eine fiedelnde, vom „Bello Sguardo"

mat ähnlichen Blättern dürfte durch den bühnenartigen Hintergrundes und den davor gelagerten eigentümlichen Zuschauergraben gewährleistet sein (Koenig-Fachsenfeld, S. 137 f.). *(Anm. d. Hrsg.:* Die Frage, ob die Zeichnung in der Koenig-Fachsenfeldschen Sammlung wirklich einen Capitano darstellt, kann nicht so unzweideutig beantwortet werden, wie G. Hansen annahm. Wenngleich seine Beobachtung eines bühnenartigen Hintergrundes festgehalten werden muß, so ist doch andererseits entschieden zu betonen, daß sich eine Radierung nach dieser Zeichnung in Callots um 1617 entstandener Folge „Varie Figure" nachweisen läßt (Vgl. Koenig-Fachsenfeld S. 138, wo auch auf eine Figur in der ‚Belagerung von Breda' verwiesen wird und neuerdings Jacques Callot. Das gesamte Werk. München 1971. Bd. 2 Druckgraphik S. 973). Eine Variante zu dieser Zeichnung ebda. Bd. 1. Handzeichnungen S. 377. Dort S. 45 die bei Koenig-Fachsenfeld S. 138 als „freie Kopie" bezeichnete Darstellung in den Uffizien. Weitere Vorstudien zu den drei Radierungen in Bd. 1 S. 338 ff.
Es ist also durchaus möglich, daß es sich bei dem Blatt lediglich um eine Soldatendarstellung handelt. Die Frage ob Capitano oder Soldat berührt aber die Fragestellung der Arbeit nicht entscheidend, da eine Wirkung von diesem Blatt Callots in der bekannten und von Hansen durchforsteten Theatergraphik nicht feststellbar ist.)

28. Thieme-Becker XXIV., S. 336.
29. Eberle, der diese Lithographie statt des nicht aufgefundenen Originals abbildet, weicht sowohl in den Daten für Meglinger (1575—1667) wie für dessen Brückengemälde (seit 1632) ab (S. 207, 259).

Abb. 70

(Abb. 69) inspirierte Gestalt auszuwechseln. Dieser auf Gemälden nach adaptierter Graphik ungebräuchliche Seitentausch führt zwangsläufig zu der Überlegung, ob außer Wenzel Hollars nur figuralen Nachstichen, die hier nicht verwendet worden sein können, zwischen 1625 und 1630 weitere Callot-Kopien verbreitet waren?[30] Daß Hollar und Meglinger so bald Callot nachgeeifert haben, bezeugt die rasche Verbreitung und die Beliebtheit theatralischer Sujets um so nachdrücklicher, als unsere Kenntnisse bruchstückhaft sind..

Der aus Straßburg gebürtige Maler Sebastian Stoßkopf (1597—1657) wird während seines zwanzigjährigen Aufenthaltes in den Niederlanden, in Venedig und Paris ebenso wie andere Zunftgenossen Skizzen und Druckgraphik, wo er solcher habhaft werden konnte, als erworbenes oder ihm geschenktes Studienmaterial zusammengetragen haben. Auf seine Weise und mit seinen Mitteln erwies er dem wenig älteren Jacques Callot mit einem Bücherstilleben, auf dem die Folge der von jenem radierten ‚Capricci' aufgeschlagen ist, schon 1625 seine Reverenz.[31]

Heimgekehrt nach Straßburg, hat er 1641 bei der Komposition eines Vanitas-Stillebens (Abb. 70), um

---

30. Wenn es sich bei „Gio. Domenico di Rossi le stampa in Roma" um einen Sproß der römischen Verlegerfamilie handelt, so gehören dessen ‚Balli'-Nachstiche ans Ende des 17. Jahrhunderts und sind kein überzeugendes Beispiel, „pour montrer leur vogue auprès du public italien" (Duchartre, I, S. 154, fig. 107 u. 158).
31. Original im Musée des Beaux Arts in Straßburg.

Abb. 71

irdische Nichtigkeit und Eitelkeit eindringlich vor Augen zu führen, abermals Callot zitiert. Musik, Poesie, Kriegsruhm, Gelehrsamkeit, Reichtum und Wohlleben werden durch jeweilige Attribute verkörpert — bildende und theatralische Kunst aber gemeinsam durch einen doppelsinnig verwendeten Kupferstich des von ihm verehrten Meisters. Es ist ein breitrandiger, von einem zugeschlagenen Buch gehaltener Abzug der Zanne-Darstellung (Abb. 5), den Stoßkopf neben vielen anderen Blättern heimgebracht haben muß — und der unbeabsichtigt als ein Stück aus Stoßkopfs privater Sammlung vorgeführt wird.

Frankreichs Beteiligung an den kriegerischen Ereignissen seit 1635 hat zur Verhöhnung des spanischen Gegners ebenso Anlaß gegeben wie vorher schon den Italienern die spanische Fremdherrschaft in Neapel. Die Commedia dell' arte hatte den spanischen Eindringling als einen Artverwandten des Miles gloriosus unter dem Namen Capitano Spezzaferre oder Capitano Spavento der Lächerlichkeit preisgegeben. In Frankreich wurde nun dieses Zerrbild während der Feindseligkeiten verjüngt und eroberte sich im Capitaine fracasse (Abb. 71) einen allerdings untergeordneten Platz in den französischen Farcen des Hôtel de Bourgogne.

Abraham Bosse hat den Typ des Spaniers als aufgeblasenen militanten Protz in mehreren Kupferstichen geprägt. Als getreue Kopie eines dieser Blätter ist Capitaine fracasse in die Gesellschaft von Turlupin, Gros Guillaume und Gaultier Garguille, den Farceuren des Bourgogne, aufgenommen worden (Abb. 72). Obgleich eine Datierung dieses Stiches aus dem Verlage von Pierre Mariette (um 1610—1678) bisher nicht genauer als „vor 1670" gelingen wollte[32], läßt sich seine Entstehungszeit mit Hilfe deutscher Graphik auf einige wenige Jahre als zeitgenössisch einengen.

Entweder Jacob Johann Campanus, Illustrator der 1641 erschienenen ‚Architectura recreationis' von Joseph Furttenbach oder sein Stecher Matthäus Rembold, hat die darzustellenden Szenenbilder laut Text mit Figurinen beleben müssen. Obwohl Furttenbach diese mit nicht zu überhörendem französischem Idiom ausdrücklich als Mezzetin (B) und Scapin (C) bezeichnet[33] (Abb. 73), scheint er gegen die Kopien zweier Farceure aus dem Hôtel de Bourgogne — Gros Guillaume (Abb. 74) und Turlupin (Abb. 75) — nichts eingewendet zu haben. Als Vorlage hat das nämliche Blatt gedient, das für den Capitaine fracasse hinwiederum Abraham Bosse verpflichtet ist.

Abb. 72

32. Duchartre I, S. 161.
33. Furttenbach, S. 62.

Abb. 73

Durch den kriegerischen Anlaß, der dem Fracasse zur Popularität verholfen hat, und das Erscheinungsjahr von Furttenbachs ‚Architectura recreationis' wird die Entstehungszeit dieses bei P. Mariette verlegten Blattes auf wenige Jahre eingeengt: 1635—1640. Aus diesem Ergebnis läßt sich der vorläufige Profit ziehen, daß die Druckgraphik jenseits nationaler Grenzen begehrt war und graphisch alsbald „ausgeschlachtet" wurde. Die mit ihr zugleich ausgestreute irreführende Bildinformation gibt allerdings zu denken.

Um schon an diesem frühen Paradigma seine intensive Mitteilungskraft zu demonstrieren, ist Abraham Bosses Capitaine fracasse ein geeignetes Beispiel, denn auch in Deutschland hat er für theatral-illustrative Blätter Modell stehen müssen. Auf dem Titelkupfer zu Johann Rists ‚Friede wünschendes Teütschland' (1647) (Abb. 76) kann er seine graphische Abstammung nicht verleugnen. Unverkennbar drängt er sich auch 1670 auf dem gestochenen Titelblatt zur ‚Schau-Bühne Englischer und Französischer Comoedianten' (Abb. 77) in den Vordergrund — für den Stecher durch die im Titel bezeichnete Herkunft der Stücke legitimiert. Für flüchtige Betrachter dieses völlig bühnenfremden Titelblattes, die sowohl die Herkunft des Capitaine

Abb. 74

Abb. 75

fracasse wie des ihm gegenüber postierten Zanne ignorieren, ist die Illustration überzeugend genug, sie ohne Einschränkung für eine „typische" oder „charakteristische" Szene auszugeben.[34]

Solche Gutgläubigkeit ist nur der frühen, noch dilettierenden Commedia dell'arte-Forschung zu verzeihen. So hat Maurice Sand in ‚Masques et Buffons' (1860), jenem Werk, durch das die Commedia dell'arte-Forschung angeregt worden ist, einen „Capitan Spavento" (Abb. 79) nach alten Quellen entwerfen wollen. Statt eines „Spavento" hat er aber Abraham Bosses „Fracasse" neu aufgeputzt und mit so viel Überzeugungskraft ausgestattet, daß selbst Scherillo ihm ins Garn gegangen ist. Sands französische Fracasse-Version und Scherillos Beschreibung eines vermeintlich italienischen Capitano decken sich zu auffällig, als daß man diese groteske Kausalkette übergehen dürfte: Capitano „tien legato al fianco uno squadrone, intorno alla cui guaina un ragno ha ricamato letela... colle dita della mano sinistra attorciglia un par di baffi lunghi e setolosi e posa la mano destra solennemente sull'elsa della spada".[35]

Als eine Sand und Scherillo gemeinsam aufzubürdende Folge sind in Frankreich sowohl wie in Italien

34. Kindermann I, S. 35; Schöne, S. 288. — Einerseits für die Handhaltung und die Art, den Degen zu fassen — und für die auf dem Schuhspann applizierten Rosetten andrerseits müssen dem Stecher zwei verschiedene Blätter von Abraham Bosse zur Verfügung gestanden haben. Eigenmächtig hat er die bauschige Brustschärpe so tief gesenkt, daß sie einem Schurz ähnlicher sieht.

35. Scherillo, S. 96.

Abb. 76

Abb. 77

Abb. 78    Abb. 79    Abb. 80

Früchte gediehen, die als Kreuzung Bosse-Mariette-Sand nicht genießbarer geworden sind.³⁶ Die latente Kontinuität des von Abraham Bosse kreierten Capitaine fracasse ist nur ein Beispiel der im theatralischen Bereich überall anzutreffenden graphischen Hörigkeit, die amüsanter als gefährlich zu sein scheint. Um vom Gegenteil zu überzeugen und den Blick für die wachsende Unterwerfung zu schärfen, wird man den nächsten Schritt in ein zu eroberndes Neuland wagen müssen.

Anläßlich eines Besuches des dänischen Königs 1709 in Dresden wurde am sächsischen Hofe an Feiern und Festen nicht gespart. 1708 hatte man trotz der Lasten des Krieges, die dem Land von Karl XII. auferlegt worden waren, wieder französische Schauspieler, Sänger und Tänzer in Sold genommen. Dieses französische Schauspielensemble agiert hier auf einer improvisierten Gartenbühne dem königlichen Gast, dessen Gefolge und dem geladenen Adel zu Ehren (Abb. 80). Ein authentisches Dokument — sollte man meinen!

Selbst die Verwandtschaft zwischen dem Dresdner Pantalon und demjenigen von Jacques Callot (Abb. 113) befremdet nicht sonderlich. Ernüchterung bringt

36. Solche „Picturaculi" sind abgebildet bei Rasi (II, S. 57: von Antonio Faldi) und bei Gazeau (S. 221), wo ein „Capitaine Metamore" nach Bosse und Sand verunglimpft ist.

erst der Docteur Balouard, wenn er als Kopie jenes um 1695 von dem Pariser Verlag J. Mariette (Abb. 81) herausgegebenen Blattes entlarvt wird. — An einem szenischen Vorgang als beliebig austauschbare Staffage ist der theaterhistorischen Betrachtung nichts gelegen. Diese Bedenken erstrecken sich keineswegs auf die Glaubwürdigkeit des soliden Bühnengebäudes. Ähnliche Vorbehalte würden die Realität eines ambulanten Bretterverschlages — dargestellt auf einem anderen Gemälde — ebensowenig erschüttern.

Auf einem Gemälde, den Prospekt des Darmstädter westlichen Stadtteiles im Jahre 1746 darstellend (Abb. 82), hat der Hofmaler Johann Tobias Sonntag (1716—1774) als Staffage eine Bühne unter freiem Himmel von fahrenden Komödianten aufschlagen lassen. Was man von dieser Marktplatzbude zu halten hat, ist in einem Satz erläutert: es gibt keinen einleuchtenden Grund, an der Gebräuchlichkeit dieser Konstruktion zu zweifeln. Auch wenn sie anders zusammengefügt worden wäre, hätte sie als ein getreues Abbild gelten können. Daß es hingegen um die Leibhaftigkeit der darauf agierenden Komödianten nicht gut bestellt und die Darmstädter Theateridylle deswegen eine Verfälschung ist, werden selbst die Lokalhistoriker bedauern. Wie ernüchternd muß es aber für die Theaterforschung sein, ein weiteres Zeugnis entwertet zu sehen.

121

Abb. 81   Abb. 82   Abb. 83

Was sich hier auf dem Podium tut, kann sich unmöglich in Darmstadt zugetragen haben. Der Docteur steht nicht anders, als er vor fünfzig Jahren bei Mariette gestellt worden ist (Abb. 83), 1746 in Hessen auf den Brettern, genauso abschabloniert wie 1709 in Dresden (Abb. 80). Auch die Servetta, hier wie stets eine Schürze tragend und meist Colombine geheißen, hat Sonntag konturgenau von der französischen Vorlage auf sein Gemälde übertragen (Abb. 84).

Harlekin schließlich als Abklatsch einer Kopie (Abb. 85) von der Reproduktion nach Watteau hat sogar die Pritsche vor seine Füße gelegt, als wollte er seine Identität dritten Grades unanfechtbar nachweisen.[37]

So mühelos Johann Tobias Sonntag eine hundertköpfige Zuschauermenge versammeln konnte, so mühevoll hat er sein Werkstatt-Archiv wälzen müssen, weil er wegen einiger Komödianten hilflos war.

Diese Beispiele legen nahe, den Import außerdeutscher Theatergraphik nicht ohne Seitenblick auf Beeinflussung und Wirkung wachsamer als bisher im Auge zu behalten. Bis zur Erschließung dieser terra incognita der Theaterwissenschaft wird man sich mit Geduld rüsten und auf Umwege wie die folgenden gefaßt machen müssen.

Für den ‚Über Pantalons Aufsicht Triumphirenden Amor' hat der Augsburger Künstler auch die ihm wenig vertraute Dame Rayonde [Ragonde] aus fremden Vorlagen unflektiert übernommen (Abb. 86, Ausschnitt aus Abb. 30). Wenn man auf die Seitenverkehrung als Folge erleichternden Kopierens bauen darf, so muß der Gegenstich des von J. Mariette herausgegebenen Exemplares vorgelegen haben (Abb. 87). Die mit beiden Blättern übereinstimmend geraffte Schürze und die auf die Hüften gestützten Hand-Flächen sind deswegen von Belang, weil Ragonde bei dem letzteren ihrer beiden Auftritte nunmehr einen Hand-Rücken (Abb. 89, Ausschnitt aus Abb 40) in die Hüfte stemmt und auch ihr Oberkleid auf jene Weise schürzt, wie es Wolrab seiner Dame Ragonde (Abb. 88) vorgeschrieben hat. Einschließlich der auffällig langen Nacken-

37. Dieser „Harlequin" als bisher dritter Stich einer anonymen Reihe, aus der „L'Harleqvino Bergamasco" und „Mademoiselle Harlequine" in Christoph Weigels ‚Italiänischer Bande' bereits wiederentdeckt werden konnten, ist einem von Watteau nach 1716 fertiggestellten und von L. Surugue 1719 reproduzierten Gemälde entsprungen (Abb. 45). Der deutsche Anonymus hat ihn diesem Stich entlehnt. Zwar hat Watteau denselben geringfügig abgewandelten Arlequin um 1720 in ‚L'Amour au Théâtre Italien' wiederkehren lassen, die von C. N. Cochin gestochene Reproduktion ist aber erst 1734 erschienen (Abb. 121). Nach Tobias Sonntag findet man ihn um 1750 noch auf jenem das Nürnberger „Comödien Hauß" darstellenden Blatt, das lange Zeit zu Unrecht im Zusammenhang mit einer Aufführung der Neuberschen Truppe genannt wurde. (Vgl. Anhang II: Bild-Konkordanz 2a Abb. 200).

Abb. 84    Abb. 85    Abb. 86

linie deckt sich die — übrigens seitenverkehrte — Silhouette hier so unverkennbar mit der Wolrabschen Variante, wie Ragondes erstere Attitüde vollkommen der Haltung des nach Mariette gestochenen Blattes entspricht.

Es empfiehlt sich, von vornherein zu berücksichtigen, daß neben Mariette auch Wolrab herangezogen worden ist, weil sich dessen Anteil in unaufdringlichen Details verliert und nur in diesem und zwei weiteren Fällen so eindeutig zu isolieren ist. Der Zufall will es, daß es sich dabei um den hier zum Gemahl der Madame Ragonde gemachten Docteur Balouard (Abb. 30) handelt, den man gleichfalls bei Wolrab (Abb. 140) ausgeliehen hat. Wolrabs Urheberschaft wird unverhohlen zugegeben, wobei wiederum die Seitenverkehrung nicht unbeachtet bleiben darf. Nach Detailstudien

Abb. 87    Abb. 88    Abb. 89

LA SCARAMOUCHE.

Dieweil mein Scaramouche heunt bey der Kanne sitzt,
So will ich mich nun auch zur Näscherey verfügen:
Und sehen, wo ich kan was extra vor mich kriegen,
Wornach mein Appetit sich schon im Geiste spitzt.

Ja Ja, ich will es tuhn: Ich schere mich nichts drum.
Der Kitzel dürffte mich sonst leicht zu tode stechen:
Und es entschuldiget sich damit mein Verbrechen.
Ein jedes Katzchen sieht sich gern nach Mäusen um.

Abb. 90

Abb. 91 Abb. 92 Abb. 93

stellt sich allerdings heraus, daß für andere Posen des Docteur auch bei Blättern von und nach Mariette Rat eingeholt worden ist. Wolrab seinerseits hat — wie später auch Coypel oder Joullain für Riccobonis ‚Histoire du Théâtre Italien' (1728) — wiederum einen älteren Stich paraphrasiert.

Isabellas Magd Columbine [recte Harlequine] (Abb. 91, Ausschnitt aus Abb. 31) gibt sich dagegen nicht unumwunden als Zwillingsschwester der Scaramouche von Wolrab (Abb. 90) zu erkennen. Das kesse Hütchen, die Halskrause, der freimütige Ausschnitt, die kokette rock-lüpfende Pose lassen eine Verwandtschaft vermuten, welche erst durch die gefräste Schulterpasse und die Ärmelrüschen gesichert wird — beides Eigenheiten der Wolrabschen Version. Diese bescheidenen Accessoires der Nürnberger Scaramouche sind zwar ausschlaggebend für die unselbständige Konzeption der Augsburger Columbine (Harlequine), als Besonderheit Wolrabscher Erfindung aber zu geringfügig, um die weitläufige graphische Genealogie dieser Zwillingskoketten zu verschleiern.

38. Europ. Graphik, Abb. 137 (siehe oben und vgl. mit Abb. 47 auf S. 101).
39. Abgeb. bei Duchartre I, S. 25; Revue 1948/49, H. 3; Poley, S. 28 ff.

Wenige Jahre vor Wolrab hatte Christoph Weigel sie schon seiner ‚Bande Der Italiaenischen Comoedianten' (Abb. 92, Ausschnitt aus Abb. 41) beigesellt und dadurch zu ihrer Popularität beigetragen. Aber nicht von Weigel ist sie Wolrab empfohlen worden, sondern beide haben deren geistigen Vater konsultiert: Jean-Antoine Watteau. Sicher ist die Bekanntschaft nicht durch das außerordentlich seltene, von Watteau um 1710 selbst radierte Blatt vermittelt worden (Abb. 47), sondern durch das von Simmoneau nachgestochene Blatt (Abb. 93).[38]

Hier beginnt sich abzuzeichnen, daß längst vergilbte, von jeher nur nach dem Markt orientierte graphische Handelsware als Vermittler ebenso gefragt war, wie ein noch druckfeuchter Abzug aus den Pressen der Pariser Künstlerateliers willkommen sein konnte. Das galt nicht nur für Nürnberg oder Augsburg, sondern unter anderen Voraussetzungen für Watteau selbst. Es ist hier nicht der Platz für Erörterungen, ob und wo Watteau Anregungen gesucht hat; daß er sie nicht verschmäht haben kann, erläutert ein Vergleich seines händeringenden Mezzetin bei der ‚Départ des Comédiens' (1696) mit demjenigen eines kunstloseren, aber zeitgenössischen Produktes.[39]

Als „Mademoiselle Harlequine" posiert die Kokette mit ausgewinkeltem Arm, auf die Hüfte gestütztem Handrücken und zum Komödiantengruß erhobe-

HARLEQUINE

Mein Mann der Harlequin, der ertzversoffne Propff	es wässert mir das Maul nach einen Courtisan
Schwärmt Tag und Nacht herum und lebt in vollem Sause	Der mir die Zeit vertreibt und Geld zum Staat spendiret;
Drum bleib ich ebenfals nun länger nicht zu Hause	Ich weis auch daß das Glück bald einen zu mir führet.
Denn mir kompt itzund auch ein Lüstchen in den Kopf	Weil solchen Vögeln ich gar artig pfeiffen kan.

Abb. 94

Abb. 96

Abb. 95

Abb. 97

Abb. 98

ner Hand als ein bis in die Fingerspitzen genaues Duplum auf einem der wiederholt schon erwähnten anonymen Kupferstiche (Abb. 95), der bald nach Watteau entstanden sein muß.⁴⁰ Die graphisch schon nicht mehr taufrische „Harlequine" verdankt ihre unvergleichliche Karriere Watteaus Protektion. Sie fehlt weder unter den ‚Italiaenischen Comoedianten' aus Christoph Weigels Verlag (Abb. 97, Ausschnitt aus Abb. 41), noch hat Wolrab auf diese Anregung verzichten wollen (Abb. 94). Sie hat Nicolas Lancret — Schüler Gillots und Watteaus Bewunderer — so fasziniert, daß er sie verjüngt und beschwingter als vorher einer seiner Komödianten-Szenen einverleibte (Abb. 96). So hat sie Jeremias Wachsmuth um 1745 für einen seiner Verleger, Martin Engelbrecht, eingefangen (Abb. 98). Beauftragt von dem Augsburger Verleger Johann Georg

40. Siehe Anhang II., 1.

Abb. 99

Abb. 100

Abb. 101

Abb. 102   Abb. 103   Abb. 104

Hertel, hat derselbe Wachsmuth etwa gleichzeitig um 1745 in einer Jahreszeiten-Darstellung abermals auf Nicolas Lancret zurückgegriffen. „Der Winter / L'Hiver" beherbergt in einem diaphanen Gehäuse von schwingendem, schlingerndem Muschelwerk als unge-zwungene Gäste eines Maskenfestes diese Komödianten, unter denen Harlequine nicht fehlen darf (Abb. 99).[41] 1756 ist ihr in Venedig Reverenz erwiesen worden (Abb. 100), wobei der landesfremde Gilles gegen den vertrauten Brighella kurzerhand ausgetauscht wurde.

Auch Franz Anton Bustelli muß zu ihren Verehrern gerechnet werden, denn ohne irgend eine dieser Vorlagen — einschließlich der Pistolese tragenden „Spinetta en Arlequine", die ihre Blutsverwandtschaft keineswegs leugnet — kann er seine Harlekine (Abb. 101) unmöglich geformt haben. Er brauchte dabei nicht einmal auf die französische Vorlage (Abb. 103) zurückzugreifen, sondern konnte diese von einem anonymen Graphiker eingedeutschte „Spinetta" (Abb. 102) im eigenen Lande vorfinden.[42]

Noch in den sechziger Jahren ließ sich der italienische Maler Marco Marcolo von ihrem leichtfertigen Liebreiz bestricken (Abb. 104). Nahezu ein Jahrhundert danach fand Maurice Sand sie um 1855 noch so zeitgemäß (Abb. 105), daß er ihre Herkunft von Lancret nicht zu vertuschen brauchte[43]. Zu guter Letzt haben sich die Modelleure der Manufaktur Meissen dann ganz auf Maurice Sand verlassen (Abb. 106), als kurz vor 1900 eine zwölfteilige Komödianten-Folge zusammengestellt wurde. Nunmehr konnte „Arlequine" auf eine fast zweihundertjährige ikonographische Karriere zurückblicken.[44]

---

41. Die zentrale und ebenfalls an Lancret adaptierte Gestalt (Le Turc amoureux) ist auf dem Umweg über diesen Stich in die von J. Lederer gemalten und 1748 datierten Fresken des Schlosses Böhmisch-Krumau gelangt.
42. Das Spinetta-Kupfer von Bonnart 1697 hat G. Valck nachgestochen (Abb. 103) und als Nr. 3 einer Serie einverleibt, aus der zwei Blätter im Anhang II, 5c abgebildet sind. Die deutsche Spinetta (Abb. 102) hat lediglich — analog den übrigen Blättern dieser anonymen Folge von tanzenden Dreiergruppen — die Trias auffüllen sollen. Von den acht im Theatermuseum München befindlichen Exemplaren, denen auch unsere Spinetta entstammt, sind zwei bei Schöne (Taf. 30) und vier weitere bei Kindermann (I, Abb. 32—34 und im Text S. 400) abgebildet. Abgesehen davon, daß das letztere der bei Kindermann wiedergegebenen Blätter nicht zu Lambranzis ‚Tantz-Schul' gehört, können diese Tanzszenen fortan nicht mehr der „Wanderbühne" oder gar einer „deutschen Wandertruppe" zugeordnet werden, denn es sind durchwegs Kopien nach französischen Ballettfiguren, meist nach H. Bonnart und P. le Pautre. — Ein warnendes Beispiel mehr, mit welcher Fülle von Pseudo-Dokumenten gerechnet werden muß.
43. Sand Bd. 1, pl. 16.
44. Sechs dieser Figuren sind von Romanus Andresen, die übrigen von Konrad Hentschel, J. Th. P. Helmig und O. A. König modelliert worden (Berling, S. 103).

PANTALON

Was muß ich vor ein Narr und tumer Teufel seyn Sie führet sich demnach nur selber hinters Licht.
Wofern ich meinem Weib und ihren Worten traute? Wenn ich ihr, wie sie meint, soll durch die finger sehen.
Dieweil ich mich hierdurch nur bald gekrönet schaute. Nein großen Danck dafür, das wird wohl nicht geschehen.
Sonst aber trug es mir blut schlechten Vortheil ein. Der gute Pantalon braucht keine Schwager nicht.

Abb. 107

Abb. 105   Abb. 106   Abb. 108

Hartnäckiger wehrt sich Pantalon gegen die Preisgabe seines graphischen Geschlechtsregisters. Die ausgedörrte Gestalt des schmalbrüstigen Alten aus Wolrabs Werkstatt (Abb. 107), für die Callot Informant gewesen zu sein scheint (Abb. 113), hat dem Augsburger so wenig gefallen, daß er nur eine Besonderheit seines Schuhwerks nachahmenswert fand: die gezahnte, den Pantoffelspann zierende Lederpasse. Auf sie hat der Augsburger Pantalon (Abb. 108, Ausschnitt aus Abb. 29) bei den meisten seiner Auftritte nicht verzichtet. Sonst haben beide Pantalone nichts gemein, es sei denn ein weiteres Vorbild, nach welchem jeder von ihnen — aber unabhängig voneinander — vervollständigt wurde: Watteaus Radierung. Wolrab hat sich unbedeutende Attribute, die bei Callot nicht zu finden waren, ausgeliehen — etwa den im Leibgurt

Abb. 109   Abb. 110

Pantalone Bisogniosi

Abb. 111

steckenden Dolch und das dort ebenfalls eingeschlungene Tuch. Was Probst der Radierung Watteaus oder dem mit Riccobonis ‚Histoire du Théâtre Italien' (1728) verbreitetem Nachstich Joullains (Abb. 109) entnehmen konnte, war die für Pantalon sonst unübliche Pluderhose. Auch der schleppende Mantel ist nur hier so ungemein füllig nachzuweisen. Falls Wolrab und Watteau-Joullain zu Paten gebeten wurden, so haben ihre Gaben das Maß von Angebinden nicht überschritten. Phänotypisch ist ihnen dieser Pantalon fremd. Er könnte für eine Schöpfung der Augsburger Probst gehalten werden — wenn es keinen Johann Peter Hilferding gegeben hätte.

Die Familiengeschichte der Schauspielerdynastie Hilferding ist zu wenig geklärt, um die überlieferten Daten ungeprüft weiterzugeben.[45] Als gesichert kann gelten, daß Johann Peter Hilferding mit der Truppe Carl von Eckenbergs oder Clara Bönickes um 1718 in das baltische Rußland geriet, dort und in Preußen — später auch als selbständiger Prinzipal — den ‚Pantalon Bisognosi' verkörperte. Seine zeitweilige Tätigkeit in der Haack—Hoffmannschen Truppe während der frühen zwanziger Jahre ist ebenso unbekannt wie in diesem besonderen Zusammenhang aufschlußreich.

Aus Eitelkeit oder mit Werbefleiß hat Hilferding von Elias Baeck, einem mit Probst gleichzeitig in Augsburg ansässigen und tätigen Stecher, sein Abbild in Kupfer verewigen lassen. Auf dem ebenso schönen wie seltenen Blatt wird von einem kunstreich verschlungenen und gespiegelten Monogramm J[ohann] P[eter] H[ilferding] als Darsteller dieses ‚Pantalon Bisognosi' (Abb. 111) bestätigt. Sein in Kupfer gegrabener Habitus samt hakennasiger Physiognomie muß jene theatralische Glaubwürdigkeit, um die Probst stets bemüht war, verbürgt haben. Wem aber diese konstitutionelle Verwandtschaft nicht einleuchten will, den müssen die accessorischen Gemeinsamkeiten überzeugen: der mit Metallknöpfen besetzte Gurt, das im Wehrgehänge getragene abgestumpfte Kurzschwert, die pelzverbrämte Kappe — insbesondere aber das auffällige kantige, wie von einem Axthieb gestutzte Schuhwerk (Abb. 110, Ausschnitt aus Abb 40).

Trotz aller Übereinstimmungen frappiert die physiognomische Ähnlichkeit am meisten, denn das weniger grobschlächtige als ausdrucksstarke Gesicht mit der klobigen Hakennase, den wuchtigen Brauenwölbungen und der wuchernden Barttracht ist zu unverwechselbar, um Hilferding verleugnen zu können. Es drängt sich die Frage auf, ob Probst den zu seiner Zeit berühmten Pantalon Johann Peter Hilferding porträtähnlich in die Augsburger Kupferstichfolge eingeschleust hat.

---

45. Die Hilferdings sind ein altes, weitverzweigtes Geschlecht, dessen Ahn aus Italien stammen soll. Ein Familienmitglied, Johann Hilferding, gab um 1699 in Danzig unumwunden zu, seinen Geburtsbrief nicht beibringen zu können (Bolte I, S. 151). Sollte es nur ein Zufall sein, daß der deutsche Vertreter des in Italien seit etwa 1600 verkommenen ‚Pantalone Bisognosi' (bisognosi = hilfsbedürftig!) Hilferding hieß?
(*Anm. d. Hrsg.:* Diese Vermutungen G. Hansens sind nach den Forschungen J. F. Fischers [Der Wanderschauspieler Johann Peter Hilverding in Salzburg. In: Mitt. d. Ges. f. Salzburger Landeskunde. Bd. 97. 1957. S. 71—111] gegenstandslos geworden. Sein Hinweis auf die Synonymie der Namen Hilferding und Bisognosi kann aber weiter Interesse beanspruchen, nur scheint es jetzt, als habe Hilferding, um sich italienischen Anstrich zu geben, seinen Namen übersetzt.)

| Abb. 112 | Abb. 113 | Abb. 114 |

2. Exkurs: Das Schauspielerporträt der Stegreifkomödie?

Selbst den Gutgläubigsten muß die Ähnlichkeit Hilferdings mit anderen Pantalon-Darstellern überraschen. Daß sie sich alle ähnlich gesehen haben könnten, wäre keine befriedigende Erklärung. Was mag Elias Baeck bewogen haben, das Antlitz Hilferdings musterbildhaft anzugleichen?

Es ist wichtig zu wissen, daß Baeck in Rom studiert und 1705 auch Venedig besucht haben soll. Abgesehen von graphischen Erzeugnissen, wird er auch persönliche Erinnerungen an Aufführungen im Stile der Commedia dell'arte heimgebracht haben. Vielleicht hatte sich sein Auftraggeber aus diesem Grunde schon früher von ihm konterfeien lassen? Hilferding war schon einmal von Elias Baeck in einer spielkartengroßen Serie, aus der drei Blätter bekannt sind, in Kupfer gestochen worden (Abb. 112). Damals mußte Callot bis in die Kleiderfalten hinein das Pantalon-Paradigma liefern (Abb. 113), ausgenommen kleine Zutaten: Das Kurzschwert, die eigentümlich eckige Fußbekleidung, das eingeschlagene Tuch.

Weniger sklavisch hielt sich Baeck bei der „Scarmuzo"-Darstellung des Peter Christoph Angot[46] (Abb. 114) an die französische Vorlage, wiewohl er sich von der gegebenen Positur (Abb. 115) gar nicht zu entfernen und Hand- und Armgestikulation nur geringfügig zu variieren wagte. Dieses Blatt ist als einziges „E:[lias] B:[aeck] sculp." bezeichnet und teilt mit einem großformatigen späteren, „Elias Baeck a. H. delin. et sculp." signierten Stich den schachbrettartig marmorierten Boden, auf dem sich Joseph Ferdinand Müller als Harlekin präsentiert (Abb. 116).

Müller gibt sich hier so selbstbewußt und überlegen, als sei an seiner Harlekin-Existenz nicht zu zweifeln. Baeck hatte diesen Harlekin, der sich lediglich die Freiheit nimmt, den rechten Arm etwas mehr anzuwinkeln als vorher, schon einmal spielkartengroß gestochen (Abb. 118). Mit Genugtuung nimmt man die voraufgegangene Fassung zur Kenntnis, weil durch sie auch der letzte Vorbehalt gegenüber einem etwa siebzig Jahre älteren Blatt getilgt wird. Es handelt sich um ein Exemplar, das der Truffaldino Carlo Palma um 1650 bis 1652 von dem venezianischen Kartographen Stefano Scolari stechen ließ (Abb. 117), um es seinem

46. Der selten erwähnte Angot hat während vieler Jahre der Haack-Hoffmannschen Truppe als ein angesehener Schauspieler angehört. Nach Heine (II, S. 46) befindet sich sein Name schon um 1722 unter den Mitwirkenden in einem handschriftlichen Dramen-Text aus Hoffmanns Besitz. Selbst Gottsched würdigte seine Verdienste 1730 in der ‚Critischen Dichtkunst', und die Neuberin erwähnte ihn noch 1734 als Mitglied derselben, inzwischen unter Müllers Leitung stehenden Truppe (Reden-Esbeck, S. 137 f.). Neuerdings hat Schmiedecke (S. 188 f.) ihn zwischen 1719 und 1725 in dieser Truppe nachweisen können.

Giosep. Ferd. Miller presentando la persona d'Arlequino.

| Die Munter Positur kan Traurige lustig machen | Selbst ein Heraclitus mus meiner Einfalt lachen |
| Mein semper froher Geist bringt all's in bon humor | Wañ Ich den Arlequin stell in der Masque vor. |

Elias Bäck a Hl. delin. et sculp.

Abb. 116

Abb. 115    Abb. 117    Abb. 118

vorübergehend in Venedig domizilierenden Gönner, dem polnischen Fürsten Jan Zamoyski, zu widmen.[47] Hier erübrigt sich jeder Kommentar, denn selten gibt sich ein Bildnis so leicht als kopiert zu erkennen wie dasjenige von Elias Baeck.[48] Auch in der zweiten, fast noch als Replik zu bezeichnenden Fassung war Joseph Ferdinand Müller sich selbst nicht ähnlicher geworden als einem Ebenbilde von Carlo Palma.

Aber weder Elias Baeck noch Joseph Ferdinand Müller befanden sich in schlechter Gesellschaft, denn auch Giacinto Cattoli, ein Bologneser Kollege des deutschen Harlekin, hatte sich gefallen lassen müssen, von Giuliano Rost dem Vorbilde Palma angeglichen zu werden (Abb. 119) — und Cattoli hinwiederum konnte sich nicht dagegen wehren, für eine Kopie des sich Inventor anmaßenden Arcangelo Bonifacio (Abb. 120) herzuhalten.[49]

Der von Elias Baeck als Harlekin Müller ausgegebene Carlo Palma war das posthume Opfer theatralischer Hochstapler. Müller teilte das Los einer fiktiven Narren-Existenz mit seinen Kumpanen Angot und Hilferding. Der graphische Stammbaum des letzteren reichte sogar hinab bis zu Jacques Callot. Sollte Elias Baeck keinen von ihnen jemals zu Gesicht bekommen und nur dank seines Rufes ihren schlicht auf „Arlequino", „Pantalon" und „Scarmuzo" lautenden Auftrag ent-

gegengenommen haben? Das wäre eine die Porträtunähnlichkeit entschuldigende Lösung, die sich indessen nicht bewahrheitet. Nebst Angot und Müller hat tatsächlich vorübergehend auch „H. Hülferding" der Haack-Hoffmannschen Gesellschaft 1722 in Weißenfels angehört[50], just im gleichen Jahre nachzuweisen, in welchem etliche Dramenmanuskripte in Augsburg kopiert und laut Hoffmanns Besitzvermerk spätestens 1723 der Textbibliothek dieser Truppe einverleibt wurden.[51] Die Wahrscheinlichkeit, daß der in Augsburg ansässige und dem Theater von jeher verbundene Elias

---

47. Kowalczyk/Roszowska, S. 257 f., 270 f.
48. Aufgrund der Einheitlichkeit von Format, Schrift und Formulierung der Legenden darf man auf Gleichzeitigkeit aller drei Blätter (Abb. 112, 114, 118) schließen. Der um 1700 geborene Müller (gest. 21. X. 1761 in Wien im 61. Lebensjahre; vgl. Jb. Wien 1953/54, S. 132) wäre als ein etwa zwanzigjähriger Harlekin gut denkbar, so daß diese Folge bald nach 1720 entstanden sein könnte.
49. Eine Schauspielerfamilie dieses Namens ist zeitweilig auch in Deutschland nachzuweisen, aber kein Mitglied dieses Vornamens. Lediglich Luigi Rasi (I, S. 304) verzeichnet als Dramatiker einen Arcangiolo Bonifazi (L'Accademia / delle donne /commedia nuova. Iesi-Caprari-MDCCLVII), der mit dem unserigen identisch sein mag.
50. Schmiedecke, S. 190.
51. Kat. Wien I, S. 89; Heine II, S. 61 u. 80.

Abb. 119

Abb. 120

Baeck[52] sie von Angesicht kannte, ist groß genug, um daraus zu folgern, daß reale Gegebenheiten gar nicht erwünscht waren, sondern Schablonen fremder Muster für effektvoller gehalten wurden. Aus zahlreichen Augsburger Petitionen von 1723 ist herauszulesen, daß die Stadt vorher noch nie von ihnen aufgesucht worden war.[53] Aus alledem darf man vorläufig den Schluß ziehen, daß unsere drei Blätter, auf denen vermutlich das Komiker-Ensemble der Truppe dargestellt ist, von Elias Baeck um 1723 gestochen wurden.

Diese Beispiele lehren insgesamt, daß man guten Glaubens keiner noch so selbstsicher scheinenden personellen Darstellung individuelle Züge zugestehen kann. Erst nach gewissenhafter Prüfung, für die alle grundlegenden Voraussetzungen noch nachzuholen sind, wird man entscheiden dürfen, ob nicht nur unverbindliche Gebrauchsmuster graphisch aufbereitet wurden.

---

52. Als Angehöriger der Meistersinger-Spielgemeinschaft (Schnell, S. 115).
53. Stadtarchiv Augsburg, Meistersingerakten. — Der von Sept. 1723 bis Anfang 1724 immer wieder prolongierte Aufenthalt bestätigt den ungewöhnlichen Erfolg des Gastspieles ebenso wie die Bemerkung des Augsburger Chronisten Gullmann, daß zahlreiche Besucher wegen überfüllten Hauses wieder umkehren mußten (Witz, S. 30).

Für eine porträthafte Darstellung des im Monogramm verschlüsselten Johann Peter Hilferding als ‚Pantalone Bisognosi' wird niemand seine Hand ins Feuer legen wollen.

Watteaus Oeuvre ist schon zu Lebzeiten durch rege Stechertätigkeit vervielfältigt und ausgebeutet worden. Es ist einfühlbar, daß Cochins Kupferstich nach dem Gemälde von Watteau ‚Pour garder l'honneur d'une belle' (Abb. 121) einen anonymen Landsmann herausforderte, die kontroversen Charaktere Arlequin und Pierrot marktgerecht auf handliches Format abzusondern (Abb. 122). Mittels der am Rande noch sichtbaren Hilfen war er bemüht, sich genau an die Abmessungen zu halten und den figuralen Ausschnitt unmittelbar auf die Kupferplatte strichgetreu zu übertragen.

Von welchem der beiden Exemplare sich Probst anregen ließ, wird wohl sein Geheimnis bleiben; dagegen machte er keines daraus, daß diese Positur seinen eigenen Intentionen entsprach. Gleich auf dem ersten Blatt der Augsburger Folge (Abb. 123 Ausschnitt aus Abb. 29) posiert Arlequin so anmaßend, wie er es bei Watteau abgeschaut hatte. Kaum abgewandelt, ahmt er auch auf Blatt V. sein Vorbild nach, indem er sich in der von Watteau arrangierten Weise dem Pierrot zu-

Abb. 121

gesellt (Abb. 125 Ausschnitt aus Abb. 34).⁵⁴ Es ist allerdings ein anderer, dem 1719 von Surugue im Kupferstich verbreiteten Gemälde Watteaus entsprungener Pierrot (Abb. 126, Ausschnitt aus Abb. 45). Dieses Jahr ist weder für die Datierung der vierzehnteiligen Folge noch für die ‚Italiaenische Bande' belanglos, denn Wolrab (Abb. 124) und Weigel haben Surugue (nach 1719) diesen Pierrot ausgespannt, was er weder bei

54. Das Motiv, als früheste Formulierung in einer Handzeichnung Watteaus erhalten, kehrt kaum abgewandelt in dessen ‚Comédiens italiens' wieder und wird auch im Kunstgewerbe zitiert. Auf dem Deckel einer zeitgenössischen Email-Dose (Abb. 182) befindet sich unser Harlekin in Gesellschaft eines Scaramouche, der hinwiederum — was die behauptete Herkunft dieses Harlekin erhärtet — dem gleichzeitigen, von Cochin gestochenen Blatt ‚Belle, n'écoutez rien' entstammt. In Deutschland bemächtigte sich Johann Christoph Kolb, was für die Datierung nicht unwichtig ist, schon 1722 für seine ‚Cartouche'-Illustrationen (Abb. 145) des gleichen Motivs. Eine fast lebensgroße Steinplastik eines Harlekin (Abb. 192) niederländischer Provenienz, jetzt im Besitz des Theaterwissenschaftlichen Instituts in Köln, hält sich in materialbedingter Treue ebenfalls an Watteaus, von Cochin als Kupferstich verbreitete Konzeption. Daß keine andere als diese Vorlage benutzt wor-

Abb. 122

BRIGADEL

Du armer Brigadel, wie wird es dir noch gehn?   Besinne dich demnach wo Rath zuschaffen ist
Weil dein Verstand und Witz längst in den Zügen lieget   Und rücke dein Gehirn ein wenig in die Falten
Wenn er nicht ohngefehr Krafft und Erquickung krieget   Es wird sonst wer dich sieht gewißlich davor halten
So wirds fürwahr mit dir recht miserabel stehn   Daß du die Thumheit selbst in Lebens-Größe bist.

Abb. 124

Weigel, geschweige denn bei Wolrab (der ihn ‚Brigadel' nennt), ohne Schaden an Leib und Seele überstand. Ähnlich seiner Nürnberger Abartigkeit übernahm ihn dann auch der Augsburger Stecher Probst. Formal präsentiert er sich in Nürnberg wie in Augsburg als ein graphischer Homunculus aus Cochin und Surugue.

lin' nach Wolrabs Maßgabe ein (Abb. 127, Ausschnitt aus Abb. 29). Ansonsten steht er aber auf eigenen Füßen, was bei Wachsmuths späterer Adaption nur bedingt der Fall ist.

Nach der Fülle überzeugender Beispiele wäre es ermüdend, nun auch dem Bagolin auf der Wanderschaft

Abb. 123

Abb. 125

Abb. 126

Abb. 127

Obwohl alle Adaptionsphasen minuziös ablesbar sind, und trotz des erdrückenden Materials soll noch eine bisher vernachlässigte Komponente die Untersuchungen über Probsts Verfahrensweise abrunden. Aus dem von S. H. Thomassin fils im Kupferstich verbreiteten Watteau-Gemälde ‚Sons un habit de Mezzetin' (Abb. 130) holte sich Weigel den Guitarrenspieler für seine ‚Bande' (Abb. 128 Ausschnitt aus Abb. 41). Auch Johann Jacob Wolrab schuf seinen wahllos ‚Bagolin' Getauften (Abb. 129) nach dem gleichen Vorbilde. Probst behielt den Namen bei und kleidete den ‚Bago-

durch die deutsche Graphik zu folgen. Weil aber die auf zweifelsfreie Abhängigkeit ausgehende Beispielfülle geeignet ist, die Gewichte zu Ungunsten von Probst zu verlagern, muß man auf gerechtes Eichmaß bedacht sein. Der Augsburger Bagolin ist exemplarisch dafür, daß Probst sich keineswegs von seinen Modellen unterjochen ließ; denn sein Bagolin in einem von Wol-

den sein kann, verbürgt der als Gegenstück nach dem gleichen Blatt aus dem Stein geschlagene Docteur (Abb. 191). In einer nach alter Graphik montierten Vignette taucht er 1835 noch einmal in einer französischen Theaterzeitschrift auf (Abb. 196). Es wird so leicht kein zweites Beispiel für ein fast alle Bereiche der bildenden Kunst erfassendes Motiv geben, das sich auf Handzeichnungen, Gemälde, Druckgraphik (Gemälde-Reproduktionen, Buch-Illustrationen u. -vignetten), Email-Malerei, Steinplastik und schließlich — wenn auch nur mittelbar — Porzellan-Figuren der Closter Veilsdorfer Manufaktur erstreckt. Dabei ist nur zu ahnen, wie bruchstückhaft dieser Katalog noch sein mag. (Vgl. Anhang: Bild-Konkordanz 2a).

Abb. 128

140

BAGOLIN

Die Einfalt meines Herrn, befahl ich solte gehn
Und seiner Liebsten jetzt ein Abendständchen machen;
Allein, ich muß ja wohl von Hertzen seiner lachen
Daß er die Katze heist beym Specke Schildwacht stehn.

Der gute Lappe weis nicht was die Glocke schlægt
Daß mich sein Schätzchen mehr als ihn pflegt zuscharmirė
Drum will ich ihr vor mich ein Stückchen musiciren
Damit sie ihre Lieb auf mich alleine legt.

Abb. 129

LE CAPITAINE

Bereite dich zum Tod, nichtswürd'ger Cintio!　　Der allererste Streich so dich zufassen kriegt
Du solst mir weiter nicht die Isabella schauen.　Soll dich von oben an biß unten massacriren
Ich will dich itzund gleich in kleine Stucke hauen　Und ich will meinen Grim so lang an dir vollführen
Denn Rach und Eyffersucht brent bey mir lichterloh　Biß daß dein Eingeweid vor meinen Fußen liegt

Abb. 132

rab nach Watteau geschneiderten Kostüm hat amusische Gelüste und deswegen die sonst unentbehrliche Guitarre mit einem Krummsäbel, den er martialisch zu handhaben weiß, eigenmächtig vertauscht. Das geschieht hinter dem Rücken des nicht weniger renitenten Scaramuz (Abb. 131, Ausschnitt aus Abb. 29), der, ohne seine Herkunft von Mariette zu leugnen, die von seinen Vorgängern unterwürfig befolgte Choreographie ignoriert und auf der stets nur mitgeführten Guitarre sogar zu spielen sich erdreistet. Nicht von Probst, sondern in Watteau-Thomassins Schule hat er das gelernt. Dort ließ ihn Probst dem musizierenden Mezzetin so lange auf die Finger schauen, bis er dessen Griff beherrschte.

Probsts Meisterschaft offenbart sich hier in der mannigfachen Verschränkung, indem er beispielsweise Wolrabs Bagolin, der ihm schon von Watteau als Musikus bekannt war, auf Säbel umschulte und Mariettes Scaramouche statt seiner die Guitarre spielen ließ — nicht auf Wolrabs ungelenke Art, sondern nach Watteaus Manier. Unter Probst spielten sich beide auch gestisch von den graphischen Schablonen frei, und Scaramuza entwächst im Verlaufe der Burleske dem gängelnden Vorbild bis zur Mündigkeit. Im ähnlichen Entwicklungsverlauf werden auch die übrigen an der Burleske Beteiligten unter Probsts Stichel majorenn, ohne sich der ehemaligen Vormundschaft zu schämen.

So komplex und verschachtelt sich die Untersuchung bei Probst auch darstellt, so vorbehaltlos ist sein Ca-

Abb. 130

Abb. 131 Abb. 133

pitain Rodomonda (Abb. 133, Ausschnitt aus Abb. 33) ein Mündel Wolrabs (Abb. 132). Bei dessen erstem Auftritt auf Blatt III. konnte sich Probst von Wolrabs Konzeption noch nicht lösen. Das gelingt ihm wie den meisten Mitspielern bei Probst später so vollkommen, daß er mit Wolrabs Capitaine nur den Schneider gemeinsam zu haben scheint. Eben wegen dieser eigenwilligen Tracht, für die es außer bei Wolrab kein Beispiel gibt, ist der Augsburger wohl auch Wolrabs Schuldner geworden. — Wem mag Johann Jacob Wolrab diesen Capitaine abgeworben haben, falls er nicht von seiner Erfindung ist?

3. Exkurs: Wolrabs französische Vorlagen

Bei Wolrab klärt sich das Verhältnis seiner Folge zu den adaptierten Vorlagen in den meisten Fällen überraschend schnell. Die ausschließlich französische Benennung seiner Figurinen: „Scaramouche", „Mezetin", „Arlequin", „Le Doctor Baloard" etc. läßt vermuten, daß er sich vorwiegend französischer Vorlagen bediente. Zu den Zweifelsfällen wäre sein „Capitaine" zu zählen, der ihm als eigene Schöpfung streitig gemacht werden muß. Es wird ein leichtes sein, Wolrabs Glaubwürdigkeit zu erschüttern.

Abb. 134

Das dem hyperbolischen Sprachgebrauch des „Capitaine" adäquate Schwert vom Format eines Zweihänders steht hinter den überdimensionierten Kugelknöpfen nicht zurück. Für solche Knöpfe hatte Callot in den ‚Balli' (Abb. 134) hinreichend Beispiele gegeben, aber nicht für die protzige Waffe. Ludovico Burnacini, der Anregungen niemals verschmähte, kann bezeugen, daß solche Knöpfe seinem eigenen Capitano (Abb. 135) ebensogut gestanden haben wie die von seinem und Wolrabs Capitaine bevorzugte beutelartige Kopfbedeckung. Es ist unwahrscheinlich, daß Wolrab das Aquarell von Burnacini kannte. Andrerseits sind die Parallelen zu aufdringlich, um sie dem Zufall gutzuschreiben. Es wäre an einen noch aufzufindenden Kupferstich zu denken, der beiden zur Verfügung gestanden hätte. Für Wolrab lag es im wortwörtlichen Sinne näher, auf die gleichfalls in seinem Verlag 1716 erschienene ‚Neue und curieuse Tantz-Schul' (Abb. 136 und 137) zurückzugreifen; denn dort präsentierte sich der aus dem längst überlebten Capitano herausverwandelte „Scaramutzo" gerade so gekleidet, daß ihn von Wolrabs Capitaine nichts als das fehlende Schwert unterschied. Aus Ratlosigkeit hatte Wolrab einen neuen Capitano-Typ kreiert, der weder außerhalb Deutschlands noch auf der deutschen Bühne anzutreffen war, im deutschen Kunstgewerbe aber zählebig fortbestehen sollte.

Nichts kann besser erläutern, wie unvoreingenommen und blindgläubig dieses Zeitalter dem Bilde untertan war, als diese von Wolrab zu verantwortende Verlegenheitslösung. Seine Capitano-Montage scheint der Vorstellung von einer Commedia dell'arte so entsprochen zu haben, daß die von Wolrab und seinen Kunden nicht überprüfbare Bühnen-Existenz eines solchen Capitaine unbeanstandet hingenommen wurde. Als sich der von Mariette und Watteau im Stich gelassene Probst hilfesuchend an Wolrab hielt, war in Wien schon eine Plastik in den Gärten des Reichsvizekanzlers Graf von Schönborn nach Wolrabschem Vorbild aufgestellt worden (Abb. 138) — wenn nicht an Schwert und Kopfbedeckung kenntlich, so doch an den Ballonknöpfen und deren Anordnung.[55]

55. In Gesellschaft von sieben weiteren Komödien-Figuren, von denen sonst keine Wolrabsche Herkunft verrät, von Salomon

Abb. 135

Abb. 136

Abb. 137

Lange vor dem Closter Veilsdorfer Porzellan-Capitano (1764/65), dessen Abhängigkeit von Probst erschöpfend geklärt ist[56], wurde um 1740 der Fayence-Manufaktur in Braunschweig die Wolrabsche Konzeption auf dem gleichen Umweg über Probst vermittelt (Abb. 139)[57]. Den Höchster und Fürstenberger Modelleuren (um 1750 und 1753/54) mußten Wolrabs Capitaine und dessen dreizehn Genossen schon genügend empfohlen sein, um unbedenklich in die Produktion aufgenommen zu werden. Es könnte so scheinen, als habe Wolrab den im Scaramouche eingesunkenen Capitano wieder herausdestilliert. Wenn Wolrabs Verfahrensweise nicht dafür bürgte, daß jeder Behelf gut ge-

Abb. 139

Kleiner gezeichnet — nach Thieme-Becker zu urteilen: um 1722/23 (XX., S. 452). Diese nicht vertretbare Datierung wird in die Zeit nach Kleiners Rückkehr (1727) zu verlegen sein.

56. Kramer, Abb. 6—8.
57. Vorerst ist nur ein Capitano nachzuweisen. Wolrabs Capitaine-Kupfer scheidet als Vorlage aus, weil der Braunschweiger Modelleur dort den (Kommando-?)Stab nicht hätte finden

LE DOCTOR BALOARD

Wie ärgert mich die Welt, daß sie so läppisch ist	Furwahr, woferne sie mir künfftig nicht parirt
Vnd sich durchaus nicht will an meine Klugheit kehren;	So kan ich ihr durchaus nichts gutes prophezeyen
Da ich den Vortheil doch ihr leichtlich könte lehren	Mir aber, wird der Ruhm durchgehends angedeyen
Wie man die Weisheit selbst mit Haut und Haaren frist	Daß Doctor Baloard allein vor klug paßirt

Abb. 140

nug war, so hätte der Theaterforschung leicht ein Schnippchen geschlagen werden können.[58]

Ein den „Doctor Baloard" (Abb. 140) vermittelndes Exemplar steht noch immer aus, an dessen Vorhandensein aber umsoweniger zu zweifels ist, als Joullain vor Probst (Abb. 142, Ausschnitt aus Abb. 36) den „Docteur moderne" (Abb. 141) in der gleichen an Fingern abzählenden Pose 1728 für Riccobonis Werk stach. Pantalons Herkunft von Callot entsprach einer Gepflogenheit, der sich Wolrab nicht widersetzen konnte, wenn er auch Watteau wegen einiger ergänzender Details hinzuzog.[59]

Für das verliebte Pärchen Isabella (Abb. 143) und Cinthio (Abb. 143a) bot sich die gesamte Mode-Gra-

---

können, den der Capitain auf zweien der Augsburger Kupfer (Abb. 31 u. 33) in der Hand hält. Die unbefangene Beschreibung unterstreicht, daß die Braunschweiger Fayence nach Abb. 31 frei gestellt und nach anderen Blättern ergänzt worden sein muß: „Youthfull Capitain in striding pose with left foot advanced, holding a yellow object [!] in the right hand, his left resting on his sword hilt" (Untermyer, S. 239).

58. Es sollte uns sehr zu denken geben, daß Walter Hinck von der Theaterwissenschaft am wenigsten erwartet, wofür er sich selbst nicht zuständig glaubt, nämlich „dem großen Interesse der bildenden Kunst für Typen und Motive der C. d. a. auch nur mit einiger Genauigkeit nachzugehen. ... Kaum ein kulturgeschichtliches Phänomen hat die Modelleure der deutschen Porzellanmanufakturen im 18. Jahrhundert mehr angeregt als die Commedia dell'arte... So sehr die Würdigung dieser Plastiken auch unter die Zuständigkeit des Kunsthistorikers [!] fällt..., wir dürfen die Beliebtheit der Motivik als ein Zeichen allgemeiner Vertrautheit mit den Typen der C. d. a. werten" (S. 404). — Inzwischen hat sich das Gegenteil herausgestellt: wegen der entrückten Fremdartigkeit war die Commedia dell'arte so beliebt, daß man es wagen konnte, ein Typen—Personal zu konstruieren.

59. Bei Wolrab darf man unterstellen, daß Ragonde als Frau des Pantalons verstanden wurde. Die Aufeinanderfolge der Blätter 13—14 beglaubigt in Verbindung mit den Versen, in denen Ragonde von ihrem *Mann* und Pantalon von seinem *Weib* spricht, ihre Zusammengehörigkeit. Es ist aussichtslos, auf ein etwa noch ausstehendes 15. Blatt zu hoffen, das eine weibliche „Pantalone" darstellen könnte, wie sie bei den paarweise konzipierten Porzellan-Figuren vorkommt. Auch die Würzburger Manufaktur kann eine solche „Pantalone" aufweisen. Deswegen bin ich überzeugt, daß die Würzburger Figuren nach den Höchster oder Fürstenberger Porzellanen, nicht aber nach Wolrabs Stichen modelliert wurden. (Vgl. Anhang II., 3.). *Anm. d. Hrs.:* Diese Vermutung G. Hansens wird durch die aufgefundenen Skizzen (Vgl. Ducret) wohl eher bestärkt; denn hätte der Würzburger Modelleur — vielleicht ist es Ferdinand Dietz — die Wolrabschen Stiche besessen, so wären die Zeichnungen nicht nötig gewesen.

Abb. 138

phik zur beliebigen Auswahl an, so daß man es getrost einem freundlichen Zufall überlassen kann, wann er uns die Quellen zuspielen will. Watteau wird man nicht außer acht lassen dürfen.

Es erübrigt sich inzwischen, Wolrab jegliche Kenntnis der Commedia dell'arte abzusprechen. Aus barem Geschäftssinn hat er zusammengehörig Scheinendes aufgelesen und durch den Kunstgriff des einheitlichen Formats zusammenzukitten verstanden. Wenn er seine Zeitgenossen so billig hinters Licht führen konnte, wird die nachfolgenden Generationen kaum ein Vorwurf treffen.

Auch für den Rest ließ Wolrab andere für sich arbeiten und spannte diejenigen vor seinen Thespiskarren, deren Zugkraft erprobt war. Die zehn noch fehlenden Mitglieder seiner vierzehnköpfigen Mannschaft haben keine so schwer zu durchschauende Vergangenheit. Teils sind sie legitime Vertreter des Théâtre Italien, sofern sie von Mariette stammen — andernteils vergröberte Kopien der durch Watteau vergeistigten Bühnengeschöpfe dieses Italienischen Theaters.

Arlequin, Mezetin, Scaramouche und Dame Ragonde gehen auf Mariette — Harlequine, La Scaramouche, Bagolin, Brigadel und mit Vorbehalt auch Colombine auf Watteau zurück. Schon ihre Namen hätten genügt,

Abb. 141

sie nach Herkunft zu sondern; denn die von Mariette gegebene Benennung bewahrte den sachfremden Wolrab vor Nottaufen, während ihn Watteau zu willkürlichen Namensbehelfen zwang, die bis in die Gegenwart in der Porzellan-Fachliteratur noch Verwirrung stiften.

Wenn man Wolrabs „Arlequin" (Abb. 60) der Abbildung des weithin berühmten Arlequin-Darstellers

Abb. 142

Evariste Gherardi (Abb. 201) konfrontiert, wird man jeder Erläuterung enthoben sein[60], es sei denn, auf den von Johann Jacob Wolrab abgeänderten rechten Arm

hinzuweisen, der allein genügte, den Charakter des Arlequin zu verfälschen. Durch eine debile Geste seiner Dreistigkeit beraubt, traut man diesem Arlequin allenfalls noch ein blödes Lallen zu.

Ähnlich verwandelte Wolrab den pfiffigen Mezzetin Angelo Constantini, den Mariette nach dem prachtvollen Stich von Vermeulen handelsüblich zurichten ließ, durch eine lullende Gebärde in einen unterentwickelten Knaben (Abb. 144). Diese wesenhafte Verstümmelung ist ein exemplarischer Fall, weil er als archetypische Fiktion Schule gemacht. So mußte der „Pierot" geheißene Mezzetin-Zwitter von Johann Christoph Kolb 1722 in den Illustrationen zum ‚Arlequin Cartouche' dieses infantile Vorbild so nachäffen (Abb. 145), wie es Probsts Pierrot später auch tat — die Porzellan-Figuren nach Wolrab oder Probst gar nicht zu rechnen.

60. Diese Gherardi-Darstellung wurde zum Muster schlechthin, in welchem man die Harlekin-Gattung am reinsten vertreten sah. Kein Wunder, daß Gherardi auf Titelkupfern seiner ‚Receuil' in eben dieser Harlekinspose erschien (Tom. V: ‚Les Souhaits ‘u. a.), wie ihn sein Harlekin-Paradigma auch in anderer französischer Druckgraphik überlebte. Die weltlicher Vergänglichkeit spottende Gesellschaft von eitlen Vertretern aller Völker und Stände, die ein anonymer niederländischer Kupferstecher wohl bald nach der Jahrhundertwende zum ‚Baal of de Waereld in Maskerade' versammelte, wäre ohne Gherardi-Arlequin unvollständig gewesen. In Deutschland ist er bald nach 1700 von Joh. Christoph Weigels Nürnberger Verlag den Juwelieren und Graveuren in einem Ornamentstich-Katalog (Verlags-No. 66) empfohlen worden (als Datierungshilfe: Verlags-No. 112 erschien ca. 1710; s. Kat. Ornamentstich-Sammlung I., S. 125), bevor er in Wolrabs Edition von den Porzellan-Manufakturen in Höchst (um 1750) und Fürstenberg (1753/54) verbreitet wurde. In die Zeit der Jahrhundertmitte gehört auch ein anonymes, bei Carlos Fischer farbig abgebildetes Ölgemälde aus französischem Privatbesitz. Obwohl Fischer die Masken für „Comédiens Italiens donnant une représentation chez un particulier" hält, ist nichts anderes als ein Maskenfest dargestellt. Auch die Datierung „environs de 1720" (S. 60) ist nicht zu vertreten. Niemand hätte damals die von Watteau geprägten Normen so leugnen und so unverfroren eine Assemblée nach zusammengesuchten Vorlagen kompilieren dürfen. Im Mittelpunkt des Bildes posiert unser Gherardi-Arlequin aus Mariettes Verlag. Später hielt sich auch Kändler in Meißen (1771—74) an das Blatt von Mariette. 1924 konnte dieser Arlequin fast unerkannt ein Comeback feiern, als er in Max Reinhardts Wiener Inszenierung von Goldonis ‚Diener zweier Herren' über die Bühne des neueröffneten Theaters in der Josefstadt kapriolierte — von Hermann Thimig nach der Anleitung dargestellt, die Oskar Laske mittels einer das Gherardi-Blatt dublierenden Figurine gegeben hat (vgl. Bild-Konkordanz im Anhang: II., 2 b).

ISABELLA.

Es streitet Fleisch und Blut gewaltig noch in mir Indeßen fällt es mir zugleich auch ziemlich schwer.
Wen unter zweyen ich mir soll zum Liebsten wehlen. Daß ich so sclavisch soll nur blos bey einem leben:
Denn ich vermag es doch durchaus nicht zuverhehlen Denn, wenn sich ein Galan von mir hinweg begeben
Es kömt mir jeglicher sehr liebenswürdig für So hieß ich gar zu gern gleich einen andern her

Abb. 143

CINTIO

Du toller Lumpen-Hund, brutaler Capitain!	Ich habe mehrern schon als dir Raison gelehrt
Nim nur den Handschuch hin und laße dir itzt sagen	Drum saume dich nur nicht mit mir herum zuschmeißen;
Ich will mich wenn du wilst so lange mit dir schlagen	Mein Degen soll es dir nachdrücklich gnug erweisen
Als dir der Odem noch wird aus der Nase gehn.	Daß Isabella mein, nicht aber dein gehört.

Abb. 143 a

MEZETIN

Es schickt mich zwar mein Herr vor seinen Kuppler aus	Ich gehe nemlich nur deßwegen zu ihr hin.
Und meint sein Schätzchen noch durch mich beym Kopf zukriegen	Damit ich ihrer Gunst mein Hertze kan verpfänden:
Allein er wird sich sehr in seinem Wahn betrugen	Und will auch eher nicht mich wieder von ihr wenden,
Denn meine Mühe laufft auf gar was anders naus	Als biß ich selbst der Hahn bey ihr im Korbe bin.

Abb. 144

Abb. 146

Abb. 147

Auch bei seinem von Mariette in der Gestalt des Giuseppe Tortoriti verbreiteten „Scaramouche" (Abb. 62) hat sich Wolrab den Stichel führen lassen.[61] Seine

Abb. 145

verunstaltenden Eigenmächtigkeiten vermochten zwar Tortoriti weder das Gesicht noch die Waden zu nehmen. Dagegen waren seine Fertigkeiten den gefälteten Saumapplikationen des Anzugs nicht mehr gewachsen. Ebensowenig konnte er dem wie eine Gliederpuppe zerrupften, mit fremden Gliedmaßen versehenen und neu zusammengesetzten Scaramouche das Leben wieder zurückgeben. Man kann sich dennoch eines Unbehagens nicht erwehren; denn das wie ein transluzides Wasserzeichen unscharfe Bildnis Tortoritis scheint zu foppen.[62] Später wird noch Gelegenheit sein,

an den Tortoriti-Torso anzuknüpfen, wenn sich in Deutschland eine theater-graphische Autarkie anzubahnen beginnt.

Selbst an der Dame Ragonde, die auf den ersten Blick seinem Tadel entgangen zu sein scheint, mußte er eine ihrer in die Hüften gelegten Hände so drehen, daß sie sich nun auf den Handrücken stützt und mit den Fingern das anders geraffte Überkleid festhält.

61. Der schon bei Mariette nach Vermeulens Stich (1694 nach einem verschollenen Gemälde von François de Troy, Abb. 146) abgewandelte Mezzetin ist bei Wolrab durch linksseitige Vermeulen-Prothesen teils wieder rückgebildet worden. Trotzdem ist er lebensfähig geblieben und hat, seine Art fortzeugend, im Höchster, im Fürstenberger und noch später in einem Thüringer Porzellan bestehen können. Ebenfalls von Mariette zweigt eine andere Linie zu Joullain in Riccobonis ‚Histoire du Théâtre Italien' (1728) ab, von diesem zu Kändler (1742/44) nach Meissen weiterführend. In direkter Erbfolge lebte er seit Mariette oder nach dem zeitgenössischen Gegenstich bis zu Sébastien Coeuré fort (um 1810), unbeschadet der Reitversuche, die Jeremias Wachsmuth ihm und seinen Genossen um 1745 zugemutet hat (vgl. Anhang II., 1. unter „C").

62. Die Recherchen wären wohl erfolgreicher verlaufen, wenn das Scaramouche-Kupfer aus der um 1720 entstandenen anonymen Folge aufzutreiben gewesen wäre; denn sowohl in Weigels ‚Italiaenischer Bande' (Fig. 9) wie auf einem von Engelbrecht herausgegebenen Kupfer (siehe Anhang II., 1.), in denen diese anonymen Blätter verarbeitet wurden, ist unser Scaramouche anwesend, auf letzterem Exemplar in Scapin-Stiefeln und als

COLOMBINE.

So will ich den nur sehn wer mich doch endlich kriegt?	Mein wandelbahrer Sinn, bringts von Natur schon mit
Weil so viel Buhler sich gewaltig um mich reissen.	Daß ich von einem mus flugs auf den andern sehen:
Indeßen werd ich nie nur einem eigen heissen	Drum wird es einst gewiß bey meinem auch geschehen
Indem der Wechsel mir zusehr im Kopfe liegt.	Daß manchmal seine Stell ein anderer vertritt.

Abb. 148

Wolrabs unausgesetztes Bemühen, geringfügig abzuwandeln, mutet wie ein Zwang an, den Beweis nicht schuldig bleiben zu dürfen, daß er sich vom Kopieren hätte frei machen können, wenn ihm daran gelegen gewesen wäre. Den Beweis ist er schuldig geblieben.

Colombine (Abb. 148) gibt sich besonders geheimnisvoll. Auf den ersten Blick scheint es, als habe Wolrab sie nach Gutdünken gestaltet, wenn auch kleine Zugeständnisse an das um 1686 von Le Roux gestochene Blatt (Abb. 149) unselbständige Arbeitsweise vermuten lassen. Da es sich hier wie dort um eine „Colombine" handelt, die auf gleiche Weise ihren Arm ausstreckt und statt eines Tuches nun eine Maske in der Hand hält, erhärten sich diese Übereinstimmungen zu begründeten Indizien, sobald man auch der unter dem Rocksaum hervorlugenden Fußspitze gewahr wird. Das Unbehagen gegenüber Wolrabs umschaffenden Talenten, Colombine dank einer vorgezeigten Maske von einer Modefigurine zu distanzieren und mittels eines ähnlich längsgestreiften Kleides dem Mezzetin als Gespielin beizugeben, läßt sich gleichwohl nicht einschläfern. Es ist fast befreiend, dasjenige Blatt zu entdecken, welches Wolrab alle Mühe abgenommen hat. Es stammt aus der Werkstatt des nämlichen anonymen Stechers, der Christoph Weigels ‚Italiaenische Bande' mit einem Harlequin und einer Harlequine vorsorgte.[63]

‚Le fameux Crispin' deklariert. — Ohne Zweifel hat Wolrab auch für seinen Scaramouche entweder Mariettes Exemplar oder Schencks Gegenstich benutzt. Nach einem dieser Blätter ist er in Deutschland auch von „Joh. Christoph Weigels seel. Wittib" (d. h. nach 1726) vertrieben worden. Selbst in Italien hat man den Import aus Frankreich nicht gescheut und den ursprünglich bestrumpften Scaramouche als gestiefelten Scaramuzza gutgeheißen. In Höchst und Fürstenberg wurde natürlich an Wolrab festgehalten. Auch auf dem im Zusammenhang mit Gherardi-Arlequin schon erwähnten anonymen französischen Gemälde um 1750 lebt Tortoriti so fort, wie Mariette ihn überliefert hat. Carlos Fischer beschreibt, ohne die Herkunft des Scaramouche zu ahnen, einen Auftritt „à gauche, d'une femme d'un âge incertain, introduite par Scaramouche, porteur d'une guitare" (S. 289). Die geringfügigen Abwandlungen sind bildkompositorische Folgen. Die von Wolrab praktizierte Scaramouche-Kreuzung harrt noch der endgültigen Aufklärung. Ich lasse mich aber nicht darin beirren, daß Bustelli beim Modellieren des Scaramuz auf Wolrabs Hilfe angewiesen war. Man mag den Nymphenburger Scaramuz noch so oft drehen, er wird sich nur dann von seiner besten Seite zeigen, wenn sein beschwingter Tanzschritt mit dem der Nürnberger Figurine übereinstimmt. Auch der vom Trinken aufschwemmte Leib macht sie zu Brüdern. Schließlich hat man beim Staffieren selbst den bordierten Rocksaum beibehalten. (Abb. 147).

63. Vgl. Anhang II., 1.

Abb. 149

Catarina Biancolelli als Colombine

Abb. 150

Dessen ‚Lalage' (Abb. 150) ordnet sich hier mit den beiden Colombinen zu einem Affinitätsdreieck beliebig austauschbarer Gliedmaßen, Textilien und Requisiten.

Es ist Wolrab entgangen, daß dem von ihm so despektierlich geplünderten Watteau auch hier Prioritätsrechte zustanden; denn die seiner Colombine aufgepfropfte ‚Lalage' ist keine andere als Watteaus von H. S. Thomassin fils gestochene ‚Coquette' (Abb. 151). Hier wie als ‚Brigattelin' bei Probst verrät sie sich nicht zuletzt durch ihren eigenwilligen Kopfputz. Wolrab, dessen Dopplungsabsichten die Porzellanmodelleure und -Maler so zu blenden vermochten, daß sie für den Pantalon später sogar eine weibliche Pantalone aus dem kaolinhaltigen Boden stampften, hat sich hier glücklos als Kuppler versucht.

Wolrabs ferneres Verhältnis zu Watteau ist vorweg schon geklärt worden: Watteaus gleichsam wie Siamesische Zwillinge aneinander gelehnte Komödiantinnen hat er als Harlequine und La Scaramouche getrennt. Sein Bagolin ist der als Mezzetin verkannte Guitarrenspieler — und sein beschränkter Brigadel kann sich auf den Pierrot aus den Watteau-Nachstichen von Surugue und Cochin berufen.

Abb. 151

Die Melancholie der zwischen Schein und Sein, zwischen Bühne und Welt um eine ungekannte verlorene Heimat trauernden Komödianten, die in ein blühendes Arkadien flüchten, ohne Zuflucht zu finden, hat Wolrab nicht gesucht. Er und seine Zunftgenossen haben Watteau als Zuträger bildlicher Informationen betrachtet. Niemand ist gewahr geworden, daß Authentizität hier nicht mehr gefunden werden konnte.

4. Exkurs: Harlekins wahres Gesicht

Für eine authentische Harlekin-Darstellung (Abb. 152) aus dem Jahre 1722, die weder ein- noch zuzuordnen möglich scheint, kann keine Argumentation zu spitzfindig sein, wenn sie zur Klärung beizutragen verspricht.

Ein Nürnberger Programmheft von 1722 zur häufig gespielten Märtyrerin ‚Dorothea'[64] muß den Nürnberger Ratsprotokollen zufolge von einer „weißenfelds. Comoediantenbande" ausgeteilt worden sein, da keine andere Truppe in diesem Jahre nachzuweisen ist. Aus den Protokollen erfährt man, daß am 8. Juli 1722 eine „Sachsen-weißenfelsische Compagnie" um Spielerlaubnis bat. Über dieses Gesuch wollte man erst nach anzustellenden Erkundigungen rätig werden.[65] Der Ausgang ist nicht überliefert, weil eine Lücke die Protokolle bis zum Oktober unterbricht. Da aber während des ganzen Jahres sonst keine Truppe zugelassen wurde, darf man mit günstigen Bescheiden rechnen und infolgedessen vermuten, daß diese Truppe im August-September in Nürnberg spielen konnte.

Von einer am Weißenfelser Hofe akkreditierten Truppe ist sonst in diesen Jahren weit und breit nichts bekannt. Dennoch verrät ein in Wien aufbewahrtes Bühnen-Manuskript, niedergeschrieben in „Weissenfels, den 4. Apprill 1722. [von] Jacob Schumacher C.[omicus]"[66], daß sich dort zur Osterzeit tatsächlich eine Gesellschaft aufhielt. Ort und Zeit werden auf andere Weise noch bestätigt:

Der Advokat Daniel Weißenborn, Vater der Caroline Neuberin, starb am 5. März 1722 in Zwickau. Spätestens am 11. März fand sich seine Tochter wegen Nachlaßangelegenheiten dort schon ein. Sie kann also in diesen Tagen, wenn man Benachrichtigungsfrist und

Abb. 152

---

64. ‚Der Sieg und Triumph des grossen Kaysers DEOCLETIANI. Oder Die Enthauptung der Fräulein DOROTHEA. Die Nach-Comoedie wird Betitult: Die drey bezauberten Liebhaber. Anno MDCCXXII'. — Das beigelegte Harlekin-Kupfer hat wohl auch Programmen zu anderen Aufführungen hinzugefügt werden können. (Vgl. Anhang I unter „1722").

65. Hampe Bd. 2, Nr. 676 f.: nachdem die „pragerische Comoediantenbande" abgesagt hatte. — Im Juli 1722 haben sich in der Tat 22 Komödianten in Weißenfels aufgehalten (A. Werner, S. 104), die schon deswegen nicht mit der Haackischen Truppe identisch sein können, weil sich diese in Dresden aufhielt, wie aus einem der ‚Papinian'-Kopie von Haßkarls Hand (Nationalbibliothek Wien Cod. 13 161) beigehefteten Szenarium hervorgeht: „in Dresden C.[arl] L[udwig] H.[offmann] Ao 1722 d 3 July". — Augsburger Akten deuten übrigens an, daß Sophie Haack nach einem eingehaltenen Trauerjahr ihre dritte Ehe mit Carl Ludwig Hoffmann etwa im Oktober 1723 eingegangen sein wird. Das erste Gesuch vom 14. Sept. 1723 ist noch von der Prinzipalin als „Sophia Haackin wittib Königl. Pohlnische Hoff Comoediantin" unterschrieben, alle weiteren ab 8. Okt. 1723 von Hoffmann als „Dir: von d. Königl: Pohln: und Churfürstl: Sächsischen privilegirten Teütschen Hoff-Comoedianten". Das würde auch klären, weswegen etliche 1722 angefertige Textkopien spätere Zusätze und teils auf 1723 datierte Besitzvermerke des als Ehemann zum Prinzipal avancierten Hoffmann tragen.

66. Wien. Kat. II., S. 90: ‚Quando sta peggio, sta meglio — Je schlimmer es steht, je besser es geht', nach Heine (II, S. 29) von C. L. Hoffmann erweitert: „... Arlequins neue erlernte Kunst bey Hofe den Mantel nach dem Winde zu drehen'.

Dauer der Reise berücksichtigt, nicht allzu weit von Zwickau entfernt gewesen sein. Am 24. März verließ sie die Stadt wieder, um kurz darauf einem Zwickauer Adokaten eine Vollmacht zuzustellen, ausgefertigt in Weißenfels am 4. April 1722[67] — just am gleichen Tage des am gleichen Orte von dem Schauspieler Jacob Schumacher abgeschlossenen Manuskripts.

Die gleichzeitige Anwesenheit dreier Schauspieler,

---

67. Günther, S. 233 f.
68. Vom 29. 12. 1721 bis 6. 2. 1722 befand sich Haack in Leipzig (Wustmann, S. 483).
69. Schmiedecke, S. 190 f.
70. Wustmann, S. 483; 21. 4. — 16. 5. 1722 wieder in Leipzig.
71. Die Offerte der in Frage kommenden Gesellschaften ist in der Tat nicht umfangreich: David Holzward befand sich damals in Norddeutschland (Hartmann, S. 123; v. Gersdorff, S. 180; Struck, S. 25). Johann Ferdinand Beck hat ausschließlich einen Hanswurst mitgeführt, während in der ‚Dorothea' ein Arlequin die erstaunliche Zwiesprache mit dem Engel hält.
72. Stadtarchiv Bautzen: Ratsprotokoll v. 16. 2. 1722; Kämmerei Rechnungen von 1722.
73. An dieser Stelle ist zu beklagen, daß aus Uneinsichtigkeit und wegen ungerechtfertigter Geringschätzung die lokale Theatergeschichtsforschung so wenig gefördert wird, obwohl ohne diese Grundlage unsere Bemühungen das Stadium der Vorläufigkeit nicht überwinden werden. In diesem Falle mußte die gesamte mangel- und lückenhafte ortsgeschichtliche Theaterliteratur nach Art einer Springprozession überprüft werden — ein kaum noch vertretbarer wissenschaftlicher Aufwand! Es hätte sich nach gewissenhaften Vorarbeiten längst erwiesen, daß sich auch die Zahl der Wandertruppen marktgerecht nach Angebot und Nachfrage regelte und das Land nicht von Schauspielergesellschaften überschwemmt wurde, wie man im naiven Kinderglauben noch immer anzunehmen scheint. Nach zeitraubenden Experimenten hat sich herausgestellt, daß trotz eines halben Dutzend verschiedener Prinzipale an ebenso vielen Orten immer dieselbe Truppe anwesend war. — Um kein Beispiel schuldig zu bleiben, verweise ich auf die scheinbaren Wirren nach Veltens Tod. Seit 1692 scheinen bis zum Jahre 1704 etwa neu gebildete Truppen die Städte heimgesucht zu haben, u. a. Leipzig, Merseburg, Nürnberg, Dresden, Berlin, St. Gallen, München, Linz, Lindau, Hannover und Wien unter der Leitung von David Mühlstreich, Ferdinand Ägidius Paulsen, Hermann Reinhart Richter und Balthasar Brambach, wobei die Truppenleiter zu verschiedenen Zeiten am selben Ort keineswegs die gleichen waren. Letzten Endes stellt sich heraus, daß es über ein Jahrzehnt lang eine einzige Truppe war, die unter den Namen alternierender Prinzipale — wofür es mehr Gründe gibt, als hier aufgezählt werden können — ratsprotokolarisch erfaßt wurde. Das Mißtrauen hätte nicht ausbleiben dürfen, daß nach Veltens Tod — obwohl dessen Truppe unter Leitung der Witwe fortbestanden hat — plötzlich Brot genug in einem von Schauspielergesellschaften überfluteten Land zu finden gewesen sein soll.

Jacob Schumachers und des Ehepaares Neuber, während der Karwoche 1722 in Weißenfels dürfte den Aufenthalt einer Schauspielertruppe gewährleisten. Die Weißenfelser Delogirungs Acta bestätigen, daß sich seit Februar des Jahres[68] die Haacksche Truppe, zu deren Mitgliedern nicht nur die Ehepaare Neuber und Angot, sondern auch die Herren Hüllfferding und Schumann gehörten, tatsächlich am Hofe aufhielt.[69] Nichts liegt näher als Schumann-Schumacher für einen Schreib- oder Lesefehler in den Weißenfelser Akten oder eine fehlerhafte Entzifferung dort oder im Manuskript zu halten. Somit steht außer Frage, daß sich Haack und seine Gesellschaft seit zwei Monaten bis nach der Osterzeit 1722 am Weißenfelser Hofe befand, und von dort nach Leipzig zur Frühjahrsmesse weiterzog.[70]

Welche Veranlassung sollte der „poln. u. churfürstl. sächs. Hof-Comoediant" Caspar Haack auch gehabt haben, sich in Nürnberg als Prinzipal einer „Sachsenweißenfelsischen Compagnie" zu bescheiden. Wenn nun seine Gesellschaft, die so aussichtsreich für Nürnberg schien, entfallen muß, so rückt die gleichzeitig den sächsischen Raum durchstreifende Truppe von Spiegelberg auf der Liste nach.[71] Von Görlitz kommend, hatte der Prinzipal schon im Februar Genehmigung gesucht, nach Ostern in Bautzen spielen zu dürfen und nutzte die ihm gegebene Bewilligung auch für die Zeit vom 8. bis 17. April.[72] Möglich, daß ihn der vertraute Weißenfelser Hof eine Weile aufnahm, von wo dann das Gesuch nach Nürnberg gestellt worden wäre.

Diese Gründe mögen nicht zwingend sein, Spiegelberg in eine auszufüllende Lücke einzuschleusen[73], aber an Gegenargumenten ist um so größerer Mangel, als es eine Arlequin-Truppe mit Vorliebe für illustrierte Programmzettel gewesen sein muß. Daß mehr für als gegen Spiegelberg spricht, läßt nicht die Schlußfolgerung zu, daß es keine andere Truppe gewesen sein konnte.

Der Fund selbst versöhnt mit der einstweilen nicht restlos zu klärenden Herkunft; denn endlich begegnet man einem deutschen Harlekin in originali, nicht beschönigt und nicht aufbereitet nach uneigenen graphischen Schnittmustern. Die Eigenheiten einer Behelfsbühne, die bei den kümmerlichen perspektivischen Künsten des Stechers in Einzelheiten nicht überbewertet werden dürfen, bekräftigen nur, daß dieser Darstellung selbstständige Beobachtung zugrunde liegt.

Mit Erstaunen nimmt man wahr, daß die durch einen Vorhang bewerkstelligte Teilung in Vorder- und Hinterbühne noch nach einem Jahrhundert im Gebrauch und daß statt eines zu gewärtigenden Hintergrundprospektes ein schlichter Teppich der Illusion noch nicht abträglich war. Bei den seitlichen Kulissen ist mehr Vorsicht geboten. Bei den von Ort zu Ort wechselnden Bühnenverhältnissen ist es wohl nicht zu gewagt, wegen Platzmangels gelegentlich auch eine zur

Abb. 153

Wandfläche aneinandergereihte, nicht nahtlose Aufstellung anzunehmen wie auf dieser Abbildung. Auf dieses Maß an Bühnenzurüstung bei den meisten wandernden Truppen werden wir unsere Vorstellungen reduzieren müssen, wenn wir den Theaterverhältnissen um 1720 gerecht werden wollen.

Nach dem Zustand dieses Abdruckes von einer gnadenlos strapazierten und robust nachgestochenen Kupferplatte, glaube ich für eine solche Rückdatierung bürgen zu können. Auch für den Harlekin in einem schlicht gerauteten Narrenkleid mit einer wirklichen, aus einem klatschenden Doppelblatt bestehenden Pritsche statt eines simplen Holzschwertes wird man ohne Bedenken einstehen können. Dieser Harlekin unterscheidet sich ebenso wohltuend von den gelackten Abziehbildern seiner alsbald im romanischen Geist hochstapelnden Zunftgenossen wie ein um 1716 in Plaue a. d. Havel aus Steinzeug gefertigter Harlekin (Abb. 153), dem Esprit und leichtfüßige Eleganz ebensowenig beim Kleiderwechsel eingenäht wurden.[74]

Ein in Augsburg tätiger Stecher, Melchior Rein, dem es ebensowenig wie Johann Christoph Kolb, Elias Baeck oder Johann Balthasar Probst an Gelegenheit gefehlt haben kann, den Harlekin auf der Bühne seiner Stadt kennenzulernen, hat sich auf einem Monatskupfer ‚Februar' (Abb. 154) aus eben diesem Jahre 1722[75] — im Gegensatz zu seinen Kollegen — von importierten Schablonen freigehalten und einen Narren geliefert,

Abb. 154

74. Eine französische Komödiantentruppe war am preußischen Hofe nur von 1706 bis 1711 bedienstet. Mit etwa fünf Jahren Verzug dürfte sich der Modelleur eines französischen Arlequin, sofern er ihn überhaupt jemals zu Gesicht bekommen hat, um so mangelhafter erinnert haben, als er gar nicht mehr aktuell war. Ob nicht vielmehr Carl v. Eckenberg, der seit 1717 zum Günstling des Hofes aufgerückt war, diesen Harlekin in seiner Truppe mit geführt haben könnte? (Brachvogel Bd. 1, S. 77 f.; Olivier II., S. 8 ff.) — Für gescheitert halte ich den Versuch von Rudloff-Hille u. Rakebrand, die sechs Dresdner Steinzeug-Figuren als Nachbildungen einiger in Dresden aufgetretener Schauspieler zu identifizieren. Für französische Schauspieler, die als Typenvertreter von ihren zur Genüge bekannten Kostümen wenig abgewichen sind, fehlen Anhaltspunkte. Die Unähnlichkeit mit besagten Figuren kann nicht besser als durch das diesem Aufsatz beigegebene Dresdner Aquarell von 1709 (Pantalon-Arlequin-Docteur) bewiesen werden. Ich wage vorläufig nicht, diesem nach meiner Meinung unhaltbaren Versuch einen ebenso anfechtbaren entgegenzusetzen. Soviel glaube ich aber sagen zu dürfen, daß diese Figuren allenfalls an weit älteren Vorbildern orientiert wurden, letzten Endes aber doch eher den Vorstellungen von der Commedia dell'arte als ihren leibhaftigen Vorbildern entsprechen. (Rudloff-Hille/Rakebrand, S. 3—17).

75. Genealogisch-Heraldischer Staatskalender auf das Jahr 1722. Augsburg.

der sich lediglich durch eine gerautete Jacke ein harlekineskes Air gibt. Ansonsten hält er an jener nach dem Callot-Modell zugeschnittenen ‚Schlappe' fest, wie auch sein närrischer und entfernt an Scaramouche gemahnender Kumpan noch die althergebrachten diagonal gestreiften Beinkleider bevorzugt. Auch ein von Johann Christoph Dehne 1726 ins Titelblatt zu Picanders ‚Ertz-Säufer' gestochener Harlekin[76] (Abb. 155), der sich auf Nürnbergs Bühne jahraus, jahrein vor Dehnes Augen tummelte, folgte dem Pariser Narrenmode-Diktat nur sehr nachlässig.

Sollten die von Melchior Rein einbezogenen Kostümrelikte nicht als Hinweis ernst zu nehmen sein, daß selbst zu dieser Zeit eine einheitliche Harlekinstracht noch keineswegs selbstverständlich war, wie suggestiv die Zunft der geschäftigen und geschäftstüchtigen Stecher und Verleger auch irrezuführen vermochte?

Da sich die Zweifel an einem adaptierten und die deutsche Bühne verwahrlosenden Théâtre Italien — vereinfachend und fälschlich Commedia dell'arte genannt — unaufhörlich häufen, sollte man da nicht mit falschen Propheten rechnen, wenn obendrein auf Harlekin und Scaramutz gezielt Anfeindungen die Regel waren?

Gottsched hätte sich in die Verzweiflung eines von Rachegeistern gehetzten Orestes hineinsteigern können, geplagt und gepeinigt von Erinyen, die Johann Georg Puschner (1716), Elias Baeck (um 1720), Johann Christoph Kolb (1722), Christoph Weigel (um 1722), Johann Jacob Wolrab (1723), Johann Balthasar Probst (1729) als Schwärme zeugungswütiger Theatralgeister Bonnart, Le Pautre, de Ram, Mariette, Gillot, Valck, Schenck, Watteau, Lancret, Pater abgelockt hatten. Trotz vielfältiger Kreuzungen, Spaltungen, Amputationen, Verstümmelungen blieb ihre Zeugungskraft durch hingebungsvolle Hege und Pflege ungebrochen und ihre Neigung zur Inzucht erhalten. Als Eumeniden schwärmten sie von Nürnberg und Augsburg in bedruckten Papierschwaden über das ganze Land aus. Deutschland schwelgte seit 1720 in einem wahren Rausch ‚welscher' Theaterillusionen aus Papier und Druckerschwärze.

Wem würde nicht auffallen, daß Gottsched außer an Harlekin allenfalls noch an Scaramutz, die er beide dreimal jährlich während der Leipziger Neujahrs-,

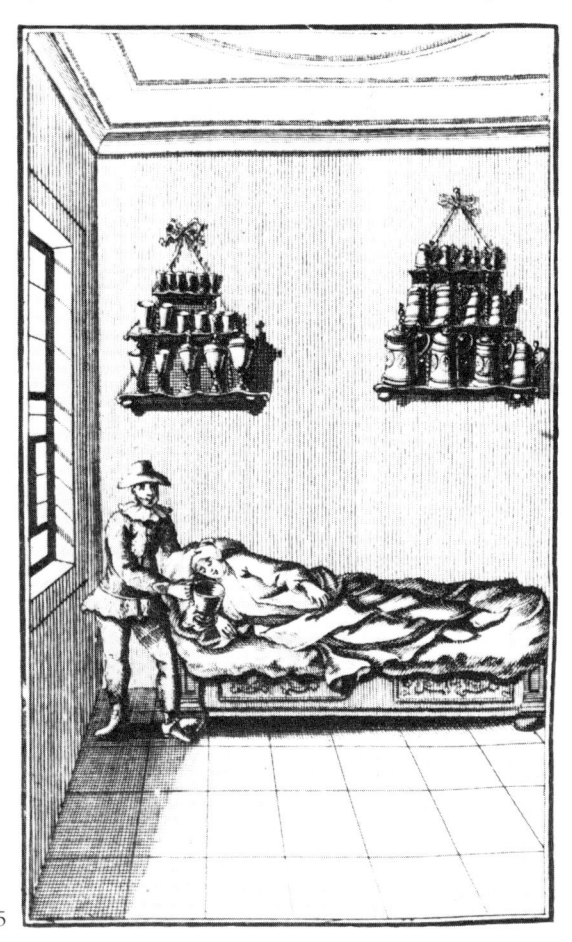

Abb. 155

Frühjahrs- und Herbstmessen jeweils an zehn bis vierzehn Aufführungstagen verabscheuen konnte[77], seine Wut ausgelassen hat? Und wem würde nicht dämmern, daß er sich an einem Sündenbock schadlos hielt, um die (Papier-)Furien zu schrecken, die, wie er sich einbildete, die deutschen Bühnengerüste umflatterten?

Commedia dell'arte in Deutschland? Puschner, Baeck, Kolb, Gebrüder Weigel und Witwen, Wolrab, Probst, Wachsmuth, Engelbrecht wußten von keiner!

76. Teutsche Schau-Spiele, bestehend in dem Academischen Schlendrian, Ertz-Säuffer und der Weinprobe. Berlin, Franckfurth und Hamburg 1726.
77. Gottsched hat bis in die dreißiger Jahre in der Tat nur 30—50 Aufführungen jährlich besuchen können, wenn keine einzige der fast ausschließlich von den Prinzipalen Hoffmann und Neuber veranstalteten Vorstellungen von ihm versäumt worden wäre. Eine gründliche Kenntnis des allgemeinen Theaterwesens muß ihm entschieden abgesprochen werden. (Vgl. Wustmann, S. 483—485).

Kapitel 5

DER AUFGEKLÄRTE GEIST
UND DIE GEISTERAUSTREIBUNG

Gottsched hatte bis zur Übersiedlung 1724 nach Leipzig nach eigenem Geständnis noch keiner Schauspiel-Aufführung beigewohnt.[1] Als er während der Neujahrsmesse 1725 von der Haackschen Truppe den ‚Cid' spielen sah, wurde dieser als ein Werk Corneilles unbeanstandet hingenommen. Nicht die Aufführung, sondern das Verhalten der Zuschauer fand er damals tadelnswert.[2] Auch seine Theaterbesuche während der Herbstmesse 1725 gaben zu mehr Lob als Tadel Anlaß, ausgenommen einige Stücke, die „nach dem läppischen und phantastischen Geschmacke der Italiener eingerichtet" waren; „Scaramutze und Harlequin sind mit ihren Possen allezeit die Hauptpersonen darinnen, und diese verletzten mit ihren zweydeutigen Zoten alle Regeln der Sittsamkeit und Ehrbarkeit".[3]

Diese Harlekinspossen mögen ihn wegen mangelnden Wohlverhaltens enttäuscht, aber keineswegs so in Harnisch gebracht haben, wie er es später in der Vorrede zum ‚Cato' (1732) hinzustellen versuchte: „Lauter schwülstige und mit Harlekinslustbarkeiten untermengte Haupt- und Staatsactionen, lauter unnatürliche Romanstreiche und Liebeswirrungen, lauter pöbelhafte Fratzen und Zoten waren dasjenige, so man daselbst zu sehen bekam".[4] Seinem Sinneswandel war das verspätete Studium französischer Dramatiker und Theatertheoretiker vorausgegangen, woraufhin ihm beim Vergleich von gelesenen mit gespielten Stücken nun erst „das Licht nach und nach aufging"[5], das Licht französischer Dramentheorien, das die deutschen Bühnenpraktiker erleuchten sollte.

Wann ihn dieses Irrlicht zu blenden begann, hat er verschwiegen. Wenn er es rückblickend auch so darzustellen versuchte, als sei diese Einsicht zeitlich mit dem Beginn der Neuberschen Prinzipalschaft zusammengefallen, so steht dem entgegen, daß er sich noch Ende 1728 zum gemäßigten Anwalt des Harlekin machte: „Der müste sehr arm an guten Einfällen seyn, der nicht bey so vielen närrischen Begebenheiten, so auf der Bühne vorkommen, irgendwas lustiges sagen könnte, ohne die Regeln der Erbarkeit zu verletzen. Zu schweigen, daß in regelmäßigen Comödien der Verfasser oder Poet selbst der lustigen Person die meisten Schertzreden in den Mund leget. Ich rede also hier von einem lustigen Harlekin, nicht aber von einem unflätigen Hans Wurste, der mit Quacksalbern, Taschenspielern, Marionetten und Marckschreyern von Dorf zu Dorf herum ziehet. Man weiß wohl, daß diese Art von Leuten ihre Scharfsinnigkeit in Zoten, und ihren Witz in einer mehr als bäurischen Umfläterey sucht. Dieselben mag ich also nicht vertheidigen".[6]

Nach wie vor nahm er natürlich an den Zoten Anstoß, ohne aber die Stegreifposse oder das Extemporieren von Grund aus zu verdammen. Von regelmäßigen Stücken zu reden, deren meiste Harlekinspossen vom Verfasser festgelegt seien, schließt die Duldung von Stegreif-Gepflogenheiten ein. Sollte das am Ende auf einen Kompromiß mit Gherardis Sammlung hinauslaufen? Dort waren ja „regelmäßige Comödien" zusammengetragen worden, in denen „der Verfasser oder Poet selbst der lustigen Person die meisten Schertzreden in den Mund" gelegt und selten nur Anweisung zur Improvisation gegeben hatte.

Es soll Gottsched nicht das Wort im Munde verdreht werden; aber auch später wußte er stets zu vermeiden, Stellung zum Verhältnis von deutscher Bühne und Théatre Italien zu nehmen. Obgleich letzteres inbegriffen war, wenn er verallgemeinernd auf das ‚Welsche' auswich, so hat er sich doch nicht weiter vorge-

---

1. Cato, Vorrede, S. 43.
2. Tadlerinnen (1725), S. 139 ff.
3. Tadlerinnen (1725), S. 348.
4. Cato, Vorrede, S. 43.
5. Ibd., S. 45.
6. Gottsched V (1728), S. 140. In der Critischen Dichtkunst (Gottsched, S. 653) liest es sich schon anders: „... ein Poet setzet sich wirklich in Verdacht, als verstünde er sein Handwerk, das ist, die Satire nicht; wenn er ohne die Beyhülfe eines unflätigen Poßenreißers, nichts lustiges auf die Schaubühne bringen kann".

wagt, als daß „ein Mondenkaiser, eine Spirito Foletto, ein Lederhändler aus Pergamo und unzählige andere [Stücke], davon das Theatre Italien voll ist, ... diesen Geschmack sattsam bekannt machen".⁷ Es mag ihm unklug geschienen haben, sein Arrangement mit der französischen Dramatik unter ausdrücklichen Vorbehalten zu treffen.

Statt seiner deutete 1724, als Gottscheds Theaterbesuche noch an einer Hand aufzuzählen waren, ein Gelegenheits-Librettist im Vorwort zu dem von Telemann für die Hambuger Oper komponierten Einakter ‚Il Capitano' an, daß die „Caracteres ..., die durch das bekannte Theatre Italien sich auch in Teutschland bereits lachens-würdig genug gemacht haben"⁸, auf der deutschen Bühne schon alteingesessen seien. Auch die in diesen Jahren zwischen 1720 und 1725 serienweise auf den Markt geworfenen graphischen Produkte haben bisher glauben machen können, daß die deutsche Bühne einer Filiale des Théatre Italien geähnelt habe.

Zieht man das Rigaer Manuskript von 1719 zu Rate, in welchem die Rollen mit Pantalon, Anselmo, Cynthio, Arlequin, Aurelia, Columbina, Scapin, Isabella, Bruna besetzt sind⁹, so würde dem Hamburger Textdichter beigepflichtet. Andererseits muß es stutzig machen, daß der „Wienerische Comoediant" Johann Heinrich Brunius 1727 in Brünn außer mit „einer sehr beliebten lustigen Person" — die, wie wir wissen, Hanswurst hieß — nur noch „mit einem sehr ingeniuesen Pantalon" aufwarten konnte.¹⁰

Über das Personal Eckenbergs hat Steinwehr an Gottsched am 14. August 1735 aus Berlin mit ebensoviel Abscheu berichtet wie über die Anwesenheit des preußischen Königspaares mitsamt Hofgesellschaft bei diesen Aufführungen: „Interim sunt ex prudentioribus, qui retulerunt comoedias quasdam ex theatro Italico excerptas ac olim a sese lectitatas tam misere tamen exhibitas, vix ut cognoscere potuerint. Illi quam spectabam et Pantalon et Scaramuzzo et Arlequino et Johannes Farciminalis ornamento erant".¹¹

Daß ihm die Stücke schlecht ausgewählt schienen, versteht sich von selbst; denn welches Stück aus dem ‚Théatre Italien' hätte wohl nach seinem Geschmack sein können? Daß sie bis zur Unkenntlichkeit verstümmelt gewesen sein sollen, wird man Steinwehr bestätigen müssen, nachdem ein schon erwähntes Exemplar der von Schilde bearbeiteten und bei Hofe auch aufgeführten Gherardi-Stücke die Zeiten überstanden hat, „abgeschrieben von Joanne Petro Hilverding unter denen Königl. Preusischen Hoff-Comoedianten so genante Pantalon. A. 1733 den 18. August", jenem von Steinwehr nicht namentlich genannten Pantalon-Darsteller. Schon der Titel läßt befürchten, daß ‚Les deux Arlequins' Gewalt angetan worden war: ‚Die durch die Wunderwürckende Natur gleich Formirte Zwillinge oder Hanns-Wurst der lustige Intrigant zwischen der Erbschaft zweyer Brüder. Auß dem frantzösischen Gerhardi herausgezogen und Auf das teutsche Theater gebracht von Joanne Georgio Schilde'.

Der Bearbeiter hatte die Fabel auf die plattesten Verwechslungssituationen zwischen Carl und Friedrich la Roche — statt Arlequin cadet und Arlequin aîné! — reduziert, den Pierrot durch Hanswurst abgelöst und diesen im Geist des herkömmlichen deutschen Spaßmachers aufgerüstet. Von Schilde (oder Hilferding?) ist keine Gelegenheit versäumt worden, Ähnlichkeiten mit dem ‚Théatre Italien' auszulöschen, so daß dieses eines der Stücke hätte sein können, daß als Entlehnung aus dem „theatro Italico" allenfalls durch die geographischen Bezüge verdächtig gewesen wäre.¹²

Selbst Hilferding — wegen seines Pantalon-Beinamens beleumundet, der Commedia dell'arte besonders zugetan gewesen zu sein — hatte dieses Produkt

---

7. Gottsched I, S. 639.
8. Zitiert nach Wolff Bd. 1, S. 109 ff.
9. Bolte II, S. 479.
10. d'Elvert, S. 44; Leisching, S. 6; Trautmann I, S. 93.
11. Steinwehr stand mit seiner Meinung über Eckenbergs Ensemble nicht allein. Die Markgräfin Wilhelmine von Bayreuth pflichtete ihm in einer Notiz vom 1. Juli 1733 bei: „Die einzige Zerstreuung ... war das deutsche Schauspiel, bei dem alles vor Langeweile einschlief. ... dies Hundeschauspiel ... Es wurde an einem Ort gegeben, der früher als Rennbahn gedient hatte und nur zwei Zugänge besaß, derjenige, den wir benutzten, führte durch die Stallung, die man durchschreiten mußte, um zu einem kleinen und so schmalen Korridor zu gelangen, daß kaum eine Person allein darin Platz hatte". Auch über das Spiellokal, Theater auf dem „Stallplatz" genannt, war sie nicht gerade des Lobes voll (Memoiren der Markgräfin Wilhelmine von Bayreuth. Bd. 2, Leipzig 1910, S. 60 f.).
12. Ein weiteres verhanswurstetes, von Fatouville verfaßtes Stück aus Gherardis ‚Receuil' (Tome III) spielte Johann Ferdinand Beck 1730 in Zürich: ‚La Fille Sçavante Oder Das Gelehrte

Schildes einer Kopie gewürdigt! Daß man trotz Hilferdings Anwesenheit berufenere Wiener Theaterleute eigens nach Berlin beordern mußte, um gepanschte ‚Gherardis' zuwege zu bringen, belastet nicht nur diese Wiener Theaterleute, sondern auch den preußischen Hof und alle angeblich der ‚welschen' Bühne nahestehenden hochdeutschen Komödianten gleichermaßen. Dieser zwar grob scheinende, in einem theaterkundlich völlig verkarsteten Gelände aber noch als repräsentativ zu wertende Querschnitt bestürzt durch die Enthüllung, daß zu jener Zeit Theater-Produzenten und -Konsumenten dem Geist des ‚Théâtre Italien' keineswegs verfallen, sondern gegen ihn geradezu gefeit waren.

Klage über den willkürlichen Mißbrauch derjenigen Stücke, "quasdam ex theatro Italico excerptas ac olim a sese lectititas tam misere exhibitas, vix ut cognoscere potuerint", hat einzig Steinwehr im Namen des gegnerischen Lagers geführt, weit entfernt, sich zum Anwalt Gherardis machen zu wollen. Für eine blindwütige Hetze gegen ein ‚welsch' verseuchtes — geschweige denn durch Gherardi gefährdetes deutsches Repertoire — fehlen, je näher die Stunde der von der Neuberin angezettelten Harlekin-Exmission rückt, alle Anzeichen.

Ein einziges Mal nur bezog die Neuberin in das komische Stammpersonal der deutschen Bühne andere Personnagen ein als Harlekin und Hanswurst, und zwar 1737 in dem von ihr verfaßten Straßburger Vorspiel:

...Es soll der Harlekin,
Der Pantalon, Hans-Wurst, der Rüpel und Scapin
In meinem Trauerspiel die Freuden-Kleider tragen,
Und jeder soll davon oft auch ein Zötgen sagen.[13]

Mit Ausnahme von Rüpel und Scapin ist die Nomenklatur schon geläufig. Obwohl Riepl außerhalb Wiens keine Karriere machte, muß es zu denken geben, daß der Neuberin in der Gesellschaft Pantalons und Harlekins auch dieser Kumpan des Stranitzky-Hanswurstes konvenable war. Der in diesem Jahre noch fällige Harlekin-Pogrom gerät dabei in ein trübes Licht und ernüchtert mehr als die Skrupellosigkeit, in Stranitzkys Haupt- und Staatsaktionen neben Hanswurst und Riepl auch einen Scapin ein- und ausgehen zu sehen."[14]

Nie hat die Neuberin vorher so ausdrücklich wie in einer Bewerbung nach Bremen vom Mai 1739 betont, daß in ihren "nach den vernünftigsten Regeln" eingerichteten Lust- und Trauerspielen "weder der unnatürliche Harlekin, noch der grobe und unflätige Hans-Wurst" geduldet sei.[15] Konnte sie sich den Bremer Senat trotz der Empfehlung, den rüden Spaßmachern den Abschied gegeben zu haben, auch nicht gewogen machen, so war ihr andererseits die Formelhaftigkeit des gepriesenen Vorzugs längst bewußt. Noch bevor diese Zeilen zu Papier gebracht wurden, hatte sie ihren Hamburger Zuschauern die Ursache ihrer Niedergeschlagenheit anvertraut:

Die Lust soll ehrbar seyn, bezaubernd und gelehrt,
Ich wünsch es auch und hab es lange schon begehrt,
Allein umsonst gesucht. Den Harlekin zu finden,
Der alle Herzen soll mit Kunst und Lust verbinden,
Der allen alles soll, und jedem etwas seyn,
Der tritt wohl künftig erst auf dieser Erde ein.[16]

In welches ausweglose Labyrinth sie sich begeben hatte, seit Gottscheds Programm das ihre geworden war, enthüllt die von tiefer Resignation diktierte Zeile:

Frauenzimmer, mit Hans Wurst, Einem kurtzweiligen Läuffer, Einer lächerlichen Gräfin Marlette, Einem Lustigen Officier auß dem dreißig jährigen Krieg. Und endlich Einem possierlichen Dragoner-Hauptmann' (Fehr, S. 81). Der Titel läßt ahnen, auf welche Weise mit ‚Gherardi' umgesprungen worden ist: Hanwurst als „lächerliche Gräfin" entspricht dem Arlequin „en Veuve"; als „Dragoner-Hauptmann" übernahm er wohl den Part des L'Arc-en-Ciel; als „Officier auß dem dreißig jährigen Krieg" den des Mezzetin „en Sergeant" [Capitano?]? — Wie hätte man ohne diesen Zettel jemals erfahren, daß auch das 1741 in Frankfurt a. M. von Wallerotty gespielte Stück ‚Arlequin die affectirte Gräfin Marlet, und Hans Wurst der lustige Dragoner-Hauptmann' aus dem ‚Gherardi' stammte? (Mentzel, S. 452: 1. 8. 1741).

13. Schlenther II, S. 461.
14. Riepl und Scapin waren Hanswursts Partner in den von Payer von Thurn herausgegebenen Stücken: Riepl im I. Teil, S. 1, 70, 404; II., S. 320 — Scapin im I. Teil, S. 70, 328; II., S. 252, 320.
15. Tardel, S. 291. — 1751 betrachtete sie ihren Versuch, „die Comoedien von allen Arlequins und Hanß Wursten rein zu machen", als gescheitert (Stadtbibliothek Zürich, vgl. im 2. Teil: I. unter „1751"). — Die Erläuterung, „warum der Arlequin und H- W- den Geschmack so stark beleidigen", pflanzte sich als Gottscheds Echo jahrzehntelang fort: „weil sie kein Original im gemeinen Leben haben" (Neue Erweiterungen [1755], 34. Stck., S. 355).
16. Hamburg 1739, Abschrift aus Ekhofs Nachlaß Bl. 156 A — 157 B, zitiert nach Daunicht, S. 47.

„So weit und weiter nicht hab ich es bringen können". Statt Lorbeers erwartete sie nur noch Belobigung dafür, in einem ungleichen Kampf die Waffen nicht gestreckt zu haben.

Wie ungerüstet man zu Felde gezogen war, wie hoch zu Roß und wie wenig fest man im Sattel saß, wie hilflos man den Finten und Winkelzügen eines Harlekin ausgeliefert sein konnte, zeigt ein sarkastisch anmutender Vorfall, der Gottsched als Harlekinsprotektor diffamierte. Kaum lag mit dem 2. Band der ‚Deutschen Schaubühne nach den Regeln und Exempeln der Alten' (1741) die erste gedruckte Holberg-Übersetzung für die deutsche Bühne vor, so gab sie auch schon Anlaß, mit Gottsched Schabernack zu treiben.

Mit gnädiger Bewilligung Eines Hoch-Edlen und Hoch-Weisen MAGISTRATS, Werden die Allhier subsistirende Hoch-Teutsche Comödianten, Heute Donnerstags Eine nach der vollkommenen Theatralischen Regul mit besonderer Mühe componirte PIECE-COMIQUE aufführen, betitult: IEAN DE FRANCE, Oder: Der Teutsche Frantzose, Wobey Arlequin unter dem Nahmen Pierre des Jean de France Diener, ingleichem Hauß-Wurst als ein Hauß-Knecht, nicht weniger Martha eine Dienst-Magd, welche sich bey dem Jean vor eine Frantzösische Dame ausgiebt, mit besonderer Lustbarkeit aufwarten werden.

Avertissement.

Dieses Lust-Spiel ist aus dem Dänischen des Herrn Professor Hollbergs von Hn. M. George August Detharding übersetzet, nach diesem aber von J. C. Gottscheden nach denen wahren Theatralischen Regeln herauß gegeben worden, und ist solches in der That ein Werck, welches so wohl ein zahlreiches Auditorium als besondern Applausum verdienet.

Unsere Sängerin wird mit einer Aria, unsere Tänzer aber mit 3. Tänzen aufwarten.

Den völligen Beschluß machet eine extra lustige Nach-Comödie, Betitult:

ARLEQUIN die böse Gretha.

NB. Es dienet zur Nachricht, daß Parterre nur 6. Batzen. Auf dem andern Platz 4. Batzen. Und auf dem letzten Platz 2. Batzen bezahlt wird.

Die Stunde wird gesetzt um 4. Uhr, mit Versicherung daß puncto 5. Uhr der Anfang, und längstens um 8. Uhr der Schluß gemacht werden soll.

Der Schau-Platz ist in der grossen neuerbauten Hütte auf der Bockenheimer-Gaß.
NB. Es sind auch Logen monatlich, wochentlich, oder täglich zu verlehnen. und ist allezeit bey jeder Loge ein Bedienter frey.

Der Leipziger Herausgeber des ‚Jean de France' hatte sich im Vorwort übertriebene Hoffnung gemacht, daß „künftig alle solche deutsche Franzosen, davon es eine zeitlang in Deutschland gewimmelt hat, bey allen, die dieß Stück lesen, halb unehrlich gemacht werden".

Dem Prinzipal Wallerotty konnte nichts gelegener kommen, als sich schon 1741 in Frankfurt am Main scheinheilig mit diesem „von J. C. Gattscheden nach denen wahren Theatralischen Regeln" herausgegebenen Holbergschen Lustspiel brüsten zu können. Er konnte aber andererseits nicht unterlassen, im gleichen Atem dieser Regeln abgründig zu spotten, indem er durch „Arlequin unter dem Namen Pierre des Jean de France Diener, ingleichen Hanß-Wurst als ein Hauß-Knecht ... mit besonderer Lustbarkeit" die für ihn berufsschädigenden Gottschedschen Bestrebungen ad absurdum führte.[17] Man glaube doch nicht, daß Wallerotty aus Unverstand in diesen Widerspruch hineingestrauchelt sei!

Wenn Gottsched fast gleichzeitig (1740) behaupten konnte, „daß man auf der neuberischen Bühne weder den Harlekin, noch Scaramutz, noch die anderen Narren der Welschen, mehr sieht oder nöthig hat"[18], andererseits aber gesichert ist, daß die Neuberin noch 1741 Le Nobles ‚Esope' dem Repertoire einverleibte[19], so muß auch — mit Vorbehalten — der sonst wohlinformierte anonyme Verfasser der ‚Probe Eines Heldengedichtes' (1743) zu Worte kommen: „Höret wohl ein Mensch in ihren Schauspielen das Wort Harlekin nennen? Klinget nicht Bartel, Valentin, Crispin viel besser? Die Verehrer des Harlekins dürffen sich Derohalben nicht daran stossen; in ihren meisten Stücken kommen Harlekinaden vor, nur daß man anstatt eines buntschäckigen Lustigmachers bey ihr einen hölzernen vierschrötigen Diener in Bauern-Kleidern findet".[20]

Bei dieser Sichtung hat der vom Théâtre Italien nicht erschütterte deutsche Hang zum Solo-Narren sich als ursprünglich, wenn auch manipulierbar erwiesen. Scheinbare Vertreter einer Typen-Komödie entpuppen sich als ein durch oberflächliche Zugeständnisse an das Théâtre Italien gegen eben dieses Théâtre Italien immunisiertes, vom Klub-Geist beseeltes Komiker-Kollektiv, das Art und Zahl zugehöriger Spaßmacher nach inhärenten Satzungen geregelt zu haben scheint.

Was Steinwehr bei Eckenberg beanstandete: Harlekin, Hanswurst, Pantalon und Scaramouche — war keine aphoristische Auswahl, wie man glauben könnte. Auch die an einer Hand aufzuzählenden Narren des von Caroline Neuber verfertigten Straßburger Vorspiels: Pantalon, Harlekin, Hanswurst, Scapin — den Versfuß füllenden Rüpel beiseite zu lassen — fügen sich in ein latentes Schema, das erstmals 1742 von Adam Gottfried Uhlich kommentiert wurde:

Man sahe den *Hanswurst* in jeder Handlung lachen,
Der dumme *Pierot* verdarb die guten Sachen,
Der *Pantalon*, der deutsch-italiänisch sprach,
Kam mit dem *Arlequin* beständig hinten nach.
Und kurz: ein Spiel galt nichts in den vergangnen Jahren,
Wenn in denselben nicht vier gute Narren waren.[21]

Ein noch späteres Zeugnis aus der Zeit um 1750 — jener irrtümlich für eine Neubersche Aufführung im Nürnberger Fechthaus beanspruchte Kupferstich aus der ‚Angenehmen Bilderlust' — beharrt nicht allein durch die Überschrift des beigegebenen Sechszeilers auf dieser Vier-Zahl:

---

17. Abbildung bei Roos. Weil der Zettel den letzten Krieg nicht überstanden hat, empfahl sich ein Wiederabdruck, S. 164.
18. Gottsched VI, 6. Bd. 1740, 23. Stck.
19. Gherardi, Tome III; zitiert nach Reden-Esbeck, S. 265.
20. Nach Reden-Esbeck, S. 280. — Bei dieser Gelegenheit soll darauf hingewiesen werden, daß diesem infamen Produkt einer chronique scandaleuse außerordentlicher Wahrheitsgehalt zuzubilligen ist. Stellvertretend für weitere Beweise muß es genügen, daß der kundige Schreiber nicht nur von der in Braunschweig, sondern von der dort in St. Blasius stattgefundenen Trauung der Neubers wußte. Schönemann bestätigte unfreiwillig in einem Brief vom 3. 5. 1743 an Gottsched, daß es mit einem im Spottgedicht erwähnten Diebstahl des bei der Neuberin engagierten Komödianten R., der Schönemann zufolge Reibehand zu lesen ist, seine Richtigkeit habe (H. Devrient, S. 71). Nicht zuletzt wegen aller zuverlässigen Informationen wird Schönemann in den Verdacht geraten sein, „die elende Charteque auf die Neuberinn" — wie er sie nannte — verfaßt zu haben (ibd.). Es ist anzunehmen, daß entweder der Autor selbst oder aber dessen Informant ‚vom Bau' war, womöglich der Neuberschen Truppe angehört hatte und auf böswillige Art nun eine alte Rechnung begleichen wollte. Trotz aller Perfidie können wir es uns nicht leisten, das Pamphlet angewidert beiseite zu legen. Bei gehörigen Kenntnissen sollte ein Aussieben brauchbarer Berichterstattung, an der wir großen Mangel leiden, nicht unmöglich sein.
21. Das von der Weisheit vereinigte Trauer- und Lustspiel. (Hamburg 1742), Br.

Abb. 156

Die vier Narren

Wer uns sieht, der muß gleich lachen,
bloß weil wir das vorstellig machen,
wofür man uns doch selbst nicht hält.
Am Ende: Wenn man es betrachtet,
so ist diß Spiel, zwar ohnverachtet,
mit Narrheit meistentheils bestelt.

Was diese Verse an Aufzählung schuldig bleiben, macht das alle „Vier Narren" darstellende Szenenbild (Abb. 156) wett.[22] Man erkennt darauf Pantalon, Harlekin, Hanswurst und — wenn es der Stecher nicht schon vermochte, vom unwissenden Illuminator verunklärt — als vierten einen Scaramouche (— oder Scapin? — oder Pierrot?)[23]

‚Der Sieg der Schauspielkunst', ein anonymes, 1747 in Braunschweig gedrucktes und wohl im Herbst desselben Jahres von Schönemann dort aufgeführtes Vorspiel, hat Carl Schüddekopf Johann Christian Krüger zugeschrieben. Zweifel an Krügers Urheberschaft wären schon ausgeräumt, wenn man das bescheidene Werk für eine vielleicht von Schönemann eilig bestellte Arbeit nimmt, um den Herzog für fernere Gesuche gnädig zu stimmen. Auf dieses Vorspiel hatte Schüdde-

22. Dieser noch immer für einen Nürnberger Aufenthalt der Neuberin um 1730 herangezogene Kupferstich hat auf die Zeit um 1750—1760 vordatiert werden müssen. Daß uns eine Illusion genommen werden würde, war angesichts eines mit Harlekin gleichzeitig ausgerechnet auf ihrer Bühne agierenden Hanswurst unschwer vorauszusehen.
23. Nicht ohne Grund hat G. Schöne die Hälfte der „vier Narrenfiguren, von denen Pantalone und Harlekin zu erkennen sind" (Abb. 27), unbekannt gelassen. Nur auf einem unkolorierten Blatt sind die sonst teigig zugeschmierten Figuren zu identifizieren: rechts hinten = Hanswurst; vorne rechts = Scaramouche [?].

kopf schon 1897 aufmerksam gemacht[24], bevor er es 1902 ausführlicher behandelte. Seither hat man sich seiner Entdeckung wiederholt erinnert und ist übereingekommen, dieses Vorspiel dem Geiste nach für eine Wiederholung des Leipziger Verbannungsspieles zu halten.[25] Diese Entstellung hat also nicht Schüddekopf allein zu verantworten, wenn er auch nicht ohne Absicht seine Auszüge um eine Erwähnung der häufiger darin genannten Neuberin gekürzt zu haben scheint.

---

24. Schüddekopf I, S. 85; Schüddekopf II, S. 145 ff. — Auch Gottsched III (Nöth. Vorrath 1757, S. 326) hat dieses ‚Vorspiel' erwähnt; Heitmüller (II, S. 86) sprach es wegen eines gleichlautenden Titels irrtümlich Uhlich zu (Nürnberg 1749, abgedruckt bei Hysel, S. 35—41) und berichtigte zu Unrecht Gottscheds Angabe.

25. Sasse, S. 10 f.; Knudsen, S. 177; Promies, S. 15.

26. Daß der Verfasser im Jahre 1747 das Lied der Neuberin, Schönemanns Todfeindin, so laut singen durfte, ist nicht die einzige Ungereimtheit. Unauflösbar dunkel muten folgende Verse an:
   Spielt, doch kein Possenspiel, das nicht zusammenhängt,
   Wie neulich Nasewei8 sein Krauter Muß vermenget,
   Bis eine Misgeburt, ein Spiel, zum Vorschein kam,
   Und ihn sein bisgen Witz bey allen Klugen nahm.
   Wie lahm, wie elend klang der iungen Knaben Schertzen.
   Oft schwiegen sie auch still und schämten sich von Herzen.
   Oft lachten sie dabey und alles über uns.
   Wenn nur ein lustig Wort dem Gegenteil entwich.
   . . . . . . Ihr Knaben, wie so kühne,
   Wer nicht die Kunst versteht ‚der bleibe von der Bühne . . .
Doppelt soviele Reime als die hier zitierten um ein Kindertheater zu machen und sich in diesem Zusammenhang obendrein auf die verhaßte Neuberin zu berufen, setzt einen gewichtigen Anlaß voraus. Sollte der berüchtigte Nicolini, der zwar erst ab 1749 in Braunschweig beurkundet ist, dann aber über zwanzig Jahre des Theaterwesen dieser Stadt kontrollierte, mit seinen abgerichteten Scaramutz- und Harlequin-Kindern sein erstes Gastspiel hier im Sommer 1747 gegeben haben — obendrein vielleicht in dem von Schönemann erstrebten Opernhaus? Krügers gereimte Vehemenz spräche dafür. Eine Rivalität Nicolini-Schönemann war in diesem Jahre schon in Breslau entstanden, als Nicolini Schönemanns wegen abgewiesen wurde (H. Devrient, S. 139).

27. Daß die exemplarische Ausbürgerung des Harlekin 1737 stattfand, ist einzig durch Ekhof überliefert. Creizenach wies darauf hin, ohne gewahr zu werden, daß diese Jahreszahl durch Löwens Theatergeschichte (1766) verbreitet worden sein muß (Creizenach II, S. 21 f.). Daß Löwen sie hinwiederum Ekhof verdankte, kann sich erst sehr viel später herausgestellt haben, denn in dem von Reichard veröffentlichten Ekhof-Brief (1781) hatte sich statt 1737 der Druckfehler 1707 eingeschlichen (Ekhof, S. 90). Rost, der 1742 in seinem ‚Vorspiel' erwähnte, daß die Neuberin „Den teutschen Harlekin

---

Der Inhalt des mit Huldigungstiraden an Herzog Karl gestreckten Vorspiels ist schon wiedergegeben, wenn man nur jene auf die Neuberin bezüglichen Stellen auswählt.[26] — Nach Philocomus, der einem Schauspiel beizuwohnen hofft, tritt ein mißvergnügter, sich selbst auch „Hanswurst" nennender Harlekin auf, noch immer wegen des vor einem Jahrzehnt über ihn verhängten Banns ergrimmt:

Ein Weib, ein falsches Weib, soll mich aus Deutschland iagen,
Nein, tapfrer Harlequin, das solt du nicht ertragen.

Seine aufgestaute Wut möchte er an dem versteinert scheinenden Philocomus auslassen:

Dies Bild, stell ich mir vor, sey die verhaßte Frau,
So machts mein Zorn mit ihr. So schlug und sagt ich, schau
Verwüsterinn . . . (Will Philocomus schlagen),

was diesen schleunigst wiederbelebt, um Harlekin gehörig zu maßregeln:

. . . ieden klugen Sinn,
Misfällt dein wüster Schertz und nicht allein der Neuberin.

Harlekin glaubt sich verleumdet und muß diese Ungeheuerlichkeit seinem schon ungeduldig erwarteten Kumpanen Scaramutz unverzüglich berichten:

. . . wir würden nicht geehrt,
Und was die Neuberinn, vorzeiten spielte, wehrt.

Nachdem ihre müden Lazzi den Philocomus ebensowenig überzeugt haben wie dessen schulmeisterlichen Phrasen sie, versucht nun die hinzugekommene ‚Schauspiel Kunst', ihnen mütterlich zu raten:

Doch seyd ihr etwas klug, so folget Leipzigs Sinn,
Schmei8t auch ihr in dieser Stadt die bunten Kleider hin.

Ihre fürsorgliche Empfehlung nehmen beide widerspruchslos an, schlüpfen aus den Narrengewändern und lassen sich, neu eingekleidet, folgende eindringliche Weisung, die Schüddekopf uns vorenthalten hat, mit auf den Weg geben:

Folgt nicht der Neuberinn, und laßt euch nicht veriagen.
Verändert euren Geist . . . .

Dieses Vorspiel unterscheidet sich also grundsätzlich von dem der Neuberin, weil deren Harlekin — wie hier unmißverständlich gesagt ist — nicht überredet, sondern exmittiert wurde. Der Verdacht liegt nahe, daß Schüddekopf diese letzte Erwähnung der Neuberin ausklammerte, um sein Argument, auch in Leipzig sei das Kleid gewechselt worden, nicht zu gefährden. Alle Mutmaßungen, daß die Neuberin sich schon vor 1737 außerhalb Leipzigs des Harlekin expressis verbis entledigt haben, oder daß ihr Verbannungsspiel mit dem 1738 in Hamburg aufgeführten Stück ‚Der alte und der neue Geschmack' identisch sein könnte, finden durch dieses Vorspiel keine Nahrung. Sein Wert liegt in der Bestätigung, daß die Neuberin 1737 jene einschneidende Zäsur gesetzt hatte, die den Theaterbeflissenen noch ein Jahrzehnt danach als theatralischer Vorgang so präsent gewesen sein muß, daß das Leipziger Paradigma keiner Erläuterung bedurfte.[27] Der Dichter hatte der Neuberin kein literarisches Denkmal setzen wollen.

Welche andere Veranlassung, als die eigene Rechnung zu machen, sollte Schönemann gehabt haben, für die Neuberin, deren Stern längst verblaßt war und die seit zwölf Jahren den Weg an den Braunschweiger Hof nicht wieder gefunden hatte, eine Lanze zu brechen?[28]

Wenn in pseudo-programmatischen Vorspielen gleiche Bestrebungen auch schon von anderen Prinzipalen, ohne die unbequeme Rivalin zu nennen, vorgegeben wurden, so fühlten sie sich gegen Gottscheds Gunst aufgerufen, hinter dem ihnen 1740 vorgehaltenen Beispiel, „daß man auf der neuberischen Bühne weder den Harlekin, noch Scaramutz, noch die andern Narren der Welschen, mehr sieht oder nöthig hat", nicht zurückzustehen.[29]

Ich zweifle nicht, daß Gottscheds Sendungsbewußtsein ausgeprägt genug war, die Neuberin — um der Sache willen und ihres verklärenden Exempels wegen, das seine Haut nicht kostete — mitleidlos in die eigene Harlekinsfalle gehen zu lassen. Nach zehnjähriger Bekanntschaft konnte ihm ihr unbändiges Drängen nach Aktion, das sie 1735 selbst gestanden hatte, nicht verborgen geblieben sein: „Ich bin zu huy und verterbe offt mit meiner geschwindigkeit mehr als man hernach gut machen kann".[30]

In einem Punkte stimmen alle zeitgenössischen Berichte überein, ob sie den Harlekin nun als verbannt oder vertrieben (1742), begraben (1743) oder — in letzter Version — „veriagt" (1747) bezeichneten: daß die Neuberin den Harlekin durch einen Handstreich hatte beseitigen wollen. Gottsched billigte ihr, „da sie doch weder Grund noch Regeln des Theaters verstanden", keine ungewöhnlichen Geistesgaben zu, „so daß sie ein bloßes Werkzeug abgegeben".[31] Auch die Behauptung des Pamphletisten, daß „Herr Koch zehnmal mehr vom Theater verstehet, als ... sie jemals wird verstehen lernen"[32], zeugte von keiner hohen Meinung über ihre Verstandeskräfte. Jegliche Polemik mag ihr als das Geschwätz zaudernder Proselytenmacher auf die Länge widerwärtig geworden sein.

Das Ansehen der Neuberin leidet deswegen keinen Schaden, denn in welche für die Bühne unheilvolle Denkparadoxie Gottsched sich verstrickt hatte, ist daran abzulesen, daß ein höchstes Lob als vernichtende Kritik gemeint war: die Neuberin sei „weiter nichts,

aus ihrer Zunft verbannt" bzw. ihn „in einem Schauspiele, das vor einigen Jahren in Leipzig vorgestellet worden, ... von ihrer Schaubühne vertrieben" habe, kam dem Datum nahe; so auch der anonyme Verfasser der Schmähschrift ‚Probe Eines Heldengedichtes' (1743) durch die Anmerkung: „Sie hat den Harlekin einmal in einer von ihren Comödien ordentlich begraben" (nach Reden-Esbeck, S. 280).

28. Mindestens aus Brotneid schwoll Schönemanns Furcht vor der Rivalin allmählich zum Haß an. Neidete er ihr 1742 nur den Ruf („Sie wird noch einmal aufhören müßen, ein Wunderthier zu seyn"), so begann er doch schon, Kritik an der „unordentlichen Neuberischen Bühne" zu üben (H. Devrient, S. 68 u. 70). Uhlich teilte Gottsched 1744 mit, daß Schönemann ihr in Berlin gründlich die „Concepte verdorben" habe (ibd., S. 92); und 1745 berichtete der Prinzipal seinem Gönner mit unverhohlener Schadenfreude über das „Schicksal des K-[er]ls, welchen die Diener der Gerechtigkeit von der Seite der N.[euberin] in den Arrest geführt" hatten (ibd., S. 104), wohl jenen „Favoriten", von dem schon 1744 in Berlin die Rede war (ibd., S. 92). 1748 schließlich, als er mit ihr um das Leipziger Spiellokal stritt, äußerte er in einer Eingabe, daß das „an der Neuberin mir bekandten, und wieder mich biß anhero erwiesene Betragen..., um mich zu verderben, [ich] ihr zutrauen kann" (ibd., S. 153).

29. Beispielsweise schon in ‚Hamburgs Vorzüge in Einem Vorspiele Auf der Schönemannischen Schaubühne vorgestellet. Hamburg, den 2. August 1741': „Der Schmeichler: ... Wie schön! wenn oft, da mir das Herz im Leibe lacht, / Der holde Arlekin viele holde Possen macht; / Wie schön! wenn mir ein Satz Ohr und Geschmack erfreuet, / Den man aus Ehrbarkeit sich sonst zu sagen scheuet ... Der Verstand: ... Halt ein! / Ein Schauspiel, das du lobst, verdient gestäupt zu seyn. / Die Deutschen fangen itzt schon an sich zu bemühen, / Mit ernster Lust [vgl. Neuberin 1739: Kunst und Lust] die Bühn aus Staub und Schimpf zu ziehen". Schütze hielt es Ekhof zugute, daß dieser sich nicht zu schade für den Harlekin war. Ekhof hat ihn in der Tat gespielt, nicht aber so, wie es nach Schütze den Anschein hat (Schütze II, S. 85). „Der Spötter; Als Arlekin ... Herr Eekhof"— so lautete seine bescheidene und gar nicht komische Rolle in eben diesem Vorspiel ‚Hamburgs Vorzüge'.

30. Brief an Gottsched, abgedruckt und im Faksimilie wiedergegeben bei Reden-Esbeck, S. 171 u. Anhang.

31. Gelehrsamkeit (1752), S. 905. — „Verfolgungen" und „Verleumdungen" durch Gottsched äußerte die Neuberin 1751 gegenüber Bodmer (vgl. Anhang I. unter „1751").

32. Probe Eines Heldengedichtes (1743).

als eine gute Schauspielerin gewesen".³³ Profunde, die geistige Öde um die Reform-Phrasen belebende Untersuchungen werden abzuwarten sein, um die beschönigenden Retuschen am Neuberin-Bild zu beseitigen.

Die von einer verdienstvollen Schauspielerin inszenierte Ausschreitung gegen Harlekin war also eine Aktion komödiantischer Spontaneität und dem Geiste jener dramatisierten These des Braunschweiger ‚Vorspiels' völlig entgegengesetzt; denn statt Terror zu üben, wird hier der Narr nach Gottscheds Weisung umfunktioniert und als Konvertit vorgeführt. Statt Harlekin wird Scaramutz — „als ein Stutzer gekleidet" — bürgerlich zugerüstet und kann künftig durch seinen Satyr menschliche Laster mit Saltz karikieren — wie Gottsched es träumte.

Was geschieht nun mit Harlekin? Angetan mit einem „Helden Kleid", küßt er der ‚Schauspiel Kunst' „heldenmäßig die Hand" und redet „von wunderbaren Thaten". Hier ist die Häutung nicht geglückt, hat wohl auch mißglücken müssen, weil das Schnittmuster nur für einen konzipiert war. Dieses mit Gottscheds Maximen programmierte Vorspiel definiert sein Denkschema als eine in geistiger Enge und Leere kümmernde Domestikation des Narren, er möge Namen haben, wie er wolle. Weitere Zähmungserfolge hätte sich die bürgerliche Gesellschaft bei ihrer nicht unermeßlichen Nächstenliebe wohl auch verbeten! Hier mußte der von Gottsched noch beseelte Krüger, dessen Autorenschaft keineswegs zweifelhafter geworden ist, vor der Starrheit des Postulats kapitulieren.

Auch dem im theatralischen Bereich dilettierenden, mit Belesenheit theoretisierenden Justus Möser war zu Ohren gekommen, daß „ein naher Verwandter" des Harlekin sich „in Baiern oder im Oesterreichischen niedergelassen" habe. An dessen Adresse seien alle jene gegen Harlekin gerichteten Anschuldigungen zu richten, ohne den Artverwandten Hanswurst deswegen schon der Entartung zu zeihen. Harlekin habe sich aber von jenem Gelichter zu distanzieren, das beispielsweise wie „Hans Wurst der Dreyzehnte, welcher mit Carl dem XII. die Bühne betritt", aus der Namensanmaßung Vorteil ziehen wolle. Eine solche „Mißgeburt" — ein Hanswurst-Bastard, wie Harlekin in Mösers Namen hätte sagen können — „ist nie von meiner Familie gewesen, und ich gebiete hiermit allen meinen Nachkommen, sich bey Verlust des väterlichen Segens alles Umgangs mit demselben zu enthalten; ja ich gehe in meinem Eifer so weit, daß ich hiermit alle diejenigen von meinen Enkeln enterbe, welche sich in einem weinerlichen Lustspiele, oder statt der Musik zwischen den Auftritten des Trauerspieles, gebrauchen lassen".³⁴

Es ist ein mutwilliger Anachronismus mit hintergründiger Absicht, Mösers kategorischen Einspruch, der ohne vorgängige Kenntnis von diesem „Hans Wurst der Dreyzehnte" nicht zu entschlüsseln gewesen wäre, von Gottsched lapidar kommentieren zu lassen: es sei die Rede „von einer regelmäßigen und wohleingerichteten Tragödie; nicht aber von denjenigen Misgeburten der Schaubühne, die unter dem prächtigen Titel der Haupt- und Staatsactionen, mit untermischten Lustbarkeiten des Harlekins, pflegen aufgeführt zu werden".³⁵

Durch die unausbleiblichen Widersprüche bei Mösers Konfrontation eines theaterkonkreten Hanswursts mit einer Harlekin-Abstraktion wird unsere Bilanz nicht gefährdet: auch für Möser war Hanswurst mit Harlekin so weitläufig nur versippt, daß beide kaum noch etwas verbindet. Möser hätte es durchaus gebilligt, ihn in der wirklichen Welt einen unnatürlichen Harlekin zu nennen. Da er ihn aber in einer dem „Reich der

---

33. Gelehrsamkeit (1752), S. 905.
34. Vertheidigung (1777, S. 66 f.) — Bezeichnend für den schonungslosen Kampf mit unlauteren Mitteln ist die Anklage eines geifernden Zeloten, welcher ausgerechnet Uhlich übers Grab nachrief, daß ein Komödiant seines Schlages „Nicht leicht ein züchtigs Wort, ja wohl an dessen statt / Ein ganzes Lexicon Unflätereyen hat. / Wer kan mich drum beschreyn, und einen Lügner heissen? Redt nicht Hanßwurst fortan von F--- P--- Sch---" (Absolution [1759], S. 44). Solche grobschlächtigen Manieren konnten nicht jedermanns Geschmack sein, obwohl wir tief in der Täuschung verstrickt sind, daß höfischer Goût grobianische Würze verschmähte. Der sich feinsinnig dünkende Bürger glaubte schließlich, auf den harmlosesten Spaß verzichten zu müssen. Ein zeitgenössisches Urteil macht deutlich, daß das gestörte Verhältnis zum Humor völlige Konfusion nach sich gezogen hatte: Ackermanns Harlekin namens Finsinger war einem Theaterfreund „gar verdrießlich und eckelhaft. ... Sein Witz ist nicht von der feinsten Art, und seine Einfälle sind Reibehandisch. Von letztern will ich Ihnen ein Beyspiel, aber nur in parenthesi, hersetzen. (Ich dachte, ich würde eine Pergamenthaut küssen, ich kriegte aber ein alt Sauleder)" (Abschilderung [1755], S .18).
35. Nach Reichel (Bd.`1, S. 613) zuerst gedruckt in: Ausführliche Redekunst, nach Anleitung der alten Griechen und Römer, wie auch der neueren Ausländer. Hannover 1736.

Chimären" zugehörigen „komischen Republik" beheimaten wollte, mußte er sich dagegen verwahren. Von keinem unflätigen Hanswurst ausdrücklich gesprochen zu haben, ist ein vokabulärer Zufall.

Nicht nur Wallerotty gab dafür Beispiele, daß ein (wenn auch geringfügiger) geistiger und sozialer Unterschied sie trennte: ‚Hans Wurst der dumme, und Arlequin der kluge Knecht' — oder: ‚Harlekin als Diener, Hans Wurst als Hausknecht'.[36] Dem unnatürlichen Harlekin (weil er „kein Muster in der Natur" hatte)[37] stand der bäuerische Hanswurst zur Seite, in der ständischen Gesellschaftsstruktur durch pseudobäuerische Herkunft noch verwurzelt und insofern keine Phantasiegeburt wie der Harlekin. Unterscheidende Merkmale waren also noch keineswegs verwischt. Nur so ist zu erklären, daß Harlekin und Hanswurst als abweichend geartete Narren auf der Bühne nebeneinander bestehen konnten.

Um auch die kleine Unebenheit zwischen dem dreißig Jahre im voraus gegebenen uneigentlichen Kommentar Gottscheds und Mösers Bannfluch zu beseitigen — hier Harlekin, dort Hanswurst — so hat Walter Hinck bei Möser auf die Metonymie von Harlekin und Commedia dell'arte hingewiesen;[38] Hanswurst hätte darin keinen Platz gehabt. Anders bei Gottsched; dort ist die Synonymie von Harlekin und Hanswurst zu unterstellen, frei von jeder auch unausgesprochenen Verknüpfung mit der Commedia dell' arte.

Möser rechnete in seiner ‚Vertheidigung' mit einer Vergangenheit ab, zu der er durch Belesenheit Zugang gefunden hatte. Diese Vergangenheit ist zeitlich Gottscheds streitbaren Jahren kongruent. In welchem „Reich der Chimären" aber Möser sein Plädoyer hielt, kennzeichnet der für ihn 1761 exemplarische „Hans Wurst der Dreyzehnte" aus Bielfelds, nicht aus eigener Theatererfahrung. Über diesen war längst Gericht gehalten worden, so daß selbst Gottsched 1752 Bielfeld in gleicher Sache hatte vorwerfen müssen: „Es ist schwer zu sehen, in was für Absichten der Herr Verfasser diesen Kehricht gemeiner Comödianten in öffentlichen Druck bringet. Hat er aber die wälsche Bühne nicht kennen lernen, wo eben dergleichen Abschaum in Menge vorhanden ist?"[39]

Möser schalt pauschal solche Artgenossen, „welche zwey Köpfe und mehrere nicht zusammenpassende Glieder haben", Mißgeburten, weil sie keine legitimen Kinder der Commedia dell'arte waren.[40] Wenn sich Gottsched der gleichen Schelte bediente, so war für ihn Hanswurst wie Harlekin gleichermaßen eine Mißgeburt in der deutschen, mit Mösers Commedia dell'arte-„Chimäre" keineswegs identischen Theaterrealität — dem „Abschaum" des Théâtre Italien allenfalls vergleichbar.

Möser war in der Vorstellung befangen, daß Harlekins „komische Republik" — metonymisch für Commedia dell'arte — von namentlich nicht genannten, aber unschwer zu erratenden „Gelehrten" zerstört worden sei. Gottsched, primus inter pares dieser „Gelehrten" und unversöhnlicher Feind des Théâtre Italien, hat zwar auf der Entbehrlichkeit des „Scaramutz, Pantalon, Anselmo, Doctor und Capitain, Pierrot und Mezetin, und wie die närrischen Personen der italienischen Komödie alle heißen"[41], bestanden, aber keine Anstalten gemacht, diese alle von der deutschen Bühne zu verjagen. Unter den deutschen Narren „von alter Erfindung" verurteilte er den Hanswurst[!] und den längst zu Grabe getragenen Pickelhering — „von neuer Art" den „Peter [Pierrot], oder Crispin oder wie sie sonst heißen mögen"[42], und gelegentlich den „Skaramutz". Andere als diese — allen voran natürlich Harlekin — hätte es von der deutschen Bühne gar nicht zu vertreiben gegeben!

Mochte es dem Volke einerlei gelten, wie sich ihre Spaßmacher nannten, so wäre aber von einem verirrten Gottesstreiter wie Heinrich Martin Fuhrmann zu erwarten gewesen, daß er, wenn sein weltlicher Parteigänger über keine hieb- und stichfeste Nomenklatur verfügte, gezielter mit Druckerschwärze gesudelt hätte, als „Pickelhering", „Arlequin", „Hans Wurst" und „Jean Potage" wahllos zu vertauschen.[43]

36. Mentzel, S. 461.
37. Dichtkunst (1751), S. 654.
38. Hinck, S. 318.
39. Gelehrsamkeit (1752), S. 904.
40. Vertheidigung, S. 65.
41. Dichtkunst (1751), S. 655.
42. Ibd., S. 654.
43. Satans-Capelle (1729), S. 63, 72, 81, 95. — Hätte Fuhrmann noch ein Jahr bis zum Erscheinen der ‚Critischen Dichtkunst' gewartet, so hätte ihm aus Leipzig bessere Hilfe zuteil

Gottscheds: „Peter, oder Crispin oder wie sie sonst heißen mögen" zeugt vom Unvermögen einer präzisen Aufzählung, wie sich Gottsched deskriptiv auf keine Personnagen außer Harlekin und Scapin, der ebensogut Scaramouche oder anders heißen konnte, eingelassen hat: „Harlekin hat hier, ich weis nicht warum, eine Ausnahme. Er soll zuweilen einen Herrendiener bedeuten: allein, welcher Herr würde sich nicht schämen, seinem Kerle eine so buntscheckigte Liberey zu geben.⁴⁴ Scapin hat eine spanische Tracht; und das kann man in einem spanischen Stücke schon gelten lassen; allein bey uns schickt sichs nicht".⁴⁵

Wie weit man auch ausholt — das Denken der Zeitgenossen war letztlich von der Singularität des Narren geprägt. Gelegentliche Pluralien sind als Folge eines im Theaterbetrieb gepflogenen Kunstgriffs verdächtig, den Part des Narren zu teilen, um doppelten oder gar dreifachen Spaß zu verheißen. Es hätte nicht den geringsten Unterschied gemacht, statt Harlekin und Hanswurst etwa „zwei Hanns-Würste" oder statt Harlekin, Hanswurst und Scapin gar „3 Hanns Wurst" anzukündigen.⁴⁶ So einmütig Pantalon, Harlekin und Hanswurst zum Bestand erklärt wurden, sowenig hat man zwischen Scaramouche, Scapin und Pierrot zu unterscheiden gewußt, was auf nichts anderes hinausläuft, als daß beliebig austauschbare Wesenszüge beliebig austauschbaren Namen entsprachen.

Pantalon war eine schon dekonturierte Gestalt, dem Théâtre Italien als komischer Väterspieler unter wechselnden Namen wie Pandolpho, Anselmo, Geronte nur weitläufig verwandt.⁴⁷ Man wird sich der deutschen Graphiken nach dem von Callot vermittelten italienischen Vorbild, dem sich Johann Peter Hilferding untergeordnet hat, erinnern müssen.

Nur am Rande, aber durchaus in diesem Zusammenhang ist auch der von Wolrabs graphischem Verlag exhumierte Capitano zu erwähnen, auf dessen phantastische Neukonzeption sich sogar eine deutsche Tradition begründete, obwohl der Sprung von der Druckpresse auf die Bühne nicht gelang.⁴⁸

Allen irreführenden graphischen Entlehnungen zum Trotz hat sich der Dottore ebensowenig auf der deutschen Bühne einbürgern lassen, wenngleich er in einer kuriosen, durch den Wortlaut einer Ankündigung überlieferten Aufführung bei Hilferding nominell be-

---

werden können als ihm aus Hamburg durch Feinds ‚Gedichte' (1708) und Hunolds ‚Teutsche Poesie' (1706) zuteil geworden war (Satans-Capelle, S. 10 u. 84).

44. Diese „buntscheckigte Liberey" ist nach meiner Kenntnis ein einziges Mal näher beschrieben worden von Gottscheds geistigem Adjunkt Johann Friedrich May: „... an demselben Harlekins-Kleid sind doch zum wenigstens die bunten Flicken in einer gewissen Ordnung, obgleich ohne Grund gesetzt" — was sich angesichts des unselbständigen Bildmaterials doch keineswegs von selbst versteht! (May, zitiert nach Mentzel, S. 159).

45. Dichtkunst (1751), S. 655.

46. So versprach sich Wallerotty 1742 in Frankfurt a. M. mehr Zulauf, wenn „zwei Hanns-Würste das Theatrum betretten" (Mentzel, S. 466 u. 449). Johann Schulz konnte 1752 in Nürnberg sogar mit einer „derer lustigsten Comödien" protzen, „in welcher 3. Hanns Wurst erscheinen" sollten (Trautmann I, S. 107). — Wallerotty, der sich um 1733 als ‚Capitane di Spavento' (Brachvogel Bd. 1, S. 79) nicht gerade zum Théâtre Italien bekannt hatte, bot 1741—42 in Frankfurt a. M. ein Personal auf, dessen aus 179 Theaterzetteln herausgezogene Liste das Gegenteil zu bezeugen scheint: Anselmo, Arlequin, Arlequinin, Bernadon, Capitano Spovento, Columbina, Finette, Geronte, Gratiano, Hanswurst, Isabella, Lavinia, Lisette, Pantalon, Pasquella, Peterl, Pirot, Pirotin, Riepel, Rosette, Scapin, Scaramuz, Scaramuzin (Mentzel, S. 439—469 nach Zetteln, die im letzten Kriege verbrannten). Nach Abzug der nur ein einziges Mal in einem Ballett aufgetretenen Arlequinin, Pirot und Pirotin, Scaramuz und Scaramuzin und bei gerechter Würdigung des Protagonisten-Dreiecks Arlequin-Bernadon-Hanss-Wurst, Finette und Scapin (4. 4. 1741) / Pantalon, Hanswurst zerbröckelt diese Parade vollends, wenn Beispiele dartun, aus welchen Kombinationen sie zusammengelesen ist: Hanss-Wurst und Scapin (18. 5. 1741) / Harlechin, Pantalon, Hanß-Wurst und Columbina (24. 5. 1741) / Hanss Arlequin und Hanns Wurst (15. 7. 1741) / Arlequin und Hanns-Wurst ... Pantalon, Anselmo und Geronte ... drey betrogene Ehemänner (11. 8. 1741) / Peterl, mit Hanß Wurst dessen einfältiger Hof-Meister (30. 9. 1741). — Mit Johann Schulz' Aufgebot an Personnagen 1748 und 1752 in Nürnberg verhält es sich kaum anders: Anselmo, Arlequin, Angela, Aurelia, Columbina, Hanswurst, Marinetta, Pantalon, Pasquella, Peterle, Scaramuza (Trautmann I, S. 101—109).

47. Schon der 1708 gestorbene Julius Franz Elenson soll als Pantalon bekannt gewesen sein (Ekhof, S. 79), ohne daß er sich diese Fachbezeichnung durch die Commedia dell'arte verdient haben könnte. Laut Ekhof pflegten sich die Komödianten „nach den Karakteren die sie spielten, die namen beyzulegen, als z. E. ... Pantalon" (S. 77).

48. Wallerotty als „Capitane di Spavento" — offenbar inspiriert von Hilferdings „Pantalone di Bisognosi" — wäre wenig glaubwürdig, gäbe es nicht außer dieser Erwähnung bei Brachvogel (Bd. 1, S. 79) eine weitere auf einem seiner Theaterzettel aus Frankfurt am Main 1741: „Capitano Spovento" (Bacher, S. 13). Ein wenig vertrauenserweckender „Capitain Bombenspeyer" ist auf einer Königsberger Ankündigung von 1747 genannt (Hagen, S. 283). Auch „der Captain, Cartaunen Knall, oder Hanns-Wurst, doch als Capitain", bei Ußler 1754 in Nürnberg dürfte alles andere als ein Capitano gewesen sein

glaubigt ist.⁴⁹ Die „unter dem Direktorio Siegmunds & Hilferdings" mit russischem Privileg auf russischem Territorium um 1746/47 spielende Truppe verhieß dem Publikum ein Singspiel: ‚Das unter der Tyranney Tarquini Superbi seufzende Rom, oder: die heftigste Bewegungen außerordentlicher Keuschheit, das ist: die auf dem römischen Capitolio wegen Verlust ihrer Ehre sich selbst ermordete tugendhafte Lucretia'. Die Direktion hielt es für ankündigungswert, daß diese „Opera oder Singspiel ... eine Erfindung derer Franzosen [ist], die sinnreichen Italiäner haben es nachgeahmet, und endlich ist solches durch die gelehrte Feder des berühmten Rademin zu Wien auf die deutsche Schaubühne gebracht worden".

Hinter dem fingierten Commedia dell'arte-Ursprung verbirgt sich eine 1731 von Heinrich Rademin nach Barthold Feinds Libretto ‚Die kleinmüthige Selbstmörderin Lucretia' gefertigte Operntravestie⁵⁰, die durch geschickte Aufbereitung Hilferdings Kassenstück geworden war. Plümicke berichtet eine ergötzliche Geschichte über den nunmehrigen Societär, damals noch zu Eckenbergs Truppe gehörenden Siegmund, der 1742 in Berlin ein Pasquill auf diese vom Konkurrenzunternehmen Hilferding gegebene ‚Lucretia romana' verbreitet und während einer Vorstellung deswegen Ohrfeigen bezogen haben soll.⁵¹

Die Darbietungsform des Theaters auf dem Theater erläutert der Theaterzettel folgendermaßen: „Vor der Opera ist eine Bourlesque, in welcher Pantalon und Dottore um ihre Töchter betrogen werden, und da sie mit der Vermählung ihrer Kinder endlich zufrieden, als große Capitalisten diese obengenannte Opera an dem Tage der Vermählung aufzuführen sich entschließen". „Aus der Austheilung derer Personen" — d. h. mit der Besetzung der Burleske wurde auch die Aufführung der travestierten ‚Lucretia' bestritten — „indeme Arlequin Valerio, Pantalon und Scapin die vornehmsten Rollen auf sich nehmen, ist leicht zu ersehen, daß diese Opera oder Singspiel nicht traurig, sondern auf das lustigste eingerichtet worden war. Der Dottore — in der Burleske als „ein begüterter Bürger, Vater der Isabella", durchaus am Platze — mußte den „Collatinus, Obrister Feld Herr" agieren.

Es hieße, das künstlerische Anliegen der Zeit überschätzen, dieser Aufführung so viel Witz zu unterstellen, wie sie Möglichkeiten enthielt. Dem Arlequin der Burleske fiel es gar nicht ein, im buntgerauteten Kostüm mit Krone oder Purpurmantel die Majestät zu verunglimpfen, wie auch kein als Dottore gewandeter Feldherrn-Darsteller die Travestie mittels eines übergroßen Brustpanzers vertiefen wollte. Hier wurden fremdländische Muster nur insofern nachgeäfft, als sich die Schauspieler durch entlehnte Namen das Ansehen von Rollenvertretern einer Typenkomödie geben wollten.⁵² Hätte sich der Dottore oder Brighella

(Hysel, S. 49). Ob der 1730 bei Beck in Zürich angepriesene „Lustige Officier auß dem dreißig jährigen Krieg" (Fehr, S. 81) als Capitano gedacht war, ist ebenso zweifelhaft wie Becks „Hans Wurst als Monsieur Präteur Eisen-Fresser" in Hamburg 1736 (Schwietering, S. 165). — Sollte Probst für den als Capitano verkleideten Arlequin auf Blatt IV. (Vgl. Abb. 32) ein vielfach kopiertes Modell geliefert haben?

49. Th. Kal. 1791, S. 63 ff. — Der bei Eckenberg als „Zahnarzt" besoldete und in der Theatergeschichte zum „Dottore" gemachte Komödiant (Brachvogel Bd. 1, S. 78; Diebold, S. 41) dürfte sich wohl eher aufs Zahnreißen als auf die Darstellung eines Dottore verstanden haben.

50. Haas, S. 22 f. (Hbg. 1705, M: Reinhard Keiser).

51. Plümicke, S. 375 f.

52. Nachdem Rademin sein Libretto mit Karikaturen aus dem noch populären ‚Zwergen-Kabinett' besetzt hatte, glaubten spätere Prinzipale gemeinverständlichen Ersatz bei Commedia dell'arte-Bastarden zu finden. Was Wallerotty und Hilferding, ehemals bei Eckenberg Kollegen, als ‚Typenkomödie' vorgaukelten, wird durch die Gegenüberstellung ihrer Besetzungslisten erläutert, (in Paranthese) Wallerottys Aufführung vom 9. 5. 1741 in Frankfurt a. M. nach einem bei Bacher (S. 13) abgebildeten, im letzten Kriege vernichteten Zettel: ‚LA LUCRETIA ROMANA. Die Römische Lucretia. Oder: Scapin der einfältige König der Latiner, und Hanß Wurst dessen rebellischer Feld-Herr Brutus'. (In dem von E. Mentzel wiedergegebenen, auf die umfänglichen Stücktitel reduzierten Spielplan [S. 439—469] mußten solche wertvollen Einzelheiten leider unberücksichtigt bleiben).

	Hilferding um 1746	*Wallerotty 1741*
Tarquinus	Monsieur Arlequin	(Monsieur Scapin)
Sextus	M. Cynthio	(Monsieur Bernadon)
Collatinus	Mons. Dottore	(Il Signor Capitano Spovento)
Lucretia	Mad. Angiola	(la signora Cantatrice)
Lesbia	Mad. Aurelia	(La Signora Serveta)
Brutus	Mons. Pantalon	(Monsieur Hanß Wurst)
Camilla	Mons. [!] Leander	(Signora Isabella)
Furio	Mons. Sylvio	(Monsieur Riepel)

Der Beliebtheit dieses Stückes, das als ‚Tarquinus Superbus, der letzte König von Rom oder die Selbstmörderin Lucretia Romana' auch bei Franz Schuch häufig gespielt wurde (13. 5. 1750 Frankfurt a. M.; 1. 6. 1754 u. 2. 7. 1755 Berlin; 13. 2.

nicht gar so rar gemacht,⁵³ wäre es am Ende noch gelungen, uns hinters Licht zu führen.

Ganz im Gegensatz zu einer durch gehäufte Ankündigung vorgetäuschten Konsolidierung der Typenkomödie war ihr deutscher Bühnenabglanz zu einer skurrilen Märchenwelt entartet. In ein wunderbares Dasein entrückt, ließen sich ihre entwirklichten Figuren zuletzt nur noch mit vorweggenommenen Mitteln der modernen Revue versammeln.⁵⁴

Es wäre bequem, Erscheinungen wie den Pantalon oder Capitano als Folge konservativer Gesinnung zu deuten. Was für die Literatur zutreffen mag, hat nicht in gleicher Weise für die von der Literatur noch keineswegs konfiszierte Bühne gegolten. Anstelle bündiger Beweise, ob Bildungsmangel der Komödianten Ursache gewesen sein könne, sich vom Théâtre Italien abzuwenden und Anleihen bei der italienischen Commedia dell'arte zu machen, sind die Praktiken der graphischen Verlage herüberzuspiegeln. Nicht zuletzt deswegen ist dem Gegenstand ein weitläufiges Kapitel gewidmet worden, um am Spektrum aufzuzeigen, wie Commedia dell'arte auf eigene Faust und nach Gutdünken, beides im Hinblick auf gewerblichen Nutzen, zusammengebraut wurde, ohne aus konservativen Regungen obsolete Muster bewußt zu bevorzugen.

Das Theater als ein Handwerk zu betrachten, war von jeher schimpflich; es wie ein Gewerbe nach Gewinn und Verlust gerecht zu behandeln, wurde als kunstentleerende Banalität peinlich vermieden. 1739 machte die Neuberin ihrem Unmut Luft und brach in Hamburg die stillschweigende Übereinkunft. Werden sich die Zuschauer schon nicht geschmeichelt gefühlt haben, an der Misere der Bühne, „... von einem Ort zum andern Mit Sorgen, mit Verlust und schweren Kosten wandern" zu müssen, mitschuldig zu sein, so können sie nur empört gewesen sein, daß diese Neuberin dem voreilig exkommunizierten Harlekin nachzutrauern schien und dessen durch „Kunst und Lust" geläuterte Wiederkunft allenfalls unter profanierenden Bedingungen erhoffte; käme er dermaleinst wider Erwarten, dann „... muß er noch viel Dinge mit sich bringen. Erst, Geld genug für sich, das muß vor allen Dingen Für einen Künstler sein..."⁵⁵ Kaum jemals haben sich Kritiker getraut, die geschmäcklerischen Scheuklappen abzulegen und für das bestehende Theater nach Maßgabe seiner ökonomischen Grundlage Partei zu nehmen. Was sie davon abgehalten hat, dürften Skrupel wie diese gewesen sein: „Machte ich mich nicht einer lieblosen Gesinnung gegen mein Vaterland verdächtig, wenn ich einen Hanswurst rühmen wollte. ... Ich bin in diesen Gauckelspielen

---

1756 Hamburg — nach Liss, Anhang), erlag selbst Ackermann (Abschilderung, S. 24 f.: 9. 1. 1755 Halle; Eichhorn, S. 225).

53. Bei Eckenberg 1733: Brachvogel Bd. 1, S. 78; in Danzig um 1733 als „Brigello": Bolte I, S. 165.

54. 1766 präsentierte Joseph von Kurz, Schöpfer des Bernadon, seinem Publikum in Nürnberg einen Dottore in eigentümlicher Darbietungsform, „indem sie [seine Frau Theresia] in einer Scene viererley Characters, das ist: 1) Einen bolognesischen Doctor, 2) einen neapolitanischen Policinello, 3) den Pantalon, und 4) den Arlequin vorstellet, und zu einem jeden Character im Anfang tanzet, und nach einer jeden Masquera ihrer Landesart singet. Dieses ganze Werk ist in gebundener Redensart verfasset, und die Musique dazu von dem berühmten Carlo [!] Heyden, Capellmeister bey Ihro Durchlaucht Fürsten Esterhasi componiret worden" (Hysel, S. 54). Eine textgleiche ‚Mannheimer' Ankündigung dieser Opera comique ‚Der krumme Teufel, Oder: Fiametta, in der Masquera' ist zu streichen, weil sie ohne Hinweis auf Entlehnung aus Hysel ausgeschrieben wurde (Pichler, S. 457). Dieser ‚Krumme Teufel', dem als Haydns theatralisches Erstlingswerk ein ganzes Kapitel zu widmen wäre, muß hier mit Marginalien abgetan werden. 1751 soll Haydn in Wien diese leider verschollene Komposition Joseph von Kurz für 24 Dukaten geliefert haben. Angeblich wurde das Werk 1751 nach der zweiten Aufführung verboten. Als Maria Theresia durch Verordnung vom 11. 2. 1752 die Reinigung der Schaubühne zu betreiben begann und „alle hiesige compositionen von bernadon und anderen völlig aufzuheben" befahl, verließ Kurz im Fasching 1753 die Kaiserstadt für ein Jahr (Hadamowsky I, S. 18 f.). Gleichwohl wurde nach neuesten Repertoireforschungen ‚Der Krumme Teuffel' am 29. 5. 1753 im Kärntnerthortheater gespielt (Hadamowsky II, S. 8 u. 19) — dem Verdikt zum Trotz?
Eine ausführliche Abhandlung hat Rommel dem Neudruck des ‚Krummen Teufel' im Band ‚Die Maschinenkomödie' vorangestellt (Deutsche Literatur... in Entwicklungsreihen. Reihe Barock. Barocktradition im bayerisch-österreichischen Volkstheater. Bd. 1. Leipzig 1935.) — Mittels eines Theaterzettels vom 29. 10. 1764 erfährt man etwas über den Inhalt: „Der neue krumme Teufel, oder der durch Hülfe des Geistes Asmodeus von Heurathen abgeschröckte Medicus Arnoldus, mit Fiametta, einer listig verstellten Kranken, und Bernadon... dem Laquey. Unter dieser deutschen Operakomik... ein italienisches Intermezzo" (Kat. Wien I, S. 31). Das in die Handlung eingezwängte Zwischenspiel scheint ein Bravourstück gewesen zu sein. Deswegen haben wohl auch — abgesehen von weiteren Aufführungen in Wien und vielerorts (Loewenberg Bd. 1, Sp. 216) — die Berliner ihrem Prinzipal Koch 1774 die Aufführung mit zwölf vollen Häusern vergolten (Brachvogel Bd. 1, S. 251). Noch 1796/97 wurde „Asmodeo,

173

nicht gewesen aus Furcht ein jeder, der mich sähe herauskommen, würde mit Fingern auf mich zeigen".⁵⁶ Um so wertvoller ist eine Beurteilung, die, obwohl zur Verteidigung Schuchs und erst 1756 geschrieben, als Rarissimum für alle unausgesprochen gebliebenen Rechtfertigungen stehen kann: „Wechselte er nicht mit [Hanswurst-] Stücken von dieser Art ab, so würde sein Theater längst nicht mehr bestanden haben ... Ich bin zu eifrig für den guten Geschmack, als daß ich ein *Hanswurstspiel* erheben sollte, aber so eifrig bin ich auch nicht dafür, daß ich den Ruin einer ganzen Gesellschaft darum wünschen sollte. ... Und wenn ich wöchentlich drey regelmäßige Stücke sehen kann, so dächte ich, könnte man der anderen Art Zuschauer, die übrigen gerne gönnen".⁵⁷

Dieser praktische Sinn eines redlichen Theaterfreundes stand kaum im Widerspruch zum Alltag der Neuberischen Bühne. Das am Ende ihrer Laufbahn selbst gezogene Fazit enthebt die Neuberin des Verdachtes, mehr gewollt zu haben, als Gottsched plante, oder gar so tief gedacht zu haben, wie es ihr nachgerühmt wird. Nach der 1750 in Zerbst gescheiterten Prinzipalschaft leitete sie von dort im April 1751 einen Versuch in die Wege, in der Schweiz eine Bühne zu errichten, und wollte sich der Unterstützung des unversöhnlichen Gottsched-Feindes, Johann Jacob Bodmer, versichern. Sie sei, so schrieb sie ihm am 10. April 1751, nicht zuletzt von Gottsched verleumdet und verfolgt worden, obwohl sie in ihrem „Vaterlande alles mögliche gethan habe, die Comoedien von allen Arleqvins und Hanß Wursten rein zu machen, und die Comoedianten als vernünfftige und wohlgesittete Leuthe zu ziehen und zu beßern", was ihr — so ist zu ergänzen — nicht geglückt sei.⁵⁸

Man wird sich Lessings bis zum Überdruß aus dem 18. Stück der ‚Hamburgischen Dramaturgie' zitierte Kritik an der Neuberin wiederum, wenn auch in anderem Zusammenhang, anhören müssen; im Grunde habe man vom Harlekin „nur das bunte Jäckchen und den Namen abgeschafft, aber den Narren behalten. Die Neuberinn selbst spielte eine Menge Stücke, in welchen Harlekin die Hauptperson war. Aber Harlekin hieß bey ihr Hännschen, und war weiß, anstatt scheckigt, gekleidet".⁵⁹

Genau ein Vierteljahrhundert später schien sich, wenn man die wie eine Paraphrase der Lessingschen Sentenzen anmutende Kritik Johann Friedrich Schinks hört, noch immer nichts geändert zu haben: „was Hanswurst betrift, so ist wohl seine Jakke, aber nicht seine Person von unsern Bühnen verschwunden. Er spukt noch oft genug darauf herum, wird auch noch eben so beklatscht, und doch ist sein Spaaß der Pritsche noch eben so würdig, wie ehmals. Tracht und Nahmen sind verändert, das ist der ganze Unterschied"⁶⁰.

Aber Lessing hatte einen Schluß gezogen: „Die Neuberinn ist todt, Gottsched ist todt: ich dächte, wir zögen ihm das Jäckchen wieder an" — und seine Konzilianz auch zu begründen gewußt: man müsse den Harlekin „als kein Individuum, sondern als eine ganze Gattung betrachten; es ist nicht Harlekin ..., sondern es sind Harlekine; die Gattung leidet tausend Varietäten".

Auch Schink war in Urteil nicht so verhärtet, wie es nach der obigen von Aktiva und Passiva abgelösten Bilanz den Anschein hat: „Unser altes deutsches Theater steht eben nicht sonderlich in Ruf. Hanswurst spielte darauf die Hauptrolle, und das ist hinreichend, sich den verächtlichsten Begriff davon zu machen, aber mit Unrecht. Das Geschmakvollste war es nun wohl freilich nicht, des Unsinns viel darauf Mode, Hanswursts Wiz nicht immer der feinste, und mit der Sittlichkeit stand es so so. Dafür lag aber auch die Kunst noch in der Wiege, und, ob sie sich gleich seitdem ziemlich aus den Windeln gemacht hat, und zu einer Art

---

von Haydn" bei einer Wandertruppe aufgeführt (Th. Kal. 1798, S. 271) — und trotzdem keine Spur von der Partitur! (*Anm. d. Hrsg.:* Eine ausführliche Inhaltsangabe nach den Textheften gibt neuerdings: Ulf Birbaum, Das Werk des Joseph Felix von Kurz-Bernardon und seine szenische Realisierung. Diss. Wien 1971, Bd. 2 S. 591—593.)
— Was man in dieser Form dem Publikum als „Italiänisches Theater, mit allen ihren [!] Caracteren" vorsetzen konnte, hat derselbe Kurz-Bernardon 1768 in Frankfurt a. M. bewiesen: „Eine Närrin welche die folgende Caractere tanzt, wird von allen Caracteuren auch gekleidet sein, nemlich N B. 1. Provensal, 2. Türkisch, 3. Barcarolisch, 4. Französisch, 5. Arlequinisch, 6. Scaramuzzisch und 7. Englisch" (Mentzel, S. 516).
55. Zitiert nach Daunicht, S. 47.
56. Erweiterungen (1754), 21. Stck., S. 221 f.
57. Erweiterungen (1756), 48. Stck., S. 511 f.
58. Siehe Brief im Anhang unter „1751".
59. Lessing I., S. 138.
60. Schink (1792), S. 520.

Goliath empor gewachsen ist, so haben wir doch noch keine Ursach, uns dessen allzusehr zu überheben. Unser Geschmak ist noch gar nicht so rein, wir sind des Unsinns noch lange nicht so quit, als wir uns träumen" — worauf dann das, „was den Hanswurst betrift", als schon vorweg Zitiertes folgt.[61]

Aber gerade die kausale Umkehrung hat die Akzente verschoben. Trotz kritischen Verweises hatte sich Lessing zum Sprecher eines tausendfach variablen Harlekins gemacht. Schink glaubte jene in ‚grauer Vorzeit' noch unmündige deutsche Bühne gönnerhaft in Schutz nehmen zu müssen, um dann dem noch immer nicht ausgemerzten Harlekinsgeist gram zu sein. Was Lessing unausgesprochen ließ, daß die harlekineske Tausendfältigkeit ein Rollenfach ausmachen könne, welches sich zu Schinks Zeiten längst konsolidiert hatte — das Fach des Niedrigkomischen nämlich — war von Schink, wenn auch nicht ausdrücklich, verworfen worden. Die im Fortschrittsglauben des Rationalismus ausgelegte Saat war um die Jahrhundertwende als Vernünftelei aufgegangen, in der noch immer der Irrglaube flackerte, daß jedwede komödiantische Komik ein harlekineskes Erbübel sei, das längst hätte ausgemendelt sein müssen. Gottsched oder die Neuberin waren Schink nicht mehr erwähnenswert — warum auch, wenn die über ein halbes Jahrhundert zurückliegende, für ihn wohl schon legendäre Kampagne so kläglich gescheitert war, daß er alles beim alten fand?

Wenn schließlich sogar im neu angebrochenen Jahrhundert die Reinigung der Schaubühne bildlich dargestellt werden sollte — mit siebzigjährigem Verzug meines Wissens zum ersten Male[62] — dann kann es nicht wundernehmen, daß der Künstler in den kalenderlosen mythischen Bereich auswich. Als 1806 Franz Xaver Hermann (1760—1839) den Auftrag übernahm, die Stirnseite des vielfach umgestalteten Konstanzer Theatergebäudes zu schmücken, hatte er sich für ein Halbrelief entschieden, weil es ihm wohl am geeignetsten schien, die abgrundtiefe Kluft zwischen den Kontrahenten noch zu weiten. Die von einem angedeuteten Bühnenportal halbplastisch gefaßte ‚vierte Wand' trennt Wünschbares von Verwünschenswertem (Abb. 157).

Über die durch vier Personen vertretenen Verunreiniger der Schaubühne — Harlekin, Hanswurst, Policinello (Pierrot?) und Scaramouche (Capitaine?) — ist Gericht gehalten worden. Die Hohen Ankläger haben die geistige, vom Ungeist gesäuberte Theaterlandschaft annektiert. Wahrscheinlich ist die kuppelartige Erhebung als Helikon zu denken, Heimat des den Berg hinaufstürmenden Pegasus, der durch Hufschlag den eher als ein Wildwasser dargestellten Roßquell (Hippukrene) aus dem Fels sprudeln ließ. Der Helikon war auch den neun hier am Fuße des Berges versammelten Musen heilig. Der Thalia, die sich statt Maske durch eine Satyr-Statuette ausweist, sind mit Palette oder Notenblatt ausgerüstete Vertreerinnen der Künste delegiert worden.

Im Zusammenhang mit Helikon, Pegasus und den Musen hätte es nahegelegen, den herrisch Gebietenden und auf Erzengel-Weise Geflügelten als Apollon zu deuten, wenn Erscheinung und Gebaren es nicht zulassen würden, in ihm den streitbaren und Urteile vollstreckenden Michael selbst zu sehen, dessen biblischer Mythos der heidnischen Mythologie nicht so wesensfremd ist, wie es wohl scheinen mag.[63]

---

61. Vgl. Bitterling (S. 82 ff.) über Schinks Auffassung des Lustspiels als Satire und moralische Geißelung im didaktischen Sinne Gottscheds, wobei Schink die in der Schauspielkunst wachsende Forderung der Naturnachahmung etwa durch das Auswahlprinzip J. J. Engels und dessen Generation zu meistern hoffte: Natur „in ihren glüklichsten Augenblicken" (J. Engel Bd. 2, S. 206).

62. Ob das Titelkupfer zu J. F. H. Müllers ‚Genaue Nachricht von beyden kaiserlich-königlichen Schaubühnen in Wien' (1772) mit jenem bocksbeinigen Harlekin, der angesichts eines ihm vorgehaltenen Spiegels das Weite sucht, als eine Harlekinsvertreibung gelten kann, sei anderen zu entscheiden überlassen.

63. Von der Neuberin ist weit und breit nichts zu sehen — aber des sarkastischen Einfalls, sich Gottsched mit gefiederten Schwingen vorzustellen, kann man sich nicht erwehren. Unweigerlich wird man an einen witzigen Zeitgenossen erinnert, der stets nur von Herrn -Sched sprach, um den Namen Gottes nicht zu entweihen. Falls man aber glauben sollte, daß die Erzfeinde Gottsched und der von ihm verfolgte Harlekin schon in Vergessenheit geraten waren, dann wird man von dem ‚Cölnischen Carnevals-Almanach a. d. Jahr 1831' (S. 161) eines anderen belehrt:
Wer trägt die krause P'rück von wunderbarer Länge;
Die steif pedant'sche Nas'? Held Gottsched ist's, der Strenge;
Mit Arlequin hat er sich brüderlich vereint,
Ihm, den er einst vertrieb als seinen ärgsten Feind.
Da er nun selbst verbannt. so seh'n wir den Geduld'gen
Demüthiglich sich nah'n, um selbst Hanswurst zu huld'gen.

Hätte die zahlenmäßige Überlegenheit schon schrecken müssen, so war das Aufgebot an göttlichen und vergotteten Helfeshelfern so lähmend, daß die vier Gezeichneten rücklings und kopfunter in den Orkus abstürzten. Harlekin, Hanswurst, Pierrot und Scaramouche wurden nicht verbannt, sondern verdammt. Die rationalistisch reformträchtige Tat war zu einem eschatalogisch verbrämten Ritus mythologisiert worden.

Abb. 157

ANHANG

INHALT DES ANHANGS

I. DOKUMENTE, ARCHIVALIEN,
KOMMENTARE 1707-1754 179

II. IKONOGRAPHISCHE VERSUCHE 219
   1. Kupferstich-Serien der Engelbrecht-Werkstatt nach anonymen Vorlagen – Ihr Wert für Bustelli 220
   2. Bildkonkordanzen 226
      a) Arlequin nach Watteau (um 1719-1835) 226
      b) Arlequin nach Mariette (um 1696-1924) 229
      c) Scaramouche nach Mariette (um 1696-1788) 232
   3. Weibliche Pantalone in deutschem Porzellan 233
   4. Kupferstich-Folgen nach französischen Vorlagen 234
      a) Jacob von Sandrart nach Le Blond (vor 1700) 234
      b) Philipp Jacob Leidenhoffer (vor 1700) 235
      c) Elias Baeck nach Callot (um 1710) 236
      d) Gerard Valck (um 1710) und Johann Georg Puschner in G. Lambranzis ‚Tantz-Schul' (1716) 237
      e) B. Christoph Weigels Witwe nach Claude Gillot (um 1730) 238
   5. Wiener Porzellan nach Gillot (1740) 240
   6. Schulbeispiel der Vorlagen-Hörigkeit (1743) 241
   7. Exemplarischer Fall graphischer Produktion nach Vorlagen 242

III. TEXTE 243
   1. ‚Comoedia genant daß Advocirnde Frauen Zimmer'. Deutsche Übersetzung und Bearbeitung von Fatouvilles Komödie ‚Colombine avocat pour et contre' nach einer Augsburger Abschrift von 1710 245
   2. Text-Vergleich: ‚Comoedia genant daß Advocirnde Frauen Zimmer' von 1710 (I, 5 und 6) und ‚Ollapatrida' von 1711 (Kapitel LVI) ‚Fuchsmundi ruhmt sich seiner Reisen und erzehlet etliche neue Zeitungen' 259
   3. ‚Ein Gespräch von Komödien' (1731) des Lüneburger Johanneum-Rektors Christian Friedrich Schmid 262

IV. ZEITTAFELN, GENEALOGIE, DIAGRAMM 267
   1. Spielkalender der Katharina Elisabeth Velten 1693-1712 . 269
   2. Spielbereich der Prinzipalschaften Denner und Spiegelberg 1705-1739 270
   3. Chronologie und Zeittafel der Spielorte und Spielzeiten der Prinzipalschaften Denner und Spiegelberg 1705-1739 . 271
   4. Genealogische Tafel Denner-Spiegelberg 276
   5. Diagramm ikonographischer Verflechtungen 277

V. VERZEICHNIS DER ABBILDUNGEN 278

VI. LITERATURNACHWEIS DER ABGEKÜRZT
ZITIERTEN QUELLEN 283

VII. NACHTRAG ZUM
LITERATURNACHWEIS 294

VIII. NACHWORT DES HERAUSGEBERS 295

IX. IN MEMORIAM
von Carl Niessen 297

X. PERSONENREGISTER 298

XI. STICHWORTREGISTER 301

I.

DOKUMENTE, ARCHIVALIEN, KOMMENTARE
1707—1754

Wien 1707

Stadtarchiv Wien. Alte Registratur Nr. 128/1707

Von der Röm: Key: auch zu Hungarn, und Böheimb Königl.: May: Erzherzogens zu Österreich etc. Unsers allergnädigsten Herrns wegen N: denen von Wienn hiemit in Gnaden anzuzeigen: Die Beylaag zeige, was die Teütsche Comoedianten anheünt in offentlichen Theatro vorzustellen vermeinen. Wan nun aber wider solche exhibition gewisse Bedencken sich ereignen; Alß sollen Sie von Wienn die alsobaldige gemessene Verfügung thuen, daß diese Comoedia nicht exhibiret werde, sondern hinterstellig verbleiben solle.

Per Imperatorem
Wienn d. 16. Octobr: 1707.
Franz Anton Guarient.

Ps: 21 oct: 1707

N: Dennen von Wienn zuzustellen
    Die verbotten exhibirung in vermelter Commoedia in dem kleinen Pallhaus bey denen Franciscanern etc.
    dat: 16. 8br.

Zu 1707

Johannes Bolte, Von Wanderkomödianten und Handwerkerspielen des 17. und 18. Jahrhunderts, S. 462.

Maria Stuart, Königin von Schottlandt.
Apenrade d. 19. Julij 1711.

Inhalt. Maria Stuart komt nach ihres gemahles Francisci 2. Tode wieder in Schottland, daß selbe als ihr Erbreich zu regieren, und heyrathet den Nechsten Erben nach Ihr, Heinr. Darly Stuart. Die weil aber ihr unechtiger Bruder graf Mouray ihr solches mißgönnet, gebraucht Er des listigen Mortons Beystandt, diese neue Ehe durch Verleümbdung zu trennen und sich selbst dadurch auff den Thron zu erheben, bringts auch so weit, daß Maria Heinrichen das Scepter wieder nimt, dieser aber dagegen ihren Cammer Musicum und geheimbden Secretarium, den sie vor allen werth hält, auß erwecktem Verdacht an ihrer seite ersticht, weil nun dieses die Ehe noch nicht trennet, bereden die beyden Verleümbder Graff Bothwell, daß Er, wan Er den König ermordet, mit Maria vermählet, den Schotten Thron besteigen solle, Welches der Ehrsüchtige Mensch auch Ins Werck richtet, seine gemahlin verstöst, dem König Erst mit gifft und feüer nachstellet, Endlich auch gar denselben erwürget, und mit der Maria über dem todten Leichnam vermählet wird, stirbt aber hernach mit Schäntlicher Verzweiflung im gefängnüß. Darüber werden die zwene Ehe Teuffel flüchtig und müßen davon, wie auch Maria, weil sie in vielen stücken verdächtig worden, gefangen genommen, und in Engelland der Elisabeth zur Verantwortung vorgestellet wird, also sie hernach auch nach langwierigem gefängnüß enthauptet worden ist.

Personen.

1. Maria Stuart, Königin von Schottlandt.
2. Heinrich Darly Stuart, der Neüe König.
3. Jacob Graff von Mouray und Morrü.
4. Morton, der Lustige Staatsdiener.
5. Bothwell, der Königs Mörder.
6. David Ritz, der Musicus.
7. Chambre, der Kurtzweilige Frantzose.
8. Hünthle
            zwene Parlaments Herrn.
9. Argathel
10. Burgon, der Leib Medicus.

Augsburg 1708

Stadtarchiv Augsburg. Meistersingerakten fasc. III, fol. 27. (Als Gesuchsteller zeichnet links unten Wilh. Merz.)

Hoch und WohlEdelGebohrne, Hochwohlgeborner, Gestrenge, Edle, Veste, Ehrenveste, Fürsichtige, Hoch und Wohlweise Herren StadtPflegere, Burgermeistere und Räthe.

Gnädig Hochgebietende Herren.

Demnach einigen Augspurgischen Bürgern nunmehro gnd. und grg. vergönnet worden, etwelche Comedien aufzuführen, und selbige bäldigst möchten vollendet werden, uns denen Hochfürstl. würtembergischen Agenten aber auch schon vor bereits 2 Jahren hochgeneigte Vertröstung gegeben worden, daß wann gute Zeitungen und bessere Zeiten sich ereignen würden, alsdann uns gleichfalls ein und andere Actionen aufzuführen gleichfalls vergönnet werden sollten, wann dann nicht nur bereits favorable Victorien auf Seiten hoher Alijrten beschehen, sondern auch wir schon vor 2. Jahren hochgeneigte Vertröstungen bekommen, und einigen Augspurgischen Bürgern gleichfalls einige Comedien aufzuführen schon gnd. und grg. vergönnet worden.

Alß gelanget an Ew: gnd. hochadel. gstr. Herr. VA. fürß. wt. und grg. unser nochmahlig gehorsamstes Bitten uns alß hochfürstl. würtembergische Hoff Comedianten dereinst auch gnädigste Licenz zuertheilen, daß wür in Augspurg wann die Augspurger Burger mit Ihren erlaubten Stücken fertig seyn werden, gleichfalls einige Comedien, aufführen dörffen wie es dann an kostbaren Kleidern guten materien und herrlichen Außzierungen bey uns gewißlich nicht mangeln solle;

Gleichwie nun ein solche gratificirung unserer hochfürstl. Durchl. selbsten gefällig seyn uns aber lebenslang solche hohe gnade zu demeriren, und lauter gute Materien aufzuführen verbünden wird, alß getrösten wür uns dißmahl hochgeneigter Erhör und gewehrung mithin uns ganz gehorsamst empfehlend.

Ew: Gnd. HochAdel. Gstr. Herr. Vt. Fürß. Wt. und Grg.

unterth. gehorsamer
die hochfürstl würtemberg. Hoff-Comedianten.

An Einen HochEdlen Hoch und Wohlweisen Rath.

Nochmahlig gehorsames Ansuchen und bitten der hochfürstl. würtembergischen Hoff Comedianten um gnd, und grg. Erlaubnus einige Comedien nach denen Augspurgischen Bürgern aufführen zu dörffen.

Solle denen Herren Deputierten ob der Maister Singer ord. vorgehalten werden.

decr: in Sen:
d. 11. Xbr. 1708.

Kopenhagen *1708/1709*

Rigsarkiv København. Danske Kancelli. Supplikprotokol 1708. II. No. 452.

452 Spiegelberg Er her ankommen med en fortreffelig bande Comoedianter hvis lige aldrig för har waeret her i staden, men hand forhindres af Gamborg, at spille, som skal hafue privileg: at ingen Comoedianter her maae spille uden hans tilladelße; beder derfor at ham maae tillades med sin bande at spille paa det de ej gandske skulle blifue ruinerede og hafue giort deris reiße omsonst.

Her paa er Gamborgs erklaering at hand formoder at worde mainteneret wed sit privilegium, saa som hand har antaget en anden bande som wirkelig spiller; og siger hand at hafue forliigt disse ny ankomne med den bande som her allerede forhen war ankommen, saa de som 19 hujus wille begynde at spille tilsammen i een bande, da man kand ser hvilke der ere de beste acteurs og af dem giör een fuldkommen goed bande etc: Gelaeßes.

[Marginalien:]

Cons: her om tales med Gamborg at hand efter sit privileg. forsyner byen med en goed bande: Cons: d: 21. Nov: [1708]

Christian Spiegelberg af 21 aug: 1709 bevidner paa Ny at hand med sin eegen hafuende bande nu maae spille Comoedier her i staden.

Ribe *1708*

COMOEDIA
Genandt:
Der Verirrte Liebes-Stand /
Oder
Der Durchlauchtige Bauer.
Dediciert und praesentirt
DEM
Hoch und Wohlgebornen
HERRN /
Hn. Hans Schach /
Graff von Schackenburg / Herr zu Bram
und Brinck /
Ritter /
königl. Majests. Cammer-Herr / Stifft-
Befehlungs-Mann über Riber-Stifft / und
Ampt-Mann über Riber-Hauß Ampt /
Meinem gnädigsten Grafen und
HERRN

Es hat die Flügel-Pferd an ihren goldnen Wagen /
Die Phoebus schon gespannt / und bringt herbey getragen
 Den Tag / der zeigen soll mit seinem hellen Licht /
 Wie unsre Sinnen seynd zur Danckbarkeit gericht.
Es zittert Keil und Faust / wo wird man Wörter finden?
Man fühlt die Schwachheit schon / und muß sich unterwinden /
 Das / waß man nicht vermag. Der Unwill macht uns kranck /
 Daß wir dir können nicht nach Würden sagen Danck.
Weil deine hohe Gunst nicht sattsam ist zu preisen /
So müssen billig wir dich unserm Vater heisen
 Der du als frembde uns mit Gnaden-Milch ernährt /
 Und täglich unser Glück mit Uberfluß vermehrt.
Drum kommen wir zu Dir als Pflicht-verbundne Söhne /
Mit Demuth vollen Danck und danckbaren Gethöne /
 Gehorsamst mit Respect, den wir Dir schuldig seyn /
 Den legen wir geküst zu Deinen Füßen ein.
Verzeih der Schwachheit doch / O Sonne dieser Erden!
Die Du ohn Unterlaß von uns verehrt solt werden /
 Man stellet Dir ein Werck vor Deiner Strahlen Licht /
 Gebricht uns gleich die Krafft / der Wille fehlt doch nicht.
Doch weil die Schuldigkeit nicht anderst kan geschehen /
Sie billig es solt seyn / so solst Du von uns sehen /
 Ein wohl gemachtes Stück / vor Deine Gnaden Hand /
 Es wird von uns genand verirrter Liebes-Stand.
Wie? seynd die auch verirrt / die ihre kluge Sinnen /
Der Liebe räumen ein? die sonsten nichts beginnen /
 Als was die Liebe will und ihre Anmuth heist /
 Ist dieses Scheltens werth? Raßt der verliebten Geist /
Ja wer Vesuvius und seine Funcken liebet /
Wer ohne Steuermann sich auff das Meer begiebet /
 Wer allzu sehr verliebt die Schrancken überschreit /
 Der brennt / der sinckt / der irrt / und gehet vielzu weit.
Desgleichen Liebes-Orth wird unser Schauplatz zeigen /
Der sich durch unser Thun blad (!) Printzen gibt zu eigen /
 Bald setzt die Liebe Ihn in einen Bauern Stand /
 Und bald wird irrend Er als Sigislaus er kand
Wir irren / wo uns nicht / daß Günstig sein bestrahlet /
Weil unser Niedrigkeit noch nicht mit Danck bezahlet.
 Die unverdiente Gunst / weil Deine Gnaden-Hand /
 Durch Dero Gegenwahrth uns täglich wird bekand.
Hier / wo das Regiment so löblich wird geführet /
Das jederman daran ein Wohlgefallen spühret /
 Wo Lieb und Einigkeit die Stadt noch fester macht /
 Als wären hundert Wäll und Gräben rum gebracht /
Hier / wo Apollo wohnt / wo seine Musen-Kinder
In großer Menge sind; wo mancher Kunst-Erfinder
 Der Griechen Wissenschaft mit Fleiß und Mühe lehrt /
 Wo man die Ziehrlichkeit der Römer Sprache hört;
Da treibt uns unsre Pflicht so etwas auffzuführen /
Daß unsre Bühne wird mit lauter Schönheit zieren.
 Wann ferner Deine Gunst auff selbe ist gericht /
 Und Du dich stellest ein / irrt unsre Hoffnung nicht.
Indessen lebe wohl! kein Unglück mag Dich rühren /
Du theurer Graffe du / es müße dich bezühren /
 Deß Himmels Gütigkeit. Es sey Dir ewig hult /
 Der Höchste und die Welt / wir sind in Deiner Schuld.
Der Himmel lasse stets Dein Weises Haupte grünen /
Daß Du noch ferner mögst dem Regimente dienen /
 So weißlich als Du thust / und vor stets hast gethan /
 Es reiche diß Dein Lob biß an die Sternen-Bahn /
Und blühe immerdar. Es müße nie vergehn /

182

Ein solches Regiment so durch Dich kan bestehen.
Noch dieses wünsch ich Dir / ach blühe fort und fort /
Nimm mich in Deiner Huld / hab Danck mit einem Wort.
L. A. D.

Summarischer Inhalt der Persohnen.

1. Orismanna / Königin in Böhmen:
2. Sigislaus / ihr Vetter / Printz in Böhmen.
3. Odoardus / Hertzog und General der Königin.
4. Hedregundis / Princeßin aus Wenden.
5. Salamiro / grosser Stadhalter in Böhmen.
6. Protopan / Hoher Priester /
7. Mehim /
8. Sacer / } 2 Priester.
9. Herminus /
10. Belsarus / } Königliche Räthe.
11. Saga / eine Ziegeunerin.
12. Dolfero /
13. Fiander / } Ziegeuner.
14. Hedwan / ein Bauer.

Actus I.

Orismanna / Königin der Böhmen / kommt mit Sigislao ihres Bruders Sohn / nach niedergelegten Wendischen Kriegs-Heer und Gefangenschafft der Wendischen Princeßin Hedregundis triumphirend in Böhmen an. Orismanna ertheilet Befehl / die Hedregundis den Göttern auffzuopffern / Sigislaus wird in denselben Augenblick gegen sie entbrant / und suchet ihren Todt zuhindern / biß der darzukommende Hohe-Priester / nach dem der Tempel eröffnet / die Königin auff mildere Gedancken bringet / und die Gefangene völlig vom Tode befreyet.

Actus II.

Sigislaus / nachdem er von einem erscheinenden Nächtigen Geist Nachricht erlanget / daß sein Vater von Hertzog Odoardo mit Gifft sey hingerichtet worden / verpflicht sich hoch seinen Tod zurächen. Hedregundis geräth in ein Gespräch mit ihm / welches die Ankunfft der ungestümen Orismanna verhindert. Sigislaus entdecket der Königin Mäuchelmörderischen Tod seines Vaters / und kan sein rachgierig Gemüth dabei nicht verbergen. Die Königin bittet aus falschen Sinn / er möchte sich nach dem Ober-Zimmer verfügen / sie wolle ihm gleich folgen / und fernere Unterredung halten / Sigislaus gehet / und fället in die daselbst zugerichtete Falle / nehmlich eine Grube von Ottern und Schlagen angefüllet. Odoardus geräht bey der Königin in Verdacht / ob habe er Sigislaum den Mord seines Vaters entdecket / wird aber bald bey ihr wieder ausgesöhnet. Die Königin versammlet ein Gericht über die unschuldige Hedregundis / gibt vor sie sey mit Sigislao verletzter Majest. schuldig / Sigislaus als überwiesen / habe die Flucht genommen / fället hernach selbst das Urtheil / man soll ihr einen Trunck / welcher sie ihres Sinnes beraubet / eingeben / und hernach in eine wüste Einöde verstossen / Sigislaus entkommt in Bauren-Habit den Zorn der Orismanna.

Actus III

Hedregundis kömmet rasend zu einer Compagnie Ziegäuner / Saga / die vornehmste darunter / bringet ihr durch einen Kräuter-Trunck den verlohrnen Verstand wieder / und nimmt sie vor ihrer Tochter an / Sigislaus verdingt sich als ein Knecht bey einen Bauer Orismanna ist entschlossen / ihren heimlichen Buler Hertzog Odoardum auff den Thron zu heben / hier wieder legen sich die Reichs-Stände / entschliessen sich endlich das Oracul zu befragen / welches zur Antwort gibt / daß der Böhmische Thron einen Bauren und Ziegeuner bescheret sey / hierüber wird Orismanna erzürnet / hauet daß Götzen-Bild entzwey / versincket aber zugleich in den Schlund der Erden. Odoardus wird auff Befehl der Stände gefanglich angenommen / das Oracul wird wieder gefraget / wer das Reich regieren solte / gibt zur Antwort / der auff einen eysernen Tisch sein Brod wird esse. Deßhalben werden an unterschiedene Oerter Hoff-Bedienste geschicket solchen zu suchen.

Actus IV.

Sigislaus geräth mit der verkleideten Hedregundis in einen Liebes-Discurs / jedoch unwissend / das es seine Liebste sey. Belsarus entlediget den Odoardum seiner Gefängnüs / welcher hernach im Wald dem arbeitenden Sigislao unerkandt auffstöst / und alle seine Schelmstücke ordentlich erzehlet / aber darbey eine grosse Reu blicken läßt. Sigislaus heißt ihn um mehr Sicherheit willen / sich in eine alte Scheuer verbergen. Fürst Salamiro mit einem Priester finden Sigislaum auff dem Pflug sein Brod essen / kündigen ihm Königliche Würde an / wobey sich der neue König wunderlich anstellet / indem er den Fürsten / aller seiner Würden und Güter entsetzet / und die gantze Ziegäuner-Zunfft nebst dem Odoardo und seinen Wirth und Wirthin gefänglich annehmen lässet.

Actus V.

Sigislaus leget seine verstelte Grausamkeit ab / setzet den Fürsten Salamiro in seine Würden und Güter wieder ein. Belsarus erlangt Gnad wegen des entledigten Odoardi. Odoardus wird zu ewigen Zeiten aus dem Königreich Böhmen verbannet / der Bauer Hedwan und die Ziegeuner werden begnadiget / und Sigislaus vermählet sich nach vorhergehender scharffen Keuschheits Prob / mit der Zigeunerin Hyacyntha / welche zuletzt vor die Princeßin Hedregundis
erkennet wird.

Nach dieser Haupt-Action sol folgen eine lustige Nach-Comoedie genandt:

Arleqvin der betrogene Ku(pler)

Augsburg *1709*

Stadtarchiv Augsburg. Meistersingerakten

Ew: Gnd. Hochadel. Gstr. Herr. Vt. Fürstl. Wt. und grg. gebe gehorsamst zu vernehmen, was gestallten H. Georg Hengel alß Principal der Hochfürstl. württemberg. Hoff Comedianten

Compagnie mir zugeschrieben, daß in seinem Nahmen oder vor ihne ich ein gehorsamstes Memorial verfertigen, und nomino seiner gehorsamst suppliciren sollte, daß ihme mit seiner Compagnie einige wohl außgearbeitete und sehenswürdige ganz neue Comedien allhier auffführen dörfften zumahlen sie mit guten Agenten, propern Kleidern und Theatro wohl versehen wären, und ihnen keine Bande es gleichthun würden.

Wann dann nun auch dem vernehmen nach ermelter Compagnie vor zweyen Jahren auf schon bescheehenes damahliges Suppliciren die hohe Versprechung bescheehen seyn solle, daß wann etwa bessere Zeiten oder eine glückliche Victorie disseits vorgehen möchte, sie den gnd. und grg. Consens so dann vor andern erlangen sollten, und ermelter H. Principal die in Braband vorgegangene Victorie in seinem Brief wahr zu seyn erachtet; ich auch seinem Begehren nochzukommen mich obligieret zu seyn befinde.

Alß gelanget an Ew: gnd. hochadel. gstr. Herr, Vt. Fürstl. Wt. und grg. mein nomine ermelten Principalens Georg Hengels gehorsamst unterth. es Bitten, ihme vor all andern fremden Comedianten einige Comedien allhier aufzuführen gnd. und grg. Consens zuertheilen, da anderst einigen dergleichen ein solches erlaubet werden sollte; zu gnd. und grg. Erhör und Gewehrung mich nebst ermeltem H. Principale unterthänig gehorsamst empfehlend.

Ew: Gnd. Hochadel. gstr. Herr Vt. Fürstl Wt.

und grgr.

unterth. gehorsamer
Wilhelm Merz alß Anwaldens Georg Hengels
Comediant.

Wilhelm Merz nomine Georg Hengels wirdt mit deren Begehren, einige Comoedien exhibieren zu dörfen abgewiesen.

Decret: in Sen:
D: 19. ter Aug. 1709.

Nürnberg 1709

Eines der frühesten Programmhefte, in welchem schon 1709 ein „Arlequino" von titellosen „Hoch-Teutschen Comödianten" angekündigt wurde, darf nicht unkommentiert bleiben. Zur Truppe selbst geben nur die Huldigungsreime dieses achtseitigen Heftes den dürftigen Hinweis, daß sie sich auf einen früheren Aufenthalt in Nürnberg berufen konnte:

Last izt auch Eure Brust / Ihr Häupter dieser / Stadt Wie vormahls / gegen uns / der Gnaden Ströme hegen.

Katharina Elisabeth Velten hatte sich, bevor sie im November 1709 in Hamburg einen Harlekin vorwies, um die Mitte des Jahres von Augsburg aus beim Nürnberger Rat, dessen „Gnaden Ströme" ihr seit 1695 wiederholt zuteil geworden waren, für die Zeit nach Pfingsten mit Erfolg beworben. Es ist trotzdem denkbar, daß die schon gegebene Konzession widerrufen wurde, weil vom Rat der Stadt Wien Anschuldigungen gegen sie erhoben worden waren, denen die Nürnberger mit Wohlwollen nachgehen wollten. Gegen Ende des Juli hat Witwe Velten ihre Truppe zum Jacobi Dult nach München geführt. Danach klafft eine Terminlücke bis zum Hamburger November-Gastspiel. (Über die Zeitfolge ihrer Gastspiele siehe ausführlich hier im Anhang IV, 3.) Demnach hätte sie durchaus im September in Nürnberg sein können, um so mehr als dem Ratsprotokoll vom 27. Mai, das eine Überprüfung der Bezichtigungen vorsah, unmittelbar das auf unsere Ankündigung Bezug nehmende vom 20. Sept. folgt, ohne daß zwischenzeitlich Theaterangelegenheiten zur Debatte gestanden hätten: „Die übergebene gedruckte exemplaria der von denen hier anwesenden comoedianten auf künftigen montag aufführenden actionen von kaiser Otto dem ersten, so die schaubühne des glücks betitelt wird, soll man ... annehmen und austeilen" (Hampe Bd. 2, Nr. 616).

Die Selbstlosigkeit, daß sich „Kgl. Poln. und Churfürstl. Sächs." Hofkomödianten als „Hoch-Teutsche Comödianten" beschieden haben sollen, zerschneidet den roten Faden so abrupt, daß selbst mit der „Wiener Bande", mit der Frau Velten sich im besagten September zusammentat und gemeinsam in Augsburg petitionierte, nicht wieder haltbar knoten kann (Stadtarchiv Augsburg). Man wird wohl oder übel die Prinzipalin Velten aus dem Nürnberger Spiel lassen müssen, obwohl — man verzeihe mir die Inkonsequenz — seit etwa 1700 außer ihrer Gesellschaft keine langlebige Truppe dort nachzuweisen ist, die das Recht gehabt hätte, sich auf ein früheres Gastspiel zu berufen.

Ob nun bei Velten oder anderswo: Arlequin machte unaufhaltsam Karriere.

(Das hier veröffentlichte Exemplar befindet sich in der Stadtbibliothek Nürnberg: Signatur Nor. 4475).

Zu gnädigen Wohlgefallen /
Und unterthänig-schuldigster Danck-Bezeigung vor
die empfangene hohe Gnade /
Wird /
Einen Hoch-Edlen und Hoch-
weisen Rath /
Der Welt-berühmten Kayserlichen
freyen Reichs Stadt Nürnberg /
Unseren Gnädig-Hochgebietenden HERREN /
Auf der gewöhlichen Schau-Bühne /
Eine gantz neue Comoedie
Genannt:
Schau-Bühne des Glückes /
Kaysers Otto des ersten dieses Nahmens /
Krieges-Liebes- und Helden-Geschicht /
Mit der unüberwindlichen Adelheid /
In Unterthänigkeit vorgestellet werden; von denen
anjetzo anwesenden
Hoch-Teutschen Comödianten.
Montags den 23. September A. 1709.

Kurtzer summarischer Innhalt:

Adelheide / Lotharii Königes in Italien Wittib hatte zu ihrer Königlichen Abstattung die Stadt Pavie nebst denen dazugehörigen Herrschafften überkommen; als nun zu gleicher Zeit Beringgang nebst seinen Sohn Adalberto in Mayland regierte und befand / daß er ein Reich / ohne eine Königliche Residenze besasse / befahrete er sich als Vatter / es möchte etwan künfftig Adelheide / sich in einen andern Fürsten verlieben / sich selben vermählen / und also zum höchsten Nachtheil seiner Regierung /

ihre Königliche Morgen-Gabe einem frembden zuwenden; entschloß sich derohalben / selbte seinem in sie allbereit verliebten Sohne Adalberto zu einer Gemahlin aus zu bitten; alleine Adelheide / welche wegen des Königlichen und Zweiffelsfrey von diesen zwey Tyrannischen Fürsten entsprungenen Untergangs ihres verstorbenen Gemahls Lotharii ein bekümmertes und unversöhnliches Gemüth behielte / schlug diese ihre höchst-abscheuliche Heyrathj derzeit beständig aus; weßwegen Beringnarius sich nebst seinem Sohne und einem grossen Krieges-Heere nache Pavie begab / und nach langwüriger Belagerung zwar die Königliche Residentz aber nicht das Hertze dieser König mit gewaffneten Armeen biß aufs äußerste beschützenden Königin eroberte: Worauff sie von den Tyrannen nacher Mayland geführet / und alldar mit andern Belagerungen / nehmlich mit vielen Bittworten / Liebkosungen und köstlichen Versprechungen angegriffen wurde; alleine weil dieses alles nichts verfieng / griffen sie zu Bedrauungen / zur Schärffe und Gewalt / indem sie selbe in einen abscheulichen / und an dem Schiff-reichen Flusse Benaeg gelegenen Thurn gefangen setzten / hochbetheurende / daß weil sie die Schlüssel zu dieser wohlverwahrten eisernen Thüre bey sich hatten / sie eintzig und alleine würde in Händen haben / ihre Unglückseeligkeit zu vergrössern und zu vermindern. Jedoch hierdurch ward Adelheide nicht im geringsten beweget / sondern riß sich aus dem Gefängnüsse / und nahm ihre Zuflucht zu ihrer Frau Mutter und Bruder / dem Hanno Fürsten zu Canossa / von welchem sie / ob er schon gar wohl wuste / daß es deß Königs Beringani Vasall ware / heimlich aufgenommen und in möglichste Sicherheit versetzet wurde. Nachdem nun Beringanius und Adalbertus die Flucht der Adelheide aus dem Kercker / zugleich auch ihre Ankunfft in der Festung Canossa vernommen / begaben sie sich alsbald dahin mit einer grossen Krieges-Macht / sich gewiß versichrende / daß sie entweder durch Bitte oder Gewalt aufs neue erhalten würden / was sie zuvor vergeblich gesuchet hatten. Die witzige Adelheide sehende / daß kein ander Mittel ihre Wolfahrt zu schützen vorhanden / vermerckte / daß gleich zu derselbigen Zeit / der Großmächtigste Römische Kaiser Otto der Erste nebenst seinem Sohne Ludolpho und einem unbezahlbaren Krieges-Heere sich in ihrer Nachbarschafft / wegen gewießer Krieges Verrichtungen in Sclavonien / wohin er geruffen war / befand / entschluß sich dannenhero ohnsaumbar / an diesen ein Schreiben abzusenden / in welchem sie ihme / so ferne er sothanen Anfall unterbrechen und sie glückseelig befreyen wolte / sich selber nebenst ihrem gantzen Reiche / zur Belohnung anbott. Der Kayser welcher allbereit von der fürtrefflichen Schönheit / Ansehen und Gewalt der Adelheiden viel gehöret / ward gleichfals mit hefftigen Liebes-Flammen gegen selbe entzündet und entschloß sich alsobald ihr möglichst zu helffen und bey zu springen: Ehe er aber nebst seinem Krieges-Heere dem Feinde unter die Augen gieng / schückte er zuvor durch die Lufft einen an einen Pfeile angebundenen Brieff / nebst einem Trau Ringe seiner hertzliebsten Adelheide / grieff darauf mit seinen tapffern Soldaten / des Feindes Lager an / bekam nach einem hefftigen Streit beyde Könige gefangen / und führete sie triumphirend in Canossa hienein / alwo er / nachdem ihme beyde überwundene einen Eyd ihrer Treue und Freundschafft geschworen / sich mit der schönen und Tugend vollen Adelheide in höchster Freude und Wonne vermählte.

Zu desto besser- und angenehmerer Vorstellung dieses Schauspiehls / wird folgendes zuläßlich hinzu gedichtet.

1.

Daß Adelheide nicht zu Canossa / sondern zu Pavie von dem Kaiser Otto durch ein Schreiben Hülffe verlanget / und daß dieser aus Antrieb der Liebe in erdichteter Kleidung eines Fischers / um die niemahls gewesene [gesehene?] Königin zu schauen sich entschlossen nachen Pavie zu gehen: jedoch als er vernommen / daß sie albereith von Beringario und Adalberto überwunden und zu Mayland anzutreffen seyn würde / er sich gleichfals dorthin unbekanter Weise zu ihr verfüget.

2.

Daß die Princessin Gisilla des Hanno / Fürsten zu Canossa und der Adelheiden Frau Mutter Bruder-Tochter / sich in den Printz Adalbertum verliebet / und daß sie weil selber als ihr Bräutigamb sie fälschlich verlassen / mit ihrer Hoffbedienten Delma in unbekanter Kleidung heimlich vor ihren Herren Vatter entflohen / um des Printzens Zusage in der That zu erhalten / und sich dannenhero ebenfals nacher Mayland begeben.

3.

Daß die Festung Canossa und der See Benacus nebst den Thurne gantz nahe bey der Stadt Mayland gelegen: welches dessentwegen ertichtet wird / damit die Außführung eines Schauspieles aufs genaueste benimmte Zeit wohl in Acht genommen werde.

Eine gantz neue und allhier noch niemahlen gesehene
Nach-Comödie / wird den Beschluß machen.
Genandt /

Arlequino, eine übel beharnischte
Schildwacht.

Ein knappes Nachwort wird erläutern, weswegen auf den Abdruck des „summarischen Innhalts" nicht verzichtet wurde. Dieses Stück gilt noch immer — wenn man von Bearbeitungen zu Opernlibretti absieht — als unaufgeführt. Es stammt aus der Feder Johann Christian Hallmanns und erschien unter dem Titel ‚Die Schaubühne des Glückes Oder Die Unüberwindliche Adelheide. Aus dem Italiänischen... übersetztes und vermehrtes Schauspiel' in der Sammlung ‚Trauer-, Freuden- und Schäffer-Spiele, Nebst Einer Beschreibung Aller Obristen Hertzoge über das gantze Land Schlesien. Breslau [1684]' (Faber du Faur, Nr. 649; nach Gottsched III., S. 234: 1673, nach Kat. Wien II., S. 53 ist die Vorrede datiert „8 Oct. 1673"). Hallmann hat „aus dem Italiänischen" das zu Antonio Sartorios Hauptoper ‚L'Adelaide' von Pietro Dolfin verfertigte Libretto (zuerst aufgeführt in Venedig am 17. 2. 1672 in S. Salvatore) — als „vermehrtes Schauspiel" umgestaltet. Teils wörtlich nach Hallmanns Fassung hat Georg Philipp Telemann wiederum seine 1725 zuerst in Bayreuth und wieder 1727 in Hamburg aufgeführte Oper ‚Adelheid, oder die ungezwungene Liebe' komponiert.

Die Nürnberger ‚Schau-Bühne des Glückes' von 1709 ist in keiner Wanderbühnen-Bearbeitung, sondern offenbar in Hallmanns Originalfassung gespielt worden. Dessen zum Beweise hat der „Summarische Innhalt" vorgelegt werden müssen. Weniger der lakonisch wiedergegebene Handlungsverlauf oder die mit Hallmann gleichlautenden Namen (Gisella, Hanno, Delma) als die teils wörtlich mit Hallmanns Erläuterungen übereinstimmenden, als „hinzu gedichtet" bezeichneten Nachträge sind dafür beweiskräftig: beispielsweise unter 1.: daß Kaiser Otto „aus Antrieb der Liebe in erdichteter Kleidung eines Fischers / um die niemahls gewesene [gesehene] Königin zu schauen", sich nach Pavie begeben habe. (Bei Hallmann: „aus Antrieb der Liebe in ertichteter Kleidung eines Fischers, umb die niemahls von Ihm gesehene Königin zu schauen"); oder daß unter 3. zur Wahrung der Einheit der Zeit und des Ortes Canossa in die Nähe Mailands gerückt worden sei, „damit die zur Außführung eines Schauspieles aufs genaueste benimmte [bestimmte] Zeit wohl in Acht genommen werde". (Bei Hallmann: „damit die zur Ausführung eines Schauspieles aufs genaueste bestimmte Zeit wol in acht genommen werde"). (Zitiert nach Kolitz, S. 127 f., da das Original nicht erreichbar war).

Allzu häufig scheint Hallmanns Werk nicht auf die Bühne gekommen zu sein. Im Weimarer Verzeichnis (Nr. 159) wird es um 1710 als ‚Das leben kaisers otto und adelheit' geführt. Die bürgerlichen Agenten Kaufbeurens haben das Stück ‚Von Adelheid, Kaiser Ottos Gemahlin' unter kaum abweichenden Titeln 1692, 1742 und 1764 gespielt. Vasterling, S. 101, 106, 110). In Biberach ist von den Bürgerkomödianten „an Weihnachten 1750 ... der römische Kaiser Otto agirt worden" (Ofterdinger, S. 121).

Literatur: Kurt Kolitz, Johann Christian Hallmann. Ein Beitrag zur Geschichte des deutschen Dramas in der Barockzeit. Berlin 1911, S. 127—130. — Elsie G. Billmann, Johann Christian Hallmanns Dramen. Würzburg 1942. (Als Phil. Diss. Berlin 1941 sind die hier zu berücksichtigenden Seiten 84—86 in perfider Wortwörtlichkeit aus Kolitz' Arbeit abgeschrieben!) — Flemming, S. 51—54. — Riemann, S. 4: ‚Adelaide' von Sartorio. Venedig 1672 / ‚Adelheid' von Telemann. Hamburg 1727. — Loewenberg Bd. 1, Sp. 51: ‚L'Adelaide' von Antonio Sartorio. Venedig 1672. — Brockpähler, S. 65: ‚Adelheid, oder die ungezwungene Liebe' von Telemann. Bayreuth 1725. — Ibd., S. 209: ‚Adelheid' von Telemann. Hamburg 1727. — Schiedermair I, S. 33 u. 88: Adelheid von Telemann in Bayreuth — Wolff Bd. 1, S. 58—60, 127—131, 180: über Sartorios und Telemanns ‚Adelheid'-Opern.

Braunschweig *1711*

Stadtarchiv Braunschweig Sign. H V 254, Nr. 143.

Durch Lauchtigster Herzog,
Gnädigster Fürst und Herr.

Euerer HochFürstl: Durchl: erachte vor schultig untethänigsten Dank ab zu statten, daß sie meiner Wenigkeit die Hohe Gnade erweißen, und diese bevorstehende Meße mein Theatrum alhier zu eroffnen, Gnädigst erlauben wollen. Wen ich denn nun auch, Gnädigster Fürst und Herr, zu folge dero HochFürstl. an mich ergangenen Befehl, diesfals auch ihro HochFürstl.: HochFürstl: Durchl: Durchl: denen Herrn Herrn Herzogen von Bevern*), meine auffwartung gemachet, auch von Hochgedachten ihro Hoch Fürstl. HochFürstl. Durchl. Durchl. eine gnädigste einwilligung erhalten; Es nun mehro aber, auff nichts mehr ankommet, als daß ich einen Edlen Magistrat alhier dero HochFürstl. Erlaubtnüs, zu Legitimirung meiner ausgerichteten Sache producire: als gelanget an Euer HochFürstl. Durchl. mein unterthanigstes Bitten,

sie geruhen gnädigst, zu dero HochFürstl. Clemence, noch diese Gnade hin zu zu sezen, und mir, dero HochFürstl. gnädigstes Fiat, in Gnaden zu ertheilen. Wovor ich in aller untethanigkeit verharre,

Eurer HochFürstl. Durchl.

                       unterthänigster Knecht
                       Christian Spiegelberg
Braunschweig d. 27.   Principal von d. HochFürstl.
     Januarij   Würtenbergischen
Anno 1711   Bande Hoff Comoedianten

[Rückseite:]

     Dem Durchlauchtigsten
     Fürsten und Herrn
     Herrn Anthon Ulrich
     Herzogen von Braunschweig
     und Lüneburg   etc. etc.
     Meinen gnädigsten Fürsten
     und Herrn.

[Eigenhändig vom Herzog:]

         F i a t

    Anthon Ulrich
    Braunschweig
    d. 28. Jan:
       1711

Braunschweig *1711*

Stadtarchiv Braunschweig. Sign. H V 254, Nr. 147.

Denen Hoch Edlen Vesten, Groß acht Bahren Hoch und Wohl Weißen, wie auch groß günstigen Herrn Herrn Bürger Meistern und Raht der Stadt Braunschweig meinen Hoch gebiehteten Herrn etc. etc.

Hoch Edle, Veste Groß acht Bahre Hoch und Wohl Weiße wie auch Hoch gebietende Herrn.

Euer Hoch Edle, Vesten und gestrengen geruhen gütigst, sich in gehöriger Submission, von mir Endes benannten Principal von der Hoch-Fürstl. Würtenbergischen Bande Hoff Comoedianten vor dragen zu laßen, welcher gestalt, Einer von meinen Agenten nahmens Nicolaus Würger ohne die geringste gegebene ursache, und also un billiger Weiße auß meiner Compagnie zu Treten sich wider vermuhten wider mich erklährt. Wen den nun aber Hochgebietende Herrn, besagter Agent, 1. bey der etablirung meiner Bande, mit mir einig worden die Compagnie zu halten, 2. selber gestehen muß, daß er nicht bloß auff etliche Wochen oder etwan hiesicher Meße von mir angenomen worden, 3. er auch biß auff

---

*) Ferdinand Albrecht II., Herzog von Braunschweig-Lüneburg-Bevern (1680—1735); Ernst Ferdinand, Herzog von Braunschweig-Bevern (1682—1746).

diese Stunde seine richtige Gagé von 10. Wochen her (ohne daß er davor mehr als diese 11 Comoedien in dieser Meße Agiret) jederzeit eingenomen, 4. ich auch zur folge seiner gethanen promessen mich völlig auf ihn verlaßen, 5. anjezo aber so gleich seine vocivente Stelle ohne die grösten [Einbußen?] ohn möglich Redressiren kan, und also, zu mahl wegen der alhier gehabten sehr schlechten Meße, ohne dem pressiret genug bin, Ja gar bey Dimittirung der auf gebrachten Compagnie unfehlbahr Ruiniret werden muß; Alß gelanget an Euer Hoch Edle Vesten und gesträngen, mein unter thäniges ansuchen, sie geruhen gütigst in Regart meiner angeführten Puncten, den von mir beklagten dahin an zu halten, daß er, weil er mir bereits d. Accord ungeachtet ich zu Unterscheiden mahlen ihm die un Möglichk. deßelhabten höfflich vorstellen laßen, Renonciret; ich auch allerdings befürchten muß, daß er, fals ich ihn zwingen würde bey mir zu bleiben, entweder sein Devoir nicht thun, oder doch sonst zu meinem unerdräglichen Nachtheil Caussiren möchte, mir den halben Theil der ein genommen Gagé welche er mit heuern genoßen, und billiger Weiße 15 thl. auß machet, wider zu Restituiren obligiret seyn mag: und weil ich alle Stunde parat bin von hier zu reißen, und also bloß besagten Agentens wegen nur noch hier bleiben muß, so ersuche ich ebenfals, den Beklagten an zu deuten, daß, wen er entweder sich nicht so bald nach ergangener Citation stellen, oder die rückgebung seiner Gagé zu Tartiren suchen soll, ich bloß auff seine unkosten hier liegen, und so dan billiger Weiße nach ausführung meiner gerechten Sache, auch dießfals aller rechtlicher Satisfaction von ihm praetentiren würde. Dieses alles habe höchst genöhtigt Euerer Hoch Edlen Vesten und gesträngen vordragen müßen, in er erwartung Euer gnädigen antwort der ich bin,

Euerer Hoch Edlen Vesten und gestrangen

Braunschweig d. 24.
Ferb.
Ann.1711.

unterthanig gehorsamster
Diener Christian Spiegelberg
Principal der Hochfürstl.
Würtenbergischen Hoff
Comoedianten

Kassel *1711*

Staatsarchiv Marburg. Rechnungen II Kassel Nr. 655/1711

fol. 33

1711 Mai 6 (Nr. 6)

Ihre Hochfürstl. Durchlaucht haben denen anjetzo allhier seienden württembergischen Hofcomoedianten pro discretione gnädigst verehrt und auszahlen lassen vermöge Befehl und Quittung
90 Rthlr.

fol. 35

1711 Mai 14 (Nr. 14)

Ihro Durchlaucht Princesse Wilhelmine Charlotte zur unterthänigst aufgetragenen Gevatterschaft von dem württemberg. Hofcomoedianten Spiegelberg vermöge Befehl verabfolgen lassen
2 Rthlr.

fol. 35

1711 Mai 16 (Nr. 16)

Ihro Hochfürstl. Durchlaucht haben dem Comoedianten Johann George Ludovici wegen eines unterthänigst überreichten Carminis pro discretione gnädigst verehren und auszahlen lassen vermöge Befehl und Quittung
12 Rthlr.

fol. 45

1711 Juli 14 (Nr. 14)

Ihro Hochfürstl Durchlaucht haben denen 3 anjetzo hier seienden fremden Comoedianten George Guden, Johann Niclas Dillen und Johann George Ludovici wegen verfertigt — und unterthänigst praesentierter Carminum aus Gnaden verehren und auszahlen lassen, vermöge Befehl und Quittung
30 Rthlr.

Staatsarchiv Marburg. Kirchenbuch Kassel Hofgemeinde 1685—1739, S. 72 a

1711 Mai 16: getauft: Hedwig Wilhelmina. Vater: Christian Spiegelberg, Comoediant. Taufpaten:
Ihro Durchl. die Princessin von Homburg und
Ihre Durchlaucht die Princessin Wilhelmina.

Göhrde *1711*

Bruno Heyn, Wanderkomödianten des 18. Jahrhunderts in Hannover, S. 13: aus einem Brief des Herzogs Ernst August v. 29.9.1711 aus dem Jagdschloß Göhrde.

Comedie d' Adam et Eve ... L'on dit que Eve avoit son tafetas, cousu si ferme sur le corps, qu'il valloit quasi autant l'avoir fait jouer nue.

Die Übereinstimmung mit einer späteren Beschreibung dieses damals offenbar gebräuchlichen Eva-Kostüms ist auffallend: „Man sah daselbst eine dicke Eva, deren Leib mit einer schlechten Leinewand bedeckt war, die mit einem kleinen Gürtel von Feigenblättern auf die Haut geleimt war, welches eine sehr ekelhafte Blösse verursachte" (Th.-Journal 1780, 14. Stck., S. 28). So soll Ekhof aus eigener Anschauung berichtet haben, wie verschiedentlich und noch 1954 behauptet worden ist (Eisenberg, S. 3 [1904]; Aikin-Sneath, S. 41 [1936] Fetting, S. 16). Es paßt so verdächtig gut in diesen Zusammenhang, daß Denners mit Spiegelberg verheiratete Schwester Elisabeth „als Eva in der Adam- und Evafarse weit und breit bekannt" gewesen sein soll (Schütze I., S. 258). Hat Ekhof seiner Schwiegermutter ein zweifelhaftes Denkmal als „dicke Eva" setzen wollen?

Da die Schwäger sich im Frühjahr 1711 getrennt hatten, muß eine andere Schauspielerin als Spiegelbergs Frau diese Eva vor den hannoverschen Fürstlichkeiten dargestellt haben. Auch Ekhofs angeblicher Bericht entpuppt sich als einer jener Irrtümer, welche von Gutgläubigen unbedenklich weitergegeben werden, weil sie durch Veröffentlichung sakrosankt geworden sind. Reden-Esbeck (S. 37) als Urheber hätte damit sein ohnehin stark überzogenes Fehlerkonto kaum noch belastet, wenn die Folgen ausgeblieben wären. Ekhof hat tatsächlich keinen anderen Anteil an diesem Bericht, als ihn aus Bielfelds ‚Progrès des Allemands'

(1752) verdeutscht zu haben. Die schon vor 1765 angefertigte Übersetzung wurde in seinem Nachlaß gefunden und von dem Gothaer Bibliothekar Reichard 1780 veröffentlicht.

Münster — Aachen *1713*

Stadtarchiv Münster (Westf.). Ratsprotokoll 1713, fol. 8 (31. 1. 1713). Sign.: A II, Nr. 20, Bd. 123.

Die hochfürstliche Braunschweigsche Lüneburgische dahier ahnwesende Commedianten hetten hiesigem armen weysen für jedeßmahl, wan sie spielen, sieben schilling zu endrichten.

Stadtarchiv Aachen. Akten betr. das Theaterwesen. (Weil nicht mehr aufzufinden, zitiert nach Pick, S. 456 f.)

Hoch- und wohledle u.s.w. Eueren Hoch- und wohledlen weisheiten geben königlich-pohlnische hoffcomedianten Jurgen Hiegel [Georg Hengel] und Christian Spilberg als principale von der bande hiebey unterdienstlich zu erkennen, was maßem greffen der kremerzunft denenselben erlaubet, die comedie auf ihrer leube zu halten, auch zwarn zweymal bey öffentlichem tag gespielet; weilen aber die hohen standspersonen der comedie nicht beywohnen wollen, es seye dan, daß das zimmer ganz finster gemachet werde, wodurch der comedie ein glanz gegeben wird, welches aber durch herren burgermeistere ehender nicht permittirt werden will, ehe und bevorn einem ehrbaren rath darab parte gegeben. Nun zeigen supplicantes unterdienstlich ahn, daß kein gefahr des brands dabey zu beförchten, indeme nur etwa 30 leichter ausstellen wollen, warab die halbscheid auf die kron gesetzet werden, zu deren obsichtigung sie nicht allein einen beständigen soldaten darstellen, sondern annebst sich erbietig machen, die ganze nacht nach vollnzogener comedie auf der leube zu bleiben und zu sehen, daß kein brand entstehen möge. Glangt dahero supplicanten unterdienstliche pitt, sie geruhen wollen, denenselben zu permittiren, daß daselbst das zimmer verfinstern und die comedien halten mögen.

[Undatiert, aber 1713 zu datieren]

Am 18. August 1711 erhielt die Witwe Velten nach etlichen Gesuchen schließlich Erlaubnis, neben der schon am 30. Juli bevorzugt konzessionierten Witwe Elenson in Frankf. a. M. während der Krönungsfeierlichkeiten aufzutreten. Wie schwer es ihr geworden sein muß, neben der jüngeren Rivalin zu bestehen, erhellt nicht nur aus der Bitte um Abgabenermäßigung, sondern wird weit nachdrücklicher durch die mitunterzeichnenden Gesellschafter der „Königlich Pollnischen und Churfürstlich Sächsischen Hofcomoedianten", Georg Hengel und Christian Spiegelberg, bestätigt (Mentzel, S. 138 ff.). Georg Hengel hatte bereits im März 1711 seine mit Anton Geißler gemeinsam geführte Truppe der Gesellschaft von Elisabeth Velten angeschlossen (Hampe Bd. 2, S. 189). Er und sein nun hinzugetretener Kompagnon werden der alternden Prinzipalin in ihren Geschäften bis zum bitteren Ende beigestanden haben.

Nach der Frankfurter Misere, die Anfang Dezember mit dem Verkauf unentbehrlicher Requisiten und Garderobe endete, zog sie mit ihren Getreuen, zu denen man Hengel und Spiegelberg fortan zählen darf, rheinabwärts nach Köln und blieb dort bis über die Fastenzeit des nächsten Jahres (Jacob, S. 12 f.). Ab 7. Mai 1712 durfte sie einige Zeit im nahegelegenen Aachen spielen (Pick, S. 457). Im August des gleichen Sommers kehrten die „Königlich Pohlnischen und Chursächs. Hof Commedianten" ohne daß die Velten ausdrücklich genannt wird, nach Köln zurück, um mit dem Erlös aus ihrem „ahngerühmten Marionetten"-Spiel die Kölner Gläubiger befriedigen zu können (Jacob, S. 13 f.).

Die schon 1708 und 1709 nicht nur in Nürnberg, sondern auch in Prag, Breslau und Linz von Geldschwierigkeiten verfolgte und in Wien deswegen vorübergehend arrestierte Prinzipalin (Hampe Bd. 2, S. 314) hat den fortschreitenden Ruin nicht mehr aufzuhalten vermocht. Die in Frankfurt a.M. notgedrungen verkauften Bühneneffekten haben den Zerfall wohl so beschleunigt, daß man schließlich zu Marionetten Zuflucht nehmen mußte. Es ist zweifelhaft, ob Elisabeth Velten der Truppe in Köln überhaupt noch vorgestanden hat, denn ebensowenig hier wie in einem an die Bürgermeister von Aachen gerichteten Bittschreiben der „königlich-pohlnischen hoffcomedianten" hat sie selbst unterzeichnet. Vielmehr gaben sich die in Frankfurt a.M. lediglich mitverantwortlichen Teilhaber Georg Hengel und Christian Spiegelberg in Aachen als „principale von der bande" aus. Der nicht datierte Aachener Aufenthalt kann frühestens dem Jahre 1713 zugeschrieben werden, denn seit dem Beitritt Spiegelbergs zur Truppe während der Krönungsmesse in Frankfurt a.M. sind im Reiseplan Frankfurt-Köln-Aachen-Köln keine Lücken, die einen zwischenzeitlichen Aufenthalt in Aachen gestattet hätten. Auch die Winterzeit 1712/13 dürfte entfallen, nachdem die Prinzipale in ihrem aufschlußreichen Gesuch um Genehmigung einkamen, in verdunkelten Räumen statt bei Tageslicht zu agieren.

Braunschweig *1713*

COMOEDIA
genandt
Die billige Bestraffung der Tyrannischen Boehmischen Koenigin Orismannae.
Oder
Der Durchl. Bauer und die Durchl. Zigeunerin
Dedicirt und praesentirt
Dem Durchlauchtigsten Fürsten und Herrn
H E R R N
August Wilhelm
Hertzogen zu Braunschweig und
Lüneburg &c.
Meinem Gnaedigsten Fuersten und Herrn
Wolte dieses aus unterthaenigster Ehr-Bezeugung
praesentiren
Der P R I N C I P A L
Der Chur-Fuerstl. Braunschw. Lueneb.
Hoff-Comoedianten
Den 22. Tag des Monaths Augusti / Anno 1713.

Zwickau — Schneeberg 1715

Stadtarchiv Zwickau. Jahresrechnung der Stadt Zwickau 1714/15, Bl. 59b.

6 R 18 gl — Herr David Holtzward, und H. Christian Spiegelbergk Hannoverische Commoedianten, vor die Concession und Platz, uffn Gewandhauße zu agiren.

Stadtarchiv Zwickau. Ratsprotokoll 1714/15, Bl. 384b: 22. August 1715.

Die Weymarischen Comoedianten meldeten sich an, wollten das gesezte in die Accise und 6 Thlr. gleich denen vorigen in die Cämmerey geben, fragt sich, ob ihnen das spielen zu gestatten, die Zeiten wären zwar iezo nicht darnach, zu Annaberg, Schneeberg und Marienberg wäre es gestattet worden. Bei der umbfrage gehen die meisten Stimmen auf die Verstattung, wiewohl erinnert wird, daß man ihnen viel Brether geben müste, auch Feuersgefahr zu besorgen wäre, die H. Geistl. auch darwieder redeten.

Resol. Die Zeiten wären freylich nicht darnach, das gemeine Volck erholhte sich doch darbey in ihrer Drangsaal, und wenn sie ihre Gebühr gäben, die Brether auch bei der Vogelstange schon gebraucht worden, so sollte es ihnen erlaubet, doch sei bedeutet worden, auf Feuer gut acht zu geben.

(Die Bezeichnung ‚Weymarische' dürfte ein Versehen des Protokollanten sein, da die Schneeberger Akten wieder die ‚Hanoverischen' ausweisen.)

Stadtarchiv Schneeberg / Erzgeb. Jahresrechnung der Stadt Schneeberg 1714/15, Bl. 45: Einnahme auff dem Tantz-Boden

1 19 — zahlten die Hanoverischen Comoedianten auf 5. Tage a 8 gl und ob sie wohl 12 gl hatten zahlen sollen, weil sie aber wenig profit gehabt, sind sie bey 8 gl gelaßen worden.

1715

Stadtarchiv Memmingen. Todten-Register von St. Martin 1723—1748.

18 Okt. 1738. Rebecca Maria Holzwartin ward 1682 den 6ten Juni zu Friedrichstadt in Holstein geboren. Ihre Eltern sind gewesen Reinhold Schreiber Kunstdreher daselbst, so aber endlichen holländischer Schiff-Capitain worden u. die Mutter ein geborne Rosenbäumin, H. Hartwig Rosenbaums weiland wohlverdienten Superintendentens zu Neukirch in Holstein Ehrentochter. Ao. 1704 trat sie in den Ehestand mit David Holzwart, damals bei dem König von Dänemark Hof-Comoedianten und Leib Laqueien, der aber nachmals successive in Chur-Hannoverische u. Fürstlich Mecklenburg. Strelizische und Sachsen-Hildburghausische Dienste getreten. Ao. 1731 begab sie sich mit ihrem Ehegatten hieher in sein Vaterland u. brachte ihre übrige Lebenstage christlich u. gottselig zu. Sie gerieth öfters in schwere Anfechtungen u. befand sich manchmal in kränklichem Zustand. Sie starb am 16 Oktober 1738 im 56 Jahre als Mutter von 3 Söhnen und 3 Töchtern, welche aber sämmtlich schon gestorben waren bis auf einen Sohn, von dem man schon 7 Jahre nichts anderes vernommen, als daß er nach Ostindien sich begeben.

Länger als bis 1717 scheint die Sozietät Holzwart-Spiegelberg auf keinen Fall bestanden zu haben; denn in diesem Jahre wurden Spiegelbergs Interessen in Lüneburg von Johann Gottlieb Förster als „h[oc] t[empore] direct[eur] der Fürstl. Würtemb. Comoedianten" wahrgenommen (v. Magnus, S. 248). Am 17. Juni 1720 registrierte dann ein Nürnberger Ratsschreiber einen „von Hildburghausen anher gekommenen hofcomoedianten Holzwarth" (Hampe Bd. 2, S. 197). In dieser Würde eines „Hochfürstl. Sächs. Hildburghausenschen Hofcomödianten" hat er seitdem bis 1726 seinen Weg landauf, landab sporadisch markiert:

Zeit		Ort	Quelle
1721	Okt.	Leipzig	
1722	18. Sept.	Braunschweig	(Hartmann, S. 123 f.)
1723	Jan.	Kiel	(v. Gersdorff, S. 179 f.)
	April	Stralsund	(Struck, S. 17 f.)
	12. Juni	Regensburg	(Wild, S. 23)
	Juli	Braunschweig	(Hartmann, S. 124)
1725	3. Febr.	Hof	(v. Gersdorff, S. 183)
	9. April	Nürnberg	(Hampe, S. 326)
	4. Mai	Neustadt/Aisch	(v. Gersdorff, S. 183)
	—	Pyrmont	(Stolz, S. 4)
1726	Frühjahr	Stralsund	(Struck, S. 19 f.)

Schließlich sind noch von Löwen einige biographische Daten angegeben worden (S. 23), von denen, weil sie weder dem Memminger Bericht noch den ermittelten Daten zuwiderlaufen, auch die Ergänzung glaubwürdig ist:

„Er war aus Memmingen gebürtig, und wurde Hofcomödiant in Hildburghausen. Nachgehends berief ihn der Herzog von Mecklenburg-Strelitz, wo er das Direktorium der Bühne führen, aber selbst, nebst allen seinen Akteurs, Liverey tragen mußte. Ohngefähr gegen das Jahr 1726 blühete diese Bühne zu Strelitz, die aber 1731 gänzlich einging, und nachher niemals ist wieder eingerichtet worden." (Siehe auch: Chronologie, S. 38 u. 45).

Lüneburg 1717

Lessing notierte unter ‚Kollektaneen zur Litteratur': "1701. Störtebecker und Jödge Michaels, erster und zweiter Teil. Gottsched hat diese zwei Stücke erst unter dem Jahre 1707 [III. S. 279]; sind aber bereits in diesem gedruckt und aufgeführt worden. ... Aus dieser Oper hat man hernach ein Stück gemacht, welches sich noch lange auf dem Theater erhalten." Nach diesem von dem Hamburger Sänger Hotter verfaßten Libretto für die 1701 aufgeführte zweiteilige Oper (Musik: Reinhard Keiser), zu der Johann Oswald Harms die Dekorationen geliefert hat*), griffen — wie nach jedem Enthauptungsspektakel — die Wanderkomödianten unverzüglich, um es für ihre Zwecke herzurichten.

---

*) Vier erhaltene Entwürfe bei H. Richter, Abb. DE 128—131; Wolff Bd. 1, S. 362 f. u. Abb. 16, 17, 26.

Lüneburg *1717*

Mit gnädiger Erlaubnis
Einer hohen Obrigkeit/
Werden, heute / als am Donnerstag den 3. Junii 1717
Die von denen vorjetzo Anwesenden
Hochfürstl. Würtenbergischen
Hoff-COMOEDIANTEN
Denen
Respectivè Liebhabern Teutscher Schau-Spiele/
mit lebendigen Persohnen vorstellen
Eine Modeste, Galante und sehenswürdige
Haupt-ACTION,
genandt
Die in der gantzen Welt wohlbekandte grossen See-Räuber
**Claus Stürtzebecher/
Gätge Michael/ Wichman
und Wiechbold**

Welche auff Heilgelande gefangen genommen / und in der Welt-berühmten
Stadt HAMBURG Anno 1402. ihre wohlverdiente Straffe empfangen
nebst 70. Mann Gefangenen / worinnen sich viele Actores zeigen werden; und wird unter
andern dieser grossen Action an Außzierung zu sehen seyn/ wie folget

PRÆSENTATIONES

1. Die See.
2. Die See-Schlacht dieser Herren wie auch
3. Stürtzebechers und Gätge Michaelis.
4. Die Einbringung derer Gefangenen.
5. Die Peinigung des Stürtzebechers und Adhærenten.
6. Die von Ferne liegende schöne Stadt Hamburg.
7. Der Graßbrock worauff die Köpffe derer See-Räuber auff Pfählen stecken.
8. Die öffentliche Enthauptung Stürtzebechers und Adhærenten/ zu Jedermanns Verwunderung.

Auch anderer schönen Præsentationen mehr / welche allein meritiren das Geld zu geben; Und wird
auch dabey notificiret/ daß heute præcise um 4. Uhr angefangen werden soll / wegen
Länge dieser Haupt-Action;

Nach Endigung dieser Admirabelen Haupt Action soll / zu desto mehrerer
Gemüths-Vergnügung / eine lustige Nach Comœdie
den Beschluß machen.

Der Schauplatz ist auff den Schütting/ und wird præcise
um 4. Uhr angefangen.

In dem um 1710 angelegten, sogenannten ‚Weimarer Verzeichnis' ist es betitelt: ‚Die enthauptung der 4 großen Seeräuber Clauß sturzenbecher, göttge Michael, wichmann und Wichbolt nebst 150 man auff dem graßb[r]ock zu hamburg' (S. 150). Wenn sich Spiegelberg 1717 in Lüneburg mit 70 Gefangenen als „viele Actores" hatte begnügen wollen, so dürfte das wohl eher ein technisches Problem gewesen sein, als daß es sich um eine andere Fassung gehandelt hätte. Förster hat 1725 in Hamburg wie stets auf Superlative gehalten: ‚Die bekannten Seeräuber Claus Störzenbecher, Gädche Michael, Wiegmann und Wiegbold, wie dieselben in dem heilgen Lande gefangen genommen, in Hamburg auf dem Grasbrock nebst 150 Mann zu öffentlicher Exsekution sind gebracht worden' (Schütze I, S. 56).**) „Wie mag es nicht erst auf der Bühne zugegangen seyn!" — fügte Schütze mißbilligend hinzu, worüber niemand besser hätte Auskunft geben können als Barthold Feind, der ungewollt die Theaterleute insofern freisprach, als „bey den grausamsten Executionen alle Märckte / Gassen und Richt-Plätze voll" von Schaulustigen seien. Folglich glaubten wohl die „Handwercks-Leute... / es müsse in solchem Casu, wie auf der Schau-Bühne der Arlechins, ein hauffen klares Blut aus der Wunde des ermordeten rinnen / und den Schauplatz färben" (S. 106 f.)

Mit Schütze haben Generationen von Nachbetern ihren Widerwillen gegen die von Schmidt ausführlicher beschriebene Holzschnitt-Illustration dieses Zettels bekundet, ohne sie jemals selbst gesehen zu haben (u. a. Mentzel, S. 151 f.; Jenny, S. 218): er zeige „einen dreibeinigten Galgen, mit Menschenköpfen garnirt; zwei arme Sünder sind bereits auf das Rad geflochten, und der Scharfrichter ist so eben im Begriff, einem Dritten den Kopf abzuschlagen. Unläugbar die scheußlichste aller Einladungen zum Schauspiel" (F. Schmidt, S. 16).

In unveränderter Gestalt — wie eine Analyse der Titel, nicht zuletzt die Buchstabentreue bei: Göttge, Gätje, Gädche, Göttchen, Gödiche statt ursprünglich Jödge erweist — hat dieses anreißerische Stück über ein halbes Jahrhundert sein Publikum gefunden. Noch Franz Schuch hat es am 3. Juni 1755 den Berlinern unter dem Titel ‚Das Leben und Ende des berühmten Seeräuber Stürzenbecher und Göttchen Michel' vorgeführt (Liss, Anhang).

Mag der Lüneburger Zettel von 1717 einen Eindruck vermitteln, was an Augenlust zu erwarten war — beispielsweise „Die von Ferne liegende schöne Stadt Hamburg" (siehe Harms' Entwurf „der graß brook" bei H. Richter, Abb. DE 131) — so gewährt eine nicht datierbare Ankündigung (vor 1710 ?) von „Hochteutschen" bis nach Uppsala vorgedrungenen Komödianten nun auch einen Einblick in den Handlungsverlauf durch Wiederabdruck dieses noch nicht genutzten Dokumentes (Björkman, S. 87 f.):

Heute werden die Hochteutschen
COMOEDIANTEN
Auff ihren Theatro auffführen die warhaffte Begebenheit
mit den Berühmten See-Räubern

CLAUS STÜRTZENBECHER UND GÖDICHE MICHAEL

Kurtzer Summarischer Innhalt.

1. Handlung.

Der Schau-platz stellet vor die Rathstube von Hamburg / woselbst der Rath versamlet ist / und vom dem Krieg mit Holland Deliberiren / ein Bothe von Heiligen Lande bringet dem Rath die Zeitung daß die See-Räuber bey dem Heiligen Lande liegen / alle Tage voll und besoffen seyn / und daselbst auff die Hamburger Schiffe lauren: der Rath beschlisset die Räuber mit 8 Schiffe zu überfallen.

2. Handlung.

Zwischen dieser Handlung wird das Heilge Land und die Schlacht zwischen denen Hamburgern und See-Räubern vorgestellt / und etliche Schiffe in Brand gesteckt. Der Rath ist abermahls versamlet / bekommen Zeitung das etliche See-Räuber (worunter Wichbold und Wichman) gefangen sind / welche vors Gericht gestellet werden / weil sie aber gantz Trotzig sind und nichtz bekennen wollen / wird der Scharffrichter gefordert /und die Räuber zu pein-bancke condemniret.

3. Handlung.

Hier wird die Peinigung vorgestellet / und der See-Räuber bekäntnis aufgezeichnet / worauf sie abermahl vors Gericht gestellet werden / und nach dem alten Gebrauch von einen alten Hamburger Bürger das Urteil gefellet wird / daß sie solten ge-

**) Mit nur geringen Abweichungen auch von F. Schmidt zitiert, so daß an der Benutzung des gleichen Zettels nicht zu zweifeln ist. (S. 16).

köppft werden / und die Köpffe auff Pfälen auffgestecket bleiben / welches auch geschehet. Der Rath von Hamburg entschlisset die echapirten übrigen Räuber nachzusetzen.

4. Handlung.

Die übrige See-Räuber als Gödiche Michael und Stürtzebecher / welche auch gefangen worden / als sie die auffgestochene Köpffe ihrer Cameraten sehen / beginnen kleinlaut zu werden / bekommen gleich ihren Camerathen das selbige Urtheil Stürtzebecher und Gödiche Michael entdecken vor ihrem Ende / daß dero Mastbaum auff dem Schiffe mit golde gefüllet sey / bitten auff der spitzen des St. Catharinen Kirche zu Andencken davon zu setzen / verehren auch zum Andenken an der Schiffer Gesellschafft einen Goldenen Pocal / welcher noch heutiges Tages daselbst zu finden / und werden hernach unter Pfeiffen / weil es dero Begehren ist / enthäuptet / die Köpffe aber auff Pfäler gestecket.

Hierauf erfolgt eine lustige Nach-Comoedie

Der Schauplatz ist ein Seel. Doct. Loccenii Hause / der Anfang wird um 4 Uhr / und der satz ist 6 Weisen.

Es könnte den Anschein haben, als sei der Arlequin stets aus dem Spiele gelassen worden. Merkwürdig genug, wenn man ihm solche unwiederbringlichen Gelegenheiten, makabre Kurzweil zu treiben, vorenthalten haben sollte. Aber man darf trotz seiner nicht ausdrücklich angekündigten Beteiligung sicher sein, daß er dabei war. Wenn andere ihn verschwiegen hatten, so brauchte ein Geschäftemacher wie Karl von Eckenberg sich nicht zu scheuen, ihn um so lauter anzupreisen — was wohl nicht nur 1744 in Hamburg der Fall gewesen sein wird, als Eckenberg unter Störtebeckers meuchelnden Seeräubern den „Hannswurst als lustigen Bootsknecht, wohlbelohnten Spion und herzhaften Scharfrichter" ungehindert sein Wesen treiben ließ (Schütze I, S. 69).

Hamburg 1717

Ludwig Wollrabe's Chronologie sämmtlicher Hamburger Bühnen. Hamburg 1847, S. 36.

1717. ... Nur zwei Principale, die Herren Querges und Spillerbeil habe ich aus dem Actenstaub herausgefunden, wofür ich nach eigener Ueberzeugung aber keinen Ruhm erwerben werde.

Zwischen den beiden Aufenthalten Spiegelbergs im September 1717 in Lüneburg (v. Magnus, S. 248 f.) und ab November in Blankenburg (Schüddekopf II, S. 118 f.) könnte im Oktober ein Gastspiel in Hamburg stattgefunden haben. Diese Annahme ist keineswegs unbegründet, denn der aus inzwischen verschollenen Hamburger Akten nachgewiesene Prinzipal *Spillerbeil*, den es in der Theatergeschichte sonst nirgendwo als 1717 in Hamburg gibt, könnte durchaus ein verballhornter *Spiegelberg* sein. Diese Vermutung wird nicht unglaubhafter dadurch, daß Rudolph Georg Haßkarl gegen Ende dieses Jahres ebenfalls in Hamburg war, wo sich ihm Johann Gottfried Förster, im September noch Spiegelbergs Stellvertreter in Lüneburg, um diese Zeit angeschlossen haben muß, wie aus Gerichtsprotokollen von Viborg hervorgeht, in denen Förster im März 1718 in einem Prozeß gegen Salomon von Quoten für seinen Prinzipal Haßkarl ausgesagt hat (vgl. „1718").

Blankenburg 1717

Nachklingender Freuden-Hall/
Bey dem Höchst feyerlichsten
Nahmens-Fest
Der
Allerdurchlauchtigsten Großmächtigsten
Kayserinn
Christinen Elisabeth/
Welches den 19. Novembr. 1717.
von Dero/
Durchl. Fürstl. Herrn Vater
mit höchster Solennität celebriret wurde/
in einer Theatralischen ACTION,
Den dritten Tag hierauff / als den 22sten hujus,
allerunterthänigst auffgeführet:
von
Christian Spiegelberg/
Principalen der Königl. Groß-Brittannisch- und Chur-Fürstl. Braunschweig-Lüneburgischen Hof-Comödianten.

BLANCKENBURG/
Gedruckt durch Johann Georg Zilliger/ Hertzogl. privil. Hof- und Cantzeley-Buchdrucker.

Blankenburg 1718

Der
Durchl. Hertzogin
ANTONETTA
Hertzogin von Braunschweig-Lüneburg
und Bevern

Wird heute dediciret und präsentiret:

Der Durchl. Bauer und Ziegeunerin.

Wie auch

Die erhobene Tugend.

Oder

Der eiserne Tisch.

Nebst einem *Musicalischen* Prologo,
Alleruntertbänigst
von

Christian Spiegelberg,
Principal der Königl. Groß-Brittannisch und Churfürstl. Braunschweig
Lüneburgischen Hof-Comödianten.

Den 20. Januar. 1718.

Viborg 1718

Viborg. Landesarchivet für Norwejylland. Gerichtsprotokoll 1718 S. 160r—164r.

(Anm. d. Hrsg.: Das Originalprotokoll ist bereits von Günther Hansen veröffentlicht worden (Haskarl contra von Quoten. Ein deutsch-dänischer Theaterrechtsstreit 1718 in Viborg. In: Nerthus. II. Nordisch-deutsche Beiträge. S. 275—286). Dort auch seine Ausführungen zu diesem frühen Rechtsstreit im Theaterwesen, der Aufmerksamkeit über den Rahmen dieser Arbeit hinaus beanspruchen kann. Es schien daher angemessen, hier nur das von Günther Hansen erstellte ausführliche deutsche Résumée abzudrucken.)

Deutsches Résumée:

In der dänischen Stadt Viborg, deren alljährlicher Omslag [Umschlag] als „Snapsting" weithin berühmt war, ließ der Prinzipal Gerhard Rudolph Haßkarl am 21. März 1718 durch seinen Bevollmächtigten gegen zwei seiner Mitglieder, Peter Heinrich Wulf und Johann Christoph Pauli, Klage erheben, weil sie den mit ihm eingegangenen Verpflichtungen zuwidergehandelt hätten. Kaum in Viborg angekommen, seien sie zu dem bereits anwesenden dänisch privilegierten Puppenspieler Salomon von Quoten abgewandert, obwohl Haßkarl die Reisekosten von Schleswig nach Viborg bestritten und ihnen für die Dauer der Reise Gage gezahlt habe.

Der daraufhin befragte von Quoten ließ durch seinen Bevollmächtigten entgegnen, daß zwischen Haßkarl und den beiden Beklagten gar keine vertraglichen Abmachungen bestünden. Obendrein sei ihnen so übel mitgespielt worden, daß beispielsweise Wulf unterwegs eine Furt habe durchqueren müssen, wobei er bis zu den Achselhöhlen im Wasser versunken sei, was ihm gesundheitlich geschadet habe.

Haßkarls Prozeßbevollmächtigter war bemüht, diese Darstellung zurückzuweisen: Haßkarl sei von Pauli sogar schriftlich (Kiel, d. 20. 1. 1718) für erwiesene Wohltaten gedankt worden, und den Tanzmeister Wulf habe er im März in Schleswig nur auf dessen inständiges Bitten aufgenommen, was Johann Christoph Wolkau und Johann Gottlieb Förster, Leute dieser Bande, bezeugen könnten.

Von den beiden Beklagten erwiderte zunächst Pauli auf diesbezügliches Befragen, daß er Haßkarl unter der Voraussetzung anständiger Behandlung nach Viborg gefolgt sei, und beeidigte ferner, mit Haßkarl nie kontrahiert zu haben, sooft auch die Bitte von ihm ausgesprochen worden sei. In Hamburg habe ihn Haßkarl überredet, seinen damaligen Dienstherrn — einen Gold- und Silberspitzenhändler — zu verlassen, ohne aber auch dann den erbetenen Kontrakt jemals zu bekommen. Er habe den Reiseweg, ob durch Wasser oder über Stock und Stein, zu Fuß zurücklegen müssen und nicht auf dem Fahrzeug aufsitzen dürfen; das habe ihn fast das Leben gekostet. Auch habe Haßkarl weder verlangt, daß er agiere, noch sei abgemacht worden, wie lange er bei ihm bleiben solle.

Ähnlich gab Wulf zu Protokoll, daß er Haßkarl pflichtschuldig gedient habe und weiterhin gedient haben würde, wenn er anständig von ihm behandelt worden wäre. Da ihn aber weder ein schriftlicher noch mündlicher Vertrag behindert habe, so sei er wegen des üblen Verhaltens zu Salomon von Quoten gegangen und beabsichtige nicht, Haßkarls Bühne wieder zu betreten.

Der Sachwalter von Quotens glaubte einen Trumpf in der Hand zu haben, weil Haßkarl, ein Fremder sei, der dem König keine Steuer erlege, während von Quoten als Bürger von Kopenhagen ausschließlich das Recht zustünde, hier in Viborg seinem Gewerbe nachzugehen. Als dann Johann Christoph Wolkau [Wolcho] und Johann Gottlieb Förster unvereidigt bestätigt hatten, daß ihnen von angeblich unterwegs vorgefallenen Mißhelligkeiten nichts bekannt sei, wurden die Vernehmungen abgeschlossen.

Am 25. März 1718 erging folgendes Urteil: weil Haßkarl für die Reisekosten von Schleswig nach Viborg aufgekommen sei und beiden Verpflichteten recht- und regelmäßig Gage gezahlt habe, die Beklagten hingegen unmittelbar nach Ankunft laut eigenem Geständnis ohne einzuhaltende Kündigungsfrist und ohne erweisliche Gründe zu von Quoten mit der Absicht übergelaufen seien, das Unternehmen Haßkarl zu schädigen, so hätten sie sich unverzüglich in Haßkarls Dienste zurückzubegeben. Da einzig ihr unzulässiges Verhalten diesen Prozeß verursacht habe, so seien von jedem 6 Thlr. zu entrichten. Falls sich aber Salomon von Quoten uneinsichtig zeigen und diese beiden Männer weiterhin beschäftigen würde, so müsse er gewärtig sein, als jemand, der Dienstverpflichtete abspenstig mache, angeklagt zu werden.

Kopenhagen *1719*

Der Tradition nach hat Christian Spiegelberg seine Truppe 1719 bezw. Ende 1718 wieder hinauf nach Kopenhagen geführt. Obwohl die Umstände für ihn Partei nehmen, steht der endgültige Nachweis noch immer aus. Einige Umschweife werden nicht zu vermeiden sein, wenn man auf die Klärung nicht ganz verzichten will.

Salomon Paulsen von Quoten, wahrscheinlich deutscher Herkunft, war zunächst Soldat in dänischen Diensten, später ein mäßig erfolgreicher Oculist, Bruch- und Steinschneider. Des Marionettenspiels hat er sich nur bedient, weil ihm das Privileg zur Aufführung von Komödien nicht bewilligt worden war, was ihn nicht gehindert hat, gelegentlich die Puppen mit lebenden Personen zu vertauschen.

Am 20. Okt. 1718 berichtete v. Quoten abermals, daß er außer Landes etliche Komödianten angeworben hätte, weswegen man ihm doch die Genehmigung zum Betrieb einer Bühne geben möge. Durch königliche Resolution vom 18. Nov. wurde sein Gesuch endlich bewilligt (Nyström, S. 60 f.). Bald nach Beginn des neuen Jahres, noch vor dem 14. Febr. 1719, beschwerte er sich darüber, daß ihm zu hohe Abgaben auferlegt und daß ihm mit der Schließung seiner Bühne gedroht worden sei. Zwischen dem 18. Nov. 1718 und dem 14. Febr. 1719 hat v. Quoten also unbestreitbar ein Theater mit nichtdänischen Schauspielern in Kopenhagen betrieben. Daß sich innerhalb dieser Frist von zwei Monaten deutsche Komödianten in Kopenhagen aufhielten, ist durch die beiden abgebildeten Theaterzettel vom 12. und 23. Januar [1719] nachgewiesen. Die nach den gleichlautenden Formeln auch gleichzeitigen Plakate lassen sich nicht anders als auf 1719 datieren, denn sowohl der 12. Jan. fiel auf einen Donnerstag wie der 23. Jan. auf einen Montag. Dasselbe trifft zwar auch für 1713 und 1724 zu, aber dem im Plakat vom 23. Jan. als Ritter vom Elefantenorden angesprochenen Detlev von Wibe ist diese Auszeichnung erst 1716 verliehen worden. Seit 1721 war er Statthalter in Norwegen.

Eiler Nyström hat gefolgert, daß es sich nur um v. Quotens Leute gehandelt haben kann, während vor ihm Paludan und v. Gersdorff andere deutsche Prinzipale in Anspruch genommen hatten. Paludan hatte Spiegelberg in Erwägung gezogen (II, S. 336 ff.), ohne bessere Gründe als die bei Löwen entnommenen Hinweise, auf die sich schon Overskou 1854 gestützt hat (Bd. 1, S. 135 ff.), beibringen zu können. Wolfgang v. Gersdorff glaubte Paludan widersprechen zu müssen, weil laut Kieler Kämmereirechnungen von 1719 ein undatierter Brief an Spiegelberg nach Hannover frei gemacht worden war. Gersdorff plädierte stattdessen für den Prinzipal Haßkarl, weil von den 1719 in Kopenhagen anwesenden Komödianten am 12. Januar der ‚Großmüthige Rechts Gelehrte Aemilius Paulus Papianus‘ aufgeführt worden war, ein Stück, welches Haßkarl 1710*) zwar abgeschrieben hatte, ohne daß es deswegen schon eine Bearbeitung gewesen wäre, wie v. Gersdorff es für seinen Nachweis brauchte. Beide Argumentationen fallen folglich in sich zusammen (S. 161 ff.). Hätte v. Gersdorff wissen können, daß Haßkarl und v. Quoten vor noch nicht einem Jahr im März 1718 in Viborg miteinander prozessiert hatten, daß ferner v. Quoten am 18. Nov. 1718 ein königliches Privileg für seine angeblich schon verpflichteten Schauspieler erlangt hatte, dann würde er sich vermutlich niemals für Haßkarl verwendet haben.

Nyströms Parteinahme für v. Quoten ist einleuchtend, wenn auch nicht in allen Punkten überzeugend. Weder die Schlußfolgerung, daß nur der bisherige Puppenspieler v. Quoten Veranlassung hätte haben können, auf seinen Plakaten das Spiel „mit lebendigen Personen" ausdrücklich zu vermerken, läßt sich aufrechthalten, noch die Gegenüberstellung des nur zehn Köpfe zählenden Personals mit mindestens vierzehn bereits von Velten besoldeten Schauspielern rechtfertigen. Ausgerechnet Spiegelberg-Denners Truppe hat nachweislich von 1717 bis 1729 stets auf „lebendige Personen" hingewiesen, ohne jemals mit Puppen oder Marionetten agiert zu haben .Was gegen Spiegelberg ins Feld geführt worden ist, hat sich eher zu seinen Gunsten ausgewirkt.

In ausschlaggebenden Punkten wird man Nyström beipflichten müssen: Es war zu jener Zeit außer v. Quoten niemand in Kopenhagen befugt, die Vorstellungen mit „Allergnädigster Königlicher Bewilligung" anzukündigen. Ferner hatte v. Quoten allen Grund, Detlev von Wibe mit einer ihm dedizierten Aufführung zu danken, weil dieser sich für sein Anliegen beim König verwendet hatte. Da Salomon v. Quoten mit deutschen Schauspielern akkordiert hatte, deutsche Komödianten tatsächlich im Januar 1719 in Kopenhagen aufgetreten sind, weil ferner die Eigenheiten der Ankündigungszettel denen der Denner- oder Spiegelbergischen Diktion gleichen und kein anderweitiger Aufenthalt der Kopenhagen-Tournée entgegensteht — so bleibt weiterhin Spiegelberg als der von Salomon von Quoten nach Kopenhagen beorderte deutsche Prinzipal im Gespräch.

---

*) Anm. d. Hrsg.: Es handelt sich hier um den Cod. 13161 der Handschriftensammlung der ÖNB. Hansen hat in seinem Aufsatz in ‚Nerthus‘ ausführlich dargelegt, warum die Handschrift 1710 entstanden sein muß, er setzt jedoch voraus, daß das Datum undeutlich ist — er selber hat die Handschrift nicht einsehen können. Demgegenüber muß entschieden darauf hingewiesen werden, daß die Jahreszahl 1716 im Original deutlich zu lesen und von allen Benutzern bisher auch so entziffert wurde, obgleich dieses Datum scheinbar unmöglich ist. Zu einer stillschweigenden Änderung konnte sich der Hrsg. nicht entschließen, da die Datierung für Hansens Argumentation von einiger Bedeutung ist, doch mußte auf die Zwiespältigkeit des Datums ‚1710‘ aufmerksam gemacht werden.

Kopenhagen 1719

Mit allergnaedigster
Koenigliche Bewilligung
Werden heute als am Donnerstage den 12 Januarij
Die von denen vorjetzo Anwesenden
Hoch-Teutschen
COMOEDIANTEN
Denen
RESPECTIVE Liebhabern Teutscher Schau-
Spiele / mit lebendigen Persohnen vorstellen /
Eine modeste, galante und sehenswürdige Haupt-Action
Genandt /
Der Großmuehtige Rechts-Gelehrte
AEMILIUS PAULUS PAPINJANUS
Oder
Der kluge Phantast und warhaffte Calendermacher
Ein recht Meisterstueck der Commoedien

Persohn

Antoninus Bassianus	Roemischer Kayser
Antoninus Gera	Des Kaysers Bruder
Juliana	Die Kayserin
Pappinjanus	Der Recht-Gelehrte
Plaucia	Pappinjanus Gemahlin
Letus	Kayserlicher Raht
Flavius	
Kleander	Zwey Kammer-Diener
Trosullus	Stern-Kücker
Trarreus	Calendermacher.

Actus primus

Letus Flavius und Cleander halten unter Redung / wie sie den Pappinjanum seiner ehren Aempter berauben und wie sie ihn bey den Kayser in Ungnade bringen moegen; Flavius aber gantz alleine gedencket auff Mittel wie er ihn bey den Kaiser in Gnaden setzen moegen / Pappinjanus sitzet beym Tisch und beklaget sich der Verdrißlichkeit und des grossen unrechts so ihn von den Kayser wiederfaehret / Plaucia seine Gemahlin troestet ihn / bittet er moechte dem Kayser Fußfaellig werden / er aber kan dieses nichtthun weil der Kayser ihn kein Gehoer ertheilen will / Letus stehet und lauret und saget wie daß er diese Untreu den Kayser offenbahren will / Trarreus und Letus haben einige kurtzweilige Reden mit einander / wegen des Pappinjanus. Pappinjanus und Flavius halten unterredung wegen des Kaysers gefasten Zorn wieder den Pappinjano.

Actus 2.

Der Kayser triumphieret wegen seines gehabten Sieges / Letus aber bildet dem Keyser ein / alß ob sein Bruder Geta ihm nach Krone und Cepter trachte / der Kayser will anfängliches nicht glauben / weill aber der Kayser an seinen Bruder Geta, ein sein Bedienten mit einiger Decreta zu unterschreiben sendet / weill er aber dieselben nicht gleich unterschreiben wil / bekommt er einen Argwohn / Letus seinen Wort zu glauben / welcher ihn dann auch die Anleitung giebet / seinen Bruder umbs Leben zu bringen; Geta beklaget des Kaysers Zorn / welcher er wiedee ihn haeget; Julia seine Mutter redet ihn solches aus den Sinn / bittet ihm / das er seinen Bruder nichts wiedersprechen moege; Geta gehet hin seinen Bruder aufzuwarten; Frasullus stehet mit seinen Sperspectiev und betrachtet den Himmels-Lauff; Frarreus stehet von hinten und siehet seine naerrische Grillen an / und haben einen poßirlichen Discours; der Kayser setzet sich mit seinen Bruder auf den Thron / werden aber streitig zu sammen / der Kayser ersticht seinen Bruder; die Kayserin beklaget den Tod ihres Sohnes. Trarreus und Frasullus troesten die Kayserin; Trasullus hat etliche Kurtzweil mit Todten Coerper.

Actus 3.

Der Kayser sitzet an den Tisch / beklaget die Mordt so er an seinen Bruder gethan / weil er aber / der Letus welcher ihn zu dieser Mordt verfuehret / kein besser Geschenck zu geben weiß / schickt er ihn einen Brief / nebst ein Dolck und einen Becher mit Gifft / womit er sich selbst das Leben nehmen sol / Letus sitzet bey den Tisch / frohlocket ueber daß seinige / daß sein Anschlag so wohl von statten gegangen ist / Flavius ueberbringet ihn den Brief nebst den Becher und Dolch: Cleander kommt und hebet des Kaysers einmahl gefaßten Urtheil auf; Frarreus und Frasullus halten einen laecherlichen Discours / worueber sie sich erzürnen / und einander beym Kopff kriegen / einer von des Kaysers Bedienten will sie von einander treiben.

Actus 4.

Der Kayser begehret von Pappinjano, daß er eine Schutz-Rede vor dem Volck für ihm thun sol / welches er ihn aber abschlaeget / worueber der Kayser zornig wird / und ihn seiner Ehren-Aempter entsetzet; Plautia hoeret die Klage der Gemahlin Pappinjano; Flavius kuendiget dem Pappinjano die Entsetzung seiner Ehren-Aempter / und beraubet ihn seines Regiments-Staps / Gewehr und seines Kindes / der Kayser befielet dem Kinde das Leben zu nehmen / und weil Pappinjanus noch in seinen Willen nicht willigen wil / befielet der Kayser ihn auch den Kopff abzuschlagen.

Actus 5.

Der Kayser faellet in einer Raserey; Julijana und Plantia kommen und bitten vor Pappinjano weill aber er schon enthaupt ist / erlangen sie diese Antwort das sie zu spaete kammen / und jaget sie von ihnen / die mittel Gardine wird auffgezogen / da Presentiret ein Monument worin der Pappinjanus mit seinen Kinde lieget / die Kayserin und Plautia kommen und beklagen den Todt des Pappinjano, Trasullus kommet und troestet sie / und schließen die Commoedie mit Vaersen.

Nach Endigung dieser admirablen Haupt-Action soll zu desto mehrer Gemueths Vergnuegung / eine recht lustige Nach Comoedie den voelligen Schluß machen /

Der Schauplatz ist auf den Schneider Gelachs-Hause in der Brolegger-Straffe auff der Eck von der Endeloß-Strasse / und wird praecise umb 4. Uhr angefangen und giebt die Persohn in Logen 16. - 12. - 8. biß 4. Luebsch.

Kopenhagen 1719

Mit Allergnädigster
Königlicher Bewilligung/
Wollen
Dem Hoch-Edel und Wohlgebohrnen Herrn/
HERRN
Detlev von Wiben/
Ritter von den Elephanten-Orden.
Sr. Königl. Majestät von Dennemarck und Norwegen/ ꝛc. Hoch-wohlbestalten
Geheimten Rath und Groß-Cantzlern.
Ihrem grossen und viel-vermögenden Patron
dediciren und übergeben/
Gegenwärtige Blätter.
Und IHM einig zu ehren auf den gewöhnlichen Theatro in einen Schau-Spiel vorstellen/ eine galante, modeste und sehenswürdige Action,
Genandt:
Des glückes Probier-Stein/
Oder
Der im Krieg verirrte/ und in der Liebe verwirrte Liebes-Soldat.
Heute Montags den 23. Januarii.
Die vor itzo Anwesende
Hoch-Teutsche
COMOEDIANTEN.

Lüneburg 1719

Denen
respective Hoch- und Wohlgebohrnen/ Hoch- und Wohl-Edlen/ Hoch- und Wohlgelahrten-Herren/
HERREN
Soot-Baar- und
Sültz-Meistern
Von den Edlen Sültzen zu LUNEBURG/
Wolle/ bey unterthänigster Ubergebung und solenner
Auffführung einer modesten Action,
genandt:
Die beständige Treue und treue Beständigkeit
in der Persohn der Sclavin DORIS auß Ægypten,
Oder:
Die unumschrenckte Liebe Orontis Königs von Persien
Und der von der Liebe einer alten Frauen übel
vexirte ARLEQUIN,
Seine ergebenste Gratulation wegen glücklicher Auffnahme und gesegneten Wachsthums der hiesig florirenden Sültzen
pflichtmässig abstatten/ und damit sich in
fernere Gnade empfehlen/
CHRISTIAN SPIEGELBERG,
Principal der Königl. Groß-Britannisch- und Churfürstlich
Braunschweig-Lüneburgischen Hoff-COMOEDIANTEN
Heute Montag den 4. Decemb.

Rostock — Stralsund 1720

Ferdinand Struck, Die ältesten Zeiten des Theaters zu Stralsund. 1697—1834. Stralsund 1895, S. 14: Aus dem Ratsarchiv:

Wohlgebohrne Hochgeehrte Herren!

Ew. Wohlgebohrnen wollen hochgeneigt zu perdoniren geruhen, daß Sie mit dieser meiner unterthänigsten Vorstellung und Bittschrift alß ein gantz unbekandter incommodire undt dabey in unterthänigstem Respect vortrage, waßmaßen in Ihro Königl. Maytt. von Großbritannien und Churfürstlichen Durchleuchtigkeit von Hannover Dienste ich als privilegirter Hoff-Comoediant mit einer extraordinaeren schönen Bande agirenden Persohnen zu stehen die Ehre habe, undt auff Höchstgedachter Königl. Maytt. und Churfürstl. Durchleuchtigkeit allergnädigsten permission an verschiedenen Orten undt zwar anjetzo zu Rostock mit nicht geringem applausu meine wohlgesetzte comoedien bishero agiret, undt solche noch ferner anderweitig zu agiren Deo volente intentioniret sey. Alß mir nun unter andern diese renommirte Stadt höchstgerühmt, undt also hieselbst undt zwar auf der Brauer-Compagnie agiren zu können, mir vor eine große Ehre und Glück achten würde, bevorauß da gantz nicht zweifle, daß sich viele Liebhabere in dem bevorstehendem Johannis-Markte, welches sonsten jedermann freystehet, finden möchten, indessen mir jedoch sattsam bekannt ist, daß ohne Ew. Wohlgebohrnen alß gebietender Stadtobrigkeit hohen und specialen concession mir ein solches nicht permittiret sey.

So habe Ew. Wohlgebohrnen hierdurch in unterthänigsten Respect imploriren wollen, Sie geruhen hochgeneigt, mir auff 6 Wochen allhie auff der Brauer-Compagnie und zwar nach dem Heiligen Pfingstfest, weil bis dahin in Rostock mich noch aufhalten werde, zu agiren speciale Concession zuertheilen; in meinem so unterthänigsten Gesuche hochgeneigter und schleunigster deferirung gantz nicht zweifelnd, werde sothane bis dato noch unverdiente hohe affection Lebenslang nicht allein höchstens zurühmen, sondern auch zugleich mit aller ersinlichen veneration undt in der That zu demeriren äußerst geflißen seyn undt dagegen erstreben alß Ew. Wohlgebohrnen

unterthänigster Knecht Christian Spiegelberg.

Stralsund, den 20. April 1720.

Lüneburg 1720

(Anm. d. Hrsg.: Der folgende Theaterzettel aus Günther Hansens Privatbesitz wurde von ihm auf das Jahr 1720 datiert, nach Lüneburg verlegt und für Spiegelberg in Anspruch genommen. Vgl. seinen Aufsatz ‚Graphische Theaterwerbung seit 1600. Umriß, Praktiken und Begründungen'. In: Kl. Schriften 22, S. 3—17, Bln. 1967, in welchem er diesen Zettel in den Zusammenhang einer Werbepraxis stellt, die von der Theaterwissenschaft sehr vernachlässigt worden ist. Vgl. dazu auch S. 190, die Ausführungen zu dem verlorenen illustrierten Störtebeker-Theaterzettel von 1717).

Mit Bewilligung einer Hohen Obrigkeit/
Werden heute Donnerstag den 28. Novemb.

Die Königl. Groß-Brittannischen und Churfl.
Braunschweig-Lüneburgischen
Hoff-COMOEDIANTEN,

Denen Respect. Hrn. Liebhabern Teutscher Schau-Spiele eine rare und sehens-würdige Haupt-Action mit lebendigen Persohnen vorstellen/

Betitult:

Die Versammlung vieler Printzen
Oder
Der Rasende ORLANDO

Wie auch
Arlequins lächerliche Reuterey

Diese Action/ so hier noch niem. [1713] præsentiret worden/ ist mit ungemeiner Arlequins Lust angefüllet/ auch wird ein Turnier und Reit-Spiel mit 6 Pferden auf unserm Theatro zu sehen seyn/ welches die hier bey gedruckte Abbildung anzeiget/
Hierauff erfolget zum völligen Beschluß eine überaus lustige Nach-Comödie.

Der Schau-Platz ist in Hr. Kichncken Hause auf der Becker-Straße, und wird um 4 Uhr præcise angefangen.

Bautzen 1722

Stadtarchiv Bautzen. Ratsprotokoll 1722
Sitzung v. 16. 2. 1722

Herr Christian Spiegelberg, principal der Königl. Großbritannischen Hofkomoedianten bittet umb Consession, nach den Osterferien gleichwie zu Görlitz geschehen, einige actiones hier zu ... actieren.
soll abgewiesen werden.

Sitzung v. 5. 3. 1722, p. 28

Herr Christian Spiegelberg, Königl. Großbritannischer privilegierter Hoff-Comoediante thut Ansuchen umb nochmals Verstattung nach denen Osterferien allhier zu agieren.
Decr., wird gestellten Sachen nach dem Petito gefüget

Sitzung v. 5. 3. 1722 Niederschrift

Herr Christian Spiegelberg, Königl. Großbritannischer und Gräfl. — Lüneburgischer — privilegierter Hoff-Comoediante thut — ansuchen umb Erlabnis nach Ostern allhier zu agieren.
8 Tage werden ihm erlaubt.

Stadtarchiv Bautzen, Sammelfolio der Stadtkämmerei: Einnahmen von Comoedianten, Puppenspielern, Glücksbuden ppp

Englisch-Hannoverscher Comoedianten vom 8. April biß 17. dit. a 16 Groschen i—, 8 Tag 5 T./8 Gr.

Nürnberg 1722

Theaterprogrammheft Stadtbibliothek Nürnberg. Signatur Will VIII. 574. 7 Bll.

Die Heutige
COMMOEDIE
Betitult:
Der Sieg und Triumph des großen Kaysers
DEOCLETIANI.
Oder
Die Enthauptung der Fräulein
DOROTHEA.
Die
Nach-Comœdie,
wird Betitult:
Die drey bezauberten
Liebhaber.
ANNO MDCCXXII.

Actores.

1. Kayser Diocletianus.
2. Theophilus Groß-Cantzler.
3. Dorothea.
4. Christetta, des Groß Cantzlers Tochter.
5. Antoninus.
6. Marcrinius.
7. Engel.
8. Harpax, ein Unter-Irrdischer Geist.
9. Harlequin.
10. Der gefangene König von Epiro.
11. Sclav.

N. B.

In Prologo praesentiret sich Harpax, welcher sich resolviret / dahin zu trachten / wie er durch seine List alle Christen zu verführen / und ihnen Schaden zufügen wolle. Zu solchem Ende er auch von seinem Lucifer wäre beordert worden / sich auch in solcher Meynung wieder zurück in seinen Höllen-Schlund verfüget. Hernach kommt ein Engel / meldet in schönen Versen / wie er die Macht und Tyraney des Teufels zernichten / und denen Christen vergnügte Ruhe und alles Wohlergehen verschaffen wolle.

ACTUS I.

Sc. 1. Theophile / Harpax verspricht Theophile seine treue Dienste beständig zu leisten / und ist bedacht / Theophile so weit zu verführen / daß er nichts thun / als allen Christen großen Schaden zufügen. Beyde sind auch sehr erfreuet über die Gefangenschafft des Königes Epiro / berathschlagen sich auch dem Kayser aufzuwarten.

Sc. 2. Kayser auf dem Thron / bey ihme Antoninus / Marcrinius / Theophile / Harpax / der König von Epiro / in Ketten gefesselt / Christetta / der Kayser / rühmet seine glückliche Rerierung wie er durch seine Macht es so weit gebracht / daß er der Epiroten bezwungen / und ihren König gefänglich bekommen habe / erkundiget sich / wer Zeithero ein so grosser Verfolger der Christen gewesen seye. Drauf Theophile durch den Harpax vorstellig gemacht wird / welcher von den Kayser gnädigst aufgenommen / und ihme Befehl ertheilet / noch ferner in seinen Eifer gegen die Christen fortzufahren. Gehen endlich ab.

Sc. 3. Engel und Arlequin / befraget Arlequin / ob der Dorothea Befehl verrichtet / und das Geld unter die Armen ausgetheilet hätte / welches mit Ja beantwortet.

Sc. 4. Dorothea fraget ihm auch / ob er das Geld unter die Armen getheilet hätte / saget er ihr / er habe ihren Befehl gehorsamet. Gehen miteinander ab.

Sc. 5. Theophile / Harpax auf der Seite / Marcrinius wird von Theophile befraget / wie sich sein Herr Vetter Antoninus befindet / welcher ihme mit wenigen Worten solches benachrichtet. Harpax erzehlet Theophile / wie sein Herr Vetter in die Dorothea verliebt seye / worüber er sehr erzörnet / und entschließt sich auf ihr Thun und Lassen genau Acht zu haben. Gehen ab.

Sc. 6. Dorothea, Marcrinius benachrichtet der Dorothea wie sehr Antoninus sie liebet / zu ihnen kommt.

Sc. 7. Antoninus / verheret sie mit einem Glückwunsch / Dorothea aber giebt ihm zu verstehen / er solle die Liebe / so er gegen sie traget / fahren lassen / und selbige der Arthemia schencken / welche ihme der Kayser zu einer Braut gewüdmet hätte.

Sc. 8. Theophile mit Harpax und Arlequin / Theophile ist sehr erzürnet / weilen er Antoninum bey der Dorothea entrifft / zu ihnen kommt.

Sc. 9. Engel / als Harpax den Engel ersiehet / fällt er in eine Ohnmacht.

Sc. 10. Der Kayser ist darüber erzörnet / daß Antoninus die Printzessin Arthemia verachtet / und die Dorothea zu lieben beginnet. Verlanget von Dorothea / sie solte ihren Christlichen Glauben verlassen / worinnen aber die Dorothea Lebenslang beständig zu bleiben verspricht.

ACTUS II.

Sc. 1. Theophile / Christetta / er schicket die Christetta zur Dorothea / um dahin zu trachten / wie sie die Dorothea bereden möge / von ihrem Christen Glauben abzulassen / und ihre Götter anbeten. zu ihr kommt

Sc. 2. Dorothea / Christetta stellet solches der Dorothea vor / selbige beschreibet ihr sie Glückseeligkeit ihres Glaubens / dahingegen sie keine Hülffe und Trost von ihren ohnmächtigen Göttern zu gewarten hätte / es wird der Christetta Hertz durch die Dorothea erweicht / und entschliest sich den Christen Glauben anzunehmen / bittet die Dorothea / ihr bestmöglichsten Unterricht zu ertheilen / gehen ab.

Sc. 3. Käyser Theophilus / Harpax / Theophilus berichtet / daß er auf des Käysers Befehl / seine Tochter Christetta zu der Dorothea gesandt hätte / um selbige zu bereden / daß sie den Christlichen Glauben verlassen / und ihre Götter anbeten möge / der Käyser ertheilet Befel / den Tempel zu eröffnen / damit die erzörnten Götter mögen versöhnet werden.

Sc. 4. Dorothea / Christetta / selbige soll auf Befehl ihres Vatters die Dorothea zur Verehrung der Götter veranlassen / sie vermerckt aber durch derer beyden Verachtung der Götter / daß Christetta auch eine Christin worden / Theophilus beschliesset durch einen Stoß seiner Tochter das Leben zu nehmen / gehen ab.

Sc. 5. Arlequin wird von Harpax in Dienste genommen / welcher ihm auch grosse Versprechung so wohl mit Geld / als auch mit schönen Kleidern thut. Gehen ab.

ACTUS III.

Sc. 1. Antoninus und Marcrinius / Marcrinius tröstet ihn / er solte doch seine Traurigkeit mindern / und dem Himmel vertrauen / Arlequin überbringet ein Pulffer / welches ihme sein Herr Vetter Theophile schicket / er soll es auf sein Haupt streichen / selbiges würde die Kranckheit bald mindern.

Sc. 2. Theophile befraget / ob es sich nicht besserte / und ob er nicht von der Liebe gegen die Dorothea ablassen wolle / Antoninus saget / daß er in seiner Liebe wolle beständig verharren / schicket Marcrinio die Dorothea zu holen / zu ihnen kommt

Sc. 3. Dorothea und Engel / Theophil befiehlet einen der stärcksten Sclaven zu holen / welcher die Dorothea schänden soll.

Sc. 4. Sclav / wird befehliget / obigen Willen an der Dorothea zu vollziehen / der Sclav aber saget / ob das eine Ritterliche That wäre / sollte er es selbsten thun / giebt Befehl die Henckers Knechte zu holen / um der Dorothea grosse Marter anzuthun / kommen

Sc. 5. Die Henckers Knechte / und wollen seinen Willen vernehmen / er verspricht ihnen vieles Geld / wann sie die Dorothea auf das grausamste peinigten / indeme sie es ins Werck richten wollen / werden sie durch Schläge des Engels davon abgehalten / daß sie nicht vermögend sind / solches ins Werck zu richten / Theophile ruffet Harpax.

Sc. 6. Harpax will den Befehl des Theophile vernehmen / er gebietet Harpax / die Dorothea in Obacht zu nehmen / damit sie ihre Straffe empfange.

Sc. 7. Der Engel / welcher der Dorothea Trost zuspricht / sie sollte in ihrem Glauben beständig verharren / sie sollte nur alle Marter erdulden / welche ihr soll angethan werden / er wolle ihr zur Seiten stehen / und ihre dente Schmertzen versüssen. Gehen ab.

Sc. 8. Theophile / Dorothea / Theophile befiehlet die Dorothea auf den Richt-Platz zu führen und das Haupt abzuschlagen / und begehret Früchte / so sie ihme aus dem Garten schicken soll / verspricht ihm solches / Gehen ab.

ACTUS IV.

Sc. 1. Theophile im Schlaff-Rock / rühmet wie viel tausend Menschen er durch seine Grausamkeit habe hinrichten lassen / zu ihm kommt

Sc. 2. Der Engel mit Früchten / welche ihme die Dorothea aus dem Garten überschicket / er befraget den Engel / ob er nicht auch in diesen Garten kommen könnte / worüber ihm der Knab vor seinen Augen verschwind / er gehet in sich / und betauert die Marter / so er denen Menschen unschuldiger Weisse anthun lassen / ruffet Marcrinius.

Sc. 3. Marcrinius fraget was er befehle / Theophile saget ihm / er solte augenblicklich alle Gefangene loß lassen / und ihre Freyheit ihnen ertheilen. Gehet ab.

Sc. 4. Der Käyser fraget / ob der Theophile die Dorothea habe ertödten lassen / saget er ihm / mit was grosser Standhaftigkeit sie in den Todt gegangen sey / und verkündiget ihme die grosse Reue / so er högte über ihren Todt / meldet auch zu gleich / daß er sich entschlossen / den Christen Glauben anzunehmen und darinnen seine noch übrige Lebens-Zeit zu beschliessen / worüber der Käyser erzürnet / und ertheilt Befehl den Henckers-Knechten / sie sollen den Theophile auf das allergrausamste martern / und seinen Tod befördern / er wird mit Zangen gezwickt / und muß seinen Geist elendiglich wegen Standhafftigkeit des Glaubens aufgeben / darauf der Käyser von dem erzörnten Göttern von Blitz und Donner erschlagen wird / und also jämmerlich und in voller Verzweifflung stirbet.

Es wird sich herausstellen, welcher Verlust es gewesen wäre, diese Inhaltsangabe auszusparen; denn sowohl durch sie wie auch durch die mit Philip Massingers Drama ‚The Virgin Martyr' übereinstimmenden Personennamen (Antoninus, Christeta, Artemia, Harpax, Epiro, Macrinus) werden noch immer mögliche Zweifel an der Herkunft dieser Wanderbühnen-Bearbeitung zu beseitigen sein. Johannes Bolte hatte bereits durch Vergleich mit einem jüngeren Puppenspiel-Text die vermutete Abhängigkeit von Massingers Tragödie zu erhärten vermocht, was durch den hier und dort geschilderten Handlungsverlauf nun überprüfbar ist (Bolte I, S. 78—81)

Dieses Dorotheen-Drama gehört zum ältesten Repertoirebestand der Wanderbühne und hat — für Exekutionsdramen symptomatisch — während anderthalb Jahrhunderte das Publikum angezogen. Nichts wäre verfehlter, als daraus eine Verrohung der Wanderbühne abzuleiten; denn merkantile Usancen haben ihr vorgeschrieben, das zu spielen, was Zeit und Zeitgenossen — abgestumpft von der Brutalität weltlichen Strafvollzugs und verhärtet durch die Himmel-Hölle-Alternative klerikaler Strafandrohung — als gültige Rechtsnormen litten und erlitten.

Englische Komödianten werden Massingers ‚Virgin Martyr' so hergerichtet haben, daß ihnen und ihren deutschen Zuschauern eine Aufführung zumutbar war. 1626, vier Jahre nach Erscheinen des englischen Druckes, hat die Truppe von John Green schon die Geschichte „von der Märterin Dorothea" in Dresden auf die Bühne gebracht (Fürstenau Bd. 1, S. 97). Die 1628 in Köln gespielte ‚Dorothea' wird sich von der „Histori ... von der Heyliger Dorothea" des Jahres 1648 (Niessen I, S. 96 u. 99 f.) ebensowenig unterschieden haben wie diejenige 1651 in Prag „von der hl. und im christkatholischen Glauben überaus beständigen Jungfrau Dorothea" (Teuber Bd. 1, S. 69). Unverkennbar ist auch jene um 1660 in Güstrow angekündigte „action von der h. martyrin Dorothea, wie sie nemblich enthauptet vndt Theophilus mit glüenden Zangen gezwicket wirdt". (Bärensprung, S. 26), von gleicher Herkunft wie der in Nürnberg 1722 zur Inhaltsangabe zusammengezogene Text.

Auch die evangelischen Bürgerkomödianten von Kaufbeuren haben die „Komödie von der Märtyrerin Dorothea" seit 1680 wiederholt auf ihrem Spielplan gehabt (Vasterling, S. 99 ff.: 1691, 1707, 1728). In der als Triptychon gestalteten „Bürgerlichen Comoedianten und Agenten Tahfel Ao. 1691" (Vasterling, S. 16 ff.) ist ein bisher noch ungehobener und nicht nur für die Kaufbeurer ‚Dorothea'-Reprise desselben Jahres ergiebiger Fund zu machen. Eine der siebzehn Abbildungen des linken Flügels gibt jene Szene wieder, in welcher ein geflügelter Bote dem vor einem aufgeschlagenen Buche sitzenden Theophilus einen mit Früchten gefüllten Korb überreicht. Letzte Gewißheit, daß es sich um eine Darstellung zu der aufgeführten ‚Märtyrerin Dorothea' handelt, gibt die mit dem Dramentext wohl übereinstimmende Inschrift des bildbekrönenden Spruchbandes:

Teophile auf dein hönisch begehren
Bringe die Früchte meines himmlischen Herrn.

Daß sich eine Illustration — über deren Bühnenauthentizität nicht gerechtet werden soll — zum vielgespielten Dorotheen-Drama angefunden hat, daß auch die Kaufbeurer Textfassung von denen der berufsmäßigen Bühne nicht abwich und daß darüberhinaus sowohl diese wie jene von ‚The Virgin Martyr' abhängig war — sind unverhoffte Gewinne. Bei Massinger lauten die Anweisungen der hier gemalten Szene (V, 1): „Theophilus discovered sitting in his Study: books about him... Enter Angelo with a basket filled with fruit and flowers". Der in Nürnberg 1722 gespielte Text muß seiner Inhaltsangabe zufolge (IV, 1 u. 2) ähnlich gelautet haben: „Theophile im Schlaf-Rock... Der Engel mit Früchten / welche ihme die Dorothea aus dem Garten überschicket".

Durch das Nürnberger Aufführungsdokument von 1722 wird zum ersten Male laut, was von jeher jedem Pickelhering selbstverständlich gewesen sein wird: daß Arlequin selbst einer Heiligen nicht suspekt war. Er durfte auch fernerhin ihre Gesellschaft genießen, so bei den 1734 in Stockholm aufgetretenen hochteutschen Komödianten (Wieselgren, S. 7 f.; Bolte I, S. 78). Dieser Arlequin nun, um den es uns natürlich am meisten zu tun ist, war durchaus nicht der harmlose Dümmling, als der er in Nürnberg ausgegeben wird. Wenn wir von seinen für unser Empfinden abgeschmackten Späßen auch nur wenig wissen, so sind wir doch nicht mehr unbefangen genug, sie für seicht zu halten. Auch in Bielfelds geraffter Schilderung einer Aufführung (um 1740/45?), der er selbst beigewohnt hat, erkennt man die nämliche ‚Dorothea' wieder: Kaiser Diocletian, „grand persécuteur des chrétiens apprend que la belle dorothée a embrassé en cachette le christianisme: transporté de colère il fait venir son général antonin & lui commande de violer publiquement cette princesse: bien loin d'exécuter un ordre si bizarre, antonin conçoit pour elle un amour respectueux & tâche de la sauver: l'empereur séduit par les mauvais conseils de son chancelier fait couper la tête à la princesse, & cette exécution se passe sur le théâtre à la vue des spectators: dioclétien ne tarde point à se repentir de son crime, mais un moment après il est englouti par la terre: le général antonin perd la raison de désespoir & fait mille extravagances". Statt einer verklärenden Apotheose, die auch in Nürnberg anders als im zurückhaltenden Programmheft-Text ausgefallen sein kann, hat sich Arlequin einen besonders effektvollen Lazzo ausbedungen: als erlösender Schlaf den umnachteten Antoninus vorübergehend befallen hat, kommt der vom Kartenspiel erhitzte Arlequin auf die Bühne gepoltert und brüllt dem friedlich Schlummernden aus Leibeskräften triumphierend ins Ohr: „quatre matadors sans prendre" (Bielfeld, S. 288 f.)

Zuletzt haben die Puppen- und Marionettenspieler die Heilige Dorothea in Obhut genommen und — wie nicht anders zu erwarten — ihren närrischen Hauptakteur aller Fesseln entledigt. Die 1785 in der Schusterherberge auf dem Hamburger Gänsemarkt mit französischen Marionetten aufgeführte „schöne Dorothea... ward durch einen lustigen Bedienten enthauptet, und ein Engel kam mit der Ehrenkrone der Glaubensmarterin bestimmt angeflogen — ein skandalöses Spektakel!" — rügte Schütze (I, S. 104). Er hat es sich trotzdem nicht nehmen lassen, dieselbe Schusterherberge später noch einmal aufzusuchen, als wiederum „die Freuden und Leiden dieser Dorothea und ihres Hanswurstes vom Pöbel und wenigen zum Nichtpöbel gehörigen Neugierigen belacht, bejammert oder beklatscht wurde; wobei es sich zutrug, daß von einer Gesellschaft lustiger Zuschauer gleich nach Enthauptung der Marionettendorothea ein Da Kapo ange-

199

stimmt ward, welches der gefällige Prinzipal durch nochmalige Absäbelung des wiederangehefteten Dorotheenhauptes zu befriedigen nicht ermangelte" (S. 96 f.).

Um zu guter Letzt die Schwelle zum 19. Jahrhundert zu überschreiten, sei Justinus Kerner zitiert, der am 9. 9. 1809 von einem auf dem Hamburger Berge unlängst besuchten Marionettentheater berichtet. Die früher schon einmal gesehene Aufführung „hieß: ‚Die Enthauptung der schönen Dorothea' und wurde diesmal vermehrt und verbessert. „Hier vor aller Augen auf dem Theater sollst du hingerichtet werden, wenn du deine Religion nicht ablegst", sagt der türkische [!] Kaiser zu Dorothea" (Leibrecht, S. 76), was — wie wir mit Recht vermuten dürfen, der Dorothea nicht erspart geblieben sein wird.

Weitere Literatur: James Phelan, On Philip Massinger. Diss. Halle 1878, S. 51 f. — Gottsched III., S. 232: Die heil Märterinn Dorothea. Dresden 1672. — Ofterdinger, S. 38 u. 51: Biberach 1655 u. 1733. — Weimarer Verzeichnis, Nr. 53: die martererinn S. Dorothea. — Schütze I, S. 96 f.: Hamburg 1705 [?] und um 1716 Marionettenspieler, letzterer wahrscheinlich identisch mit von Quoten. — Ludwig Holberg, Moraliske Tanker, S. 64. — Ders., Epistler IV, Nr. 332, 226. — Schütze I, S. 88: Kuniger in Hamburg 1752—53. — Kindermann II, S. 22: Ekhof hat in der Akademie-Sitzung v. 16. 6. 1753 ‚Dorothea' „cassiret". — Der Vorfall, daß ein um 1780 in Dresden gastierender Marionettenspieler auf Verlangen des Publikums der Dorothea das Leben schenken mußte, ist zu liebenswürdig, um mehr als eine Anekdote zu sein (Ephemeriden. 3. Jg. Berlin 1786, 22. Stck., S. 352).

Hamburg 1725

Satyrisch-ästhetisches Hand- und Taschen-Wörterbuch für Schauspieler und Theaterfreunde beides Geschlechts. Nebst einem lehr- und scherzreichen Anhang von Johann Friedrich Schütze. Hamburg 1800, S. 214—217.

„Seite 48 meiner Hamburgischen Theatergeschichte erwähnte ich eines Zettels, der zwar ohne Druckjahr, aber wahrscheinlich aus dem zweiten Zehntheil dieses Jahrhunderts und eben so wahrscheinlich von der bekannten Denner- und Spiegelbergischen vereinten Comödiantentruppe sich herschreibt. Er ist in Quart gedruckt."

Jene Vorgeschichte des Hamburger Theaterdebakels während des Johannismarktes 1724 wäre glaubhaft erläutert, wenn sich Spiegelberg vor Ankunft in Hamburg mit Haßkarl dergestalt arrangiert hätte, daß er selbst den Titel, sein neuer Associé einen nicht eben umfangreichen Kostümfundus, den seine flüchtige Frau mitzuführen imstande war, ins Geschäft einbrachte. Der Zusammenbruch unter den geschilderten Umständen löste die Partnerschaft offenbar noch nicht auf; sie kehrten Hamburg den Rücken, holten sich bei der Regierung in Hannover Genehmigung, im Lande spielen zu dürfen, und bewarben sich in Haßkarls Namen mit einer, wie es ausdrücklich heißt, neu zusammengestellten Gesellschaft am 17. Okt. 1724 in Lüneburg als „K[öniglich] Großbr[itannische] Hoff-Comoedianten" (v. Magnus, S. 261 f.).

Der von Hamburg gekommene Haßkarl dürfte also 1724 in Lüneburg ebensowenig rechtmäßiger Inhaber des vorgewiesenen Titels gewesen sein wie zahllose andere seiner Kollegen im Laufe der Theatergeschichte, deren Namen in Protokollen, Gebühren- und anderen Listen eingetragen wurden und mit denjenigen der Prinzipale oder Privilegbesitzer noch immer bedenkenlos gleichgesetzt werden. Von Lüneburg aus, wo die kurze Partnerschaft auseinandergebrochen sein kann, hat Haßkarl offenbar auf eigene Faust versucht, für den Kieler Umschlag im neuen Jahr 1725 zugelassen zu werden (v. Gersdorff, S. 188). Zu Verhandlungen ist es wohl nicht gekommen, denn Anfang Januar 1725 bemühte er sich, die in Lüneburg nur bis Advent befristete Genehmigung verlängern zu lassen, obwohl Schulden auf schlechte Geschäfte schließen lassen. Zweimal wurde er abgewiesen und zog dann seines Weges. Einem hartnäckigen Gläubiger ist es zu danken, daß man ihn im Mai in Helmstedt wiederfindet (v. Magnus, S. 261 f.).

In Hamburg stand der Johannismarkt 1725 bevor, den Johann Gottfried Förster mit „hochdeutschen Komödianten" besucht zu haben scheint (Schütze I, S. 53). Schützes ausführlicher Bericht über ihn stützt sich unzweifelhaft auf Zettel-Material (S. 26 f.), wie es Schmidt in eigener Sache ausdrücklich betonte (S. 16). Genauer Angaben über das Jahr 1725 haben sich beide enthalten. Nun hat aber Schütze an anderer Stelle den Wortlaut eines Zettels mitgeteilt und ihn im Gegensatz zu Schmidt, der auf Förster bestand, der Denner-Spiegelbergischen Gruppe zuweisen wollen; aber nicht nur „Sonnabends, den 30. Junii" trifft für das Jahr 1725, somit für Förster Anwesenheit zu, sondern noch ein anderer gewichtiger Hinweis festigt diese letztere Datierung zugunsten Försters. Aufgeführt wurde an diesem Tage ‚L'ecole des Filoux; oder die Spitzbubenschule, d. i. des berüchtigten Spitzbubens und Erzdiebes in London John Sheppard lasterhaftes Leben, extraordinaire Pratiquen und schändliches Ende mit Arlequin, einen lustigen, verzagten und glücklich gehängten Handlanger in der Diebeszunft.' In dem beigedruckten „Inhalt der Action" wollte man von einer ausführlichen Lebensbeschreibung des Delinquenten deswegen absehen, „maßen das Buch davon zum Ueberfluß in Hamburgischen Händen ist." Es dürfte sich dabei um ‚Des berüchtigten Spitzbuben Sheppard Leben und schändliches Ende' gehandelt haben, das 1725 anonym und ohne Druckort, vermutlich aber in Hamburg erschien (Hayn-Gotendorf Bd. 7, S. 297). Die in den wichtigsten Teilen übereinstimmenden Titel der Schrift und des Stückes lassen den Verdacht ein und desselben Verfassers zu, der das „schändliche Ende" des im November des Vorjahres 1724 in London gehängten Sheppard unverzüglich dramatisiert haben muß.

Für Spiegelbergs Aufenthalt im Sommer 1724 kommt dieser Zettel also nicht in Frage, während er für Förster und das Jahr 1725 um so eher in Anspruch zu nehmen ist, als dieser nach Ablauf des Johannismarktes ab Mitte August dann in Hannover spielte. Übrigens ist Haßkarl — nach einem an ihn gerichteten Schreiben aus Kiel zu urteilen (v. Gersdorff, S. 190) — in diesem Jahre ebenfalls in Hamburg gewesen. Und auch in Hannover tauchte Haßkarl auf, zahlte am 9. Okt. Saalmiete für 15 Tage, nachdem keine zwei Wochen vorher Johann Gottfried Förster am 27. Sept. gleichen Verpflichtungen für 37 Spieltage nachgekommen war (Heyn, S. 17 u. 102). Es handelte sich demnach um entrichtete Gebühren für einen ununterbrochenen Aufenthalt, die in zwei Raten zuerst von Förster selbst, das andere Mal von Haßkarl im Auftrage Försters — so darf man unterstellen —

eingezahlt worden waren. Ihre gemeinsame Spielzeit in Hannover hat folglich fast zwei Monate gedauert, etwa vom 20. Aug. bis zum 8. Okt. 1725.

„Mit gnädiger Erlaubniß einer hohen Obrigkeit wird heute Sonnabends, den 30. Junii, allen courieusen Herren, Dames und Liebhabern galanter hochdeutscher Schauspiele von einer auserlesenen und gewiß remarquablen Komödianten-Compagnie vorgestellt werden eine treffliche Haupt-Action, betitult:

L'ecole des Filoux, oder die Spitzbubenschule, d. i. des berüchtigten Spitzbubens und Erzdiebes in London John Sheppard lasterhaftes Leben, extraordinaire Pratiquen und schändliches Ende mit Arlequin, einen lustigen, verzagten und glücklich gehängten Handlanger in der Diebeszunft.

Inhalt der Action.

Felix quem faciunt aliena pericula cautum; das ist wohl allezeit das Morale, welches die Hand der Billigkeit eines jedweden justificirten Delinquenten der Nachwelt hinterlassen kann, und wäre zu wünschen, daß das darunter verborgene Absehn den gehörigen Effect allzeit hätte. Der bekannte Cartouche in Frankreich, so wenig als ehmals Nikkel List in Deutschland statuirten diese Moral nicht, deswegen mußten sie auch ihren Kirchhof auf dem Rade finden, und in der That ist ihre hinterlassene Brüderschaft noch sehr nombreuse. Unter andern zählete sich vor kurzer Zeit dazu John Sheppard in London, und da man sonst zu sagen pflegt, der Appel fällt nicht weit vom Stamme, so war doch hier das Contrarium, ich will sagen, seine Eltern waren ehrliche Leute, er aber ein Schelm in Folio. Die Hurerei, Debauchiren und Müssiggang war der Anfang zu seinem unglückseligen Leben. Was er mit seiner Zimmeraxt verdienen konnte, das schmeckte ihm nicht so gut, als das gestohlne Brod, sein Krug gieng auch so lange zu Wasser, bis er endlich zerbrach, und er mit dem Stricke recompensiret wurde. Von der Historie seines Lebens darf ich hier nicht weitläuftiger seyn, maßen das Buch davon zum Ueberfluß in Hamburgischen Händen ist, nur dieses sage ich noch, daß er in seinen Schelm- und Diebshändeln, sowohl an List, als Hardiesse, mehr gethan, als Nickel List, Cartouche u. a. von seinen Vorfahren mehr. Was die mit eingerückten Arlequinschen Lustigkeiten betrifft, so sind dieselben so beschaffen, daß, wo jemals eine lustige Person Gelegenheit hat, sich bei einem Auditorio zu recommandiren, es gewiß in dieser Piece ist. Und da John Sheppard natürlicherweise gehangen wird, so hat Arlequin das Glück, daß sein Galgen zerbricht, er herunter fällt, das Leben davon bringt, und als mit Recht ein glücklich gehangener Handlanger in der Diebs-Zunft genennet werden kann.

Dabei schließt eine lustige Nachkomödie.

Der Schauplatz ist in der bekannten Bude beim Bremer Schlüssel in der Fuhlentwiete, und ist die Bude sehr wohl ausgebessert, und alles gut eingerichtet. Um 5 Uhr wird angefangen. Die Person 1 Platz 1 Mark (8 gr.) auf dem mittlern 8 Schilling (4 gr.) der geringste 4 Schilling (2 gr.).

1727

Stadtarchiv Bautzen, Ratsprotokolle v. 10. Febr. 1727 bis 24. Januar 1728.

Ratssitzung v. 1. Sept. 1727 — Consessa betr. — Punkt 11 der Sitzung —

„Die Königl. Hoffcomoedianten Neuberth und Consorten bitten den Marktschreier — Thürich das öffentliche Comoetien Spielen zu untersagen."

Protokoll v. 1. Sept. 1727 — Punkt 16 der Sitzung — „Johann Neuber, als principal der hiesigen Comoedianten bittet den hiesigen operateur zuverbitten daß Er auf dem Theater keine Comoedien Proben soll."

Stadtarchiv Bautzen. Ratsprotokolle 1727 — 7. Febr. bis 4. Nov.

Protokoll v. 1. Sept. 1727. Punkt 12 der Sitzung — Comoedianten betr. —

„Dem Arzt de Türich — Antrag wegen des Comoedianten und deren Spielens.

Ratsbeschluß: Soll dem Arzt das Comoedianten-Spiels verboten werden."

Zwei entscheidende Stationen in Caroline Neubers Laufbahn sind eng mit Spiegelbergs Tätigkeit verknüpft: ihr Debut als Schauspielerin und — als Prinzipalin. Das aus Zwickau geflüchtete Pärchen Weißenborn-Neuber hat — als es am 5. Febr. 1718 in der Braunschweiger Domkirche getraut wurde — zu Spiegelbergs „Königl. Großbrittannischen und Churfürstl. Braunschw. Lüneburg. Hof-Comödianten" gehört. Daraus ist nicht nur abgeleitet worden, daß beide schon 1717 Spiegelbergs Gefolgsleute waren (was niemand beanstanden wird), sondern daß sie sich auch in diesem Jahre 1717 erst zur Flucht und zur Bühnenlaufbahn entschlossen hätten. Diese wie in Stein gemeißelte Jahreszahl *1717* müßte längst bis zur Unleserlichkeit verwittert sein, wenn sie von fatalistischer Gesinnung nicht immer wieder aufgefrischt worden wäre. Keine Behelfsdatierung eines bisher nicht datierbaren Ereignisses ist jemals so unangetastet geblieben. Nach neuesten Forschungsergebnissen muß ernsthaft erwogen werden, ob die Neubers nicht schon früher den Schritt zur Bühne gewagt haben (Günther, S. 231 f.). Ohne einem Rechenexempel zuviel zuzumuten, ist ihr Heiratstermin doch wohl eher eine Folge des erst vierzehn Tage vorher majorenn gewordenen Johann Neuber (* 22. 1. 1697) als ein untrügliches Merkmal für ihre jüngst erst angetretene Theaterlaufbahn!

In kaum weniger groben Umrissen hat sich auch ihre fernere Entwicklung nur abzeichnen lassen. Spätestens 1722 waren die Eheleute Neuber Mitglieder der von Haack, seit 1723 von dessen Witwe Sophie, verehelichte Hoffmann, geleiteten Truppe. Ihr Einvernehmen mit der Prinzipalin scheint nicht so ungetrübt gewesen zu sein, daß sie nicht erwogen hätten, Ende 1725 in die Dienste des Prinzipals Hergans überzuwechseln. Schon damals war ihr Ruf so gefestigt, daß Hergans nichts Eiligeres zu tun hatte, als ihre am 25. Okt. erfolgte Zusage wie sein persönliches Verdienst nach Augsburg zu melden (Trautmann I, S. 169). Entgegen ihrer ursprünglichen Absicht lösten sie sich nicht von der Truppe. Es liegt nahe, ihre Sinnesänderung mit dem unerwarteten Tod der Prinzipalin in Zusammenhang zu bringen;

denn durch deren Ableben war das sächsisch-polnische Privileg plötzlich vakant geworden. Aber dem in Geschäften sonst nicht gewitzten Hoffmann gelang es, das Patent durch Kabinettsbefehl vom Dez. 1725 für die Dauer eines Jahres auf seine Person übertragen zu lassen. Nach absolvierter Frühjahrsmesse 1726 zog sich der Witwer von Leipzig und vor den hinterlassenen Schulden nach Hamburg zurück. Trotz zunehmender Unordnung in der Truppe folgten ihm die Neubers dorthin — wohl ohne sentimentale Nibelungentreue.

Als sich aber die Gesellschaft nach Hoffmanns Flucht mit seiner Magd in Hamburg 1726 aufzulösen begann, sammelten Neubers eilfertig die „übriggebliebenen", zu denen auch die beiden jüngsten Stiefkinder des flüchtigen Prinzipals gehörten (Reden-Esbeck, S. 52 f.). Von Joseph Ferdinand Müller, dem in die Familie eingeheirateten Harlekin der Truppe, wurden sie später beschuldigt, den zehnjährigen Knaben und das achtjährige Mädchen nach Weissenfels entführt zu haben (ibd.). Aber Ekhof ist ein unbestechlicher Kronzeuge gegen Müllers Vorwürfe, für die augenscheinlich lauteren, wenn auch nicht uneigennützigen Absichten des Neuberschen Ehepaares: sie hätten — was auch mit dem von Müller angegebenen Alter und Geschlecht übereinstimmt — den in zweiter Ehe von der damaligen Sophie Haack in Weissenfels zur Welt gebrachten Sohn und dessen jüngere Schwester dorthin mitgenommen, weil der Herzog als Pate des Knaben versprochen hatte, den Kindern seine Fürsorge angedeihen zu lassen (Ekhof, S. 81 f.). Zugegeben — Neubers werden diese Reise nicht ausschließlich aus Nächstenliebe geplant, sondern dabei auch den eigenen Vorteil im Auge behalten haben.

Müllers Bemerkungen wie auch Ekhofs Kommentar wird durch eine undatierte, in Weissenfels zwischen Akten von 1727 aufgefundene Liste bestätigt, auf welcher Neuber und Frau als Prinzipale nebst den Mitgliedern ihrer Truppe: Lorenz, Mergner, Wagner und deren Frauen aufgeführt sind (Schmiedecke, S. 192; A. Werner, S. 105). Lorenz und dessen Frau gehörten laut Ekhof zu den ersten, die sich Neubers angeschlossen hatten, später erst von Kohlhardt, Frau Gründler mit Tochter und Koch gefolgt. Von diesen ist mit Ausnahme des Paares Lorenz denn auch keine Rede in Weissenfels. Zweifel, ob die undatierte Weissenfelser Liste in das Jahr 1727 gehört, sollten somit getilgt sein.

Neubers brachten die verwaisten Kinder Anfang des Jahres 1727 an den Weissenfelser Hof und fanden dort auch Unterschlupf mit ihrem kleinen Gefolge, das in Lorenz einen bei Hoffmann schon geübten und damals unentbehrlichen Harlekin hatte (A. Werner, S. 105) — ein bisher nicht beachteter Umstand, der alle Behauptungen über Johann Neuber als notgedrungenen, aber untauglichen Harlekin und seine daher rührende Harlekin-Aversion zunichte machen würde (Briefe, S. 59 f.; Daunicht, S. 80; Gelehrsamkeit S. 905). Hier in Weissenfels konnten sie den Bescheid auf das am 15. Februar beantragte, von Hoffmann verwirkte und seit Jahresende auch abgelaufene sächsische Privileg abwarten. Bei ihren Aufführungen am Hofe, von denen zwischen dem 28. Fer. und 7. März einige bekannt sind (Schmiedecke, S. 192; A. Werner, S. 107), sollen sie von der bei Hofe vorgefundenen Familie Spiegelberg unterstützt worden sein. Am 7. April 1727 wurde dann endlich wegen Abwesenheit des Königs ein Interimsdekret vom Hofmarschall Löwendal für Johann Neuber ausgestellt, das freilich noch nicht erlaubte, sich als „Churfürstl. Sächs. und Poln. Hofcomödianten" auszugeben. Neuber bat sich daraufhin, wie Ekhof berichtet, „die damals beym Herzoge von Weissenfels engagirte Spiegelbergische Familie auf eine Messe aus, erhielt dabey den alten Denner, der von Bayreuth zu seiner Tochter gekommen war, und fing eine Gesellschaft in Leipzig an." Die allerwärts anzutreffende und auch von Ekhof geäußerte Behauptung, Neuber hätte die Prinzipalschaft in Leipzig begonnen, ist nur bedingt, mit Ausnahme von Weissenfels richtig.

Ekhofs genaue Kenntnisse von den Vorgängen, daß beispielsweise Spiegelbergs Schwiegervater Johann Carl Denner in Bayreuth — wie man annehmen muß — ansässig geworden war und sich nur zu einem Besuch seiner Tochter in Weissenfels aufhielt, weisen auf Berichte beider damals Beteiligten hin: Ekhofs Schwiegermutter und deren zu der Zeit etwa vierzehn Jahre alten Tochter, nunmehr Ekhofs Frau. Von ihnen stammte ohne Zweifel die zuverlässige Schilderung des Neuberschen Aufenthaltes in Weissenfels.

Obwohl die Ende April beginnende Leipziger Messe erst bevorstand, hatte der umsichtige Johann Neuber sein vorläufiges Dekret am 21. April in Freiberg/Sachs. vorgewiesen, woraufhin ihm „vor sich und die so genannte Haackische [!] Comödianten Bande nach der aus dem Oberhofmarschallamte erhaltenen Conzession verstattet [wurde], daß er nach bevorstehender Leipziger Ostermesse einige Comödien in hiesiger Stadt spielen möge" (W. Herrmann, S. 569). Sein Aufenthalt während der Messe in Leipzig, wie üblich bis acht Tage nach ihrer Beendigung (Wustmann, S. 484), wird durch die Freiberger Akten zwiefach bestätigt, denn in Freiberg scheinen sie erst am 28. Mai eingetroffen zu sein. Noch am 9. Juli hielten sie sich in der Stadt auf. Nach einem zweiten dringenden Gesuch wurde ihnen dann in Dresden am 8. Aug. das endgültige Privileg ausgehändigt. Ihre Reise in der neuen Würde muß sie im August ohne weite Umwege nach Bautzen geführt haben, wofür eingangs die Belege angeführt worden sind — bevor ihnen das Wohlwollen des Herzogs Ludwig Rudolph in Blankenburg zuteil wurde.

Schüddekopf hat die Neubersche Truppe schon am 21. Nov. 1727 am Blankenburger Hofe auf Grund eines von der Neuberin selbst verfaßten und auch rezitierten Glückwunsch-Gedichtes nachgewiesen (II, S. 122 f.). Seine Vermutung, sie habe noch im Karneval des folgenden Jahres 1728 in der Gunst dieses Hofes gestanden, scheinen handschriftliche Aufzeichnungen des Bäckermeisters Oldenbruch zu bestätigen: „... beim Carneval sind Comoedianten von Nürnberg hier gewesen" (H. Müller, S. 504), woraus geschlossen werden müßte, daß zwischen Bautzen und Blankenburg noch Nürnberg aufgesucht worden wäre, wofür sonst kein Beleg vorliegt. Ein bis in den Februar 1728 ausgedehntes Gastspiel in Blankenburg ist keineswegs unwahrscheinlich. Die Herzogin bestätigte in einem Brief vom 20. Jan. 1728 an Aurora von Königsmarck die Anwesenheit von Komödianten: „Die Schauspieler sind dafür, daß sie deutsche sind, noch ganz erträglich" (H. Müller, S. 501). Es wäre gegen jede Erfahrung, zwischen dem 21. Nov. 1727, 20. Jan. 1728 und darauffolgenden Februar wechselnde, einander nahtlos ablösende Truppen anzunehmen.

Damit hat der Terminkalender aus dem Gründungsjahr 1727 dieses von der Theatergeschichte so rühmlich gedachten Unternehmens, das ausschließlich unter dem Namen Caroline Neuberin firmiert, kaum noch unnotierte Blätter: Weissenfels — Leipzig — Freiberg/Sachs. — (Dresden) — Bautzen — [Nürnberg] — Blankenburg.

So auffällig das Zusammentreffen mit Spiegelberg in Weissenfels auch sein mag, so macht es erst recht stutzig, daß die Neubers so bald den Weg an jenen Blankenburger Hof fanden, an dem Spiegelberg genau ein Jahrzehnt zuvor mit dem Königl. Groß-Britannischen Privileg zuerst auftrat — wie es auch nachdenklich stimmen muß, Spiegelberg bald darauf (spätestens 1730) mit seiner Familie im Ensemble einer vom Braunschweigischen Hof begünstigten und in Braunschweig beheimateten Gesellschaft zu finden (siehe: „1730"). Aber alle Spekulationen sind zu gewagt, um ausgesprochen zu werden.

Frankfurt am Main   1728—1730

Stadtarchiv Frankfurt a. M. Bürgermeisterbuch 1728

fol. 42r

Alß Joh: Gottfridt Förster, Principal der Königl. Groß Britannischen und Chur-Braunschweig-Lüneburg: Bande von Comoedianten, umb grg: Erlaubnuß in nächstinstehender Herbst Meß Comoedien allhir aufführen zu dörffen, supplicando nachgesuchet :/: Solle man dieses gesuch abschlagen.

fol. 63v-64r

Alß Johann Gottlieb Förster, Director der Königl. Groß Brittan. wie auch Chur Braunschweig Lüneburg. Banden von Comoedianten, umb geneigteste Erlaubnuß künftige Meße allhier Comoedien aufführen zu dörffen, unterth. nachgesuchet :/: Solle man dieses Gesuch abschlagen.

Stadtarchiv Frankfurt a. M. Bürgermeisterbuch 1729

fol. 64r

Alß Johann Gottfried Förster, Principal der Königl. Groß Brittanischen Bande von Commoedianten umb grg. Erlaubnuß eines Marionetten Spiels gehorsambst suppliciret :/: Solle man dießes Gesuch abschlagen.

fol. 72r

Alß Johann Gottfried Förster, Prpal der Königl. Groß Britt. Bande von Comoedianten umb grg. Erlaubnuß instehende Meße comoedien aufführen zu dörffen nochmahlen unterthänig gebeten :/: Solle mann dieses Gesuch nochmahlen abschlagen.

Stadtarchiv Frankfurt a. M. Bürgermeisterbuch 1730

fol. 67v

Alß Johann Gottlieb Förster Comoediant umb ihme gegen das in supplica gethane Erbiethen, bey bevorstehender Meße Comoedien aufführen zu dörffen hochgeneigt zu erlauben, unterthänig gebeten :/: Solle mann dieses Gesuch abschlagen.

Glückstadt   1729

Det Kongelige Bibliotek København. Sign.: E. I. 42—23, Lejlighedsdigte.

Vor etwa zehn Jahren hat mir der Zufall die folgenden in der Königlichen Bibliothek Kopenhagen aufbewahrten drei Glückstädter Theaterzettel in die Hände gespielt. Von Zeit zu Zeit, wenn diese Zettel unbeabsichtigt wieder zum Vorschein kamen, war ich davon besessen, ihnen eine zeitliche Einordnung abzutrotzen. Viele Wege sind vergeblich gewesen, aber der dabei abgeschrittene Bezirk und Raum hat sich schließlich zum Bannkreis geweitet, in dem die vorliegende Untersuchung mit eingeschlossen ist.

Zu guter Letzt hat sich die Datierung aus einem einzigen der drei Exemplare ergeben, desjenigen von der „an dem Persianischen Horizont Hell-aufsteigenden Reichs-Sonne." Ein Privileg der „Königl. Groß-Brittanisch- und Churf. Braunschweig-Lüneburgischen Hoff-Comoedianten" hat erst nach der im Oktober 1714 erfolgten Krönung des Kurfürsten Georg August von Hannover zum König Georg I. von England vergeben werden können. In der dänischen Thronfolge haben sich mit einer einzigen Ausnahme im steten Wechsel Christian und Frederik abgelöst; deswegen konnte der in Strophe 5 der „Aria" besungene „Fridericus" kein anderer als der am 12. 10. 1730 gestorbene Frederik IV. sein. Damit war die Zeit der Glückstädter Zettel auf 1714—1730 eingegabelt. „Und weiln diese Comoedie fürnemlich Dem Hochwohlgebohrnen Hn: General-Major und Commendanten dieser Stadt und Veste Glückstadt" zu Ehren gegeben werden sollte, durfte nicht unterlassen werden, nach kommandierenden Generalmajoren zwischen 1714 und 1730 zu forschen. Da Festungskommandanten dieses Ranges erst seit dem 10. 4. 1719 in der Stadt befehligt haben (F. C. Rode, Kriegsgeschichte der Festung Glückstadt I. Glückstadt 1940, S. 25), war nicht mehr als ein auf 1719—1730 eingeengter Zeitraum zu gewinnen. An den Spielort in „des P. von Schonen *gewesenen* Hauß am Fleth", ein Gebäude, das vor noch nicht allzu langer Zeit veräußert worden sein mußte, wenn man sich des Vorbesitzers so selbstverständlich erinnerte, knüpfte sich die letzte Hoffnung. Durch die Hilfsbereitschaft des Herrn Stadtarchivars Offen, den mein Dank nun leider nicht mehr erreichen kann, hat sich ermitteln lassen, daß Peter von Schonen sein Anwesen 1728 verkauft hatte. Innerhalb der verbleibenden Frist von 1728—1730 ordnet sich der Glückstädter Aufenthalt Denners im Herbst des Jahres 1729 ein.

203

Glückstadt 1729

Mit Bewilligung einer Hohen Obrigkeit,
Werden heute / die verhero anwesende
Königl. Groß-Brittannisch- und Churfl. Braunschweig-Lüneburgischen
Hoff-COMOEDIANTEN,
Denen respective Herren Liebhabern Teutscher Schau-Spiele eine rare und sehens-würdige
Haupt-Action, mit lebendigen Personen vorstellen / betittult:
Die an dem Persianischen Horizont
Hell-auffsteigende Reichs-Sonne
in der Person der Türckischen Prinzessin ARIBANE,
oder
Der im Kriege verirrte und in der Liebe verwirrte
Liebes-Soldat.

Und weiln diese Comœdie fürnemlich
Dem Hochwohlgebohrnen Hn: General-Major
und Commendanten dieser Stadt und Veste Glückstadt / ꝛc:
als ··· K übrigen respective
Herren Ober-OFFICIERS
hiesiger Guarnison, zu Ehren wird agiret werden / alß soll ein Prologus von
Staat / MERCURIUS, APOLLO und MARS, mit hiebey gesetzter ARIA.
Vorher geben.

ARIA.

1.		4.	
Triumph!		Triumph!	
Es werde gesungen		Wir ruffen nicht wenig:	
Mit freudigen Zungen:	Triumph!	Sie schützen den KÖNIG.	Triumph!
2.		5.	
Triumph!		Triumph!	
Die Paucken laßt rasen /		Du Himmel erhebe /	
Trompeten geblasen.	Triumph!	FRIDERICUS der lebe!	Triumph!
3.		6.	
Triumph!		Triumph!	
Es werde das Leben		So werde gesungen /	
Den Helden gegeben.	Triumph!	Mit freudigen Zungen:	Triumph!

Die Nach-Comœdie aus dem Moliere wird genannt:
L'AMOUR MEDICIN
oder
AMOR der beste Artzt.

Der Schauplatz ist in des P. v. Schonen gewesenen Hauß am Fleth und wird præcise um 4. Uhr angefangen /
Die Persohn giebt 12. 8. und 4. Lübschfl.

204

Glückstadt 1729

Mit Bewilligung einer Hohen Obrigkeit /
Werden heute / die vorjetzo anw. sende
Königl. Groß-Brittannisch- und Churfl. Braunschweig-Lüneburgischen

Hoff-COMOEDIANTEN,

Denen respective Herren Liebhabern Teutscher Schau-Spiele eine rare und sehens-würdige Haupt-Action, mit lebendigen Personen vorstellen / betittult:

das prächtige CARNEVAL

bey der hohen Allianz zwischen Cypern und Venedig /
Oder:
Der reiche Jude. Wie auch: Das wohlgesprochene Urtheil eines weiblichen Studenten / und / Arlequin der lustige Masqueraden-Bruder.

Und weil die billige Schuldigkeit erfordert /
Bey einer
Königl. Hochpreißl: Regierung in den Hertzogthümern
Schleßwig / Holstein rc:
in unterthänigen respect mit einer Comœdie aufzuwarten und sich hiermit aufs beste zu empfehlen;
Als soll zugleich ein Musicalischer PROLOGUS unter Illumination des Theatri auffgeführet werden.

Ir klopffen heut getrost vor Eurer Gnaden-Thüren /
Hoch-Wohlgebohrne! mit frohen Händen an /
Denn weil wir EURE Huld je mehr je grösser spüren /
So ist der Kühnheit leicht ihr billigs Recht gethan.
Ein Bettler zwar der sich mit wiederhohlten Bitten
Vor dies und jenes Hauß mehr als zwey drey mahl wagt /
Der hat die Gräntzen schon des Wohlstands überschritten /
Und ist selbst Schuld daran / wann ihm was wird versagt.
Doch jener / welcher da zu unterschiednen mahlen
Mit Gnaden Strömen gleichsam überschüttet ist /
Kan nicht unhöflich seyn / auch nicht die Schuld bezahlen /
Wann Er gleich hundert mahl des Gebers Hände küsst.
So ist der Trieb demnach / der unsre Geister reget /
Gerecht / EUCH unsre Pflicht und Demuht dar zuthun.
Es wird EUCH hiermit was nunmehro dargeleget /
Daß eintzig soll allein in EURER Gnade ruhn.
Wir bringen zum Geschenck nur sehr geringe Sachen /
Weil unsre Schuldigkeit sonst nichts zu zinsen hat /
Doch EURE hohe Gunst / wird uns recht glücklich machen /
Wenn Euch gefallen kan dies schlecht beschrieb'ne Blat.
Zwar Eurer Würdigkeit kömt zu ein bessers Schencken /
Allein seht gnädig an / was das Vermögen bringt.
Pflegt doch der Ocean nicht von ihm abzulencken /
Wenn ein geringer Bach nach seinem Schoosse ringt.
Auch Phæbus goldner Strahl wird nicht dadurch verdunckelt /
Ob gleich aus einem Sumpff er feuchte Dunste saugt.
Sein Glantz so starck ein Thal als einen Berg besunckelt /
Matuta gleichfals sie mit ihrem Thau betaucht.

So wohl dem rauhen Feld / als einen schönen Garten /
Ein hoher Ceder-Baum den Schatten nicht verrückt.
Ey derowegen nun so wollen wir erwarten
Den Schatten EURER Gnad / der uns allein beglückt.
Nehmt Grosse Männer nehmt / die ihr mit EUREN Strahlen
Und hellen Blicken brecht in weit entlegne Land.
Itzt diese Zeilen hin / auf welchen abgemahlen /
Wie wir getreue Knecht uns opffern EUCH zum Pfand.
Ihr / die das Wohl erbaun / und dessen Ruhe schützen /
Daß auch Eur Nahme muß in höchsten Flore seyn;
Ihr / die Ihr manches Heyl mit treuen Schultern stützen /
Und auch der Ewigkeit seyd längst geschrieben ein;
Erweget nicht das Werck / betrachtet das Gemühte /
Der Wille ist da / die Kräffte langen nicht.
Doch wir zusammen all / wir hoffen EURE Güte /
Ja diese Meynung ist auf unserm Wunsch gericht.
Wolan so öffnen wir die reich gefüllten Schätze /
Der Wunsch ist reines Gold / der Kasten unsre Brust.
Wir wünschen / daß die Gunst des Himmels EUCH ergötze /
Damit Ihr leben mögt in unzerstörter Lust.
So lang der Wolcken-Bau mit seinen Sternen prahlet /
Muß Eur verdienter Lohn in vollem Glantze stehn.
So lang Aurorens Schein das Feld mit Purpur mahlet /
Muß EUCH nach eig'nen Wunsch das Glück zur Seite gehn.
Eur hoher Tugend Ruhm bleib ewig unverletzet
Von allem Neider Gifft. Es stehe Mauren fest
Eur hoher Stammen-Baum / biß er wird hin versetzet /
Wo Ewig keinen Platz der Aend'rung überläßt.

Nach Endigung dieser admirablen Haupt-Action folget zum Beschluß eine (aus dem Moliere entlehnte) lustige Nach-Comödie genannt:

Georg Dandein, oder der arme Jürge.

NB: Auff Hoher und Vornehmer Begehren soll heute das Theatrum um vier Uhr eröffnet und auch zugleich der Anfang gantz gewiß gemacht werden.

Der Schauplatz ist in des P. v. Schonen, gewesenen Hauß am Fleth und wird præcise um 4. Uhr angefangen /
die Persohn giebt 12. 8 und 4. Lübschl.

Glückstadt 1729

Sehen heute Donnerstags zum letzten mahl
Königl. Groß-Brittannisch- und Churfl. Braunschweig-Lüneburgischen

Hoff-COMOEDIANTEN,

Denen respective Herren Liebhabern Teutscher Schau-Spiele eine rare und sehens-würdige Haupt-Action, mit lebendigen Personen vorstellen/ betittult:

Der flüchtige Virenus oder getreue Divan Olympia,

Wie auch Ærlequin der trunckene Bauer.

Diese Action soll eintzig und allein einer hochlöblichen und ansehnlichen Bürgerschafft zu wohlverdienten Ruhm/ und schuldiger Danckfagung mit einer sehr lustigen Nach-Comædie, auffgeführet werden.

PROLOGUS.
Cupido und Aurora.

1.

Cupido. Ach wie lang/ wie lang verborgen/
Hält sich doch des Tages-Licht;
Will denn Phöbus diesen Morgen/
Will er doch erwachen nicht?
Hat er sich denn mit Auroren
Im Epheser Wald verlohren?
Oder ist das Hauß gesperrt/
Wo sie gestern eingekehrt?

Aurora. Weichet ihr nächtigen Wolcken zurücke/
Fliehet von hinnen ihr Frauen der Nacht
Weilen mein Liebster im güldenen stücke
Prächtig im Hause des Tages erwachet/
Treibet ihr Hirten zu Felde die Heerden
Weil Apollo nun Tage läßt werden.

Cupido. Wer da? wer giebet sich empor
Gantz umbgürtet mit Rubinen?

Aurora. Ich Aurora/ dir zu dienen/
Kom aus meinem Saal hervor.
Liebster!

Cupido. Schönste

Beyde. . . . . sey gegrüsset!

2.

Auff verlaßne Titans Bette/
Auff Aurora/ schönste Magd/
Lasse nicht die Berg und Städte
Länger bleiben unbetagt/
Fahre doch mit güldnen Pferden
Durch die schwartz beachte Erden/
Auff/ Aurora/ wache auff/
Eh' sich meine Zeit verlauff.

Und mit Nectar übersüßet.

Cupido. Halt/ ich fahr nach Cyppern mit/
Wo Asteri sich erhebet/
Trotzig mir zu wider lebet
. . . in See-Schiff Fuß . . .
Diese will ich heute noch
Unterwerffen meinem Joch/

Aurora. Komme her in meinem Schoß.
Fahre nach dem Cyppern Haven
Straffe die verpflichte Sclaven
Mache deinen Nahmen groß;
Steure höher dein Gebot/
Komme grosser Liebes-Gott.

Kurtzer Inhalt.
INTERLUDIUM. Act. I.

Präsentiret sich das Meer kommen 2. Syrenen hervor.

1. Syr. Komm/ Neptune/ komm hervor
Auff den schnellen Wasser-Wagen,
Lasse dich geschwind empor
Von der Thetis Wohnung tragen/
Komm zu Hülffe den Verliebten/
Der Printzeßin von Egypten/
Die verlaßen vom Viren/
Sonst in Thränen muß vergehn.

Nept. Wer begehret meiner Macht?
Wer darff sich hier laßen hören/
Und bey angebrochner Nacht
Meine süße Ruhe stöhren/
Thetis ist hierob bestürtzt/
Und in ihrem Schlaff verkürtzt.

2. Syr. Nim den Printzen in Arrest/
Der Olympia verläßt.

Nept. Töchter/ der ist meiner Hand
Und dem Wellen Reich entflogen/
Schonen bey Cyppern an das Land
Ungehindert eingezogen.

1. Syr. Seht doch wie sie dort benachtet
An dem Strande liegt verachtet.

2. Syr. Laß uns ihr betrübtes Hertz
Halten ab von Pein und Schmertz.

Nep. Laß die wilden Wellen hoch
An die schwartzen Wolcken steigen.
Die Syrenen werden doch/

Dir die rechte Straße zeigen/
Laß Charybd und Scylla rasen
Wind und Wetter grausam blasen.

1. Syr. Auff/ Verliebte wache auff/
Wache auff betrübte Seele/
Auff/ geschwind nach Cyppern lauff/
Nach der rechten Liebes-Höhle.
Wo Virenus sich befindet/
Und mit neuer Lieb entzündet.
Auff geschwind nach Cyppern fort/
Suche deinen Liebsten dort/

Syren. Will Virenus falscher Sinn
So die treue Liebe lohnen.
Ey so soll er fahren hin
Wo die Nacht-Gespenste wohnen

Nept. Niemand soll aus Todes-Nöthen
Die verdammte Seel erretten.
Sterbe/ sterbe falsche Seel/
Fahre fahre nach der Höll.

Syr. Aber nein ihr Götter nein/
Lasset nicht den Printzen Sterben/
Sonsten wird in gleicher Pein
Auch Olympia verderben/
Laßt doch lieber sein' Gedancken/
In Melancholey erkrancken/
Daß er die verwerffne Treu
Mit viel Ach! und Weh bereu.

Alle 3. Lebt glücklich indessen/ wir müssen jetzt fort
Nach unseren Päßen am schliprigen Pfort

Schauplatz ist in des P. v. Schonen gewesenen Hauß am Fleth und wird præcise um 4. Uhr angefangen/
die Personen giebt 12. 8 und 4 Lübschst.

Stuttgart 1730

Hauptstaatsarchiv Stuttgart. A 6 aus Bü 201: Concession vor die Trouppe Teutscher Commöedianten in denen Land-Stadten agiren zu dörfen betr: ... 26. May 1730.

(In Paranthese die bei der Textbearbeitung gestrichenen Formulierungen.)

Von Gottes Gnd. Wir Eberhard Ludwig Herzog /tot:tit:/ etc. (fügen hier mit zu wißen) Demnach Wir (dem Königl. Groß Brittannischen Hof Acteur Leonhard Andreas Denner gdst erlaubt u.) der sich alhier eingefundenen Trouppe teutscher Comoedianten (gdst) erlaubt haben, in (Unsern) denen Residenz- und Andern Städten Unseres Herzogthums, wo (es) sie es convenable finden werden, gegen abreichung der gewöhnlichen Gebühr Comoedien (zu) agiren (ohne daß Ihnen) zu dörfen.

Alß fügen Wir solches Unsern zu des orths befindlichen Staats Beamten (jedes orths) hiermit des endes zu wißen umb (jenen) sich hiernach zu richten und jenen die behülfliche Handbiethung hierunter zu leisten. Hieran etc. etc. Ludwigsb. d. 26. May. 1730.

Hamburg 1730

Johannes Bolte, Von Wanderkomödianten und Handwerkerspielen des 17. und 18. Jahrhunderts, S. 468 f.

Bourlesque, genandt *La Dama Bizzara Castigata*, die bestraften Thorheiten eines eigensinnigen Weibsbildes, mit einer gantz neu erfundenen Manier Ihren Eigen Sinn zu bändigen, oder Der zwischen Furcht und Schröcken geängstigte Pantalon und Arlequin, ein Pucklichter Liebhaber, verstellter Türk und listiger Hochzeitzerstöhrer. No. 39. Q. [C.] Hoffmann 1730 [die beiden letzten Ziffern undeutlich].

Personen.

Pantalon	ein reicher Witwer aus Palermo.
Isabella	seine Tochter in Leandern verliebt. W.
Angeletta	seine des Pantal. Schwester, ein sehr zänkisches Frauenzimmer. Frau *Spiegelbergin.*
Anselmo	ein Kaufmann aus Messina. H. *Spiegelberg.*
Odoardo	sein Sohn, ein pucklichter Mensch, versprochener Bräutigam der Isabella *(kan der Scapin machen im letzten Actus).*
Leander	ein Kaufmanns Sohn, Liebhaber der Isabella. H. *Sax.*
Horatio	ein reicher Bürgers Sohn aus Palermo.
Harlequin *Scapin*	des Leanders Bediente.
Columbina	der Isabella Mädgen. *Jungfer Spiegelbergin.*
ein *Notarius*	*(kan der Odoardo machen, es kan auch Arlequin den Notarium machen).*
Corporal. Soldaten	

Dieses Manuskript der ‚Dama Bizzara Castigate' ist, wenngleich undeutlich geschrieben, von Bolte überzeugend „1730" entziffert worden. Der Besitzvermerk „Q. Hoffman" wäre wohl richtiger „C.[arl Ludwig] Hoffman" zu lesen. Von den elf Rollen sind nur vier namentlich besetzt, außer „H. Sax": „Angelette, ... Frau Spiegelbergin — Anselmo, ... H. Spiegelberg — Columbina, ... Jungfer Spiegelbergin." Daraus ist zu folgern, daß die Familie Spiegelberg im Jahre 1730 zur Gesellschaft des Manuskriptbesitzers, der sich Hoffmann nennt und mit Vornamen wahrscheinlich Carl hieß, gehört hat. Ein anderes ebenfalls von Bolte (II, S. 468 f.) beschriebenes Manuskript von ‚Scipio Africanus' hat keine Besitzeintragung, stammt aber von der gleichen Hand und ist datiert „Hamburg 1731. Im Monat Maio." Die Exemplare von 1730 und 1731 gehören auf Grund der gleichen Handschrift zusammen, ob nun von Hoffmanns eigener Hand oder aus der Feder eines von ihm Beauftragten. 1731 ist in Hamburg keine andere Truppe als die Carl Ludwig Hoffmanns nachzuweisen (Schütze I, S. 50; Schmidt, S. 16 f.; Wollrabe, S. 41), so daß man überzeugt sein kann, Hoffmann als Verfertiger oder Auftraggeber des Manuskripts habe sich zur Zeit des bevorstehenden Johannismarktes mit seiner Truppe in Hamburg aufgehalten. Als fast unnötige Bestätigung ist ein Huldigungsgedicht erhalten geblieben, anläßlich des Einzugs von Herzog Ludwig Rudolf in Braunschweig im Mai 1731 „glückwünschend aus Hamburg [!] übersendet von den bisherigen Hochfürstl. Braunschweigischen Hof-Acteurs" (Schüddekopf II, S. 126 f.), dessen Prinzipal Carl Ludwig Hoffmann war. Dieses Huldigungsgedicht stammt nicht, wie Schüddekopf glaubte, aus Caroline Neubers Feder und ist infolgedessen auch bei Sasse (S. 147 f.) zu streichen. Auch die beiden von Schüddekopf ebenfalls veröffentlichten Theaterzettel der „Braunschw. Lüneb. Wolffenb. Teutschen Hof-Acteurs" vom 25. und 30. 8. 1731 weisen nicht den Aufenthalt der Neuberschen, sondern der Hoffmannschen Truppe nach (II, S. 128 f.).

Die Familie Spiegelberg, die sich selbst nicht „H., Frau, Jungfer" eingetragen hätte, muß als späterer Besitzer des Manuskriptbestandes zu dieser Zeit zwangsläufig bei Hoffmann engagiert gewesen sein. Hoffmann schied spätestens Ende 1731 aus der Leitung der Truppe aus, und Joseph Ferdinand Müller warf sich gegen den offenbar nur schwachen Widerstand Ferdinand Elensons zum Prinzipal auf. Dieser Wechsel hat Spiegelberg möglicherweise veranlaßt, sich nach einem anderen Wirkungsfeld umzusehen und es noch einmal mit der Prinzipalität zu versuchen. Was ihn so hoch in den Norden verschlagen hat, läßt sich nicht rekonstruieren. Schon nach wenigen Monaten ist er als erst 52jähriger im September 1732 in Bergen/Norwegen gestorben.

Ulm 1730

Stadtarchiv Ulm. Ratsprotokoll fol. 668 r, 8. 9. 1730.

Auf das, von dem Not. Theod. Ulrico Nübling, im Nahmen der Königl. Groß-Britannischen und hfrstl. Braunschweig. hof Comoedianten, übergebenes unterth. Memorial, und bitten, um grg. Erlaubnus, einige moralische Comoedien an dem nächstbevorstehenden hlöbl. Creyß-Convent allhier aufzuführen, hat man denenselben die concession hierzu ertheilt, doch sollen Sie, wann der Creyß Convent würcklich allhier sich befindt, deßwegen noch einmahl melden, (N. 124) wovon der Vice-Principal, Johann Georg Stoll auch ein Bittschreiben an des hochmeritirten (...) hgbt. Herrn Rathsälterers, (...) eingesandt hat.

207

Stadtarchiv Ulm. Ratsprotokoll fol. 716 v, 25. 9. 1730.

Demnach die Königl. groß Britannischen u. ChurFrstl. Braunschweig-Lüneburg. würkliche Hof-Acteurs schon jetzo hirher gekommen, und gebeten, daß Sie mit Vorstellung ihrer Comoedien schon in dieser woche den Anfang machen dörffen, So hat man Ihnen die Vergünstigung hierzu in dem Löbl. Bürgerlichen Allmosen Kasten, auch 45 x. von jede Comoedie zu dem Löbl. Bau Amt, wegen der von diesem erstbesagten Löbl. Amt zu bestellen beliebende Aufsicht über Feuer und Lichter, bezahlen sollen, den Tax hingegen vor die Zuschauer hat man auf 5. krz. vor jede Person bey denen hindern Schrannen und auf 10. krz. bey denen vordern gesetzt. N. 326.

Augsburg 1730

Stadtarchiv Augsburg.

Wohlgebohrne, HochEdelgebohrne, WohlEdelgebohrne, Gestrenge, Wohledle, Veste, WohlEhrenveste, Fürsichtig, Ehrsame Hoch und Wohlweise Herren StattPflegere, Bürgermeistere und Räthe allhier

Gnädig hochgebietend Grg. e und hochgeEhrte Herren.

EWr Wohlgeb. hochadel: Gnaden, Gestr. WohlEdel, Veste, WohlEhrenwert, Frst. wlvßst und grg. wollen gnädig und Grg. zu vernehmen geruhen, waßmaßen ich nebst meinen consorten an den hochfürstl. Hoff zu Würtenberg auf das vergangene Frühjahr beschriben worden, auch uns daselbst biß verstrichene Michaelies aufgehalten, von dannen uns nach Ulm gewendet, und bey bevorstehendem Crayßtag ein und andere action zu iedermanns contento vorgestellt und praesentiret haben; Wenn nun von Ihro Königl. May. in Engelland und Churfürsten zu Braunschweig und Lüneburg alß Dero Königl. und Churfürstl. HoffActeurs wir die gnädigste Erlaubnus erhalten, biß künftige Pfingsten auswärts actiones zu praesentiren und alß nahe bey Augspurg uns eine besondere Ehre und aestim machten allhier aevirn zu dörffen; Alß gelanget an Ew. wohlgeb., hochadel: Gnaden, Gestr. wohlEdel Vest, WohlEhrenvest, wlvßst. und Grg. mein und meiner Mit Acteurs unterthänig gehorsamstes Anlangen und angelegenes bitten, Sie vom künfftigen Montag über 8 Tag od allenfalls nach Weyhnachten den Anfang mit ein und andern moralischen action vorstellen zu dörffen und um so eher gnädig und grg. zu erlauben geruhen möchten alß unsere actiones abs. omni scandalo auch mit allerhand musicalischen Italiaenischen und teutschen opernmäsigen Arien untermenget seyn, so daß wir damit nach der copeylichen Anlag sub A. Ihro Königl. May. in Engelland und Churfürst zu Braunschweig und Lüneburg gute satisfaction gegeben haben; Dahero gnädiger und Grgr. Erhörund Gewehrung mich um so mehrers getröste, alß so gahr die lustige Person nichts alß ein moralisirender Arleqvin ist, mithin auch selbiger nichts schädliches oder ärgerliches vorbringen wird, anmit zu Obrigkeitl. Gnd. und Huld in tiefster submission und gehorsamsten Respect mich empfehlend verharre

Ewr Wohlgeb. Hochadel: Gnaden, Gestr, WohlEdel Vest, wohlEhrenvest, Frst. wlvßst und Grg.

unterthänig gehorsamer Leonhard
Andreas Denner Principal der Königl.
Groß Britannischen und Churfürstl Braunschweig Lüneburg.
Hoff Acteurs.

d: 25t 8 ber: 1730

Dem Leonhard Andreas Denner Principalen der Königl. Großbritannischen Hoffacteurs wird auf sein anlangen, und bitten umb erlaubnus ein: und andere actiones praesentiren zu därffen die gebettene erlaubnus /: Nachdeme Er sich mit denen HH: ältern des heyl: allmosen, sodann mit denen Meistersingeren wegen des Monntags wird abgefunden haben :/ und zwar nach weynachten anzufangen auf 14. Täg hiemit ertheilt.
Decr: in Sen: den 26ten 8bris: 1730.

Den 25: 8. ber. — 1730

An Einen hochEdlen und hochweisen Rath allhier unterthänig gehorsamstes Anlangen und angelegenes Bitten Leonhard Andreas Denners Principals der Königl. Groß Brittannischen und Churfürstl. Braunschweig Lüneburg. Hoff Acteurs Um gnädige und Grge Erlaubnus von künfftigen Montag über 8. Tag ein und andere actiones praesentiren zu därffen.
Mit beylaag A.

Augsburg 1730

Stadtarchiv Augsburg.

Wohlgebohrne, HochEdelgebohrne, WohlEdelgebohrne, Gestrenge, WohlEdle, Veste, WohlEhrenveste, Fürsichtig, Ehrsame, Hoch und Wohlweise Herren StattPflegere, Bürgermeistere und Räthe allhier.

Gnädig Hocgebietend Grg. und hochgeEhrte Herren

Ewr. wohlgeb. Hochadel: Gnaden, Gestr. wohlEdel Vest wohlEhrenvest, Frßt., wlwßst. und Grg. erstatte zufordrist schuldigsten Danck vor die gnädige permission, ein und andere moralische piecen nach Weyhnachten auf 14 Täg allhier praesentiren zu dörffen; Wenn nun in Ulm wegen der sich täglich mindernden Einnahm, ich nebst meinen untergebenen biß auf die Adventszeit ohnmöglich subsistiren kan, auch verschidene von hoher Noblesse unsere Ankunfft allhier lieber früher alß später wünschen; Alß gelanget an Ewr. Wohlgeb. hochadel: Gnaden, Gestr. wohlEdel, Vest, wohlEhrenvest, Frßt. wlwßht. und Grg. mein unterthänig gehorsamstes Anlangen und angelegenstes Bitten, Sie die bereits erwisene hohe Gnad und hochschätzbahre benevolenz dahin zu extendiren und zu vermehren gnädig und Grg. geruhen möchten, damit mir mit meinen unterhabenden Königl. Groß Britannischen Hoff Acteurs, biß künfftigen Montag den 6ten oder Donnerstags alß den 9ten 9bris zum erstenmahl unsere actiones zu praesentiren, Obrigkeitlich gestattet werde; an solch gnädiger und Grg.r willfahrung um so weniger zweiffelnd, alß verhoffentlich Euer hochlöbl. Obrigkeit es indifferent seyn wird, ob ich des effects der allbereits ertheilten gnädigen und Grg. licenz vor- oder erst nach dem Advent theilhafftig gemacht werde; Dahero gnädiger und Grg.r Erhör- und Gewehrung mich um so mehrers getröste, allwohin wie auch zu Obrigkeit. Gnd. und Huld in unterthäniger submission und gehorsamsten Respect mich empfehlend verharre

Ewr. Wohlgeb. hochadel: Gnaden, Gestr., WohlEdel Vest, WohlEhrenvest, Frßt., wlwßht. und Grg.

    unterthänig gehorsamer Leonhard Andreas Denner Principal der Königl. Groß Brittan. und Churfürstl. Braunschweig Lüneburg Hoff Acteurs.

    d. 1t 9ber: 1730

An Einen hochEdlen und hochweisen Rath allhier unterthänig gehorsamstes Anlangen und angelegenes Bitten Leonhard Andreas Denners Principals der Königl. Groß-Brittannischen und Churfürstl. Braunschweig Lüneburg. Hoff Acteurs. Um gnädige und grg.e licenz biß künfftigen Montag den 6ten, od längst Donnerstag den 9ten zum erstenmahl unsere actiones praesentiren zu dörffen.

Leonhard Andreas Denner Principalen der Königl: großbritann: und Churfürstl. braunschweig Lüneburg. Hoffacteurs wird auf sein Anlangen, und bitten seine actiones bis künfftigen Monntag den 6ten oder längst Donnerstag den 9ten 9bris praesentiren zudörffen, die gebettene erlaubnus den 6ten diss anzufangen /: iedoch mit ausschluß des advents :/ hiemit bewilliget.

Decret: in Sen: den *2ten*
9 brs: 1730

Augsburg   *1730*

Stadtarchiv Augsburg

Wohlgebohrne, HochEdelgebohrne, WohlEdelgebohrne, Gestrenge, WohlEdle, Veste, WohlEhrenveste, Fürsichtig, Ehrsame, Hoch und Wohlweise Herren Stattpflegere, Bürgermeistere und Räthe allhier

Gnädig hochgebietend Grge und hochgeEhrte Herren

Demnach die gnädig und Grge Bewilligung auf 14. Tag unsere Actiones praesentiren zu dörffen, (wofür wir hiermit unterthänig gehorsamsten Danck abstatten) annoch diese Woche zu Ende lauffet, selbige aber bey hohen und nidrigen darinnen großen ingress gefunden und contentement erwerbet haben, weilen unsere bißherige Actiones und moralische piecen abs. ullo scandalo aufgeführet und vorgestellt worden; Alß gelanget an Ewr Wohlgeb. hochadel: Gnad., Gestr. WohlEdel Vest, WohlEhrenvest, Frßt. wlwßht und Grg. mein et consortium unterthänig gehorsamstes Anlangen und angelegenes Bitten, Sie annoch 14. Tag mithin in der ersten Advents Woche annoch agiren zu dörffen, um so eher gnädig und Grg. zu erlauben geruhen möchten, alß solches anderen Acteurs hier und anderwärts die erste Advents Woche gestattet worden, wir auch solche serieuse Stück praesentiren werden, worbey der sonsten moralisirende Arleqvin gantz nichts dabey zu thun haben wird; Dahero hochObrigkeitr. willfahrung uns um so mehrers getrösten, allwohin wie auch zu Hoher Huld und benevolenz in unterthäniger submission und gehorsamsten Respect uns empfehlende verharren

Ewr. Wohlgeb., hochAdel: Gnaden, Gestr., WohlEdel, Vest, WohlEhrenvest, Frßt. wlwßht. und Grg.

    unterthänig gehorsamer Leonhard Andreas Denner Sr Königl. Großbrittan. May. und Churfürstl. Durchlaucht zu Braunschweig Lüneburg Hoff Acteur Principal und deßen untergebene

Leonhard Andreas Denner, Königl: Groß-Britannisch- u. Chur Braunschweig-Lüneburg: Hoff-acteurs Principalen würdet die gebettene Erlaub, ihre actiones annoch vf einige Zeith praesentiren zu dörffen, bis auf den Eingang der Adventzeith hiemit ertheilet.

Decr: in Sen: den 23. 9bris 1730.

An Einen hochEdlen und hochweisen Rath allhier unterthänig gehorsamstes Anlangen und angelegenes Bitten Leonhard Andreas Denners Sr. Königl. Großbrittann. May. und Churfürstl. Durchlt. zu Braunschweig Lüneburg Hoff Acteurs Principalens und untergebene Um gnädige und grge bewilligung annoch 14 tag unsere Actiones praesentiren zu dürffen.

Augsburg   *1730*

Stadtarchiv Augsburg.

Wohlgebohrne, HochEdelgebohrne, WohlEdelgebohrne, Gestrenge, WohlEdle, Veste, WohlErhnveste, Fürßichtig, Ehrßame, Hoch- und Wohlweiße Herren Stattpflegere, Bürgermeistere und Räthe allhier.

Gnädig-Hochgebiethend. Grg. und hochgeehrte Herren!

Demnach Eine hohe Noblesse an unsern bißherigen Actionen ein solches gnädiges Contento bezeuget, daß selbige nach bevorstehenden geendigten H. Weyhnacht-Ferien ein und anders Stück von uns ferners praesentiren zu sehen nicht weniges Belieben tragen, dießes aber weitere Obrigkeitliche speciale Erlaubnus wir nicht effextuiren können; Alß gelanget an Ew: Wohlgeb: Hochadel: Gnaden, Gestr: WohlEdel Vest, WohlEhrnvest, Frßt. Wlwßht: und Grg. mein und meiner untergebenen und angelegenes Bitten, Sie die uns bereits erwiesene hohe Gnad annoch damit zu cumuliren und nach verstrichenen unschuldigen Kindlins Tag bis auf den Ascher Mittwoch exclusive eine hohe Noblesse und andere Liebhaber unserer Actionen durch weitere praesentationen aggreiren und vergnügen zu dörffen, gnädig und Grg. zu erlauben um so mehrers geruhen möchten, als weder über unsrige bißherige moralische piecen noch über unsere Conduite sich niemand wird beschwehren können; Dahero gnädiger und Grg. Condescendenz uns um so mehrers getrösten, allwohin wie auch zu Obrigkeitl. Gnaden und Hulden in submisser Veneration und gehorsamsten Respect uns empfehlende verharren

Ew: Wohlgeb: Hochadel: Gnaden, Gestr: WohlEdel, Vest, WohlEhrnvest, Frßt: WohlWßht: und Grg:

    Unterthänig gehorsame Leonhard Andreas Denners Königl. Groß Britannische und Churfürstl. Braunschweig Lüneb. Hoff Acteurs Principal et cons.

Auf Leonhard Andreas Denner Principalens d. Königl: GroßBritann: u. Churbraunschweig- Lüneburg: Hof Acteurs anlangen u. bitten, umb die obrigkht. bewilligung, ihre actiones nach weyhnachten widb, und bis auf den Aschermittwoch excl: praesentiren zu därffen, wurdet dem Supplicanten die gebettene

209

Erlaub zwar annoch auf 14. Tag, nach weyhnachten anzufangen, hiemit ertheilet, yedoch dieselben erynnert, sich in denen praesentirenden actionen Ehrbahrkheith u. modestie bestens zu befleißen.

Decr: in Sen: d. 9. xbris 1730.

An Einen HochEdlen und Hochweißen Rath allhier. Unterthänig-Gehorsames Anlangen und angelegenes Bitten Leonhardt Andreas Denners Königl. Großbrittann. und Chur-Fürstl. Braunschweig-Lüneburg. Hoff-Acteurs Principalen. Um Gnädige und Grg. Bewilligung nach dem unschuldigen Kindlinstag biß Aschermittwoch excl: einen hohen Noblesse zu Belieben, fernere Stück praesentiren zu dörffen.

Meister Singer.

Frankfurt am Main 1731

Denen Hoch-Edel-Gebohrnen, Gestrengen, Hoch-Edlen, Vest- und Hoch-gelahrten, Wohlfürsichtigen, und Hochweisen, Ehren-Vesten und Wohlweisen Herrn, Herrn Schultheiss, Burgermeistern, Schöffen und Rath der löbl. Freyen- Reichs-Wahl- Crönungs- und Handel-Stadt

Frankfurt am Main

Meinen gnädigen und Hochgebiethenden Herrn Wolte Folgende Haupt-Aktion nebst vorhergehenden Musicalischen Prologo von vier Theilen der Welt genannt

LE CID

Oder Streit zwischen Ehre und Liebe
In der Person Roderichs und Chimene

Als ein Zeichen seiner unterthänigen Pflicht und Schuldigkeit gehorsamst aufführen und verbundenst dediciren deroselben unterthäniger Diener
Leonhard Andreas Denner
Der Königl. Gross. Britt. und Churfürstl. Braunschw. Lüneburg Hof-Akteurs Prinzipal

Titelblatt des im Wortlaut vollständig bei Mentzel (S. 417—421) wiedergegebenen Programmheftes; Original im Kriege verbrannt.

Stadtarchiv Frankfurt a. M. Ratssupplikationen 1731 I fol. 555r — 556r

Hochedelgebohrne, Hochedle, Gestrenge, Vest und Hochgelahrte, Wohlfürsichtige und Hochweiße, Insonders Großg. Hochgebiethende Herrn Bürger Meister und Rath!

Ewr. Hochadl. Gestr. und Herrl. auch Hoch und Wohlweiß. kan Ich Ende unterschriebener bey Ihro Königlichen Majestaet in Engelland und Churfürsten von Hannover noch würcklich in Diensten stehender Hoff acteur, unterthänigst vorzutragen nicht umbhin wie daß, in vorigem Jahr, mit meiner Suite, an den Hoch Fürstlich Würtenbergischen Hoff beschrieben worden, von dar mich an den Chur Pfältzischen Hoff begeben und allda noch aufhalte.

Nachdeme aber meine Retour mit besagter Suite wieder nach Hannover seccessive zu machen gesonnen, So würdte mir zu nicht geringer Consolation dienen, woferne von Ew. Hochadl. Gestr. und Herrl. auch Hoch und wohlweiß. die Hohe Gnade erlangen könnte, erstbevorstehende Meße über, einige moralische Comoedien /: welche wahrhafftig nicht das aller geringste Scandalum ja nicht einmahl einen Schein davon involviren, sondern mit recht extra ordinair galanten musicalischen, sowohl Teutschen als Italiaenischen arien, von der Composition des weit und breit renomirten Virtuosen Monsieur Taelemann und Händel vermischet seyn sollen :/: in allhiesiger Weltberühmten Kayserlichen Freyen-Reichß- Wahl- und Handelß-Statt Frankfurth am Mayn praesentiren zu dörffen, in spen da die mit eingemischte erlaubte Lustbarkeit, lediglich in einem wohl moralisirenden Arlequin bestehen. Wie nun an gnädiger Erhörung und Concession, worum hiermit nochmahlen demüthigste Ansuchung thun, auch zu dem Ende und deßen erwünschten Effect einige Original attestata mich und meine Bande betreffend beyfüge, im geringsten nicht debutirn. Alß werde auch nicht ermanglen, die mir etwan anzusetzende sonsten ohnehin gewöhnliche praestande mit vielem plaisir willig zu praestiren, anbey immerdar mit dem ersinnlichsten Respect und Veneration verharren

Euer Hochedelgebohrnen Gestr. und Herrl. auch Hoch- und Wohlweiß.

unterthänigster Diener Leonhard Andreas Denner Principal derer Königl. Groß-Brittan. auch Chur-Fürstl. Brandeb. würckl. Hoff Acteurs.

Unterthänig gehorsambstes Memoriale und Bitten. Mein. Leonhard Andreas Denner Principal derer Königl. Groß Brittan. und Chur Fürstl. Brandeb. Lüneburg. würcklichen Hoff-Acteurs.
Mit angehenden original attestatis sub Nis 1. 2. 3. et 4.
Lect. in Sen: d. 19 Jul: 1731.

umb gnädige Erlaubnus bevorstehende Herbstmeße über, einige moralische Comoedien hieselbst praesentiren zu dörffen.

Stadtarchiv Frankfurt a. M. Bürgermeisterbuch 1731 fol. 495r, 1731 Juli 19.

Alß Leonhard Andreas Denner Comoediant. um gnädige permission ihre Theatralische actiones noch auff eine kurtze Zeit hieselbst praesentiren zu dörffen, supplicando eingekommen :/: Solle man ihme, biß auff nächst vorstehenden Donnerstag über acht Tage willfahren, Jedoch daß nach Proportion der Zeit, auf Löbl. Rechnung-ambt er die prastanda forttrage.

Köln 1732

Denen
Hoch-Edel-Gebohrnen, Gestrengen, [Hoch-Edlen, Vest- und Hoch-gelahrten, Wohlfürsichtigen und Hochweisen, Ehren-Vesten und Wohlweisen]
HERREN
Bürgermeisteren und Rath

Der Kayserlichen Freyen-Reichs-Stadt
Cöllen am Rhein
Meinen
Gnädigen und hochgebietenden
HERREN
Wolte
Folgende Haupt-Action nebst vorhergehendem
Musicalischen PROLOGO
Genannt
Der im Krieg verirrte, und in der Lieb verwürrte
Soldat
Als ein Zeichen seiner
Unterthänigen Pflicht und Schüldigkeit,
gehorsamst aufführen und verbundenst dediciren
Deroselben
Unterthäniger Diener
LEONHARDUS ANDREAS DENNER
Principal der Königl. Groß.-Britt. und Churfürstl.
Braunschweig-Lüneburg. würkliche Hoff-Acteurs

Dieses von Maltzahn (S. 346) im Wortlaut veröffentlichte und hier nach Beispielen frei angeordnete Programmheft-Titelblatt hat auch Bolte später eingesehen und durch Signatur-Angabe (Yp 5022, Nr. 7) als Besitz der damaligen Preuß. Staatsbibliothek ausgewiesen (II, S. 471). Trotz umfangreichen Schriftverkehrs mit der Westdeutschen Bibliothek in Marburg war das Original nicht zu beschaffen. Maltzahn hat es auf 1698—1708, Bolte auf 1710 datieren wollen, was wegen der erst 1714 erfolgten Inthronisation Georg I. nicht zutreffen kann (vgl. die Ausführungen S. 203. Die Zuordnung stützt sich darauf, daß Denner 1732 in Köln nicht mit Ehre vorliebnehmen wollte, um Johanni der „neuangetrettnen Regierung mit einer Dedications Comoedie unterthänig gratulando auf zuwartten, als welche Action aparte Spesen erfordert hat", sondern eine Erkenntlichkeit verlangte. Während Denners erstem Kölner Aufenthalt im voraufgegangenen Herbst 1731 ist von keiner Ratskomödie die Rede; es hat auch kein Magistratswechsel stattgefunden. In einer dritten Spielzeit 1734/35 wurde die Ratskomödie zwar honoriert, aber nicht mehr Denner, sondern dessen Schwager Johan Wilhelm Ludwig Ritter leitete die Truppe. (Jacob, S. 22 ff.) (Anm. d. Hrsg.: Dieser Zettel ist von Günther Hansen bereits kommentiert worden: Dokumente zur Kölnischen Theatergeschichte 1732—1843. In: Jb. d. Kölner Geschichtsver. XLI. Köln 1967, S. 182—196.)

Bern   1732

*Staatsarchiv des Kantons Bern. Raths-Manual No. 137,
p. 55 (Ratssitzung v. 2. 10 .1732).*

Ihr gn. habendt dem Comoedianten Leonhardt Denner bewilliget, sich allhier aufzuhalten und seine Comoedien zu spihlen; Wie Er aber sowohl umb die Länge der Zeit, wehrendt welcher Er sich allhier aufzuhalten haben sollte, denne was denen armen zu verodnen. Item was für ein preiß zu regliren und sonsten zuthun sein möchte. Allst habendt Ihr gn. sy Me HH. verordnen und ansinnen wollen. Ihme Denner vor sich kommen zulassen, alles auf approbation hin mit Ihme zu regliren und MegS zu guth finde oder Verordnung wider vorzutragen.

*Staatsarchiv des Kantons Bern. Raths-Manual No. 137,
p. 65—67 (Ratssitzung v. 6. 10. 1732).*

Montags d: 6t octobr. 1732. Dem allhier sich befindtlichen Leonhardt Denner Principal von der Königl. Groß Britannisch-Undt Churfürstl: Braunschweig. Lüneburg. Comoedianten habendt Ihr Gndt. Unter nachfolgendte restriction Undt Bedingnußen bewilliget dem allhiesigen Publico seine Moralische Comoedien Undt opera vorzustellen.

Erstlichen wirdt ihme die Zeit und Termin gesetzt auf vier wuchen. Demnach also, daß mit agiren der anfang allererst d: 10. Novembr. nächsthin gemacht undt den 6.t Decembr. vors letste mahl gespihlet werden solle.

Von jeder Persohn hat er zu beziehen von den besten Plätzen da mann sitzen kan fünf Batzen an den mindern Plätzen drey Batzen undt von Kindern obgleich eine Magd darbey wäre sechs Crützer.

Zu gutem der armen im Spithal allhier soll der Belauf zweyer MeHH. der hierzu committiret beliebiger tagen erhoben undt davon zehen Cronen dem Principalen zurückgegeben werden.

Die Comoedi soll anfangen umb vier Uhr des abendts undt nit länger währen biß siben.

An obvermeldten regulierten preiß soll er sich vergnügen undt noch er noch jemandt von der Bande mit Teller umb gehen oder sonsten ein mehrers fordern.

Endtlichen soll der Principalen sambt seinen leuten wärendt ihrem hiesigen aufenthallt sich eines stillen undt Ehrbaren wandells befleißen, ohne jemandt einzuziehen oder sonst in Häusern Comoedie zu spihlen.

Basel   1732

*Staatsarchiv des Kantons Basel-Stadt. Protokolle des
Kleinen Rates v. 15. 9. 1732.*

Leonhard Denner von Beyreuth ein vorsteher einer trouppe von 17 comoedianten laßt durch Paulus Heydolf aus Sachsen seinen bedienten anhalten, daß ihnen währender meß hier seine comoedien zu praesentiren, gn. vergönnet werden möchte:

://: Hat währender Meß gn. willfahr, und solle von einer erwachsenen person drey batzen, von junge aber 15 rappen zu fordern befügt seyn:

*Staatsarchiv des Kantons Basel-Stadt. Protokolle des
Kleinen Rates v. 5. 11. 1732.*

Die comoedianten, welche in dem Ballenhaus spielen, lassen Meine gn. Herrn einladen, um ihrem spiel zuzusehen, mit dem ansuchen, ihnen darzu den tag zu bestimmen:

://: Ist darzu der nächste Montag bestimmt, da alßdann von Meinen gn. Herrn beyd Rähte sich jenige Herrn, welche lust haben, einfinden können; Ein Lobl. Dreyeramt aber wird die erforderliche discretion abzulegen haben:

Bern 1733

Staatsarchiv des Kantons Bern. Raths-Manual No. 138, p. 169 (Ratssitzung v. 27. 1. 1733).

H. Leonhard Tenner dem Principal der Königl. Groß Britannischen Hoofacteurs Ihr gn. bewilliget, daß nach geendigtem Termin des bey Schmieden sich aufhaltenden Balancierers und Marionette Spihlers Er biß den 14.t Martij Nechster künftig allhier seine comischen und Theatralischen Vorstellungen aufführen und spihlen möge.

Zedell an MeH. H. Rahtsherrn Müller und H. Heimblicher von Muralt. Sie ansinnen Ihme Tenner zu regulieren, was Er von Einer persohn fordern möge, mithin zu bedeuten, daß Er sich und die seinigen aller anständigkeit befleiße, zu rechter Zeit anfange und Ende, mithin mit trompettes oder Trummel nicht wie vorhin geschehen die Kirchgaß hinab oder hinauf fahren solle.

Staatsarchiv des Kantons Bern. Raths-Manual No. 138, p. 172 (Ratssitzung v. 27. 1. 1733).

Solchemnach hat MeHgH. Cons: Steiger Ihr gn. den Bericht ertheilt, wie er nach inhalt dero Zedels MeHH. Herr Decanum Dachs und H. Predigkanten Morell ratione. Ihres vor etwas Zeits von Canzle gethanen anzugs über die hier gewesene Comoedianten vernommen, und wie selbe sich darüber Entschuldiget, habend Ihr gn. sich daran satisfaciret befunden.

Basel 1733

Staatsarchiv des Kantons Basel-Stadt. Protokolle des Kleinen Rates v. 18. 4. 1733.

H. Leonhard Denner ein comoediant, welcher den 25 Septembris, letsthin seine Schau-spiel hier zu treiben die erlaubnus erhalten, laßt durch Paulus Heydolf wiederum anhalten, daß er seine comoedien hier bey seiner zuruckreiß nochmals praesentiren dörfe:

://: Hat gn. willfahr bis auf die woche vor der Auffahrt, und kan wie letstmahlen die gebühr beziehen:

Staatsarchiv des Kantons Basel-Stadt. Protokolle des Kleinen Rates v. 17. 6. 1733.

Ward angezeigt, daß die im Ballenhaus spielende comoedianten ein reimgedicht zu ehren Meiner gn. Herrn trucken lassen und nebst dessen überlüferung Meine gn. Herrn in ihr spiel eingeladen haben:

://: Werden meine gn. Herrn, welche lust haben, auf morgen sich in das Ballenhaus verfügen und Meine gn. Herrn häubtere Ihr gn. Str. f. Whten was den comoedianten für eine honorant. zu geben bestimmen:

Straßburg 1733

Stadtarchiv Straßburg. Ratsprotokoll 1733, S. 215—216.
Sambstag den 13. Junij

No[mine] Johann Paul Heidolffs von Hildeßheim, und seiner annoch in Baßel befindlichen Consorten der Teutschen comoedianten, producirt unterthäniges Memoriale und Bitten mit Beylagen Sub Lit. A. et B. umb gnädige erlaubnuß in vorstehender Johannis Meß auff der Tucher Stub Comoedien spielen zu dörffen, handelt innhalts. Ist Erkandt, wird denen Imploranten die gebettene Erlaubnuß mit diesen beding und anhand obrigkeitlichen ertheilt, daß der preiß der plätz durch H. fünfzehner von Stöcken und H. Ratsherrn Rauch nach billichkeit regulirt werden solle.

Deputati ijdem umb den Bescheid anzuzeigen.

Stadtarchiv Straßburg. Ratsprotokoll 1733, S. 275—277.
Montag den 20. Julij

No[mine] Leonhard Andres Denners und seiner Trouppe Teutscher Comoedianten, producirt unterthäniges Memoriale und Bitten, puncto gnädiger Prorogation der ihnen ertheilten erlaubnuß Comoedien allhier zu spielen, handelt innhalts.

Ego berichtete hierauff, es hätten Meine Herren bereits d. [offen geblieben] einer anderen Trouppe Teutscher Comoedianten die erlaubnuß ertheilt künfftigen Herbst drey monath lang ihre Comoedien allhier zu spielen.

Der Praetor Regius sagte, daß zwar die ienige Teutsche Comoedianten, welche vor denen ietzigen hier gespielet, die durch den XIII. Secretarium erst gemelte permission erhalten haben, weilen Selbe aber dem Publico bey weitem keine solche Satisfaction gegeben, alß wie die heutige, auch sonsten sich allerhand groben und der Ehrbarkeit zuwieder lauffenden redensarten gebraucht, vermeine Er, daß denen dißmahligen Imploranten bey so gestalten sachen den Vorzug zu gönnen, und ihnen die gebettene erlaubnuß, von nächstkünfftigen Michaelis bis Weyhnachten ihre Comoedien allhier praesentiren zu dörffen, zu willfahren seye.

Erkandt, wird Herrn Praetoris Regij anspruch gefolgt.

Stadtarchiv Straßburg. Ratsprotokoll 1733, S. 280—281.
Montag den 27. Julij

Nomine Leonhard Andreae Denners, des Teutschen Comoedianten allhier, producirt eine unterthänige Dedication, beziehet sich auff dieselbe in schuldigstem respect, und bitt demüthigst einen Tag gnädig zu ernennen, an welchem der Implorant mit seiner habenden Trouppe eine Comoedie vor Euer gnaden praesentiren dörffen. Erkandt, wird das Oblatum angenommen, mithin zur praesentation der offerirten Comoedie nächst künfftigen Mittwoch bestimmt, und dem Imploranten ein Gratiale von hundert gulden dafür willfahrt.

Wismar 1735

Mecklenburgische Zeitung (Schwerin) v. 18. 1. 1892, Mittagsausgabe.

„...Es handelt sich in dem vorliegenden Fall um eine Truppe, die im Jahre 1735 in Wismar gastierte. Der gedruckte Zettel, sowie ein anliegendes Manuskript sind in mehrfacher Hinsicht interessant. Zunächst erfährt man den Titel des Stücks und den Namen der Schauspielgesellschaft. Es heißt da: „Von denen königlichen Großbrittanischen, Chur-Fürstlichen Braunschweig-Lüneburgischen specialiter privilegirten Hoff-Acteurs (wird) Gehorsamst invitiret zu einer echt sehenswürdigen und Remarquablen Haupt- und Staats Action Genannt: *Das vierfache Liebesgefängniß* oder: *Die zerstreuten und wieder erfreuten Fürsten-Kinder,* Wie auch der mit der Crone verwechselte Schäffer-Stab Nebst Arleqvins lustiger Zigeuner-Gesellschaft." In der That, diese Ankündigung ist vielversprechend, aber zum Beschluß der Haupt- und Staatsaktion folgte noch eine *Extralustige Nachkomödie!* Wer der Leiter der Gesellschaft [Elisabeth Spiegelberg!] und wie stark diese gewesen ist, konnten wir nach dem gegebenen Material nicht feststellen, wohl aber den Schauplatz. Die Bühne befand sich im sog. Hause hinter dem Rathause in Wismar. Die Vorstellung sollte um 5 Uhr nachmittags beginnen. Die Person zahlte für den ersten Platz 12 Schillinge, auf dem zweiten 8 und auf dem dritten Platz 4 Schillinge. Indeß erlitt die Aufführung der Komödie zunächst eine Unterbrechung, da der Magistrat der Stadt Wismar an dem Titel des Schauspiels Anstoß nahm, „weil deselbe so wunderlich stylisiert gewesen und darinnen die Fürsten Kinder mit der Zigeunergesellschaft in Compagnie gesetzet worden." Zu bemerken ist, daß diese Schauspielertruppe am 25. Februar des Jahres 1735, gleich nach der Ankunft des Herzogs Karl Leopold in Wismar hat spielen wollen. Unter einer anderen Bezeichnung ist abr diese „närrische Comödie" einige Tage später dennoch zur Aufführung gelangt..."

um 1738

Allgemeine Theater-Chronik. Organ für das Gesammtinteresse der deutschen Bühnen und ihrer Mitglieder. III. Leipzig 1834, No. 196.

Johann Georg Stolle, ebenfalls Denners Schwager — was Ekhof Löwen nicht wissen lassen wollte — und 1730 Vice-Prinzipal der Truppe (vgl. Ulmer Akte 1730 S. 207) hat sich nach Denners Rücktritt um 1734/35 mit einem „Hoch-Fürstlich Hessen Cassel." Privileg selbständig gemacht. Es ist zu vermuten, daß er Denners Hinterlassenschaft übernehmen konnte. Hinsichtlich der Textbibliothek scheint es sich in der Tat so verhalten zu haben, was anhand seines Repertoires während eines Hamburger Gastspiels 1740, mit einer holländischen Truppe alternierend, leidlich überprüfbar ist (Heitmüller II, S. 99 ff.; Junkers, S. 110 ff.). Nicht ohne jeden Vorbehalt ist Stolles Repertoire mit dem lückenhaft bekannten Denner-Spiegelbergischen noch identisch. Zur Vervollständigung von Stolles, das hieße folglich auch Denners Spielplan ist auf zwei sehr früh schon an entlegener Stelle veröffentlichte Theaterzettel aufmerksam zu machen. Nach dem darauf genannten Spielgebäude könnten Hildesheim oder Göttingen in Frage kommen, einzugliedern in die spärlichen Nachrichten über ihn: August 1736 u. Juni 1737 in Köln (Jacob, S. 27 f, 177—185); ca. April 1737 in Münster (Jacob, S. 28); 1738 in Hannover (Heyn, S. 31); Nov. 1738 in Osnabrück (Kühling, S. 17); 1739 in Hannover (Heyn, S. 31); Okt. 1739 in Lüneburg (v. Magnus, S. 282).

Mit hoher Obrigkeitlicher Bewilligung werden heute die allhier anwesende Hoch-Fürstliche Hessen-Casselsche privilegirte Hof-Acteurs, denen hochgeneigten Liebhabern theatralischer Comoedien, mit einer sehenswürdigen und vielen Moralien angefüllten Haupt-Action, aufwarten, genannt:

Der Fall des Lucifers
Oder
Die Erschaffung und der Fall
Unserer ersten Eltern
Adams und Eva

Actus I.

Hier stellet unser Theatrum vor den Fall Lucifers, und wie solcher von einem Engel in einer Aria in den Abgrund verstoßen wird. Dann wird zu sehen sein ein schönes Paradies, in dessen Mitte stehet der Baum der Erkenntniß Gutes und Böses, nebst allerhand vierfüßigen Thieren, wie auch die Erschaffung Adams, welcher unterschiedliche Arien singt. Ferner, wie Adam in einer Aria entschläft, da dann die Erschaffung Evä folgt, welcher in einer Aria ihren Schöpfer lobet, und sie letztlich beide in einem Duette ihre Glückseligkeit rühmen.

Actus II.

Verwandelt sich unser Theatrum in eine Hölle, und Lucifer mit seinen Reichs-Genossen berathschlägt sich wie es anzufangen, den Menschen zu fällen. Da dann Sodi in Gestalt einer Schlangen die Evam verführt, diese aber den Mann, da dann beide in unterschiedlichen Arien ihren Fall beklagen: Lucifer aber mit seinen Gesellen ein Triumph-Arie absinget.

Actus III.

Wird sich ein kostbarer Himmel praesentiren, und zeigt sich in Prospect die Gerechtigkeit und Barmherzigkeit, da eine den Menschen verklaget, die andere hingegen erbittet. Da dann Adam und Eva vor Gericht citiret werden, und in unterschiedlichen Arien ihr Elend beklagen. Letztlich empfangen sie von dem Schöpfer ihr Urtheil, und werden von einem Engel in einer Aria aus dem Garten Eden verjagt, und ist diese Action mehr Opera als eine Comoedie zu nennen. Es hat auch diese vortreffliche Action aller Orten zwei bis dreimal repetiret werden müssen.

Zu mehrerer Vergnügung soll eine lustige Nach-Comoedie den Beschluß machen,
Genannt:

Les Fourberies di Scapin
Oder
Des lustigen Knechts
Scapin
listige Betrügerey.

Der Schau-Platz ist allhier aufm Brauer-Hause, der Anfang ist praecise um 5 Uhr, die Person zahlt auf dem ersten Platz 9 Mgr., auf dem zweiten 6 Mgr., und auf dem dritten 3 Mgr.

Literatur: G. Miksch, Der Adam-und-Eva-Stoff in der deutschen Literatur. MS Diss. Wien 1954. — Den Bearbeitungen der Wanderbühne lag die von Johann Thiele nach dem Libretto Christian Richters komponierte Oper ‚Der erschaffene, gefallene und auffgerichtete Mensch' zugrunde, mit der 1678 die Hamburger Oper eröffnet worden war. (Darüber berichtet mit Textauszügen Schütze I, S. 135 ff.; Wolff Bd. 1, S. 22 ff.). Um

1710 wurde im Weimarer Verzeichnis ‚Der fall und verstossung adams und Evä aus dem paradeiß' verzeichnet (Nr. 36). Vgl. in diesem Anhang: ‚1711'. Ein ‚Adam und Eva' — Manuskript, angeblich aus Spiegelbergs Besitz in Ekhofs Nachlaß gefunden und möglicherweise mit Stolles Exemplar identisch, hat Bolte beschrieben (II, S. 457). Aus diesem Text stammt wohl der bescheidene Auszug im Kal. S. 70 f. Auch Schmid verknüpfte Spiegelberg mit einer ‚Adam und Eva'-Aufführung (Chronologie, S. 32). Ludwig Holberg kreidete v. Quoten (Spiegelberg?) die Aufführung dieser ‚Adam und Eva'-Komödie an (IV,5). Um 1725 hatte Förster seine ‚Adam und Eva' — Ankündigung mit einem Holzschnitt geschmückt, „auf welchem neben den ersten Eltern und den übrigen Paradiesesgeschöpfen ein Wassergott sich repräsentierte, welcher aus der Urne das Terrain des Paradieses mit Wasser überspülte", (Schütze I, S. 56; vgl. darüber hier im Anhang: ‚1720'). 1753 hat Ekhof ‚Adam und Eva' in Schönemanns Truppe „cassiret" (Kindermann II, S. 22). Schütze erinnerte sich, eine Marionetten-Aufführung, „wo Adam und Eva und die Schlange, welche in lieblichen und lustigen Krümmungen den Obstbaum umschlang und die Neugier der ersten Mutter anzüngelte, mit einer Person in Hannswursttracht" gesehen zu haben. „Hannswurst neckte und foppte die ersten Eltern, nach dem Fall, zu großem Behagen der Menge; zwei Bären tanzten (besage des Zettels) ein Ballet, bis am Ende der Engel mit goldpapiernem Schwerdte den Knoten des Stückes zerhieb" (I, S. 59 f.). (Siehe auch Schütze I, S. 99, 104) 1768 hat der berüchtigte Gottfried Seuerling in Viipuri (Finnland) (Loewenberg Bd. 1, Sp. 63) und noch später in schwedischen Kleinstädten dieses Stück als „Operacomique" unter dem Titel ‚Verldenes skapelse' angekündigt, worüber Nils Personne ergötzlich zu berichten weiß (Bd. 1, S. 191 f.). — Theaterzettel von Velten 1688 in Hamburg (Schütze I, S. 34); von ‚Hochteutschen Comoedianten' um 1697 in Stockholm (Personne Bd. 1, S. 54); von der Witwe des Magisters Velten 1698 in Frankfurt a. M. (Mohr, S. 8/9); von einer Aufführung in Stralsund 1731 (Struck, S. 20 f.); 1736 in Hamburg, von Ferdinand Beck aufgeführt (Schwietering, S. 167).

um 1738

Allgemeine Theater-Chronik. Organ für das Gesammtinteresse der deutschen Bühnen und ihrer Mitglieder. IV. Leipzig 1835, Nr. 6. (Unterhaltungsblatt).

Mit hoher Obrigkeitlicher Bewilligung
Werden heute
Die allhier anwesende *Hoch-Fürstlich-Hessen*-Casselsche
privilegirte
HOFF-ACTEURS
Eine extra galante, und wohl elaborirte Action vorstellen
Genannt:
Das CARNEVAL
Von Venedig,
Oder:
Der Betrüger wird betrogen
Und der
Weibliche *JURIST*
Mit
ARLEQUIN
Einen lächerlichen Masqueraden-Bruder

Kurzer Inhalt

Der König von Cypern, nachdeme er von seinen Printzen und Räthen vernommen, welcher gestalt die Juden seinen Unterthanen durch ihren unzuläßigen Wucher einen unersetzlichen Schaden zufügten, fasset den Endschluß sie sämmtlich aus dem Lande zu jagen, deswegen Arlequin den Hoff-Juden herholen muß, welcher nachdem er erscheinet, die Verbannung erfähret, der Printz aber Erlaubniß erhält, nebst den Arlequin nach Venedig zu reisen, ingleichen der Hoff-Jude unter verstellter Kleidung die Gnade erhält. Nachdem nun der Printz unerkannt in Venedig anlanget, so erblickt er eine nobile Venetianische Tochter, und wird in selbige verliebt, ingleichen Arlequin in ihr Kammer Mädgen, und bestellen sich, auf das Carneval zu kommen, da dann das Carneval gehalten wird, letzlich verkleidet sich der Printz in einen Französischen Doctor, und weil er von den gewesenen Hoff-Juden auf eine Obigation 2000 Ducaten entlehnet, mit Condition, wann der Printz solche in einer Monath Frist nicht wieder bezahlet, so solle er Macht haben, ein justes Pfund Fleisch aus seinen Leib zu schneiden, und da er nicht bezahlen kann, so erhält der Jude die Freyheit, das Pfund Fleisch zu schneiden, welches aber Angelica in Gestalt eines Studenten durch ihren Ausspruch verhindert, da dann der Printz und Arlequin mit ihren Geliebten vereinigt werden, und ist diese Action wegen ihrer Lustbarkeit unvergleichlich.

In dieser Action werden verschiedene Masquen, Täntze und Ballette praesentiret, welche jederman conteniren sollen, den Beschluß aber macht eine lustige Nach-Comoedie.

Der Schau-Platz ist allhie aufm Brauer-Hause, der Anfang ist praecise um 5 Uhr, die Person zahlt auf dem ersten Platz 9 Mgr., auf dem zweiten 6 Mgr., und auf den dritten 3 Mgr.

Norrköping 1739

Stadtarchiv Norrköping. Kämmers-Rätten v. 19. 6. 1739.

§ 5

Comoediantskan hustru Elisabeth Spiegelberg har latit instämna thes mag Comoedianten Johan Georg Faust, för thet han sawäl hennes som thes dotters Georgina Spiegelbergs gang-Kläder och andra them tilhörige saker inläst och quarhaller, utan at hos them äga nagon synnerlig fordran.

Parterne närwarande, andragandes Faust, at emedan han skall wara hinad i V: Consistorio Lincopensi begiära ägtenskaps skilnad ifran sin hustru Comoediantskan Spiegelbergs dotter, och the i sitt härwarande Logement blifwit nagot skyldige: thes utan skall han Faust, til sin Swärmoders och hustrus hitresa ifran Jönkiöping, föreskutit och them öfwersändt 2ne specie ducater, them han undfatt af Principalen Darmstedter, utan nagon annan fordran, som honom äfwen först böra godtgöras, ty kan han the i förwar tagne Saker ni ifran sig lemna, förr än harom blifwit behörigen liquiderat. Swärmodren och hustru anförde häremot, at som Darmstedter them ifran Jönkiöping hyt förskrifwit, sa bör och elfter brukelig sedwanga bemelte Darmstedter besta them fri resa; men at Faust under Liquidationen med Darmstedter, them owetterligen eftergifwit och theße 2ne specie ducater sig pa sitt gage afdraga latit, tharuti äga the ingen skuld, utan ma han söka Darmstedter harföre och icke them; men för thet öfrige kan hustru Spiegelberg ei egenteligen säga om Faust har nagot at fordra aller icke, emedan them emellan ei liquiderat är. Kämmers-Rätten tog thetta mahl i öfwerwägande, och fann skiäligt, thet bör Swärmodren hustru Spiegelberg af then uti theras härwarande qwarter giörde gälden, betala 1/3 del och Faust för sig och thes hustru öfrige twa terdie delar, hwaremot aligger Faust, bade hennes och hustrus gangkläder med andra i förwahr tagne Saker at genast til them utlefwerera; men hwad then öfrige skulden beträffar, sa mage the thärom sinse-emellan behörige liquidera.

Den 19 Junii närwarande Kämmers-Rättens wanlige Cedanmöter.

1750

Allgemeine Theater-Chronik. Organ für das Gesammtinteresse der deutschen Bühnen und ihrer Mitglieder. IV. Leipzig 1835, Nr. 125.

Dieses schon 1835 als „Antiquität" publizierte Bewerbungs-schreiben aus nicht genanntem Besitz tauchte 1910 im Berliner Antiquariatshandel auf. Es wurde in K. E. Henricis Autographen-Katalog auszugweise veröffentlicht und, ohne den Adressaten zu nennen, dem Jahre 1747 zugeschrieben (Theaterkalender auf das Jahr 1911. Hrsg. v. H. Landsberg u. A. Rundt. Berlin, S. 72). Offenbar war der Bogen inzwischen beschnitten worden. Da *1747* ebensowenig wie *1730* zutreffen kann, ist bei diesem frühen Abdruck offensichtlich ein Lesefehler von *1750* unterlaufen. Das bestätigt der Inhalt des Reimbriefes insofern, als der am 24. 4. 1727 in Königsberg/Neumark geborene Carl Theophilus *Döbbelin* immerhin schon sechs Jahre alt gewesen wäre, wenn Eckenberg und Förster 17 Jahre zuvor (1733) seinen Heimatort besucht hätten — im anderen Falle erst drei!

Herrn Director Förster.

Im Juni 1730. [1750]

Hochwohlgebohrner Herr!

Es wagt mein freier Kiel
Izt, ich gesteh es selbst, verzeih mirs! gar zu viel;
Ich habe weiter nicht das Glück dich Herr! zu kennen
Als nur dem Namen nach, weil ich dich öfters nennen
Und von Dein Lob gehört; worauf ich nachgefragt:
Wer, wo und was Du seist? Darauf man mir gesagt:
Du seist ein Prinzipal berühmter Comödianten,
Und dies bekräftigen noch ein'ge die Dich kannten
Und Dein Schauspiel gesehen. Herr! wo ich richtig merk
So kenne ich Dich auch, und zwar aus Königsberg,
Das in der Neumark liegt, wo Du vor 17 Jahren
Da Du von Eckenbergs Gesellschaft abgefahren
Gewesen und gespielt, ja in ein Hauß logiert
Das meinem Vater hört. Ob mich ein Traum verführt
Wie? oder obs andern, wirst Du, Herr! besser wissen:
Ich war damahls noch klein, drum kann ichs nicht recht schlüßen.
Genug! Genädger Herr! Gieb Acht, was mich antreibt,
Warum mein schwacher Kiel so dreuste an Dich schreibt.

Ich bin vor einem Jahr in Leipzig angekommen,
Da ich vorher 2 Jahr in Frankfurt angenommen
Der Rechte Wissenschaft, die da vor andern blüht;
Hierauf ging ich nach Hall woselbst ich mich bemüht
Den großen Kanzler Wolff, den viele Völker ehren
In der Philosophie ein ganzes Jahr zu hören.
Die Zeit verstrich. Man schrieb: kommt nun geliebter Sohn
Nach Hause. Was geschah? Mich reizte Gottscheds Ton,
Drum zog ich wie gesagt nach Leipzigs edlen Fluren
Um diese Stadt zu sehen und auch Minervens Spuren
Hier zu bewundern, und der hiesigen Lehrer Witz
Zu prüfen, hier geschahs auf diesem Musensitz.

Verzeichnis
Einiger Stücke, woraus ich auf dieser Seite stehende Rolle, bei der Neuberischen Gesellschaft gemacht habe.

Stücke:
Cinna
oder
Die Gütigkeit des Augustus.
Par Mr. P. Corneile

Personen:
Cinna

Dieses ist meine erste Probe-Partie gewesen, welche ich in 3 Tagen studiret und darauf ohne Souffleur agirt, womit ich ohne Ruhm zu melden, Ehre eingelegt.

Der sterbende Cato
Personen:
Cato

Diese Rolle habe ich darauf in 4 Tagen gelernt und auch mit Ruhm gemacht.

Le Cid
Personen:
Graf Gormas.

Timon le Misantrope
oder
Der in einem Menschen verwandelte Esel
Par Mr L'Isle.
Personen:
Timon

Diese 5 Bogen starke Partie in Prosa, ist von mir in 5 Tagen studiret worden.

Sancio und Senilde
oder
Die Stärke der mütterlichen Liebe.
Personen:
Sancio.

Alzire
Par Mr. de Voltaire.
Personen:
Don Alvares.

Titus Manlius
Der Edelmann auf dem Lande.
Personen:
Popilius.

Bajazet und Tamerlan.
Personen:
Tamerlan.

Stücke:	Personen:
Der Sidnei.	Hamilton.
Regulus.	Metellus.
Democrit.	Democrit.
Britanicus.	Britanicus.

Aus diesen Persohnen, die ich gemacht, werden Ew. Hochwohlgebr. meine Stärke einigermaßen kennen lernen.

Carl Theophilus Döbbelin
Jur. Stud. Cand. h. t. Comicus.

Mit dem Empfänger, Johann Gottlieb *Förster*, kann es durchaus seine Richtigkeit haben. Förster hatte Anfang 1733 in Lüneburg, dann bis Mitte Juli in Schwerin gespielt (v. Magnus, S. 269 ff.; Bärensprung, S. 40 f.). Möglicherweise hat er vorübergehend die Prinzipalschaft aufgegeben, um sich Eckenberg anzuschließen. Erst wieder 1736, aber auch zuletzt ist er in Erfurt nachzuweisen (Hommel, S. 14), was keineswegs besagt, daß er, nur weil die Quellen versagen, alsdann von der Bühne Abschied genommen hätte. Er scheint vielmehr seine Theaterlaufbahn bis *1752* fortgesetzt zu haben und erst dann „nach Beendigung seiner Principalschaft ... Kanzellist und Bauschreiber bey dem Herzog von Hildburghausen" geworden zu sein (Chronologie, S. 38). Diese Vermutung ist nach dem als Döbbelins Selbstbiographie zu betrachtenden, von Chr. Aug. Bertram 1780 anonym verfaßten und in allen Daten mit der Vita von 1750 übereinstimmenden Lebenslauf nicht zu gewagt:

Döbbelin ging nach der Berliner Schulzeit im Grauen Kloster „nach Frankfurt an der Oder, um die Rechte zu studiren, dann nach Halle, und endlich wegen eines entstandenen großen Tumults nach Leipzig. Er betrat nachher (1750) zu Zerbst bei der Neuberin zuerst das Theater mit dem Cinna und sterbenden Cato des Gottscheds, beide Rollen studirte er in acht Tagen... Er hatte das Schicksal den völligen Umsturz der Neuberin in Zerbst zu erleben, sah sich genöthigt ein paar kleine Theater zu besuchen, worauf er Anno 1752 von Hildburghausen nach Franckfurth am Mayn zum alten Schuch verschrieben wurde" (Bertram, S. 66).

Wenn Döbbelin aufgrund seiner Bewerbung 1750 von Förster engagiert und 1752 von ihm in Hildburghausen verabschiedet worden wäre, weil der fast Sechzigjährige (* 22. 4. 1693) einen geruhsamen Lebensabend am Hildburghauser Hofe dem rastlosen Komödiantendasein vorzog, so wäre die Rechnung in allen Punkten aufgegangen.

Da nun im Auktionskatalog von 1910 kein Repertoireverzeichnis erwähnt ist, wird dieses wohl auf einem gesonderten Blatt verzeichnet gewesen und verloren gegangen sein. Mag auch die Kurzbiographie Döbbelins nun authentisch geworden sein, so ist der andere Bogen doch weitaus aufschlußreicher, weil er über die letzten Tage der Neuberschen Direktion unterrichtet. Das außer Gressets ‚Sidney' keine Novität aufweisende Repertoire füllt zwar eine Lücke; aber jegliche Genugtuung wird von diesem für die Agonie der Neuberschen Truppe erschütternden Dokument erstickt. Zu guter Letzt mußten einem Dilettanten, der seinen Fuß noch niemals auf eine Bühne gesetzt hatte, die Force-Rollen anvertraut werden, in denen Koch, Heydrich und Kohlhardt geglänzt hatten. *Cinna,* „in 3 Tagen studiert und darauf ohne Souffleur agirt", als Anfänger-Debut!

1751

Zentralbibliothek Zürich. Ms. Bodmer 4a, Nr. 4.: Friederike Caroline Neuber an Johann Jakob Bodmer 1751.

Magnifice!
HochEdelgebohrner, Hochgelahrter

Inbesonders Höchstzuverehrender Herr

Ew: Magnif. werden hoffentlich höchstgeneigt verzeihen, daß ich mich als eine unbekante, und so gar als eine Comoediantin erkühne Dieselben durch diese Zuschrift zu belästigen. In der Hoffnung faße das Hertz mich bey Denenselben eines Raths zu erhohlen, und einen Vorschlag zu thun, das wohlgesittete Theaterwesen betreffend. Zum voraus muß ich melden, daß ich in meinem Vaterlande alles mögliche gethan habe, die Comoedien von allen Arleqvins und Hanß Wursten rein zu machen, und die Comoedianten als vernünfftige und wohlgesittete Leuthe wohl zu ziehen und zu beßern; Ich habe aber viele Verfolgungen, Schaden und Verleumdung zum Lohne erhalten, dazu auch Sr. Magnific. der H. Prof. Gottsched ein merkliches bey getragen. Nun da mir Gott noch ziemliche Gesundheit, Kräfte und Erfahrung in dieser Kunst übrig gelaßen, ist mir beygefallen, ob es nicht möglich wäre, durch Ew. Magnif. gut befinden, in den Gegenden Ihrer Republic eine ordentliche Schaubühne und Theatr. aufzurichten, nach Arth, wie es in Holland eingeführet ist: daß der Magistrat jedes Orths die Einnahme des Geldes selbst erhielte, und die Comoedianten, jeden nach Verdienst jährlich besoldet, der Uberschuß könnte hernach entweder zur Allmosen Casse, oder zu andern Dingen, nach ihren Umständen angewendet werden. Und da ich und mein Mann viele Personen zu dirigiren in Übung haben, uns dieses überliese, dabey wir denn zugleich auch beyde zum Agiren gebrauchet werden könten. Mein Mann verstehet das zum Theatr. gehörige Bauwesen auf das vortheilhafteste, und ich habe nach weiblichen Vermögen, alle Kräfte angewendet, was zum Kleidern, und andern Gründen zu der Kunst gehöret, in ziemliche Übung zu bringen. Ich habe auch, die Sache zum Anfange zu erleichtern, alle Kleider, die besten Comoedien, und etliche gute Theatr. Auszierung noch gegenwärtig in meinem Vermögen, welche ich gerne dazu überlaßen wolte. Die besten Personen sind mir auch bekannt, die sich dazu schicken, daß also die ganzen Kosten sich zum Anfange nicht höher als etwan 600 rthr. erstrecken würden, ohne den Transport der Leuthe und Comoedien Sachen. Ist nun dieser mein Vorschlag so beschaffen, daß er von Ew. Magnific. gütigst Beyfall erhalten kan, so bitte auf das gehorsamste, mir Dero Gutbefinden, Meynung und Rath aus, wie und wo, und an wem ich mich desfals zu wenden habe, oder welches im am liebsten wäre, ob Ew. Magnific. als ein verehrungswürdigster großer Mann von Einsicht,

Selbst ein solches Werk gründen, und einrichten wolten. Ich habe so viel weises, nützliches und rühmliches in der Schauspielkunst gefunden, daß ich kein Bedenken trage das Gute davon weiter auszubreiten, so wie ich gegen allen Mißbrauch und schlechte Handlungen Zeitlebens eyfrigst gestritten habe, daher ich auch so viele Gegenverhinderungen gefunden, es hat mich aber gleichwohl nichts abgeschrecket alles vor das Gute zu thun, was mir möglich ist. Ob ich, als eine Frau gefehlet habe, einer solchen schweren Kunst so durchdringend nachzugehen, kan ich noch nicht einsehen. Mein Grund ist gewesen: Da doch einmahl Comoedien seyn werden, daß sie gut, so wohl nach Christl. als sittl. Regeln seyn sollen, sonst sind sie gar nichts nütze. Schlüßlich bitte Ew. Magnific. so wohl der Sache als weitläuftigen Schreibart halben, auf das allergehorsamste um gütigste Vergebung, und verharre mit der wahrhaftesten Verehrung unausgesetzt

Ew. Magnific. und HochEdelgeb. Herrl.

Zerbst,
d. 10. April 1751.
Bey dem H. Barbier   gehorsamst ergebenste
Götzen am Markte.   Friederica Carolina Neuberin.

Nürnberg *1754*

Mit gnädiger Bewilligung
einer
Hochgebiethenden Obrigkeit,
wird heute
Auf gnädigen Befehl
In dem allhiesigen Opern-Hause
von denen
Hochfürstlich-Anspachisch-privilegirten Hof-Comöbianten
vorgestellet werden:
Ein
Schau-Spiel,
Aus dem Französischen des Herrn Moliere Schrifften übersetzet,
genannt:
L' EMPEREUR DANS LA LUNA,
Das ist:
Der Kayser aus dem Mond

Auftrettende Personen:

Doctor Bolovart, ein Medicus.   Valerio, Isabellen Liebhaber.
Frau Bolovartin, dessen Frau.   Hanns Wurst, dessen Diener.
Isabella, ihre Tochter.   Ein Bothe.
Columbina, die Magd.   Scabin, Doctor Bolovarts Diener.
Etliche Innwohner oder Sclaven aus dem Monden-Lande.

Der Schau-Platz ist vor dem Haus des Doctors, die Historie fanget an am Morgen bey gestirnten Himmel, und dauert bis Nachmittag.

An den Leser:

Was von dem Mond und dessen grossen Cörper zu urtheilen, überlassen wir denen Gelehrten und stellen es dahin, ob er bewohnt oder unbewohnt, genug, daß der Verfasser es zum Grunde seines wolgerathenen Schau-Spiels genommen: Bolovart suchte in dem Mond eine Beschäfftigung, und hörete von nichts lieber als dessen Bewohnung reden, Valerio fante hiedurch Gelegenheit, ihn auf eine sinnreiche Art zu hintergehen, wie das Schau-Spiel zeigen wird, indeme ein mehreres hievor hieher zu sehen die Enge des Raums nicht gestattet, melden nur so viel, daß unser Hanns Wurst die Rolle des Kaysers aus dem Mond spielen wird; erwarten anbey einen gnädig geneigten Zuspruch.

NB. Der Wolken-Wagen, worauf Hanns Wurst als Kayser fähret, ist schön und prächtig illuminiret, und die Mahlereyen alle neu.

Den Beschluß macht ein lustiges Nach-Spiel,
genannt:
Der Wienner Schornsteinfeger.

Personen

Anselmo.   Hanns Wurst, ⎫
Angelica, dessen Tochter.   Scabin,   ⎬ ihre Liebhaber.
                             Leander.   ⎭

Der Schau-Platz ist in dem Opern Hause, das Leg-Geld ist auf die erste Gallerie 20. Kr. Im parterre 12 Kr. Auf die hindere Gallerie 8 Kr. Auf die obere Gallerie 4 Kr. Der Anfang ist præcise um halb 5 Uhr.

Dienstag, den 27. Augusti, 1754.

Wozu gehorsamst einladet
J. G. Ußler,
Directeur der Gesellschafft.

II.

IKONOGRAPHISCHE VERSUCHE

1. Kupferstich-Serien der Engelbrecht-Werkstatt nach anonymen Vorlagen. Ihr Wert für Bustelli.[1]

Zu verschiedenen Malen wurden im Kapitel 4 anonyme Kupfer aus einer Folge von Figurinen zur ‚Italienischen Komödie' (Abb. 46, 48, 85, 95, 150) erwähnt, die zufolge anderen Stichen, denen sie als Vorlage gedient haben, spätestens um 1720 entstanden sein können (vgl. S. 100, 122, 128, 155). Aus dieser Folge ist rund 30 Jahre später um 1750 ein ganzer Komplex graphischer Produktion gewuchert, der auf der nachfolgenden Seite – soweit es sich um Serien handelt – in einer Tabelle erfaßt worden ist. Alle diese Blätter sind miteinander verwandt und haben weder französische noch italienische Herkunft, wie einerseits die übereinstimmende und andererseits die übereinstimmend fehlerhafte, durch die Tabelle überschaubare Schreibweise gewährleistet (in allen vier Fällen etwa „Brigella"). Entgegen der tabellarischen Anordnung dürfte die zeitliche Reihenfolge mit B D C A E zu bestimmen sein.

Das späteste Erzeugnis an den Anfang zu stellen, hat seinen Grund darin, daß diese beiden Blätter (Abb. 158 u. 159), die je 11 bzw. 13 Personnagen vereinigen und deren Namen unter A herausgezogen wurden, noch nicht lange bekannt sind. Sie haben seit 1959 als eine kleine Sensation gegolten, weil Bustelli auf einer Rückseite quittiert hat und weil sich die teils phantastischen Typenbezeichnungen mit denjenigen seiner Nymphenburger Porzellane (Serie E, Abb. 179–186) decken. Die erste Reaktion fiel denn auch prompt so aus, daß Bustelli seine Figuren nach diesen beiden Blättern getauft haben müsse[2], wohingegen Vriesen[3] darauf hingewiesen hat, daß es vorgängige Entsprechungen für diese Stiche gegeben habe.

Es folgt aus Vergleichen, daß B (Abb. 160–171) die älteste Fassung bezeichnet, von der sowohl D (Abb. 172–178) wie C angeregt worden ist – letztere eine Variante berittener Personnagen von ursprünglich mindestens elf Blatt, wovon insgesamt sieben durch die vier im Theatermuseum München vorhandenen und sechs bei Pandolfi[4] abgebildeten bekannt sind. Die meisten Figurinen von D und B hinwiederum wurden im verkleinerten Maßstab teils zitatgenau, teils ähnlich auf den beiden Blättern A (Abb. 158, 159) vereinigt. Es entsprechen sich im Einzelnen:

A 158	Sieur Anselmo	D 173
A 158	Sieur Geronte	D 174
A 158	Le Mesetin	B 171 Jean Gurgulo!
A 158	Brigella	D 175
A 158	Donna Martina	D 173 u. B 165 Lalage (Detail: Maske)
A 158	Lucinde	D 175
A 158	Donna Petronella	D 174
A 158	Le Arlequin Bergamaseo (!)	B 169
A 158	Le Fameux Crispin	D 178
A 159	Le Sieur Pantalon	D 173 (Detail: Taschentuch, statt Dolch, wie B 163)
A 159	Il Capitano	D 172

Als Gesamteindruck ist festzuhalten, daß D und A stärker zusammenstehen als mit der Folge B; dies Ergebnis ist so verwunderlich nicht, da A und D etwa gleichzeitig entstanden sein dürften und beide im Verlag Martin Engelbrechts erschienen. Wachsmuth mag die anonyme Folge B gekannt haben, ebenso wäre auch die Möglichkeit zu erwägen, daß er selbstständig nach deren Vorlagen gearbeitet hat. Denn die Watteau-Anleihen der Folge B, bereits an vier Beispielen im Text (vgl. S. 100, 122, 128, 155) belegt, werden auch den Zeitgenossen nicht verborgen gewesen sein. Geradezu auf Anhieb lassen sich die Vorlagen des Brigella (B 166 vgl. Abb. 45), Fameux Crispin (B 167 vgl. Abb. 43), Mezetin (B 168 vgl. Abb. 145) und des Jean Gurgulo (B 171 vgl. Abb. 130) nennen, womit diese Folge genug enträtselt und eindeutig ihre Abhängigkeit bewiesen sein dürfte.

Sieur Anselmo und Donna Martina (D 173) sind beide Watteau/Thomassins ‚Coquette' (Abb. 151) entwendet worden: Indiz dafür, daß Wachsmuth offenbar nicht nur die Folge B, sondern auch ältere Vorlagen zu Rate gezogen hat. Es soll hier nicht weiter versucht werden, die Serie D vollständig nach ihren Vorlagen aufzuschlüsseln, damit würde auch der Rahmen des von G. Hansen geplanten Exkurses gesprengt, es schien jedoch geboten, die nachträglich aufgefundenen Bilder mit den von G. Hansen angestellten Forschungen zu verknüpfen.

Dem Nymphenburger Modelleur Bustelli standen also zur Namenwahl nicht zwei graphische Blätter, sondern vier komplette Folgen zur Verfügung und eine Überprüfung verrät, daß Bustelli sich nicht auf die Entlehnung der Namen beschränkt hat. Anselmo (E 185) verrät deutlich seine graphische Abstammung und Pantalon (E 181) scheint zumindest verwandt mit seinen papierenen Kollegen (B 163 und D 176): sein struppig nach vorn gekämmtes Haar ist zu einem spitz zulaufenden Hut umgeformt worden. Colombine (E 179) hält die Maske in ihrer Hand, die ursprünglich einmal Lalage (B 165) gehörte, die sie aber später an Donna Martina (D 173, A 158) abgeben mußte. Auch ihr schräg aufgesetztes Hütchen hat Colombine ihrer Ahnfrau zu verdanken.

Diese wenigen Beobachtungen mögen zur Überprüfung der stets kolportierten Behauptung der Kunsthistoriker anregen, daß Bustelli „sich nicht einmal in Details nach diesen fremden Inventionen"[5] habe. Doch scheint der Modelleur die Namen seiner Figuren tatsächlich in den in seinem Besitz befindlichen Blättern gefunden zu haben (also Serie A), und hierfür scheint der Name Leda, der außer in Bustellis Folge nirgends auftaucht, ein Indiz zu sein. Leider hat sich die Hoffnung nicht erfüllt, Leda als Schäferin auf Blatt 1 der Serie 234 zu finden[6], möglich wäre indes, daß die Folge, der zwei Blätter mit Komödianten Bustelli besessen hat, noch andere Darstellungen als die vier aufgefundenen umfaßte und man ein weiteres Blatt mit antiken Sagengestalten in der Fortsetzung vermuten darf. Sollte sich dieser Verdacht einmal bestätigen, so wäre mit Sicherheit daraus zu schließen, daß Bustelli von dieser Serie Namen und Anregung für seine Komödianten in Porzellan empfangen hat.

---

1. Entgegen dem sonstigen Prinzip, den von G. Hansen hinterlassenen Text möglichst unangetastet zu lassen, ist dieser Exkurs vom Herausgeber überarbeitet worden. G. Hansen waren bei Abschluß des Ms. nur vier Bilder der Folge B und zwei der Folge D bekannt; da ihn die durch Herrn Manfred Boetzkes besorgten weiteren Bilder beider Serien aus dem Museum Burcardi in Rom nicht mehr erreichten. Es ist sicherlich im Sinne G. Hansens, daß die fehlenden Bilder hier eingearbeitet und der Text entsprechend geändert wurde.
2. Pechmann, S. 9 f.
3. Vriesen, S. 278 f.
4. Pandolfi, Bd. 4, S. 241, 248.
5. Rückert, S. 20.
6. Vriesen, S. 276, Ta. XI.

A ENGELBRECHT	B ANONYM	C WACHSMUTH	D WACHSMUTH	E BUSTELLI
Mad. le Columbine				Colombine
Mad. le Arlequine	Mademoiselle Harlequine	Harlequine		
Mad. le Lucinde fille de Geronte			Mademoiselle Lucinde fille de Geronte	
Il Dottore Scatalon Bolognese	Il Dottor Scatalon Bolognese	Doctor Scatalon		Dottore
Il Capitaneo Spavento Napolitano	Il Capitaneo Spavento nepolitano	Capitan Spavento	Il Capitano Spavento nepolitano	Capitano
Il Arlequin	Le Harlequin	Arlequin	[Il Harlequin]	
Mons.r Octavio				Octavio
Le Sieur Pantalon	Signor Pantalon Veneziano	Pantalon	Le sieur Pantalon	Pantalone
Le Scaramouche	Le Scaramouche	Scaramuz	Le Scaramouche	Scaramuz
La Corinne	Corinna	Corinna	La Corinna	Corinne
La Donna Julia			La Donna Iulia	Julia
Lucinde			Lucinda	Lucinde
Donna Petronella			Donna Petronella	
Donna Martina			Donna Martina	Donna Martina
Lalage	Lalage	Lalage		Lalage
Sieur Anselmo			Sieur Anselmo	Anselmo
Sieur Geronte			Sieur Geronte	
Brigella	Brigella	Brigella	Brigella	
Le fameux Crispin	Le fameux Crispin		Le fameux Crispin	
Le Mesetin	Le Mezetin	Mezzetin		Mezzetin
Le Arlequin Bergamaseo (!)	L'Harlequino Bergamasco			
Lisette				
Donna Angelica	Donna Angelica			
Le Scapine			La Scapinne	
	Iean Gurgulo			
		Hanß=Wurst		
				Leda
				Isabella
				Pierrot

Abb. 158

Abb. 159

Abb. 160

Abb. 161

Abb. 162

Abb. 163

Abb. 164

Abb. 165

Abb. 166

Abb. 167

Abb. 168

Abb. 169

Abb. 170

Abb. 171

Abb. 172 (Abb. 172–178 je Blatt mit je 2 Darstellungen)

Abb. 173

Abb. 174

Abb. 175

223

Abb. 176

Abb. 177

Abb. 178

Abb. 179a Scaramuz

Abb. 179b Colombine

Abb. 180a Donna Martina

Abb. 180b Dottore

Abb. 181a Julia

Abb. 181b Pantalone

Abb. 182a Capitano  Abb. 182b Leda  Abb. 183a Isabella  Abb. 183b Octavio

Abb. 184a Lucinde 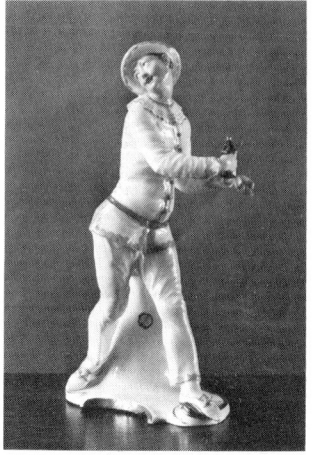 Abb. 184b Pierrot  Abb. 185a Anselmo  Abb. 185b Corinne

Abb. 186a Mezzetin  Abb. 186b Lalage

2. Bild-Konkordanzen
a) Arlequin nach Watteau (um 1719—1835)

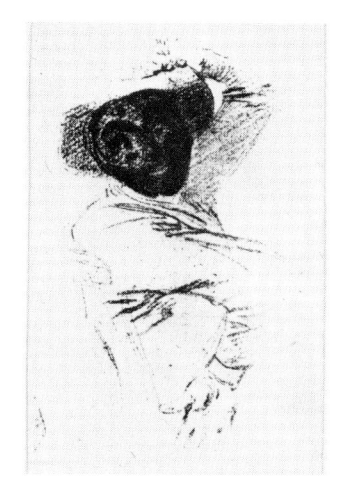

Abb. 187
Detailstudie zum Arlequin in Kohle und Rötel von Watteau. (Bibliothèque de l'Ecole des Beaux Arts, Paris). Abgeb. bei Xavier de Courville, Lélio premier Historien de la Comédie Italienne. Paris 1958, Taf. XXIII.

Abb. 188
Das Gemälde, welches Watteau 1719 in London seinem Gönner Dr. Mead geschenkt hat und das nur durch diesen ‚Comédiens italiens' benannten Kupferstich bekannt ist (Baron sculps.), könnte in der obigen Zeichnung vorbereitet worden sein.

Abb. 190
Der um Strichgenauigkeit bemühte anonyme Kopist hat einen Ausschnitt des von Cochin gestochenen Blattes zur marktgängigen Ware hergerichtet.

Abb. 189
Kupferstich von Cochin (um 1720) nach dem verlorenen Gemälde von Watteau (um 1710). Dieses Blatt mit dem „Pour garder l'honneur d'une belle" beginnenden Vierzeiler ist ein Gegenstück zu dem ebenfalls von Cochin nach einem verlorenen Gemälde Watteaus gestochenen Blatt, betitelt: „Belle, n'écoutez rien". Dieser der Londoner Version gegenüber wohl ältere Arlequin weicht dennoch von jenem nur unwesentlich ab.

Abb. 191 und 192
Beide fast lebensgroße Plastiken, aus einem niederländischen Schloß für das Institut für Theaterwissenschaft in Köln erworben und dort aufgestellt, galten als französische Arbeiten, was angesichts der phantastischen Kopfbedeckung des Docteur, selbst wenn man dem Bildhauer eine Bereicherung des schmucklosen Kostüms zugute hält, jedoch zweifelhaft scheint. Es bedarf keiner weiteren Erläuterung, daß diese als Gegenstücke konzipierten Plastiken nach dem Cochin-Stich angelegt und folglich nach 1720 zu datieren sind.

Abb. 193
Nicht den Dr. Mead gewidmeten, sondern einen der beiden letzteren Kupferstiche von oder nach Cochin hat Johann Christoph Kolb für seine Illustrationen zum ‚Arlequin Cartouche' (Augsburg 1722) genutzt. [Stark vergrößerter Ausschnitt].

Abb. 196
1835 hat Wattier denselben Arlequin als Holzstich-Vignette für eine französische Theaterzeitschrift verwendet. (Le Monde dramatique. II. Paris 1835, S. 8) [Vergrößerter Ausschnitt].

Abb. 194
Daß der Arlequin auf dieser Email-Dose ebenfalls dem Cochin-Blatt entstammt — nicht nur Ausschnittkopie — ist um so wahrscheinlicher als Scaramouche dem vom gleichen Stecher gefertigten Gegenstück zugehört.

Abb. 195
Nicht nur auf Blatt I der von Probst gestochenen Folge (1729) verdankt Arlequin, wie er hier als Ausschnitt wiedergegeben ist, seine Positur einem der beiden Vorbilder, sondern auch auf Blatt V eifert er Watteau unverkennbar nach, in welcher Haltung er um 1764 Modell für die Closter Veilsdorfer Manufaktur gestanden hat. (Ausschnitt aus Abb. 29)

Abb. 197
In diesem Gemälde Watteaus, 1719 von L. Surugue nachgestochen, zeigt sich Arlequin gegenüber seinen Vorgängern, denen allesamt die gleiche vibrierende Agilität in den Gliedmaßen zuckt, nur geringfügig modifiziert. (Ausschnitt aus Abb. 45).

Abb. 198
Bald nach 1720 hat ein anonymer deutscher Stecher diesen Arlequin isoliert und als „Le Harlequin" einer mindestens vierzehnteiligen Folge einverleibt, in der er sich die Gesellschaft von „L'Harlequino Bergamasco", „Iean Gurgulo", „Le fameux Crispin" und anderen fragwürdigen Comédiens italiens gefallen lassen muß (vgl. Abb. 162).

Abb. 200
Unbeholfen, aber seinem Vorbild ergeben, ahmte ein anonymer Nürnberger Stecher um 1750/60 diesen „Harlequin" als Vignette auf jenem Fechthaus-Kupfer mit dem bespielten „Comedien-Haus" unter freiem Himmel nach. (Ausschnitt).

Abb. 199
Mit diesem „Harlequin" hat sich Tobias Sonntag 1746 beholfen, um die Marktplatzbühne seines Darmstädter Stadtprospektes zu beleben. Die Abhängigkeit von der deutschen Kopie ist durch die am Boden liegende Pritsche gewährleistet. (Ausschnitt aus Abb. 82).

b) Arlequin nach Mariette (um 1696–1924)

Abb. 201
Dieser Evariste Gherardi in einer Arlequin-Attitüde darstellende, im Verlage Mariette zwischen 1694 und 1700 erschienene Kupferstich hat eine über Europa sich erstreckende Tradition begründet, die weit umfangreicher zu denken ist, als der Zufall bisher Belege aus Frankreich, Deutschland, Italien und Holland freigegeben hat.

Abb. 204
Im Titelkupfer zu ‚Les Souhaits' (Tom. V) des Amsterdamer Neudrucks von 1721 taucht Gherardi, „faisant le personage d'Arlequin", ebenfalls auf.

Abb. 202
Dieses alsbald auf den Markt gekommen, detailgenau im Gegensinn nachgestochene Kupfer zeugt für die Beliebtheit des Arlequins Evariste Gherardi. Die Verbreitung dieser beiden Blätter verschaffte seinem Arlequin auch außer Landes paradigmatische Geltung.

Abb. 205
Durch die Ornamentstich-Vorlage für Juweliere und Graveure aus dem Nürnberger Verlag von Johann Christoph Weigel (Verlags-No. 66) ist nachgewiesen, daß bald nach 1700 das Gherardi-Kupfer auch in Deutschland bekannt war.

Abb. 203
Es überrascht nicht, daß die in zahlreichen Ausgaben seit 1700 erschienene ‚Receuil' diesen Gherardi-Arlequin wiederholt präsentiert, so im Frontispiece zu Tom. I des Raubdrucks: Amsterdam, chez Adrian Braakman 1701.

Abb. 206
Selbst in Verona – von Arlecchinos Heimat Bergamo kaum eine Tagreise entfernt – hat man den französischen Stechern Tribut gezollt und Gherardi-Arlequin am ‚Baccanala del gnocco' vor San Zeno Maggiore teilnehmen lassen. – Aus einer Vedute der Piazza S. Zeno Anfang 18. Jahrh.

229

Abb. 207
Ein nicht ermitteltes ‚Bilder'-Buch stellt im Geiste Abraham a. S. Claras auf dem 14. Blatt den „Mahler" vor, der nichts als die durch Arlequin (Gherardi) versinnbildlichte Torheit der Welt schildert [Ausschnitt].

Abb. 208
Nach 1720 ist ein ‚Baal of de Waereld in Maskerade' betiteltes niederländisches Kupfer zu datieren, das seine Vorbilder sowohl bei Watteau wie bei Stechern des 17. Jahrhunderts gefunden hat, so diesen Arlequin bei Mariette.

Abb. 209
Eindeutig von Mariette abhängig ist auch dieses für Libertins durch die Bildunterschrift: „Tirez le Rideau si vous voulez voir davantage" vielversprechende Blatt (um 1750?).

Abb. 210
Adaptierte, teils sogar kopierte Vorlagen – wie diesen Arlequin – hat ein anonymer französischer Maler um 1750 zu einem häuslichen Maskenfest vereinigt. (Ausschnitt der Abb. bei Carlos Fischer, S. 54).

Abb. 211
Im 18. Jahrhundert hat Kändler zu Beginn der 70er Jahre eine sechzehn Figuren umfassende Serie für die Meißener Manufaktur modelliert, zu der dieser von dem Gherardi-Blatt inspirierte Arlequin gehört.

Abb. 212
Der verunglückte Arm, durch den Wolrab die Herkunft seines Arlequin nicht hat verschleiern können, ist das gemeinsame Merkmal aller von diesem Blatt abhängigen Porzellanfiguren.

Abb. 213
Arlequin aus der Höchster Manufaktur von einem unbekanntem Modelleur (1750–1753).

Abb. 215
Von Simon Feilner modellierter Arlequin aus der Fürstenberger Manufaktur 1753–1754.

Abb. 214
Bizarr staffierte Hanswurst-Variante, dem Sockel zufolge aus Höchst. (Collection théatrale de M. Jules Sambon. Paris 1911, No. 1225).

Abb. 216
1924 hat Oskar Laske einem seiner Kostümentwürfe für die Wiener Max Reinhardt-Inszenierung ‚Diener zweier Herren' diesen Gherardi-Arlequin, der damit nach mehr als 200 Jahren der Bühne zurückgegeben wurde, zugrunde gelegt.

c) *Scaramouche nach Mariette (um 1696–1788)*

Abb. 217
Von Peter Schenck in Amsterdam stammt diese nicht mehr ausdrücklich an die Person Tortoritis geknüpfte, nichtsdestoweniger im Gegensinn exakt nach dem Kupfer von Mariette gestochene Scaramouche-Darstellung.

Abb. 219
Anonymes französisches Gemälde um 1750. Der den Ballsaal betretende Scaramouche eilt auf den bildbeherrschenden, eben schon zitierten Arlequin zu. Beide Masken sind Transkriptionen von Mariette-Blättern, Scaramouche mit der Einschränkung, daß er der Bildstruktur zuliebe Linkshänder werden mußte.

Abb. 218
In dieser im Verlag „Joh. Christoph Weigel seel. Wittib", d. h. nach 1726 erschienenen konturgetreuen Tortoriti-Kopie wird der sonst schwarz gewandete Scaramouche mit Mezzetin, dem das Streifen-Dessin zugehört, eigenmächtig gekreuzt.

Abb. 220
Auf dieser späten italienischen Druckgraphik hat man Scaramouche solche Stiefel angepaßt, wie sie dem von Raymond Poisson in Molières Truppe geschaffenen Crispin vorbehalten waren. (Scaramuzza, Poema in varnacolo familiar venezian. In Venezia appresso Gio: Antonio Curti 1788; vgl. Pandolfi IV., S. 300 f.)

3. Weibliche Pantalone in deutschem Porzellan

Abb. 221
Höchst 1750–1753

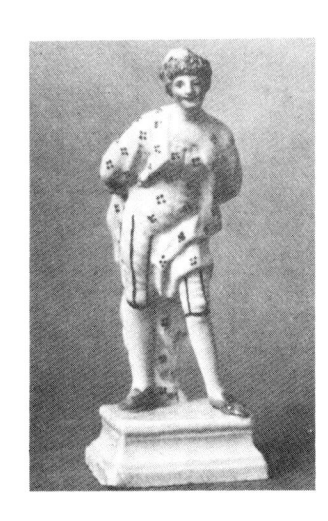

Abb. 223
Würzburg um 1775

Abb. 222
Fürstenberg 1754

Für diese Formation weiblicher Pantalone fehlt jegliches Vorbild sowohl auf der Bühne wie aus graphischen Werkstätten. Die Modelleure haben sich offenbar von der paarigen Aufstellung der Porzellane leiten lassen. Diese Pantaloninnen lehren uns, daß die Manufakturen ihre Produkte einander nachgebildet haben können, ohne auch die übrigen Figuren nach den gleichen graphischen Vorlagen jeweils plastisch umzusetzen. Das zu klären, wäre durch Vergleiche der Rückansichten leicht möglich. Hier im besonderen Falle müßte dem Höchster Modellmeister die Erfindung der Pantalonin zuerkannt werden.

4. Kupferstich-Folgen nach französischen Vorlagen
a) Jacob von Sandrart nach Le Blond (vor 1700)

Diese wohl insgesamt mehr als nur die sechs aufgefundenen Blätter umfassende und „I. Sandrart Excudit" bezeichnete Folge wurde wahrscheinlich von dem in Nürnberg ansässigen Stecher und Verleger Jacob von Sandrart (1630–1708) noch vor der Jahrhundertwende herausgegeben. Die Vorbilder für alle Personnagen hatte Le Blond in einer Serie publiziert. (Abb. bei Duchartre II, S. 239: Le Capiten Spezzaferre / Nicoll, S. 235: Le Comedien Serieux; S. 334: Triuelin / Rasi I, S. 901: Scaramouche / Niklaus, S. 56/57: Brighella [bereits Nachstich?], – Deutsche Pinselzeichnungen des 18. Jahrhunderts nach einer dieser beiden Serien besitzt die McGill University Library; abgeb. bei Nicoll, S. 58, 99, 104, 193–196.

Abb. 228    Abb. 229

Abb. 224    Abb. 225

Abb. 230

Abb. 226    Abb. 227

Diese für die Nachahmungen erwiesene Unverbindlichkeit verdient auch in zeitlich entgegengesetzter Richtung Aufmerksamkeit. Auf einem sehr viel früheren Blatt (Mitte 17. Jh.?) findet man einen anhand mancher Einzelheit zu überführenden graphischen Vorfahren des ‚Briguelle'. Auch Le Blond kann man also nicht vorbehaltlos trauen. Um die Kette nach rückwärts um ein weiteres Glied zu verlängern, beachte man, daß der rechte als Pasquarielle ausgegebene Komödiant dem Titelblatt zu Callots ‚Balli' (vgl. Abb. 68) entsprungen ist.

b) Phillipp Jacob Leidenhoffer (vor 1700)

Abb. 231
Der Guillot-Gorju, Künstlername des Bertrand Hardouin de Saint-Jacques (31. X. 1600 – 5. VII. 1648), wurde 1634 im Hôtel de Bourgogne Nachfolger des im Dezember 1633 gestorbenen Gaultier-Garguille. Letzterer, der in dieser Serie fehlt, hatte es zu solcher Beliebtheit bringen können, daß er in Frankreich u.a. als „Gaultier et Garguille" – etwa im Sinne von Hinz und Kunz – noch fortlebt. Sowohl Guillot-Gorju wie auch Gandolin (Abb. 232), Jodelet (Abb. 233) und Gros-Guillaume (Abb. 234) gehörten in den Jahren zwischen 1630–1640 allesamt dem Theater im Hôtel de Bourgogne an und wurden etwa zu dieser Zeit von Grégoire Huret (1606–1670) u.a. im Kupferstich verewigt.

Wann die deutschen Nachstiche auf den Markt kamen, wird sich bei den mangelhaften Kenntnissen über Phillipp Jakob Leidenhoffer und dessen Augsburger Werkstatt schwerlich ermitteln lassen. Ein äußerster Zeitpunkt ist durch den Tod des Verlegers gegeben: 5. Sept. 1714. Man wird aber kaum fehlgehen, die Entstehungszeit dieser möglicherweise mehr als nur vier Blätter umfassenden Folge vor dem Wirken Gillots und Watteaus anzunehmen, mit wenig Genauigkeit um 1690, bevor in Deutschland die Vermittlung des Théâtre Italien durch den Kupferstich ein Geschäft wurde.

Abb. 232
Gandolin
Nicht zu identifizierender Possenspieler, der im Hôtel de Bourgogne eine Abart des Arlequin dargestellt hat.

Abb. 234
Gros-Guillaume
recte Robert Guérin (gest. 1634) war der berühmteste unter den Farceuren des Hôtel de Bourgogne.

Abb. 233
Jodelet
Ebenfalls Schauspieler des Hôtel de Bourgogne mit dem bürgerlichen Namen Julien Bedeau (gest. am 27. III. 1660).

c) Elias Baeck nach Callot (um 1710)

Abb. 235

Abb. 237

Abb. 236

Elias Baeck, dessen Figurinen zur Commedia dell'arte bei aller Unselbständigkeit dennoch zu den schönsten gehören, dürfte diese Serie, aus der die vorliegenden drei Blätter sicher nur eine Auswahl sind, frühzeitig, d. h. 1705 unmittelbar nach Rückkunft aus Italien für den Verlag Albrecht Schmidt in Augsburg geschaffen haben. Später hätte er wohl kaum diese aus Callots ‚Balli' unbekümmert exzerpierten Gestalten so umfälschen dürfen, daß ‚Cap. Zerbino' als ‚Bajazo' (Abb. 235), ‚Franca Trippa' als ‚Scaramuza' (Abb. 236) und ‚Metzetin' sogar als ‚Arlequin' (Abb. 237) unbeanstandet hingenommen worden wären.

*d) Gerard Valck (um 1710) und Johann Georg
   Puschner in G. Lambranzis ‚Tantz-Schul' (1716)*

Abb. 238

Abb. 239

Bruchstücke einer in Amsterdam von Gerard Valck (um 1652 bis 1726) zusammengeklaubten Folge (hier die numerierten Blätter 5 u. 6 (Abb. 238 u. 239); Nr. 3 ist mit der Abb. „Spinette en Arlequine" identisch) sind weitere Zeugnisse für die graphische Schwemme. Hier interessiert insbesondere die „Arlequine dansant al' Opera", weil sie oder ihre originale Vorläuferin jener altertümlichen Harlekine entspricht, welche man in den nach Vorlagen so schwer aufzustückelnden Pseudotheatralia in Gregorio Lambranzis ‚Tantzschul' (1716) wiederfindet. Es erübrigt sich, beweisträchtige Details zu benennen. Neben J. G. Puschners theatralischen Homunculi haben ihm zweifellos Gherardi-Arlequin und Tortoriti-Scaramouche Pate stehen müssen.

Abb. 240

*e) B. Christoph Weigels Witwe nach Claude Gillot
(um 1730)*

Abb. 241

Abb. 243

Abb. 242

Abb. 244

Eine mindestens sechs Blätter umfassende Folge, aus der hier die No. 2 fehlt, ist in Nürnberg bei „B. Christoph Weigelij Vidua" herausgegeben worden, auf Grund der Verlags-No. 53 bald nach dem 1726 erfolgten Tode des Kunsthändlers. Von den drei Figurinen zum Théâtre Italien auf jedem der Stiche, unverkennbar in Watteau-Manier, werden wechselweise Arlequin und Arlequine von anderen Personnagen in ebenso unverkennbar anderem Duktus flankiert. Die graphischen Modelle für das alternierende Harlekinspaar habe ich nicht auffinden können, ohne daß ich deswegen auch nur im geringsten an deren Vorhandensein zweifeln würde. Die den zentralen Protagonisten beidseitig delegierten und sichtbar um eine Theatergeneration älteren Komödiaten der Comédie Italienne sind nach Claude Gillot kopiert.

Abb. 245

Abb. 248

Abb. 246

Abb. 249

Abb. 247

Weitere Beispiele für die Annektion Gillots im deutschen Kupferstich – nur grob um 1730 zu schätzen – gewährleisten nachdrücklich diese branchenübliche Bedenkenlosigkeit. Statt theatralischer Aktualität in einer von der Faszination Watteaus geprägten Epoche ließ sich auch Gillot verkaufen. Kaum als Antiquität, sondern wegen eines nie zu stillenden Verlangens nach Exotismus – anders ist das verflachte deutsche Verhältnis zum Théâtre Italien nicht zu charakterisieren – waren Lehrer wie Schüler, Gillot wie Watteau, gleich marktgängige Ware. Ein nicht genug zu betonender Handelswert, keineswegs theatralische Berichterstattung, regelte das graphische Angebot, das uns zu blenden vermocht hat.

5. Wiener Porzellan nach Gillot (1740)

Abb. 250
Von den beiden Komödianten-Porzellanen aus der Wiener Manufaktur entpuppt sich die aus unersichtlichen Gründen noch immer Capitano genannte Figur als ein von Claude Gillot entworfener Pantalon – vor 1740 von Du Paquier modelliert.
Abbildungen: Europ. Rokoko. Kunst u. Kultur d. 18. Jhs. 15 Juni – 15. Sept. 1958. München-Residenz. München 1958 Abb. 28, Nr. 804. – Figürl. Keramik aus zwei Jahrtausenden. Museum f. Kunsthandwerk Frankfurt-Main 1963, Nr. 99, Farbtafel S. 57.

Abb. 251
Dieses Blatt ist nach Colas (I., Nr. 1249) erst um 1726 in folgendem in Lieferungen herausgegebenen Werk erschienen: „Nouveaux desseins d'habillements à l'usage des ballets, opéras et comédies inventez par M. Gillot, de l'académie royale de peinture et sculpre et gravez par Joullain. Se vend à Paris . . . (o. J.) – Vgl. auch den deutschen, mit anderen Gillot-Figurinen vereinten Nachstich aus dem Verlag von „B. Christoph Weigelij Vidua."

6. Schulbeispiel der Vorlagen-Hörigkeit (1743)

Abb. 252

Abb. 253

Abb. 254

Man weiß nicht, ob man mit Erschrecken oder Genugtuung das wie ein Abziehbild ständig wiederkehrende Paradigma quittieren soll. Geradezu beklemmend wird die zur Gewißheit sich verdichtende Mutmaßung, daß hier nur ein Bruchteil der Plagiierungen erfaßt worden ist. In welchen entlegenen Winkeln einem Indiz noch nachzuspüren ist, läßt sich hier beispielhaft demonstrieren. Auf dem doppelseitigen Titelkupfer zu ‚Die Franzosen in Böhmen, als eine Theatralische Comödie . . .‘ (1743), dessen Verfasser trotz Bolte (V, S. 44) anonym geblieben ist, geht ein uns durch Weigels ‚Bande der Italiaennischen Comoedianten‘ schon vertrauter Harlekin von der Szene ab. Eine Vergrößerung dem Original gegenübergestellt, erübrigt jeglichen Kommentar.

241

7. Exemplarischer Fall graphischer Produktion nach Vorlagen

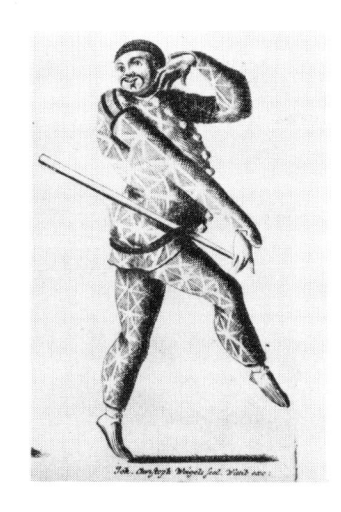

Abb. 256

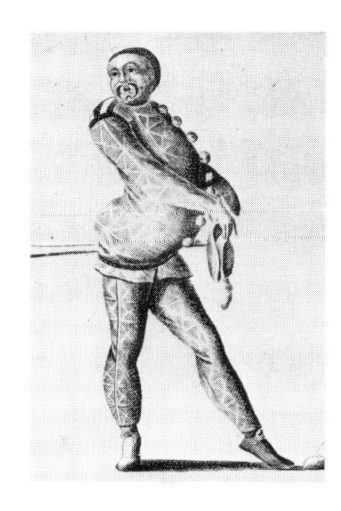

Abb. 257

Abb. 255
Die Serien mit Theater-Figurinen werden ebensowenig wie die für nämliche Zwecke herausgegebenen Ornamentstich-Vorlagen ausschließlich als Schablonen gedient haben. In welchen Fällen und auf welche Weise vorfabrizierte Muster dann verwendet und weiterverarbeitet wurden, läßt sich nur selten explizite vorführen. Um so aufschlußreicher ist dieses unanfechtbare Beispiel dafür, wie zwei solcher Figurinen-Muster des Verlages Joh. Chr. Weigels seel. Wittib (seit 1726) zu einer Harlekinspose montiert wurden. (‚Comoediant' aus nicht ermitteltem Bilder-Werk).

III.

TEXTE

1.

‚Comoedia genannt daß Advocirnde Fraen Zimmer'

Deutsche Übersetzung und Bearbeitung von Fatouvilles Komödie ‚Colombine avocat pour et contre' nach einer Augsburger Abschrift von 1710.

Comoedia
genant
daß
Advocirnde Frauen Zimmer unter dem
Nahmen Colombine
oder
Der Närrische Baron Buffadelli.

Aus dem Frantzös. Gerhard übersetzt

Geschrieben
von J. F. G. in Augspurg im
Julio. 1710.

Personen.

1. Doctor Balovard.
2. Isabella, Seine Tochter.
3. Cinthio, Ihr Liebhaber.
4. Arleqvin Baron Bufadelli in Isabella verliebt.
5. Columbina — — — Seine verlobte Braut.
6. Pasqvariel, Vetter der Columbine.
7. Mezetin, Diener des Arleqvins.
8. Pierot, Haußknecht.
9. Richter.
10. Schärgen 2.
11. Page.
12. Schneider.
13. Hutmacher.
14. Peruqvier.

Der Schauplatz ist in Paris.

Actus 1. Scena 1.

Cynthio und Isabella.

Cynthio. Und sie will ein solches Unthier heürathen.
Isabella. Und wann es auch ein Kobold wäre.
Cinthio. Wer will sie dazu zwingen.
Isabella. Mein kindlicher gehorsam.
Cinthio. So ist die Resolution so feste, wo bleibt aber die versprochene Treü? wird meine auffrichtige liebe so bezahlet?
Isabella. Der Himmel hat es also beschloßen, und ich muß auch wiewohl wider meinen Willen den Sternen folgen.
Cinthio. Ein kluger Verstandt, weiß auch den Sternen zu wiederstehen.
Isabella. Bey mir ist es ohnmöglich, weil der vätterliche Befehl dazu komt.
Cinthio. Wahre liebe nimmt kein gesetze an, außer der Neigung.
Isabella. Es kan einmahl nicht anders sein, zwinget mich schon das Verhängnüß mit Baron Bufadelli verheürathet zu sein, so glaubet wehrtester Cinthio, daß mein Hertze doch allein euch verbleiben soll.
Cinthio. So will ich auff Mittel dencken, mir zu helffen ⁒ *Er schlägt auff seinen Degen* ⁒ Dieser soll den bernheüterischen Bufadelli entweder das Hertz durchstoßen, oder ich will es von ihm erwarten. ⁒ *Ab* ⁒
Isabella. Nicht so hitzig Cinthio, höret mich doch: Ach was wird mein Unstern mit mir noch anfangen. ⁒ *Ab* ⁒

Scena 2. Arleqvin im Schlaffrock: Mezetin

Mezet: Aber mein lieber Herr Baron, ist es dann möglich, daß ihr Herkommen, Vatterland, und liebste vergeßen könt? Da ihr nun von eürn Vetter, den Weinschencken ein reiche Erbschafft bekommen habt, so denckt ihr nicht mehr daran, daß eüer Vatter ein Schuster ist, und die arme Columbina mit welcher ihr verlobt seydt, habt ihr so liederlich zu Venedig gelaßen, damit ihr eine reiche Doctors Tochter heürathen möget, aber ich besorge es wird zuletzt alles zu eürm Schaden ablauffen.
Arleq. Sehet mir nur den Bernheüter an, der sich vor guth genug hält, mich zu hoffmeistern: Aber höre einmahl vor allemahl, daß ich durch aus nicht leiden kan, daß du dich in meine Dinge mischest: bin ich gleich von keinen reichen Eltern, so hab ich doch einen gefüllten Beutel, heüte zu Tage hat einer der reich ist, auch adels genug, und adeliche Persohnen sein nicht schuldig ihr Versprechen zu halten, ergo, darff ich als ein Baron mich auch nicht an meine Zusage binden.
Mezetin. Aber ihr habt ja unter eürer Hand und Siegel mit Columbina einen Ehecontract auffgerichtet.
Arleqv. Darüber habe ich einen verständigen Advocaten zu rathe gezogen, der sonst den Ruhm hat ein ge-

245

	wißenhaffter Mann zu sein, dieser hat mich versichert, daß zu der Zeit, als ich Columbinen die Ehe versprochen, ich noch nicht Jahre genug gehabt habe.
Mezetin.	So wolt ihr gleichwohl Isabella heürathen.
Arleqv.	Ja und Trotz allen die mir zu wieder seind, will ich sie mit ihre 30000. Thalern heürathen, und sie wird mich auch heürathen.
Mezetin.	Und was ich gesagt habe ist aus guter Meinung geschehen, aber ich förchte es wird nicht wohl ablauffen; a propò ich hätte es bald vergeßen. Es ist ein laqvey von der Isabella da gewesen, sie hat erinnern laßen, ihr möcht ihr doch eürn Conterfait schicken, wie auch die Mohrin wie ihr versprochen habt.
Arleqv.	Nun, nun, ich will machen, daß sie beydes haben soll, geschwinde ziehe mich an.
Mezetin.	Der Schneider wartet schon drausen, wie auch der Peruqvier und Hutmacher.
Arleqv.	Ja, laß sie herein kommen, dann der schneider soll mich zuschneiden.

Scena 3. Schneider. Hutmacher, und Peruqvier.

Schneid.	Hier bring ihr Gnaden das bestellte Kleid. ⁄. *Er zieht ein Kleid hervor von guldenen leder, davon die Auffschläg, von einer ungewöhnlichen Größe seind* ⁄.
Arleqv.	Ist diß der Brocat davon ich eüch gesagt habe.
Schneid.	Ja, wie sie befohlen haben, beliebens Eüer Gnaden zu probirn.
Arleqv.	Last mich doch vorhero die Auffschläge betrachten, was Teüffel habt ihr mir vor verfluchte Ermel gemacht.
Schneid.	Wieso ihr Gnaden?
Arleqv.	Sie sind um die Helffte zu kurtz.
Schneid.	Zu klein, um Vergebung, sie haben die Größe, wie sichs gebührt, sie belieben nun das Kleid an zulegen. ⁄. *Als der Schneider ihn anlegen will, verhinderts Mezetin.* ⁄.
Mezetin.	Halt meister Schneider, greifft mir nicht in mein Amt, ich bin des Herrn Baron sein Kammerdiener, und mir komt zu ihm anzulegen. ⁄. *Der Baron steht mitten ihnen, sie stoßen einander hin und her, zu zancken sich, der Baron förcht sich, biß Er unter dem Gezerre hin und wieder gerißen, endlich angelegt wird, und alle davon laufft* ⁄. *alle ab* ⁄.

Scena 4. Colombine und Pasqvariel.

Columb.	Es ist mir zwar leid mein wehrtister Herr Vetter, daß ihr mir zu Gefallen so weit hieher gereiset seydt, aber versichert eüch ich werde es zu recompensirn wißen, daß Unglück verfolget mich dißmahl und bringet mich fast zu der Verzweifflung, mein Vaterland und Blutsfreunde hab ich verlaßen, und ziehe ietzo den Betrieger, den Arleqvino nach, damit ich von ihm die Erfüllung deßen haben möge was er mir schrifftlich versprochen.
Passqva.	Mein liebe Base, ich betaure eüer Unglück, und verspreche meinen Beystandt nach aller möglichkeit; aber nur eines möchte ich wißen, nemlich wie es zugangen, daß ihr eüch in ein solches Unthier als dieser Arleqvin ist, habt verlieben können, er hat ja gantz keinen Verstandt.
Columb.	Ich bekenne es daß es wunderlich zugangen, ich gieng ohngefehr spaziern, wo die Weiber sitzen, welche Castanien verkauffen, und fande Arleqvin daselbst welcher gantz begierig, eine große Menge gebratener Castanien fraß, ich bliebe stehen, und sahe ihm zu mit großer Verwunderung, wie er sie hand voll weiß verschlingte, indehme sprunge eine Castanie über dem Feüer mit einem Knall, worüber ich erschrack, und Arleqvin sahe mich an, und sagte Jungfer ihr verschrecket über das Krachen dieser Castanien, was aber würdet ihr sagen, wan ihr mein Hertz sehen sollet, welches vor liebe gegen eüch fast zerborsten ist, die artige mine, die er dabey machte, gefiehl mir nicht übel, und wir kähmen darüber in mehrern Discours, und in kürtzen so weit daß Er sich mit mir verlobte, bald darauff starbe sein Vetter, und setzte ihn zum Erben ein, von einer Verlaßenschafft von 100 000 lb. Darüber wurde Arleqvin zum Schelmen, reisete hieher, gab sich vor einen Baron aus, meld sich bey deß reichen Doctor Balovard Tochter sie zu heürathen, bin aber gleich bemüht gewesen, mich bey dem Doctor und der Jgfr. bekandt zu machen, und als ich ihnen mein Unglück erzehlte, so habe ich so großes mitleiden bey ihnen gefunden, daß sie mir an die Hand geben, wie ich durch deß Doctors Keller in des Arleqvins Wohnung, kommen könne, also daß ich auch Gelegenheit habe, gantz ohnvermerckt in sein Zimmer zu kommen.
Pasqvar.	Ihr habt sehr wohl gethan, daß ihr eüch dem Doctor zum Freünd gemacht, wir müßten nun bedacht sein, wie wir den Ehrvergeßenen Vogel fangen mögen, sie gehe in ihr Zimmer, ich will ihn suchen, wan ich ihn antreffe, will ich erst sehen ob er Courage hat. ⁄. *Columbine ab.* ⁄. Ich sehe ihn kommen ⁄. *Versteckt sich* ⁄.

Scena 5. Arleqvin.

Arleq.	Nun fürwahr es gehet alles nach meinem Wunsch 100000 lb. hab ich geerbet, und in einen baar Tagen werde ich 30000 lb. mit einem artigen Mägdlein erheürathen; Aber wer mag dieser Mensch wohl sein. ⁄. *Pasqvariel stelt sich ihm in das Gesichte.* ⁄.
Pasqvar.	Kent mich der Herr sonsten.
Arleqv.	Ob ich eüch kenne.
Pasqvar.	Ich frage ob mich der Herr sonst gesehen hat.
Arleqv.	O Ja seyd ihr nicht der in Caffe-Bader: der ob . . . .
Pasqvar.	Ich verstehe eüch nicht, aber wen der Herr von dem Capitain Cornazan gehöret hat, so sieht er ihn ietzo in original vor sich.
Arleqv.	Wan ihr der Herr Corne seyd so ist eüer Famil in der gantzen Weld ausgebreitet.

Pasqvar.	Ohne Schertz wird der Herr in Morea von mir haben reden hörn.
Arleqv.	Allerdings, ich habe von Morea wohl womahl reden hören, bin auch selbsten da gewesen.
Pasqvar.	So wird mich der Herr schon kennen.
Arleqv.	Ja ich kenne den Herrn, er sieht natürlich aus wie gantz Morea.
Pasqvar.	Ich diente damahls der Republique Venedig, wie Morea eingenohmen worden, so solte mich der Herr damahls gesehen haben, wie ich mit diesem meinen Degen ⁄: stost gegen Arlequin :⁄ die Türcken geputzt habe, tic, tac, tic, gieng es Continuirlich, hat ich die Musquet: da wahr es als, Pif, paf. und mit der Pique, fitzt, wischt: ein Stoß um den andern.
Arleqv.	O weh! o weh! Morea kost mich mein leben, halt ein Kerl ich wolt daß du am Galgen hiengest, mit samt sein tic, tacte.
Pasqvar.	Weil der Herr Morea gesehen, so ist er ohne Zweiffel auch in Italien gewesen.
Arleqv.	Nothwendig, den ich bin ein welscher Italiener.
Pasqvar.	Aus welcher Gegend.
Arleqv.	Aus Bergamo.
Pasqvar.	Es ist ein angenehmer Platz, aber wie gefält ihn Rom.
Arleqv.	Über alle maßen, Ein Hauffen Römer hab ich zu Rom angetroffen.
Pasqvar.	Ist Florentz nicht ein schöner orth.
Arleqvin.	Gewiß ja, mein wie stund es damahls um die florentinischen Würste, waren sie noch zu bekommen.
Pasqvar.	Ohne allen Zweiffel. Von der komt man nach Bologna.
Arleqvin.	Gar recht.
Pasqvar.	Zu Bologna ist gar wohl zu leben.
Arleqv.	Freylich wohl, aber wie hat euch die Bolognesische Seiffe geschmeckt.
Pasqvar.	Wer Pflegt jemahls die Seiffe zu eßen, man braucht sie ja nur zum bart butzen, und die Hände zu waschen.
Arleqv.	Wie ich zu Bologna wahr, aße ich die Seiffe nur wegen, damit ich nur des morgens den Magen und meine Därmer auswaschen möchte.
Pasqvar.	Von Bologna reisete ich nach Venedig.
Arleqv.	Waren noch viel Carossen zu Venedig wie zu meiner Zeit.
Pasqvar.	Carossen hat man zu Venedig niemahl gebraucht, der Herr wird die Gondelen meinen.
Arleqvin	Ja, ja, Gondelen es ist doch nichts artiges daß man die Gondelen in Carossen herumführet.
Pasqvar.	Ohne Zweiffel, aber die Gondelen führt man niemahls in Carossen, sondern man braucht sie an statt der Carossen.
Arleqvin.	Daß ist eben was ich sage, ich weiß es ja mehr als ich sagen kan, dann zu Venedig habe ich mich eine geraume Zeit auffgehalten, was gab es neues zu Venedig als ihr da wahret.
Pasqvar.	Allerhand, unter andern wurde viel geredet, von einer Jgfr. Nahmens Columbine.
Arleqv.	Was war den mit dieser passirt.
Pasqvar.	Diese Columbine war mit einem mit Nahmen Arleqvin durch ein schrifftliches Ehverlöbnüß betrogen worden, worüber sie sich zu einer über aus heroischen That resolviret hat.
Arleqv.	Was hat sie dan gethan.
Pasqvar.	Sie ist aus der Stadt gangen, und hat da, wo der Canal ins Meer gehet, sich ausgezogen, und nachdem sie die Kleider abgethan, und auff die Erde geschmißen, so hat sie sich folgender maßen beklagt: o Treüloser Arleqvin, so verläßestu mich, und nachdehm du mich betrogen, so ergiebestu dich einer anderen, wo bleibt dan dein Versprechen, komstu deinem Eydschwur also nach, wie kan ich länger in solchem Verdruß leben. Ey so soll dann dieser Strohm ein Zeüge meiner Verzweifflung sein.
Arleqv.	Alles dieses hat sie zum Canal gesagt.
Pasqvar.	Ja mein Herr.
Arleqv.	Und was antwortete der Canal.
Pasqvar.	Columbina weinete über aus, und hierauff — — —
Arleqv.	Stürtzte sie sich hernach in das Canal und ersäuffte sich.
Pasqvar.	Nein, den Verlauff weiß ich weiter nicht, aber mein Weib Donna Anna wird mehr davon erzehlen, wenn es dem Herrn beliebt.
Arleqv.	Ist sie nahe beyhanden.
Pasqvar.	Wie ich davor halte, holla Dona Anna komt herbey, ein Cavallier will eüch sprechen. ⁄: auff der Seithen ab. :⁄

Scena 6. Columbina verkleidet.

Arleqv	Welcher Cavallier will mich sprechen.
Pasqvar.	Don- Anna wäre mir lieber als ein gantzer Stadt-Graben voll Corno; um Verzeihung meine schöne Frau, sie scheinet eine ausländerin zu sein.
Columb.	Der Herr Urtheilet wohl, dan ich bin [in] Spanien erzogen worden.
Arleqv.	Daß wolte ich eben sagen, ich konte es gleich an ihrn schritten mercken.
Columb.	So hat mein Herr Spanien gesehen.
Arleqv.	Viel jahr lang, Es ist keine Schlittenfahrt zu Madrit gehalten worden, ich habe darbey hinten und vornen sein müßen, hundert Element, wann ich daran gedencke, wie mich die spanische Fürstinnen ums Himmels willen gebeten haben, ich solte sie führen.
Columb.	Zu Madrit weiß man sonst nichts von Schlitten fahrn.
Arleqv.	Alle leüthe bekommen sie auch nicht zu sehen, dan man hat sie nur incognito, was galt damahls alß sie in Spanien war, der Eymer Chocolada, zu meiner Zeit war sie Bestialisch theür, wegen eines Frost so um Johannis fiehl, davon warn gantze Felder mit Chocolada erfrohren, es war wohl ewig schade.

Columb.	Davon kan ich mich nicht erinnern, etwas gehört zu haben, sonst war die Chocolade noch in leidentlichen Preiß, aber sie wird bey Pfunden und nicht eymer weiß verkaufft.
Arleqv.	Ich weiß es wohl, daß niemand mit Chocolade eymer weiß handlen darff, wer aber das Privilegium darüber hat, der darff auch bey halben Faßen, und gantzen Keller voll handlen, aber ihr man hat mir gesagt, daß sie nachricht hätte, von einer gewißen Columbine von Venedig, wo sie hin komen.
Columb.	Gewiß dieselbe, welche von einem Ertz Cojon, einen Galgen-Dieb und ungehangenen Schelmen, der sich Arleqvin nennet, betrogen worden, so viel weiß ich, daß Columbina deßen Betriegen nachgereiset, und resolviret ist, nicht eher zu ruhen, biß sie den Vogel an den Galgen gebracht hat.
Arleqv.	Hat dan die Frau sonst mit Columbinen gesprochen.
Columb.	Freylich und ich kenne sie so guth als mich selbsten ⫶ Sie zieht die Masquere ab und gibt sich zu erkennen. ⫶ und nun wirstu treüloser Verräther, mich auch wohl erkennen. ⫶ ab ⫶
Arleqv.	Ach Mezetin, kom mir geschwind zu Hülffe, Gespenste, Kobolde, Poltergeister und allerhand solche Gespenster sind mir erschienen.

Scena 7. Mezetin.

Mezetin.	Was giebts, wer macht mich in eürm Zimmer Ungelegenheit.
Arleqv.	Ach mein Ehrlicher Mezetin, Columbina ist mir hier erschienen, und hat ietzo gleich mit mir geredet, sie hat mich einen Schelmen geheisen, kom doch geschwind, wir wollen ihr nachgehen, und ausforschen wo sie logirt. ⫶ ab. ⫶

Scena 8. Cinthio.

Mezetin.	Ja, ja, laufft ihr nur Columbinen nach, ich glaube mein Herr wird in seinem Hirn verrückt; Columbine ist so gewiß zu Venedig als ich hier stehe, und er will sie in seinem Zimmer gesehen haben: Aber siehe da, hier steht der Cavallier wieder der mich schön öffters so sehr betrachtet, was muß Er nur von mir wollen.
Cinthio.	Mein Freündt mag ich wohl eürn Nahmen wißen.
Mezetin.	Wie ich heiße?
Cinthio.	Ja!
Mezetin.	Ich heiße Mezetin, Memeo, Sqvaqvara, Tammera, Catammera, Mein Vatter hieß Cocumaro und meine Mutter Madonna Papora Trentova, Junze, Dunze, Tricarunze, Takkette, Stackette, Minoffa, Scatoffa, Solfana, Befana, Cajorca. So heiße ich und anders nicht dem Herrn zu dienen.
Cinthio.	Einen so vortrefflichen Nahmen habe ich Zeit meines lebens nicht gehöret, ⫶ Zieht den Beütel ⫶ Der Nahme kan nicht theür genug bezahlt werden, da dieses ist vor Mezetin, dieses vor Memeo, dieses vor Sqvaqvara, und vor die übrüge Nahmen macht eüch selbsten bezalt. ⫶ Gibt ihm den gantzen Beütel ⫶
Mezet:	Dieser hat gewiß Commission Nahmen einzuhandlen, Mein Herr ich habe in meiner Freündschafft noch mehr Nahmen, die weit schöner sein als die meinigen, hat sie der Herr vonnöthen, so handle ich sie dem Herrn auch ab um solchen Preiß.
Cinthio.	Dißmahl hab ich an den eürn genüg, und ich kan daraus schließen, daß ihr ein diensthaffter Mensch seyd.
Mezetin.	Daß hat der Herr errathen, dan kein Mensch wird gefunden werden, der williger ist als ich, wäre ich ein Mägdlein, so würde meines gleichen an Freündlichkeit in der Welt nicht gefunden werden.
Cinthio.	Sehet ihr wohl jenes Hauß Dr. Balovard wohnet darinnen, und ihr werdet mir, weil ihr so viel Nahmen hat, den Gefallen erweisen, diesen Brieff seiner Tochter Isabella einzuhändigen.
Mezetin.	Wie heist den der Herr?
Cinthio.	Ich nenne mich Cinthio.
Mezetin.	Ach was ist das vor ein herrlicher Nahmen, dieser Nahme ist mehr wehrt als alle meine Nahmen. Da ist die Bezahlung dafür. ⫶ Gibt ihm den gantzen Beütel wieder ⫶
Cinthio.	Warum thut ihr das.
Mezet:	Und hier habt ihr den Brieff auch wieder: die Sache geht mich nichts an.
Cinthio.	Kerl so bist närrisch?
Mezet:	Und ihr seyd nicht gescheidet? ⫶ ab ⫶
Cinthio.	Daß ist ein verschmitzter Knecht. ⫶ ab. ⫶

Scena 9. Isabella und Doctor.

Doctor.	So mir recht ist meine Tochter, so sehe ich eüch gantz melancholisch.
Isabella.	Einer wohl erzogenen Tochter komt nicht zu, sich ihrn Vatter, den sie liebet zu wiedersetzen, aber wen mir erlaubt ist zu reden, so gestehe ich, daß der Baron Buffadelli mir nicht vorkomt eine Standes Persohn zu sein; Er hat ja nichts adeliches an sich, und halte ich ihn eher vor einen schlechten gemeinen Kerl; Also bitte ich der Herr Vatter wolle mit meiner Verheürathung nicht sich übereylen.
Doctor.	Du fehlest Isabella, man muß nicht von äußerlichen Ansehen judicirn, der Herr Baron ist sehr reich, und daß dir seine Manieren nicht gefallen, ist Ursach, weil du noch nicht viel mit leüthen von hohen Standt bist umgangen: Es ist noch ein junger Mensch, und thut dahero nicht anders als wie die Jugend pfleget: Jedoch hiendert dieses nichts, ich will mich von dieser Stunde an, auffs genaueste nach seinem Herkommen erkundigen.
Isabella.	Columbine kan hiervon die beste Nachricht geben.
Doctor.	Diese ist mir verdächtig, weil Columbine wie ich mercke, in den Baron verliebt ist, und dahero anders nichts sucht als die Heürath mit dir zu hintertreiben. Ich werde schon bey anderen nachforschen, und deswegen alsbald ausgehen, komt der Baron inzwischen zu dir, so tractire ihn gleichwohl höfflich. ⫶ ab ⫶

Isabella.	Es ist wohl keine Elendere Creatur als eine Tochter, welche ihrer Neigung zuwieder sich verheürathen muß, bloß des Reichthums wegen, wie kan man aber seine Natur — — — Ich glaube ich höre jemand kommen.

Scena 10. Arleqvin im ledernen Kleide.

Arleqv.	Wie gehts Jungffer Isabella.
Isabella.	So wie der Herr Baron siehet, wie komt es aber, daß ich 3. Tage lang so unglücklich gewesen, und seiner Visiten ermanglen müßen.
Arleqv.	Hohle mich dieser und jener! wan ich Ursach davon bin, Es kann einer sein eigner Herr nicht sein, wan man ohne Unterlaß bey Hoff erscheinen muß; Es wird mir kaum so viel Zeit gelaßen, daß ich schlaffen und Essen kan, meine 6. barbarische Schimmel haben sich schon steiff gelauffen, dan das auff und abfahren von Hoffe, wehret ohn Unterlaß.
Isabell.	Hat man viel neües bey Hoffe?
Arleqv.	Genug! Es wird anietzo viel geredet von dem großen Saal der mit ehstem gebaut werden soll, er soll 200. Ruthen breith werden, damit das Roß Ballet darinnen gehalten werden könne, wan böß wetter einfallen solle!
Isabella.	200. Ruthen breith!
Arleqv.	Nicht um einen Daumen schmähler, die Zimmerleüthe lauffen schon das gantze land durch und suchen balcken von 200 und einer halben ruthen lang, dan kürtzer dörffen sie nicht sein. Das beste hätte ich bald vergeßen, Eine Charge ist mir bey Hoff angetragen worden, und zwar eine im Felde, ich habe mir vor längst eingebild, man würde bey Hoff bald erkennen, daß ich zu großen Dingen überaus wohl geschick bin. — — — Ich weiß es am besten wie es /. zeigt auff seine Stirne ./ hierinnen beschaffen ist.
Isabella.	Hat der Herr Baron seinen Befreündten hiervon noch keine Nachricht ertheilet.
Arleqv.	Ha! Ich bin von Prahlereyen ein Todtfeind, die meinigen werden es ohnedem bald auß der gedruckten Zeitung erfahren.
Isabella.	Darff ich es aber auch wohl wißen, Er halte mich doch nicht auff.
Arleqv.	So will ich es dan sagen, ich werde General Feld Marquetender Leutenant werden.
Isabella.	Daß ist ohnfehlbar eine neüe Charge, dan ich habe sonst nie davon gehöret.
Arleqvin.	Freylich ja, dan es ist noch niemahls einer so geschickt gefunden worden, daß Er zu dieser Charge tauglich gewesen wäre, und also bin ich der Erste.
Isabella.	Es wird eine sehr profitable Charge sein.
Arleqvin.	Leicht zu dencken, General Marquetenter Leutenant, es sein keine Narrenboßen: beym Element.

Scena 11. Page.

Page.	Es ist jemand draußen, und verlangt mit der Jungffer zu reden.
Isabella.	Habe ich eüch nicht gesagt, ihr solt niemand bey mir anmelden so lang der Herr Baron zugegen ist.
Arleqvin.	O meinetwegen dörffen sie dieses nicht verbiethen, Es ist ein alzu große Ehre vor mich.
Page.	Es ist nur ein Mägdlein, welche sich zu ihrn Diensten anträgt.
Isabella.	Ha! Ha! Ich erinnere mich, sie ist mir schon recommendiret worden von einer gewißen Gräffin.
Arleqv.	So will ich sie dann nicht hindern. /. will gehen ./
Isabella.	Ach nein der Herr Baron wird mich über alle maßen obligrn wan er hier bleibt, dan wan das Mägdlein ihm nicht solte anstehen, so werde ich sie in meine Dienste nicht nehmen.

Scena 12. Columbina.

Arleqv.	Daß Mägdlein siehet nicht übel aus.
Columb.	Ich bin von meiner Frau Gräffin hieher geschickt worden, weil die Jungffer zu ihrer Auffwartung jemand nöthig haben solte.
Arleqv.	Daß Mägdlein hat recht annehmliche Manieren.
Columb.	Die Frau Gräffin wird ohne Zweiffel schon gesagt haben, wie schwer es mir ankommen, ehe ich mich resolviret in Condition zu tretten, und wie froh ich her entgegen gewesen, als ich vernohmen, daß ich das Glück haben würde, in dero Diensten auffgenohmen zu werden.
Isabell.	Wie gefält dem Herrn Baron dieses Mägdlein an Verstandt.
Arleqv.	O wieder das Gesichte ist auch nichts zu reden.
Isabella.	Mein Kind ihr seydt sehr jung und zart, meine Dienste werden euch zu schwer fallen, ihr müst mich aus und ankleiden, meinen Auffbutz einrichten, die spitzen ausbeßern, und über alles dieses hab ich überaus viel Wäsche.
Arleqv.	Komt zu mir Mägdlein ich habe über 2. Hembdter nicht zu waschen.
Columb.	Es wird meine Jugend nicht verhindern, meine Dienste zu vertreten, wie ich soll.
Isabella.	Eüer Wesen gefält mir sonst nicht übel, was meinet der Baron dazu.
Arleqv.	Dem ansehen nach möchte sie ihre Dienste schon verrichten, sollte ich aber meine Gedancken frey eröffnen, so kan ich wol sagen, daß das Mägdlein nicht vor sie ist, miette sie sich lieber eine große starcke Magd, heßlich und grob, die wird ihre Dienste beßer verrichten, die arbeit ist vor diese zu schwer, solche Kinder braucht man mir zum Staat. /. zu Columbina ./ ich rede alles zu ihrem besten.
Columb.	Standts Persohnen ihres gleichen, sind in allen Dingen so höfflich.
Isabell.	Sie steht mir wohl an über alle maßen, ich will gleich zu meinem Herrn Vatter um Erlaubnuß zu bitten, daß ich sie auffnehmen darff. /. Im weggehen sagt sie ./ der Herr Baron halte sich indeßen wohl und galanisire mir nicht mit dem Mägdlein. /. ab ./

Arleqv.	Sie thut mir Unrecht wan sie solche Gedancken von mir hat, mein artiges Kind, folget meinem Rath, und bleibet von diesem verteüffelte Hauß, dan ihr werde [t] keine gute stunde da haben und wan ihr in 3 Tagen nicht crepiret so wirds viel sein.
In dem Stadt als ich anietzo bin wehlet man nicht lang, zumalen wan sich so eine gute Gelegenheit zeiget, ich werde die Dienste nicht ausschlagen können, weil ich anhero recommendiret bin.
Ihr seyd wohl einfältig kommet zu mir in Diensten, ihr solt es bey mir finden wie ihr wünschet.
Columb.	Daß würde sich schön schicken, bey einem unverheürathen Baron, was würden die leüthen sagen.
Arleqvin.	Daß macht nichts, werd ich doch bald heürathen, zu dem so gefalt ihr mir über alle maßen wohl, bleibet nur bey mir, Es wird eüer Glück sein, dan kein Cavallier am Hoffe ist mir an Freygebigkeit gleich.
Columb.	Es ist nicht zu trauen, dieser Tagen ist mir eine Historie erzehlet worden, von einer gewißen Columbina, die war gewiß recht sonderlich, und wan es auch Mans Persohnen schneiete so wolte ich keine am Wege auffheben.
Arleqv.	Wieso?
Columb.	Man hat mir erzehlet, wie leichtfertig die arme Columbina von einem Betrieger hintergangen worden, er soll heisen Ar- Ar- Arleqvin.
Arleqv.	Wer soll dieser[r] Arleqvin sein?
Columb.	Man sagt mir er sey ein liederlicher, untauglicher lumpenhund der kaum wehrt ist der Columbinen Füß zu küßen.
Arleqv.	Man hat eüch nur vexirt.
Columb.	Nein diese Historie soll wahr und nicht lengst geschehen sein, dieser lausichte Harlequin hat diese gute Columbine ungeachtet seiner schriftlichen Zusage verlaßen, und gibt sich anietzo vor einen Baron aus.
Arleqv.	Das schlage Pülsken und bleg darein in solche Maüler.
Columb.	Man sagt gar er sey würcklich in der Stadt, und werde ehister Tagen eine reiche Tochter eines Doctors mit 30000 lb. heürathen.
Arleqv.	Ist das möglich?
Columb.	Nur alzu möglich, und die arme Columbina ist vor Verdruß gestorben; und wan es so guth gehet, so [wäre] man wohl sehr einfältig wan man mehr trauete.
Arleqv.	Es ist wahr es giebet große Schelme in der Welt, aber ist Columbina würcklich gestorben.
Columb.	So wohl als mich der Herr Baron vor sich siehet.
Arleqv.	So viel beßer vor mich, wann ich eüch sagen solte, was ich von dieser Histori halte, so wäre viel darwieder einzuwenden, dann einmahl ist derjenige ein Narr, der nicht mehr auff seinen Nutzen siehet, diese Columbina hat er deswegen auffgehört zu lieben, dieweil Er sein Vergnügen anders gefunden, der frey Will muß in liebes Sachen, so wohl als in anderen ungezwungen sein.
Columb.	*Gibt sich zu erkennen* ⁄. O treüloser Bösewicht, kenestu mich nun du verfluchter betrieger. ⁄. *ab* ⁄.
Arleqv.	Ach helfft! errettet mich von dem gespenst, von dem Foltergeistern! ⁄. *lauft furchtsam ab.* ⁄.

Actus 2. Scena 1.

Pascariel mit Columbine

Diese Auskunfft wird extemperirt, Pascariel versichert der Columbine beyzustehen, redet von seiner Furchtsamkeit, und wenigem Verstadt, machen den Anschlag wegen der Mohrin und Columbina will ihn als eine Wirthen nochmahl verwirret machen, hören Arleqvin kommen, tretten beyde an die Seithen.

Scena 2. Arleqvin und Mezetin.

Arleqv.	Ist das nicht der Teüffel daß mich das gespenst von der Columbine also plagt, dann es ist doch nichts als ein Geist, welcher allezeit gleich verschwindet. Aber was will der Kerl.
Pasqvar.	Der Herr siehet sich gewiß als ein frembder nach dem Wirtshauß um, ich versichere daß in der gantzen Stadt kein beßers ist, als das meinige, allerhand Nationen ziehen bey mir ein, der Herr findet bey mir Welsche, Spanier, Türcken, Teütsche und andere an!
Arleqv.	Auch Türcken?
Pasqvar.	Allerdings, und zwar ziemlich viel!
Arleqv.	So werden auch Turcosen darbey sein.
Pasqvar.	Was versteht der Herr durch Turcosen.
Arleqv.	Ich vermeine Türckenin, Türckische Weiber.
Pascariel.	Freylich ohne Zahl mehr als Männer, zu dem so haben sie auch eine menge der schönsten Mohrinnen bey sich von allerhand Farben, als rothe, schwartze, blaue etc.
Arleqv.	Grüne, gelbe, graue, wer Teüffel hat sein lebtag rothe Mohrin gesehen.
Pasqvar.	Die Türcken nennen sich also weil sie roth gekleidet gehen.
Arleqv.	So seind keine Mohrinnen darunter.
Pasqvar.	Ja, sie haben zwei weise Mohrinnen die gewiß schön sein.
Arleqv.	Daß wäre mir schon recht, aber sie müßen schwartz sein.
Pasqvar.	Sie sein weiß und Schwartz, wolte der Herr eine kauffen.
Arleqv.	Ja ich habe willens eine zu kaufen, nur daß ich mich nicht darauff verstehe, könt ihr mir nicht ohngefehr sagen, wie theüer die Ehle solcher Mohrinnen verkaufft wird.
Pasqva.	Ha! Ha! Ehle, der Herr soll sie in gutem Preiß haben, ich will gehen, die Mohrin bey der hand schaffen, der Herr soll nicht übersetzt werden ⁄. *ab* ⁄.

Arleqv.	Daß solte mir lieb sein, wann ich anietzo die Mohrin bekommen könte, welche ich der Isabella versprochen habe, dan mein Wort muß ich halten, es koste auch was es wolle, wan sie der Wirth nur bald herbrächte, ha, ha, da komt die Wirthin anhero, glück zu Frau Wirthin.

Scena 3. Columbina als Wirthin mit einem Trunck Wein und Glaß

Columb.	Was beliebt den Herrn, will er nicht näher kommen, Zimmer genug sein in meinem hauße, mit aller bequemlichkeit.
Arleqv.	Dieses mahl werd ich nicht alhier logirn, dan ich komme nur anhero mit eürm Mann etwas zu handeln, kehren dan auch Standts Persohnen bey eüch ein.
Columb.	Standts Persohnen Battallionen weiß, ich habe das hauß so vielmahl so voller Baronen wie mein Herr einer ist, daß einer den andern die Stieffel ausziehen muß, weil ich nicht genug Diener hab.
Arleqv.	Was liegt anietzo vor Frauen Zimmer bey eüch?
Columb.	Gestern sein 2. Carossen voll wieder weggefahrn diesesmahl liegt nur ein frembde Jungffer bey mir die sich Columbine ...
Arleqv.	Columbine daß war viel!
Columb.	Ja Columbine: warum schwitz der (Her) Herr also!
Arleqv.	Es hat nichts zu bedeüten, es kahme mir ein schwindel an.
Columb.	Hie ist ein Glaß Wein. ∕. *Schenckt beyden ein, Mezetin tritt an die Seithe* ∕. Es ist ein gar artiges Jungfraülein, und ist verlobet mit einem gewißen Arleqvin der Herr schwitzt, welcher sie aber anietzo verlaßen hat, und eine andere heürathen will, was ist dem Herrn, daß der Herr zittert, trinck der Herr!
Arleqv.	Ach nein! Es ist meine Natur also.
Columb.	Aber wackere Cavalier so bey mir logirn haben mitleiden mit ihr und ihr versprochen, sie wollen ihr nach vermögen beystehen, der dem Schelm den Arlequin halß und Pein entzweyschlagen, der Herr zittert was ist ihm.
Arleqv.	Es will sich ein Fieber bey mir anmelden, es schauert mir die haut aber höret nur ich werde diesen Arleqvin warnen, daß Er sich vorsehen soll, den ich kenne ihn nur alzu wohl ∕. *will trincken* ∕.
Columb.	Ich kenne dich schelmen auch wohl, und du verfluchter betrieger kennest mich nicht wahr ∕. *laufft gegen beyde welche im trinsei[n]dt* ∕. *ab* ∕.
Arleqv.	und Scaram[ou]ch: O weh! Ein geist. ∕. *alle ab* ∕.

Scena 4. Doctor und Cinthio.

Cinthio.	Der Herr erlaube mir nur 3. wort zu reden.
Doctor.	Endlich diese noch aber nicht mehr als 3. wort.
Cinthio.	Auff das allerhöchste sollen es 4 worte sein.
Doctor.	Nun dann ich laße es zu.
Cinthio.	Ich bitte um Isabella, daß seind nur 4. wort.
Doctor.	So will ich auch mit 4. worten antworten, der Herr bekomt sie nicht.
Cinthio.	So höre mich doch der Herr weiter.
Doctor.	Nichts mehr! ∕. *ab* ∕.
Cinthio.	Was soll ich nun anfangen. ∕. *ab* ∕.

Scena 5. Arleqvin. Pasqvariel im Türckischen Habit. Columbine als Mohrin.

Arleqv.	Es ist nicht anders ein verdamter Poltergeist hat der Columbinen ihre Gestalt angenohmen, und verfolget mich allenthalben, bald auff diese bald auff eine andere manier, wan das Gespenst nur nicht verhindert hätte daß ich mit dem Wirthe wegen der Mohrin nicht habe handeln können; Aber sie[h] da, was ist das vor ein Auffzug, ha, ha, das wird der Türcke sein, ich will ihn grüßen aber ich kan nicht Türckisch ∕. *Steiff* ∕. der! hat der Herr Scalvin zu verkauffen.
Pasqv.	Ja meinem Herrn zu dienen.
Arleqv.	So versteht ihr auch meine sprache.
Pasqvar.	Kauffleüthe müßen allerhand sprachen kennen, und alle meine leüthe halte ich dazu, auch meine Sclaven.
Arleqv.	So versteht ihr mich den auch?
Columb.	Mehr als mir lieb ist.
Arleqv.	Aus was vor einem lande bistu?
Columb.	Aus Monomotapa.
Arleqv.	Ha, Ha, daß liegt dort oben an der Schweitz.
Columb.	Nein es liegt in Africa!
Arleqv.	Es ist recht ich habe mich geirret, dan ich bin 4 Jahr in Africa gewesen, aber wegen großer Kälte konte ich dort nicht bleiben, aber was verstehestu vor arbeit.
Columb.	Allerhand ich kan tantzen, ich kan eßen und trincken, ich kan lauffen und waschen.
Arleqv.	Waschen, warum wäschtu dich nicht selber, wie alt bistu.
Columb.	Ich kan anders nicht als auff Morisch rechnen, sonsten kan ich es nicht zehlen.
Arleqv.	Wie zehlestu dann auff Morisch, laß michs sehen.
Columb.	So zehle ich, Sturta, Burgia, Curgia, grimb, gromba, gromura, dira, dora, dora, bondere ∕. *zu jedem wort rupfft sie Arleqvin am bart* ∕. Fünfzehn Jahr hab ich.
Arleqv.	Daß ist ein verdamtes zehlen, wan du doch 15. Jahr alter wärest, so hätte ich kein Haar am barthe behalte[n].
Columb.	Will der Herr wißen wie alt mein bruder ist.
Arleqv.	Nein!
Columb.	Meine Schwester?
Arleqv.	Nein.
Columb.	Ich will ihm sagen wie alt meine gantze Freündtschaft ist.

Arleqv.	Beym Teüffel nein ich verlange nicht zu wißen, ich möchte kein Haar auff dem Kopff behalten.
Pasqva.	Gefalt dem Herrn meine Sclavin, ich laße sie ihm in guten Preiß.
Arleqv.	Was gebe ich dafür.
Pasqvar.	Ohne zu überbieten 200 lb. und nicht geringer.
Arleqv.	200 lb. vor ein schwartz Mensch daß ist zu viel.
Pasqvar.	Was ist den der Herr willens zu geben.
Arleqv.	Was billich und recht ist, 10. 30. 60. 80. 100.
Pasqvar.	/. Schüttelt alzeit den Kopff /.

Scena 6. Cinthio.

Cinthio.	/. geht vor Arleqvin bleibt stehen und betracht ihn, nimmt letzlich den großen Ermel, und schlägt Arleqvin darmit auffs Maul /. ist dieses anietzo die Neüste mode.
Arleqv.	*trotzig* /. ja die neüeste mode wie man sie bey Hoffe trägt, aber was geht den Herrn mein Kleid an, Er kan nur seiner wege gehen.
Cinthio.	Seyd ihr nicht der Baron Buffadelli.
Arleqv.	Ja der bin ich, und was ist eüer verlangen.
Cinthio.	Seyd ihr nicht der, welcher Isabella heürathen soll.
Arleqv.	Allerdings, und davon soll mich kein Mensch hindern, dann ich bin von guten Standt, und Hertz hab ich auch.
Cinthio.	Du siehest mehr einem monstro als bräutigam ähnlich.
Arleqv.	*druckt mit einer Hand den Huth an Kopff, mit der andern greifft Er nach dem Degen* /. was 100. Element. morbleu, ich bin ein braver Cavallier.
Cinthio.	Was wolt ihr mit dem Degen thun.
Arleqv.	Ich, ich, will ihn verkauffen, habt ihr lust dazu.
Cinthio.	*zieht den Degen* /. Und ich will dir deinen Halß brechen, ich habe dich schon lange gesucht, fort ziehe vom leder, oder ich stoß dich über den Hauffen.
Columb.	*Nimmt des Arleqvins Degen* /. Halt hier solt ihr finden denjenigen der sich mit eüch schlagen wird.
Cinthio.	Mit Weibes bilder mag ich nichts zu thun haben, ich führe mit ihnen keinen Handel mit dem Degen aus /. *ab* /.
Arleqv.	*lacht* /. Daß ist eine brave Mohrin, die hat mir anietzo das leben errettet, alles was ich habe, gebe ich um sie, ich gebe eüch anietzo was ihr verlanget.
Columb.	*Gibt sich zu erkennen, nimmt die Masqvere ab* /. Verrätherischer bößewicht, Ehr vergeßener betrieger, kenstu Columbinen die du betrogen. /. *ab* /.
Arleqv.	O weh! der Geist! o weh! /. *alle ab* /.

Scena 7. Mezetin und Pierrot, zu ihnen komt Arleqvin.

Mezet:	Wo ist heüte Unser Baron so lang?
Pierrot.	Er wird wegen der Mohrin nicht kenen richtig werden.
Mezet:	Ich wolte daß Er seine Phantasie möchte fahrn laßen, und wieder nach Venedig kehrn.
Pierrot.	Man sagt starckt von seiner versprochenen liebsten, daß sie hie sein solle.
Mezetin	Hat sich wohl es ist nur ein gespenst daß uns plaget, sie wird so weit nicht nach kommen /. *Harlequin kommt* /. Aber stille Arleqvin der Baron komt.
Arleqv.	Seidt ihr da, es ist guth daß ich eüch antreffe, ihr solt bey mir verbleiben, ein verfluchtes Gespenste der Columbina verfolget mich allenthalben, ich will alleine nicht mehr ausgehen.
Pierrot.	Ich vermeinte ihr wollt eüch abmahlen laßen, die Isabella hat hergeschickt um eüer Conterfait.
Arleqv.	Gehe und hohle mir einen Spiegel, ich will sehen ob ich auch zum mahlen wohl aussehe.
Pierrot.	Ja gleich Herr Baron. /. *ab* /.
Mezetin.	Hat der Herr Baron die Mohrin gehandelt.
Arleqv.	O halte dein Maul und rede mir nichts mehr davon, als ich sie habe handlen wollen, verwandelte sie sich in Columbina.
Mezetin.	Ich kan es nicht glauben, ihr phantasiret nur.
Pierrot.	*Mit dem Spiegel* /. Hier ist der Spiegel.
Arleqv.	*Als er hinein siehet, tritt Columbine hinter den spiegel worüber Er erschrickt, und den spiegel fallen läst* /. O weh daß gespenst Columbina läßt sich wieder sehen. /. *Columb. u. Arl. ab* /. *Mezetin und Pierrot heben das Glaß auff und sehen hinein, finden nichts, und lachen der Thorheit ihres Barons.*
Arleqv.	Komt /. Ist das Gespenst weg?
Mezet.	Herr wir sehen ja niemand.
Arleqv.	Pierrot hohle mir den Frembden Mahler, ich will mich geschwind abmahlen laßen.
Pierrot.	Ja Herr Baron! /. *Arleqvin redet mit Mezetin von der Erscheinung der offtmahligen Columbine, es müße Zauberey sein* /.
Mezet.	Ich kan es nicht sehen, es müßen nur einbildungen sein.
Arleqv.	Ich will geschwind das Conterfait mahlen laßen, hernach mich mit Isabella vermählen.

Scena 8. Columbina als ein Mahler.

Diese Scene wird völlig Extemporiret, Arleqvin heist den Mahler willkommen, setzen sich beyde, der Mahler richtet sich zur arbeit, unter andern fragt Arleqvin.

Arleq.	Was gibts guts Neües, und was passiret alhier.
Columb.	Ich habe eine absonderliche lustige Zeitung zu erzehlen, von einem Baron, welcher eine Jungffer Nahmens Columbina die Ehe versprochen, nun aber wolle er sie verlaßen, und anderwärts heürathen, ich habe in seinem Wirthshauß wo eben diese Columbine logiret, bey Tisch von andern Cavallirn sehr wunderliche Streiche von diesem Flegel gehöret, er gibt sich vor einen Baron aus, und sey doch eines Schusters Sohn, ist daß nicht ein Haubt Esel, was sagt der Herr Baron dazu.

Arleqv.	Vortreffliche Zeitung.
Columb.	Die Herrn Cavallier haben der Jungfer Columbine versprochen, sie wollen nicht eher ruhen biß sie ihm haben arm und bein entzwey geschlagen, ich habe ihnen versprechen müssen, daß ich auch dazu helffen wolle, wird das nicht lächerlich zugehen, der Hr. Baron lache doch über den Schertz.
Arleqv.	Nein mir möchten die Augen übergehen.
Colomb.	Ich wäre als heüte früh verreist, wan man mich nicht versichert hätte, daß der Kerl morgen solle gehenckt werden, deßwegen bin ich da geblieben, der Herr wird hoffentlich auch darbey sein.
Arleqv.	Ich habe keinen Appetit darzu! Wie ist man fertig.
Columbin.	Allerdings. /: geht ab :/

Arleqvin nimmt das Conterfait und hängt es an die Wand, da geschehen die Veränderung mit dem bilde. Arleqvin und Mezetin nach etlichen Reden gehen sie ab.

Scena 9. Isabella mit dem Doctor.

Wird auch extemperirt, Isabella zeiget dem Vatter die Handschrifft als eine Versicherung so Arleqvin der Columbine gegeben, sie zu ehlichen, und erweiset zugleich, daß er eines Schusters Sohn sey. Der Doctor schwöret diese beschimpffung zu rächen, und wolte nicht nachlaßen, biß Arleqvin an Galgen komme.

Scena 10. Cinthio zu vorigen.

Als dieser kommt laufft Isabella entgegen, und erzehlet ihm den Standt des Arleqvins, und von seiner Eheversprechung mit Columbinen, dieser sagt zum Doctor Er wolle ihm behülfflich sein, den Schimpff zu rechen, er sey ein Vetter zum Stadt-Richter, und wan ihm der Doctor Isabella versprechen wolle, so wolle er es so weit mit seinem Vetter bringen, daß Arleqvin ohnfehlbar müße an Galgen kommen, der Doctor ist damit zufrieden, /: alle ab :/ Pasqvariel welcher zugehöret, die Heürath mit Isabella und Cinthio gienge nach Columbina Wunsch, das aber würde seine Baase nicht befriedigen, wan Arleqvin an Galgen komme, er müße der Sache rath schaffen, auch ab. /:

Scena 11. Arleqvin. Pasqvariel.

Arleqv.	Nunmehro da ich Columbinen Gesichte in meinem Conterfait gesehen, so soll mich kein Mensch überreden, daß Columbine entweder nicht ein Kobold, oder die ärgste Hexe ist, ich wolte wetten sie hat sich auch in die Gestalt des Mahlers verwandelt, um mich mit der verdamten Zeitung zu peinigen, aber was ist das vor ein Kerl, wan ich nur einen frembden Menschen sehe, so befröchte ich mich schon wieder einer Neüen Zauberey.
Pasqvar.	*Geht um ihn herum* /: Ach ja er ist es?
Arleqv.	Was wird hieraus werden, Columbine?
Pasqvar.	Kan der Herr auch tantzen.
Arleqv.	Nicht sonderlich.
Pasqvar.	Ich kenne einen Dantzmeister der wird den Herrn lehren Capriolen schneiden, noch ein mahl so hoch als er ist.
Arleqv.	Ich bin eben kein liebhaber davon, dieses wird kein Tantzmeister vor mich sein.
Pasqvar.	Ach der arme Man tauret mich von Hertzen, es ist mir wohl leid um ihn, nennt sich der Herr nicht Baron Buffadelli.
Arleqv.	Freylich ja, aber was meint der Herr damit.
Pasqvar.	Ich komme anietzo gleich aus Doctor Balovards Hauße, und habe aus des Doctors und der Isabella auch Cinthien Munde gehöret, daß sie sich verschwohren, nicht eher zu ruhen, biß sie den Herrn an Galgen gebracht haben, sie hatten eine Schrifft in handen, und sagten das es euer Ehe verlöbnüß wäre, so der Herr einem weibes Bild gegeben, so Co—— Co—— Colurina nein Co—— Columbine heisen soll, welche von Venedig kommen und anietzo in des Docters Hause logiret, sie sagten darbey, der Herr seye kein Baron, sondern ein liederlicher Kerl eines Schusters Sohn, und befreünder eines reichen Weinschenckes welcher vor wenig Zeit gestorben, von welchem der Herr 100 000 lb. geerbet, Sie seind schon nach dem Gerichte gegangen, und wollens dahin bringen, daß der Herr Baron soll an Galgen kommen. /: lauft gegen der Scena den Arleqvin über einen Hauffen :/ Geschwind auff die Seithen, ach ihr Herrn schämet ich bitte vergebet ihn diesen Fehler, er ist — — —
Arleqv.	Kommen die Häscher schon.
Pasqvar.	Nein es ist nichts, es wahre nur die Hauß Katz aber es wäre doch ewig schade, wan ein so wackerer Cavallier solte an Galgen kommen.
Arleqv.	Ich dancke dem Herrn vor seine Sorge, und bitte ihr wollet mir rathen, wie ich mir aus diesen Händlen helffen solle, dan ich bin reich und bin gegen allen danckbahr, so sich meinetwegen bemühen, wenigst macht eüch rechnung von einem halben Thaler.
Pasqvar.	Um Geld diene ich niemandt, sondern nur Ehre zu erlangen, Ich kenne einen Doctor welcher ein vortrefflicher Advocat ist, der wird sich seiner Sachen annehmen, und den Herrn in Sicherheit bringen.
Arleqv.	So führet mich der Herr geschwind zu ihm, ich will ihm die Sache aufftragen, wo wohnt er.
Pasqvar.	Gleich da um die Ecke hinum.
Arleqv.	Ja recht, die Ecke sieht ietzt aus, als wie ein gelehrter Mann.
Pasqvar.	Ach wie glückseelig sind wir, hie komt er eben.

Scena 12. Columbine als ein Doctor.

Arleqv.	Er hat uns schon gesehen, sein Diener mein Herr Doctor.
Columb.	Wen sucht der Herr?
Arleqv.	Ich suche einen gewißen....

Columb.	Still, Still, wan der Herr reden will so rede er wie sichs gebühret, oder schweige gar still, er sagt daß Er einen gewißen sucht, hat er ihn gewiß, warum sucht er ihn dan, einen guten Philosophen thun die Ohrn weh, wann er so wieder die Vernunfft reden höret.
Arleqv.	Element, daß ist ein gelehrter Mann, weiß mir der Herr nicht zu sagen.
Columb.	Noch übler geredet als vorhero, Erstlich supponiret der Herr daß ich es wiße, welches doch zweiffelhafftig ist, zum andern zweiffelt Er an meinem Verstandt, ob ich capabel sey ihm eine Sage zu sagen was er begehre, ein gelehrter Mann wird durch eine solche Sache eben so schimpfflich beleidiget, als bekähme Er eine Ohrfeige.
Arleqv.	Wer mit dem Kerl capabel zu disputirn ist, muß sich gewaschen haben, so sey der Herr so guth und berichte mich ob er Doctor ist, welcher — — —
Colomb.	Ich würde gewiß ein schlechter Man seyn, wan ich nicht mehr als ein Doctor währe.
Arleqv.	Ist dan der Herr etwas mehrers als ein Doctor.
Colomb.	Der Nahme Doctor ist nur ein bloßer Titul, welcher nur zur parade dienet, und öffters weiter nichts bedeutet, als ein verguldes Zeichen, welches an einem liederlichen Wirthshauß hänget, der Titul macht keinen gelehrt, Averoes redet sehr schön davon, wan er saget, Ein Doctor sey eben wie ein Bieber schwantz, welcher zwar vor Fisch gegeßen wird, in der That aber nichts als Fleisch ist.
Arleqv.	Wie soll man aber thun daß man nicht falsch judicire.
Colomb.	Man muß damit umgehen als wie mit dem Wildbred.
Arleqv.	Daß wäre was wunderliches.
Colomb.	Ich rede mit dem Anaxagoras, welchen wir eine Vorraths Cammer aller Gelehrsam nennen, dan dieser sagt wan man zum Exempel den Unterschied zwischen wilden und zahmen Schweinen wißen soll, so müß solches mit Hülffe der Nase geschehen, riechet das Fleisch nicht nach Wurtzeln, so ist es nothwendig nur ein gemeines schweinen Fleisch: Also auch mit einem Doct: den muß man mit der Nase der Vernunfft berichen, befindet man einen Edlen geruch vortrefflicher Wißenschafft, so ist er ein wahrhaffter Doctor, riechet Er aber nach Schulfuchsereyen so ist er eben als ein zahmes Schwein, gegen einen wilden Eber zu rechnen, der Herr wird mich wohl verstanden haben.
Arleqv.	Ja mein Herr, und ich halte den Herrn vor einen wilden Eber der Gelehrsamkeit, ich bitte der Herr Doctor wolle mir in einer Sache, nur einen guten Rath ertheilen.
Columb.	Was betriffts den in der Sachen Jus oder Factum.
Arleqv.	Es betrifft eine doppelte Eheverlöbnüß.
Columb.	Daß ist eine greüliche böße That, henckens wehrt.
Arleqv.	Herr Doctor Eber der Gelehrsamkeit, man beschuldiget mich als wolte ich zwey Weiber.
Columb.	Schweig der Herr von solcher Sache mag ich nichts hörn.
Arleqv.	Es betrifft eine gewiße Persohn, welche Columbine heißet, und — — —
Columb.	O wan es kein Heürath betrifft so erzehle mir der Herr nur den Casum.
Arleqv.	Es betrifft eine Heürath auch keine, dan ich liebe eine Persohn nahmens Isabella.
Columb.	Hier von mag ich nichts hörn.
Arleqv.	Aber so weit es Columbine betrifft.
Columb.	Hier von kan der Herr reden so viel ihm beliebt.
Arleqv.	Der einen hab ich mich mündlich, dieser letzten aber schrifftlich zu Ehe versprochen, und nun mag ich von dieser nichts mehr höhren, und bitt den Herr, weil man mich suchet an Galgen zu bringen.
Columb.	Verzeihe der Herr und rede mir nichts vom Galgen, der Herr muß erstlich ein baarmahl die Tortur ausstehen.
Arleqv.	Die Tortur das wäre viel!
Columb.	Ja, und ich versichere den Herrn, wan er das 3 temahl die Tortur aussstehet, und leügnet daß er der Columbinen die Ehe versprochen, und komt mit dem leben davon, daß Es an den Galgen nicht kommen soll.
Arleqv.	Der Herr hört es ja daß ich es nicht leügnen kan, dan Columbine hat die Eheverlöbnüß schrifftlich in Handen, und ist schon damit vor gericht.
Columb.	*Gibt sich zu erkennen /.* O du treüloser Vogel, meyneidiger Schelm, kenstu mich dan nicht. /. ab /.
Arleqv.	O weh! helfft ein gespenst. /. ab /.

Actus 3. Scena 1.

Mezetin in Frauenskleidern zu ihm komt Arleqvin

Mezet:	Daß wäre sehr schlim vor mich, mein Herr soll arrestiret werden, und wer weiß was mit mir passirte, wahrlich ich förchte mich sie möchten mich zugleich beym Kopff nehmen, aber dieser Habit soll mich hoffentlich davon bringen.
Arleqv.	Nein! Es ist vor mich weiter nichts zu thun, der beste rath ist, daß ich mich fortmache, wan ich nur meinen Mezetin geschwind finden könte, damit Er mir ein baar Post-Pferde parat hielte, so wolte ich mich augenblicklich auff die Seithen machen.
Mezet.	Ihr Diener mein Herr!
Arleqv.	Serviteur, was beliebt euch.
Mezet:	Kan mir der Herr nicht sagen wo man zum galgen gehet.
Arleqv.	Was zum Teüffel habt ihr mich darum zu fragen.
Mezet.	Der Herr werde nur nicht böse ich bin eine ehrliche Frau!
Arleqv.	Es ist schon guth, gehet nur diese Gaßen, da, man wird euch schon zu rechte weisen.
Mezet:	Es ist schon guth, so will ich dan Eylen daß ich nicht so spat komm.

Arleqv.	Und warum dan?
Mezet:	Man wird den Baron Bufadelli hencken, und deswegen wird ein großer Zulauff sein.
Arleqv.	Ein Schelm mag eüch das gesagt haben, ich kenne den Baron Bufadelli und weiß daß er ein rechtschaffener Cavalier ist, Er wird nicht gehenckt werden, versteht ihr das wohl.
Mezet:	Ich sage eüch aber daß er gehenckt werden muß, weil schon so viele leüthe gesaget haben, daß sie zusehen wollen, und diese leüthe werden auch nicht umbsonst nach dem galgen gehen.
Arleqv.	Eine schöne Ursach, deßwesen zu hencken, weil so viel leüthe hingehen.
Mezet:	Es muß doch wahr sein, dan ich freüe mich selbsten darauff daß ich ihnen sehen kan, er hat zwey Weiber genohmen, und deswegen sollen ihm zwey Spinnrocken auff beyden Seithen gehenckt werden, ach daß wird ja wohl recht kurtzweilig und lächerlich anzusehen sein, ich wolte daß ich ihn schon sehe hencken.
Arleqv.	Ich sage noch einmahl daß sich der Herr Baron Bufadelli nicht wird hencken laßen, dann ich kenne ihn nur alzu wohl.
Mezet:	Und ich kenne ihn auch!
Arleqv.	Mezetin bistu es.
Mezet.	Freylich bin ichs, und habe mich deswegen verkleidt weil ich weiß daß der Herr Doctor den Herrn suchen läst ihn gefangen zu nehmen, 20. Häscher seindt schon auff der Jagt aus gangen, und ich wolte nicht gern daß sie mich auch bey dem Kopffe bekommen möchten, der Herr weiß wohl daß ich mit der Sache nichts zu thun hab, und dieses alles wäre nicht geschehen, so mir der Herr nur gefolget hätte.
Arleqv.	Hievon ist nichts mehr zu sagen, ziehe geschwind deine Kleider aus und gehe auff die Post, und bestelle mir 2. Pferde, die beste so du finden kanst vor dem Thor warte auff mich, so wirstu mich bald bey dir sehen.
Mezet:	Ja wann wir nur schon nicht zu lang gewartet hätten, ach da komt der Doctor mit den Häschern was zu thun.

Scena 2. Doctor mit Häschern.

Doctor.	*Inwendig* ⁄. Ihr leüthe nehmt die Thür und Fenster wohl in acht wir wollen den Vogel fangen.
Arleqv.	Ach wo soll ich mich hinterbergen, Mezetin stehe mir bey bleibe mir getreü!
Mezet:	Nun geschwind legt eüch hier in diese Molde, ich will eüch zu decken und sagen ihr seydt mein Kindt. ⁄. *Arleqvin wird eingewickelt in ein groß Handtuch und in die Molde gelegt.* ⁄.
Doctor.	Ja, man hat mir gesagt daß Er hier sein soll, den man hat ihn hier gesehen, nur gesucht wir müßen ihn finden, glück zu meine Frau.
Mezet:	Ach ich bitte mein Herr last mich zufrieden, ich sterbe vor schmertzen.
Doctor.	Was ist eüch den wieder fahren.
Mezet:	Ach ich habe so grausame Mutterschmertzen, und mein Kindt alhier lieget in Blattern.
Doctor.	Es ist mir leid, ihr thät wohl mein Frau wan ihn zu Hause ginget weil man hier einen gewißen Kerl sucht, welcher soll an den Galgen gebunden werden, und möchte Händel setzen, der Kerl möchte sich wehrn, und bey dem Tomult möcht auch wohl ein größer Unglück wieder fahren.
Mezet:	Wer soll den dieser Kerl sein?
Doctor.	Er nennet sich Baron Bufadelli.
Arleqv.	O der ist schon längst fort!
Doctor.	*Sieht sich um* ⁄. Wer hat geredt, wie alt ist eüer
Mezet.	Noch nicht 3. Wochen, halt das Maul du Bernheit du must nit reden.
Doctor.	Und kan schon reden.
Mezet:	Ja er hat in Mutter leibe schon reden können, die Zigeüner haben den Sohn bey mir bestelt, er soll zum wahrsagen.
Doctor.	Daß ist guth, mit Erlaubnüß ich muß etwas fragen, Mein sagt mir mein klein Kindgen, ist der Baron Bufadelli nicht ein Schelm und ein Verräther?
Arleqv.	Und bistu nicht ein land bescheißer und betrieger.
Doctor.	Sage mir wo sich der Baron Bufadelli auffhält.
Arleqv.	Habe ich es nicht schon einmahl gesagt, er ist auff der Post fort.
Doctor.	Aber wir wollen ihm nachsetzen, und so wir ihn bekommen, so wollen wir ihn an Galgen hencken, gelt er hat ihn verdient.
Arleqv.	Küst ihr den Podex!
Mezet.	Ey du loses Kind, es scheint wohl daß du unter schlimme leüthe kommen wirst.
Doctor.	Und es scheint wohl daß ihr betrieger seydt, fort ihr Häscher nimmt die Fettel mitsamt dem Kind und führt es in das Gefängnüß, da soll es mir mehr wahr sagen.

⁄. *Wollen Mezetin angreiffen, laufft aber davon, Arleqvin will auch darvon lauffen, die Häscher ertappet ihn bey dem Handtuch, welches Er im herum lauffen nachschleppet, durch etliche Scenen, bekommen ihn endlich gefangen. alle ab* ⁄.

Scena 3. Columbine und Pasqvariel.

Columb.	Ist es wahr Herr Vetter, und Arleqvin ist in Arrest genohmen worden.
Pasqvi:	Ja den ich habe ihn nebst ein baar Dutzend Häschern sehen nach dem Gefängnüß führn.
Columb.	Ach Herr Vetter ich muß verzweiffeln, der Doctor hat sich vorgenohmen, er will ihn hencken laßen, ach was wird der arme Kerl am Galgen vor Erbärmliche Gesichter machen, ich kan einmahl nicht hencken sehen, ob er mich schon betrogen hat, wir müßen auff Mittel dencken, wie wir ihn retten mögen.
Pasqvar.	Es wird schwer hergehen, weil der Doctor den Richter sehr eingenohmen hat, gebt mir nur ein wenig Zeit nach zu sinnen ⁄. *bedenckt sich* ⁄. Komt und folgt mir ich hab schon eins. ⁄. *ab* ⁄.

Scena 4.

Pierot dieser verlanget zu wißen, ob des Barons Cammer Diener auch in Arrest sey, zu ihme Mezetin mit einer Cappe über das Gesicht, Pierot glaubt es sey ein Galanterie, Complementiret mit ihm dieser versteckt sich, Pierot fragt sie ob sie nichts wiße, als wahr sey, daß der Mezetin auch sey in daß loch geführt worden, und würden die Ehre haben nebst dem Baron gehenckt zu werden. Pierot entdecket Mezetin, dieser macht eine abscheüliche mine. Pierot sagt es sey das gespenst wieder da, laufft ab /.
Mezetin resolviret das Kleid abzulegen ab /.

Scena 5.

Pasqvariel mit einer laiter, will Arleqvin unterrichten, wie er sich bey dem Gericht verhalten soll, rufft ihm, gibt ihm in einer Ecken antwort, hier bin ich, macht geschwindt auff und mich loß, Pasqvariel legt die laiter an, hinten kommen 2. Scherg. heraus, indehm sie auff ihn schießen wollen, versagt es etliche mahl, hernach geht es loß, Pasquariel läüfft davon, und lest die laiter stehen, welche die Schärgen wegnehmen ab /.

Scena 6. Doctor zu dem Pierot gelauffen.

Doctor.	Nun hab ich den Schelmen fest gesetzet, er soll mir gewiß genug hencken, man dencke nur was das vor eine Schelmerey ist.
Pierot.	*Komt /.* Ach der galgen Vogel, der Ertz Dieb, der betrieger.
Doctor.	Was gibts Pierot?
Pierot.	Ach mein lieber Herr Doctor ich bitte eüch erbarmet eüch doch meiner, und last ihn nicht hencken, sonst komm ich um all das meinige.
Doctor.	Ich verstehe nicht was du meinest.
Pierot.	Man sagt ja daß ihr den Baron Bufadelli wolt hencken laßen.
Doctor.	Hoffentlich soll es geschehen.
Pierot.	Ach so bin ich um all das meine betrogen, ich bitte nochmahls ums Himmels willen, laß ihn nicht hencken, sonst werde ich zum armen Mann.
Doctor.	Warum dieses, hastu vielleicht zu seiner Schelmerey geholffen.
Pierot.	Gantz nicht, aber der Dieb ist mir so viel schuldig, und wird sich nun von Hertzen gerne hencken laßen, nur bloß daß Er mich nicht bezahlen dörffte.
Doctor.	*lacht /.* Nein ich glaube er zahlte gern, wan er nur nicht hencken dürffte, derowegen bekümmert eüch nur nicht darum. Ist er dir was schuldig, so soltu bezahlet werden, Ehe er gehangen wird.
Pierot.	Freylich ist er mir schuldig, hier ist es in meiner Rechnung es ist ein Schuld so kein Mensch absprechen kan, /. *Gibt dem Doctor einen Zettel /.*
Doctor.	*list /.* Specification was mir der Herr Baron schuldig, erstlich hab ich mich mit ihm 36mahl voll gesoffen, vor jedes mahl 2. lb. macht 72. lb. /. *Sieht ihn an /.*
Pierot.	Es wird nicht zu viel sein, den ich habe an meiner Gesundheit mehr als 100 lb. Schaden gelitten.
Doctor.	Wan das Ubrüge auch dergleichen Praetension sein, so stehestu wohl dabey; /. *list /.* 6 mahl hat er mich wollen zu Todte sauffen, vor jedes mahl 3. Ducaten macht 72. Florin.
Pierot.	Nicht anders und ich habe würcklich vermeint ich müste crepirn.
Doctor.	3. Monath lang hab ich ihm die Schu geputzt, pro monath 8 lb. thut 24. lb.
Pierot.	Es ist nicht viel ihr glaubt nicht wie übel mir dabey worden, ich habe meine Hände allezeit erstlich müßn mit der aller kostbarsten bomade schmieren, und alzeit ein Pfundt Schub Toback dabey verbraucht, so übel haben seine Schue gerochen, ich glaube nicht daß ihr ihm die Schue vor weniger Gelde gebutzt hettet, und hätte ich nicht ein so gutes gewißen, ich hätte noch mehr auffgesetzt.
Doctor.	item vor einen 6 .Pfündigen Capaun, den ich auff seine Gesundheit auff einmahl verzehren müßen, wovon ich bald erwürget wäre, 30 lb.
Pierot.	Ist auch nicht zu viel, dan es blieb mir ein halber Flügel in der gurgel stecken, ich wäre bald erstickt.
Doctor.	item vor einen brieff den ich der Jgfr. Isabella gebracht, 12. lb. So hastu auch zu der betriegerey geholffen, /. *gibt ihm eine ohrfeige /.* da hastu die bezahlung du Kupler. /. *ab /.*
Pierot.	Richtige Rechnung. /. *ab /.*

Scena 7. Richter Stube.
Richter, Doctor, Arleqvin und Cinthio.

Doctor.	Hochgeehrte Herrn, sie sehen alhier vor sich einen leichtfertigen heilosen Vogel, welcher nicht allein zu Venedig eine Jungffer mit versprechung der Ehe betrogen, sondern auch — — —

Scena 8. Columbine.

Pierot.	Gemach Herr Doctor, ich werde mein Wort schon selbsten reden.
Doctor.	Der geist der Columbine. /. *will davon lauffen: wird abgehalten. /.*
Pierot.	Nein fühle mich nur an ich bin kein geist wie du wohl vermeinst.
Arleqv.	Ey wo führet dich der geüer anhero.
Columb.	Ich bitte um Gerechtigkeit gnädiger Herr, mein Unglück ist so groß, daß ich es nicht aussprechen kan, meine Klage ist wider diesen schnöden Menschen, nahmen Arleqvin der mir in Venedig die Ehe Pflicht geschworen, welcher sich nun durch das leidig geld bewegen laßen, untreü an mir zu werden, mit hindansetzung alles geschwohrnen Versprechens: Nichts würdiger bösewicht als du noch Arleqvin hiesest, da mustu ich die schönste sein von der welt, anietzo daß Er sich selbst zu einem Baron gemacht, meint er ein bettler sey guth genug vor mich, Närrischer Baron, Schande alles adels, Schatten von einer Standts Persohn, du verläßest mich,

	weil du Isabellen mit ihrm Gelde zu kommen verhoffet, aber die Gerechtigkeit ruff ich zu Hülffe, daß selbe dich anhalten wolle, dein Versprechen zu halten, ⁄. *Sie fält in Ohnmacht* ⁄. sie werden sich durch meine Trähnen bewegen laßen, welche verhindern daß ich nicht mehr reden kan.
Richter.	Tragt sie hinaus daß sie frische lufft schöpfft ⁄. *sie wird abgeführt.* Aber sagt nun Arleqvin, habt ihr diese Ehe verlöbnüß mit eigener Hand geschrieben.
Arleqv.	Ja so viel ich mich erinnern kan, den mit den Füßen habe ich nicht schreiben lehrnen.
Richter.	Damahls als ihr sie geschrieben, waret ihr dan entschloßen sie zu heürathen.
Arleqv.	Wan einen die liebe verblendt, so weiß man wenig was man thut, es heist ja Voluntas hominis et ambulatoria.
Richter.	Weil ihr es so frey gestehet, so wird es eine Sache sein, die den Galgen trefflich ziehrn wird, ihr werd heute noch gehenckt werden.
Arleqv.	Daß wird sich nicht schicken, ich habe heüte Artzney eingenohmen, und darff nicht in die lufft gehen.
Richter.	*Nachdem Er sich mit dem Assessorn unterredet* ⁄. So vernehmet dan den gerichtlichen Auffspruch; Sintemahlen es die Gerechtigkeit erfohrdert, daß ein jeder Treü und glauben halte, sonderlich ein Ehe Verlöbnüßen so wird hiemit der Baron Bufadelli condemniret zu verdienter Straffe, seiner an Columbinen ergangenen Treülosigkeit gehangen zu werden.
Arleqv.	Ey da sag ich nein dazu, ihr Herrn bedenckt — — — — —

Scene 9. Columbine als ein Advocat, Isabella, Cinthio, Pasqvariel, Bierot.

Columb.	Hochgeehrte Herrn, die allgemeinen rechte wollen, daß keiner, eines verbrechens wegen, es habe nahmen wie es wolle, gestrafft werde, man habe ihn dan vorhero gehört, derowegen ich als rechtlicher beystand, gegenwärtigen Baron um Erlaubnuß bitte, daß ich vorbringen möge, was zu seiner Defension erforderlich sein wird.
Arleqv.	Sehet ihrs, der Himmel nimmet sich alzeit der Unschuld an.
Richter.	Es wird des Barons Advocat erlaubt, seines Clienten Nothdörfft vorzutragen.
Columb.	Hochgeehrte Herrn, es ist eine unerhörte Vermeßenheit, daß ein junges weibes bild sich untersteht, die Richter mit gezwungenen Trähnen zum Mitleiden zu bewegen, und daß ein Kohln Magd, mit einem blat Papir sich vornehmen darff, eine so vornehme Standts Persohn, wie der Herr Baron Bufadelli ist, zu zwingen, daß Er sie heürathe, eine Persohn die bey seinem Fürsten so in hohen Gnaden ist, ists nicht wahr Herr Baron.
Arleqv.	Es ist wahr der Fürst liebt mich mehr als ich verdiene.
Columb.	Was würde man sagen, wan die Standts Persohnen ihr geschlechte dergestalt mit unanständigen Heürathen bemackeln solten.
Arleqv.	Der Mann redet wohl.
Columb.	Hochgeehrte Herrn, aus seiner heroischen mine kan man genug abnehmen, was vor ein unvergleichlicher Geist in ihm wohnet, wie ist er nicht so geschickt, alle leüthe achten ihn hoch, er weiß vortrefflich zu leben, er ist freygebig, höfflich, und von einem so angenehmen wesen, daß ihn jederman lieben muß.
Arleqv.	Der Mann muß mich sehr wohl kennen.
Columb.	Soll nun eine so qvalificirte Standts Persohn, eines so verächtlichen Todes sterben, weil er eine schlechte Magd Corticiret.
Arleqv.	Daß wäre wohl der Müh wert und wieder alles gewißen.
Columb.	Was haben die verschmitzte weibes bilder nicht vor Rencke vor, die jungen mans Persohnen nicht in ihr garn zu locken bald streichen sie ihr gesichte an, machen die wangen roth, auff die weise Hauth legen sie ein Pflästerlein, blitzen mit den Augen, so bald nun ein junger Mensch eine solche Dirne siehet, so liebet er sich, und gibt ihr gute wort, wan sie mercket daß sie geliebet wird, so stelt sie sich an, als achte sie die Persohn nicht, da muß er müh anwenden, biß er sie gewinnet, dann erweiset sie sich etwas gelinder, sagt sie liebe ihn zwar, Er sie, glaube nicht daß er es auffrichtig meine, da gehet es dan an ein fluchen und schwöhren, daß man es treü meine, ja sagen Himmel und Hölle sollen Zeüge sein, daß sie treü lieben wollen.
Arleqv.	Der Doctor muß in der Sache wohl erfahrn sein.
Columb.	Trägts sich dan nun zu daß eine Standts Persohn durch ein solch betrügl. gefangen wird, dan sagt das rabenaß sie müste nicht trauen, sie seye ein schlechtes Mägdlein, und kenne es nicht glauben daß es der Cavalier von Hertzen meine.
Arleqv.	Ja ja es ist gar recht so machen es die Hexen.
Columb.	Dan bekräfftigen sie auch die mündliche Versprechung mit der Handschrifft, da wechselt man brieffe, da heist liebt ihr mich von Hertzen, ja von gantzer Seelen, bald werden lieder gemacht, und dergleichen Possen mehr, und wan sie ein wenig in deütlich worten bestehen, so machen solche schlaue weibes bilder Ehe Verlöbnüß darauß, ich laße es überlegen und einen jeden urtheilen, ob es hier in der Stadt nicht etlich 100. Männer geben solte, welche wenigstens 30. weiber haben würden, wann ein jeder liebes brieff oder verbindlich worth solte ein Eh Verlöbnüß sein.
Arleqv.	Da müßen viel Galgen gebauet werden.
Columb.	Überleget nun hochgeehrte Herrn, ob die Trähnen der Columbine anders als eine gezwungene verstellung gewesen, dann wurde sich ohne Zweiffel wieder angemeldet haben, daß sie aber außen bleibt, gibt genugsam zu erkennen, daß sie mit betrug umgehet, ja ich will mich im Nahmen meines Principalen verpflichten daß Er sich ohne weigerung wolle hencken laßen, wan Columbine mit ihrn Klagen wieder erscheinen wird.

Arleqv.	Nein Herr Doctor ich mag es hierauff nicht wagen, dan wan mich das raben aß könte hencken laßen, sie kähme auff 100. Meil wegs wieder.
Richter.	So hat der Kläger sich aus dem Staube gemacht, so gibt sie hierdurch ihrn betrug an den Tag.
Columb.	Wozu ist ein weibsbild nicht resolviret, wan es ihre Gedanken auff Rache setzt.
Richter.	Es wird zu recht erkant, daß auff eingebrachte Defension durch gegenwärtigen Advocaten, des beklagten Baron Bufadelli, Er Baron von dem Galgen absolvirt wird, jedoch daß ihme derselbe alzeit vorbehalten wird, wan er selben verdient, von Rechts wegen.
Arleqv.	Daß lautet etwas lustiger als vor, ach wäre der Advocat ein Mägdelein, ich wolte ihn gleich heürathen, weil er mein leben erhalten.
Columb.	Würde der Herr Baron auch sein wort halten, wann ich ein Mägdlein wäre.
Arleqv.	Hohlen mich alle geister so mich von Columbinen qvahlet haben, wann ich es nicht gleich thäte es ist mein gantzer Ernst.
Columb.	Der Herr Baron bedencke wohl was er saget.
Arleqv.	Was braucht es viel bedenckens, es ist mir leid daß ich mein Versprechen nicht halten kan.
Columb.	Es ist zwar ein schwere Sach aus einem advocaten ein Mägdlein zu machen, aber mit mir wird es nicht schwehr hergehen, betrachte mich der Baron recht ob ich nicht der Columbine ähnlich sehe.
Arleqv.	Allerdings, und wan ich nicht wüste, daß der Herr wohl gelehrt, und ein advocat wäre, so dächte ich er wäre ein Geist der Columbine, und wolte mich wieder verfolgen.
Columb.	*wirfft den Mantel ab, und läst den Rock fallen ⁄.* Nein, nein, H. Baron ich bin kein Adcovat, kein geist, sondern Eüre Columbine, wie steht es um das Versprechen.
Arleqv.	O Columbine bistu kein geist, nun ich halte mein wort, ich sehe wohl wir sind dazu geschaffen, daß ich dein und du mein sein solst.
Isabella.	Herr Baron ich wünsche eüch glück zu eürer Vermählung.
Cinthio.	Und ich auch mein Herr Baron, wir wollen Unsere Vermählung zugleich anstellen.
Doctor.	Freylich der Herr Baron wird mein hauß beehrn, absonderlich weil ich seiner brauth so lang auffenthalt geben.
Arleqv.	Ich sehe wohl es ist auff meine Mittel angesehen, es sey, ich will vor alles sorgen, weil ich nur dem Galgen entkommen bin, die gerichtliche Sessiones werde ich auch bezahlen. ⁄. *alle ab* ⁄.

Finis.

2.

Text-Vergleich

‚Comoedia genant daß Advocirnde Frauen Zimmer' von 1710
(I, 5 u. 6)

und

‚Ollapatrida' von 1711 (Kapitel LVI.) ‚Fuchsmundi ruhmt sich
seiner Reisen und erzehlet etliche neue Zeitungen'.

Hds. Augsburg 1710   [Actus 1, Scena 5]   *Ollapatrida* 1711   [Werner, S. 332 ff.]

A r l e q v i n
Nun fürwahr es gehet alles nach meinem wunsch 100000 lb. hab ich geerbet, und in ein baar Tagen werde ich 30000 lb. mit einem artigen Mägdlein erheürathen; Aber wer mag dieser Mensch wohl sein.

P a s q v a r i e l
Kent mich der Herr sonsten.

A r l e q v i n
Ob ich euch kenne?

P a s q v a r i e l
Ich frage ob mich der Herr sonst gesehen hat.

A r l e q v i n
O Ja seyd ihr nicht der in Caffe-Bader: der ob — — — — —

P a s q v a r i e l
Ich verstehe euch nicht, aber wen der Herr von dem Capitain Cornazan gehöret hat, so sieht er ihn ietzo in original vor sich.

A r l e q v i n
Wan ihr der Herr Corno seyd so ist euer Famil in der gantzen Weld ausgebreit.

P a s q v a r i e l
Ohne Schertz wird der Herr in Morea von mir haben reden hörn.

A r l e q v i n
Allerdings, ich habe von Morea wohl wonahl reden hören, bin auch selbsten da geweßen.

P a s q v a r i e l
So wird der Herr mich schon kennen.

A r l e q v i n
Ja ich kenne den Herrn, er sieht natürlich aus wie gantz Morea.

P a s q v a r i e l
Ich diente damahls der Republique Venedig, wie Morea eingenohmen worden, so solte mich der Herr damahls gesehen haben, wie ich mit diesem meinen Degen ... die Türcken geputzt habe, tic, tac, tic, gieng es Continuirlich, hat ich die Musquet: da wahr es als, Pif, paf, und mit der Pique, fitzt, wischt: ein Stoß um um den andern.

F u c h s m u n d i
Nun fürwahr! Es gehet mir alles nach Wunsch / hundert tausend Thaler habe ich geerbet / und in ein paar Tagen werde ich noch 30000. Thaler mit einem artigen Mägdlein erheurathen. Aber wen mag dieser Mensch wol suchen.

B u g i a r d o
Kennet mich der Herr sonsten?

F u c h s m u n d i
Ob ich euch kenne.

B u g i a r d o
Ich frage / ob mich der Herr sonst gesehen hat.

F u c h s m u n d i
O Ja! ich habe euch noch heute gesehen / seyd ihr nicht der Scheln-Bube in der Karte?

B u g i a r d o
Ich verstehe euch nicht! aber der Herr von dem Capitain Freß-Eisen gehöret hat / so sihet er ihn jetzo im Original vor sich.

F u c h s m u n d i
Ha ' Ha! wenn ihr der seyd / so seyd ihr von einer Familie / die in der gantzen Welt ausgebreit ist.

B u g i a r d o
Ohne Zweiffel wird der Herr in Morea von mir haben reden hören?

F u c h s m u n d i
Allerdings! Ich habe von Morea wohl hundert mal reden hören. Und bin auch selbsten da gewesen.

B u g i a r d o
So wird mich der Herr schon kennen.

F u c h s m u n d i
Ha! ha! hier sehe ich also gantz Morea auf einmal.

B u g i a r d o
Ich diente damahls der Republic Venedig / wie Morea eingenommen wurde. Ach! sollte mich der Herr da gesehen haben / wie ich mit diesem meinem Degen die Türcken geputzet habe / Tic, Tac, Tic giengs continuirlich etc. hatte ich eine Musquete / da war nichts als Pif / Paf / und mit der Pique that ich witsch / watsch einen Stoß um den andern.

Hds. Augsburg 1710 *Ollapatrida 1711*

Arleqvin
O weh! o weh! Morea kost mich mein leben, halt ein Kerl ich wolt daß du am Galgen hiengest, mit samt dein tic, tacte.

Pasqvariel
Weil der Herr Morea gesehen, so ist er ohne Zweiffel auch in Italien gewesen.

Arleqvin
Nothwendig, den ich bin ein welscher Italiener.

Pasqvariel
Aus welcher Gegend.

Arleqvin
Von Bergamo.

Pasqvariel
Es ist ein angenehmer Platz, aber wie gefält ihn Rom.

Arleqvin
Über alle maßen, Ein Hauffen Römer hab ich zu Rom angetroffen

Pasqvariel
Ist Florentz nicht ein schöner orth.

Arleqvin
Gewiß ja, mein wie stund es damahls um die florentinische Würste, waren sie noch zu bekommen.

Pasqvariel
Ohne allen Zweiffel. Von der komt man nach Bologna.

Arleqvin
Gar recht.

Pasqvariel
Zu Bologna ist gar wohl zu leben.

Arleqvin
Freylich wohl, aber wie hat euch die Bolognesische Seiffe geschmeckt.

Pasqvariel
Wer pflegt jemahls die Seiffe zu eßen, man braucht sie ja nur zum bart butzen, und die Hände zu waschen.

Arleqvin
Wie ich zu Bologna wahr, aße ich die Seiffe nur wegen, damit ich nur des morgens den Magen und meine därmer auswaschen möchte.

Pasqvariel
Von Bologna reisete ich nach Venedig.

Fuchsmundi
O weh! O weh! der Morea hat mich schon durch und durch gestochen? Daß dich der Geyer mit deinem Tick / Tack / Pif /Paf und Witsch / Watsch hole.

Bugiardo
Weil der Herr Morea gesehen hat / so ist er ohne Zweiffel auch in Italien gewesen.

Fuchsmundi
Nothwendig / dann ich bin ein welscher Italiäner.

Bugiardo
Und aus welcher Gegend?

Fuchsmundi
Von Bergamo.

Bugiardo
Es ist ein angenehmer Platz / und ich habe mich eine geraume Zeit dort aufgehalten / wie gefiel ihnen aber Rom.

Fuchsmundi
Einen Hauffen Menschen habe ich zu Rom gesehen.

Bugiardo
Es kan nicht anders seyn; Und ist Florentz nicht ein schöner Ort?

Fuchsmundi
Gewiß ja! Wie stunde es zu eurer Zeit um die Florentinische Würste? Waren sie noch so zu bekommen?

Bugiardo
Gantze Butten voll / von dar kommt man nach Bologna.

Fuchsmundi
Gar recht?

Bugiardo
Zu Bologna ist wohl zu leben.

Fuchsmundi
Allerdings! wie hat euch aber die Bolognesische Seife geschmeckt?

Bugiardo
Wer pfleget jemals die Seife zu essen? Man brauchet sie ja weiter nicht / als zum Bart putzen / und die Hände damit zu waschen.

Fuchsmundi
Wie ich zu Bologna war / asse ich deswegen die Seifen / daß ich darmit meinen Magen und Därmer auswaschen mögte.

Bugiardo
Von Bologna reisete ich nach Venedig.

Hds. Augsburg 1710

Arleqvin
Waren noch viele Carossen zu Venedig wie zu meiner Zeit.

Pasqvariel
Carossen hat man zu Venedig niemahl gebraucht, der Herr wird die Gondelen meinen.

Arleqvin
Ja, ja, Gondelen es ist doch nichts artiges daß man die Gondelen in Carossen herumführet.

Pasqvariel
Ohne Zweiffel, aber die Gondelen führet man niemahls in Carossen, sondern man braucht sie an statt der Carossen.

Arleqvin
Daß ist eben was ich sage, ich weiß es ja mehr als ich sagen kan, dann zu Venedig habe ich mich eine geraume Zeit auffgehalten . . . . [*Anschluß: Scena 6*]

Columbine
So hat mein Herr Spanien gesehen.

Arleqvin
Viel jahr lang, Es ist keine Schlittenfahrt zu Madrit gehalten worden, ich habe darbey hinten und vorne sein müßen, hundert Element, wann ich daran gedencke, wie mich die spanische Fürstinnen ums himmels willen gebeten haben, ich solte sie führen.

Columbine
Zu Madrit weiß man sonst nichts von Schlitten fahrn.

Arleqvin
Alle leüthe bekommen sie auch nicht zu sehen, dan man hat sie nur incognito, was galt damahls alß sie in Spanien war, der Eymer Chocolada, zu meiner Zeit war sie Bestialisch theur, wegen eines Frost so um Johannis fiehl, davon warn gantze Felder mit Chocolada erfrohren, es war wohl ewig schade.

Columbine
Davon kan ich mich nicht erinnern, etwas gehört zu haben, sonst war die Chocolade noch in leidentlichen Preiß, aber sie wird bey Pfunden und nicht eymer weiß verkaufft.

Arleqvin
Ich weiß es wohl, daß niemand mit Chocolade eymer weiß handlen darff, wer aber das Privilegium darüber hat, der darff auch bey halben Faßen, und gantzen Keller voll handlen.

Ollapatrida 1711

Fuchsmundi
Waren noch so viele Carossen zu Venedig / wie zu meiner Zeit?

Bugiardo
Carossen / die hat man ja in Venedig niemals gebrauchet / der Herr wird die Gondelen meynen.

Fuchsmundi
Ja / ja / Gondelen / es ist wohl nichts artigers / als daß man die Gondeln in Carossen führet.

Bugiardo
Ohne Zweiffel / aber die Gondeln führet man niemals in Carossen / sondern man braucht sie an statt der Carossen.

Fuchsmundi
Das ist eben / was ich sage / ich weiß es ja mehr als zu wohl / dann zu Venedig habe ich mich eine geraume Zeit aufgehalten. Dann sah ich Spanien.

Bugiardo
So hat mein Herr Spanien gesehen?

Pasqvariel
Viel Jahr lang; Es ist kein Schlittenfahrt zu Madrit gehalten worden / ich habe dabey hinten und vornen sitzen müssen. Hundert Elemend! wenn ich dran dencke / wie mich die Spanischen Fürstinnen um GOttes Willen baten / daß ich sie führen sollte!

Bugiardo
In Madrit weiß man sonst nichts von Schlitten.

Fuchsmundi
Alle Leute bekamen sie auch nicht zu sehen / denn man hielte sie incognito. Was galt damals als sie in Spanien waren / der Eymer Chocolata / zu meiner Zeit war sie bestialisch theuer / wegen eines Frosts um Johannis-Fest; davon waren gantze Felder mit Chocolata erfroren. Es war wol ewig schade.

Bugiardo
Davon kan ich mich nicht erinnern / etwas gehört zu haben / sonst war die Chocolata noch im leidlichen Preiß / aber sie wird bey Pfunden / und nicht Eymer weis verkaufft.

Fuchsmundi
Ich weiß es wohl / daß niemand mit Chocolata Eymer-weiß handlen darff. Wer aber das Privilegium darüber hat / der darf auch bey halben Fassen / und gantzen Kellern voll damit handeln.

3.

‚Ein Gespräch von Comödien'
(1731)

des Lüneburger Johanneum-Rektors
Christian Friedrich Schmid.

Das im Kriege vernichtete, früher in der Schulbibliothek des Lüneburger Johanneums aufbewahrte Manuskript hat Emil *Riedel* veröffentlicht unter dem Titel ‚Ein lutherisches Festspiel im vorigen Jahrhundert' in: Deutsche Bühnen-Genossenschaft. Officielles Organ der Genossenschaft Deutscher Bühnen-Angehöriger. XII. Berlin 1883, S. 475—476, 491—492.

Ein Gespräch von Komödien.
Eine Vor-Entrée.

Personen:
Präjudicium (Vorurteil)
Sansfacon (Offenherzigkeit)
Monsieur Einfalt
Excuse (Entschuldigung)
Defensor (Vertheidigung)
I. N. I.

Erster Auftritt:
Präjudicium, Einfalt, Sansfacon.

Präjud.: Was höre ich gutes Neues, Monsieur Sansfacon? Die Alumni unseres Johannei wollen eine Komödie präsentiren?
Sansf.: Nicht eine, sondern zwo!
Präjud.: Sie sind aber keine Komödianten!
Sansf.: Was meint Monsieur Präjudice, was Komödianten sind!
Präjud.: Komödianten sind Leute, die in der Welt herumziehen und ihren Zuschauern was vorgaukeln.
Sansf.: Sollte diese Beschreibung wohl richtig sein? Ich sorge, Monsieur würde Mühe haben, bei der vernünftigen Welt damit durchzukommen.
Präjud.: Ich kenne keine andere!
Sansf.: Dawider habe ich nichts einzuwenden! Ob aber daraus folge, daß Ihre Beschreibung richtig sei, ist eine andere Frage! Ich habe Einen gekannt, der erklärte mir, ein Kirchthurm wäre ein spitziges Gebäude, 30 Ellen hoch — weil der in seinem Dorfe also aussehe; und wenn man ihm von unserm Johannis-Kirchthurm und von einer Höhe von 325 Ellen sagte, so widersprach er auf's Aeußerste. Was hätte der nun gethan, wenn man ihm von dem Landshuter, Straßburger, Wiener und noch anderen höheren Thürmen erzählt hätte? Aber wie, Monsieur Präjudice, wenn Sie selbst, ja alle Leute Komödianten wären!

Einfalt: O jemine, Komödianten!
Sansf.: Ja, Monsieur Einfalt! Und wollen Sie wohl glauben, daß sie eine ganz besondere Person darin präsentiren?
Einfalt: So müßte ich ja auch auf der Linie tanzen!
Sansf.: Das gehört eben nicht dazu, Mr. Einfalt! Sehen Sie, die ganze Welt ist ein großer Schauplatz, worauf die Leute auf- und abtreten, wenn sie geboren werden und sterben! Auf demselben präsentiert nun ein jeder seine Person. Der König eine königliche, der Bürger eine bürgerliche, Der Soldat, der Regent, der Advokat, der Geistliche, das Frauenzimmer, der Bettler, der Bauer, der Lasterhafte, der Tugendhafte, ein Jeder die seine. Dabei ist einer des andern Akteur und Zuschauer und ein Jeder bemüht sich seine Person so zu spielen, daß die Zuschauer content sind, zum wenigsten, daß alles wohl in die Augen falle.
Einfalt: Ich bin kein Komödiant, auch kein Taschenspieler. Wenn alle Leute Komödianten wären, so müßten sie auch Hunde abrichten, oder ein künstliches Pferd haben, oder die Bären tanzen lassen. Das thun sie aber nicht!
Sansf.: Mr. Einfalt, ich will Sie mit ihren eigenen Worten überführen. Wie Sie neulich erzählten, daß sich in der Nachbarschaft ein Mann mit seiner Frau gescholten, sagten Sie nicht selbst: das wäre eine Komödie? Wie Hans Unsitte die Peitsche umkehr, um seinen Jungen das Fell zu gerben und alle Umstehenden, auch Sie selbst, etwas abkriegten, hieß das nicht bei Ihnen eine lustige Komödie?
Einfalt: O, das that nicht weh!
Sansf.: Das ist die Frage nicht!
Präjud.: Wir kommen ganz von unserm Zwecke! Ich sehe, Sie wollen meine Beschreibung nicht gelten lassen, weil ich das Wort Komödianten in gar zu engem Verstande nehme und ich kann die Ihrige nicht für genehm halten, da Sie das Wort gar zu weitläufig verstehen.
Sansf.: Was haben wir nöthig an dem Worte zu haften? Ich will es Ihnen zugeben, daß die Alumni keine Komödianten sind! — Was wollen Sie daraus erzwingen?
Präjud.: Nicht erzwingen, sondern schließen, daß sie auch keine Komödien agiren müßten.
Sansf.: Das kommt mir vor, als wenn einer schließen wollte: Jemand ist kein Amtsschreiber oder Sekretarius — ergo darf er auch nicht schreiben, oder kein Koch — ergo darf er keine Suppe machen.
Präjud.: Ich merke, Sie wollen eine Art von Redeübung aus dem ganzen Werke machen, die nur in Form einer Komödie erscheinen soll. Allein zu der Komödie, die den Namen verdienen soll, wird viel erfordert.
Sansf.: Das gestehe ich zu; ersehe aber nicht, was weiter daraus folgt.
Präjud.: Man wird bei dem Coetu wohl nicht vermuthen können, daß Sie alles in Acht nehmen werden.
Sansf.: Was dazu erfordert wird, ist zweierlei: Erstlich die Piece selbst, zum andern derselben Vorstellung.
Präjud.: Das war es eben, was ich sagen wollte. Man sieht täglich so viele Fehler wider die Regeln der Kunst machen, daß man unter hundert Stücken kaum eines findet, wobei nicht etwas auszusetzen wäre.
Einfalt: Ja, das ist auch wahr! Ich war einmal in einer Komödie, wo mit Hunden gespielt wurde. Da war ein Hund, wenn der auf den Hinterfüßen tanzen sollte, so fiel er immer

auf alle Viere. Das war lächerlich anzusehen. Ja und das Pferd, daß hier einmal die Komödie spielte, das that gar was auf das Theatrum.... sit venio verbo! ... ich mag's nicht einmal sagen.

Präjud.: Mr. Einfalt, das waren keine Komödianten.

Einfalt: Sind denn die mit Puppen keine Komödianten?

Präjud.: Das mag sein! Wir reden aber nicht davon, ebenso wenig als vom starken Simson*) und was dergleichen.

Einfalt: Ich war einmal in einer Komödie-, da mit Marionetten gespielt wurde. Da fiel Chambri**) der Rumpf ab und der Kopf blieb in der Luft hängen und redete noch. Das sah possirlich aus!

Präjud.: Ist das möglich? Wir reden doch anitzo von dem, was zu einer Komödie erfordert wird, die nicht offenbar zu tadeln und bei welcher die Regeln der Kunst genau beobachtet werden müssen.

Sansf.: Die Regeln der Kunst sind ja bekannt und bereits in der guten alten Zeit theils von Aristoteles, nachgehends auch von Scaligero, Vossio, Dacier, Racine, Harsdorffer, Corneille und Anderen und zwar aus den Quellen der gesunden Vernunft hergeleitet. Folglich wird man sich gar wohl danach gerichtet haben.

Präjud.: Sollte man wohl alles in Acht genommen haben? Zum Exempel in Ansehung der Zeit: ... Sollte es wohl nicht der Fall sein, daß in einer Pièce Leute geboren werden, erwachsen, sich verheirathen, Kinder zeugen, dieselben erziehen, daß sie große Thaten verrichten und die alten greisen Eltern und Großeltern an den erst vor drei oder vier Stunden geborenen Kindern und Enkeln ihre Lust und Freude haben und mit Vergnügen sterben?

Sansf.: Ich mag von einer Sache nicht zu früh urtheilen!

Präjud.: Sollten wohl auch in Ansehung des Ortes keine Luftsprünge vorgehen, so daß das Theatrum bald in Paris, bald in London, gleich darauf in Venedig, dann wieder in Nova-Zembla, dann in Amerika sei? Sollte es wohl immer an einem Orte, oder doch in der Nähe heißen können, was man als den Ort der Aktion angiebt.

Sansf.: Ich weiß wohl, daß man eine Verrückung in weit entlegene Oerter auch nicht einmal auf den Theatris passiren lassen will, wo man auch die Machinen verändern kann, weil es nicht natürlich herauskommt — gleichsam als auf Doktor Faustens Mantel in der Welt herum zu fahren und sowohl die Zuschauer, als das ganze Theatrum in andere Städte zu versetzen. Indessen wird es doch zu früh sein, davon zu sagen, ehe einem die Erfahrung den Mund öffnet.

Präjud.: Sollte wohl einer jeden Person der rechte Charakter gegeben und erhalten sein? Sollten wohl Verwirrungen angebracht oder sollte wohl nicht vielmehr das Thema als eine gute Historie vorgestellt sein? Von geschickter Belohnung der Tugenden und Bestrafung der Laster, dergleichen von den gehörigen Affekten und Gemüthsbewegungen will ich nicht einmal gedenken! Summa Summarum mein Vorurtheil wird nicht trügen; das trägt mir der Sinn schon zu!

---

*) Carl von Eckenberg.
**) ‚Maria Stuart, Königin von Schottland'; vgl. Anhang I: 1707.

Sansf.: Ein Vorurtheil ist aller Ehren werth, wenn es Grund hat, sonst heißt es Uebertreibung! Was hat man nöthig schon vorher zu sagen, wie es sein wird. Es kommt ja nur auf einige Minuten an, so haben wir Grund Gutes oder Böses zu urtheilen.

Präjud.: Es ist aber so angenehm, wenn man das strenge Richteramt schon vorher führen kann.

Sansf.: So angenehm es ist, so ungerecht ist es auch und zeuget von der natürlichen Verderbtheit!

Einfalt: Drum heißt auch der schöne Reim:
Im Urtheilen kann man leichtlich fehlen
Darum muß man behutsam wählen.

Präjud.: Dem sei, wie ihm sei! Was meinen Sie, wie wird die Aktion selbst wohl ausfallen?

Anderer Auftritt.
Vorige. Excuse. Defensor.

Sansf.: So wird sie ausfallen, daß man eines Jeden natürliche Gabe deutlich erkennen wird. Doch siehe da, Messieurs Excuse und Defensor! Kommen Sie mir zu Hülfe!

Excuse: Was haben Sie miteinander zu thun?

Präjud.: Wir diskutiren hier von Komödien und was zu einem guten Schauspiele erfordert werde; absonderlich in der äußerlichen Vorstellung, in den Geberden, in der Ausrede, in der Stellung des Leibes und dergleichen mehr. Da sagte ich daß man sich in der jetzigen Komödie nichts besonderes vorzustellen habe.

Sansf.: Und ich sagte, man müsse es erstlich ansehen und dann urtheilen!

Präjud.: Man sage was man wolle, die rechten Komödianten gehen damit.

Excuse: Mr. Präjudice, erlauben Sie, daß ich mit Ihnen nicht eins bin. Man kann zwar den herumziehenden Komödianten das einräumen, daß sie in der Dreistigkeit ein Großes voraus haben. Inmaßen die fast tägliche Uebung allerdings ein Großes vermag. So kann man ihnen in Ansehung der Fertigkeit den Vorzug lassen; weil sie gewisse Stücke haben, die sie wohl seit hundert Jahren wiederholen und kaum alle Jahre ein neues hinzuthun. Allein im Uebrigen ist es wie es ist. Sie sind gemeiniglich Leute von allerhand Professionen, die oftmals nicht einmal den rechten Geschmack von der Sache haben, die sie selbst präsentiren! Daher kommt es denn, daß sie die Stücke vorstellen, die ihnen in die Hände fallen und selten zu beurtheilen fähig sind, ob sie wohl oder übel gerathen. Zu geschweigen, daß die Gewinnsucht ihnen die Regel vorschreibt, man müsse mehr auf das Lächerliche, als auf das Nützliche sehen und deswegen nach dem Geschmack der geringsten Leute sich bequemen und sich sogar den groben Zoten nicht enthalten!

Präjud.: Es sind oftmals geschickte Leute unter ihnen.

Excuse: Damit sprechen Sie mein Wort! Denn diese sind gemeiniglich ausgesprungene Studenten oder Schüler, die aus den Kollegiis oder Büchern eine Wissenschaft erworben und also die andern im Finstern tappenden Acteurs regieren; auch ordinaire als Maitres von der Bande ohne Widerspruch respektiret werden. Wenn diese auch nicht wären, so würden ihre Sachen den Meistersängern in den fränkischen und schwäbischen Reichsstädten gar bald zu vergleichen sein. Sie sehen also Mr. Präjudice, daß auch dieselben, die Sie zum Muster guter Komödianten machen wollen, all ihr Gutes den Gelehrten zu danken haben. Nicht zu melden, daß es ihnen an Stücken fehlen würde, wenn sie ihnen nicht auf besagte Weise in die Hände kommen.

E i n f a l t : Sie haben aber oftmals schöne Maschinen, die das Werk trefflich auszieren.

E x c u s e : Oefters auch nicht!! Indessen wird man von denen keine kostbaren Maschinen prätendiren können, deren Lebensart es nicht ist, sich mit Vorstellungen zu bemühen, sondern, die ihre natürliche Gaben einmal probiren wollen.

E i n f a l t : Die Komödianten haben aber auch immer einen Pickelhäring!

E x c u s e : Es muß bisweilen etwas munteres darunter laufen, damit die Spectatores bei seriösen Thematibus nicht verdrießlich werden!! dem Dinge weiß man aber sonst durch allerhand Nebeninventiones satyrischer Vorstellungen der Charaktere der Tugend, des Lasters, der Affekte zu helfen, daß die lustigen Personen auch in den Komödien nicht nöthig sind.

E i n f a l t : Ich bin einstmals zu Hamburg in der Oper gewesen, da war ein Harlekin, ein Pickelhäring und noch andere kleine Harlekins dazu, diese Personen waren meines Dafürhaltens die Hauptpersonen. Wenn sie nur ein Bein regten, mußte Jedermann aus vollem Halse lachen. Ich zum wenigsten habe mich damals zerlacht, daß mir die Thränen in die Augen kamen!

E x c u s e : Mr. Einfalt, die lustigen Personen gehören in die Oper noch viel weniger, weil diese ihre Anlockung schon in der Musik hat! In besagter Stadt aber müssen sie es der Zuschauer wegen thun und sich nach dem Urtheil der Menge richten! — Wiewohl, wir gehen zu weit vom Ziel! Um wieder auf unser voriges zu kommen, so bin ich mit Ihnen Mr. Sansfacon eins und halte es unserer Alumni nicht unwürdig, daß sie einmal einen Aktum theatricum halten, zumal, da der Aktus dramaticus vom vorigen Jahre, auf dem Jubilano, vielfältig, aber irrig, eine Komödie gescholten worden.

P r ä j u d . : Bald sollte ich mein Vorurtheil ablegen, wenn es meine Natur zulassen wollte und mit Ihnen beiden sagen: es wäre nicht ohne Nutzen, daß sich unsere Alumni Johannitani einmal üben, wenn sie nur kein Handwerk daraus machen.

E x c u s e : Dafür ist schon ohnedies gesorgt, denn die Anstalten sind viel zu mühsam, absonderlich bei so großer Anzahl, daß der Appetit auf's künftige wohl vergehen möchte.

E i n f a l t : Aber was mir einfällt! Es ist ja eine Sünde Komödie zu halten!

D e f e n s o r : Nein nun muß auch ich mitsprechen! Was höre ich da von Ihnen Mr. Einfalt? Wollen Sie so ungütig urtheilen?

E i n f a l t : Ja! Ich habe es gedruckt gelesen.

D e f e n s o r : O, Wunder! Ja wohl gar im Kalender vom vorigen Jahre!

E i n f a l t : Nein! In einem schönen neuen Buche! Es hatte ein treffliches rothes Titelblatt und unten war ein kuriöser Zug, der einen verschlungenen Namen unvergleichlich präsentirte.

D e f e n s o r : Haben Sie das Buch gelesen?

E i n f a l t : Nein! — Aber meine Schwester Skrupolosa sagte, das Buch wäre würdig, daß es in türkisch Papier eingebunden würde, wegen des vortrefflichen Inhalts, daß die Komödien Sünde wären, absonderlich die Schulkomödien!

D e f e n s o r : Glauben Sie es denn auch?

E i n f a l t : Ja! Meine Schwester hat's gesagt, Komödien sind Sünde!

S a n s f . : Aber Sie sind ja selbst in der Hunde- und Pferdekomödie gewesen, wie Sie vorher sagten. Sie haben ja den Pickelhäring und Harlekin für die Hauptperson gehalten. Das ist doch ein schleunige Veränderung!

E i n f a l t : Da wußte ich's noch nicht!

D e f e n s o r : Was ist denn eigentlich Sünde?

E i n f a l t : Alles was wider das Gesetz entweder gethan oder gelassen wird.

D e f e n s o r : Wider welches Gebot sind denn die Komödien?

E i n f a l t : Ei nun — davon wollen wir eben nicht reden! Es haben es aber sehr feine Leute gesagt.

D e f e n s o r : Hören Sie Mr. Einfalt, wir wollen es kurz fassen, was von der ganzen Sache zu statuiren sei. Katzensprünge, Hundetanzen, Taschenspielerei und dergleichen mehr gehören nicht hierher, das sind auch keine Komödien. Komödien sind eine Vorstellung theologischer, moralischer, historischer oder anderer Sachen, so durch lebendige Personen gesprächsweise geschieht und die Unterweisung im Verstande oder Ausbesserung im Willen zum Grunde und Endzweck hat. Welches alles nicht nur ein Mittelding, sondern alles etwas Gutes heißen kann. Dieses Werk nun hat das Unglück gehabt in ungewaschene Hände zu gerathen und mit Narretheidungen, ja wohl gar mit garstigen und sündlichen Zoten befleckt zu werden. Welches ist hier nun Sünde?

E i n f a l t : Nun — die Komödie!

P r ä j u d . , S a n s f . und E x c u s e (lachend): Das war recht getroffen!

D e f e n s o r (zu Einfalt): Wenn Sie einen Dukaten in den Koth fallen ließen, was wäre dann unrein? Der Dukaten oder der Koth?

E i n f a l t : Nun — der Dukaten!

P r ä j u d . , S a n s f . und E x c u s e (lachend): Trefflich raisonnirt!

D e f e n s o r : So müssen Sie den Dukaten nun wegwerfen!

E i n f a l t : Um Verzeihung! So wirft man keinen Dukaten weg! Ich kann ihn ja abwischen!

D e f e n s o r : Sie widersprechen sich selbst. Sie machen einen Unterschied zwischen dem Kothe, den man abwischt und zwischen dem Dukaten, den man behalten muß! Also muß man einen genauen Unterschied machen zwischen den Mitteldingen und den bösen; jene behalten, diese abschaffen! Wenn wir diese Regel nicht annehmen wollen, müssen wir auch sogar das Gute oftmals wegwerfen, weil es vom Mißbrauche nicht frei ist, oder wir müßten eine andere Vernunftlehre aufbringen, welches wohl nimmer in diesem Stücke geschehen wird. Indessen bescheidet man sich gar gerne, daß man in Mitteldingen behutsam verfahren und dahin sehen müsse: daß man mit Fleiß nichts Böses daran kommen lasse, weil sich die Schwachheit ohnedies mehr als zuviel findet. Die Komödie ist nur ein Licitium, ein Erlaubtes und also nicht ein Principium actionis humanae, welches man thun muß; sondern wenn die Umstände danach sind, so ist sie unverwehrt. Wer den Menschen aus dieser Freiheit setzen will, der leget dem Gewissen Stricke an, welches eine Sünde ist; er setzet sich dadurch auch über Gott und will etwas verbieten, was Gott nicht verboten hat. Er urtheilet lieblos von seinem Nächsten, dem er auch im Mangel Liebe schuldig ist und verräth, daß Hoffahrt und Eigenliebe sein Herz besitzen.

Präjud., Sansf. und Excuse: Was sagen Sie hierzu, Mr. Einfalt?

Einfalt: Ich bleibe dabei, was meine Schester gesagt!

Defensor: Da kommt der Vorredner schon herbei! Nun müssen Sie weggehen Mr. Einfalt, oder Sie sündigen!

Einfalt (sich besinnend): Ich will doch lieber hierbleiben!

(Alle treten beiseite. Der Vorredner tritt auf die Bühne und beginnt nach einer ehrfurchtsvollen Verbeugung seine Ansprache.)

IV.

ZEITTAFELN, GENEALOGIE, DIAGRAMM

1. Spielkalender der Katharina Elisabeth Velten 1693 - 1712

1693 Jan.	Kiel	(v. Gersdorf 87 f.)
1694 Jan.	Kiel	(v. Gersdorff 89 ff.)
April-Mai	Elbing	(Satori-Neumann 11)
14. V.-22. VI	Lübeck	(E. Fischer 49)
Juli-Aug.	Danzig	(Bolte I 140 f.)
Dez.	Elbing	(Satori-Neumann 11)
1695 März	Riga	(Bolte I 142)
	Mitau	(Bolte I 142)
Juni	Nürnberg	(Hampe Nr. 535)
Juli	Danzig	(Bolte I 142)
1696 Sept.-Nov.	Stockholm	(Paludan I, 77; Lund 426)
1697 Jan.-Febr.	Wien	(Schlager 258)
Mai-Sept.	Nürnberg	(Hampe Nr. 557; Hysel 33)
	Wien	(Wustmann 480)
1698 10.-14. I.	Leipzig	(Wustmann 480)
Mai	Augsburg	(Trautmann I 160 f.)
Mai-Juni	Frankfurt/M	(Mentzel 126; Mohr 9)
Herbst	Mainz	
1699 3 Monate	Wien	(Schlager 259)
1.-15. V.	Leipzig	(Wustmann 480)
Juli	b. Bremen	(Tardel I, 286)
[Juli	Hamburg]	(vgl. Kap. I, S. 18)
2.-20. X.	Leipzig	(Wustmann 480)
1700 2.-16. I.	Leipzig	(Wustmann 480)
	Wien	(Wustmann 480)
1701 3.-24. I.	Leipzig	(Wustmann 481)
18. IV.-10. V.	Leipzig	(Wustmann 481)
	Wien	(Wustmann 480 f.)
1702 -25. I.	Kiel	(v. Gersdorff 135)
April	Lübeck	(E. Fischer 51)
Mai	Lüneburg	(v. Magnus 233 f.)
Mai-Juni	Pyrmont	(v. Magnus 233)
Juni-Juli	Nürnberg	(vgl. Kap. I, S. 18f.)
[Juli-Sept.	b. Landau]	
1703 April	Kopenhagen	(Nystrom 57 ; Paludan 317)
1.-19. X.	Leipzig	(Wustmann 481)
Okt.-Nov.	Kopenhagen	(v. Magnus 234)
Nov.	Hamburg	(v. Magnus 234) *)

*) Der bei Schütze, S. 43 abgedruckte Theaterzettel der chursächs. u. poln. Comoedianten vom Freitag, 9. Nov. ist wahrscheinlich dem Jahre 1703 zuzuschreiben. Unter allen Möglichkeiten seit der poln. Titelerweiterung 1697 bis zum Ende ihrer Prinzipalschaft 1712 käme für einen auf den 9. Nov. fallenden Freitag allenfalls noch 1708 in Frage. Für 1703 ist ein Hamburger Aufenthalt im November obendrein beglaubigt.

1704 Jan.-20. II.	Kiel	(v. Gersdorff 137 ff.)
März-28. V.	Berlin	(G. Meyer 142)
Juni-Juli	Halle	(G. Meyer 12)
	Dresden	(Wustmann 481)
6.-24. X.	Leipzig	(Wustmann 481)
1705 Jan.	Breslau	
April	Nürnberg	(Hampe Nr. 588)
[Mai	b. Ansbach]	(Hampe Nr. 590)*)
Aug.-Sept.	b. Frankfurt	(Mentzel 134)
5.-23. X.	Leipzig	(Wustmann 481)
Nov.	Lübeck	(E. Fischer 52)
1706 - 20. I.	Kiel	(v. Gersdorff 146)
März	b. Nürnberg	(Hampe Nr. 600)
	[Prag]	(vgl. Kap. I, S. 20)
1707 Jan.-April	Stuttgart	(Kraus I 408)
[April	Ulm]	(Hampe Nr. 601) **
Mai	Nürnberg	(Hampe Nr. 602)
3.-17. X.	Leipzig	(Wustmann 481)
Nov.	Kopenhagen	(Nystrom 57)
1708 3.-25. I.	Leipzig	(Wustmann 482)
Juli-Aug.	Breslau	(Hampe Nr. 611)
1709 März-Juni	Augsburg	(Stadtarchiv)
	[Wien]	
	[Linz]	(Hampe Nr. 615)
	[Prag]	
Juni	Nürnberg	(Hampe Nr. 619)
Ende Juli	München	(Trautmann I 77)
Nov.	Hamburg	(Lebrün 60)
Nov.	Wien	(Schlager 264)
[Dez.]–		
1710 .... – 10. I.	Breslau	
[Jan. – Febr.]	„an einem hohen Hof" (?)	(Schlesinger 16)
März–April	München	(Trautmann I 161)
Juni	Augsburg	(Hampe Nr. 623)
1711 Sept.–Okt.	Frankfurt/M	(Mentzel 139 ff.)
1712 Dez.–März	Köln	(Jacob 12 f.)
Mai	Aachen	(Pick 456 f.)
Aug.	Köln	(Jacob 13)

*) 1706 überreichte Katharina Velten dem Nürnberger Rat ein Empfehlungsschreiben des Markgrafen von Ansbach vom 19. Mai des Vorjahres 1705.

**) Im April 1707 konnte sie sich nicht nur auf die Fürsprache des Herzogs Eberhard Ludwig von Württemberg berufen, sondern auch Empfehlungsschreiben von Abgesandten des Schwäbischen Kreistages vorweisen, welcher alljährlich im Frühjahr und Herbst in Ulm stattfand und von dem eben erwähnten Herzog von Württemberg ausgeschrieben wurde.

2. *Spielbereich der Prinzipalschaften Denner und Spiegelberg 1705 - 1739*

3. Chronologie und Zeittafel der Spielorte und Spielzeiten der Prinzipalschaften Denner und Spiegelberg 1705 - 1739

Abkürzungen:

B L   Chur=Fürstl. Braunschw. Lüneb. Hoff-Comoedianten

G B L   Königl. Groß Britannisch= und Churfürstlich Braunschweig=Lüneburgische Hoff=Comoedianten

H   Hannoverische Comoedianten

H C   Hoch=Fürstlich Hessen=Casselsche Hof=Acteurs
H T   Hoch=Teutsche Comoedianten

W   Hochfürstl. Würtenberg. Hoff=Comoedianten

	Jahr	Datum	Ort	Prinzipal	Repertoire	Quelle
	1705/06	Herbst-Ostern	Stuttgart	[Spiegelberg]		Krauß 407 f.
W	1706	Mitte Juni-13. Sept	Nürnberg	Spiegelberg	entsatz der Stadt Barcelona Die Begebenheit von dem sogenannten Dr. Fausten Alari Trauerspiel, oder die irrende Gaylheit	Hampe II, 310 Hysel 34
W	1706	12. Aug. und 13. Sept.	Augsburg	Spiegelberg	[abgelehnt]	Stadtarchiv
W	1707	18. März	Nürnberg	Hengel	[abgelehnt]	Hampe II, 186
W	1707	16. Okt.	Wien	[Spiegelberg]	Die hohe Vermählung Zwischen Maria Stuart und heinrich Darley König von Schottland und Frankreich	Schlager 263 Stadtarchiv
W	1708	1. – 22. Mai	Leipzig	L. A. Denner		Wustmann 482
W	1708	August	Lüneburg	H. C. Denner		v. Magnus 239
W	1708	Dezember	Augsburg		[abgelehnt]	Stadtarchiv
HT	1708/09	Nov.-Febr.	Kopenhagen	Spiegelberg		Rigsarkiv
	[1709]	[März]	[Viborg]	[Spiegelberg]		
HT	[1709]	[ca. Sommer]	Ribe	L. A. D. [enner]		Paludan 322
HT	1709	Aug.-Dez.	Kopenhagen	Spiegelberg		Rigsarkiv
W	[1710]	[Jan.-Febr.]	Kiel		Die mit Blut gefärbte Liebe bey der enthaupteten Unschuld der Märtyrin MARGARETHA, Oder Der eyfrige Religions-Vertheidiger Wie auch Arlequin ein lustiger Passagirer. Zum sattsamen Contentement soll eine überaus lustige Nach=Comodie den Schluß machen, genannt: Das Spanische Proficiat. Auch wird mit extraordinairen Balletten aufgewartet werden.	Mitteilungen
W	1710	Juni	Lüneburg	H. C. Denner		v. Magnus 243
W	1710	Juli-Aug.	Hannover	[H. C.]Denner		Heyn 12
W	1710	25. Aug.	Braunschweig	Denner/Spiegelb.		v. Magnus 243
W	1710	Nov.	Göhrde	[Spiegelberg]		Heyn 12
W	1711	Jan.-Febr.	Braunschweig	Spiegelberg		Hartmann 116
BL		Febr.-Mai	Lüneburg	L. A. Denner		v. Magnus 244
	1711	Mai-Juni	Hannover	L. A. Denner		Heyn 12
W	1711	Mai-Juli	Kassel	Spiegelberg		Staatsarchiv
BL	1711	Aug.	Braunschweig	[L. A. Denner]	Die vorsichtige Tollheit. Oder Arlequin der übel=informierte Brieff=Träger...Nach=Comödie: ...Arlequin das lächerl. und poßierl. Frauenzimmer.	250 Jahre....76
BL	1711	Sept.-Dez.	Göhrde	L.A.Denner	Adam und Eva	Heyn 13
	1711/12	Dez.-4.Febr.	Hannover	L.A.Denner		Heyn 13
BL	1712	März-April	Lüneburg	L.A.Denner		v. Magnus 246
	1712	Okt.-Dez.	Göhrde	[L.A.Denner]	Das erlösete Deutschland	Heyn 13 f.
BL	1713	Jan.	Münster	[L.A.Denner]		Stadtarchiv

	Jahr	Datum	Ort	Prinzipal	Repertoire	Quelle
BL	1713	22. Aug.	Braunschweig	[L. A. Denner]	Die billige Bestraffung der Tyrranischen Böhmischen Königin Orismannae, Oder der Durchl. Bauer und die Durchl. Zigeunerin...Prologo die Vier Theile der Welt...	Hassebrauk 130
	1713	Okt.	Göhrde	[L.A.Denner]	englische Komödie	Heyn 13
H	1715	Mitte Aug.	Schneeberg	[Spiegelberg D. Holzward]		Stadtarchiv
H	1715	Ende Aug.	Zwickau	Spiegelberg D. Holzward		Günther 231
	1716	3. März	Helmstedt	[Spiegelberg]		v. Magnus 246
	1717	Frühjahr	Weißenfels	Spiegelberg		Schmiedecke 188
	1717	Mai	Kassel	Förster	Die errettete Unschuld...	Lynker 276
W	1717	Mai–Juni	Lüneburg	Spiegelberg	Die in der gantzen Welt wohlbekandte grossen See=Räuber Claus Stürtzenbecher/Gätge Michael/Wichmann und/Wiechbold Welche auff Heilgeland gefangen genommen/und in der Welt=berühmten Stadt HAMBURG Anno 1402. ihre wohlverdiente Straffe empfangen...	v. Magnus 246 ff.
W	1717	Sept.	Lüneburg	Förster		v. Magnus S. 248
	1717	?	Hamburg	[Spiegelberg]		Wollrabe 36
GBL	1717	22. Nov.	Blankenburg	Spiegelberg	Nachklingender Freuden=Hall,/Bey dem Höchst feyerlichsten/Nahmensfest/Der/Allerdurchlauchtigsten Großmächtigsten/Kayserinn/Christinen Elisabeth,/Welches den 19. 29. Novembr. 1717/von Dero,/Durchl. Fürstl. Herrn Vater/mit höchster Solennität celebriret wurde,/in einer Theatralischen Action,/Den dritten Tag hierauff, als den 22sten hujus,/allerunterthänigst auffgeführet... Die Vermählung der Grossen (Alexander und Roxane)	Schüddekopf 118
GBL	1718	20. Jan.	Blankenburg	Spiegelberg	Der Durchl. Bauer und Ziegeunerin./Wie auch die erhobene Tugend./Oder/Der eiserne Tisch	Schüddekopf 120
GBL	1718	5. Febr.	Braunschweig	[Spiegelberg]		Reden-Esbeck 41
	1718	Mai	Lüneburg	[Spiegelberg]		v. Magnus 250 f.
HT	1719	12. Jan.	Kopenhagen	[Spiegelberg]	Der Großmüthige Rechts-Gelehrte AEmilius Paulus Papinianus Oder Der kluge Phantast und warhaffte Calendermacher	Paludan 332
		21. Jan.	Kopenhagen	[Spiegelberg]	Des glückes Probier-Stein, Oder Der im Krieg verirrte, und in der Liebe verwirrte Liebessoldat ... Nach Comödie .... Die vier verliebten Geister	Paludan 327
	1719	?	Hannover	Spiegelberg		v. Gersdorff 164

	Jahr	Datum	Ort	Prinzipal	Repertoire	Quelle
GBL	1719	Nov.-Dez.	Lüneburg	Spiegelberg	Die beständige Treue und treue Beständigkeit in der Persohn der Sclavin DORIS aus Aegypten, Oder: Die unumschrenckte Liebe Orontis Königs von Persien Und der von der Liebe einer alten Frauen übel vexirte ARLEQUIN... Nach-Comödei aus dem Moliere, genandt: Der beschämte Ehemann Oder Der arme Jürge.	v. Magnus 256 ff.
GBL	1720	April	Rostock	Spiegelberg		Struck 13 f.
GBL	1720	Juni	Stralsund	Spiegelberg		Struck 14
GBL	1720	Nov.-Dez.	Lüneburg	Spiegelberg	[Die Versammlung vieler Printzen Oder Der Rasende ORLANDO Wie auch Arlequins lächerliche Reuterey]	v. Magnus 258
	1722	Febr.	Görlitz	Spiegelberg		Stadtarchiv B.
GBL	1722	8.-17. April	Bautzen	Spiegelberg		Stadtarchiv B.
W	1724	Herbst	Hamburg	[Spiegelberg]	Die verwirrte Liebe, oder der um eines vermeinten Prinzen Tod vollführte Krieg und Liebessieg ...Nachspiel: Arlequin, ein lächerlicher Ambassadeur von dem Kaiser aus dem Mondenreich	Schütze 52 f. Wollrabe 38 Hbger Patriot, 38. Stck.
	1727	[Febr.-März]	Weißenfels	Spiegelberg		Ekhof 110
GBL	1728	Sommer	Langenschwalb.	Förster		Mentzel 148
GBL	1728	Herbst	Frankfurt/M.	Förster	[abgelehnt]	Stadtarchiv
	1729	[Mai]	Mannheim	Förster		Arnold 237
GBL	1729	Ostern	Frankfurt/M.	Förster	[abgelehnt]	Stadtarchiv
	1729	August	Hannover	[Denner]		Heyn 19
GBL	1729	Sept.	Lüneburg	[A.L. Denner]		v. Magnus 259
GBL	1729	[Okt.]	Glückstadt	[A.L. Denner]	Die an dem Persianischen Horizont Hell=aufsteigende Reichs= Sonne in der Person der Türckischen Prinzessin ARIBANE oder der im Kriege verirrte und in der Liebe verwirrte Liebes=Soldat ... ein Prologus von Staat / MERCURIUS, APOLLO und MARS, mit hierbey gesetzter ARIA ...Nach=Comoedie aus dem Moliere wird genannt: L'AMOUR MEDICIN oder AMOR der beste Artzt.	Kgl. Bibliothek Kopenhagen
					Das prächtige CARNEVAL bey der hohen Allianz zwischen Cypern und Venedig / Oder: Der reiche Jude. Wie auch: Das wohlgesprochene Urtheil eines weiblichen Studenten / und / Arlequin der lustige Masqveraden = Bruder.	
					Der flüchtige VIRENUS oder getreue DIVAN OLYMPIA wie auch AErlequin der trunckene Bauer.	
GBL	1730	Mai-Herbst	Stuttgart	A.L. Denner		Stadtarchiv
GBL	1730	Sept.-Nov.	Ulm	A.L. Denner Vice: Stoll		Stadtarchiv

	Jahr	Datum	Ort	Prinzipal	Repertoire	Quelle
GBL	1730/31	Nov.-Jan.	Augsburg	A.L. Denner		Stadtarchiv
	1731	[Pfingsten]	[Hannover]	[A. L. Denner]		
GBL	1731	-Juli	Heidelberg	A.L. Denner		Mentzel 150
GBL	1731	Aug.-Sept.	Frankfurt/M.	A.L. Denner	Haupt-Action nebst vorherge – henden Musicalischen Prologo, von vier Theilen der Welt ge- nannt LE CID Oder Streit zwischen Ehre und Liebe, In der Person Roderichs und Chi- mene.	Mentzel 150
GBL	1731	Okt.	Köln	A.L. Denner		Jacob 23
	1731	[Nov.]	[Hannover]	[A.L. Denner]		Heyn 27 f.
	1731	Dez.	Lüneburg	A.L. Denner		v. Magnus 259
GBL	1732	-Juli	Köln	A.L. Denner	Haupt-Action nebst vorhergehen- dem Musicalischen Prologo Ge- nannt Der im Krieg verirrte, und in der Lieb verwürrte Soldat.	Maltzahn 346 Jacob 23
	1732	[ca. Aug./Sept.]	[Bayreuth]	[A.L. Denner]		Fehr 93
GBL	1732	Nov.	Basel	A.L. Denner		Fehr 94
GBL	1732	Nov.-Dez.	Bern	A.L. Denner		Streit 161
	1732/33	nach Weihnacht	Solothurn	A.L. Denner		Fehr 94
GBL	1733	Jan.-März	Bern	A.L. Denner		Stadtarchiv
	1733	Juni	Basel	A.L. Denner		Fehr 94
	1733	Juni-Weihn.	Straßburg	A.L. Denner		Stadtarchiv
	1734	Juni	Aachen	Gottfr. Denner		Pick 459
GBL	1734	Okt.-Dez.	Stralsund	Elis. Spiegelberg		Struck 21
GBL	1734/35	Herbst-Febr.	Köln	J.W.L. Ritter		Jacob 26
GBL	1735	Febr.	Wismar	[Elis. Spiegel- berg]	Das vierfache Liebesgefängniß oder: Die zerstreuten und wie- der erfreuten Fürstenkinder, Wie auch der mit der Crone ver- wechselte Schäffer=Stab Nebst Arleqvins lustiger Zigeuner = Gesellschaft.	Meckl. Ztg. v. 18. 11. 1892
HC	1736	Aug.-Sept.	Köln	J.G. Stoll wegen Erkran- kung seines Schwagers A.L. Denner	Der großmüthig-getreue und vor das Vatterland unverzagt-ster- bende Jurist AEMILIUS PAULUS PAPINIANUS, oder Die auff dem Capitolio zu Rom zwischen Hoheit / Marter und Blut strei- tende GELEHRSAMKEIT, Mit Dem durch ungereimte studia phanta- sirenden Phantasten.	Jacob 27, 177 f.
	1737			J.G. Stoll	Huldigung der Römischen Welt und Stadt OCTAVIANO AUGUSTO. Dem Vater des Vaterlandes ent- richtet / Oder: Der durch Frie- de geschlossene / durch Liebe aber wiederumb eröffnete Janus- Tempel. Mit Hans-Wurst einen unachtsamen Liebes Ambassadeur/ lustigen Beschreiber des Römi- schen Frauen-Zimmers / und ei- nem mit lächerlicher Großmuth zum Todte geführten Römer.	Jacob 27, 181 f.

4. Genealogische Tafel Denner - Spiegelberg

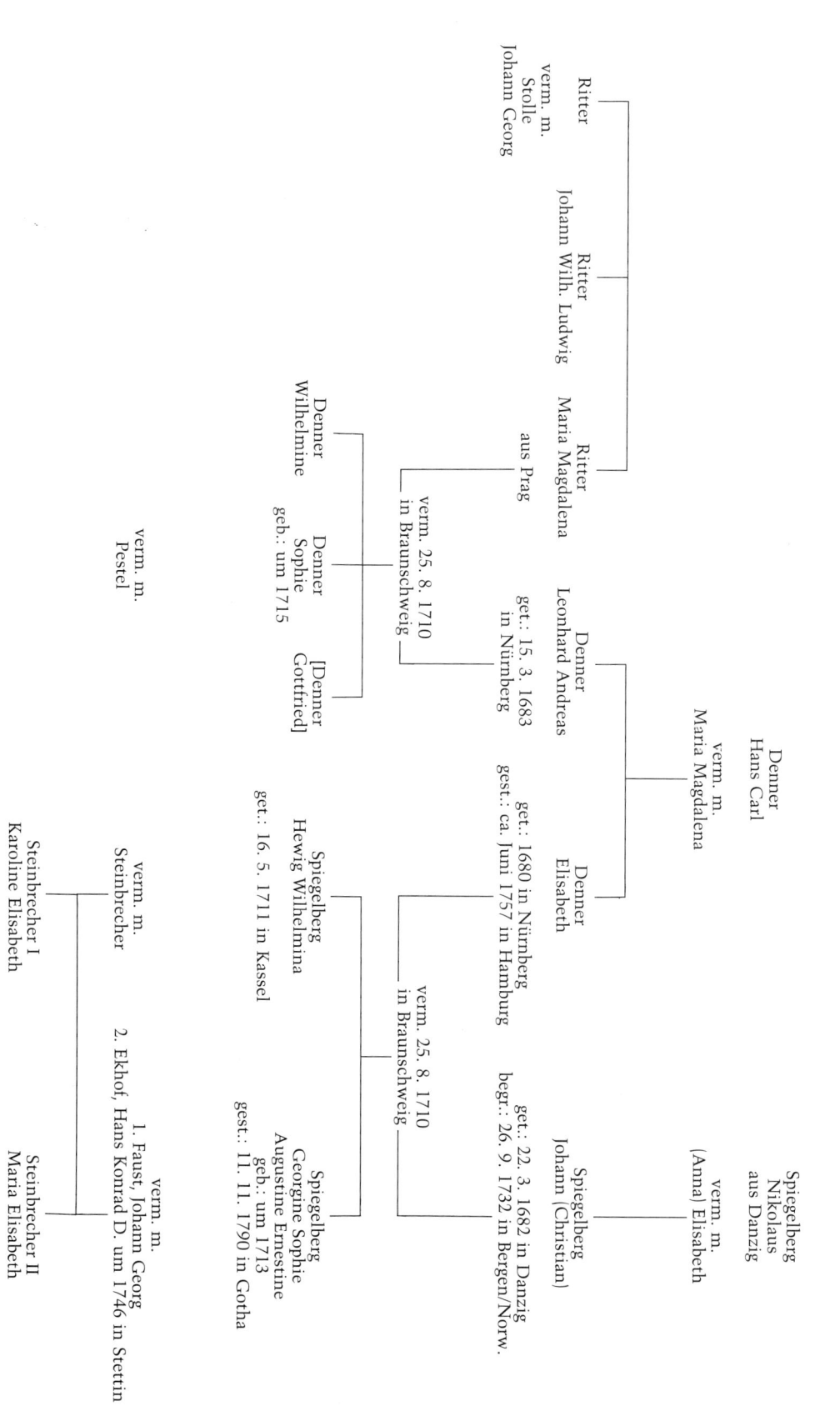

```
Denner                                          Spiegelberg
Hans Carl                                       Nikolaus
                                                aus Danzig
     verm. m.                                        verm. m.
     Maria Magdalena                                 (Anna) Elisabeth

┌─────────────────────┬──────────────────┐      ┌──────────────────┐
Ritter              Denner            Denner    Spiegelberg
Johann Wilh. Ludwig Leonhard Andreas  Elisabeth Johann (Christian)
                    get.: 15. 3. 1683                    get.: 22. 3. 1682 in Danzig
        aus Prag    in Nürnberg                          begr.: 26. 9. 1732 in Bergen/Norw.
                    gest.: ca. Juni 1757 in Hamburg
     Ritter
     Maria Magdalena
                       verm. 25. 8. 1710
                       in Braunschweig
  verm. m.
  Stolle
  Johann Georg

                    ┌────────────┬──────────────┐        ┌──────────────────────────┐
                  Denner      Denner         Spiegelberg                          Spiegelberg
                  Wilhelmine  [Denner        Hewig Wilhelmina                     Georgine Sophie
                              Gottfried]     get.: 16. 5. 1711 in Kassel          Augustine Ernestine
                  geb.: um 1715                                                   geb.: um 1713
                                                                                  gest.: 11. 11. 1790 in Gotha

                        verm. m.                                    verm. m.
                        Pestel                                      1. Faust, Johann Georg
                                                                    2. Ekhof, Hans Konrad D. um 1746 in Stettin

                                        Steinbrecher I        Steinbrecher II
                                        Karoline Elisabeth    Maria Elisabeth
                                        verm. m.
                                        Steinbrecher

                                        geb.: 1. 1. 1733 in Petersburg o. Dresden
                                        get.: 21. 8. 1737 in Göteborg
                                        gest.: Jan. 1796 in Riga
                                            verm. m.
                                            Hübler
                                            Aug. 1772
```

276

5. Diagramm ikonographischer Verflechtung

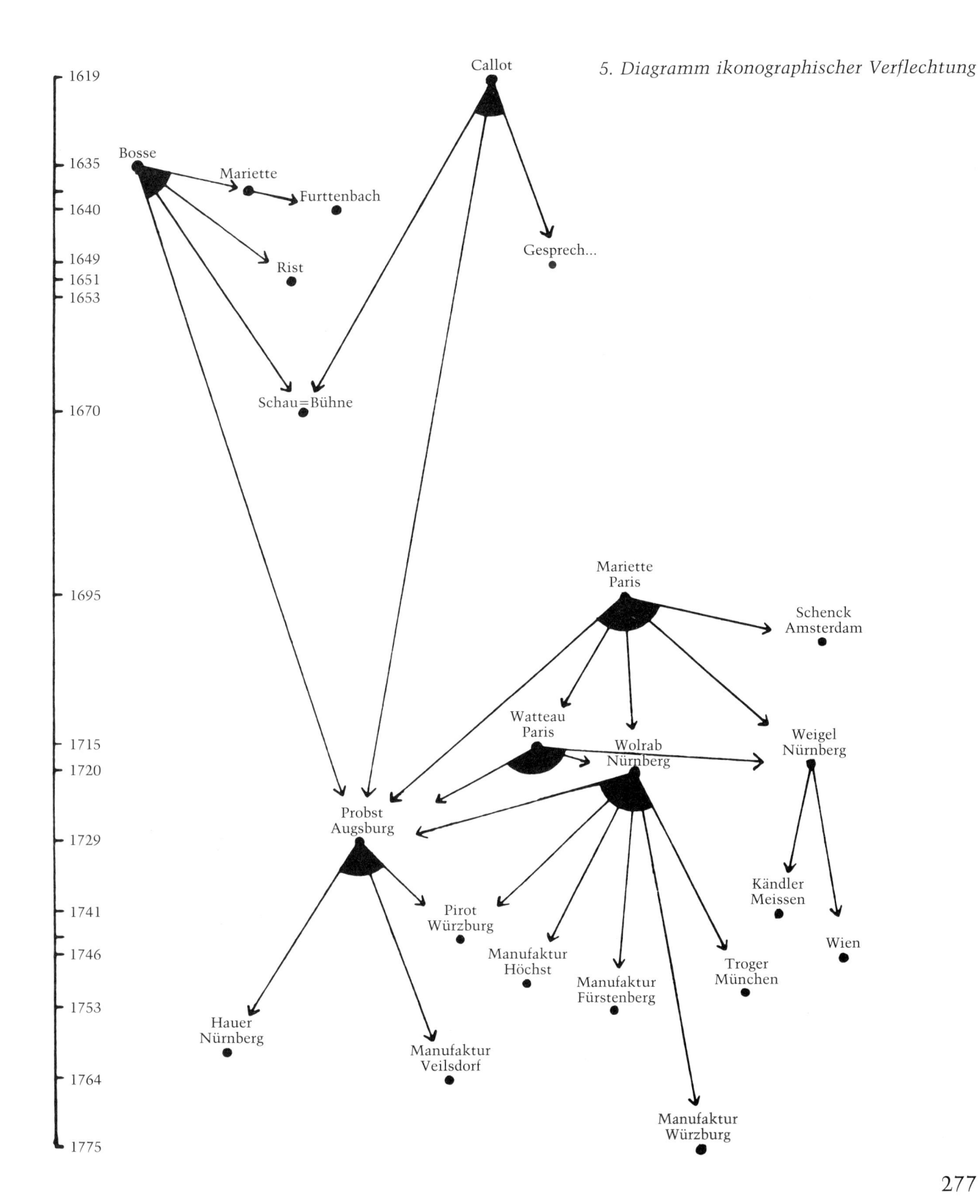

Jahr	
1619	Callot
1635	Bosse
	Mariette → Furttenbach
1640	
1649	Rist
1651	
1653	Gesprech...
1670	Schau=Bühne
1695	Mariette Paris
	Schenck Amsterdam
1715	Watteau Paris — Wolrab Nürnberg — Weigel Nürnberg
1720	
1729	Probst Augsburg
1741	Pirot Würzburg
	Kändler Meissen
1746	Manufaktur Höchst — Manufaktur Fürstenberg — Troger München — Wien
1753	Hauer Nürnberg
1764	Manufaktur Veilsdorf
1775	Manufaktur Würzburg

277

V.

VERZEICHNIS DER ABBILDUNGEN

Abb. 1 Maskenszene (Ballettszene?). Anonyme niederländische (?) Zeichnung um 1600 mit der Angabe rechts unten: ‚Frankfurt, 11. Juni (o. J.). Original: Bibliothèque de l'Opera, Paris. – Vgl. Kat. d. Internat. Austellung ‚Musik im Leben der Völker' v. Dr. K. Meyer. Frankfurt/M. 1927, Abb. 29, Text S. 173.

Abb. 2 Hans Jurriaeusz van Badem (um 1604–1663). Bühne der Amsterdamer Schowburg 1637. Öl auf Leinwand. Original: Ringling Museum of Art, Sarasota, Florida.

Abb. 3 Jan Povtaige. Ausschnitt aus einem holländischen Holzschnitt ‚De Boere Kermis', 17. Jahrh. Abb. aus: K. C. Peeters, Flämisches Volkstum. Jena 1943, S. 99.

Abb. 4 Jacques Callot, Zanne. Radierung, 1615. Exemplar: SN.

Abb. 5 Pickelhering. Titelholzschnitt von ‚Pickelherings Hochzeit' 1752. Aus: Kindermann I S. 367.

Abb. 6 Schampetasche [und] Bickelhering. Titelholzschnitt der Schrift: ‚Gespech zwischen dem Englischen Bickelhering / und Frantzösischen Schanpetasen / über das Schändliche Hinrichten' Kön. Majestat in Engeland / Schott- und Irlandes. Gemacht im Jahr 1649'. Exemplar: SN.

Abb. 7 Pickelhering [und] Jan Potasche. Vom Titelbilde einer politischen Flugschrift aus dem Jahre 1648 (!). Aus: Deutscher Literaturatlas von Gustav Könneke. Marburg 1909, S. 47.

Abb. 8 Bickelhering. Ausschnitt aus Abbildung 6.

Abb. 9 Ausschnitt aus einer Radierung der Folge ‚Bali di sfessania' von Jacques Callot, 1622. Exemplar: SN.

Abb. 10 Alessandro Fabbri, Diversarum Nationum Ornatus. Padua 1593. Bl. 40: Bragato. Kupferstich. Exemplar: TK.

Abb. 11 Annibale Caracci, Le arti de Bologna. Taf. 36 Sonatore in Piazza. Aus: Pandolfi, Bd. 2, S. 328.

Abb. 12 Giacomo Franco (1550–1620). Baletto di Mezetino um 1600. Aus: Dubeque, II, S. 246.

Abb. 13 Grillo. Figurine aus einer anonymen Folge, nach 1600 entstanden. Aus: Duchartre II, S. 230.

Abb. 14 Jacques de Gheyn. Figurine aus dem Zyklus ‚Maskerade'. Kupferstich, um 1600. Aus: Kindermann I, S. 265.

Abb. 15 Ausschnitt aus dem Titelblatt: ‚Die Egyptische Olympia ...'. Wien 1665. Kupferstich. Expl.: Österreichische Nationalbibliothek, Theatersammlung.

Abb. 16a Matthys Naiveu. Podest eines Gauklers mit zwei Narren. Ausschnitt der Bühne. Öl auf Leinwand. Ende 17. Jahrh. Foto d. restaurierten Zustandes. Original: SN.

Abb. 16b Mattys Naiveu. Podest eines Gauklers auf dem Jahrmarkt mit einer komischen Person – Variante zu Abb. 16a. Öl auf Leinwand. Ende 17. Jahrh. Original: Musée d'art et d'histoire, Genf.

Abb. 17 Oswald Harms, Entwurf Merkur-Planet aus dem 'Ballett von Zusammenkunft und Wirkung derer VII. Planeten'. Dresden 1678 für die Wiederaufführung 1679. Abb.: H. Richter, DE 10.

Abb. 18 Ferdinand Egidius Paulusen. 1685. Kupferstich. Exemplar: SN.

Abb. 19 Christian Janetschky. Kupferstich bez.: Tho. Hirschmann fecit, F. Scheürer excud. Aus: Könnecke I, S. 198.

Abb. 20 Peter Schenck, Drei Narren. Satirisches Schabkunstblatt, um 1700. Exemplar: SN.

Abb. 21 Drey seh ich hier (Drei Naarren). Satirischer Kupferstich Deutschland 18. Jahrh. Wohl eine Nachahmung des Schabkunstblattes (Abb. 20). Exemplar: Germanisches Nationalmuseum Nürnberg, Kupferstichkabinett.

Abb. 22 ‚Des Policinello Abentheuerliche Reise', Kolorierter Kupferstich aus der Serie ‚Nahrungsart von leichtem Sinn' 1. Viertel 18. Jahrh., im Verlag Martin Engelbrechts Augsburg, Exemplar: Theatermuseum München.

Abb. 23 Titelkupfer ‚Die Spihlende Hand Gottes ...' von J. Jacob Schmid. Augsburg u. Regensburg 1739. Exemplar: SN.

Abb. 24 Harlekin, Hose und Rock vorzeigend (‚Seht her! das ist der Aufenthalt der beiden Sachen, / Die in der Welt so viel Verwirrung machen.') Stammbuchblatt, Feder und Aquarell. 18. Jahrh. Original: SN. Vgl. eine ähnliche Abbildung in Georg Steinhausen, Geschichte d. Deutschen Kultur. Leipzig 1929, S. 554.

Abb. 25 J. M. Klauflügell, Komödiantentafel. Öl auf Holz. Biberach 1749. Ausschnitt. Original: Rathaus, Biberach.

Abb. 26 Hans Ammon, Selbstporträt als Peter Leberwurst. Radierung, 1619. Original: GNM, Kupferstichkabinett.

Abb. 27 Pickelhering. Auf einem politischen Flugblatt des 17. Jahrh. Kupferstich. Exemplar: SN.

Abb. 28 Ludus Scaenicus. Holzschnitt 1658. Aus: J. A. Comenius, Orbis sensualium pictus 1658. Hrsg. v. Kühnel, Leipzig 1910, S. 264.

Abb. 29-40 Bei den hier wiedergegebenen Blättern der Folge ‚Amor vehementer quidem flagrans' (Exemplar: Theaterwissenschaftliches Institut Köln, Sammlung Niessen) handelt es sich um die von G. Hansen im Text S. 105 unter 2. identifizierte Neuauflage um 1750.

Abb. 41 Bande der Italienischen Comoedianten. Kupferstich. Bei Christoph Weigel, Nürnberg um 1723. Exemplar Museum Burcardo, Rom.

Abb. 42 Schematische Umrißzeichnung zu Abb. 41 mit Numerierung, zur Kennzeichnung der einzelnen Personen.

Abb. 43 Raymond Poisson als Crispin. Kupferstich von Gerard Edelinck nach Theodor Netscher. Exemplar: SN.

Abb. 44 ‚Unser sind drey ...' Satirisches Blatt. Anonymer deutscher Kupferstich. Die Figur rechts ist eine deutliche Kopie des Poisson-Bildes (Abb. 43). Exemplar: Germanisches Nationalmuseum, Nürnberg.

Abb. 45 Arlequin, Pierrot et Scapin. Kupferstich von Louis Surugue nach Antoine Watteau. 1719.

Abb. 46 L' Harlequin Bergamasco. Anonymer Kupferstich. Vgl. dazu die Ausführungen S. 219 ff. im Anhang II: Ikonographische Versuche. Exemplar: Theatermuseum München.

Abb. 47 Komödianten. Kupferstich vonn Simmoneau nach Antoine Watteau, nach 1710.

Abb. 48 Mademoiselle Harleqine. Anonymer Kupferstich. Vgl. dazu die Ausführungen S. 219 ff. im Anhang II. Ikonographische Versuche. Exemplar Thetatermuseum München.

Abb. 49	Scaramouche. Kupferstich, verlegt bei Johann Jacob Wolrab, Nürnberg, um 1720. Exempar: SN.
Abb. 50	Baloardus, Medicus. Kupferstich von Peter Schenck, Kopie nach Jean Mariette. Aus: Gregor, Denkmäler d. Theaters.
Abb. 51	Pantalon und seine Schöne. Porzellan, Wien, Du Paquier 1740–1744. Die Gruppe kann wohl eher eine Kopie des Kändler-Modells in Meissen sein. Aus: R. Schmidt, Abb. 97.
Abb. 52	Guckkastenblatt, Ausschnitt. Kolorierter Kupferstich von Jeremias Wachsmuth aus dem Verlag Martin Engelbrecht, Augsburg, um 1745. Exemplar: SN.
Abb. 53	Fest im Freien. Kupferstich von Simon Francois Ravenet nach J. B. Joseph Pater. Verlegt bei Thomas Major, London. Um 1745.
Abb. 54	‚Le Tombeau de Mâistre André. Titelkupfer in Gherardis ‚Recueil' Bd. 5. Amsterdam 1701. Exemplar: SN.
Abb. 55	Teedose, Meissner Porzellan. Wahrscheinlich 1750–1755. Aus: Weltkunst XXXII. München 1962. Nr. 19a S. 10.
Abb. 56	‚Amor vehementer' Blatt IX (vgl. Abb. 37). Kupferstich, bei Remondini di Bassano. Venedig. Italien, 18. Jahrh. Aus: Pandolfi.
Abb. 57	Arlequin trinkt ein Weinglas aus. Französicher Kupferstich, 18. Jahrh. bei F. Guerard, Paris. Aus: Enciclopedia dello spettacolo. III. Taf. CLI.
Abb. 58	Champantage (Jean Potage). Ausschnitt aus Abb. 38.
Abb. 59	Hotel de Bourgogne. Kupferstich. Abraham Bosse inv. et fec. Verlegt bei Jean le Blond, um 1640. Exemplar: SN.
Abb. 60	Arlequin. Kupferstich, bey Joh. Jacob Wolrab, Nürnberg. Exemplar: SN.
Abb. 61	Angelo Constatini als Mezetin. Kupferstich, verlegt bei Jean Mariette, Paris, um 1696. Exemplar: SN.
Abb. 62	Joseph Tortoriti als Scaramouche. Kupferstich, verlegt bei Jean Mariette, Paris, um 1696. Exemplar: SN.
Abb. 63	Marc Antonio Romagnesi als Docteur Balouard. Kupferstich, verlegt bei Jean Mariette, Paris, um 1696. Exemplar: SN.
Abb. 64	Evariste Gherardi als Arlequin. Kupferstich von Peter Schenck, Kopie des bei J. Mariette verlegten Bildes. Aus: Gregor, Denkmäler d. Theaters.
Abb. 65a-f	‚Balli di sfessania / Hanß Suppen Gesellschaft vnd ihre däntz.' Sechs deutsche Kupferstiche um 1630 nach Figuren Jacques Callots aus der Folge ‚Balli die sfessania' und einzelnen Blättern. Für die von Hansen S. 113 nach Graesse anngenommene Autorschaft Wenzel Hollars spricht eigentlich nichts, auch im neuen Lipperheide-Katalog wird die Frage offengelassen. Exemplar: Lipperheidesche Kostümbibliothek, Berlin.
Abb. 66	Jacques Callot, Capitano. Feder- u. Kohleskizze, um 1615. Aus: Koenig-Fachsenfeld.
Abb. 67	Totentanz-Darstellung. Lithographie von X. Schwegler (1892) nach einem Tafelgemälde von Caspar Meglinger, um 1630. Aus: Eberle, S. 259.
Abb. 68	‚Balli die Sfessania'. Titelblatt der Kupferstichfolge von Jacques Callot, um 1620. (Kopie?). Exemplar: SN.
Abb. 69	‚Bello Sguardo'. Kupferstich von Jacques Calot, um 1620. Ausschnitt eines Blattes der Folge ‚Balli di sfessania'. Exemplar: SN.
Abb. 70	Sebastian Stoßkopf, Vanitas. Stilleben, 1641. Öf auf Leinwand. Original: Musées de la Ville de Strasbourg.
Abb. 71	‚Le capitaine Fracasse'. Kupferstich.
Abb. 72	‚Le capitaine fracasse. Ausschnitt aus einem französischen Kupferstich, um 1670, bei Pierre Mariette. Aus: Duchartre I, Fig. 114 S. 161.
Abb. 73	Illustration aus der ‚Architectura recreationis', 1641, von Joseph Furttenbach. Kupferstich von Matthäus Rembold nach Johann Jacob Campanus. Exemplar: SN.
Abb. 74	‚Gros Guillaume'. Ausschnitt aus einem französischen Kupferstich um 1670 bei Pierre Mariette. Aus: Duchartre I, Fig. 114, S. 161.
Abb. 75	‚Turlupin'. Ausschnitt aus einem französischen Kupferstich um 1670 bei Pierre Mariette. Aus: Duchartre I, Fig. 114, S. 161.
Abb. 76	‚Johann Risten Friede wünschendes Teütschland'. Titelkupfer. Genauer Titel: ‚Das Friede wünschende Teütschland In Einem Schauspiele öffentlich vorgestellet und beschrieben Durch einen Mitgenossen der Hochlöblichen Fruchtbringenden Gesellschaft. Gedruckt im Jahr 1647.'
Abb. 77	‚Schau-Bühne Englischer und Frantzösischer Comoedianten', 1670. Titelkupfer. Aus: Könnecke I. S. 47.
Abb. 78	‚Capitaine Fracasse'. Kupferstich von Abraham Bosse, um 1635.
Abb. 79	Französischer Capitano. Aus: Maurice Sand, Masques et Buffons.
Abb. 80	Provisorisches Gartentheater im Großen Garten. Dresden 1709. Aus: Pamietnik teatralny IX. 1965 H. 1, S. 50.
Abb. 81	Docteur Balouarrd. Vgl. Abb. 63.
Abb. 82	Bühne fahrender Komödianten. Ausschnitt eines 1746 entstandenen Gemäldes von Johann Tobias Sonntag, das den westlichen Stadtteil Darmstadts darstellt. Das Original ist im 2. Weltkrieg verlorengegangen. Abb. nach: K. Esselborn, Die Aufführung einer Haupt- und Staatsaktion in Darmstadt. In: (Blätter d.) Hessische(n) Landestheater(s) Darmstadt. 1934/35, S. 182–189.
Abb. 83	Docteur Balouard. Ausschnitt aus einem Bilderbogenblatt, das Figuren der französischen Komödie zeigt. Verlegt bei F. Guerard, Paris.
Abb. 84	Colombine. Ausschnitt aus einem Bilderbogenblatt, das Figuren der französischen Komödie zeigt. Verlegt bei F. Guerrard, Paris.
Abb. 85	Le Harlequin. Blatt einer anonymen deutschen Kupferstichfolge. Vgl. die Ausführungen S. 219–242 im Anhang II. Ikonographische Versuche. Ex.: Theatermuseum München.
Abb. 86	Dame Ragonde. Ausschnitt aus Abb. 30.
Abb. 87	Dame Ragonde. Kupferstich. Bei Jean Mariette um 1696. Ex.: SN.
Abb. 88	Dame Ragonde. Deutscher Kupferstich. Bei Johann Jacob Wolrab, Nürnberg, um 1720. Ex.: SN.
Abb. 89	Dame Ragonde. Ausschnitt aus Abb. 40.
Abb. 90	La Scaramouche. Deutscher Kupferstich. Bei Johann Jacob Wolrab, Nürnberg, um 1720. Ex.: SN.
Abb. 91	Scaramouche. Ausschnitt aus Abb. 31.
Abb. 92	Scaramouche. Ausschnitt aus Abb. 41.
Abb. 93	Ausschnitt aus der Radierung „Komödianten" von Antoine Watteau, um 1710. Vgl. Abb. 47.
Abb. 94	Harlequine. Deutscher Kupferstich. Bei Johann Jacob Wolrab Nürnberg, um 1720. Ex.: SN.
Abb. 95	Mademoiselle Harlequine. Vgl. Abb. 48.

Abb. 96 Le Théatre italien. Kupferstich von Georg Friedrich Schmidt nach dem Gemälde von Nicolas Lancret.

Abb. 97 Harlequine. Ausschnitt aus Abb. 41.

Abb. 98 Harlequine. Ausschnitt aus einem kolorierten Guckkastenblatt. Bezeichnet: [Jeremias] Wachsmuht (!) inv. et del. Mart. Engelbrecht excud. Ex.: SN.

Abb. 99 „Der Winter / L'Hiver". Kupferstich, bezeichnet: Jerem. Wachsmuth inv. del. et sculp. Joh. Georg Hertel excud. Aug. Vind. Aus: [Programmheft] Schiller-Theater d. Reichshauptstadt. Oktober 1939.

Abb. 100 Bollettino per l'ingresso nel Teatro die S. Samuele nel Carnevale 1758. Aus: [Programmheft d.] Westdeutschen Tourneetheaters 1965/66.

Abb. 101 Spinetta. Nymphenburger Porzellanmanufaktur. Modell von Franz Anton Bustelli.

Abb. 102 Tanzszene. Anonymer Kupferstich, süddeutsch, 18. Jahrh. Ex.: Theatermuseum München.

Abb. 103 Spinetta en Arlequine. Kupferstich von G. Valck, nach Bonnart. Ex.: Germanisches Nationalmuseum, Nürnberg.

Abb. 104 Spinetta. Ausschnitt aus dem Gemälde „Der essende Harlequin". Marco Marcolo zugeschrieben. Italien, 2. H. 18. Jahrh. Aus: Nicoll, The World of Harlequin.

Abb. 105 Spinetta. Aus: Maurice Sand, Masques et Buffons.

Abb. 106 Spinetta. Meissner Porzellan. Figur aus einer Folge italienischer Komödianten um 1900. Aus: Staatl. Porzellanmanufaktur Meissen. Italienische Komödie (Verkaufskatalog), Taf. VIII.

Abb. 107 Pantalon. Deutscher Kupferstich. Bei Johann Jacob Wolrab, um 1720. Ex.: SN.

Abb. 108 Pantalon. Ausschnitt aus Abb. 29.

Abb. 109 Habit de Pantalon Moderne. Illustration aus: Louis Riccoboni, Histoire um Théâtre Italien. Paris 1728. Kupferstich von Francois Joullain. Ex.: SN.

Abb. 110 Ausschnitt aus Abb. 40.

Abb. 111 Johann Peter Hilferding als Pantolone Bisognosi. Kupferstich von Elias Baeck alias Heldenmuth. Ex.: SN.

Abb. 112 Gio. Pie. Hilverding Facendo da Persona del Pantalone. Kupferstich von Elias Baeck alias Heldenmuth. Ex.: SN.

Abb. 113 Jacques Callot, Pantalone. Um 1618/19. Bez.: Ia. Callot fe. Firenza. Handschriftlicher Eintrag unten rechts: P. Mariette 166 (letzte Zahl unleserlich) ist wohl ein Besitzvermerk. Ex. d. Graphischen Sammlung Albertina, Wien.

Abb. 114 Pietro Chri. Angot presentando la persona di Scarmuzo. Kupferstich, bez. E. B. sculp. (= Elias Baeck alias Heldenmuth). Ex.: SN.

Abb. 115 Scaramouche als Diogenes auf dem Théâtre de la Foire, Paris. Anonymer französischer Kupferstich, 18. Jahrh. Aus: Duchartre II, S. 113.

Abb. 116 Giosep. Ferd. Miller presentando la persona d'Arlequino. Kupferstich. Bez.: Elias Baeck a. H. delin. et sculp. Ex.: SN.

Abb. 117 Carlo Palma als Truffaldino. Kupferstich von Stefano Scolari. Venedig um 1650–52. Mit Widmung an den polnischen Fürsten Zamoyski. Aus: Pamietnik teatralny. XIII. Warschau 1964, H. 3 S. 51.

Abb. 118 Giosep. Ferd. Miller presentando la persona d'Arlequino. Kupferstich von Elias Baeck alias Heldenmuth. Ex.: SN.

Abb. 119 Giacinto Cattoli als Tracagnino. Kupferstich von Guiliano Rost, Bologna 1816. Dedikationsblatt für den Grafen Antonio Estense Mosti. Ex.: SN.

Abb. 120 La Diamira. Italienischer Kupferstich. Bez.: Arcangelo Bonifaciy invenio e incise. 2. H. 18. Jahrh. Ex.: SN.

Abb. 121 „Pour garder l'honneur d'une belle". Kupferstich von Charles Nicolas Cochin nach dem Gemälde von Antoine Watteau. Aus: Gregor, Denkmäler d. Theaters.

Abb. 122 Pierrot und Arlequin. Anonymer französischer Kupferstich nach der Figurengruppe in Abb. 121. Ex.: SN.

Abb. 123 Harlequin. Ausschnitt aus Abb. 29.

Abb. 124 Brigadel. Deutscher Kupferstich. Bei Johann Jacob Wolrab, Nürnberg, um 1720. Ex.: SN.

Abb. 125 Halekin und Pierrot. Ausschnitt aus Abb. 34.

Abb. 126 Pierrot. Ausschnitt aus Abb. 45.

Abb. 127 Mezzetin. Ausschnitt aus Abb. 29.

Abb. 128 Bagolin. Ausschnitt aus Abb. 41.

Abb. 129 Bagolin. Deutscher Kupferstich. Bei Johann Jacob Wolrab, Nürnberg, um 1720. Ex.: SN.

Abb. 130 „Le concert de Famille" (Mezzetin). Ölgemälde von Antoine Watteau. Aus: Zimmermann, Abb. 63. Das Bild fand Verbreitung durch den Kupferstich von Thomassin fils.

Abb. 131 Scaramutz. Ausschnitt aus Abb. 29.

Abb. 132 Le Capitaine. Deutscher Kupferstich. Bei Johann Jacob Wolrab, Nürnberg, um 1720. Ex.: SN.

Abb. 133 Capitano. Ausschnitt aus Abb. 33.

Abb. 134 Cap. Zerbino. Kupferstich von Jacques Callot. Ausschnitt seiner Folge ‚Bali di sfessania' um 1620. Ex.: SN.

Abb. 135 Capitano. Aquarell von L. O. Burnacini. Original: Österreichische Nationalbibliothek, Theatersammlung, Wien.

Abb. 136 Kupferstich von Adam Georg Puschner. Blatt 29 aus Gregorio Lambranzis ‚Neue und curieuse Tantz-Schul', Nürnberg 1716. Ex.: Theatermuseum München.

Abb. 137 Kupferstich von Adam Georg Puschner. Blatt 30 aus Gregorio Lambranzis ‚Neue und curieuse Tantz-Schul', Nürnberg 1716. Ex.: Theatermuseum München.

Abb. 138 Capitano. Lavierte Federzeichnung von Salomon Kleiner, das Komödienparterre im Schönbornschen Palais in der Josefstadt, Wien, vostellend. Original: Österreichische Nationalbibliothek, Bildarchiv, Wien.

Abb. 139 Capitano. Braunschweiger Fayencenmanufaktur, um 1740.

Abb. 140 Le Docteur Baloard. Deutscher Kupferstich. Bei Johann Jacob Wolrab, Nürnberg, um 1720. Ex.: SN.

Abb. 141 Habit de Docteur moderne. Illustration aus: Louis Riccoboni, Histoire du Théâtre Italien. Paris 1728. Kupferstich von Francois Joullain. Ex.: SN.

Abb. 142 Docteur Baloard. Ausschnitt aus Abb. 36.

Abb. 143 Isabella. Deutscher Kupferstich. Bei Johann Jacob Wolrab, Nürnberg, um 1720. Ex.: SN.

Abb. 143a Cintio. Deutscher Kupferstich. Bei Johann Jacob Wolrab, Nürnberg, um 1720. Ex.: Österreichische Nationalbibliothek, Theatersammlung, Wien.

Abb. 144 Mezetin. Deutscher Kupferstich. Bei Johann Jacob Wolrab, Nürnberg, um 1720. Ex.: SN.

Abb. 145 Arlequin und Pierrot. Kupferstich von Johann Christoph Kolb. Illustration aus: Arlequin Cartouche. Augsburg 1722. Ex.: SN.

Abb. 146 Angelo Costantini als Mezetin. Kupferstich von Vermeulen nach einem Gemälde von Francois de Troy. Aus: Gregor, Denkmäler d. Theaters.

Abb. 147 Scaramutz. Nymphenburger Porzellan. Modell von Franz Anton Bustelli, um 1760. Original: Bayerisches Nationalmuseum, München.

Abb. 148 Colombine. Deutscher Kupferstich. Bei Johann Jacob Wolrab, Nürnberg, um 1720. Ex.: SN.

Abb. 149 Catarina Biancolelli als Colombine. Kupferstich von Le Roux 1686. Aus: Duchartre I, Fig. 191 S. 258.

Abb. 150 Lalage. Anonymer deutscher Kupferstich. Vgl. die Ausführungen S. 219–242 im Anhang II, Ikonographische Versuche. Ex.: Theatermuseum München.

Abb. 151 La Coquette. Kupferstich von H. S. Thomassin fils nach Antoine Watteau.

Abb. 152 Harlekin. Anonymer deutscher Kupferstich, um 1720 entstanden. Ex.: Stadtbibliothek Nürnberg.

Abb. 153 Harlekin. Steinzeug, deutsch (Plaue a. d. Havel?, 1716?). Original: Museum für Kunsthandwerk, Frankfurt a. M.

Abb. 154 Februar. Kupferstich bez. M. Rein sc. Monatsbild aus dem Genealogisch-Heraldischen Staatskalender auf das Jahr 1722. Gedruckt bei Joh. Jak. Lotter, verlegt bei Joh. Matth. Steidlein, Augsburg.

Abb. 155 Arlequin und der Säufer. Kupferstich bez. J. C. Dehne sc. Norimb. Titelbild zu Picanders ,Ertz-Säuffer' 1726.

Abb. 156 Das Comoedien-Haus. Kupferstich. Blatt 23 aus: „Angenehme Bilderlust der lieben Jugend zur Ergötzung allso eingerichtet". Verlegt bei Peter Conrad Monath, Nürnberg, vor 1758. Ausschnitt. Ex.: SN.

Abb. 157 Die Verbannung des Harlekins. Halbrelief an der Stirnseite des Konstanzer Theaters von Franz Xaver Hermann, 1806.

Abb. 158-159 Zwei Kupferstiche. Figuren der italienischen Komödie darstellend, mit moralischer Inschrift lateinisch-deutsch. Bez. Mart. Engelbrecht excud. A. V. Mitte 18. Jahrh. Ex.: Theatermuseum München.

Abb. 160-171 Anonyme Kupferstich-Folge von italienischen Komödienfiguren (12 von 14). Außer dem Namen trägt jedes Blatt ein lateinisches Zitat. Unbezeichnet, um 1720. Ex.: Museum Burcardo, Rom.

Abb. 172-178 Sieben Kupferstiche mit je zwei Darstellungen italienischer Komödienfiguren aus einer Folge von vermutlich zwölf Blättern. Jedes Blatt ist bezeichnet: J. Wachsmuth inv. et delin. M. Engelbrecht ex. A. V. Ex.: Museum Burcardo, Rom.

Abb. 179-186 Franz Bustelli. 16 Komödienfiguren in Nymphenburger Porzellan, etwa 1760. Originale: Bayerisches Nationalmuseum. München.

Abb. 187 Arlequin (Detailstudie) von Antoine Watteau. Kohle und Rötel. Aus: de Courville, Lelio Taf. XXIII.

Abb. 188 Comédiens italiens. Kupferstich von Baron, nach einem verschollenen Gemälde von Antoine Watteau. Ex.: SN.

Abb. 189 „Pour garder l'honneur d'une belle". Kupferstich von C. N. Cochin nach einem Gemälde von Antoine Watteau. S. Abb. 121.

Abb. 190 Pierrot und Arlequin. S. Abb. 122.

Abb. 191 Docteur. Niederländische Sandsteinplastik, 18. Jahrh. Original: SN.

Abb. 192 Arlequin. Niederländische Sandsteinplastik, 18. Jahrh. Original: SN.

Abb. 193 „Arlequin Cartouche". Kupferstich. Illustration von Johann Christoph Kolb, Augsburg 1722. Ausschnitt. Ex.: SN.

Abb. 194 Scaramouche und Arlequin. Malerei auf dem Deckel einer Email-Dose. Aus: Castelli, Boîte . . . en Ancienne faiance, 1911 Pl. XL.

Abb. 195 Arlequin. Ausschnitt aus Abb. 29.

Abb. 196 Arlequin. Holzstich-Vignette von Wattier. Aus: Le Monde dramatique, 1835, S. 8. Ausschnitt.

Abb. 197 Arlequin. Ausschnitt aus Abb. 45.

Abb. 198 „Le Harlequin". Anonymer Kupferstich. Deutschland, um 1720. Ex.: Theatermuseum München.

Abb. 199 Harlequin. Ausschnitt aus Abb. 82.

Abb. 200 Harlequin. Kupferstich. Auschnitt aus „Das Comoedien-Haus". Vgl. Abb. 156.

Abb. 201 Evariste Gherardi als Arlequin. Kupferstich. Verlegt bei Jean Mariette, Paris, um 1696.

Abb. 202 „Evariste Gherardi faisant le personnage d'Arlequin". Kupferstich von Peter Schenck. S. Abb. 64.

Abb. 203 Arlequin. Kupferstich. In ,Recueil', Frontispiece zu Bd. 1 des Raubdrucks. Amsterdam chez Adrian Braakman. 1701. Ex.: SN.

Abb. 204 Arlequin. Kupferstich. Titelkupfer zu „Les Souhaits", in: ,Recueil' Bd. V. Amsterdamer Neudruck 1721. Ex.: SN.

Abb. 205 Arlequin. Ornamentstich-Vorlage (Ausschnitt), nach 1700. Verlegt bei Johann Christoph Weigel (Verlags-No. 66).

Abb. 206 Arlequin. Kupferstich (Ausschnitt aus einer Vedute der Piazza S. Zeno), Verona, Anfang 18. Jahrh.

Abb. 207 Arlequin als „Mahler". Kupferstich, unbezeichnet. 14. Blatt eines ,Bilder-Buches' (Ausschnitt).

Abb. 208 ,Baal of de Waereld'. In ,Maskerade' (Ausschnitt). Kupferstich, niederländisch, nach 1720. Ex.: SN.

Abb. 209 „Tirez le Rideau si vous voulez voir davantage". Französischer Kupferstich, unbez., um 1750 (?)

Abb. 210 Arleqin. Gemälde, anonym, französich, um 1750. Ausschnitt der Abbildung bei Carlos Fischer, S. 54.

Abb. 211 Arlequin. Porzellanfigur von Johann Joachim Kändler. Meissen, um 1770. Neuausformung. Aus: Verkaufskatalog Meissner Manufaktur.

Abb. 212 Arlequin. Ausschnitt aus Abb. 60.

Abb. 213 Arlequin. Porzellanfigur, unbekannter Modelleur. Manufaktur Höchst, 18. Jahrh.

Abb. 214 Hanswurst. Porzallanfigur. Wahrscheinlich Höchster Manufaktur. In: Collection théatrale de M. Jules Sambon. Paris 1911.

Abb. 215 Arlequin. Porzellanfigur von Simon Feilner. Manufaktur Fürstenberg. 1753–1754.

Abb. 216 Arlequin. Kostümentwurf von Oskar Laske. 1924. Original: Österreichische Nationalbibliothek, Theatersammlung, Wien.

Abb. 217 Scaramouche. Kupferstich von Peter Schenck, Amsterdam.

Abb. 218 Scaramouche. Kupferstich. Im Verlag „Joh. Christoph Weigel seel. Wittib", nach 1726.

Abb. 219 Scaramouche. Gemälde, anonym, französich, um 1750 (Ausschnitt). Vgl. Abb. 210.

Abb. 220 Scaramuzza. Kupferstich, italienisch 1788. Aus: Pandolfi Bd. IV, S. 300.

Abb. 221 Weibliche Pantalone. Porzellanfigur. Höchster Manufaktur, 1750–1753.

Abb. 222 Weibliche Pantalone. Porzellanfigur. Fürstenberger Manufaktur, 1754.

Abb. 223 Weibliche Pantalone. Porzellanfigur. Würzburger Manufaktur, um 1775.

Abb. 224-229 Folge von sechs Blättern: Arlequin, Scaramouche, Triuelin, Briguelle, Le Comedien Serieux, Le Capiten Spezzaferre. Kupferstiche. Bez. J. [acob] [von] Sandrart excudit [Nürnberg].

Abb. 230 Szene mit vier Komödianten. Französicher Kupferstich. Unbez., Mitte 17. Jahrh. (?)

Abb. 231-234 Folge von vier Kupferstichen. Bez. Phil. Jac. Leidenhoffer excudit Aug. Vind. (Augsburg), um 1690. Ex.: Germanisches Nationalmuseum Nürnberg.

Abb. 235-237 Folge von drei Kupferstichen. Bezeichnet Elias Bäck al. Heldenmuth del. et sculpsit. Albrecht Schmidt excudit, um 1705. Ex.: Germanisches Nationalmuseum Nürnberg.

Abb. 238-239 Dame Ragonde und Arlequin. Zwei Kupferstiche von Gerard Valck, um 1710. Ex.: Germanisches Nationalmuseum Nürnberg.

Abb. 240 Harlequine. Kupferstich von Johann Georg Puschner. Aus: Gregorio Lambranzi, ‚Neue und kuriuese Tantz-Schul', 1716. Ex.: Theatermuseum München.

Abb. 241, 243, 246, 248, 249 Folge von fünf Kupferstichen. Bez. auf dem 1. Blatt: Excudit B. Christoph Weigelij Vidua, Nürnberg, nach 1726. Ex.: Germanisches Natinalmuseum Nürnberg.

Abb. 242, 244, 245, 247 Folge von vier Kupferstichen. Bez.: Gillot fec. Aus: Duchartre I.

Abb. 250 Pantalon. Porzellanfigur. Wiener Manufaktur Du Paquier, vor 1740. Aus: Figürliche Keramik aus zwei Jahrtausenden. Museum für Kunsthandwerk Frankfurt a. M., 1963. Nr. 99, Farbtafel S. 57.

Abb. 251 Pantalon. Kupferstich. Bez.: Gillot fec. In: „Nouveaux dessins d'habillements à l'usage des ballets, opéras et comédies inventez par M. Gillot de l'académie royale de peinture et sculpre et gravez par Joullain. Paris, o. J. Aus: Duchartre I.

Abb. 252 „Die Franzosen in Böhmen". Titelkupfer. Unbez., Pilsen 1743. Ex.: Theatermuseum München.

Abb. 253 „Die Franzosen in Böhmen". Ausschnitt. Vgl. Abb. 252.

Abb. 254 „L'Harleqino Bergamasco". Vgl. Abb. 169.

Abb. 255 ‚Comoediant'. Kupferstich. Ex.: Germanisches Nationalmuseum Nürnberg.

Abb. 256-257 Harlekine. Kupferstiche. Bez.: Joh. Chr. Weigels seel. Wittib exc. Ex.: Germanisches Nationalmuseum Nürnberg.

VI.
LITERATURNACHWEIS
der abgekürzt zitierten Quellen

Abschilderung	Abschilderung der Ackermannischen Schauspieler, in einem Sendschreiben an einen Freund in Berlin. Frankfurt und Berlin 1755.
Absolution	Verdienstmässige Absolution Eines Bey Versagung öffentlicher Communion GOTT beichtenden Christlichen Comödianten gegeben von Hilario Ernst einem Catholischen Priester. Mayntz 1759.
Aikin-Sneath	Betsy Aikin-Sneath, Comedy in Germany in the first half of the eighteenth century. Oxford 1936.
Alewyn	Richard Alewyn, Johann Beer. Studien zum Roman des 17. Jahrhunderts. Leipzig 1932.
Arnold	Hans Arnold, Die wandernden „teutschen" Komödianten in Mannheim. In: (Mannheimer) Bühnenblätter 1936/37, H. 15.
Ayrer	Opus thaeatricum. Dreißig Außbündige schöne Comedien vnd Tragedien... Sampt noch andern Sechs vnd dreissig schönen lustigen vnd kurtzweyligen Faßnacht oder Possen Spilen Durch Weyland den Erbarn vnd wolgelährten Herrn Jacobum Ayrer ... verfasset. Nürnberg 1618.
Bacher	Otto Bacher, Die Geschichte der Frankfurter Oper im 18. Jahrhundert. Frankfurt a. M. 1926. (Veröffentlichungen d. Deutschen Musikgesellschaft, Ortsgruppe Frankfurt a. M. Bd. 1)
Bärensprung	H. W. Bärensprung, Versuch einer Geschichte des Theaters in Meklenburg-Schwerin von H. W. Bärensprung. Schwerin 1837.
Bauer	Karoline Bauer, Komödianten-Fahrten. Erinnerungen und Studien von Karoline Bauer. Hrsg. v. Arnold Wellmer. Berlin 1875.
Baur-Heinhold	Margarete Baur-Heinhold, Theater des Barock. Festliches Bühnenspiel im 17. und 18. Jahrhundert. München 1966.
Berling	(K. Berling), Festschrift zur 200jährigen Jubelfeier der ältesten europäischen Porzellanmanufaktur Meissen 1910. (Leipzig 1911).
Bertram	[Christian August Bertram], Abbildungen berühmter Gelehrten und Künstler Deutschlands, nebst kurzen Nachrichten ihrer Leben und Werke. Berlin 1780.
Bielefeld	[Jakob Friedrich Bielfeld], Progrès Allemands dans les sciences, les belles-lettres & les arts, particulièrement dans la poesie et l'èloquence. Amsterdam 1752.
Billmann	Elsie G. Billmann, Johann Christian Hallmanns Dramen. Würzburg 1942.
Bitterling	Richard Bitterling, Joh. Fr. Schink. Ein Schüler Diderots und Lessings. Beitrag zur Literatur- und Theatergeschichte der deutschen Aufklärung. Leipzig u. Hamburg 1911. (Theatergeschichtliche Forschungen XXIII.).
Björkman	Rudolf Björkman, Die Hochteutschen Comoedianten. In: Samlaren. Tidskrift utg. af Svenska Literatursällskapets arbetsutskott. XXIX. Uppsala 1908. S. 83-90.
Blümml-Gugitz	Emil Karl Blümml und Gustav Gugitz, Alt-Wiener Thespiskarren. Die Frühzeit der Wiener Vorstadtbühnen. Wien 1925.
Boehn	Max von Boehn, Das Bühnenkostüm in Altertum, Mittelalter und Neuzeit. Berlin 1921.
Bolte I	Johannes Bolte, Das Danziger Theater im 16. und 17. Jahrhundert. Hamburg und Leipzig 1895. (Theatergeschichtliche Forschungen XII.).
Bolte II	Johannes Bolte, Von Wanderkomödianten und Handwerkerspielen des 17. und 18. Jahrhunderts. In: Sitzungsberichte d. Preuß. Akademie d. Wissenschaften. Phil.-histor. Klasse 1934. XIX. Berlin 1934. S. 444-487.
Bolte III	Johannes Bolte, Der „starke Mann" J. C. Eckenberg. Ein Beitrag zur Geschichte des Berliner Schauspiels. In: Forschungen zur Brandenburgischen u. Preuß. Geschichte. 2. Bd., 1. Hälfte. Leipzig 1889. S. 211-227.
Bolte IV	Johannes Bolte, Schauspiele am Heidelberger Hofe 1650–1687. In: Euphorion. Zeitschrift f. Literaturgeschichte Bd. 31. Leipzig u. Wien 1930. S. 578–591.
Bolte V	Johannes Bolte, Die Singspiele der englischen Komödianten und ihrer Nachfolger in Deutschland, Holland und Skandinavien. Hamburg u. Leipzig 1893. (Theatergeschichtliche Forschungen VII.)
Bording	Den berømte og velfortiente M. Anders Bordings poetiske Skrifter: I Tvende Parter... for rum Tiid siden samlede, og nu endeligen til Trykken befordrede. Kjøbenhavn 1735.
Brachvogel	A. E. Brachvogel, Geschichte des Königlichen Theaters zu Berlin. I. Bd.: Das alte Berliner Theaterwesen. Berlin 1877.
Brandes	Johann Christian Brandes, Meine Lebensgeschichte. I.-III. Berlin 1799–1800.
Braune	(Wilhelm Braune), Peter Squenz. Schimpfspiel von Andreas Gryphius. (Abdruck der Ausgabe von 1663). Halle a. S. 1877. (Neudrucke deutscher Litteraturwerke des XVI. u. XVII. Jahrhunderts, No. 9).
Briefe	Briefe, die Einführung des englischen Geschmacks in Schauspielen betreffend, wo zugleich auf den Siebzehnten der Briefe, die neue Litteratur betreffend geantwortet wird. Frankfurt und Leipzig 1760. Auszüge bei: Paul Schlenther, Frau Gottsched und die bürgerliche Komödie. Ein Kulturbild aus der Zopfzeit. Berlin 1886. – Ferner bei Daunicht (s. d.).
Brockpähler	Renate Brockpähler, Handbuch zur Geschichte der Barockoper in Deutschland. Emsdetten/Westf. 1964. (Die Schaubühne Bd. 62).
Buffone	Il Buffone di nuova invenzione in Italia o sia I Viaggi del vagabondo Sallicia Salisburgese dal Tedesco portati nell' Italiano Linguaggio, e decritti in Ottava Rima. In Venezia, MDCCXL.
Cato	Gottscheds Sterbender Cato. In: Joh. Christoph Gottsched und die Schweizer J. J. Bodmer und J. J. Breitinger. Hrsg. v. Johannes Crüger. Berlin u. Stuttgart (1882).

	(Deutsche National-Litteratur. Hrsg. v. Joseph Kürschner 42. Bd.).
Chambers	Edmund Kerchever Chambers, Elizabethan stage. II. London – Oxford 1923.
Charlataneria	De Charlataneria Eruditorum Declamationes Duae; Autore J. B. Menckenio. Lipsiae Apud Jo. Frid. Gleditsch & Filius MDCCXV.
Chronologie	Christian Heinrich Schmid Chronologie des deutschen Theaters. Neu hrsg. v. Paul Legband. Berlin 1902. (Schriften d. Gesellschaft f. Theatergeschichte Bd. 1).
Cicerone	Christian Scherer, Porzellanfiguren italienischer Komödianten und ihre Vorlagen. In: Der Cicerone. Halbmonatsschrift f. Künstler, Kunstfreunde u. Kunstsammler. II. Leipzig 1910, H. 8, S. 261–266.
Cohn	Albert Cohn, Shakespeare in Germany in the Sixteenth and Seventeenth Centuries; an Account of English Actors in Germany and the Netherlands and of the Plays performed by them during the same Period. London 1865.
Colas	Réné Colas, Bibliographie général du costume et de la mode. Tome premier. New York 1963. [Reprint].
Commenda	Hans Commenda, Volkskunde der Stadt Linz an der Donau. II. Linz 1959.
Courville	Xavier de Courville, Lélio, premier Historien de la Comédie Italienne. Paris 1958.
Creizenach I	Wilhelm Creizenach, Die Schauspiele der englischen Komödianten. Hrsg. v. W. Creizenach. Berlin u. Stuttgart o. J. (Deutsche National–Litteratur Bd. 23).
Creizenach II	Wilhelm Creizenach, Zur Entstehungsgeschichte des neueren deutschen Lustspiels. Halle 1879.
Crüger	Joh. Crüger, Englische Komödianten in Straßburg im Elsaß. In: Archiv f. Litteraturgeschichte. Bd. XV. Leipzig 1887, S. 113–125.
Dammert	Rudolf Dammert, Franz Callenbach und seine satirischen Komödien. Diss. Freiburg i. Br. 1903.
Daunicht	[Lieselotte Scholz und Richard Daunicht], Die Neuberin. Materialien zur Theatergeschichte des 18. Jahrhunderts. Berlin 1956.
Dedekind	[Constantin Christian Dedekind], Vier Scherz-Gedichte zu lustiger Zeitvertreibung aus Niedersächsischer Abfassung gehoochdeutscht von Der Dichtkunst Liebhabern. IM Iahr aLs DIe ELbe fLosse. Dresden (1654).
Denkwürdigkeiten	Denkwürdigkeiten des Schauspielers, Schauspieldichters und Schauspieldirectors Friedrich Ludwig Schmidt (1772–1841). Nach hinterlassenen Entwürfen zusammengestellt und hrsg. v. Hermann Uhde. 1. Theil. Hamburg 1875.
E. Devrient	Eduard Devrient, Geschichte der deutschen Schauspielkunst. Erster Band. Leipzig 1848.
H. Devrient	Hans Devrient, Johann Friedrich Schönemann und seine Schauspielergesellschaft. Ein Beitrag zur Theatergeschichte des 18. Jahrhunderts. Hamburg u. Leipzig 1895. (Theatergeschichtliche Forschungen XI.).
Diebold	Bernhard Diebold, Das Rollenfach im deutschen Theaterbetrieb des 18. Jahrhunderts. Leipzig u. Hamburg 1913. (Theatergeschichtliche Forschungen XXV.).
Diesch	Carl Diesch, Bibliographie der germanistischen Zeitschriften. Leipzig 1927. (Bibliographical Publications. Germanic Section modern Language Association of America. Vol. I).
Driesen	Otto Driesen, Der Ursprung des Harlekin. Ein kulturgeschichtliches Problem. Berlin 1904.
Dt. Bühnen-Genoss.	Der Schauspielerstand im alten Berlin. In: Deutsche Bühnen-Genossenschaft. Officielles Organ d. Genossenschaft Deutscher Bühnen-Angehöriger. XII. Berlin 1883, No. 15. S. 176–177.
Duchartre I	Pierre-Louis Duchartre, La Commedia dell' arte et ses enfants. Préface de Jean-Louis Barrault. Paris 1955.
Duchartre II	Pierre-Louis Duchartre, La Comédie Italienne. L'Improvisation, les Canevas, Vies, Caractères, Portraits, Masques des illustres personnages de la Commedia dell'arte. Paris 1924.
Ducret	Siegfried Ducret, Fürstenberger Porzellan. I.–III. Braunschweig 1965.
Duntze	Johann Hermann Duntze, Geschichte der freien Stadt Bremen. Vierter Band. Bremen 1851.
Eberle	Oskar Eberle, Theatergeschichte der innern Schweiz. Das Theater in Luzern, Uri, Schwyz, Unterwalden und Zug im Mittelalter und zur Zeit des Barock 1200–1800. Königsberg i. Pr. 1929. (Königsberger deutsche Forschungen H. 5).
Eggert	Walther Eggert, Christian Weise und seine Bühne. Berlin u. Leipzig 1935. (Germanisch und Deutsch. Studien zur Sprache und Kultur H. 9).
Eichhorn	Herbert Eichhorn, Konrad Ernst Ackermann. Ein deutscher Theaterprinzipal. Ein Beitrag zur Theatergeschichte im deutschen Sprachraum. Emsdetten (Westf.) 1965. (Die Schaubühne Bd. 64).
Eisenberg	Ludwig Eisenberg's Großes Biographisches Lexikon der deutschen Bühne im XIX. Jahrhundert. Leipzig 1903.
Ekhof	Noch etwas aus Ekhofs Brieftasche. In: Theater-Journal f. Deutschland. Gotha 1781, 17. Stck. S. 74–94.
Elvert	Christian d'Elvert, Geschichte des Theaters in Mähren und Oester. Schlesien. Brünn 1852.
Enciclopedia	Enciclopedia dello spettacolo. Vol. I – IX. Roma 1954–1962.
J. Engel	Johann Jacob Engel, Ideen zu einer Mimik. Zweyter Theil. Berlin 1786.
K. Engel	Deutsche Puppenkomödien. Hrsg. v. Karl Engel. XI. Oldenburg u. Leipzig (1891).
Ennen	[Leonhard] Ennen, Theatralische Vorstellungen in der Reichsstadt Köln. In: Zeitschrift f. Preuß. Geschichte u. Landeskunde. VI. Berlin 1869, H. 1.
Erweiterungen	Neue Erweiterungen der Erkenntnis und des Vergnügens. 4. Bd. Leipzig 1754, 21. Stck.; 6. Bd. Leipzig 1755, 34. Stck.; 8. Bd. Leipzig 1756, 48. Stck.
Faber du Faur	Curt von Faber du Faur, German Baroque Literature. A Catalogue of the Collection in the Yale University Library. Yale 1958.

Fabri	(Bibliographical Series from the Yale University Library Collections). Diversar. Nationvm Habitus. Nunc primum editi ab Alexandro de Fabris quibus addita sunt Ordo Romani Imperij ab Othone'ij institutus. Pompa Regis Jurearum et Personatorum vestitus uarij quor est in Italia frequens usus. Cum additionis priuilegio tomo 2do. (1593).
Falke	(Otto von Falke), Deutsche Porzellanfiguren. Hrsg. in Auftrag des Deutschen Vereins für Kunstwissenschaft. Berlin 1919. (Jahresgabe d. Deutschen Vereins f. Kunstwissenschaft 1918 u. 1919).
Fehr	Max Fehr, Die wandernden Theatertruppen in der Schweiz. Waldstatt 1949. (XVIII. Jahrbuch 1948 d. Schweiz. Gesellschaft f. Theaterkultur. VI. Schweizer Theater–Almanach 1948. Hrsg. v. Oskar Eberle).
Feind	Barth. Feindes / Lt. Deutsche Gedichte / Bestehend in Musicalischen Schau–Spielen / ... Sammt einer Vorrede Von dem Temperament und Gemühts–Beschaffenheit eines Poeten / und Gedancken von der Opera. Stade 1708.
Ferdinand II.	Speculum vitae humanae. Ein Drama von Erzherzog Ferdinand II. von Tirol 1584. Nebst einer Einleitung in das Drama des XVI. Jahrhunderts herausgegeben von Jacob Minor. Halle a. S. 1889. (Neudrucke deutscher Litteraturwerke des XVI. u. XVII. Jahrhunderts No. 70 u. 80).
Fertig	Reinhard Fertig, Die Dramatisierung des Schicksals Karls I. von England, besonders A. G. Butler's Tragödie „Charles the First". Diss. Erlangen 1910.
Fetting	Hugo Fetting, Conrad Ekhof. Ein Schauspieler des achtzehnten Jahrhunderts. Im Auftrag der Deutschen Adademie der Künste eingeleitet und herausgegeben von Hugo Fetting. Berlin 1954.
C. Fischer	Carlos Fischer, Les costumes de l'Opera. Paris 1931.
E. Fischer	Ernst H. Fischer, Lübecker Theater und Theaterleben. Ein Beitrag zur Entwicklungsgeschichte einer norddeutschen Bühne bis zum Jahre 1765. Lübeck 1932. (Gesellschaft Lübecker Theaterfreunde 2).
F. Fischer	Friedrich Johann Fischer, Der Salzburger Hanswurst. Diss. Innsbruck 1954 (MS).
Flasdieck	Hermann M. Flasdieck, Harlekin. Germanischer Mythos in romanischer Wandlung. Halle 1937. Sonderdruck aus: Anglia. Zeitschrift f. englische Philologie Bd. 61.
Flemming	Willi Flemming, Das schlesische Kunstdrama. Leipzig 1930. (Deutsche Literatur ... in Entwicklungsreihen. – Reihe Barock: Barockdrama Bd. 1).
Förster	Friedrich Förster, Friedrich Wilhelm I. König von Preußen. I. Potsdam 1834.
Franzosen	Die Franzosen in Böhmen, als eine Theatralische Comödie mit allen zu der Zeit geschehenen Begebenheiten lächerlich vorgestellet von einem dabey gewesenen Teutschen. Nebst einem Lustigen Sing–Spiel zu einer Nachcomödie / genannt: Harlequin, der ungeduldig – hernach aber mit Gewalt gedultig gemachte Hahnrey. Prag u. Pilsen 1743.
Fürstenau	Moritz Fürstenau, Zur Geschichte der Musik und des Theaters am Hofe zu Dresden. I – II. Dresden 1861 u. 1862.
Fuhrmann	[Heinrich Martin Fuhrmann], Die an der Kirchen Gottes gebauete Satans–Capelle; ... Zur Anschau und Abscheu vorgestellet, Von Marco Hilario Frischmuth. Cölln am Rhein [1729].
Furttenbach	Joseph Furttenbach, Architectvra recreationis. Das ist: Von Allerhand Nutzlich: vnd Erfrewlichen Civilischen Gebäwen. Augsburg 1641.
Gallerie	Gallerie von Teutschen Schauspielern und Schauspielerinnen nebst Johann Friedrich Schinks Zusätzen und Berichtigungen. Mit Einleitung und Anmerkungen hrsg. v. Richard Maria Werner. Berlin 1910. (Schriften d. Gesellschaft f. Theatergeschichte Bd. 13).
Gelehrsamkeit	Das Neueste aus der anmuthigen Gelehrsamkeit, Christmonat 1752. Leipzig 1752.
Genee	Rudolph Genée, Lehr- und Wanderjahre des deutschen Schauspiels. Vom Beginn der Reformation bis zur Mitte des 18. Jahrhunderts. Berlin 1882.
Gersdorff	Wolfgang von Gersdorff, Geschichte des Theaters in Kiel unter den Herzogen zu Holstein–Gottorp. Kiel 1912. (Mitteilungen d. Gesellschaft f. Kieler Stadtgeschichte H. 27 u. 28).
Gesprech	Gesprech zwischen dem Englischen Bickelhering / und Frantzösischen Schanpetasen / über das Schändliche Hinrichten Kön. Majestat in Engeland / Schott- und Irlandes. Gedruckt im Jahr 1649.
Glossy	Carl Glossy, Zur Geschichte der Wiener Theatercensur. I. In: Jahrbuch d. Grillparzer-Gesellschaft. VII. Wien 1897. S. 238–340.
Goedeke	Karl Goedeke, Grundriß zur Geschichte der Deutschen Dichtung. 2. Bd. Dresden ²1886; 4. Bd. Dresden ³1916.
Gottsched I	Johann Christoph Gottsched, Versuch einer Critischen Dichtkunst durchgehends mit den Exempeln unserer besten Dichter erläutert... Vierte, sehr vermehrte Auflage. Leipzig 1751.
Gottsched II	Die Deutsche Schaubühne, nach den Regeln und Exempeln der Alten. Erster [bis Sechster] Theil. Neue verbesserte Auflage. Leipzig 1746-1749.
Gottsched III	Nöthiger Vorrath zur Geschichte der deutschen Dramatischer Dichtkunst, oder Verzeichniß aller Deutschen Trauer– Lust- und Sing-Spiele, die im Druck erschienen, von 1450 bis zur Hälfte des jetzigen Jahrhunderts, gesammlet und ans Licht gestellet von Johann Christoph Gottscheden. Leipzig 1757. – II. Leipzig 1765.
Gottsched IV	Eugen Reichel, Kleines Gottsched-Denkmal. Dem deutschen Volke zur Mahnung errichtet. Berlin 1900.
Gottsched V	Der Biedermann. [Hrsg. J. Chr. Gottsched]. Funff und Achtzigstes Blatt [Leipzig] 1728 den 20. December.
Gottsched VI	Beyträge zur Critischen Historie der Deutschen Sprache, Poesie und Beredsamkeit, herausgegeben von einigen Mitgliedern der Deutschen Gesellschaft in Leipzig. Bd. 1–8. Leipzig 1732-1742.
Graesse	Jean George Théodore Graesse, Trésor de livres rares

	et précieux, ou nouveau dictionnaire bibliographique. II. Berlin 1922.
Gregor	Joseph Gregor, Wiener Szenische Kunst, Bd. II.: Das Bühnenkostüm in historischer ästhetischer und psychologischer Analyse. Zürich-Leipzig-Wien 1925.
Grimm	Heinrich Grimm, Der Anteil einer Stadt am deutschen Theater. Die 425jährige Theatergeschichte der alten Universitäts- und Messestadt Frankfurt an der Oder. Frankfurt. O., Berlin u. Posen 1942.
Günther	Wolfram Günther, Die Neuberin und Zwickau. In: Sächsische Heimatblätter. 1962, H. 4.
Haas	Robert Haas, Die Musik in der Wiener deutschen Stegreifkomödie. Wien 1925. (Studien zur Musikwissenschaft XII).
Hadamowsky I	Franz Hadamowsky, Barocktheater am Wiener Kaiserhof. Mit einem Spielplan (1625-1740). In: Jahrbuch d. Gesellschaft f. Wiener Theater-Forschung 1951/52. Wien 1955. S. 7-117
Hadamowsky II	Franz Hadamowsky, Das Spieljahr 1753/54 des Theaters nächst dem Kärntnerthor und des Theaters nächst der K. K. Burg. Ältester bisher bekannter Spielplan des Wiener Theaters mit Einnahmen und Ausgaben. In: Jahrbuch d. Gesellschaft f. Wiener Theater-Forschung XI. Wien 1959. S. 3-21.
Hänsel	Johann-Richard Hänsel, Die Geschichte des Theaterzettels und seine Wirkung in der Öffentlichkeit. Diss. F. U. Berlin 1962.
Hagen	E. A. Hagen, Geschichte des Theaters in Preußen, vornämlich der Bühnen in Königsberg und Danzig von ihren ersten Anfängen bis zu den Gastspielen J. Fischer's und L. Devrient's. Königsberg 1854.
Haller I	Edmund Haller, Zur älteren Linzer Theatergeschichte. In: Jahrbuch d. Oberösterreich. Musealvereines Bd. 82. Linz 1928. S. 145-176.
Haller II	Edmund Haller, Rosaura. Ein hochdeutsches Komödiantenspiel in Linz anno 1708. In: Monatsschrift f. d. ostbayrischen Grenzmarken. XI. Passau 1922. S. 192-196.
Hallmann	(Johann Christian Hallmann), Die Sinnreiche Liebe Oder der glückselige Adonis und vergnügte Rosibella Pastorell, Mit Poetischer Feder ausgeführt von J. C. H. Nun aber mit 40. in Kupffer gestochenen Figuren ausgezieret, so alle neu inventirt und gestochen Von Joh. Andrea Thelot, in Augspurg ... Druckts David Zacharia [1717].
Hampe	Theodor Hampe, Die Entwicklung des Theaterwesens in Nürnberg von der zweiten Hälfte des 15. Jahrhunderts bis 1806. Nürnberg 1899. (Mitteilungen d. Vereins f. Geschichte d. Stadt Nürnberg H. 13).
Hartmann	Fritz Hartmann, Sechs Bücher Braunschweigischer Theatergeschichte. Nach den Quellen bearbeitet von Fritz Hartmann. Wolfenbüttel 1905.
Hassebrauk	G. Hassebrauk, Ein Beitrag zur Geschichte des Braunschweigischen Theaters. In: Braunschweigisches Magazin Bd. 11. Braunschweig 1906. S. 130-131.
Hayn-Gotendorf	Bibliotheca Germanorum Erotica & Curiosa. Hrsg. v. H. Hayn und Alfred N. Gotendorf. 3. Auflage. I. München 1912.
Heine I	Der Unglückselige Todes-Fall Caroli XII. Ein Drama des XVIII. Jahrhunderts, hrsg. v. Carl Heine. Halle a. S. 1888.
Heine II	Carl Heine, Das Schauspiel der deutschen Wanderbühne vor Gottsched. Halle 1889.
Heinrich Julius	(Heinrich Julius von Braunschweig), Von einem Buler und Bulerin ... Wolfenbüttel 1593. Abgedruckt in: Das Schauspiel der Wanderbühne hrsg. v. Willi Flemming. Leipzig 1931 [Neudruck: Darmstadt 1965]. S. 277-331. (Deutsche Literatur in Entwicklungsreihen Reihe Barock · Barockdrama Bd. 3).
Heitmüller I	Ferdinand Heitmüller, Hamburgische Dramatiker zur Zeit Gottscheds und ihre Beziehungen zu ihm. Ein Beitrag zur Geschichte des Theaters und Dramas im 18. Jahrhundert. Wandsbeck 1890.
Heitmüller II	Ferdinand Heitmüller, Adam Gottfried Uhlich. Hamburg u. Leipzig 1894. (Theatergeschichtliche Forschungen VIII.).
M. Herrmann	Max Herrmann, Die Entstehung der berufsmäßigen Schauspielkunst im Altertum und in der Neuzeit. Hrsg. mit einem Nachruf versehen von Ruth Mövius. Berlin 1962.
W. Herrmann	Walther Herrmann, Geschichte der Schauspielkunst in Freiberg. Berlin 1960. (Schriften zur Theaterwissenschaft. Schriftenreihe der Theaterhochschule Leipzig. Bd. 2).
Herz	E. Herz, Englische Schauspieler und englisches Schauspiel zur Zeit Shakespeares in Deutschland. Hamburg u. Leipzig 1903. (Theatergeschichtliche Forschungen XVIII.).
Heyn	Bruno Heyn, Wanderkomödianten des 18. Jahrhunderts in Hannover. Hildesheim u. Leipzig 1925. (Forschungen zur Geschichte Niedersachsens Bd. 6, H. 2).
Hinck	Walter Hinck, Das deutsche Lustspiel des 17. und 18. Jahrhunderts und die Italienische Komödie. Commedia dell'arte und Théâtre Italien. Stuttgart 1965. (Germanistische Abhandlungen 8).
Höfer	Conrad Höfer, Die Rudolstädter Festspiele aus den Jahren 1665-67 und ihr Dichter. Eine literarhistorische Studie. Leipzig 1904. (Probefahrten. Erstlingsarbeiten aus dem Deutschen Seminar in Leipzig).
Hohenemser	Herbert Hohenemser, Pulcinella, Harlekin, Hanswurst. Ein Versuch über den zeitbeständigen Typus des Narren auf der Bühne. Emsdetten/Westf. 1940. (Die Schaubühne Bd. 33).
Homeyer	Fritz Homeyer, Stranitzkys Drama vom 'Heiligen Nepomuck'. Mit einem Nachdruck des Textes. Berlin 1907. (Palaestra LXII).
Huffschmid	(M. Huffschmid), Aufzeichnungen des Benjamin v. Münchingen. In: Mannheimer Geschichtsblätter. Monatsschrift f. d. Geschichte, Altertums- u. Volkskunde Mannheims u. d. Pfalz. XVII. Mannheim 1916, Nr. 7/8.
Huitfeldt	H. J. Huitfeldt, Christiania Theaterhistorie. København 1876.
Hummel	Georg Hummel, Erfurter Theaterleben im 18. Jahrhundert. Erfurt 1956.

Hunold I	(Beiträge zur Geschichte d. Stadt Erfurt H. 3). Theatralische, galante und geistliche Gedichte von Menantes. Hamburg 1706.
Hunold II	Christian Friedrich Hunold, Die allerneuste Art zur reinen und galanten Poesie zu gegen. Hamburg 1707.
Hysel	Franz Eduard Hysel, Das Theater in Nürnberg von 1612 bis 1863 nebst einem Anhange über das Theater in Fürth. Ein wesentlicher Beitrag zur Geschichte des deutschen Theaters hrsg. v. Franz Eduard Hysel. Nürnberg 1863.
Interim	Alamodisch Technologisches / INTERIM / Oder Des ungeistlichen Geistli-/chen Statistisch Scheinheiliges / Schaffskleid .../ Sampt angehenckten Possenspiele, / Der Viesirliche Exorcist, als, / fleischlicher Geister, nicht spiritualiter /Außtreiber, genandt. ... Rappersweil, / Bey Henning Lieblern. / Im Jahr 1675.
Jacob	Martin Jacob, Kölner Theater im XVIII. Jahrhundert bis zum Ende der reichsstädtischen Zeit (1700-1794). Emsdetten 1938. (Die Schaubühne Bd. 21).
Jb. Wien 1953/54	Gustav Gugitz, Die Totenprotokolle der Stadt Wien als Quelle zur Wiener Theatergeschichte des 18. Jahrhunderts. In: Jahrbuch d. Gesellschaft f. Wiener Theater-Forschung 1953/54. Wien 1958. S. 114-145.
Junkers	Herbert Junkers, Niederländische Schauspieler und niederländisches Schauspiel im 17. und 18. Jahrhundert in Deutschland. Haag 1936.
Kat. Europ. Graphik	Fünf Jahrhunderte europäische Graphik. Haus der Kunst München 16. Oktober 1965 -6. Januar 1966. (München 1965).
Kat. Figürl. Keramik	Figürliche Keramik aus zwei Jahrtausenden. Ausstellung 22. November 1963 bis 16. Februar 1964. Museum für Kunsthandwerk Frankfurt-Main und die Adolf und Luisa Haeuser Stiftung. Frankfurt a. M. 1963.
Kat. Komödie	(Joseph Gregor), Katalog der Ausstellung „Komödie" im Prunksaale der Nationalbibliothek. Wien 1922.
Kat. Maler	Deutsche Maler und Zeichner des 17. Jahrhunderts. Berlin, Orangerie des Schlosses Charlottenburg 26. August bis 16. Oktober 1966.
Kat. Ornamentstich	Staatliche Museen zu Berlin. Katalog der Ornamentstichsammlung der Staatlichen Kunstbibliothek Berlin. I.-II. Berlin 1939.
Kat. Sambon	Collection théatrale de M. Jules Sambon. (Paris 1911).
Kat. Schneider	Die Bildbestände der Theatersammlung Louis Schneider im Museum der Preußischen Staatstheater Berlin. Systematischer Katalog. Hrsg. v. Rolf Badenhausen. Berlin 1938. (Schriften d. Gesellschaft f. Theatergeschichte Bd. 50).
Kelch	Werner Kelch, Theater im Spiegel der bildenden Kunst. Deutschland und Frankreich in der ersten Hälfte des 18. Jahrhunderts. Berlin 1938. (Schriften d. Gesellschaft f. Theatergeschichte Bd. 51).
Kertz/ Strössenreuther	Bibliographie zur Theatergeschichte Nürnbergs. Bearbeitet von Peter Kertz und Ingeborg Strössenreuther. Hrsg. im Auftrag d. Stadt Nürnberg – Schul- und Kulturreferat – von der Stadtbibliothek. Nürnberg 1964. (Veröffentlichungen d. Stadtbibliothek Nürnberg 6).
Kindermann I	Heinz Kindermann, Theatergeschichte Europas. III. Bd.: Das Theater der Barockzeit. Salzburg 1959.
Kindermann II	Heinz Kindermann, Conrad Ekhofs Schauspieler-Akademie. Wien 1956. (Österreich. Akademie d. Wissenschaften. Phil.-histor. Klasse. Sitzungsberichte, 230. Bd., 2. Abhandlung).
Kindermann/ Dietrich	Heinz Kindermann und Margret Dietrich, Die Commedia dell'arte und das Altwiener Theater. Vorträge gehalten am Österreich. Kulturinstitut in Rom am 22. November 1963. Rom 1965. (Schriften d. Österreich. Kulturinstituts in Rom N. 3).
Kipka	Karl Kipka, Maria Stuart im Drama der Weltliteratur vornehmlich des 17. und 18. Jahrhunderts. Ein Beitrag zur vergleichenden Literaturgeschichte. Leipzig 1907. (Breslauer Beiträge zur Literaturgeschichte IX.).
Klingler	Oskar Klingler, Die Comédie-Italienne in Paris nach der Sammlung Gherardi. Ein Beitrag zur Litteratur- und Sittengeschichte Frankreichs im siebzehnten Jahrhundert. Straßburg 1902.
Knudsen	Hans Knudsen, Deutsche Theater-Geschichte. Stuttgart 1959. (Kröners Taschenausgabe Bd. 270).
Köhler	Reinhold Köhler, Kunst über alle Künste Ein bös Weib gut zu machen. Eine deutsche Bearbeitung von Shakespeare's The Taming of the Shrew aus dem Jahr 1672. Neu herausgegeben mit Beifügung des englischen Originals und Anmerkungen von Reinhold Köhler. Berlin 1864.
Koenig-Fachsenfeld	Unbekannte Handzeichnungen alter Meister 15. – 18. Jahrhundert. Sammlung Freiherr Koenig-Fachsenfeld. Stuttgarter Galerieverein e. V. Staatsgalerie Stuttgart. Graphische Sammlung. (Stuttgart 1967).
Könnecke I	Gustav Könnecke, Bilderatlas zur Geschichte der deutschen Nationalliteratur. Nach den Quellen bearbeitet von Gustav Könnecke. Zweite verb. u. verm. Aufl. Marburg 1895.
Könnecke II	Gustav Könnecke, Deutscher Literaturatlas von Gustav Könnecke. Mit einer Einführung von Christian Muff. Marburg 1909.
Köster	Albert Köster, Ziele der Theaterforschung. In: Euphorion. Zeitschrift f. Literaturgeschichte Bd. 24. Leipzig u. Wien 1922.
Kolb	Arlequin Cartouche Oder der Ertz–Räuber Cartouche in der Person deß Arlequins, in einem Lust–Spiel zu vergönnter Gemüths–Ergötzlichkeit vorgestellet; Aus dem Frantzösischen ins Teutsche übersetzet / und mit 34. Kupffern gezieret. Verlegt und zu finden bey Johann Christoph Kolb / Kupfferstecher in Augspurg. Augspurg / gedruckt bey Andreas Maschenbauern. M. DCC.XXIII.
Kolitz	Kurt Kolitz, Johann Christian Hallmanns Dramen. Ein Beitrag zur Geschichte des deutschen Dramas in der Barockzeit. Halle 1911.
Kollewijn	Roeland A. Kollewijn, Über den Einfluß des holländischen Dramas auf Andreas Gryphius. Diss. Leipzig o. J. [1880].
Kopp	Arthur Kopp, Eisenbart im Leben und im Liede. Berlin 1900. (Beiträge zur Kulturgeschichte. Ergänzungshefte z. Zeitschrift f. Kulturgeschichte. 3. Heft).

Kossmann I	E. F. Kossmann, Das niederländische Faustspiel des siebzehnten Jahrhunderts. Hrsg. v. E. F. Kossmann. Haag 1910.
Kossmann II	E. F. Kossmann, Nieuwe Bijdragen tot de Geschiedenis van het nederlandsche Tooneel in de 17ᵉ en 18ᵉ Eeuw. s'Gravenhage 1915.
Kowalczyk / Roszkowska	Jerzy Kowalczyk, Wanda Roszkowska, Teatr Jana Zamoyskiego „Sobiepana". Nadworny Teatr wloski. In: Pamietnik teatralny. Kwartalnik poswiecony historii i krytyce teatru. XIII. Warszawa 1964, H. 3 (51).
Kramer	Ernst Kramer, Die Theaterfiguren von Closter Veilsdorf. In: Keramos. Zeitschrift d. Gesellschaft d. Keramikfreunde E. V. Düsseldorf. Köln 1963, H. 20. S. 3-30.
Krauß I	Rudolf Krauß, Zur Geschichte des Schauspiels am württembergischen Hofe bis zum Tode Karl Alexanders. In: Württembergische Vierteljahrshefte f. Landesgeschichte. N. F. XVI. Stuttgart 1907, H. 4.
Krauß II	Rudolf Krauß, Das Stuttgarter Hoftheater von den ältesten Zeiten bis zur Gegenwart. Stuttgart 1908.
Kühling	Karl Kühling, Theater in Osnabrück im Wandel der Jahrhunderte. Hrsg. v. d. Stadt Osnabrück aus Anlaß des 50jährigen Jubiläums des Theaters am Domhof zu Osnabrück. Osnabrück 1959.
Lambranzi	Gregorio Lambranzi, Neue und curjeuse Theatralische Tantz-Schul ... Nürnberg, verlegt von Joh. Jacob Wolrab 1716.
Lane	Arthur Lane, The Engraved Sources of Feilner's Höchst and Fürstenberg Comedians. In: Keramik-Freunde der Schweiz. Mitteilungsblatt Nr. 51. (Basel) 1960. S. 21 f.
Lauremberg	Veer Schertz Gedichte. In Nedderdüdisch gerimet dörch Hanns Willmsen L. Rost. Gedrücket im Jahr M. DC. LII. Neudruck: Niederdeutsche Scherzgedichte von Johann Lauremberg. 1652. Mit Einleitung, Anmerkungen und Glossar von Wilhelm Braune. Halle a. S. 1879. (Neudrucke deutscher Litteraturwerke des XVI. u. XVII. Jahrhunderts, No. 16 u. 17).
Lebrün	C. Lebrün, Jahrbuch für Theater und Theaterfreunde herausgegeben von C. Lebrün. Erster Jahrgang (alles). Hamburg 1841.
Leibrecht	Philipp Leibrecht, Zeugnisse und Nachweise zur Geschichte des Puppenspiels in Deutschland. Diss. Freiburg i. Br. 1919.
Leisching	Julius Leisching, Die Vorläufer des ständigen Schauspiels in Brünn. In: Zeitschrift d. deutschen Vereins f. d. Geschichte Mährens u. Schlesiens. V. Brünn 1901.
Lewanski	Julian Lewánski, Faust i Arlekin. Niezwykle przedstawienie na scenie leszczyńskiej w roku 1647. In: Pamietnik teatralny. Kwartalnik poswiecony historii i krytyce teatru. VI. Warszawa 1957, H. 1 (21), S. 76-93.
Lichterfeld	L. Lichterfeld, Entwicklungs-Geschichte der deutschen Schauspielkunst. Herausgegeben von L. Lichterfeld. Erfurt o. J. [um 1880]
Lindner	Heinrich Lindner, Karl der Zwölfte vor Friedrichshall. Eine Haupt- und Staatsaction in vier Actus, nebst einem Epilogus. Mit einem Vorwort hrsg. v. Heinrich Lindner. Deßau 1845.
Lipperheide	Stiftung Preußischer Kulturbesitz. Staatliche Museen Berlin. Kunstbibliothek. – Katalog der Lipperheideschen Kostümbibliothek. I.–II. Neubearbeitet von Eva Nienholdt und Gretel Wagner-Neumann. Berlin 1965.
Liss	Konrad Liss, Das Theater des alten Schuch. Geschichte und Betrachtung einer deutschen Wandertruppe des 18. Jahrhunderts. Diss. Berlin 1925 (MS).
Lit. u. Th.–Ztg.	Litteratur- und Theater-Zeitung. [Hrsg. Chr. Aug. Bertram]. IV. Berlin 1781.
Litzmann	Berthold Litzmann, Eine Stegreifrolle Konrad Ekhofs. Mitgeteilt von Berthold Litzmann. Zum 18. April 1909 für die Gesellschaft für Theatergeschichte in Druck gegeben vom Geschäftsführenden Ausschuß. Berlin 1909.
Loewenberg	Annals of Opera 1597-1940. Compiled from the original Sources by Alfred Loewenberg. With an Introduction by Edward J. Dent. I.-II. Genève ²1955.
Lürgen	Bernd Lürgen, Chronik des Theaters in Altenburg. Hrsg. v. Bernd Lürgen. (Altenburger Theaterkunst von 1474 bis 1870. Nach Forschungen von Karl Gabler bearbeitet). Leipzig 1937.
Lynker	Wilhelm Lynker, Werke. II. Bd.: Das Theater in Kassel. Kassel ²1886.
Magazin	Magazin zur Geschichte des Deutschen Theaters. Erstes Stück. Hrsg. v. Johann Jost Anton von Hagen. Halle 1773.
v. Magnus	Peter A. von Magnus, Die Geschichte des Theaters in Lüneburg bis zum Ende des 18. Jahrhunderts. Lüneburg 1961.
Mainfränk. Jb.	Baron Ludwig Döry, Würzburger Wirkereien und ihre Vorbilder. In: Mainfränkisches Jahrbuch f. Geschichte u. Kultur 12 = Archiv d. Histor. Vereins f. Unterfranken u. Aschaffenburg. Würzburg 1960.
Maltzahn	W. v. Maltzahn, Deutscher Bücherschatz des 16., 17. und 18. bis um die Mitte des 19. Jahrhunderts. Jena und Frankfurt 1875.
Marek	Hans Georg Marek, Der Schauspieler im Lichte der Soziologie. 1.-3. Teil. Wien 1956 bis 1957.
May	J. F. May, Des berühmten Französischen Paters Porée Rede von den Schauspielen: Ob sie eine Schule guter Sitten sind, oder seyn können? übersetzt. Nebst einer Abhandlung von der Schaubühne. Leipzig 1734.
Meaume	Edouard Meaume, Recherches sur les ouvrages de Jacques Callot. I.-II. Würzburg 1924.
Meißner	Johannes Meißner, Die englischen Comoedianten zur Zeit Shakespeares in Österreich. Wien 1884. (Beiträge zur Geschichte der Deutschen Literatur und des geistigen Lebens in Österreich IV.).
Mentzel	E. [lisabeth] Mentzel, Geschichte der Schauspielkunst in Frankfurt am Main von ihren ersten Anfängen bis zur Eröffnung des städtischen Komödienhauses. Ein Beitrag zur deutschen Kultur- und Theatergeschichte. Frankfurt a. M. 1882. (Archiv f. Frankfurts Geschichte u. Kunst Bd. 9).
Merbach	Paul Alfred Merbach, Die Entwicklung der Bühnentechnik. III.

	In: Die Braunschweiger G-N-C-Monatsschrift. Braunschweig 1920, Sept.-Heft.
F. Meyer	F. L. W. Meyer, Friedrich Ludwig Schröder. Beitrag zur Kunde des Menschen und des Künstlers von F. L. W. Meyer. In zwei Theilen. Neue, wohlfeile Ausgabe. Hamburg 1823.
G. Meyer	Günter Meyer, Universität gegen Theater. Hallisches Theater im 18. Jahrhundert. Emsdetten 1950. (Die Schaubühne Bd. 37).
W. Meyer	Walter Meyer, Werden und Wesen des Wiener Hanswurst. Diss. Leipzig 1931.
Minor	Jacob Minor, Zur Geschichte des deutschen Theaters im 17. Jahrhundert. In: Vierteljahrschrift f. Litteraturgeschichte Bd. 2. Weimar 1889. S. 118-121.
Mitteilungen	Mitteilungen der Wissenschaftlichen Gesellschaft für Literatur und Theater. I. Kiel 1920, Nr. 3/4.
Möhrke	M. Möhrke, J. A. Comenius und J. V. Andreae. Diss. Leipzig 1904.
Mohr	Albert Richard Mohr, Frankfurter Theaterleben im 18. Jahrhundert. Frankfurt a. M. 1940. (Veröffentlichungen d. Manskopfschen Museums f. Musik- und Theatergeschichte Bd. 2).
Moscherosch	Johann Michael Moscherosch, Ander Theil der Gesichte Philanders von Sittewalt. Straßburg 1643.
H. Müller	H. F. Müller, Herzog Rudolph und das Blankenburger Theater. In: Zeitschrift d. Harzvereins f. Geschichte u. Altertumskunde. XXIX. Wernigerode 1896. S. 498-519.
J. Müller	Joh. Heinrich Friedrich Müller, Genaue Nachrichten von beyden Kayserlich-Königlichen Schaubühnen und andern öffentlichen Ergötzlichkeiten in Wien. Von Joh. Heinrich Friedrich Müller. Preßburg, Frankfurt u. Leipzig 1772.
Nahrungsart	Die Nahrungsart von leichtem Sinn / Dabey mehr schaden als gewinn, / in Unterschiedlichen boden und brod– / losen, halßbrechenden, mehr zum / Müssiggang, alß Arbeit führenden, so / genandten Künsten, Exercitien, Erfin– / dungen, und gewerben vorgestellet. / Cum Priv. Sac. Caes. Maj. Martin Engelbrecht sculps. Aug. Vind. [Um 1720].
Netzle	Hans Netzle, Das Süddeutsche Wander-Marionettentheater. München 1938. (Beiträge zur Volkstumsforschung Bd. II).
Nicolai	Friedrich Nicolai, Beschreibung einer Reise durch Deutschland und die Schweiz im Jahre 1781. Nebst Bemerkungen über Gelehrsamkeit, Industrie, Religion und Sitten, von Friedrich Nicolai. 4. Bd. Berlin u. Stettin 1784.
Nicoll	Allardyce Nicoll, The World of Harlequin. A critical Study of the Commedia dell'Arte. Cambridge 1963.
Niedecken-Gebhardt	Hans Niedecken-Gebhardt, Neues Aktenmaterial über die Englischen Komödianten in Deutschland. In: Euphorion. Zeitschrift f. Literaturgeschichte Bd. 21. Leipzig u. Wien 1914. S. 72-85.
Niessen I	Carl Niessen, Dramatische Darstellungen in Köln von 1526-1700. Köln 1917. (Veröffentlichungen d. Kölnischen Geschichtsvereins e. V. 3).
Niessen II	Carl Niessen, Das rheinische Puppenspiel. Ein theatergeschichtlicher Beitrag zur Volkskunde. Bonn 1928. (Rheinische Neujahrsblätter H. VII).
Niessen III	Carl Niessen, Frau Magister Velten verteidigt die Schaubühne. Schriften aus der Kampfzeit des deutschen Nationaltheaters. [Berlin] 1941.
Niklaus	Thelma Niklaus, Harlequin or the Rise and Fall of a Bergamask Rugue. New York 1956.
Nyström	Eiler Nyström, Den danske Komedies Oprindelse. København og Kristiania 1918.
Offenbach. Kal.	Taschenbuch für Schauspieler und Schauspielliebhaber. Offenbach am Mayn 1779.
Ofterdinger	L. F. Ofterdinger, Geschichte des Theaters in Biberach von 1686 an bis auf die Gegenwart. In: Württembergische Jahrbücher f. Statistik u. Landeskunde. Stuttgart 1883. S. 36-45, 113-126, 229-242.
Olivier	Jean-Jacques Olivier, Les Comédiens Francais dans les cours d'Allemagne au XVIIIe siècle. Préface de M. Emile Faguet. I.-III. Paris 1901-1903.
Orbis I	J. A. Comenius, Orbis sensualium pictus. Bregae Silesiorum, Typis Tschornianis, Impensis C. Mülleri Bibliopolae Wratislaviensis 1667.
Orbis II	Johann Amos Comenius, Orbis sensualium pictus. Faksimileausgabe, herausgegeben von J. Kühnel. Leipzig 1910.
Overskou	Thomas Overskou, Den danske Skueplads, i dens Historie, fra de første Spor af danske Skuespil indtil vor Tid. Første Deel. Kjøbenhavn 1854.
Paentzer	J. [ochen] P[aentzer], Aus der Geschichte unseres Theaters. In: Die Brücke / Móst. Deutsch-Sorbisches Volkstheater Bautzen 1966, H. 1.
Paludan I	J. Paludan, Har mag. Johann Veltens skådespelartrupp uppträdt i Stockholm? In: Samlaren. Tidskrift utg. af Svenska Literatursällskapets arbetsutskott. XI. Uppsala 1890. S. 76-83.
Paludan II	J. Paludan, Deutsche Wandertruppen in Dänemark. In: Zeitschrift f. deutsche Philologie. XXV. Bd., H. 1. Halle 1892. S. 313-343.
Pandolfi	Vito Pandolfi, La commedia dell'arte. Storia e testo a cura di Vito Pandolfi. I.-VI. Firenze 1957-1961.
Payer von Thurn	Wiener Haupt- und Staatsaktionen. Eingeleitet und herausgegeben von Rudolf Payer von Thurn. I.-II. Wien 1908 u. 1910. (Schriften d. Literarischen Vereins in Wien X. u. XIII.).
v. Pechmann	Franz Anton Bustelli. Die Italienische Komödie in Porzellan. Einführung von Günther v. Pechmann. Stuttgart 1959. (Werkmonographien zur Bildenden Kunst in Reclams Universal-Bibliothek Nr. 37).
Peeters	K. C. Peeters, Flämisches Volkstum. Jena 1943.
Personne	Nils Personne, Svenska teatern under Gustavinaska tidehvarfvet. Jämte en återblick på dess tidigare öden. Stockholm 1913.
Pichler	Anton Pichler, Eine Lobrede auf Churfürst Carl Theodor. Aus Mannheim's Theater-Geschichte. In: Deutsche Bühnen-Genossenschaft. Officielles Organ d. Genossenschaft Deutscher Bühnen-Angehöriger. IX. Berlin 1880, No. 49, S. 457-458.
Pick	Richard Pick, Das Aachener Theater in reichsstädtischer Zeit.

	In: --, Aus Aachens Vergangenheit. Beiträge zur Geschichte der alten Kaiserstadt. Aachen 1895, S. 447-495.
Pietschmann	Carla Tosca Pietschmann, Conrad Ekhof. Theaterwissenschaftliche Rekonstruktion einer Schauspielerpersönlichkeit aus dem 18. Jahrhundert. Diss. F. U. Berlin 1956 (MS).
Pirker	Teutsche Arien, Welche auf dem Kayserlich-privilegirten Wienerischen Theatro in unterschiedlich producirten Comoedien, deren Titul hier jedesmahl beygerucket, gesungen worden. Cod. ms. 12706-12709 der Wiener Nationalbibliothek. Mit Einleitung und Anmerkungen herausgegeben von Max Pirker. I. Bd. Wien-Prag-Leipzig 1927; II. Bd. 1929. (Museion. Veröffentlichungen aus der Nationalbibliothek in Wien. Erstausgaben und Neudrucke II).
Plümicke	C. M. Plümicke, Entwurf einer Theatergeschichte von Berlin, nebst allgemeinen Bemerkungen über den Geschmack, hiesige Theaterschriftsteller und Behandlung der Kunst, in den verschiedenen Epochen. Berlin u. Stettin 1781.
Poley	Joachim Poley, Claude Gillot. Leben und Werk (1673-1722). Ein Beitrag zur französischen Kunstgeschichte des XVIII. Jahrhunderts. Würzburg-Aumühle 1938.
Potkoff	Ossip D. Potkoff, Johann Friedrich Löwen. Der erste Direktor eines deutschen Nationaltheaters. Sein Leben, seine literarische und dramatische Tätigkeit. Heidelberg 1904.
Pougin	Arthur Pougin, Dictionnaire historique et pittoresque du Théâtre et des arts qui s'y rattachent. Paris 1885.
Probe	Probe Eines Heldengedichtes In acht Büchern Welches künftig alle vierzehn Tage Gesangweise herausgeben werden soll, und welches den Titel führet Leben und Thaten der weltberüchtigten und besten Comödiantin unsrer Zeit, nehmlich der Hoch-Edlen und Tugendbegabten Frauen Friederica Carolina Neuberin gebohrne Weißenbornin ... von M. Friedrich Siegmund Meyer ... Zwickau 1743. Abgedruckt in: Reden-Esbeck.
Proelß:	Robert Proelß, Kurzgefaßte Geschichte der Deutschen Schauspielkunst von den Anfängen bis 1850 nach den Ergebnissen der heutigen Forschung. Leipzig 1900.
Promies	Wolfgang Promies, Die Bürger und der Narr oder das Risiko der Phantasie. Sechs Kapitel über das Irrationale in der Literatur des Rationalismus. München 1966. (Literatur als Kunst. Eine Schriftenreihe).
Prutz	R. E. Prutz, Vorlesungen über die Geschichte des deutschen Theaters. Berlin 1847.
Pukánsky-Kádár	Jolantha Pukánsky-Kádár, Geschichte des deutschen Theaters in Ungarn. München 1933. (Schriften der Deutschen Akademie H. 14).
Rahbek	Knud Lyne Rahbek, Erinnerungen aus meinem Leben. Aus dem dän. Original ausgezogen und in's Deutsche übertragen v. L. Kruse. I.-II. Leipzig 1829-1830.
Rasi I	Luigi Rasi, Catalogo generale della raccolta dramatica italiana di Luigi Rasi. Firenze 1912.
Rasi II	Luigi Rasi, I comici italiani. Biografia, Bibliografia, Iconografia. 3 Bde. Firenze 1897-1905.
Rausse	Hubert Rausse, Zur Geschichte des spanischen Schelmenromanes in Deutschland. Münster i. Westf. 1908. (Münstersche Beiträge zur neueren Literaturgeschichte VIII. Heft).
Receuil I	Le Theatre Italien, ou le Receuil de toutes les Comedies et Scenes Francoises, qui ont été jouées sur le Theatre Italien Par la Trouppe des Comédiens du Roy de l'Hôtel de Bourgogne à Paris. Troisiéme Edition ... A Paris M.DC.XCV.
Rnceuil II	Le Theatre Italien de Gherardi, ou le Receuil de toutes les Comedies & Scenes Francoises jouées par les Comediens Italiens du Roy, pendant tout le temps qu' ils ont été au service de sa Majesté. Premiere Edition sur la nouvelle de Paris, divisée en six Tomes ... A Amsterdam, Chez Adrian Braakman 1701.
Receuil III	Le Theatre Italien de Gherardi, ou le Receuil general de toutes les Comédies & Scènes Francoises jouées par les Comédiens Italiens du Roy, pendant tout le temps qu' ils ont été au service de la Majesté. Cinquiéme Edition, divisée en six Tomes .... A Amsterdam, Chez Michel Charles le Cene MDCCXXI.
Reden-Esbeck	Friedrich Johann Freiherrn v. Reden-Esbeck, Caroline Neuber und ihre Zeitgenossen. Ein Beitrag zur deutschen Kultur- und Theatergeschichte. Leipzig 1881.
Reichel	Eugen Reichel, Gottsched. II. Berlin 1912.
Reuling	C. Reuling, Die komische Figur in den wichtigsten deutschen Dramen bis zum Ende des XVII. Jahrhunderts. Diss. Zürich 1890.
Reuter	Christian Reuters Werke. Hrsg. v. Georg Witkowski. I. Leipzig 1916.
Revue	Revue de la société d'histoire du théâtre. Paris 1948-1949, H. 3.
Riccoboni I	Louis Riccoboni, Histoire du Theatre Italien depuis la decadence de la Comedie Latine; avec un Catalogue des Tragedies et Comedies Italiennes imprimées depuis l'an 1500, jusqua 'à l'an 1660. Et une Dissertation sur la Tragedie Moderne par Louis Riccoboni. Paris [1728].
Riccoboni II	Louis Riccoboni, Reflexions historiques et critiques sur les differents Theatres de l'-Europe. Avec les Pensées sur la Déclamation. Paris 1738.
H. Richter	Horst Richter, Johann Oswald Harms. Ein deutscher Theaterdekorateur des Barock. Emsdetten (Westf.) 1963. (Die Schaubühne Bd. 58).
W. Richter	Werner Richter, Liebeskampf 1630 und Schaubühne 1670. Ein Beitrag zur deutschen Theatergeschichte des siebzehnten Jahrhunderts. Berlin 1910. (Palaestra LXXVIII).
Riedel	Emil Riedel, Ein lutherisches Festspiel im vorigen Jahrhundert (1731). In: Deutsche Bühnen-Genossenschaft. Officielles Organ d. Genossenschaft Deutscher Bühnen-Angehöriger. XII. Berlin 1883, No. 46 u. 47.
Riemann	Hugo Riemann, Opern-Handbuch. Repertorium der dramatisch-musikalischen Litteratur. Leipzig 1887.
Rinckhart	Der Eislebische Christliche Ritter. Ein Reformationsspiel von Martin Rinckhart 1613. Halle 1884. (Neudrucke deutscher Litteraturwerke des XVI. u. XVII. Jahrhunderts, No. 53 u. 54).

Rist	Die AllerEdelste Belustigung, Kunst- und Tugendliebender Gemühter, Vermittelst eines anmühtigen und erbaulichen Gespräches Welches ist dieser Ahrt, Die Vierte, und zwahr Eine Aprilens-Unterredung, Beschrieben und fürgestellet von Dem Rüstigen ... Hamburg, In Verlegung Joh. Naumanns, Buchh. Im Jahr 1666. Im Auszug neuabgedruckt: Das Schauspiel der Wanderbühne. S. 132-137.
Rode	F. C. Rode, Kriegsgeschichte der Festung Glückstadt. I. Glückstadt 1940.
Rommel	Otto Rommel, Die Alt-Wiener Volkskomödie. Ihre Geschichte vom barocken Welt-Theater bis zum Tode Nestroys. Wien 1952.
Roos	Carl Roos, Det 18. Aarhundredes tyske Oversaettelser af Holbergs Komedier, deres Oprindelse, Karakter og Skaebne. København 1922.
Rost	[Johann Christoph Rost], Das Vorspiel. Ein Episches Gedichte auf S. T. Herrn Joh. Christoph Gottscheden, Professorn der Philosophie zu Leipzig. Bern 1743.
Rudloff-Hille / Rakebrand	Gertrud Rudloff-Hille / Hilde Rakebrand, Die Gothaer Komödienfiguren. In: Keramos. Zeitschrift d. Gesellschaft d. Keramikfreunde E. V. Düsseldorf. Köln 1967, H. 36. S. 3-17.
Sand	Maurice Sand, Masques et Buffons (Comédie Italienne). Texte et Dessins par Maurice Sand. Gravures par A. Manceau. Préface par George Sand. I.-II. Paris 1860.
Sasse	Hannah Sasse, Friedericke Caroline Neuber. Versuch einer Neuwertung. Diss. Freiburg i. B. 1937.
Schaper	Robert Schaper, Die Professoren waren dagegen – Debatten über Schauspieltruppen. In: Helmstädter Kreisblatt v. 9. 6. 1962.
Scherillo	M. Scherillo, La Commedia dell'arte in Italia. Studi e profili. Turin 1884.
Schiedermair I	Ludwig Schiedermair, Bayreuther Festspiele im Zeitalter des Absolutismus. Studien zur Geschichte der deutschen Oper. Leipzig 1908.
Schiedermair II	Ludwig Schiedermair, Die Oper an den badischen Höfen des 17. und 18. Jahrhunderts. In: Sammelbände d. Internationalen Musik-Gesellschaft. XIV. Leipzig 1913. S. 191-207, 369-449, 510-550.
Schidrowitz	Sittengeschichte des Theaters. Eine Darstellung des Theaters, seiner Entwicklung und Stellung in zwei Jahrtausenden. Wien-Leipzig (1925). (Sittengeschichte der Kulturwelt und ihrer Entwicklung in Einzeldarstellungen. Hrsg. v. Leo Schidrowitz).
Schiffmann	Konrad Schiffmann, Drama und Theater in Österreich ob der Enns bis zum Jahre 1803. Linz 1905.
Schink	[Johann Friedrich Schink], Szene aus einer Zauberkomödie des alten deutschen Theaters. In: Hamburgische Theaterzeitung [hrsg.] von Johann Friedrich Schink. Bd. 2. Hamburg 1792, Nro. 33.
Schlager	J. E. Schlager, Wiener-Skizzen aus dem Mittelalter. Neue Folge. (Wien) 1839.
Schlenther	Paul Schlenther, Ein Straßburger Vorspiel der Neuberin. In: Archiv f. Litteraturgeschichte. X. Leipzig 1881. S. 450-476.
Schlesinger	Maximilian Schlesinger, Geschichte des Breslauer Theaters. Band I. 1522-1841. Berlin 1898.
Schmid	Die Spihlende Hand Gottes Mit denen Menschlichen Hertzen Auf Erden / Vorgestellt durch allerhand Leben und Bekehrungen Heiliger Gaugler / Spihlleuth / und Comödianten / Samt einem Anhang die weiße Thorheit genannt, in Druck gegeben von P. Jacob Schmid / der Gesellschafft Jesu Priestern. Augsburg und Regensburg 1739.
E. Schmidt	Erich Schmidt, Zur Faustsage. In: Zeitschrift f. deutsches Alterthum u. deutsche Litteratur Bd. 29. Leipzig 1885.
F. Schmidt	[Friedrich Ludwig Schmidt], Geschichte des Hamburgischen Theaters. In: Almanach fürs Theater 1809 von Friedrich Ludwig Schmidt. Hamburg 1809.
R. Schmidt	Robert Schmidt, Frühwerke europäischer Porzellanmanufakturen. Sammlung Otto Blohm. München 1959.
Schmiedecke	Adolf Schmiedecke, Die Neuberin in Weißenfels. In: Euphorion. Zeitschrift f. Literaturgeschichte Bd. 54, H. 1/2. Heidelberg 1960. S. 188-194.
Schneider	Louis Schneider, Johann Carl von Eckenberg, der starke Mann. Eine Studie zur Theater-Geschichte Berlins. In: Almanach f. Freunde d. Schauspielkunst auf das Jahr 1848. XII. Berlin 1848. S. 125-169.
Schnell	Fritz Schnell, Zur Geschichte der Augsburger Meistersingerschule. Diss. Erlangen 1958. Druck: Abhandlungen zur Geschichte d. Stadt Augsburg H. 9.
Schöne	Günter Schöne, Tausend Jahre deutsches Theater 914-1914. München 1962. (Bibliothek des Germanischen National-Museums zur deutschen Kunst- und Kulturgeschichte Bd. 20/21).
Schotel	G. D. J. Schotel, Geschiedenis der Rederijkers in Nederland. Tweede vermeerderde uitgaaf. Eerste Deel. Rotterdam 1871.
Schubart-Fikentscher	Gertrud Schubart-Fikentscher, Zur Stellung der Komödianten im 17. und 18. Jahrhundert. Berlin 1963. (Sitzungsberichte der Sächs. Akademie d. Wissenschaften zu Leipzig. Phil.-histor. Klasse. Bd. 107, H. 6).
Schüddekopf I	Carl Schüddekopf, Eine wandernde Schauspielertruppe in Braunschweig. In: Braunschweigisches Magazin. III. Braunschweig 1897, Nro. 11. S. 81-86.
Schüddekopf II	Carl Schüddekopf, Caroline Neuber in Braunschweig. In: Jahrbuch d. Geschichtsvereins f. d. Herzogtum Braunschweig. I. Braunschweig 1902. S. 115-148.
Schütze I	Johann Friedrich Schütze, Hamburgische TheaterGeschichte. Hamburg 1794.
Schütze II	Johann Friedrich Schütze, Satyrisch–ästhetisches Hand- und Taschen-Wörterbuch für Schauspieler und Theaterfreunde beides Geschlechts. Nebst einem lehr- und scherzreichen Anhange von Johann Friedrich Schütze. Hamburg 1800.

G. Schulz	Günter Schulz, Die Entwicklung des Schauspielerengagements in Deutschland vom 17. bis zum 19. Jahrhundert. Diss. F. U. Berlin 1955. (MS).
H. Schulz	Hans Schulz, Deutsches Fremdwörterbuch. I. 1913.
Schwarzbeck	Friedrich Wilhelm Schwarzbeck, Ansbacher Theatergeschichte bis zum Tode des Markgrafen Johann Friedrich (1686). Emsdetten 1939. (Die Schaubühne Bd. 29).
Schwietering	Julius Schwietering, Johann Ferdinand Beck in Hamburg. In: Zeitschrift d. Vereins f. Hamburgische Geschichte Bd. 21. Hamburg 1916. S. 155-167.
Seipp	Christoph Ludwig Seipp, Theaterwochenblatt für Salzburg vom 18. Nov. bis zu Ende Febr. 1776. Salzburg (1775-) 1776, 25. Stck.
Seuffert	Bernhard Seuffert, Zu v. Reden-Esbeck, Caroline Neuber. In: Archiv f. Litteraturgeschichte. XII. Leipzig 1884. S. 318.
Shakespeare Jb.	A. C. Loffelt, English Actors on the Continent. In: Jahrbuch d. Deutschen Shakespeare-Gesellschaft IV. Berlin 1869. S. 377-388.
Silfverstolpe	Carl Silfverstolpe, Källor til svenska teaterns historia In: Framtiden. Tidskrift för forsterländsk odling. N. F. I. Stockholm 1877.
Sonnenfels	J. von Sonnenfels, Briefe über die Wienerische Schaubühne von J. v. Sonnenfels 1768. Wien 1884. (Wiener Neudrucke 7).
Staud	Geza Staud, Magyár kastélyszinházak (Ungarische Schloßtheater). III. Budapest 1964. (Szinhaz történeti könyvtár (Theatergeschichtliche Bibliothek) H. 15).
Steltz	Michael Steltz, Geschichte und Spielplan der französischen Theater an deutschen Fürstenhöfen im 17. und 18. Jahrhundert. Diss. München 1965.
Stolz	Heinrich Stolz, Die Entwicklung der Bühnenverhältnisse Westfalens von 1700-1850. Diss. Münster 1909.
Struck	Ferdinand Struck, Die ältesten Zeiten des Theaters zu Stralsund 1697-1834. Ein Beitrag zur Geschichte des deutschen Theaters von Ferdinand Struck. Stralsund 1895.
Süß	Johann Valentin Andreae, Turbo oder der irrende Ritter vom Geist, wie ihn mit allen seinen höchst kläglichen und müßigen Kreuz- und Querfahrten Johann Valentin Andreae hat für die Schaubühne beschworen. Aus dem Latein. übers. v. Wilhelm Süß. Tübingen 1907.
Tadlerinnen	Die vernünftigen Tadlerinnen. [Hrsg. J. Chr. Gottsched]. Leipzig 1725, 17. u. 44. Stck.
Tardel	Hermann Tardel, Zur bremischen Theatergeschichte (1563-1763). In: Bremisches Jahrbuch Bd. 30. Bremen 1926.
Teuber	Oscar Teuber, Geschichte des Prager Theaters von den Anfängen des Schauspielwesens bis auf die neueste Zeit. Erster Theil. Prag 1883.
Theaterchronik	Theaterchronik. Erstes Stück hrsg. v. Christian Heinrich Schmid, Doctorn der Rechte, und Professorn der Beredsamkeit und Dichtkunst. Gießen 1772.
Theater in Kassel	Christiana Engelbrecht /Wilfried Brennecke / Franz Uhlendorff / Hans Joachim Schaefer, Theater in Kassel. Aus der Geschichte des Staatstheaters Kassel von den Anfängen bis zur Gegenwart. Kassel 1959.
Th.-Journal	Theater-Journal für Deutschland. [Hrsg. H. A. O. Reichard]. Gotha 1779-1781.
Th. Kal.	Theater-Kalender auf das Jahr 1779. (Hrsg. H. A. O. Reichard). Gotha o. J.
Thüringer	Jodocus Thüringer, Isaac und Rebecca / Oder die Kluge Vorsichtigkeit / Welche Bey dem Heyrathen zu beobachten / Durch eine kurtze Theatralische Aufführung In leichter und ungezwungener Poetischer Schreib-Arth vorgestellet / Mit Beyfügung eines Lustigen Nach-Spiels / Worinn Der Harlequin Fünff in einer Person sich nicht wohl zusammen schickende Bedienungen / Nemlich Eines Herren-Dieners / Nacht-Wächters / Bier-Rüffers / Thor-Hüters / und Kuh-Hirtens zusammen verwaltet / Zur nützlichen Ergötzung auffgesetzt von Jodoco Thüringern. Franckfurt an der Oder / verlegts Jeremias Schrey. 1722.
Thura	Adskillige Poetiske Sager, ved adskillige Lejligheder udgivne, og tillige med de Vers, som Dend Berømmelige Saxo Grammaticus udi de Danske Kongers Krønike paa Latiin haver indført, og nu allerførst udi Danske Riim ere oversatte, Under eet fremstillede af Laurids Thura. Kjøbenhavn, Aar 1721.
Trautmann I	Karl Trautmann, Deutsche Schauspieler am bayrischen Hofe. In: Jahrbuch f. Münchner Geschichte Bd. 3. Bamberg 1889. S. 259-430.
Trautmann II	Karl Trautmann, Französische Schauspieler am bayrischen Hofe In: Jahrbuch f. Münchner Geschichte Bd. 2. München 1888. S. 185-335.
Trautmann III	Karl Trautmann, Faustaufführungen in Basel und Nürnberg In: Vierteljahrschrift f. Litteraturgeschichte Bd. 4. Weimar 1891. S. 157-159.
Trautmann IV	Karl Trautmann, Englische Komödianten in Stuttgart (1600, 1609, 1613-14) und Tübingen (1597). In: Archiv f. Litteraturgeschichte. XV. Leipzig 1886. S. 209.
Trésor	Trésor des Arlequinades. Bons mots et scènes plaisantes de Dominique et de ses camarades, suivis des Avantures de Scaramouche et d'une notice intéressante sur le Carnaval et le Carême. Publié par Ana-Gramme Blismon [Simon Blocquell]. Paris o. J. [Um 1850].
Trutter	Hans Trutter, Neue Forschungen über Stranitzky und seine Werke. In: Euphorion. Zeitschrift f. Literaturgeschichte Bd. 24. Leipzig u. Wien 1922. S. 28—60, 287-331.
Tschirn	Franz Tschirn, Die Schauspielkunst der deutschen Berufsschauspieler im 17. Jahrhundert. Diss. Breslau 1921 (MS).
Uhde I	Hermann Uhde, Konrad Ekhof. In: Der Neue Plutarch. Biographien hervorragender Charaktere der Geschichte, Literatur und Kunst. Hrsg. v. Rudolf Gottschall. Vierter Theil. Leipzig 1876.
Uhlich	[Adam Gottfried Uhlich], Einem Hochedlen und Hochweisen Magistrat Der Kayserlichen freyen Reichsstadt Hamburg Zur Ehre und unterthänigen

	Dankbarkeit wurde auf der Schröderischen Schaubühne den 9. Maji 1742. folgendes Vorspiel aufgeführt Genannt: Das von der Weisheit vereinigte Trauer- und Lustspiel.
Untermyer	Yvonne Hackenbroch, Meissen and other Continental Porcelain, Faience and Enamel in the Irwin Untermyer Collection. Cambridge/Mass. 1956.
Vasterling	Heinz Vasterling, Das Theater in der freien Reichsstadt Kaufbeuren. Diss. München 1934.
Vertheidigung	Justus Möser, Harlekin oder Vertheidigung des Groteske-Komischen. Bremen 1777.
Vogel	Hermann Vogel, Christian Friedrich Hunold (Menantes). Sein Leben und seine Werke. Diss. Leipzig (1898).
Vriesen	Hellmuth Vriesen, Neue Theaterkupfer aus der Werkstatt von Martin Engelbrecht. In: Maske und Kothurn. Vierteljahrsschrift f. Theaterwissenschaft. VI. Graz-Köln 1960, S. 276–279.
Vulpius	(Christian August Vulpius), Curiositäten der physisch- literarisch- artistisch- historischen Vor- und Mitwelt zur angenehmen Unterhaltung für gebildete Leser. Erster Band. Weimar 1811.
Weddigen	Otto Weddigen, Geschichte der Theater Deutschlands in hundert Abhandlungen dargestellt nebst einem einleitenden Rückblick zur Geschichte der dramatischen Dichtkunst und Schauspielkunst. I. Berlin [1904].
Weigel I	Centi-Folium Stultorum In Quarto. Oder Hundert Ausbündige Narren / In Folio. Neu aufgewärmet / Und in einer Alapatrit-Pasteten zum Schau-Essen / mit hundert schönen Kupffer-Stichen / zur ehrlichen Ergötzung / und nutzlichen Zeit-Vertreibung / sowohl frölich- als melancholischen Gemüthern aufgesetzt; Auch mit einer delicaten Brühe vielen artigen Historien lustiger Fablen / kurtzweiliger Discursen / und erbaulichen Sitten-Lehren angerichtet. Cum licentia superiorum. Wienn / Zu finden bey Johann Carl Megerle / Universitäts-Buchhandler im Gundl-Hof. Und Bey Johann Christoph Weigel / Kupfferstechern in Nürnberg. Gedruckt bey Christoph Lercher / Universitäts-Buchdruckern. IM LVstIgen Iahr / aLs DIese Narren-SChaar erkohren gar. (1709)
Weigel II	Mala Gallina, malum ovum, Das ist: Wie die Alten sungen / so zwitzern die Jungen. Im Zweyten CENTI-FOLIO Hundert Ausbündiger NÄRRINNEN Gleichfalls in FOLIO Nach voriger ALAPATRIT-Pasteten-Art / So vieler Narren Generis masculini, Anjetzo auch Mit artigen Confecturen, Einer gleichen Anzahl Närrinnen Generis Foeminini, Zum Nach-Tisch / Allen Ehr- und Klugheit-liebenden Frauenzimmer zur lustigen Zeit-Vertreib / und wohlgemeinten Warnung In Hundert schönen Kupfern moralisch vorgestellt. Cum Licentia superiorum. Wien / Zu finden bey Johann Michael Christophori / Academischen Buch- und Kunsthändlern / auf dem Kohl-Marck im Golden Ancker / und Bey Johann Christoph Weigel / Kupfferstechern in Nürnberg. Gedruckt / bey Andreas Heyinger / Univers.-Buchdruckern 1713.
Weilen I	Geschichte des Wiener Theaterwesens von den ältesten Zeiten bis zu den Anfängen der Hof-Theater von Alexander von Weilen. Wien 1899. (Die Theater Wiens. I. Bd.).
Weilen II	Alexander von Weilen, Zur Biographie Jos. Ant. Stranitzkys. In: Vierteljahrschrift f. Litteraturgeschichte Bd. 1. Weimar 1888. S. 485–487.
Weim. Verz.	Johannes Meißner, Die englischen Komödianten in Osterreich. In: Jahrbuch d. Deutschen Shakespeare-Gesellschaft. XIX. Weimar 1884, S. 113–154.
Weise	Christian Weise, Der gestürtzt Marggraff von Ancre. In einem Trauer-Spiele den XIV. Febr. M DC LXXIX. Auf der Zittauischen Schaubühne Vorgestellet Durch Christian Weisen / R. Zittau (1679).
Weiß	Karl Weiß, Die Wiener Haupt- und Staatsaktionen. Ein Beitrag zur Geschichte des deutschen Theaters. Wien 1854.
Weiße	Christian Felix Weißens Selbstbiographie herausgegeben von dessen Sohne Christian Ernst Weiße und dessen Schwiegersohne Samuel Gottlob Frisch. Mit Zusätzen von dem Letztern. Leipzig 1806.
Weisstein	Bibliothek Weisstein. Katalog der Bücher des verstorbenen Bibliophilen Gotthilf Weisstein. Hrsg. v. Fedor v. Zobeltitz. Zweiter Band. (Leipzig) 1913.
Weltkunst	Die Weltkunst. Illustrierte Zeitschrift für Kunst, Buch, alle Sammelgebiete und ihren Markt. XXVI. München 1956, Nr. 3 u. 16; XXVIII. 1958, Nr. 10; XXX. 1960, Nr. 12; XXXII. 1962, Nr. 19a.
Werlauff	E. C. Werlauff, Historiske Antegnelser til Ludvig Holbergs atten første Lystspil. Kjøbenhavn 1858.
A. Werner	Arno Werner, Städtische und fürstliche Musikpflege in Weissenfels bis zum Ende des 18. Jahrhunderts. Leipzig 1911.
R. Werner	R. M. Werner, Der Wiener Hanswurst Stranitzkys und seine Nachfolger. Ausgewählte Schriften. Hrsg. v. R. M. Werner. I. und II. Theil. Wien 1886. I. Theil: Lustige Reyss-Beschreibung aus Saltzburg in verschiedene Länder. II. Theil: Ollapatrida Des Durchtriebenen Fuchsmundi von J. A. Stranitzky (1711).
Wessely	Othmar Wessely, Linz und die Musik. Von den Anfängen bis zum Beginn des 19. Jahrhunderts. In: Jahrbuch d. Stadt Linz 1950. Linz 1951. S. 96–198.
Wien. Kat. I	Internationale Ausstellung für Musik- und Theaterwesen Wien 1892. Abtheilung Drama und Theater. Theatergeschichtliche Ausstellung der Stadt Wien. Wien 1892.
Wien. Kat. II	Internationale Ausstellung für Musik und Theaterwesen Wien 1892. Fach-Katalog der Abtheilung für Deutsches Drama und Theater. Wien 1892.
Wieselgren	Oscar Wieselgren, En vandrartrupp i Stockholm på 1730-talet. In: Samlaren. Tidskrift utg. af Svenska Literatursällskapets arbetsutskott. XXXII. Uppsala 1911. S. 3–16.
Wild	P. Wild, Über Schauspiele und Schaustellungen in Regensburg. In: Verhandlungen d. Historischen Vereins v. Oberpfalz u. Regensburg 53. Regensburg 1901.
Winckler	Des Heil. Vaters Chrisostomi Zeugnis der Warheit wieder die Schau-Spiele oder Comödien. Verteuschet und in etwas erläutert von Johann Joseph Wincklern,

Witz	Diac. an der hohen Stiffts Kirchen zu Magdeburg. 1701.
	F. A. Witz, Versuch einer Geschichte der theatralischen Vorstellungen in Augsburg. Von den frühesten Zeiten bis 1876 von F. A. Witz. (Augsburg 1876).
Wolff	Hellmuth Christian Wolff, Die Barockoper in Hamburg (1678–1738). I.: Textband. Wolfenbüttel 1957.
Wollrabe	Ludwig Wollrabe's Chronologie sämmtlicher Hamburger Bühnen, nebst Angabe der meisten Schauspieler, Sänger, Tänzer und Musiker, welche seit 1230 bis 1846 an denselben engagirt gewesen und gastirt haben. Hamburg 1847.
Wustmann	Gustav Wustmann, Zur Geschichte des Theater in Leipzig 1665 bis 1800. In: —, Quellen zur Geschichte der Stadt Leipzig. I. Leipzig 1889. S. 457–493.
Zimmermann	Paul Zimmermann, Englische Komödianten am Hofe zu Wolfenbüttel. In: Braunschweigisches Magazin Bd. 8. Braunschweig 1902, Nr. 6. S. 53–57.

VII.

NACHTRAG ZUM LITERATURNACHWEIS

Es wurden nur Bücher und Aufsätze berücksichtigt, die einen unmittelbaren Bezug zu den Themenkomplexen des vorliegenden Werkes haben.

Helmut G. Asper, Spieltexte der Wanderbühne. Ein Verzeichnis der Dramenmanuskripte des 17. und 18. Jahrhunderts in Wiener Bibliotheken. Wien 1975 (= Quellen zur Theatergeschichte, Bd. 1)

Helmut G. Asper, Hanswurst. Studien zum Lustigmacher auf dem deutschen Theater im 17. und 18. Jahrhundert. Diss. Köln 1970 Druck: Emsdetten 1980

Manfred Brauneck (Hrsg.), Spieltexte der Wanderbühne.
Erster Band: Engelische Comedien und Tragedien (1620). Berlin 1970
Zweiter Band: Liebeskampff (1630). Berlin und New York 1975
Dritter Band: Schau=Bühne Englischer und Frantzösischer Comoedianten (1670). Berlin 1970
Vierter Band: Schau=Bühne Englischer und Frantzösischer Comoedianten (1670). Berlin und New York 1972
(= Ausgaben Deutscher Literatur des XV. bis XVIII. Jahrhunderts)

Jacques Callot, Das gesamte Werk. Einleitung: Thomas Schröder. Bd. 1: Handzeichnungen, Bd. 2: Druckgraphik. München 1971

Gerald Kahan, Jacques Callot. Artist of the Theatre. Athens, Ga. 1976

Otfried Keiler, Rezeptionsproblematik in den „Englischen Comedien und Tragedien" (Teil 1:1620, Teil 2:1630). Untersuchungen zum Verhältnis von Wanderbühnenspiel und dramatischer Literatur am Anfang des 17. Jahrhunderts in Deutschland. Diss. PH Potsdam 1972

Wolfram Krömer, Die italienische Commedia dell'arte. (= Erträge der Forschung; Bd. 62)

Franco Manchini und **Carmelo Greco,** La commedia dell'arte e il theatro erudito, Neapel 1982

Sybille Maurer-Schmoock, Deutsches Theater im 18. Jahrhundert. Tübingen 1982

Johannes Metz, Das Harlekinthema in der französischen Malerei des 18. Jahrhunderts und seine theatralische Aussage. Diss. FU Berlin 1970

Rudolf Münz, Das „andere" Theater. Studien über ein deutschsprachiges teatro dell'arte der Lessingzeit. Berlin 1979

Stefanie Poley, Unter der Maske des Narren. Mit Beiträgen von . . . Stuttgart 1981 (= Ausstellungskatalog Duisburg, Wilhelm-Lehmbruck-Museum u. Heidelberger Kunstverein)

Bärbel Rudin, Der Prinzipal Heinrich Wilhelm Benecke und seine „Wienerische" und „Hochfürstliche Bayreuthische" Schauspielergesellschaft. In: Mitteilungen des Vereins für die Geschichte der Stadt Nürnberg. Bd. 62. 1975 S. 179–232

Bärbel Rudin, Fräulein Dorothea und der blaue Montag. Die Diokletianische Christenverfolgung in zwei Repertoirestücken der deutschen Wanderbühne. In: Elemente der Literatur. Beiträge zur Stoff-, Motiv- und Themenforschung. Elisabeth Frenzel zum 65. Geburtstag. Hrsg. v. A. J. Bisanz und R. Trousson. Bd. 1 Stuttgart 1980 S. 95–113

Ferdinando Taviani, La Commedia dell'Arte e la società barocca. Vol. I: La fascinazione del teatro. Roma 1969. (= La Commedia dell'Arte – Storia, testi, documenti. Vol. I, 1.) (= Biblioteca Teatrale. Studi 4.)

Dieter Wuttke, Harlekins Verwandlungen. In: R. Rieks, W. Theile, D. Wuttke, Commedia dell'arte. Harlekin auf den Bühnen Europas. Bamberg 1981 (=Bamberger Hochschulschriften H. 8) S. 49–71

VIII.

NACHWORT DES HERAUSGEBERS

Die Habilitationsschrift Günther Hansens ist von ihm im Sommer 1968 im Manuskript abgeschlossen und von der Philosophischen Fakultät der Universität Köln angenommen worden. Wenige Tage vor dem Habilitations-Colloquium und nur wenige Wochen, bevor er sein Lehramt als Ordinarius für Theaterästhetik und -geschichte an der Universität Kopenhagen antreten sollte, starb Güther Hansen unerwartet am 22. Juli 1968.

Er wurde am 17. Mai 1919 in Ulkebüll/Nordschleswig geboren. Nach dem Besuch der Oberrealschule in Kiel war er 1938 am Landestheater Meiningen als Schauspieler tätig. Aus Krieg und sowjetischer Gefangenschaft erst 1950 zurückgekehrt, wandte er sich dem Studium der Theaterwissenschaft, Germanistik und Kunstgeschichte zu. Er studierte in Kiel, Köln, Kopenhagen und promovierte 1958 in Köln mit der von Torben Krogh angeregten und von Carl Niessen betreuten Dissertation über „Die Entwicklung des Nationaltheaters in Odense".

Nachdem er zunächst im Buch- und Kunstantiquariat tätig war, wurde er 1961 wissenschaftlicher Assistent am Institut für Theaterwissenschaft der Universität Köln und begann im Sommersemester 1964 seine Lehrtätigkeit mit einer „Übung zur Bibliographie und archivalischen Praxis der Theatergeschichte". Bis zum Sommersemester 1967 hielt Hansen sieben Seminare:

Wintersemester 1964/65
  Formen der Ankündigung im deutschen Theaterbetrieb des 17. und 18. Jahrhunderts.
Sommersemester 1965
  Die Illusionsbühne des 19. Jahrhunderts.
Wintersemester 1965/66
  Die englischen Komödianten und das berufsmäßige Theater in Deutschland und Skandinavien.
Sommersemester 1966
  Quellenforschung zur Theatergeschichte von Magister Velten bis zur Neuberin.
Wintersemester 1966/67
  Der Typus des Narren auf der Bühne: Pickelhering, Hanswurst, Harlekin.
Sommersemester 1967
  Der Narrentypus auf der deutschen Bühne II. Teil.

Wie seine Lehrtätigkeit spiegeln auch seine Schriften den weiten Umfang seiner Forschungen wider:

Die Entwicklung des Nationaltheaters in Odense aus einer deutschen Entreprise. Diss. Köln 1958. Druck: Emsdetten 1963. (Die Schaubühne, Bd. 59), 296 S. 15 Abb.

Vom Umgang mit Sammlungen. In: Frankfurter Allgemeine Zeitung v. 21. April 1959.

Bibliographie zur Theatergeschichte von Frankfurt am Main. In: Frankfurt und sein Theater. Im Auftrag d. Städtischen Bühnen Frankfurt a. M. hrsg. v. Heinrich Heym. Frankfurt a. M. 1963. S. 280–287.

Aus der Kölner Theaterchronik. In: Programmblätter d. Opernhauses Köln 1963/64 H 1.

Bibliographie Carl Niessen. Emsdetten 1965. 47 S.

Invasion der Komödianten. In: 275 Jahre Theater in Braunschweig. Geschichte und Wirkung. Braunschweig 1965. S. 12–15.

(Rezension:) Duisburger Theatergeschichte. I. Teil, 1348–1921: A. Geschichte des Duisburger Theaters von den Anfängen bis 1900. Von Hans Schaffner. – B. Das Duisburger Stadttheater von der Jahrhundertwende bis zum Jahre 1921. Von Hartmut Redottée. In: Jahrbuch d. Kölnischen Geschichtsvereins 38/39. Köln 1963/65. S. 228–230.

Omnia Si Perdas Famam Servare Memento. Die ‚Vereinigte Gesesellschaft deutscher Schaupieler' in Köln 1771–1773. Köln 1964. (Wahn-Press Nr. 8) 11 S.

Der Rhein und die Wandeldekoration des 19. Jahrhunderts. In: Maske und Kothurn. Vierteljahrsschrift f. Theaterwissenschaft. 11. Jg. Wien 1965, S. 134–150. Taf. II u. III.

In Sachen Denner-Spiegelbergische Truppe. Eine Korrektur zu der Theaterfahrt über das Eis. In: Kleine Schriften der Ges. f. Theatergeschichte. Berlin 1966. H 21. S. 12–16.

Theater und Porzellan. In: Keramos. Zeitschrift der Ges. d. Keramikfreunde e. V. 1967 H. 35. S. 57–61.

Graphische Theaterwerbung seit 1600. Umrisse, Praktiken und Begründungen. In: Kleine Schriften der Ges. f. Theatergeschichte. Berlin 1967. H. 22. S. 3–17. Abb. 1–5.

Dokumente zur Kölnischen Theatergeschichte 1732–1843. In: Jahrbuch des Kölnischen Geschichtsvereins 41. Köln 1967. S. 182–196.

Commedia dell'arte – Théâtre Italien – Stegreifkomödie. In: Commedia dell'arte. Ausstellung im Rahmen der italienischen Kulturtage 14. April bis 5. Mai 1968 (im Theater der Stadt Marl). S. 2f.

Haskarl contra von Quoten. Ein deutsch-dänischer Theaterrechtsstreit 1718 in Viborg. In: Nerthus II. Nordisch-deutsche Beiträge. Im Auftrage der Wissenschaftl. Arbeitsgemeinschaft Norden – Deutschland. Bremen 1971. S. 275 – 286.

Bibliographie zur lokalen Geschichte des deutschsprachigen Theaters. Noch nicht erschienen. Die Bibliographie umfaßte bei Hansens Tod ca. 6.000 Titel.

[Beiträge zu] Neue Deutsche Biographie 1964–1966
Genée, Heinrich Rudolph Bd. 6 1964 S. 183f.
Genast, Anton und Genast, Eduard Franz Bd. 6 1964 S. 180 – 182
Girardi, Alexander Bd. 6 1964 S. 409f.
Goßmann, Friederike Bd. 6 1964 S. 651f.
Graff, Johann Jakob Bd. 6 1964 S. 732
Großmann, Gustav Friedrich Wilhelm Bd. 7 1966 S. 156f.
Gura, Eugen Bd. 7 1966 S. 326
Haide, Johann Michael Friedrich Bd. 7 1966 S. 518
Hahn, Karl Friedrich Graf v. Bd. 7 1966 S. 497f.
Hendel – Schütz, Johanne Henriette Rosine Bd. 8 1969 S. 520f.

Aus seinem Studium der deutschen Theatergeschichte des 17. und 18. Jahrhunderts entstand die hier posthum veröffentlichte Habilitationsschrift, der Hansens Arbeitskraft in den letzten Jahren überwiegend gewidmet war. Den Abschluß des Manuskripts, das von ihm selber durchaus nicht als endgültige Fassung betrachtet wurde, betrieb er mit großer Eile, als hätte er geahnt, wie wenig Zeit ihm noch gegeben war.

Bis auf das Abbildungsverzeichnis und die Register war das Manuskript vollständig. Es ist für den Druck redigiert worden, wobei Schreibfehler, kleinere Versehen z. B. bei Daten oder Namensschreibung stillschweigend geändert und einige Anmerkungen gekürzt wurden. Die Anordnung wurde gegenüber dem Manuskript nur ganz geringfügig geändert, statt der zwei Teile wurde in Kapitel und Anhang gegliedert (die Zweiteilung war aus praktischen Gründen vorgenommen worden, weil das ca. 600 Seiten umfassende Manuskript für einen Band zu stark war). Die Anmerkungen wurden innerhalb der Kapitel durchnumeriert, die Nummern der Abbildungen sind zum besseren Verständnis in den Text eingefügt, längere Zitate in anderer Schriftgröße gesetzt, Sperrungen in Kursive verwandelt oder aufgelöst.

Aufbau und Inhalt des Werkes blieben grundsätzlich unangetastet. Wenn aus wissenschaftlichen Gründen eine Textredaktion unumgänglich schien, um z. B. seit 1968 erschienene Arbeiten noch zu berücksichtigen, wurde dieser Eingriff in einem Zusatz „Anmerkung des Herausgebers" erläutert, doch wurde auch dann der Hansensche Text so weit wie möglich unberührt gelassen. Der ausgeprägte und eigenwillige Stil Günther Hansens entzog sich ebenso einer Redaktion wie seine oft kühnen Schlußfolgerungen. Der Herausgeber hielt sich nicht für berechtigt, der wissenschaftlichen Diskussion, die sich gewiß an Hansens frappierend neuer Darstellung und Deutung entzünden wird, durch eine Bearbeitung oder Einarbeitung eigener Thesen vorzugreifen.

Größere Schwierigkeiten boten das Abbildungsverzeichnis und die Beschaffung der Reproduktionsvorlagen. Günther Hansen hatte riesige Mengen Bildmaterial gesammelt und sich vorgenommen, vor Drucklegung der Arbeit alle einschlägigen Museen aufzusuchen. Der Herausgeber hatte nicht die Möglichkeit, eine solche mehrmonatige Reise zu unternehmen, und da Hansen nur spärliche Aufzeichnungen über die Herkunft der Bilder gemacht und sich anscheinend ganz auf sein Gedächtnis und seine ergänzenden Forschungen bei Gelegenheit einer Reise zu den Sammlungen verlassen hatte, war die Herkunft einiger Bilder nicht mehr zu ermitteln, und es fehlen auch die Angaben über Zeichner, Stecher etc. Auch die in diesen Fällen schlechte Reproduktion ist darauf zurückzuführen, daß sich Herausgeber und Verlag mit den im Nachlaß Hansens vorgefundenen Ablichtungen begnügen mußten. Diese unterschiedliche Herkunft der Bilder erklärt auch das vollständige Fehlen aller Maßangaben, auf die auch deshalb verzichtet werden kann, da es Hansen nicht darum ging, einen Katalog der Abbildungen zur Commedia dell'arte vorzulegen, sondern es ging um den Quellenwert und die ikonographischen Zusammenhänge, wobei er verschiedentlich überhaupt nur Bildausschnitte benötigte.

Der Herausgeber dankt den Herren Manfred Boetzkes und Helmut Grosse für ihre freundliche Hilfe bei der Suche und Beschaffung der Bildvorlagen.

Bielefeld, im Sommer 1984

Helmut G. Asper

IX.

IN MEMORIAM

Es ist ein furchtbarer Verlust für die deutsche Theaterwissenschaft, daß Professor Dr. Hansen unerwartet in Köln an den Folgen einer schweren Operation verstarb. Er war jahrelang Assistent im Institut für Theaterwissenschaft und bildete dort den eigentlichen wissenschaftlichen Rückhalt.

Er brachte alles mit, was die ideale Voraussetzung für den echten Theaterwissenschaftler ist: Er hatte Theaterkenntnis, denn er war jahrelang an der Bühne als Schauspieler tätig. Von ihm wäre bei der künstlerischen Betreuung des Nachwuchses von Dramaturgen und Regisseuren das Allerbeste zu erwarten gewesen. Aber vor allem war er ein gediegener Forscher. Sein Wissen schien unbegrenzt. Welche Frage man auch antastete, er konnte die fundierte Auskunft geben oder ruhte nicht eher, bis er die schwierigsten Probleme gelöst hatte.

Im Institut war er für die Studenten das wissenschaftliche Orakel. Er war vielen ein immer kundiger Berater und wurde von allen hochverehrt.

Schon in seiner Dissertation „Das Nationaltheater in Odense" (Die Schaubühne Bd. 59, Emsdetten 1963) hatte er ausgewiesen, daß er die dänische Sprache als zweite Muttersprache beherrschte. So kann es kein Wunder nehmen, daß man ihn nach zwei Probevorträgen auf einen ordentlichen Lehrstuhl an die Universität Kopenhagen berief. Er konnte dieses Lehramt nicht mehr antreten. Er hätte dort nicht nur verdienstvoll als Lehrer wirken können, sondern man hätte ihn in wenigen Jahren nach Köln zurückberufen können, um die totale Theaterwissenschaft zu retten.

Professor Hansen hat Jahre hindurch seine Übungen und Vorlesungen im Sinne einer echten, aber lebendigen Theater-Philologie gehalten. Er bewies dabei ein angeborenes pädagogisches Geschick und bezauberte die Studenten durch die männliche Dezidiertheit seines Vortrags.

Er hinterläßt ein stolzes Lebenswerk. An die zwanzig vielbeachtete Abhandlungen hat er neben seiner großen Arbeit verfaßt, der Habilitationsschrift: „Formen der Commedia dell'arte in Deutschland". Er ging dabei von dem ungedruckt gebliebenen Teil eines Briefes von Ekhof aus und erleuchtete gerade die Zeit vor der Neuberin durch zahlreiche Archivstudien. „Formen der commedia dell'arte" ist zweifellos das Beste, das nach Max Herrmann geschrieben worden ist.

Für alle Zeit wird diese Arbeit eine Zierde der Theaterwissenschaft bleiben.

Juli 1968

Carl Niessen †

X.

PERSONENREGISTER

Kursive Ziffern verweisen auf Personennamen, die nur in den Anmerkungen der betreffenden Seite aufgeführt werden.

Abraham a Santa Clara (d. i. Johann Ulrich Megerle) 230
Ackermann, Konrad Ernst 13, *169, 173*
Ahmed III., 24. Sultan 65, 66
Albertinus, Aegidius 10
Alemán, Mateo 10
Andreae, Johann Valentin 10, 57, 58, 59
Andresen, Romanus *129*
Angot, Peter Christoph 134, 136, 157
Anton Ulrich, Herzog von Braunschweig und Lüneburg 186
August (der Starke) als König von Polen A. II., als Kurfürst Friedrich August I. 76, 79
Augustin, Jacob Wilhelm 23, 31
August Wilhelm, Herzog von Braunschweig-Wolfenbüttel 34
Ayrer, Jacob 41, 52, 53

Baden, Hans Jurriaensz van 40
Baeck, Elias gen. Heldenmuth 133, 134, 135, 136, 137, 158, 159, 236
Baron 226
Bassano, Remondini di *105,* 106
Bastiari 28, 29
Beck, Johann Ferdinand *75, 157, 162, 172,* 214
Bedeau, Julien 235
Beer, Johann 61
Behrmann, Georg *14*
Bernardon s. Kurz
Bidermann, Jacob *64*
Bielfeld, Johann Jacob von 71, 72, 73, 170, 187, 199
Blismon s. Blocquel, Simon
Blocquel, Simon 77
Bodmer, Johann Jacob *168, 174,* 216
Bönicke, Clara Victoria *22,* 133
Bönicke, Heinrich Wilhelm *22*
Bonifacio, Arcangelo 136
Bonnart, Henri *80,* 159
Bordelon, Laurent *77,* 78
Bording, Anders 42
Bosse, Abraham 110, 117, 118, 119, 120, 121, 277
Boyer d'Argens, Jean Baptiste de *71*
Brambach, Balthasar *157*
Brandes, Johann Christian *14,* 28, 72
Braune, F. H. *63*
Browne, Robert 41
Brückner, Johann Gottfried 28
Brunius, Johann Heinrich 162
Burnacini, Ludovico 144

Bustelli, Franz Anton 129, *154,* 220, 221
Buysero 82

Callenbach, Franz 44
Callot, Jacques *43,* 44, 45, 46, 47, 50, 56, 59, *110,* 113, 116, 117, 118, 121, 131, 134, 136, 144, 147, 159, 171, 234, 236, 277
Campanus, Jacob Johann 118
Carracci, Annibale 47
Cattoli, Giacinto 136
Christian Wilhelm, Markgraf von Brandenburg 41
Cicognini, Giacinto Andrea *63*
Cochin, Charles Nicolas *122, 137, 138,* 140, 155, 226, 227
Cochois, Babet *71*
Coeuré, Sébastien *152*
Comenius, Johannn Amos 58
Constantini, Angelo 76, 112
Corneille, Pierre 161
Corrare de Bello, Angeus Franciscus *60*
Coypel, Charles Antoine 125

Dedekind, Constantin Christian 43
Dehne, Johann Christoph 159
Denner, Elisabeth 18, *22,* 26, 32, 35, 187, 207, 213, 214, 275, 276
Denner, Gottfried 15, 16, 275, 276
Denner, Johann Carl 13, 14, 15, 16, 18, 19, 20, 21, *22,* 31, 35, 202, 272, 276
Denner, Johann Christoph 14
Denner, Leonhard Andreas 15, 16, 17, 18, 19, 22, 25, 26, 27, 30, 31, 33, 34, 35, 36, 37, 71, 80, 183, 193, 200, 203, 207, 208, 209, 210, 211, 212, 213, 270, 271, 272, 273, 274, 275, 276
Dewlet Geray, Khan 65
Dietz, Ferdinand *147*
Dillen, Johann Niclas 187
Döbbelin, Carl Theophil 215, 216
Dönhoff, Graf 78
Dolfin, Pietro 185
Dollfeder, Hartmann 43
Dorothea, Markgräfin von Brandenburg *41*
Düring, von 66
Dullaert, J. *68*
Du Paquier, Innozenz *103,* 277

Eberhard Ludwig, Herzog von Württemberg 23, 269
Eckenberg, Carl von 69, 71, 78, 79, 133, *158,* 162, 165, 172, *173,* 215, 216
Eisenbart, Johann Andreas 59, 81
Ekhof, Conrad Dietrich 13, 14, 15, 21, 22, 26, 27, 28, 29, 30, 31, 32, 35, 37, 69, 70, 72, 73, 163, *167, 168, 171,* 187, 200, 202, 213, 214, 276
Elenson, Ferdinand Felix 78, 207
Elenson, Julius Franz *171*
Elenson, Sophie bzw. Witwe s. Haack, Sophie

Endter, Balthasar Joachim 64
Engel, Johann Jakob *175*
Engelbrecht, Martin 50, 128, *152,* 159, 220, 221
Ernst, Anna Magdalena 59
Ernst August, Herzog zu Braunschweig-Lüneburg 36
Ernst, Catharina Elisabeth 59
Ernst, Heinrich Adrian 59
Eugen, Prinz von Savoyen 64
Eydtwartt, Johann 39

Fabri, Alexandro di 47
Faßmann, David 68
Fatouville, Nolant de 74, 75, 76, 81, *162,* 245
Faust, Johann Georg *14,* 214, 276
Feilner, Simon 111, 231
Feind, Barthold 68, 79, 80, *171,* 172, 190
Felßecker, Adam Jonathan 64
Ferdinand II. von Tirol 10
Finsinger *169*
Fiorelli, Tiberio *112*
Förster, Johann Gottlieb 189, 190, 191, 192, 200, 203, 214, 215, 216, 273, 274
Franco, Giacomo 47
Friedrich I., König von Preußen 59
Friedrich II., König von Preußen *71*
Friedrich Ulrich, Herzog von Braunschweig 41
Friedrich Wilhelm I., König von Preußen 79
Fromm, Catharina Lydia *23*
Fromm, Johann *23*
Fuhrmann, Heinrich Martin 170
Furttenbach, Joseph d. Ä. 10, 118, 119, 277

Gamborg, Anders 31, 34 182
Geißler, Anton 35, 188
Georg II., Landgraf von Hessen-Darmstadt 39
Georg Ludwig, Kurfürst und Herzog zu Braunschweig-Lüneburg 36
Gherardi, Evariste *34,* 73, 74, 75, 76, 77, 78, 80, 81, 82, *103,* 112, 148, *154,* 161, 162, 163, *165,* 229, 230, 231, 237, 245
Gheyn, Jacques de 50
Gillot, Claude 128, 159, 235, 238, 239, 240
Goldoni, Carlo *148*
Gottsched, Johann Christoph 10, 11, *43,* 64, 69, 72, 73, 74, 75, 78, 82, 134, 159, 161, 162, *163,* 164, 165, *167,* 168, 169, 170, 171, 174, 175, 185, 189, 216
Green, John 41, 199
Grimmelshausen, Hans Jakob Christoffel von 43
Gründler 202
Gryphius, Andreas *42*
Guden, George 187
Gerard, F. *108*
Guérin, Robert 235

Haack, Johann Caspar 13, 35, 80, 133, *134*, 136, 157, 161, 201
Haack, Sophie 156, 188, 202
Händel, Georg Friedrich 210
Hallmann, Johann Christian 10, 185, 186
Hardouin de Saint-Jacques, Bertrand 235
Harms, Johann Oswald 50, 189, 190
Haßkarl, Rudolph Georg 34, *156*, 191, 192, 193, 200
Haydn, Joseph *173*, *174*
Heidolf, Johann Paul 211, 212
Heinrich Julius, Herzog von Braunschweig-Wolfenbüttel 52, 53
Helmig, J. Th. P. *129*
Hengel, Georg 24, *31*, 183, 184, 188, 272
Henrici, Christian Friedrich 159
Hentschel, Konrad *129*
Hermann, Franz Xaver 175
Herrgans, David 201
Hertel, Johann Georg 128, 129
Heydrich 216
Hierschnak, Jakob 21, 22
Hierschnak, Maria 21, *22*
Hilferding, Johann Baptist 21, 22
Hilferding, Johann Peter 71, 79, 133, 134, 136, 137, 157, 162, 163, 171, 172
Hilferding, Maria Margaretha 21, *22*
Hoffmann, Carl Ludwig 17, 63, 133, *134*, 136, *156*, *159*, 201, 202, 207
Holberg, Ludwig 73, 164, 165, 213
Hollar, Wenzel 10, 47, 59, 113, 117
Holzward, David *157*, 189, 273
Holzward, Rebecca Maria 189
Hotter, 189
Hunold, Christian Friedrich 80, *171*
Huret, Grégoire 235

Imael Pascha Bassa 65
Ingelheim, Freiherr von 81

Jacob, der Hesse 39
Janetschky, Christian 50, 51
Joullain, Francois 125, 133, 147, *152*
Jussuf Pascha 65

Kändler, Johann Joachim 103, *148*, *152*, 230, 277
Karl XII., König von Schweden 63, 64, 65, 66, 69, 121
Karl, Landgraf von Hessen-Kassel 68
Karl Ludwig, Kurfürst von der Pfalz 43
Keiser, Reinhard *172*, 189
Kerner, Justinus 200
Kirchhoff, Gustav Friedrich 21
Klauflügell, Johann Martin 52
Kleiner, Salomon 144, 145
Koch, Heinrich Gottfried 168, *173*, 202, 216
König, Anton Balthasar 78, *79*
König, Johann Ulrich von 11
König, O. A. *129*
Kohlhardt, Johann Joseph 69, 70, 202, 216

Kolb, Johann Christoph *138*, 148, 158, 159, 227
Krüger, Johann Christian 166, 167
Kühlmann, Jacob *22*, 23
Kurz, Joseph von *173*, *174*
Kurz, Theresia *173*

Lambranzi, Gregorio 12, 73, 80, *111*, 237
Lancret, Nicolas 103, *104*, 128, 129, 159
Laske, Oskar *148*, 231
Lauremberg, Johann 42
Le Blond, Jean *110*, 234
Leidenhoffer, Philipp Jacob 235
Le Noble, Eustache *74*, 165
Le Pautre, Pierre 159
Le Roux 154
Lessing, Gotthold Ephraim 174, 175, 189
Löwen, Johann Friedrich 13, 14, 15, 16, *21*, 26, 29, 31, *32*, 63, 64, 69, 70, 167, 189, 213
Lorenz 202
Ludovici, Johann Georg 63, 64, 65, 66, 69, 70, 71, 187
Ludwig Rudolf, Herzog von Braunschweig 207
Ludwig Wilhelm I., Markgraf von Baden 18

Maintenon, Francoise d'Aubigné, Marquise de *112*
Major, Thomas 103
Mangold, Marx, 39, 42
Marcolo, Marco 129
Maria Theresia *173*
Mariette, Jean 103, 112, 121, 122, 123, 143, 144, 147, 148, 152, *154*, 159, 229, 230, 232, 277
Mariette, Pierre 118, 119, 277
Martini, Christian Leberecht 28, 29
Massinger, Philipp 199
May, Johann Friedrich *171*
Mazeppa, Iwan Stepanowitsch 65
Meglinger, Caspar 116, 117
Menantes s. Hunold, Christian Friedrich
Mergner 202
Merz, Wilhelm *31*, 184
Minato, Nicola 61
Mitternacht, Johann Sebastian 43
Möser, Justus 71, 169, 170
Mohammed Baltschadi, Großwesir 65
Moliere d. i. Jean-Baptiste Poquelin 75, 100, 107, 232
Moscherosch, Johann Michael 42
Mühlstreich, David 157
Müller, Christian 13, 18, 19, 20
Müller, Gabriel 13, 18, 19, 20, 23
Müller, Johann Heinrich Friedrich 21, *175*
Müller, Joseph Ferdinand 134, 136, 202
Münchingen, Benjamin von 43

Naffzer, Heinrich 21
Naffzer, Maria s. Hierschnak, Maria
Naiveu, Matthys 48, 49, 50, 59

Netscher, Caspar 100
Neuber, Caroline Friederike 10, 13, 37, 74, 75, *134*, 156, 157, *159*, 161, 163, 165, *166*, 167, 168, 169, 174, 175, 201, 202, 207, 216, 217
Neuber, Johann 201, 202
Neumeister, Erdmann, 80
Nicolai, Friedrich 21, 63, 69, 72
Nicolini, Philipp *167*

Oppenheimer, Joseph Süß 69

Pacely, Franz Christoph 28
Palma, Carlo 134, 136
Pariati, Pietro 61
Pater, Jean-Baptiste Francois 103, 159
Pauli, Johann Christoph 192
Paulsen, Ferdinand Aegidius 50, 54, *157*
Petzold, Johann Valentin *61*
Philander von Sittewalt s. Moscherosch
Picander s. Henrici, Christian Friedrich
Poisson, Raymond 100, 232
Porsch, Arnold Heinrich 70
Praetorius, Johaann 43
Probst, Johann Balthasar 86–97, 99, 104, 105, 106, 107, 108, 110, 111, 133, 137, 140, 143, 144, 145, 147, 148, 158, 159, *172*, 227, 277
Probst, Johann Michael 85, 105
Puschner, Johann Georg *111*, 159, 237

Quoten, Salomon von 192, 193, 214

Rachel, Joachim 43
Rademin, Heinrich *22*, 35, *172*
Rahbek, Knud Lyne 29
Ram, Johannes de 159
Ravenet, Simon Francois *103*, *104*
Reibehand, Carl Friedrich *165*, *169*
Reichard, Heinrich August Ottokar 13, 32, 72, 73, *167*, 188
Rein, Melchior 158, 159
Reinhardt, Max *148*, 231
Rembold, Matthäus 118
Reuter, Christian 15
Reynolds, Robert 39, 41
Riccoboni, Louis 69, 72, 73, 125, 133, 147, *152*
Richter, Christian 213
Richter, Hermann Reinhart 157
Riemer, Johanness 26
Rijndorp, Jacob van 82
Rinckhart, Martin 42
Rist, Johann 10, 43, 53, 119, 277
Ritter, Johann Wilhelm Ludwig 211, 276
Ritter, Maria Magdalena 13, 20, *22*, 35, 276
Romagnesi, Marc-Antonio 112
Rosen, von 66
Rossi, Giovanni Domenico di *117*
Rost, Giuliano 136
Rost, Johann Christoph *167*

299

Sackville, Thomas 39, 42
Samenhammer, Johann Karl 61
Sandrart, Jacob von 234
Sartorio, Antonio 185, 186
Schack von Schackenburg, Hans 33, 182
Schenck, Peter 50, 112, *154*, 159, 232, 277
Scherrer, Jean-Jacques 61
Schilde, Johann Georg 78, 79, 162, 163
Schink, Johann Friedrich 174, 175
Schmid, Christian Friedrich 82, 262
Schmid, Christian Heinrich 16, 18, 19, 20, 21, *22*, 28, 29, 32, 63, 69, 213
Schmid, J. Jacob *51*
Schmidt, Albrecht 236
Schmidt, Georg Friedrich *104*
Schönborn, Graf von 144
Schönemann, Johann Friedrich 44, 70, 72, *165*, 166, *167*, *168*, 214
Schröder, Friedrich Ludwig 72
Schübler, Johann Jacob (Mathematiker, Ingenieur, Architekt) 86–97, 99, 104, 105, 106, 107, 277
Schübler, Johann Jacob (Prinzipal) 64, *66*
Schuch, Franz 70, *172*, 174, 190
Schulz, Johann 78, *171*
Schumacher, Jacob 156, 157
Schwegler, Xaver 116
Scio, Anna Magdalena di s. Ernst, Anna Magdalena
Scio, Sebastiano di 59, 60
Scolari, Stefano 134
Seiler, Friederike 28
Seuerling, Gottfried 214
Sheppard, John 69
Siegmund, Johann Christoph 172
Simmoneau 125
Solms, Graf von 81
Sonntag, Johann Tobias 121, 122, 228
Sophia Charlotte, Königin von Preußen 59
Sophie, Landgräfin von Hessen-Darmstadt 39
Sparre, Axel von 65, 66

Spiegelberg, Elisabeth s. Denner, Elisabeth
Spiegelberg, Georgine *14*, 214, 276
Spiegelberg, Hedwig Wilhelmina 27, 187, 276
Spiegelberg, Johann (Christian) 13, 14, 16, 22, 23, 24, 25, 26, 27, 30, 31, 32, 33, 34, 35, 37, 71, 182, 186, 187, 188, 189, 190, 191, 193, 195, 197, 200, 201, 202, 203, 207, 214, 270, 271, 272, 273, 274, 276
Steinbrecher *28*, 276
Steinwehr 162, 163, 165
Stieler, Caspar *9*, 10, *76*
Stolle, Johannn Georg 13, 213, 214, 274, 275, 276
Stoßkopf, Sebastian 117, 118
Stranitzky, Josef Anton 13, 16, 21, 22, 25, 26, 27, 30, 35, *70*, 78, 80, 163
Stranitzky, Maria Monicaa 21, *22*
Surugue, Louis *122*, 138, 140, 155, 227

Telemann, Georg Philipp 162, 185, 186, 210
Thiele, Johann 213
Thimig, Hermann *148*
Thomassin fils, Simon Henri 140, 143, 155, 220
Thüringer, Jodocus *83*
Tortoriti, Giuseppe 112, *152*, *154*, 232, 237
Trost, Johann Matthäus *26*
Troy, Francois de *112*, *152*
Türkenlouis s. Ludwig Wilhelm I.

Uhlich, Adam Gottfried 165, *167*, *168*, 169
Uslenghi, Matthaeus 59, *60*
Ußler, Johann Gottfried *171*, 217

Valck, Gerard 159, 237
Velten, Johannes 18, *22*, 23, *157*, 214
Velten, Katharina Elisabeth 13, 18, 19, 20, *21*, 23, 28, 29, 34, 35, 60, 73, 79, 80, *157*, 184, 188, 214, 269

Vermeulen, Cornelis *112*, 148, *152*
Vieciet, Georg 41
Vockerodt, Gottfried 61
Vulpius, Christian August 44, 46, 68

Wachsmuth, Jeremias 103, 128, 129, 140, *152*, 159, 221
Wagner 202
Waimer, Philipp 10
Wallerotti, Franz Gerwald von *163*, 165, 170, *171*, *172*
Watteau, Jean-Antoine *85*, 100, 103, 122, 125, 128, 131, 133, 137, 138, 140, 143, 144, 147, 148, 155, 159, 220, 226, 227, 230, 235, 238, 239, 277
Wattier 227
Weigel, Christoph 85, 98, 99, 106, *122*, 125, 128, 138, 140, *148*, *152*, 154, 159, 229, 277
Weigel Joh. Christoph seel. Wittib 232, 238, 240, 242
Weise, Christian 9, 10, 44, 62
Weise, Michael 79
Weiße, Christian Felix 73
Weißenborn, Daniel 156
Weßling, Johann Michael 72
Wetzel 71
Wilhelmine, Markgräfin von Bayreuth 162
Wolff, Jeremias 85, 105
Wolkau, Johann Christoph 192
Wolrab, Johann Jacob 103, 111, 112, 123, 125, 128, 131, 133, 138, 140, 143, 144, 145, 147, 148, 152, 154, 155, 159, 171, 230, 277
Würger, Nicolaus 186
Wulf, Peter Heinrich 192

Zamoyski, Fürst Jan 136
Zigler und Kliphausen, Heinrich Anselm von 72

XI.

STICHWORTREGISTER
Orte/Sachbegriffe/Titel

Kursive Ziffern verweisen auf Nennung in der Anmerkung der betreffenden Seite. Stücktitel stehen unter dem Buchstaben des Hauptbegriffes.

A
Aachen 188, 269ff.
Adam und Eva 36, 187f., 213f., 272
Die unüberwindliche Adelheide 184ff.
Aesopus als ein Richter 74
Alari oder die irrende Geilheit 24, 272
Alexander und Rosane 273
Altdorf 58
Alzire 215
Amoroso 113
L'Amour peintre 107
Amsterdam 14, 40, 112
Ansbach 20, 54, 269
Anselmo 162, 170f., 220ff.
Antiochus und Stratonica 80
Arlekyn Procureur 82
Arlekyn verzierde Erfgenaan 82
Arlequin s. Harlekin
Arlequin Cartouche 148
Arlequin Comédien aux Champs-Elisées 77f., 82
Arlequin die affectirte Gräfin Marlet 163
Arlequin die böse Gretha 164
Arlequin Esope 74
Arlequin Jason 80
Les deux Arlequins 34, 75, 78f., 162
Arlequins künstlicher Zauberstock (Der verzauberte Pistoles oder . . .) 35
Attilae, Leben und Tod des großen Weltschreckers 35
Augsburg 21, 24, 31, 36, 50, 57ff., 74f., 77, 79, 85, 103, 105f., 108, 110, 122, 125, 128, 131, 133, 136f., 140, 143, 147, 156, 158f., 181f., 183f., 201, 208ff., 269ff.

B
Bagolin 140, 143, 147, 155
Bajazet und Tamerlan 216
Balli di sfessania 46f., 113, 116f., 144, 234, 236
Asiatische Banise 72
Entsatz der Stadt Barzelona 24, 64, 272
Basel 61, 211f., 270ff.
Der Durchlauchtige Bauer 34, 182f., 192, 273
Bautzen 157, 195, 201f., 270ff.
Bayreuth 14, 185, 202, 270ff.
Die Belagerung von Belgrad 62f.
Bergen 14, 23, 207, 270ff.
Berlin 18ff., 59f., 70f., 78f., 157f., 162f., 168, 172, 173, 190, 216, 269
Bern 211f., 270ff.
Biberach 51, 64ff., 186
Blankenburg 191f., 202f., 270ff.
Böhmisch-Krumau 129
Bologna 136
Bragato 47
Braunschweig 13, 23, 32, 35ff., 41, 145, 147, 165, 166, 167, 168f., 186f., 188f., 201, 203, 207, 270ff.
Bremen 18, 68, 163, 269
Breslau 19f., 23, 72, 167, 188, 269
Brigadel 140, 147, 155
Brighella 28, 52, 129, 172, 220ff., 234
Britannicus 216
Brünn 22, 59f., 162
Bühnenform 58, 156ff.
Buler und Bulerin 52
Burghausen 21
Burleske 72ff., 162ff., 207

C
Il capitano 162
Capitan Spavento oder Rodomontades Espagnolles 10
Capitano-Figur (Fracasse/Rodomonda/Spavento/Spezzaferre) 10, 99, 118ff., 120, 143ff., 147, 170f., 172f., 175, 220ff., 234, 240
Das Carneval von Venedig 214, 274
Der sterbende Cato 215
Centi-Folio stultorum 78, 106
Christiania 270ff.
Cid 161, 210, 215, 275
Cinna 215f.
Cinthio 147, 162
Colombine 28, 74, 76, 104, 122, 125, 147, 154f., 162, 220ff.
Colombine avocat pour et contre 74, 76, 81f.
Comoedia genant das Advocirnde Frauenzimmer 74ff., 245–258 (Text), 259–261
Comoedia von eines Königs Sohn auß Engellandt 73

D
La Dama Bizzara Castigata 207
Dame Ragonde 112, 122f., 147, 152
Danzig 23, 29, 41, 44, 133, 173, 269
Darmstadt 121f.
Il delizioso retiro di Lucullo 61
Democrit 216
Sieg und Triumph des großen Kaisers Deocletiani 156, 197ff.
Das erlösete Deutschland 36, 272
Diener zweier Herren 148
Doctor Balouard (Dottore, Docteur) 76, 99, 103, 112, 121ff., 125, 140, 144f., 158, 170ff., 220ff.
Doctor Faust 24, 61, 272
Sklavin Doris aus Ägypten s. Die beständige Treue
Märtyrerin Dorothea s. Deocletiani
Dresden 18, 28, 69ff., 76, 79, 121f., 156f., 199f., 202, 269
Druckgraphik s. Graphik
Durlach 26

E
Comedia von König Edwarto den dritten 53
Der Eislebische Christl. Ritter 42
Elbing 269
Elisa 10
L'Empereur dans la Luna 75, 162, 217
Englische Comedien und Tragedien 58
Englische Komödianten 39ff., 113, 116, 199
Ernelinde oder die Viermahl Braut 10
Enthauptung des Grafen Essex 62
Der viesierliche Exorcist 43

F
Die lustige Fama aus der närrischen Welt 63f., 68
Faßnachtspiel der verlohren Engellendisch Jahn Posset 53
Fastnachtspiel 41, 52f.
La Fausse prude 112
La Fille de bon Sens 73
La fille Sçavante 162f.
Frankfurt a. M. 70, 163, 165, 171f., 188, 203, 210, 216, 269ff.
Frankfurt a. d. O. 18, 216
Frauenzimmer, das Advocirnde s. Comoedia genant . . .
Frederikshald 270ff.
Freiberg i .S. 18, 202
Nachklingender Freuden-Hall 191, 273
Friedrichstadt 189
Fürstenberg 111, 145, 147f., 152, 154, 231, 233

G
Gaultier Garguille 118, 235
Gemälde 40f., 48ff., 129ff., 226ff.
Der alte und der neue Geschmack 167
Ein Gespräch von Komödien 80, 82, 262–265 (Text)
Gesprech zwischen dem Englischen Bikkelhering . . . 45f.
Gilles 99f., 129
Glückstadt 203ff., 270ff.
Göhrde 272ff.
Görlitz 157, 270ff.
Göteborg 270ff.
Göttingen 213
Gotha 26, 61
Graphik 39ff., 85ff.–159, 165f., 219ff.–242
Gros Guillaume 118, 235
Güstrow 199
Guillot-Gorjou 235
Guzman de Alfarache 10

H
Haag 82
Halle 19f., 29, 59f., 81, 216, 269
Hamburg 14, 18, 29, 34f., 63, 69, 75, 79f., 82, 163, 167, 168, 171, 173, 184f., 190ff., 199ff., 203, 207, 213f., 269ff.
Hannover 35ff., 157, 187, 193, 200f., 213, 270ff.
Hans Leberwurst 53f.
Hans Supp 42ff., 47, 55f., 113, 116
Hanswurst 11f., 16, 27f., 3o, 42, 50ff., 62,

301

71f., *79*, 83, *107*, *157*, 161–175, 199, 221
Hanswurst der betrogene Leder-Händler von Saltzburg 75
Harlekin (Arlequin, Harlequin, Arlecchino) 10ff., 16f., 23, 25ff., 28ff., 34ff., 47, 50ff., 57ff., 66, 70ff., 74ff., 79ff., 99ff., *107*, 111f., 116, 122, 134, 136ff., 144, 147f., 154, 156ff., 161–175, 184ff., 199, 202, 220ff., 226–231, 234, 236ff., 241f.
Harlekine (Harlequine, Madame La Arlequine) 99f., 103, 125, 128f., 147, 154f., 220ff., 237ff.
Harlekinverbannung 161–175
Haupt- und Staatsaktion 63ff., 161, 199f.
Heidelberg 270ff.
Helmstedt 200, 270ff.
Hexerie eller Blind Allarm 73
Hildburghausen 189, 216
Hildesheim 213
Höchst 110f., 145, *147f.*, *152*, 154, 231, 233
Hof 189
Hôtel de Bourgogne 110, 118, 235

I
Innsbruck 10
Isaac und Rebecca *83*
Isabella 99f., 147, 162, *171*, 172

J
Jean de France oder der Teutsche Franzose 164f.
Jean Potage (Champantage, Jan Potase, Jehan Petagi, Schampetasche) 42–50, 54ff., 108, 110, 170
Jönköping 270ff.
Jud Süß (Der im Reich der Beschnittenen ankommende und in seinem Käfig wohnende Jud Süß) 69
Der reiche Jude Oder Das wohlgeprochene Urtheil eines weiblichen Studenten 205

K
Karl I.-Stücke *68*
Karl XII.-Stücke: Orientalische Verräterei 63ff., 70; Das ... entsetzte Narva 68; Der heldenmüthige Monarch 68; Sitah Mani 68; Unglückseliger Todesfall 64, 68ff.
Kassel 27, 35, 63, 66, 187, 270ff.
Kaufbeuren 64, 186, 199
Kiel 18ff., 23, 32, 33f., 59f., 68ff., 82, 189, 193, 200, 269ff.
Köln 21f., 35, 39, 43, 188, 199, 210f., 213, 269ff.
Königsberg/Pr. 70, *171*
Konstanz 175
Kopenhagen 13, 29, 31f., 34, 59f., 82, 182f., 192f., 269ff.
Kostüm 42ff., 57ff., 156ff.
Kunstgewerbe s. Graphik, Porzellan, Kostüm

L
Labyrinth der Liebe *17*
Lalage 155, 220ff.
Langenschwalbach 274
Lazzi 71f., 108, 167, 199
Leander 28
Lederhändler von Bergamo 74f., 162
Leiden 82
Leipzig 14, 18ff., 28, 30f., 59f., 74, 157, 161, 167f., *170*, 189, 202, 216, 269ff.
Die sinnreiche Liebe 10
Die verwirrte Liebe 274
Das vierfache Liebesgefängnis 213, 275
Liebeskampf 42
Liebessoldat 18, 195, 204, 211, 273ff.
Lindau 157
Linköping *14*, 270ff.
Linz 30, 41, *157*, 188, 269
Lissa 58f.
Lucretia Romana 172
Lübeck 18, 20, *23*, 70, 82, 269
Lüneburg 18, 31, *34*, *35*, *36*, *82*, 189ff., 195, 200, 213, 269ff.
Luzern 116

M
Madonna Nespola 10
Mainz 269
Malerei s. Gemälde
Mannheim *173*
Märtyrin Margaretha 33, 272
Der gestürzte Marggraff vo Ancre 44
Maria Stuart-Stücke: 25f., 181, 272
Masaniello 10
Mauritius Imperator 61
Meissen 103f., 129, *148*, *152*, 230
Memmingen 189
Merseburg *157*
Mezzetin 10, 75f., 99f., *108*, 112, 118, 125, 140, 143f., 147f., *152*, 155, 170, 220ff., 236
Miles gloriosus 118
Mitau 269
München 10, *21*, 23, 68, *157*, 269
Münster 188, 213, 270ff.

N
Narrendarstellungen s. Gemälde, Graphik, Plastik, Porzellan, Relief, Abbildungsverzeichnis
Narrenkostüm 42ff., 99ff., 226ff.
Nepomuk (Die Glorreichen Marter des Heyligen Johannes von Nepomuk) 70
Neukirch 189
Neustadt/Aisch 189
Norrköping 214f., 270ff.
Nürnberg 13f., *16*, 18ff., 23, *29*, 35, 39, 58, 64, 66, 70, 72, 78, 80, 85, 111f., *122*, 125, 140, *148*, 156f., 159, 165f., *171*, *173*, 184ff., 188ff., 197, 199, 202, 217, 269ff.
Nymphenburg 220f., 224f.

O
Ocatavia 80
Octaviano Augusto 275
Ollapatrida 73, 75ff., 259–261 (Textauszug)
Oper 61, 68, 79f., 162, *171*, 172, 185f., 189f., 210
Orbis sensualium pictus 58
Orismanna s. Durchlauchtige Bauer
Der rasende Orlando 196, 274
Osnabrück 213

P
Pallme der Keuschheit (Die zwar gedruckte aber nicht unterdruckte ...) 66f.
Pantalon 10, 28, 44, 99, 103, *108*, 113, 121f., 131, 133f., 136f., *147*, 155, *158*, 162, 165f., 170ff., 220ff., 240
Pantalone 147, 155, 233
Papinian *156*, 193f., 273, 275
Paris 57, 99, 103, *104*, 112, 117, 121, 159
Pasquariel 76
Peter Squentz *42*
Pickelhering (Bickelhering) 29f., 35f., 39ff., 42–56, 58f., 60f., 74, 80f., 170, 199
Pierrot 76, 79, 99f., 137f., 148, 155, 162, 165f., 170f., 175f.
Der verzauberte Pistoles s. Arlequins künstlicher Zauberstock
Plastiken 226 s. Porzellan
Plaue a. d. Havel 158
Policinello 10, *173*, 175
Porzellan 103f., 110f., 129, 145, *147f.*, *152*, 154, 220f., 224f., 230f., 233, 240, 277 s. Personenregister: Bustelli, Dietz, Feilner, Kändler
Porzellanmanufakturen s. Fürstenberg, Höchst, Meissen, Nymphenburg, Wien, Würzburg
Prag 13, 20, *22*, 35, *113*, 188, 269ff.
Der Prinz als Narr 73
Der Vermeinte Printz 10
Pyrmont 18, 19, 189, 269

Q
Quacksalberbühne 59ff., 81
Quando sta peggio, sta meggio *156*

R
Regensburg 23, 61, 189
Regulus 216
Relief 175f.
Repertoire (s. auch Theaterzettel und Stücktitel) 26, *35*, 63ff., 184ff., 190, 199f., 207, 213ff., 215f., 272ff.
Requisiten 42ff., 99ff., 158, 226ff.
Ribe 33f., 270ff.
Riga 72f., 162, 269
Rom *117*, 134
Die unschuldig verfolgte Rosaura 30

Rostock 195, 270ff.
Rudolstadt 9
Rüpel (Riepl) 163, *172*

S
Sancio und Senilde 215
St. Gallen *157*
Sauschneider 62
Scapin 10, 28, 99f., 118, *152*, 162f, 165f., 171f.
Fourberies de Scapin 75, 213
Schau-Bühne des Glückes... s. Die unüberwindliche Adelheide
Das eroberte Schellenberg 64
Schleswig 192
Schneeberg 189, 270ff.
Schulbühne und -drama 9f., 57ff., 61f.
Scaramouche (Scaramuzza, Skaramutz) 10f., 44, 75f., *80*, 81, 99f., 112, 125, 134, 136, 143ff., 147, 152, *154*, 159, 161f., 165f., *167*, 168f., 170f., 175f., 220ff., 232, 234, 236f.
La Scaramouche 147, 155
Scipio Africanus 207
John Sheppards lasterhaftes Leben 69, 200f.
Sidney 216
Le Sicilien 107
Comedi vom Soldan von Babilonia 53
Unglückseliger Soldat und Vorwitziger Barbirer 43
Der verirrte Soldat s. Liebessoldat
Solothurn 270ff.
Die Spihlende Hand Gottes *51*
Speculum vitae humanae 10
Spinetta 129
Spirito Foletto 75, 162
Stegreifspiel 9f., 161ff.
Stettin *14*
Störtebecker-Stücke: 189ff., 273
Stockholm 59, 199, 214, 269

Stralsund 189, 195, 214, 270ff.
Straßburg 117, 163, 185, 212, 270ff.
Strelitz 189
Stuttgart 22, *23*, 57, 207, 269ff.

T
Tabrin 56
Tamerlan 72
Neue und curieuse Tantz-Schul 12, 73, 80, *111*, 129, 144, 236
Tarquinius Superbus s. Lucretia Romana
Der krumme Teufel *173*f.
Theaterprogrammhefte und -zettel 25, 33, 36, 67, 164, 181, 182f., 184f., 188, 190f., 192, 194f., 196ff., 201, 204ff., 210f., 213f., 217
Theaterreform 161ff., s. Personenregister: Gottsched, Möser, Neuberin, Steinwehr
Theatre italien (Pariser Theatertruppe) 76, 99f., 103, 110, 112, 147, 159, 170f., 173
Le Theatre Italien ou le Receuil de toutes les Comedies... *34*, 73ff., *112*, 148, 161ff. (s. auch einzelne Titel)
Timon le Misantrope 215
Der eiserne Tisch s. Der Durchlauchtige Bauer
Titus Manlius 216
Die vorsichtige Tollheit 36, 272
Torgau 39
Die beständige Treue und treue Beständigkeit 195, 274
Truffaldino 10
Turbo sive moleste 10, 57ff.
Turlupin 42, 50, 56, 110, 118

U
Ulm 207f., 269ff.
Erfreuete Unschuld 76
Beschützte Unschuld 10
Errettete Unschuld 273

Uppsala *68*, 190

V
Von Valentino und Vrso 53
Veilsdorf 145
Venedig 59, *105*, 117, 129, 134, 136
Viborg 32, 191ff., 272
Der flüchtige Virenus 206, 274

W
Wandertruppen s. Personenregister vor allem Denner, Elenson, Förster, Green, Haack, Hilferding, Hoffmann, Kurz, Müller, Neuber, Schönemann, Spiegelberg, Stranitzky, Velten 11f., 13ff., 63ff., 156ff., 161ff., 179ff., 269ff.
Warschau 76
Weimar 18
Weissenfels 13, 59f., 136, 156f., 202f., 270ff.
Die verkehrte Welt 11
Wetzlar 59, 81
Wien 13f., 21f., 24ff., 30, 34f., 50, 59f., 69, 73, 75, 78f., 103, *105*, 136, 144, *148*, *157*, 162f., 172f., 181, 184, 188, 240, 269ff.
Wismar 212f., 270ff.
Wittenberg 63
Wolfenbüttel 41
Würzburg 147, 233

Z
Zanne 10, 30, 42–50, 56ff., 110, 113, 116, 118, 120
Zerbst 69ff., 174, 216f.
Zittau 9
Die entsezlichen Zufälle in Glücks- und unglückswechsel... 72f., 162
Zürich *162*, *172*, 216
Zwickau 59f., 156f., 189, 201, 270ff.
Zwillinge, Die durch die Wunderwirkende Natur gleich Formirte Zwillinge 75, 78f., 162